KB212555

개념의
정념들

PASSIONS DU CONCEPT. Épistémologie, théologie et politique. Écrits II
by Étienne BALIBAR
© Editions La Découverte (Paris), 2020

Korean Translation Copyright © Humanitas Publishing Co., 2025
All rights reserved.

This Korean edition was published by arrangement with Editions La Découverte (Paris)
through Bestun Korea Agency Co., Seoul

개념의 정념들

인식론, 신학, 정치학 — 에크리 II

1판1쇄 | 2025년 3월 17일

지은이 | 에티엔 발리바르
옮긴이 | 배세진

펴낸이 | 안중철, 정민용
편집 | 윤상훈, 이진실

펴낸곳 | 후마니타스(주)
등록 | 2002년 2월 19일 제2002-000481호
주소 | 서울특별시 마포구 신촌로14안길 17, 2층 (04057)
전화 | 편집_02.739.9929/9930 영업_02.722.9960 팩스_0505.333.9960

블로그 | blog.naver.com/humabook
엑스, 페이스북, 인스타그램 | @humanitasbook
이메일 | humanitasbooks@gmail.com

인쇄 | 천일문화사_031.955.8083 제본 | 일진제책사_031.908.1407

값 29,000원

ISBN 978-89-6437-474-0 93300

AMBASSADE
DE FRANCE
EN RÉPUBLIQUE
DE CORÉE
Liberté
Égalité
Fraternité

주한
프랑스
대사관

문화과

Cet ouvrage, publié dans le cadre du Programme d'aide à la Publication Sejong, a bénéficié du soutien de
l'Institut français de Corée du Sud-Service culturel de l'Ambassade de France en République de Corée.

이 책은 주한 프랑스대사관 문화과의 세종 출판 번역 지원프로그램의 도움을 받아 출간되었습니다.

Étienne Balibar

PASSIONS DU CONCEPT
Épistémologie, théologie et politique
— Écrits II

개념의
정념들

인식론, 신학, 정치학
— 에크리 II

에티엔 발리바르 지음
배세진 옮김

후마니타스

차례

일러두기

- 지은이의 동의하에 세 편의 글을 부록으로 추가했다.
- 본문과 주석에서 대괄호([ ])로 묶은 내용은 옮긴이가 추가했다. 옮긴이의 각주는 '[옮긴이]'라 표시했고, 그 외의 것은 원문의 주석이다.
- 원문에서 강조하기 위해 이탤릭체로 표시한 곳은 드러냄표로 처리했다.
- 단행본, 정기간행물은 겹낫표(『 』), 시, 단편, 논문 등은 홑낫표(「 」), 그림, 강의, 강연 및 토론회, 방송 프로그램 등은 홑화살괄호(〈 〉)로 구분했다.
- 외국어 고유명사의 표기는 국립국어원 외래어표기법을 따랐으나 일부 굳어진 표현은 그대로 사용했다.

여는 글
비극적 마키아벨리

다른 많은 것들에서 그러하듯, 저는 저 시민들의 다음과 같은 생각에도 또한 반대합니다. 저 시민들은 자신들을 천국으로 인도하는 왕도를 가르쳐 줄 설교자를 원하죠. 그런데 저는 오히려 그들에게 악마에게로 돌아가는 왕도를 가르쳐 줄 설교자를 찾아 주고 싶은데 (……) 왜냐하면 저는 악마에게로 돌아가는 왕도야말로 우리를 천국으로 인도하는 진정한 길이라 믿기 때문입니다. 지옥으로부터 도망치기 위해서는 지옥으로 인도하는 왕도가 무엇인지를 배워야 하니까요.
- 니콜로 마키아벨리, 「프란체스코 귀차르디니에게 보내는 편지」(1521년 5월 17일)

자클린 리세, 안 토레스, 그리고 그들의 배우들과 협력자들의 작업에 경의를 표하기 위해, 저는 마키아벨리의 저서 『군주론』에서부터 출발해 네 가지 관념을 다음과 같은 네 가지 단어에 연결함으로써 이 관념들을 토론에 부치고자 합니다.[1] 이 네 단어는 바로 목소리voix, 비극적인 것tragique(혹은 비극tragédie), 잔혹cruauté 그리고 폐허ruine[2]입니다. 저는 이 네 단어를 하나의 진행 방향을 따라 배열하고자 합니다. 그렇다고 해서 이 네 단어에 하나의 인위적 체계성을 부여

1　이 텍스트는 안 토레스가 연출하고 자클린 리세가 번역한, 니콜로 마키아벨리 『군주론』 연극의 상연을 기회로 2001년 4월 21일 낭테르 아망디에 극장에서 조직한 토론회 〈마키아벨리에 관하여: 순수 미술 중 하나로서의 정치〉Autour de Machiavel. La politique comme un des beaux-arts에서 행한 발표이다. 이 토론회에는 특히 장뤼크 낭시와 마리 가이유-니코디모프가 함께했다. 자클린 리세는 시인으로서의, 번역가로서의 그리고 훌륭한 비평가로서의 자신의 작업들을 남기고 2014년 우리 곁을 떠났다. 본 논선집에 재간행된 이 텍스트를 그녀에게 바친다.

2　[옮긴이] ruine은 '폐허'와 '몰락' 모두로 옮기는 것이 가능하지만, 여기에서는 '폐허'로 통일한다.

하겠다는 [부당한] 주장을 하지는 않으면서요. 그리고 저의 관점에서는 이 네 단어가 소묘하는 주제계가 우리가 환기할 수 있는 유일한 주제계가 아니며 [가장] 중심적인 주제계도 아니라는 점 또한 저는 강조하고 싶습니다. 하지만 그럼에도 저는 이 주제계가 우리 모두를 이 한자리로 모아 준 정세가 각별히 요청하는 하나의 본질적 측면, 어떤 의미에서는 『군주론』에 관한 독해 전체와 이 『군주론』이 제기하는 이론적 문제들에 관한 논의 전체를 과잉 결정하게 되는 그러한 하나의 측면과 연결되어 있다고 생각합니다.

목소리

자클린 리세와 안 토레스의 기획의 난점을, 그리고 이 기획의 아름다움과 흥미로움[이해 관심] 또한 구성하는 바는 『군주론』을 주의 깊게 읽은 독자들 모두를 사로잡았을(저는 그랬을 거라 확신합니다) 다음과 같은 직관을 이들이 물질화하고자 했다는 점입니다. 이 『군주론』이라는 텍스트가 정확히 '1인칭'으로 쓰였을 뿐만 아니라, 또한 이 텍스트에 [저자의 자격으로] 서명을 하는 유일한 인격이 목소리들의 다수성으로 스스로를 증식[분화]하며, 이 목소리들의 번갈과 겹침이 이 인격의 글쓰기에 하나의 독특한 복잡성을 부여하기도 한다는 직관 말입니다. 그런데 우리on는 그 구성의 기이함에도 이 텍스트를 [어쨌든] 읽어 냅니다. 하지만 우리는 이 텍스트가 내포하고 있는 목소리들을 듣는 것 말고는 할 수 있는 게 없으며, 그래서 우리는 이 목소리들이 반향하도록 만들어야만 합니다. 우리는 하나의 목소리에서 다른 하나의 목소리로의 이행을 지각 가능한 것으로 만들어야 하며, 이 목소리들이 하나의 말에서 다른 하나의 말로 전이될 수 있도록 공간을 만들어 줘야만 하는데, 사실 이것이 바로 연극의 정의 그 자체죠. 그러니까 우리는 이 목소리들 서로를 분리하는 휴지들césures을 물질화해야만 하는 것입니다. 하지만 마키아벨리 자신은 자신의 목소리들 사이의 [장면] 분할 혹은 [배역] 분배를 전혀 지시해 주지 않았기에, 게다가 그는 우리가 이 목소리들을 귀속할 수 있을 인격들personae의 성genre조차 제시하지 않았기에, 우리가 해야만 하는 선택들은 굉장히 위험한 것입니다. 저는 안 토레스가 행한 알레고리 [역할] 할당들에 완전히 동의하는 것은 아니라고 고백합니다. 물론 그녀가 왜 이러한 할당들을 제시했는지 그 이유는 알겠지만요. 그녀가 행한 알레고리 할당들은 [모두 여성명사인] [대문자] 덕Vertu, [대문자] 운Fortune, [대문자] 전쟁Guerre …… 또는 [모두 남성명사인] [대문자] 군주Prince와 [대문자] 인민Peuple인데, 『군주론』의 헌정사는 정치적 인식이 바로 이 [대문자] 군주와 [대문자] 인민 '사이'에서 나뉜다는, 그래서 그렇게 비가역적으로 분할된다는 점을 지시하죠. 혹은 오히려, 저는 이 분배들 전체가, 마키아벨리 자신의 두 목소리 — 이 텍스트를 그 수신자들에게 전달하는 이가 이 두 목소리로 나뉘는데, 이 수신자들은 [대문자] 군주, 그리고 아마 이 군주의 뒤편에 위치해 있을 [대문자] 인민일 것이고, 이 둘 모두는 [미래에] '도래할' 이들이죠 — 사이로의 분할인 더욱 비밀스럽고 더욱 결정적인 그러한 하나의 분할에 의해 지배되고 떠받쳐진 것과 같다고 생각합니다.

그렇다면 마키아벨리의 글쓰기écriture에서 도대체 누가 말하고 있는 것Qui parle이며, 『군주론』을 쓰면서 그리고 이 글쓰기 내에서 자기 자신을 찾아 나가면서 이 [대문자] 군주를 '말하는' 마키아벨리의 목소리들은 도대체 무엇일까요? 이는 바로 이성의 목소리와 정념의 목소리, 혹은 다음과 같이 말하기를 더 원한다면, 사건들, 역사적 정황들, 정치적 행동3의 전 현대적이며 현대적인 특징들, 이것들을 판단하고 비교하는 성찰의 목소리와, (기원[기도]의 목소리라고는 말하지 않더라도) 호명과 호소의 목소리입니다. 이 호명과 호소의 목소리는 (이탈리아의 '구원자'에 대한 부름을 목적으로 하는) 『군주론』 마지막 장의 마지막 문단들에서 노골적으로 스스로를 들리게 만들죠. 하지만 또한 우리는 이전 장들에서도 이 목소리의 집요한 상관물을 발견할 수 있습니다. 여기에서 문제는 우리가 이 목소리들을 재통합할 수도, 이 목소리들을 서로서로로 환원할 수도 없으며, 이 목소

---

3 [옮긴이] '행동'으로 옮긴 action은 '행동', '활동', '행위', '작용' 등으로 모두 옮기는 것이 가능하지만, 여기에서는 '행동'으로 통일한다.

리들을 서로서로 분리할 수도 없다는 점입니다. 『군주론』은, 이『군주론』이 모든 시대에 제기했던 해석의 문제들과 함께, 이 목소리들의 중첩 속에서만, 그리고 이 목소리들이 스스로를 들리게 만들기를 지속하는 그 시간만큼만 [우리가 아는 그]『군주론』 자체로서 존재하는 것입니다. 이는 마키아벨리가 분석하는 예시들exempla이 우리에게 의미를 지니기를 지속하는 그 시간만큼만, 그리고 필요하다면 몇몇 이름들을 다른 이름들로 대체함으로써(예를 들어 '이탈리아'를 '유럽'으로 대체함으로써) 마키아벨리의 부름이 우리nous 또한 호명하기를 지속하는 그 시간만큼만 그러하다는 점을 의미합니다.[4]

더욱 근본적으로 문제는 마키아벨리 자신조차, 비록 탁월한 솜씨로 이 목소리들의 중첩을 실행했음에도, [이 목소리들 각각이 도대체 누구의 것인지를 간파할 수 있게 해주는] 그 열쇠를 가지고 있지는 못했다는 점입니다. 혹은 더욱 정확히 말해, 자신의 목소리들을 [자유자재로] 활용하[고 배치하]며 상연하는 그러한 '수퍼-마키아벨리'는 『군주론』이라는 텍스트 뒤에 존재하지 않으며, 단지 직접적으로 이 텍스트 내에 마키아벨리 자신의 '이해 관심들'을 둘러싼 생생한 갈등 — 마키아벨리 자신이 그 증인이자 관객인 — 만이 존재하고 있는 것이죠. 그래서 어떤 의미에서는, 자신의 목소리들 사이의 중첩과 휴지 속에서, 마키아벨리는 여전히 침묵하며 말을 아끼는 것이죠. 바로 그렇기 때문에 우리nous는 이러한 침묵이라는 바탕 위에서 말하고 있는 이를 향해 우리의 귀를 기울여야 하는 것입니다. 이 침묵이라는 바탕 위에서 말하고 있는 이를 무어라 불러야 할까요? 아마도 이를 『군주론』 15장의 유명한 정식인 andar drieto alla verità effetuale della cosa ……가 지시하는 진리의 수수께끼적 참조물인 '물'chose 혹은 '물 그

---

4 [옮긴이] 발리바르는 on으로서의 '우리'와 nous로서의 '우리'를 구분해 주고 있는데, 프랑스어에만 존재하는 대명사 on은 '사람들', '그들', '우리', 비인칭 주어 등을 의미하며, nous는 배타적으로 '우리'만 의미한다. nous가 훨씬 '우리'의 당사자성을 강하게 내포한다. 반면 on은 이러한 당사자로서의 '우리'의 의미를 훨씬 약하게 가지고 있다. 루이 알튀세르와 미셸 푸코에게서 nous로서의 우리는 하나의 개념의 지위를 차지하고 있는데, 특히 알튀세르는 『마키아벨리와 우리』에서 이 점을 명시적으로 보여 준다.

자체'chose même라 불러야 할 것 같습니다. 이어지는 언급들에서 저 또한 어떠한 의미에서는 이 '물'을 식별하고자, 그리고 이 물이 마키아벨리의 목소리들의 작용[또는 연기] 속에서 말하는 바가 들리도록 만들고자 노력할 것입니다.5

비극

저는 '비극적 마키아벨리'라는 제목을 제안하면서, 『군주론』으로부터 출발해 하나의 새로운 비극론을 구축하기를 원했던 것도, 마키아벨리를 이러한 미학적 범주 내로 유폐하기를 원했던 것도 아닙니다. 단지 저는, 마키아벨리의 저작(더 구체적으로는 『군주론』)이 지니는 비극적 차원을 드러냄으로써 이를 통해 우리가 마키아벨리와 함께 역사와 정치 안에서 '비극적인 것'이란 도대체 무엇인지에 관한 성찰을 재개할 수 있다는 점을 보여 주기를 원했습니다. 물론 마키아벨리 이외의 다른 저자들 또한 이러한 성찰에 기여할 수 있겠지만요(방금 토론 도중 누군가가 적절하게도 막스 베버를 언급했죠).

자클린 리세는 『군주론』이라는 텍스트 내에서의 '영웅들'의 현존에 적절히 의거해 자신의 작업을 행합니다. 이 『군주론』은, 체제들에 대한 '분류'와의 그리고 이 체제들의 실존 조건들에 대한 연구와의 상관성 속에서, 이 영웅들의 돌

---

5 오랫동안 나는 내가 활용할 수 있었던 『군주론』 판본들에 대한 신뢰 속에서 마키아벨리의 정식이 andar dritto alla verità ⋯⋯라고 오해했다. 그리고 다른 이들과 마찬가지로 나는 이를 "aller tout droit à la vérité effective (ou efficace -발리바르) de la chose"(물의 유효한 진리로 곧장 나아가기)로 번역했다. 푸르넬Jean-Louis Fournel과 장카리니Jean-Claude Zancarini의 고증 판본 덕택에, 이제 나는 실제 텍스트가 (피렌체 방언으로) andare drieto라 말한다는 점을 깨닫게 되었다. 여기에서 유사음이 "직접적"directe 길voie로 이해될 수도 있지만 이는 그보다는 오히려 "진리를 뒤따라가기"courir derrière la vérité 또는 이 진리를 "뒤쫓아 가기" poursuivre를 의미한다. Nicolas Machiavel, De principatibus. Le prince, introduction, traduction, postface, commentaire et notes de Jean-Louis Fournel et Jean-Claude Zancarini, texte italien établi par Giorgio Inglese, PUF, Paris, 2000, pp. 136, 137을 보라[니콜로 마키아벨리, 『군주론: 군주국에 대하여』, 곽차섭 옮김, 길, 2017에서, 이는 "그것[사물]에 대한 실제적 진실을 좇는 것"으로 번역된다. 곽차섭 번역본 또한 푸르넬과 장카리니와 마찬가지 의도로 번역하고 있다].

발과 이 영웅들에 대한 평가를 자신의 중심으로 광범위하게 취함으로써 구축되죠. 체사레 보르자는 이 영웅들 중 가장 명백한 경우이지만, '군주'의 행동의 이러저러한 측면을, 이 군주의 성공과 실패의 이러저러한 조건을 예증하는 다른 영웅들 또한 존재합니다. 그러나 최종적인 수준에서, (곧 이 지점으로 다시 돌아올 텐데) 이 군주는 항상 실패합니다. 영웅은 그 자체로 실패가 예정되어 있는 이이며, 체사레 보르자가 그 누구보다도 더욱 그러한 인물이죠.

이는 어떻게 '군주'의 이상(아주 정확히 말하자면, '새로운 군주국'을 정초하는 '새로운 군주'의 이상)이 영웅주의 모델과 관계 맺는가라는 질문을 제기하는 것입니다. 이 새로운 군주는 이 영웅주의 모델을 온전히 실현하고 완성하는가? 아니면 이 새로운 군주는, 그 끝에 다다라서는, 이 모델로부터 스스로를 거리 두어야 하는가? 우리가 이미 알고 있듯 이는 이 『군주론』이라는 텍스트에 대한 해석이 마주하는 거대한 난점들 가운데 하나입니다. 심지어 이 '새로운 군주'가, 자신의 덕의 극단적이고 역설적인 특징들을 통해서뿐만 아니라 또한 그 특징들을 자신의 '도구'로 만들어 내기 위해 이 특징들을 합리적 통제 아래에 놓는 것을 통해서도, 반anti영웅이 되어 영웅주의의 형상들을 전도해야 한다고 주장하는 것도 불가능하지 않습니다. 군주 스스로가 자기 자신의 도구인 것입니다. 혹은 더 정확히 말해, "사적인 인간 — 자기 자신이 [과거에] 그러한 인간이었던 — 으로부터 군주가 되기"(『군주론』 6장)를 감행하는 이는 자기 자신의 도구 또한 되어야 하며, 자기 자신 안에서 그에 조응하는 정신과 신체의 능력들을 길러야 합니다. 이 자리에서 베르톨트 브레히트의 『갈릴레이의 생애』에 나오는 명백히 반마키아벨리적인 다음과 같은 문장, 즉 "영웅을 필요로 하는 국가의 불행"을 다시 가져오지는 않더라도, 우리는 여기에서 또한 다음과 같은 헤겔Georg Wilhelm Friedrich Hegel(브레히트 자신의 원천이자 그의 정식이 지니는 심원한 양가성의 원천이기도 한)의 성찰들이 지니는 적절성을 지적할 수 있습니다. 헤겔에게서 정치가는, 더 나아가 '위대한 인간'은, 즉 자신의 사적 행동이 공적인 것의 변환 혹은 정초라는 결과를 초래하는 이인 범죄자는 사실 더 이상 영웅이 아닙니다. 바로 그렇기 때문에 헤겔은 의고적이고 야만적인 역사로부터 합리적 역사와 현대성으로 나아가게 하는, 시초들commencements의 역사에서 종말목적들fins의 역사로 나아가게 하는 그러한 형상들, 그러니까 역사적 이행의 형상들 내에 마키아벨리와 그의 '군주'를 기입하는 것입니다.

하지만 바로 이 지점에 비극적 '장르'genre [비극이라는 장르]를 형성하는, 그리고 이 비극적 장르의 역사를 주기적으로 재개하는 그러한 질문들이 놓여 있는 것입니다. 전통적으로 사람들은 이 질문들을 행동을 문제화하는 다음과 같은 반정립들의 거대 작용에 따라 분석해 왔죠. 수단과 목적 사이의 관계 또는 형태[형상]와 물질[질료] 사이의 관계(마키아벨리가 비르투virtù와 포르투나fortuna라는 원리의 차원과 군주, 인민, 교회와 같은 힘들의 차원 모두에서 동시적으로 분석하는), 결정의 모델과 기술art의 모델 사이에서의 행위자agent(혹은 더욱 정확히 표현하자면, [영어로] 에이전시agency, 즉 [프랑스어로 다시 말해] '아장스'agence[즉 행위자성])의 동요, 은총[사면] 혹은 잔혹이라는 수단을 통해 주권 또는 역량을 추구하는 권력의 양가성이라는 반정립들 말입니다. 우리는 바로크 시대와 고전주의 시대에, 그리고 심지어는 이 이후의 시대에, 비극을 재발명한 위대한 작가들이 이러한 재발명을 마키아벨리와의, 그리고 이 마키아벨리가 촉발하는 논쟁들과의 심원하게 성찰된 밀접한 관계 내에서 항상 수행해 왔다는 점을 어렵지 않게 보여 줄 수 있을 것입니다. 『리처드 3세』, 『맥베스』, 『햄릿』의 윌리엄 셰익스피어, 『시나』, 『폼페이우스』, 『쉬레나』의 피에르 코르네유, 『브리타니쿠스』, 『베레니스』, 『바자제』 등의 장라신. 이들은 '마키아벨리주의자'이자 '반마키아벨리주의자'이자 '울트라-마키아벨리주의자'입니다.

하지만 이 모든 것은 만일 마키아벨리 자신이 제가 비극적인 것의 가장자리들이라 부르고자 하는 바를 바로 『군주론』이라는 저작에서 심원한 방식으로 탐구하지 않았다면 전혀 가능하지 않겠죠. 이 비극적인 것의 가장자리들이란, 비극이 (『오이디푸스왕』이나 『햄릿』에서 그러한 것처럼 우리가 그 기회를 포착해야만 하는) 구원이라는 메시아적 질문과, 다중의 역량과 이해 관심의 갈등이라는 변증법적 질문(브레히트라면 또 다른 미학-정치적 범주를 가져와 '서사극적'이라 말했을)과, (에우리피데스Euripides의 『메데이아』 또는 라신 비극들에서 그러한 것처럼) 잔혹이라는 그리고 더욱 일반적으로는 악의 미학이라는 '비장한'pathétique 질문과 마주치는 장소로서의 분리와 교차의 선들입니다. 바로 이렇게, 『군주론』에서의 정치적 구원자rédempteur 혹은 구세주Sauveur — 즉 자신에 선행했던 모든 새로운 군주들이 지녔던 약점들을 뛰어넘을 이(그런데 이러한 신성모독적 이름은 우연히 선택된 것이 명백히 아닌데, 왜냐하면 이 정치적 구원자 혹은 구세주가 자신의 목적에 예속시켜야 하는 혹은 파괴해야 하는 그러한 주요 역량[권능]은 바로 교회의 역량이기 때문입니다) — 에 대한 '부정적'en creux 제시와, 역량 혹은 '기질'humeurs의 변증법(마키아벨리는 『군주론』이외의 텍스트들에서 이 변증법에 하나의 체계적 확장을 부여했는데, 이 변증법의 쟁점은 항상 인민적 정념들의 부정성, 즉 인민에게 고유한 '예종 거부'를 통치의 실정적 조건 혹은 국가의 생명의 실정적 조건으로 전도할 수 있는 가능성입니다)과, 마지막으로 정념들에 관한 그리고 이 정념들의 권력 효과 특히 잔혹 효과에 관한 분석론(마키아벨리는 그 경탄스러운 '냉정함' — 사람들은 이 냉정함을 자주 지적하는데, 우리는 이를 바뤼흐 스피노자 혹은 사드 후작의 그것과 상호 접근시켜 보고자 시도할 수 있습니다 — 을 발휘하면서 이 정념들을 취급하죠. 환영적 환기에 가까운 몇몇 '미장센들'은 아마 제외하고 그러할 텐데, 이 점에 관해서는 곧 되돌아오겠습니다), 이 셋이 (서로 혼동[혼합]되지는 않으면서도) 중첩되는 것입니다. 비극적인 것은, 전부는 아니라 해도 어쨌든 마키아벨리적인 비극적인 것은, 이 차원들 전부를 내포하고 있죠. 하지만 동시에 이 비극적인 것은 독립적으로 취해진 이 각각의 차원 중 그 어떠한 것으로도 환원 가능하지 않습니다.

잔혹

이 세 가지 차원 가운데 가장 중요한 것, 혹은 우리의 흥미를 이 자리에서 가장 직접적으로 끌어당기는 것은 바로 마지막 차원, 즉 잔혹과 그것이 악의 미학과 맺는 관계입니다. 저는 다음과 같은 해석을 제안하고자 합니다. 마키아벨리에게는 분명 하나의 '잔혹의 정치[학]'가, 그 수단에 대한 설명과 그 필요성에 대한 정당화가 『군주론』의 담론 내에서 하나의 중심적인 자리를 차지하고 있는,

(진지한 혹은 가장된) 거부 — 마키아벨리 자신이 이 거부의 대상이 되죠 — 의 상당 부분을 해명해 주는 그러한 잔혹의 정치가 존재하고 있다고요. 하지만 이러한 정치는 매우 기이한 것이죠.

이 정치는 하나의 외설적 특징을 내포하고 있는데, 저는 이 점을 부인한다해서 우리가 얻을 수 있는 게 과연 무엇이 있을지 잘 모르겠습니다. 마키아벨리가 통치 방법으로서의 잔혹의 기술art과 그 유효성에 할애한 이론적 전개들 — 그 안에서 자신의 예시exemplum가 성찰과 분석의 대상으로서뿐만 아니라 또한 '덕스러운' 품행의 모델로서도 나타나는 — 이 우리에게 오늘날에도 여전히(혹은 그 어느 때보다도 더 오늘날?) 생산할 효과는 사유의 역사에 등장하는 매우 희귀한 수의 다른 텍스트들이 생산하는 효과에 비견할 만한 것입니다. 저는 『규방철학』이나 악덕vice의 번영에 관한 다른 '증명들'의 사드 후작보다는 바로 『도덕의 계보학』의 프리드리히 니체와 그의 원시적인 '금발의 야수'가 지니는 '결백한'[순진무구한] 잔혹에 대한 논설들에, 잔혹에 관한 마키아벨리의 이론적 전개들을 결부합니다. 그리고 아마 몰리에르의 『돈 주앙』에 대한 준거 또한 계발적일 것 같습니다. 이것들은 '부정적' 윤리학들 간의 당혹스러운 친숙함을 유지하고 있죠. 하지만 그럼에도 어쨌든 도덕주의에 관해 '선악 너머에서' 행해지는 비판과 몇몇 개인들을 (이 개인들이 그 실현의 행위자들일 그러한 상위의 목적들을 위해) 타자들의 삶과 존엄의 '주인들'로 확립하는 비인간성에 대한 변호론의 도착성, 이둘 사이의 거리를 확립하는 것 또한 쉽지는 않습니다.

이 점에 대해 사람들은 우리의 지각이 시대착오로 인해 왜곡되어 있다고, 그리고 우리는 인간주의[인문주의] 시대 — 이 인간주의 시대 속에서 현실적 폭력은 아마도 르네상스 시대의 그것보다 적지 않을 것인데(아마 오히려 이 인간주의 시대 속의 현실적 폭력은 르네상스 시대의 그것보다 훨씬 더 강력할 것입니다), 그렇지만 인간주의 시대에 이 현실적 폭력은 더 이상 '순수한' 정치적 도구로는 받아들여지지 않죠 — 의 것인 그러한 원리들 혹은 편견들에서부터 출발해 마키아벨리의 텍스트가 제시하는 폭력에 대한 변호론에 반응하고 있는 것이라고 반박할 수도 있을 것입니다. 그런데 저는 우리가 오히려 그 역을 말해야 하는 것은 아닐까 생각합니다. 마키아벨리는 자신이 그 물질성의 관점에서 묘사하는 실천들(그것이 정치적 암살이든 고문이든 혹은 배신이든)이 편재해 있는 그러한 장소와 시간의 맥락 속에서 글을 쓰고 있습니다. 하지만 마키아벨리의 텍스트가 하고자 하는 바는 이러한 사실에 대한 정당화가 전혀 아닙니다. 마키아벨리의 텍스트가 하고자 하는 바는 오히려 이 사실에 대한 '비판'(잔혹의 유효성이 취하는 조건들과, 이 잔혹을 활용하는 전략들의 합리성과, 그리고 이 잔혹을 정당화하는 목적들의 가치에 대한 끊임없이 반복되는 질문 제기라는 의미에서의)을 수행하는 것입니다. 분명 마키아벨리는 도덕과 폭력을 대립시키지는 않습니다. 하지만 마키아벨리는 폭력이 하나의 정치적 '유효성'[효과성 혹은 현실성]을, 그러니까 하나의 진리를 가져야 한다고 요구합니다.

따라서 마키아벨리적인 잔혹의 정치학은 [정치적] 행동에서의 신중함[또는 지혜]에 관한 고전적 학설을 권력을 정복하고 소유하는 유효한 수단들의 총체로까지 확장하는 것보다도 훨씬 더 멀리 나아가는 것입니다. 정치의 영원한 지평으로서의 전쟁에 관한 토머스 홉스적 혹은 카를 슈미트적 개념화보다도 훨씬 더 멀리, 혹은 폭력을 문화와 제도로 전도하는 것에 관한 헤겔적 개념화보다도 훨씬 더 멀리 말이죠.[6] 사실 이 마키아벨리적인 잔혹의 정치학은 폭력이라는 개념 자체를 그것이 정치와 맺는 관계 내에서 폭파해 버립니다. 알튀세르는 (『마키아벨리와 우리』에서) 마키아벨리적 정치의 항구적 목표를, (이 마키아벨리적 정치를 사적 정념과 공적 정념 간의 발본적 분리와 관계 맺게 함으로써) 초월적 혹은 전통적 정당성 없는 권력을 '증오 없는 공포'la crainte sans la haine의 제도로 정초하는 것이라 정의함에서 옳았습니다. 하지만 저는 알튀세르가 폭력의 극단성[극단적 폭력]과의 대결이라는 궁극적 역설을 무시하고 있다고[혹은 인지하지 못하고 있다고] 생각하는데, 이러한 무시[혹은 인지 못 함]는 이 폭력이 모든 도구화를 초과하는 혹은 이 폭력의 효과들을 어떠한 발본적 불확실성을 지니게 만드는 — 이 효과들은 '만족'

---

6 나의 저서 *Violence et civilité. "Wellek Library Lectures" et autres essais de philosophie politique*, Galilée, Paris, 2010을 보라[부분 국역본으로는, 에티엔 발리바르, 『폭력과 시민다움』, 진태원 옮김, 난장, 2012 참조].

(혹은 향유jouissance)을 공포와 결합하기 때문에 불확실성을 지니게 되는 것인데 — 그러한 형태들이 표상하는 바로 그 계기 내에서 이 폭력이 완전히 통제 가능하며 계산 가능한 것이 된다는 가정과 연결되어 있죠. 정확히 바로 자신이 인민에게 가했던 억압을 대가로 이 인민에게 제공하는 보상의 이름으로 자신의 대신ministre[보르자의 부관 리미오 데 오르코]의 사지를 찢어 그 신체를 전시한다는 체사레 보르자의 저 유명한 시나리오[계략]가 그러한 경우입니다(그리고 이에 대해 『군주론』 7장은 이 인민이 '만족'한 상태와 동시에 '어리석은' 상태로 남아 있게 된다고 말합니다). 고질적 내전이라는 조건 속에서 이 폭력이 결국은 권력의 독점으로 나타나기 위해, 이 폭력은 이미 익숙한 것이 된 형태들을 초과해야만[넘어서야만] 합니다. 그리고 바로 이 지점에서 이것이 (사지 절단이라는) 스펙터클 — 그 앞에서 인민을 구성하는 다수의 사적 개인들이 자신들의 살의 떨림[전율]뿐만 아니라 동일화의 가능성 전체에 대한 한계 또한 동시에 경험하는 그러한 스펙터클 — 의 제도로 표현되는 것입니다. 이 다수의 사적 개인들은 이들을 모든 능동적 주체성으로부터 배제하는, 그리고 이들을 (마키아벨리의 관점 그 자체 내에서는 아마도 불가능한 것일) 하나의 발본적 수동성에 동일시하는, 그러한 어떤 운동에 의해 정치적 무대 위로 소환됩니다.

따라서 여기에서 제기되는 질문은 마키아벨리가 자신이 공언하는 합리성 구축을 완수함으로써 하나의 해석을 구축[완성]하는 것인지, 혹은 그게 아니라 오히려 마키아벨리가 '유효한' 정치의 목적과 수단으로 구성된 자신의 체계 속에 이 유효한 정치가 가지고 있지 않은, 이 유효한 정치가 그 통제권을 앞으로도 가지게 되지 못할, 그러한 물chose을 침투하게 만드는 것은 아닌지에 관한 것입니다. 『로마사 논고』는 믿음(그리고 특히 종교)에 대한 조작을 활용하지 않고서는 대중들이 충분히 긴 시간 동안 통제될 수는 없을 것임을 상세히 설명합니다.[7]

---

7 [옮긴이] 마키아벨리의 이 저서의 국역본으로는 니콜로 마키아벨리, 『로마사 논고』, 강정인·김경희 옮김, 한길사, 2018을 참조. 『군주론』 국역본의 경우 앞서 이미 언급했듯 니콜로 마키아벨리, 『군주론: 군주국에 대하여』, 곽차섭 옮김, 길, 2017 참조.

바로 이것이 우리가 현대적 의미에서의 '이데올로기의 정치'(혹은 의견opinion의 정치)의 시초적 판본으로 식별할 수 있었던 것이죠. 하지만 공포와 경악의 효과를 동반하면서 우리는 모든 계산적 합리성을 넘어서게 된 것처럼 보이는데요, 왜냐하면 권력의 '기원'은 더 이상 신화 혹은 의례의 형태 내에서는 재활성화될 수 없기 때문입니다. 이 권력의 기원은 각자가 경험하며 억압하는, 그 효과가 예측 불가능한, 그러한 하나의 집단적 외상에 준거합니다. 그리고 근본적으로 이것이 바로 마키아벨리 스스로가, 체사레 보르자의 모험이 사실은 구성하고 있는(혹은 이탈리아에서 권력imperium을 재정초한다는 자신의 기획에서 그가 성공 직전까지 갔다는 이야기의 이면을 형성하고 있는) 그러한 재난[폐허 또는 몰락]으로의 치달음course à l'abîme 속 적절한 자리에 이러한 에피소드를 기입함으로써, 자신의 것으로 인정하는 바입니다.

폐허

오늘 제가 그와 함께 저의 논의를 마무리할 마지막 용어, 즉 폐허가 바로 이로부터 등장합니다. 이 용어는 『군주론』의 어휘집에서 가장 빈번하게 등장하는 용어 중 하나, 아니 아마도 가장 빈번하게 등장하는 용어일 것입니다. 『군주론』을 읽은 사람들이 이를 인지했을까요? 권력의 안정성(이 권력의 안정성이란 후에 스피노자가 '절대'로의 권력의 고양이라 부르게 될 바인데요, 하지만 여기에서 스피노자는 어떠한 정치 전략을 염두에 두는 것이 아니라, 오히려 제도들institutions의 체계, 더 나아가 하나의 구성constitution[헌정]을 염두에 두죠)을 보증하는 수단들에 대한 증명 혹은 탐구라는 관념을 잠시 동안 무력화해 놓은 상태로 마키아벨리를 다시 읽어 보도록 합시다. 이를 통해 우리는, 권력의 안정성에 관해 제시된 마키아벨리의 기술description(그리고 구원자를 향한 최후의 부름은 분명 정념의 힘작용, 그리고 이와 동일한 정도의 지성의 힘작용을 통해서만 스스로를 초월한다는 기술) 속에서, 모든 '군주국'은 폐허 속으로 들어가게 된다는 점을 확인하게 될 것입니다. 그래서 이와 마찬가지로 모든 군주 또한 자신들의 폐허 속으로, 자신들이 정초했던 국가를 이 폐허 속으로 밀어 넣으면서(왜냐하면 이 국가는 이 군주들의 덕에 대한 실현 가능할 법하지 않은 물질화이기 때문에), 들어가게 됩니다.8

따라서 '그 종말이 아마도 존재하지 않을'(알튀세르), 그리고 그 영원성 — 아마도 이 영원성은 주권에 대한 고전적 신화와 분리 불가능할 것인데 — 속에 이렇듯 스스로를 투사할, 그러한 국가 혹은 사회에 대한 정초라는 관념과는 정반대로, 마키아벨리와 함께 우리는 정초들이 불가피한 폐허를 지연하는 것 말고는 할 수 있는 것이 없다고 사고해야 합니다. 더 정확히 말해, 이 정초들은, 가장 간교하고rusées 가장 덕스러운 정치들이 명백히 우연적인 하지만 사실은 불가피한 '오류'(자기 자신의 질병과 자기 아버지의 죽음을 제외한 모든 것을 예측했던 체사레 보르자의 계산 오류와 같은)의 형태로 자신들의 폐허 속으로 들어가게 되는 그러한 순간을 뒤로 미루는 것 말고는 할 수 있는 것이 없는 것이죠. 이러한 의미에서 마키아벨리적 군주는 '주권자'가 아니며, 심지어 이 마키아벨리적 군주는 주권차가 아닌 모든 것이기까지 합니다. 우리가 결정의 순수 형태에 이르기까지 주권이라는 관념을 정화한다 해도, 혹은 우리가 이 주권이라는 관념을 부정적 주권으로, 더 나아가 부정적인 것의 주권으로 전도한다고 해도 말이죠(부정적 주권과 부정적인 것의 주권은 각각 카를 슈미트와 조르주 바타유의 것인데, 게다가 이들은 마키아벨리를 진정으로 전유할 수 없었습니다. 이 점은 이 토론회에서 있었던 장뤼크 낭시와의 대화를 앞으로도 지속하기 위해 언급해 두는 것입니다). 그렇지만 모든 것은 폐허의 양태들 그리고 폐허의 유예[기간]들과 관계된 것입니다. 마키아벨리의 관점에서는 멍청한 오류와 우연적인 오류, 그러니까 우리를 폐허로 직접적으로 인도하는 어리석음im-bécilité의 오류와 오랜 시간 지연되고 지성에 의해 [이미] 경고된 능숙함habileté의 오류 — 실제적 차원에서는 성공과 혼동되는(혹은, 만일 이 능숙함의 오류가 지니는 본

8　[옮긴이] 반복해 등장하는 '폐허 속으로 들어가다'는 프랑스어의 숙어 aller à la ruine을 옮긴 것인데, 이는 일반적으로 '몰락하다' 혹은 '자멸하다' 정도로 번역된다. 하지만 여기에서는 '폐허'라는 명사를 강조하기 위해 '폐허 속으로 들어가다'로 옮기도록 한다.

성 그 자체로 인해 정치에 실패의 시간이 여전히 도래하지 않았다면, 앞으로 이 성공과 혼동될 [동일한 것으로 간주될]) ― 사이에는 그 어떠한 등가성도 존재하지 않습니다. 저에게는 이것이, 그가 행동하는 인간들[즉 정치가들]과 (이 행동하는 인간들이 이끌어 오는) 다중들의 대담함과 젊음을, 혹은 외래 세력의 속박과 경쟁 '영주들'의 무정부 상태에 종속된 민족들의 구원에 대한 희망을 우리에게 말해 주기를 원할 때, 필요불가결하며 바로 그로 인해 통제 불가능한 잔혹의 과잉과 함께, 마키아벨리의 『군주론』이 취하는 심원하게 비관적인 차원, 마키아벨리가 차례차례로 빌려 오게 되는 목소리들 간 공유의 즐거움이 지니는, 말로 표현 가능하지 않은 비밀과 같은 것을 형성하는 그 비극적 차원인 것으로 보입니다.

서문

'개념의 정념들'Passions du concept. 나는 여기 한자리에 모은 나의 아홉 연구들
(그중 몇몇에 대해서는 본서의 출판을 위한 수정이 이루어졌다)을 이 '개념의 정념들'이라
는 제목 아래 제시한다. 그런데 이 제목은 다음과 같은 여러 의미로 이해될 수
있다. 가장 경험적이면서도 전혀 사소하지 않은 그 첫 번째 의미는 (모두가 그러
한 것은 아니라 해도, 최소한 간접적으로는) 이 연구들 중 상당수가 개념의 정념(파토스
pathos)을, 그리고 개념들을 통한 사유의 정념을 가졌던 철학자들의 사유를 논평
한다는 점에 관한 것이다.[1] 이는 카를 마르크스, 조르주 캉길렘 혹은 루이 알튀
세르에게서 명백한 것이지만, 또한 미셸 푸코에게서도, 심지어 '그 극한에서는'
니콜로 마키아벨리 혹은 블레즈 파스칼에게서도 그러한 것이다. 그 두 번째 의
미는, 철학에서(피에르 마슈레와 마찬가지로 나는 이 철학이라는 통념을 항상 '넓은 의미로'
취한다), 정확히 이 철학을 독특화하는 사고의 형태와 양식으로 개념에 도착하게
되는arrive au concept[즉 개념에 일어나는] 바에 관한 것이다. 그러니까 이 개념이 (하
나의 장champ에서 다른 하나의 장으로, 그리고 하나의 문제 설정에서 다른 하나의 문제 설정으
로 나아가면서) 스스로를 변형하고 스스로를 재생시키는 외속적 방식으로든, 이 개
념이 자신의 적용이라는 기회를 활용해 자신 고유의 의미를 재정의하는 내속적
방식으로든, 이 개념이 '겪는'subit(paskhein, pathein) 바에 관한 것이다. 마지막으로

---

1 [옮긴이] 첫 번째 문장의 '개념의 정념들'은 원어를 병기해 주었듯 passions du concept을 옮긴
것인데, 당연히 '개념에 대한 정념들'로도 옮길 수 있다. 두 번째 문장의 '개념의 정념'은 passion du
concept을 옮긴 것인데, 이 또한 동일하게 '개념에 대한 정념'으로도 옮길 수 있다. '개념들을 통한
사유의 정념', 즉 passion de la pensée par concepts 또한 '개념들을 통한 사유에 대한 정념'으로도 옮길
수 있다. 발리바르가 이러한 문법적 양의성을 활용하는 이유는 바로 뒤에서 설명된다. 또한 본서에서
pensée는 '사고' 또는 '사유'로 자유롭게 선택해 옮겼다.

세 번째 의미는 개념의 변용들affections(pathèmata)에 관한 것, 그러니까 내가 경향들 — 그 사이에서, 개념의 철학이 이 철학 자신이 지니는 '대상'이라는 사실 자체[이 대상 그 자체]로 인해 늘어뜨려지고 심지어는 사지가 찢어져 이 개념을 가지고서 이 개념의 철학의 구성이 취하는 도정의 우유들accidents이 아니라 이 개념의 철학의 구성 그 자체의 양태들을 형성하는 결과로 이르게 되는 그러한 경향들 — 에 대한 가지성[인식 가능성]을 탐구한다는 점에 관한 것이다. 그래서 개념이란 그것을 위해 (극단적인 경우에는 항상 새로운 방식으로) 한 명의 철학자가 당파[입장]를 취하게prend parti 되는 것이다. 또한 개념은 지식의 역사와 의지가 이 개념의 의미 작용들 내에서도 이 개념의 활용들 내에서도 절대로 휴식 상태로 내버려두지 않는 이러한 지적인 통일성unité[단위] 혹은 실체entité이기도 하다. 결국 정확히도 개념은 사고가 이해하기를 원하는 세계 그 자체(외적 세계와 내적 세계) 내에 관여된 활동으로서 이 사고가 취하는 쟁점들을 이 개념 자신의 한가운데에서 성찰[반영]하기 위한 목적에서, 통일성에서 분할로(혹은 그 역으로) [부단히] 이동하기를 멈추지 않는 것이다.

'비극적 마키아벨리'에 관한 짧은 담화discours — 이 논선집의 구성과 의도를 명확히 밝히기 이전에, 나는 이 짧은 담화를 통해 이 논선집 안에 담긴 이론적 전개들에 [선제적으로] 진입하기를 원했다 — 는 (최소한 내가 희망하기로는) 개념에 고유한 정념들(그중 이 개념이 자신의 활용자들에게서 이끌어 내는 그러한 정념들)에 관한 성찰이 취하는 [앞서 언급한] 이러한 세 가지 차원들이 (한 명의 동일한 저자[즉 니콜로 마키아벨리]와 그의 텍스트와의 관계 속에서) 서로 마주칠 수 있는 방식에 관한 최초의 관념을 제공해 줄 수 있을 것이다. 동시에 이 짧은 담화는 (앞서 이 작업을 이미 수행했던 이들을 뒤이어) 인식론의 장을 그 내속적 필요성들에 따라 확장하고자 하는 나 자신의 시도를 통해 내가 이 지점에서 마키아벨리의 사고에 부여하지 않을 수 없는 그 중요성을 예상해 주었다.2

---

2 나는 마키아벨리의 사고 이외에도 다른 참조점들 또한 머릿속에 떠올리고 있는데, 그러나 당연히도 내가 이 자리에서 그 참조점들의 목록을 남김없이 제시하고자 하는 것은 전혀 아니다.

개념의 정념이라는 이러한 정식화가 나의 아홉 연구 중 그 어떠한 특정 연구의 집필에서도 주재자의 역할을 수행하지는 않았다는 점은 말할 필요도 없다. 왜냐하면 이 아홉 연구의 집필은 [매 정세마다의] 규정된 이해 관심과 요청에 의해 항상 지배되었기 때문이다. 이러한 정식화는 사후-작용, 재독해 그리고 분류화 시도의 효과인데, 나는 이 정식화가 초래하는 (이 사후-작용, 재독해 그리고 분류화 시도

알튀세르는 '개념의 당파'parti du concept라는 표현을 참조[즉 인용]했는데, 그는 이 표현이 마르크스의 것이라고 주장했으며(하지만 사실 나는 마르크스가 도대체 어디에서 이 표현을 사용했는지 잘은 모르겠다), 그는 이 표현을 자기 자신과 자기 주변의 인물들에게 적용했고, 이 표현을 철학에 대한 자신의 개념화에 연결하기를 희망했다. 이러한 당파(혹은 취해진 당파parti pris)가 정념화된 관여를 내포한다는 점은 나에게 너무나도 명증한 것으로 보인다. 그러나 과연 알튀세르가, 개념 스스로가 하나의 '비장한'pathétique[혹은 정념적] 차원을 내포하고 있다는 점을 인정할 준비가 되어 있었는지는 전혀 확실하지 않다. 최소한, 알튀세르 자신의 활동의 효과하에서, 이 개념의 활동이 삶과 사고의 다른 양식들과 함께 포함하고 있는 교차점들의 효과하에서, 알튀세르가 모순적 정향들 사이의 항구적 분할이라는 관념, 그 용어의 넓은 의미에서 정치적인 그러한 관념을 이론의 개념화 그 자체 내에 도입하기 전까지의 그 오랜 시간 동안만큼은 말이다. 1991년의 저서 『철학이란 무엇인가?』에서, 질 들뢰즈와 펠릭스 과타리는 그들이 '개념'이라는 단어로 의미하고자 하는 바에 관한 매우 심원한 하나의 정교 구성을 (이 개념을 이항 대립들의 여러 연속적 체계들 내에 기입함으로써) 제시한다. 이러한 들뢰즈와 과타리의 정교 구성은 정념을 결여하고 있는 것이 전혀 아니지만 그럼에도 나는 여기에서 그들의 정교 구성에 준거할 수는 없다. 왜냐하면, 매우 베르그송Henri (Louis) Bergson적인 방식으로, 들뢰즈와 과타리는 개념에 관한 과학적 의미와 철학적 의미를 근본적으로 분리하기 때문이다(사실상 과학에게서 개념들을 통해 사고할 수 있는 권리가 있다는 점을 부인함으로써 말이다. 이들은 다음과 같이 말한다. "개념은 철학에 속하며 철학에만 속하는 것이다." 그리고 이보다 더 뒤에서는, "과학은 개념들이 아니라 기능들을 대상으로 가진다. (……) 과학적 통념은 개념들이 아니라 기능들 혹은 명제들에 의해 규정된다"라고 말하면서 말이다). 다른 한편으로, 이와 상관적으로, 들뢰즈와 과타리는 개념적 창조를 문제화problématisation 활동과 연결하지만, 이 개념적 창조로부터 토론 혹은 갈등의 차원("담론들 간의 경쟁") — 앞으로 보게 되겠지만 나의 관심을 끌었던 것은 바로 정확히 이 차원인데 — 을 배제한다. 나는 조셀린 브누아가 『개념들: 분석을 위한 입문』(Cerf, 2010)에서 행한 작업에 많은 부분 공감하는데, 그가 영광스럽게도 ('경계'frontière라는 나의 개념과 관련해) 나를 인용해 주었기 때문만이 아니라, 또한 "현실적인 것의 맥락" 내에 기입되는 사고의 행위로 개념을 정의하고자 하는 자신의 의도 속에서, 그가 이 현실적인 것의 맥락을 하나의 '소여'로보다는 오히려 하나의 세력장으로 특징짓는 것으로 나아가기 때문에도, 그리고 (자신이 본질적으로 논박되는 개념concept essentiellement contesté으로 특권화하는 "아프리카라는 개념"이라는 예시와 관련해) 그가 이러한 기입의 정치적 특징을 분명히 각인하기 때문에도 그러하다. 하지만 이러한 브누아의 정치성은 개념적 로고스의 정의 내에 갈등적 파토스의 권리를 마련하는 것으로까지 나아가지는 않는다. 이 브누아의 정치성은 비트겐슈타인Ludwig Josef Johan Wittgenstein적 신축성에서 멈추어 버린다……. 브누아의 기획은 프랑스식의 경직된 분석철학의 편에서 적지 않은 공격을 받았다.

에 의한) 촉성forçages[즉 이 아홉 연구들을 그 내적 차이들에도 불구하고 조금은 억지스럽게 이 정식화의 자리에 모으는 것] 혹은 근사approximations[즉 이 아홉 연구들을 이 정식화와 지니는 차이들에도 불구하고 조금은 다른 의미로 간주해 이 정식화의 자리에 모으는 것]를 매우 명확히 인지하고 있다. 그러나 이 정식화는, 내가 예상하지 못했던 하지만 '진리의 역사'histoire de la vérité 혹은 '이단점'point d'hérésie과 같은 과잉 결정된 몇몇 특정 언표들에 대한 증상적 독해가 강제했던 문헌학과 철학의 질문들을 향해 나를 이끌어 주었던 인식론 그 자체(혹은 오히려, 특정한 하나의 인식론)로부터의 일종의 '표류'를 발생시키면서, 내가 하나씩 차례로 잡아당겼던 실들 전체를 붙잡을 수 있게 해준다. 게다가 이러한 표류는 결국 나를 인식론으로 재인도해 주었는데, 하지만 그 출발점에서 나에게 영감을 주었던 것들과는 상당히 다른 이유와 목적에서 그러했다. 이에 더해 나는, 비록 불만족스러운 수준에서이겠지만, 바로 이 논선집을 통해 이러한 자리 이동의 결과 또한 평가해 보고자 시도한다.3

　　나는 세 가지 핵심 주제를 다시 밖으로 꺼내고자, 그리고 이 세 가지 핵심 주제의 이론적 기능을 문제화하고자 시도하기 위해 세 부분[1부, 2부, 3부]으로 구성된 하나의 플랜을 구축한다.4 첫 번째 주제는 진리의 역사, 두 번째 주제는 내부-이론적 분기bifurcation intra-théorique 혹은 '이단점', 세 번째 주제는 사유의 '존재론적' 규정détermination으로서의 현행성actualité — 인식은 항상 논쟁적 상승ascension polémique을 수단으로 이 현행성을 향해 나아가고자 시도한다 — 이다. 첫 번째와 두 번째 부분들 각각에서, 핵심적으로 나는 예전의 혹은 최근의 저자들에 대한 독해를 수행하며(하지만 이 저자들은 자신들 사이의 시간적 거리를 뛰어넘어 하나의 지적인 '동시대성' 내에 다시 자리할 수 있다), 이 저자들 중 몇몇은 여러 차례에 걸

　　3　[옮긴이] 여기에서 '인식론'은 본서의 부제에서와 마찬가지로 épistémologie를 옮긴 것인데, 프랑스 철학에서는 프랑스 철학 전통 내 '과학적 인식론'(즉 '프랑스 역사인식론')으로서의 épistémologie와 '인식에 관한 이론'으로서의 théorie de la connaissance를 구분한다. 본서에서 '인식론'으로 옮긴 어휘의 원어는 모두 épistémologie이다.

　　4　[옮긴이] 참고로 마르크스주의에서 plan, 즉 '플랜'은 '작업의 계획'과 '저작의 구성' 둘 모두를 의미한다. 여기에서도 이 어휘는 이러한 두 가지 의미로 이해될 수 있다.

쳐 서로 다른 자리로 되돌아오는데, 그중에서도 특히 파스칼과 푸코가 그러하다. 이 논선집에서 그 어떤 특수한 연구의 대상이 되지는 않는 알튀세르(하지만 나는 유명한 만큼이나 수수께끼 같은 마키아벨리 텍스트의 한 문단에 대한 해석과 관련해 알튀세르와 토론하기 위해 그를 특권화된 대화 상대자로 설정한다) 또한 여러 차례에 걸쳐 되돌아온다. 과학과 비판에 대한 현재적 논쟁들이 취하는 장 내에서의 몇몇 질문들에 대한 영감자로서, 몇몇 분석들에 대한 모델로서, 혹은 몇몇 입장들에 대한 필수적 준거점으로서 말이다. 훨씬 오래전에 그 안에서, 나 자신의 개념의 정념 — 내가 그 대상을 끊임없이 바꿔 왔으며 그 활용에 대해 끊임없이 재고찰했던, 하지만 그 자체로서는 파괴 불가능한 것으로 밝혀진 개념의 정념 — 이 형성되었던 그러한 작은 '고리'에 새겨진 지워지지 않는 표지를 이 알튀세르에게서 발견하는 것은 독자의 자유이다. 세 번째 부분 — 대상이 되는 대화 상대자와 그 스타일이라는 관점에서는 표면적으로 가장 이질적인 성격을 지니는 것으로 보이는 — 에서, 나는 텍스트 독해에(심지어는 문헌학에) 지속적인 중요성을 부여한다. 하지만 또한 나는, 더욱 확연적인 방식으로, 하나의 질문, 그러니까 내가 언젠가는 더욱 충분한 이론적 발전을 제공할 수 있기를 희망하는 질문(왜냐하면 이 질문은 특히 경제 그리고 종교와 관련해 어떠한 긴급성을 지니는 [현재의] 몇몇 토론들 속에서 우리가 나아가야 할 방향을 잡을 수 있게 해주는 것으로 내겐 보이기 때문에), 이 자리에서는 최소한 제기되는 것만으로 그칠 뿐인 그러한 질문을 취급하기 위한 윤곽을 잡고자 시도한다. 결국, 인간 과학(더 나아가 모든 과학 전체 — 나는 이 과학 전체라는 질문은 일단 유보하도록 한다)의 장 내에서 과학성을 주장prétendant하는 인식의 가능 조건과 성찰적 도구 양자 모두를 구성하는 메타이론적 갈등들conflits métathéoriques(실증주의적 전통 전체에는 메타이론적 갈등들이 인식의 가능 조건을 구성한다는 것은 역설로 보인다)이라는 질문 말이다. 결론을 대신하여, 혹은 오히려 이렇게 하나로 묶여진 질문들에 대한 재출발 혹은 재개방을 위하여, 나는 정치적 개념들Political Concepts 네트워크가 2016년 나의 작업을 중심으로 조직한 학술 대회의 폐회사를 위해 행한 초대가 나로 하여금 합리주의 철학의 전통이 양립 불가능한 것들로 간주하는 경향을 항상 지녀 왔던 갈등성conflictualité과 개념성conceptualité이라는 두 개념을 화해시키기 위한 혹은 심지어 하나의 통념으로 결합하기 위한 동시대 시도들에 대한 질서 지움을 소묘함으로써 정교 구성하도록 이끌었던 최근의 발표문을 제시한다.5 이러한 '종합적' 통념이 이 논선집 내에서 다루어진 주제들 전체의 방향을 설정해 주고 어떤 의미에서는 이 주제들 전체 그 자체를 포섭한다는 점(그렇다고 이 주제들을 하나로 통합하거나 동질화하지는 않으면서도)은 상당히 명확한 것이다. 시간적 거리 둠과 이를 통한 재독해를 활용해 이 지점 위에서 갈등성과 개념성이라는 문제로 되돌아옴으로써 이에 관해 조금 더 논의하기 이전에, 이 세 가지 부분들에 관해 내가 제안하는 의도와 조직 방식을 다음과 같이 도식적으로 기술하는 것에 독자들의 양해를 구하고자 한다.

5 물론 헤겔이라는 유명한 예외, 그래서 결과적으로 이 헤겔이 영감을 불어넣었던 이들이라는 유명한 예외는 제외하고 말이다. 사람들은 내가 이 아홉 연구에서 헤겔에 대한 그리고 이 헤겔이 제공해 주었던 형태들 내에서의 '변증법'에 대한 진정한 논의의 기회를 찾지 못했다는 점(내가 헤겔의 것으로 간주하는, 과정procès과 사건événement 사이의 반정립에 관한 이론적 전개는, 나의 눈에 그것이 아무리 중요한 것으로 보인다고 해도, 이러한 논의를 가능케 하지는 않는다)에 놀랄 것이며, 아마도 심지어는 이를 하나의 도피 행태로 간주하기까지 할 것이다. 그 앞에서 선택이라는 행위를 해야만 했던 그러한 하나의 '이단점'과 같은 것이 여기에 놓여 있다는 사실을 인정하면서, 나는 헤겔에 대항해 혹은 헤겔에 맞서 이러한 선택을 행했다. 이러한 선택의 의미를 명확히 밝히기 위해, 나는 헤겔적 기획이 항상 (저작들과 맥락들에 따라 더 혹은 덜 용이하게) 모순의 전개 내에서의 그리고 차이의 '모순되기' 내에서의 모순 혹은 '계기'의 관점에서 갈등이라는 질문을 재정식화하는 경향을 지닌다는 점을 (논증 없이) 지적하고자 한다. 정확히 바로 이 길에 대한 대안들(특히 개념의 한가운데로 이 개념의 정념들 — 헤겔에 의해 '지양된' 정치적이고 신학적인 정념들 — 을 '되돌아오게' 만드는 그러한 대안들)이 이 아홉 연구 내내 반복적인 방식으로 나를 추동했던 것이다. 이 지점에서 마르크스에게서의 이 질문의 변형은, 특히 알튀세르에게서 이 질문이 재작업되고 전위되었던 방식으로 인해, 이 연구들 속에서 더욱 직접적으로 언급된다. 이에 관해 우리는 알튀세르가 갈등성을 개념에 통합하는 경향을 분명하게 지니는 정식화들 — '이론에서의 계급투쟁'lutte des classes dans la théorie, '분파적 과학'science schismatique 그리고 '극한의 사유'pensée aux extrêmes — 로 나아가기 이전에, 모순에 대한 반헤겔적 활용에 기초한 '마르크스주의 변증법'에 관한 하나의 형식화를 구축하고자 시도하는 것에서 출발했다는 점을 잘 알고 있다. 그래서 우리는 '개념의 인내'patience du concept(제라르 르브렁)로부터 계속 더욱 멀어지게 되며, 나는 또한 바로 이러한 방향을 따라 나 자신의 방식으로 앞으로 나아갔다. 물론 철학적 스펙트럼의 다른 쪽 극단에서 사람들이 '반철학자'로 분류하고자 하는 그 모든 이들이, 그중에서도 특히 프리드리히 니체가 존재한다. 니체를 개념의 요소 내 하나의 진정한 '전쟁'의 자격으로 그 자체 논하지 않는 것(대신 단지 몇몇 반향들을 통해서만, 특히 푸코에게서의 그 반향을 통해서만 논하는 것)은 (행하지 않은 바에 관해 스스로를 정당화해야 한다면) 어떤 주저함으로, 혹은 오히려 하나의 유보 행위로 내가 설명해야만 하는 그러한 또 다른 선택이다. 도정은 백과사전적인 것이 아니니까 말이다.

'진리의 역사'

1부에서 나는 캉길렘으로부터 출발해 바디우로 나아가고, 그 지점에서 다시 파스칼로 되돌아온다. 진리의 역사라는, 사실은 인용의 인용인 이 표현을 중심으로, 나는 '정관사 진리'의 어떠한 하나의 역사une histoire de "la vérité"의 파편들을 제시하고자 하는 것이 아니며, 더욱이 진리의 언표 작용들énonciations de la vé-rité에 대한 혹은 진리의 양태 내에서의dans la modalité de la vérité 언표 작용들(즉 '진리 진술들'véridictions)에 대한 기술과 맥락화를 위한 밑그림들을 제시하고자(이는 푸코가 영감을 불어넣었던 기획인데, 나는 한때 이 기획을 추수해 보기도 했다) 하는 것도 아니며,[6] 대신 이 진리의 역사라는 표현 그 자체의 계보학과 내적 긴장들을 명확히 밝히고자 하는 것이다.[7] 왜냐하면 나는 이 진리의 역사라는 표현이 고도로 증상적임과 동시에 사람들이 처음에 생각했던 바보다 훨씬 더 수수께끼적이라는 점을 깨닫게 되었기 때문이다. 따라서 이러한 탐구는 문헌학적(혹은, 다른 어딘가에서 내가 이미 지적한 바 있듯, '탈무드적') 특징을 지니고 있다. 그럼에도 이러한 탐구는, 캉길렘과 바디우(특히 그의 저작들 중 수학에 대한 인식론으로부터 가장 직접적으로 도출되는 부분들의 저자 바디우)라는 이름들이 지시하듯, 지난 20세기 프랑스의 인식론적 전통의 중심에 놓여 있던 관념들 중 몇몇과의 어떠한 직접적 관계(내가 건설적이기를 희망하는 그러한 관계) 또한 포함하고 있다.

그렇다면 이는 도대체 무엇에 관한 것인가? 본질적으로 이는, 프랑스에서 벌어진 1960년대와 1970년대의 철학적 논쟁의 주인공들 중 상당수가, 이들 간의 놀라운 수렴을 통해서, 이 진리의 역사라는 표현의 활용을 요구하기 위해서

---

6 나는 1994년 로브 출판사Éditions de l'Aube에서 『진리의 장소들과 이름들』이라는 제목으로 얇은 논선집을 출간한 바 있는데, 그중 '조르주 캉길렘 철학에서 과학과 진리'에 관한 한 장을 본 논선집에 다시 실었다. 본 논선집에 다시 실린 이 장은 [『진리의 장소들과 이름들』의 관점보다는] 오히려 [본서에서 제시된] 관점 내에 기입되어 있다.

7 [옮긴이] énonciation을 기존 번역 관행처럼 '언표 행위'로 옮기지 않고 '언표 작용'으로 옮기는 이유는 현대 프랑스 철학의 구조주의적 저자 기능론의 함의를 따르면 이를 구체적 행위 주체의 언표 행위라는 실천으로 새겨서는 안 되기 때문이다.

든 그 의미를 전위시키거나 왜곡하기 위해서든(특히 푸코에게서 그러한 것처럼, 슬픈 혹은 즐거운 역사, 정치적 역사 등등과 같은 수식어들의 도입을 통해서), 아니면 이 표현에 대한 직접적인 일차적 수준의 해석을 거부하고 이 표현을 부정화하기 위해서든, 이 진리의 역사라는 하나의 동일한 표현을 집요하게(혹은 자신들의 저작 내의 전략적인 지점들에서) 활용했다는 점이다. 이들의 입장은 심원하게 발산적이지만, 이들의 입장 모두는 하나의 동일한 쟁점, 즉 인식론적 관점에서(인식론이 과학들의 역사에 분리 불가능하게 연결되어 있는 것으로 개념화되는 경우) 그리고 형이상학적 관점에서 역사성과 진리성véridicité 혹은 객관성이라는 주제들 사이의 상호 접근(그리고 더 나아가서는 동일화)이 함의하는 것으로 보이는 긴장, 심지어는 모순을 문제화하는 쟁점을 지니고 있다.8 이때부터 그 성좌는, (2부의 대상인 푸코의 용어법에 대한 검토를 예상하면서) 우리가 다중적 차원들을 취하는 하나의 '이단점' — 진리의 역사는 바로 이 이단점의 이름일 것이며, 이 진리의 역사라는 정식을 해석하는 모순되는 가능성들이 이 이단점의 쟁점을 구성할 것이다 — 으로 이미 부를 수 있는 바를 중심으로 조직화된다. 하지만 문헌학적으로, 이러한 진리의 역사라는 정식과 그 집요한 반복은 도대체 어디에서 유래하는 것인가? 바디우가 자신의 주저 『존재와 사건』의 '성찰들' 중 하나에 제사로 단 파스칼 인용 하나가 이 지점에서 발견적이고 지도적인 역할을 해주었다. 더 뒤에서 내가 다시 지적할 것이지만, 아마도 진리의 역사라는 '프랑스적' 관념은 변증법적(헤겔적 — 하지만 우리는 여기에서 오히려 진리의 변전에 대해 말해야만 할 것이다) 전통의 단어들, 그리고 현상학적(후설Edmund Husserl적인 현상학, 하지만 만일 우리가 자인스게쉬흐테Seinsge-schichte 혹은 '[대문자] 존재의 역사'histoire de l'être를 진리의 그 연속적 배치들 내에서의 내재

<hr />

8 인식론과 관련해 우리는 그 난점이 하나의 이중 구속 내에 놓여 있다고 말할 수 있을 것이다. 역사성과 진리성이 분리 불가능한 것이 되었던 반면, 진리가 역사 내에 있다(동어반복 혹은 절대적 역사주의를 통해서만 상대주의로부터 벗어나는 역사주의적 입장 — 즉 그 '안'에서 진리가 생산되는 그러한 역사는 이 진리 고유의 역사, 이 진리의 '전개'의 역사라는 입장)고 전제하는 것도, 역사가 진리 내에 있다(형이상학적인, 그리고 심지어는 도그마적인 입장 — 나에게는 바디우가, 그에게는 이념으로서의 진리의 언표 작용이 충실성을 생성하는 '투사적' 기능 또한 지녀야 하는 것으로 나타나자마자, 이 입장으로 결국은 되돌아오게 되는 것으로 보인다)고 전제하는 것도 불가능하다.

적 (비)은폐의 역사로 해석할 경우, 특히 하이데거Martin Heidegger적인 현상학) 전통의 단어들과 인접해 있는 것 같다. 하지만 이러한 관념은 절대로 정확히 동일한 것을 의미하지 않으며, 심지어 이 관념은 그것이 정확히 동일한 것을 의미하리라는 점을 거부한다. 그런데 바디우의 인용이 (이 과업을 명확히 떠맡지는 않으면서) 제시했던 바는 또 하나의 다른 '원천'으로, 솔직히 말하자면 놀라운 단발어hapax legomenon로, 심지어 철학적이기 이전에 정치적인 만큼이나 신학적인 쟁점들을 지니고 있으며 모든 맥락으로부터 분리된 파스칼의 '사유'pensée[즉 '팡세']로 거슬러 올라가는 것이었다. 이는 바로 "교회의 역사는 진리의 역사로 고유하게 불려야 한다" L'histoire de l'Église doit être proprement appelée l'histoire de la vérité이다.9 10 나는 파스칼적 원천이, 만일 이 원천이 드러날 수만 있다면, 동시대 [프랑스] 철학들의 갈등에 관한, 그리고 이와 동시에 다른 (유럽) 국가들의 전통들과 이 동시대 [프랑스] 철학들 사이의 차이에 관한 열쇠(혹은 열쇠들 가운데 하나)를 지니고 있다는 가설을 제출했다.

하지만 나는 이 여정의 한가운데서 하나의 보충적 가설을 제시했다. 파스칼과 푸코 사이에서(비록 1961년 지나가듯 한 것이기는 하지만 푸코가 파스칼 이후 이를 언급한 최초의 인물이다), 이 언표에 대한 그 어떠한 활용도 탐지할 수 없었다는 점이 나에게 드러났기 때문이다. 이는 그 용어의 거의 프로이트적인 의미에서의 잠재기라는 관념으로 나아가게 되었는데, 여기에서 문제가 되고 있는 이 언표는, 해석학과의 대립, (장 카바이예스, 가스통 바슐라르, 알렉상드르 쿠아레로부터 영감을 얻은)

---

9 Édition Louis Lafuma, n. 776. 이 정식은 다른 정식들 전체로부터 분리되며(비록 우리가 이 정식의 상관물들을 찾아 줄 수는 있지만) '분류되지 않은 문서들'에 속한다. 나는 또 다른 원고에 기반해 있으며 그래서 다른 분류를 제시하는 필리프 셀리에 판은 참조하지 않았다.

10 [옮긴이] 프랑스어에서 proprement은 exactement, 즉 영어의 exactly와 거의 동의어이기 때문에, 우리는 이 정식을 "교회의 역사는 정확히 진리의 역사로 불려야 한다"라고 옮길 수 있다. 하지만 proprement이라는 부사의 고유한 의미, 즉 '고유하게'라는 의미를 고려해 살짝 직역해 주었다. 국역본 (블레즈 파스칼, 『팡세』, 김형길 옮김, 서울대학교출판부, 2010, 407쪽)은 이를 다음과 같이 옮긴다. "교회의 역사는 정확하게 말해서 진리의 역사라고 불리어져야만 한다." 그리고 '단발어'란 어떤 저자 또는 사상가의 전 텍스트에서 단 한 번만 등장하는 어휘를 일컫는다.

[프랑스] 역사 인식론이 구성하는 바로서의 과학 개념에 내적인 아포리아, 그리고 과학이라는 질문과 정치라는 질문(몇몇 측면에서는 이 두 가지 질문 각각이 자신이 진리에 대한 하나의 참조 양식 — 캉길렘이 직접적으로 맞서 싸웠던, 이데올로기에 관한 '마르크스주의적인' 문제 설정이 각별히 강조했던 바가 바로 이 진리에 대한 하나의 참조 양식이다 — 을 규정하고 있다고 [부당하게] 주장할 수 있다) 사이의 날카로운 대립, 이 이중의(혹은 삼중의) 영향력 아래에서 다수적인 만큼이나 풍부한 그 활용들 각각으로 '산산조각' 나기 위해서만 3세기가 지나서야 그 잠재기로부터 빠져나와 다시 출현하게 된다. '진리의 역사'에 대한 참조 전체 속에서, 신학적 기원이라는 질문, 즉 정통과 이단 사이의 갈등이라는 질문의 집요한 반복 — 심지어 이 질문이, 가시적으로 존재하는 교회의 굴레로부터 명백히 해방되었을 때에도 — 을 온전히 밝혀내기 위한 목적에서 파스칼을 참조하는 것이 취하는 전혀 부차적이지 않은 보충적 이득이 이로부터 도출된다. 만일, 알튀세르와 푸코로부터 영감을 얻음으로써 (하지만 특히 파스칼의 1655년 저서 『은총에 관한 저술들』이라는 핵심 텍스트로 되돌아감으로써) 내가 주장할 수 있다고 믿었듯, 파스칼적 입장의 역설이 이단이라는 상관적 통념을 유지시키면서도 동시에 정통의 자리를 도려내는 것évider la place de l'orthodoxie, 그러니까 필연적 오류를 현실적인 것임과 동시에 정식화 불가능한 것으로서의 진리가 취하는 증상으로 만드는 것이라면, 우리는 인식론과 존재론이, 자신들에게 고유한 코드 내에서, 진리의 역사와 오류의 역사에 대한 언표 작용들 — 이 언표 작용들이 생산하는 효과들은 이 인식론과 존재론에 완전히 활용 가능한 것은 아니다 — 을 통해 스스로를 '위치 지어야' 한다는 점을 이해하게 된다. 이 효과들은 정치-신학적 '전사'préhistoire — 사람들은 과학과 철학에 의한 '세속화'가 이 정치-신학적 전사의 의미를 제거했을 거라 [잘못] 가정했는데 — 에 항상 의존한다. 우리는 바로 이렇게 말해야 하는데, 오히려, 그리고 더욱 수수께끼적인 방식으로, 이 효과들이 이 전사의 기념비들과 함께 하나의 유비를 항상 보존하고 있다고 말해야 하는 것은 아니라면 말이다.[11]

---

11 사람들은 나의 입론이 내포하고 있는 다음과 같은 취약점을 즉각 알아차리게 될 것이다. 나의

'이단점들'

우리는 이러한 1부와 이단점이라는 통념의 의미와 활용을 밝히는 데 할애되어 있는 2부 사이에 연속성이 단순한 방식으로 존재하고 있다고 생각할 수도 있는데, 왜냐하면 내가, 탐구된 진리와의 관계 속에서 이단들이 표현하는 '오인에 의한 인식'connaissance par la méconnaissance의 기능에 관한 하나의 발본적 가설을 파스칼적 사상의 함의들 가운데에서 발견하기 때문이다. 그러나 이러한 연속성은 나에게 사후적인 방식을 통해서만 그리고 일종의 부가적인 방식을 통해서만 나타났을 뿐인데, 왜냐하면 이 이단점이라는 질문은 자신의 위대한 저서인

입론은, [시기적으로] 파스칼과 푸코(그리고 또 다른 이들) 사이에 존재하는 이들 중 그 누구도 '진리의 역사'에 관해, 어쨌든 하나의 철학적 문제로서의 진리의 역사에 관해서는 명시적으로 말한 적이 없다는 점을 확언하면서도 내가 착각을 한 것은 전혀 아니라고 전제한다(그런데 파스칼과 푸코 사이에서 그 누구도 이 진리의 역사를 말한 적이 없다는 점은, 이 진리의 역사라는 파스칼적 언표의 무매개적 의미가 이 언표를 철학적으로 다시 취하는 것을 방해하는 장애물을 구성한다는 점을 통해 이해될 수 있다). 만일 하나의 반례가 나타나 나의 입론에 반대한다면 나는 나의 이 '잠재기'라는 가설을 포기해야만 할 것이다. 하지만 그럼에도 나는 파스칼적 '원천'으로 거슬러 올라가는 것이 지니는 이득도, 결과적으로 (이렇게 인식론, 정치학 그리고 신학을 하나로 묶는 매듭을 전시함으로써 — 그런데 이 세 항 중 마지막 두 항, 즉 정치학과 신학은, 특히 프랑스의 '정교분리' 전통 속에서, 제도로서의 과학의 전통적 반의어로서의 교회라는 이름 아래에 포섭되어 있다) 동시대의 활용들이 취하는 함의들을 파스칼적 언표의 함의들과 대립시킬 수 있는 가능성도 완전히 잃게 되는 것은 아닐 것이다. 이 정식에 관한 문헌학적 질문은 캉길렘이 이 정식을 한 명의 폴란드 과학사가(즉 보그단 수호돌스키)의 것으로 돌리면서 이 정식에 대한 부정적 원용으로 자신의 논의를 시작한다는 사실로 인해 더욱 복잡해진다……. 1976년(『리센코: 프롤레타리아 과학의 현실 역사』라는 도미니크 르쿠르 저서의 서문에서), 알튀세르는 파스칼을 명시적으로 인용하지는 않으면서 '규범 없는 편향'déviation sans norme과 동일시된 '진리 없는 오류'erreur sans vérité라는 관념에 관한 놀라운 이론적 발전들을 제시했다. 알튀세르는 캉길렘과는 달리 '과학적 이데올로기'idéologie scientifique를 말하지는 않았다. 알튀세르와 캉길렘이 (부분적으로는 그들의 공통 제자들을 매개로) 진리, 이데올로기, 과학 그리고 역사에 관해 서로 토론했던 시기의 알튀세르의 담론과 캉길렘의 담론 사이의 만남에 관한 연구는 앞으로 수행해야 할 과제로 우리에게 남아 있다. 브랭Vrin 출판사에서 현재 출간되고 있는 훌륭한 조르주 캉길렘 전집은 이 지점에 관해서는 예비적 암시들만을 제시하고 있을 뿐이다. 편향이라는 관념(혹은 은유)은 다음과 같이 파스칼에게서 분명히 작동하고 있는데, 파스칼은 이단이라는 범주를 교회의 교부들이 소환했던 그리스어 어원의 가장 근방에서 그 자체 '정통적인' 방식으로 활용한다. 오류, 그것은 바로 '대립물들'을 함께 사고하는 것의 난점을 피해 가는 선택이라는 관념으로 말이다. 알튀세르는 파스칼의 열렬한 독자였다(하지만 어느 프랑스 철학자가 파스칼의 열렬한 독자가 아닐 수 있겠는가?).

1966년의 『말과 사물』 속에 놓여 있는 푸코의 철학에 대한 해석이라는 또 다른 문헌학적 원천을 가지고 있었기 때문이다.[12] 글쓰기écriture라는 질문이 정세conjoncture라는 질문과 교차하는 텍스트들의 독해를 위한 서로 다른 시론들 안에서, 이 이단점이라는 표현의 푸코적 기원 — 나는 이 이단점이라는 표현에서 이러한 푸코적 기원이라는 꼬리표를 떼어버리고자[즉 이단점이라는 질문을 일반화하고자] 시도했다 — 을 물론 의식하면서, ('이단점', '분기'bifurcation, '선택의 갈래'fourche de choix 등등 — 뒤에서 나는 이 은유들의 문제로 되돌아올 것이다) 푸코의 텍스트가 제안하는 은유적 경향을 따르면서, 하지만 이 은유적 경향이 취하는 논리를 재구성하는 기획에 착수하지는 않으면서, 나는 이 이단점이라는 표현을 나의 것으로 다시 취하기 시작했다.[13] 나는 '횡단 분과 학문적'transdisciplinaires 개념들의 인식론에 관한, 그리고 이와 상관적으로, 푸코가 '유사-초월론적인'quasi transcendantales 통념들을 가지고서 형성해 낸 개념화에 관한 집단적 연구의 기회, 영국으로부터 온 그 기회 덕에 결국 이러한 작업에 착수할 수 있었다. 그런데 이러한 작업은 푸코 자신에 관한, 그리고 우리가 그 안에 푸코를 기입시키고자 시도해 볼 수 있을 그러한 '성좌'에 관한 놀랍도록 탁월한 결과들을 나에게 제공해 주는 것으로 귀

---

12 『말과 사물』은, 한편으로는 푸코 자신의 몇몇 거리낌 없는 정식들이, 특히 다른 한편으로는 윤리적이고 정치적인 이해 관심들이 더욱 직접적으로 상호 결합되는 그러한 저작들을(과 강의들에) 푸코의 주석가들과 활용자들이 (또 다른 역사 기술 실천에서부터 출발해) 부여했던 특권이 『말과 사물』을 가두어 놓았던 그 시련의 장으로부터 이제는 곧 탈출하게 될 것으로 보인다. 만일 내가 『말과 사물』에 대한 이러한 재가치화 작업에, 아니 아주 단순하게는 20세기의 위대한 철학서들 중 하나에 대한 연구에 기여할 수 있다면, 나는 분명 매우 기쁠 것이다.

13 예를 들어, 나의 시론 「에고 숨, 에고 에그지스토: 이단점 위의 데카르트」Ego sum, ego existo: Descartes au point d'hérésie(Citoyen sujet et autres essais d'anthropologie philosophique, PUF, Paris, 2011에 다시 실림)와 「서방 마르크스주의의 하나의 이단점: "자본"의 독자로서 알튀세르와 트론티」Un point d'hérésie du marxisme occidental: Althusser et Tronti lecteurs du Capital(온라인 학술지 Période, http://revueperiode.net/ un-point-dheresie-du-marxisme-occidental-althusser-et-tronti-lecteurs-du-capital)를 보라. 마찬가지로 뒤에 등장하는 8장 「구조주의: 사회과학의 방법인가 전복인가?」Le structuralisme: méthode ou subversion des sciences sociales? 또한 보라[「서방 마르크스주의의 하나의 이단점: '자본'의 독자로서 알튀세르와 트론티」의 국역본으로는, 에티엔 발리바르, 「서방 맑스주의의 하나의 이단점. 1960년대 초 알튀세르와 트론티의 상반된 '자본' 독해」, 장진범 옮김, 〈웹진 인무브〉, 2017을 참조].

결되었다. 이는 나를 한편으로는 당파적 입장position de parti에 관한 '마키아벨리적 인식론'épistémologie machiavélienne과의 상호 접근을, 다른 한편으로는 푸코와 마르크스 사이의 쟁론이 취하는 그 정확한 본성이라는 (오늘날까지도 여전히 열정적으로 논의되고 있는) 질문 — 정확히 말하자면, 『말과 사물』은 이 질문에 대한 하나의 임의적 답변만을 (비록 이 답변이 첫눈에는 확정적인 것으로 보일지라도) 제시할 뿐이다 — 에 대한 정정과 개선을 시도하는 것으로 인도했다.

독자들이 이 지점까지 나를 따라오기를 정말 원한다면, 더 뒤에서 우리는 어떻게 내가 푸코의 이 저서가 취하는 개념적 골조 속에서 에피스테메épistémê (『말과 사물』에 대한 다양한 논쟁과 적용 모두를 단숨에 집약했던)와 이단점([에피스테메에 비하면] 이차적 수준으로 밀려나 있어 많은 독자들이 인식하지 못한 채로 남아 있는)이 사실은 동등한 중요성을 지니는 두 가지 통념들이며 심지어는 서로가 서로를 구성한다는 점을 재구성하고 논증하기를 제안하는지 확인하게 될 것이다. 그러니까 이단점들은 (뷔퐁과 린네, 마르크스와 리카도David Ricardo, 게다가 더욱 놀라운 경우로는 프로이트와 러셀 사이에서 그러하듯) 바로 하나의 주어진 에피스테메 안에서 소묘되는 것이며, 역으로 이 각각의 에피스테메의 중심에서 그리고 서로 다른 분과 학문 내 이 이단점들이 서로 간에 지니는 상동성의 중심에서 [푸코에 의해] 정의된 지식 장치가 하나의 진정한 역사적 아프리오리a priori historique로 구조화되고 구성될 수 있는 것이다. 사유를 위해 그 경계가 확정된 하나의 조건 체계를 '가능'케 해주는 것, 그것은 근본적으로 내적 대립들과 변이들이다.[14] 당연히 나는 독자들이 나의 입론을 검토하고 그 문헌학적 정확성을 평가해 주기를 원하지만, 이에 더해 나는 특히 독자들이 나와 함께 한 걸음 더 앞으로 나아가기를, 그리

---

14 '관념들의 역사'[즉 관념사]에 관한 푸코의 방법론은 이렇게 의심의 여지 없이 확실한 방식으로 구조주의의 지평 내에 기입된다. 파트리스 마니글리에의 설명과 이론적 전개를 보라. *La philosophie qui se fait. Conversation avec Philippe Petit*, Éditions du Cerf, Paris, 2019. (내가 더 아래에서 인용하는) 장바티스트 뷔유로의 문서고 발견과 해석 작업 덕분에 우리는 오늘 역사적 아프리오리라는 통념이 알튀세르와 푸코 둘 모두를 갑작스레 [지적 무대에서] 가시적이도록, 더 나아가 유명해지도록 만들었던 저작들, 즉 1965년의 『"자본"을 읽자』와 1966년의 『말과 사물』 이전의 기나긴 시기 동안 이 알튀세르와 푸코 모두의 공통 작업 대상이었다는 점을 인식하게 되었다.

고 독자들이 이러한 재구성에 내가 부여하고자 시도했던 다음과 같은 두 가지 확장들에 대한 자신들의 의견을 표명해 주기를 원한다. 내가 명시적으로 부여한 첫 번째 확장은, 푸코에게서 하나의 '실증성'positivité(이 실증성은 고전적인 것이든 근대적인 것이든, 하지만 어쨌든 외부성에 지정 가능한, 에피스테메의 매우 계시적인[즉 에피스테메의 많은 부분을 드러내 보여 주는] 또 다른 이름이다) 내부에서 탐지 가능한 '이단점들'을 기술하는 것뿐만 아니라, 또한 동시대의 역사와 사고의 가장자리에서 이 역사와 사고 자신들의 다른 것으로의 변환(혹은 이 역사와 사고 자신들의 여전히 사고되지 않은 근본적 이단성 ― '인간의 죽음'이 알레고리적인 그리고 부정적인 방식으로 명명하는)을 지정하기 위해 푸코 자신이 당도하고자 시도하는 그러한 지점, 즉 자리를 잠재적 공간('실증적'인 것은 더 이상 전혀 가지고 있지 않지만, 모리스 블랑쇼적으로 하나의 중립적인 혹은 순수한 '바깥'dehors으로 정의되어야만 하는) 안에 특징짓고 위치 짓는 것 또한 중요해지는 그러한 곳에 이르기까지 나의 분석을 따라가는 것이다. 내가 암묵적으로 부여한 두 번째 확장은 푸코가 마르크스와 마르크스주의와 맺는 관계 ― 내가 유비를 활용해 하나의 '역경점'point d'adversité(신자유주의의 계보학에 관한 푸코의 작업으로부터 차용한 또 다른 표현)이라 불렀던 바 ― 의 부침을 가능한 한 가장 세심한 방식으로 검토하는 것이다. 왜냐하면 사실 역경점, 그러니까 푸코와 마르크스를 그리고 마르크스와 푸코를 항상 분리하는 환원 불가능한 ― 개인성에 관한 이 둘의 양립 불가능한 개념화로 인해(그런데 바로 이 개인성이라는 지점에서, 종종 알튀세르를 통해 매개되는 이 둘 각자의 탐구 대상에 의해, 이 둘은 서로가 서로에게 가장 가까이 위치하고 있는 것처럼 보인다) ― 간극 또한 일종의 '이단점', 혹은 이론과 지식의 장 내의 우회 불가능한 선택이기 때문이다. 다르게 말해, 우리가 권력을 말하든 지배를 말하든, 규율을 말하든 인구법칙을 말하든, 규범성을 말하든 소외를 말하든, 항상 우리는 마르크스의 편으로 나아가거나 혹은 푸코의 편으로 나아가야 하지만, 우리는 이 둘을 절대로 동시에 취할 수는 없는 것이다……. 그러나 이 '선택'은 공통 공간과 같은 무언가 ― 비록 이 공간이 불일치의 [공통] 공간이라 할지라도 ― 를 분명히 구조화하고 있다.15

  과연 이를 어떻게 특징화할 것인가? 우리에게는 완전히 배타적이지는 않은 두 가지 가능성이 주어진다. 하나의 가능성은, 푸코가 현행적 제도들(특히 정신의학적 질서나 행형 체계와 같은 권력과 지식의 제도들)을 이 제도들의 기원의 조건들과 이 제도들의 기원의 회복[혹은 기원으로의 회귀]의 조건들에 '계보학적으로' 연결하는 것을 가능케 하는 역사적 방법을 문제화하는 기획에 착수하는 계기에서부터, 이 푸코의 담론을 참조틀로 취하는 것이다. 이 가능성에서 우리는 결국 푸코와 마르크스 사이의 차이를 통해 어떻게 마르크스가 (예를 들어 역사의 동력으로서의 '계급투쟁' — 마르크스 자신의 개념인 — 과 '인종 투쟁'의 대항-역사 — 마르크스는 바로 이 인종 투쟁이라는 대항-역사로부터 자신의 계급투쟁 개념의 일부분을 끌어왔던 것인데 — 사이의 연속성이 지니는 의미를 제거함으로써) 그 현실 역사를 오인하는 지점에 이르기까지, 이 장 속에 기입되는지를 보여 주게 될 것이다. 이러한 가능성은 교육적인[계발적인] 것이기는 하지만, 그럼에도 나의 관점에서는 철학적으로 가장 허약한 것으로 보인다. 강한 가능성은, 푸코적인 계보학적 '역사성'이라는 수단을 통해 마르크스에게 그의 한계들을 지정해 줌과 동시에, 푸코 자신이 취하는 마르크스와의 역경점을 통해 푸코 자신을 의문에 부치는 것이다. 그런데 이는 『말과 사물』의 구성으로, 그리고 『말과 사물』에서는 말해지지 않은 것으로서 이 구성이 내포하는 바로 다시 한번 거슬러 올라감으로써 실행 가능한 것이다. (자크 라캉과 클로드 레비스트로스의 그것과 같은) 동시대 구조주의와의 깊은 불장난을 수단으로 푸코가 유한성의 인간학에 대한 지양의 가장자리와 '대상들' — 동시에 이 대상들

---

15 *S'orienter*, Kimé, Paris, 2017에서 피에르 마슈레가 제시하는 분석들을 보라. 마르크스와 푸코 사이의 맞세움에 할애된 그의 중요한 저서 *Le Sujet des normes*, Amsterdam, Paris, 2014에서, 마슈레는 이 두 '편들'이 동일한 것이라고 주장하지 않고자 신중을 기했다. 하지만 마슈레는 그 순간의 감정이나 필요에 따라 이 두 편들 각각으로 단순히 차례차례 이동하는 것보다는 조금 더 앞으로 나아가기를 원했다. 이는 마슈레를 특히 마르크스적 근본 범주들(가령 노동력이나 이데올로기 같은 범주들)에 대한 '재구조'를 (푸코에서부터 출발해 구축된 이론적 장 내에서의 하나의 '해석'을 이 범주들에 부여함으로써 — 그런데 이는 사실 하나의 변형이다) 제시하도록 인도했다. 이러한 기획은 내가 본서에서 시도하고자 하는 논증과 모순적이지 않은 것으로 보일 뿐만 아니라, 또한 심지어 나는 마슈레의 기획과 나의 논증이 상호 보완적인 것이라고 생각한다. 변형이 일어나기 위해서는 장애물과 저항이 존재해야만 하니까 말이다. 이러한 기획에 대해 푸코 자신이 과연 어떻게 생각했을지 질문해 볼 수도 있겠지만 그것이 본서에서 우리가 다루고자 하는 물음은 아니다.

은 (살아 있으며 말하고 노동하는) 인간 '주체'의 대상화들[혹은 객관화들]이기도 한데 — 에 대한 이 인간학의 유사-초월론적 구성의 가장자리로 우리를 데려다줄 '대항-과학들'을 지시하는 데에 도달하게 될 때, 푸코는 민족학과 정신분석학에 대한 구조주의적 재주조와 유사한 역사학에 대한 구조주의적 재주조의 가능성을 주장하지는 않고자(그러니까 명확히, [구조주의의 관점에서 마르크스주의를 역사과학으로 정초하고자 하는] 알튀세르의 시도를 언급하지 않고자) 매우 신중을 기한다. 그리고 바로 이로부터 『말과 사물』의 최종적인 이론적 발전들이 (상대적으로) 내포하게 되는 다음과 같은 맹목점이 유래하게 된다. 푸코는 마르크스를 경제 담론의 '이단들' 가운데 하나로 잘 분류해 한정 지어 놓았던 것이다(그리고 마르크스주의자들에게는 경악스러운 지적이겠지만 우리는 푸코가 여기에서 정곡을 찔렀다는 점을 인정해야만 하는데, 왜냐하면 마르크스의 '정치경제학 비판'이 그 자신 안에 인간주의적이고 진화주의적인 전제들을 지니고 있다는 점은 [부정할 수 없는] 사실이기 때문이다). '역사의 의미[방향]'라는 질문을 자기 자신의 전제들에 대립되는 것으로 전도하면서 마르크스가 끌어왔던(라캉이 정신분석학의 전제들을, 혹은 레비스트로스가 민족학의 전제들을 정신분석학 자신의 혹은 민족학 자신의 전제들에 대립되는 것으로 전도하는 것처럼) 이 '역사의 의미[방향]'라는 질문은 푸코에게서 검토되지 않았으며(그 뒤로도 검토되지 않았고), 결과적으로 [비판 혹은 푸닥거리의 부재로 인해] 푸코가 다른 [논의] 지점으로 이동하게 될 때까지 그의 담론을 귀신처럼 계속 따라다니게 되었다. 혹은 다음과 같이 말하는 것이 더 정확하다면, 우리의 지식 내에서의 인간의 형상의 다가올 말소를 진단하기 위해 푸코가 자리 잡는 '정관사 바깥'le dehors은 그 자체로 하나의 바깥un dehors을, 이번에는 이 정관사 바깥을 한계 짓고 한정 짓는 말해지지 않은 바라는 의미에서의 바깥을 내포한다.[16]

---

16 나의 말을 제대로 이해하기를 바란다. 나는 그들 각자의 '구조주의적' 시기에서의 알튀세르의 작업과 푸코의 작업 사이에서 (『분석 잡지』의 것과 같은 기획들이 존재했음에도) 실제로는 일어난 적이 전혀 없는 대립에 대한 사후적 청산을 하고 있는 것이 전혀 아니다(이 구조주의적 시기 이후 알튀세르와 푸코는 서로에 대해 끊임없이 거리를 두었다). 오히려 뒤에서 우리가 보게 될 입론을 보완함으로써 내가 지적하고 싶은 것은, 마르크스에 대한 첫 번째 비판('인식론적인')으로부터 두 번째 비판('역사-정치적인')으로의

그래서 아마도 독자들은 왜 내가 이 푸코에 관한 나의 독해들 앞에 마키아벨리의 인식론에 관한 시론을, 그러니까 '토픽'topique의 형태 내에서 마키아벨리가 정치에서의 진리에 관한(혹은 더 정확히는, 정치를 위한 진리에 관한 — '군주'에게 이 정치를 위한 진리의 핵심은 자기 자신에 대한 그 어떠한 허상에도 자족하지 않는 것, 대신 andar drieto alla verità effetuale della cosa 하는 것이다[17]) 자신의 개념화를 지식의 가능 조건들 — 이 가능 조건들은 정치적 장소의 분할(그 바깥에 관찰을 위한 자리는 존재하지 않으며, 그래서 이 지점에서도 또한 우리는 선택을 내려야만 하는 그러한 장소)에 내재적인 것인데 — 에 관한 이론과 절합하는 곳인 하나의 핵심 구절에 대한 재독해를 배치했는지 이해할 수 있을 것이다. 나는 푸코가 '마키아벨리주의자'라고는 전혀 생각하지 않는다. 심지어 푸코가 마키아벨리주의자가 아니라는 점이 푸코를 그의 여러 동시대인들로부터 구분해 주는 것이기까지 하다(게다가 푸코는 이 동시대인들과 철학에서 혹은 정치에서 서로 상당히 가까울 수 있음에도 말이다).[18] 하지만 내가

푸코의 이행에 사건적 이유들(68혁명의 영향, 이 영향으로 인해 이후 등장한 '재생산'과 '억압'에 관한 이론들의 만개)만 존재하는 것이 아니라, 또한 모든 전통적 담론들을 위치 짓기 위함과 동시에 자기 자신의 입장을 발명해 내기 위해서도 '이단점'에 관한 자신의 관념을 푸코가 실천했던 방식에서의 더욱 비밀스러운 하나의 이론적 이유도 존재한다는 점이다. 따라서 독자들은, 만일 푸코의 관점이 마르크스주의의 역인 것이 정말 맞다면, 푸코의 [역사-정치적인] 두 번째 비판이 마찰의 지점들을 그래서 결과적으로 상호적 변형의 지점들을 마련해 놓기를 멈추지 않는 반면 [인식론적인] 첫 번째 판본은 푸코와 마르크스 사이의 모든 마주침을 배제했다는 점을 보여 주는 것에 내가 ('계보학'과 '역사유물론'의 독단주의에 대항하면서뿐만 아니라 푸코-마르크스주의적인 절충주의에도 대항하면서) 부여하는 중요성을 이해하게 될 것이다.

17 [옮긴이] 여는 글에서 제시된 발리바르 자신의 해석을 참조해 보자면, 이는 프랑스어로 'courir derrière la vérité (ou poursuivre la vérité) effective de la chose'로 번역될 수 있으며, 한국어로 직역하자면 이는 "물의 유효한 진리를 뒤따라 달리기(혹은 뒤쫓아 가기)"이다.

18 푸코의 제자들이 특히 그의 '통치성'에 대한 이론에 비추어 마키아벨리에 관한 탁월한 주석들을 생산해 냈지만(미셸 세넬라르의 경우), 푸코 자신은 내가 아는 한에서는 마키아벨리에 관해 거의 아무런 언급도 하지 않는다. 심지어 우리는 푸코가 마키아벨리에 관해 언급하기를 회피한다고까지 생각할 수 있다. '통치성'에 관한 강의('안전, 영토, 인구'에 관한 1978년 강의의 일부)의 (주석가들이 종종 주석을 달곤 하는) 한 구절 — 이 구절은 조금은 부정적dénégation 의미를 지니는데, 왜냐하면 본질적으로 이 구절은 17, 18세기 이론가들에게서의 국가이성raison d'État이라는 문제 설정의 원천이 마키아벨리 그 자신에게서보다는 오히려 반마키아벨리주의자들에게서 찾아져야만 한다는 점을 보여 주는 것을 목표로 하기 때문이다 — 을 제외하고 말이다. 이 지점에서 이러한 푸코의 '대항-독해'contre-lecture가

생각하는 바는, 푸코 자신에게서 '이단점'이라는 문제 설정이 — 이 이단점에 앞서 부여되었던 기능(지식의 면들을 혹은 인식의 역사적 아프리오리들을 내부에서부터 조직하는 특정한 '담론의 질서'를 기술하기)을 점진적으로 통과하면서 — 최종적으로 는 사고 양식들에 대한 변형의 '가장자리'라는 철학자의 위치position가 철학자 자신에게 제기하는 질문을 명명하기 위해 발전되는 방식과, 마키아벨리에서부 터 출발해 당파의 입장position de parti 혹은 '당파적 사고'pensée partiale라는 문제 설 정 — 이는 힘들의 '작용' 그 자체 내에 위치하는 사고자penseur(이 사고자는 권력, 사회 전쟁 그리고 폭력이라는 관점에서, 그러니까 esser principe, esser populare[군주의 존 재, 인민의 존재] 속에서 이 힘들의 합력을 이해하고자 시도한다)를 항상 이미 함축하고 있다 — 이 발전되는 방식, 이 두 방식 사이의 구조적 유사성을 우리가 찾을 수 있다는 점이다. 바로 여기에, 지성적으로뿐만 아니라 실용적으로도[혹은 화용론 적으로도] 강제되는 하나의 '이단점'이 존재한다. (대신의 자격으로 제시하는 마키아벨 리의 수사학 밑에 감추어진 '유효한' 진리라는 쟁점을 드러내는) 이러한 외삽이 최근의 시 기에서는 특히 마리오 트론티와 루이 알튀세르 같은 마르크스주의 철학자들의 것이기도 하다는 사실은 내가 여기에서 상연하기를 원하는 개념적 맞세움에 더 많은 정념[열정]을 불어넣어 줄 뿐이다. 이 두 경우 모두에서 명확한 방식으로 나타나는 바는 20세기 철학자들이 지식의 발전 내 의식과 구성하는 주체의 관 점에서 가정된 [이 의식과 구성하는 주체의] '우위'와 '자율성'을 (그렇다고 주체의 기능 그 자체를 제거하지는 않으면서도) 다시 의문에 부쳤을 때 이들을 끊임없이 괴롭혔 던 두 가지 질문을 서로 분리해 다루는 것의 불가능성이다. 이는 그 안에서 주체 가 주체의 구조 그 자체 내의 행위자로 취해지는 그러한 당파적인 분할들, 갈등 들 혹은 선택들의 기입, 그리고 대상성[객관성] 그 자체 내 주체적 계기의 '교차된' croisée(혹은 메를로퐁티처럼 말하자면, '교착적인'chiasmatique) 삽입 — 즉 (어떠한 의미에서 는) 초월론적 환원에 대한 역의 작동 — 이다.19 마키아벨리적 도식을 푸코적 도

역경장champ d'adversité 개념의 활용에 기초해 있다는 점을 인지하도록 하자.
　19　우리가 이미 알다시피, '교착'chiasme 혹은 얽힘entrelacs이라는 통념은 1964년 유고 형태로

식과 병치시킴으로써, 그리고 (매 경우마다) 마르크스와의 맞세움을 쟁점들의 계시자[쟁점들을 드러내는 바]로 만듦으로써, 나는 독자들로 하여금 어떻게 하나의 정치가 인식 — 어떠한 '권력-지식'의 효과로도, '이해 관심'('학자'로서의 주체를 포함해 주체는 이 이해 관심의 담지자이기도 한데)의 작용으로도 환원되지 않는 — 의 작동들 내에서 실행되고 있는지를 스스로 질문해 보도록 이끌어 줄 수 있기를 강하게 소망한다.

논쟁적 상승

나에게는 이러한 질문이 본서의 3부를 구성하기 위해 한곳으로 모은 일련의 시론들 속에서 한 번 더 반복해서, 하지만 수정된 형태 아래에서 등장하는 것으로 보인다. 이 지점에서 다음의 두 가지 정식화들이 서로 마주치게 된다. 첫 번째 텍스트(2003년 집필한 「철학과 현행성」La philosophie et l'actualité)에서, 나는 사건성 너머의 현행성actualité au-delà de l'événementialité에 관해 말하며, 세 번째 텍스트에서, 결론적으로, 나는 문제들의 질서 내에서의 논쟁적 상승ascension polémique(윌러드 밴 오먼 콰인의 표현인 '의미론적 상승'ascension sémantique과의 대면을 통해 내가 주조한 표

출간된 메를로퐁티의 원고 『가시적인 것과 비가시적인 것』에서 전개된, 오늘날에는 이미 매우 유명해진 하나의 이론적 발전에서 등장하는 것이다. 그 당시 모든 프랑스 철학자들은 메를로퐁티를 읽었으며 그로부터 영향을 받았다. 하지만 이 프랑스 철학자들 모두가 이 점을 밝히지는 않는데, 왜냐하면 — 개인적이고 정치적인 의견 대립들을 넘어서 — 이들은 그들이 '주관주의적' 현상학의 전통이라고 부르는 바로부터 그들 스스로를 거리 두고 싶어 하기 때문이다. 캉길렘이 발전시킨 대안적 문제 설정, 그러니까 생명의 인식의 '주체'는 의학에 의해서 자기 자신의 대상 속에 함축된다는, 즉 (실증주의가 하나의 단순한 적용으로 상상하는 경향이 있는) [의료] 실천에 의해서뿐만 아니라 건강과 질병의 생물학적 조건들이 이 주체에게(그리고 사회에) 하나의 문제 — 더 정확히는 하나의 관심souci[혹은 걱정] — 라는 점에서도 자기 자신의 대상 속에 함축된다는 문제 설정으로 되돌아오기 위한 시간이 필요할 것이다. 그런데 정상적인 것과 병리적인 것 사이의 차이 — 우리가 '생명체'라고 부를 수 있는 — 는 생명이라는 개념에 구성적인 것이다. 생명, 그것은 건강하고 아픈, 스스로를 치유하기를 추구함과 동시에 스스로를 인식하기를 추구하는 생명체이다.

현)에 관해 말한다. 내가 2010년 낭테르[파리 10대학]에서 사회과학 내의 '이론'이라는 질문에 할애한 이론적 발전들이 예전에 '구조주의적 계기'를 구성했던 바에 대한 판단을 내려 달라는 요청에 응답했기 때문에, 그리고 '사건의 철학들' philosophies de l'événement(알랭 바디우, 질 들뢰즈, 자크 데리다의 철학들 — 초월론적 사건성의 언표 작용을 정초하기 위해 과거, 현재 그리고 미래의 우위를 이 셋 간의 내적 이단점들과 함께 서로 대립시키는)에 대한 나의 비판이 근본적으로 (미셸 푸코와 루이 알튀세르에게서의) '구조'로서의 현행성actualité comme 'structure'이라는 관념에 대한 옹호와 설명으로 제시되기 때문에, 나는 이 두 텍스트 사이에 더욱 오래되었고 겉보기에는 더욱 학술적인 하나의 텍스트 — 이 텍스트 안에서 나는 특히 (사회적이고 상징적인) 구조에 대한 주체의 의존성(혹은 '복종화'sujétion)를 개념화할 수 있는 가능성을 마련하고자 시도했다 — 를 삽입했다. 이 모든 작업들이 겨냥하고 있는 것은 근본적으로 무엇인가? 나에게는 이를 요약해 줄 수 있는 가장 분명한 것은 바로 논쟁적 상승(이 논쟁적 상승이라는 정식이 취하는 근거들 중 일부는 「인식론적 문제란 무엇인가?」Qu'est-ce qu'un problème épistémologique?라는 장투생 드장티의 훌륭한 논문에서 가져온 것이다)이라는 정식을 도입함으로써 끝에서부터 다시 출발하기인 것으로 보인다. 하지만 나는 이를 통해 단순히 논리학자들에게 사소한 도발을 가하고자 했던 것이 전혀 아니다.[20] 나는 '메타이론'에 관한 하나의 개념화를 또 하나의 다른 개

---

20 그 당시 '체제 저항적' 과학자들의 소규모 학술지에 출간되었던 드장티의 논문(이후 그의 논선집 『침묵의 철학』La Philosophie silencieuse에 다시 실린)은 파리고등사범학교에서 열린 알튀세르의 〈과학자들을 위한 철학 강의〉에서 그의 격렬한 비판 대상이 되었다. 몇 년 뒤 알튀세르는 이 강의의 (일부에 대한) 출판본을 내게 되는데, 그때 알튀세르는 드장티에 대한 자신의 비판이 이 출판물에 등장하지 않도록 신중을 기했다. 결국 알튀세르는 이 강의 출판본에 드장티에 대한 자신의 비판이 실리지 않도록 했는데, 왜냐하면 정치 내로의 과학의 '개입'과 그 역[즉 과학 내로의 정치의 '개입'] 사이의 교차된 관계에 대한 개념화에서부터 출발해 알튀세르가 제시했던 바는 이론적 갈등성과 관련해 정확히 드장티가 정교 구성할 수 있게 해주었던 바보다 훨씬 미달해 있었기 때문이다. 나는 이러한 알튀세르와 드장티 사이의 대립을 정확히 자신의 대상으로 취하는 피에르 카수노게의 흥미로운 논문을 뒤늦게 접하게 되었다. Pierre Cassou-Noguès, "Coupure ou problème épistémologique: Althusser et Desanti", in Dominique Pradelle(dir.), Penser avec Desanti, TER, Paris, 2009를 보라. 카수노게에 따르면 알튀세르와 드장티의 사유는 최종적으로는 레옹 브룅슈빅의 사유로부터 유래하는 것인데, 그러나 이는 나의 관점과는 전혀 다르다.

념화와 대립시키기를 원했다. 한편으로 이 개념화는, 과학에 속하는 모든 연구들이 동일한 언어로 말하고 동일한 중재 재판소에 복종하기(이는 일반적으로는 이 연구들에서 그들의 과학적 이데올로기를 '숙청'하는 것을, 혹은 이 연구들을 '정상화'하는 것을 전제한다)를 (최소한 방법론적으로는) 보증하기 위해, 이론적 일반성들의 질서와 형식화의 평면들의 질서에서 충분히 '높이' 올라가고자 하는 개념화[즉 의미론적 상승]이고, 다른 한편으로 이 개념화는, (최소한 인간 과학이라는 영역 내에서는) 근본적 문제들(범주에 대한 선택, 대상에 대한 한정, 증명 모델에 대한 정의)로의 상승이, 이론과 실천 모두를 건드리는(예를 들어, 경제 이론 내에서, 역사와 밀접하게 연결되어 있는 불확실성이라는 개념화와 관련해) 그래서 결과적으로 (소여[데이터]에 대한 적용 혹은 선택이라는 수준에서가 아니라 개념 그 자체의 수준에서의, 혹은 더욱 정확히 말해 개념에 내재하는 사회적 갈등 내 정향의 수준에서의) 당파 취하기prendre parti를 강제하는 그러한 점점 더 발본적인 발산들을 필연적으로 생성하는 방식을 기술하고 해석하고자 하는 개념화[즉 논쟁적 상승]이다.21

21 이러한 정식화들을 통해 분명한 방식으로 나는, 막스 베버가 '당파적 과학'science de parti이라는 관념으로 귀결되는 것을 목표로 해서가 아니라 과학 자신의 취해진 당파parti pris 혹은 '입장'position을 이 과학 자신이 연구하는 대상성의 장에 통합하는 그러한 과학이라는 이상으로의 상승을 목표로 체계화한 '기축적 중립성'neutralité axiologique(이에 대해 우리는 어느 정도로 베버 스스로가 이 기축적 중립성을 실천했는지를 질문해 볼 수 있다 — 정확히 논쟁…… 적인 방식으로 이를 베버 스스로가 실천한 것은 제외하고)이라는 전제를 의문에 부치는 것이 핵심적이라는 테제를 제안한다. 여기에서 내가 설정하는 인간 과학이라는 제한은 내가 이 논쟁적 상승이 인간에 의한 인간의 인식(심지어 이 인간이 처해 있는 환경으로까지 확장된 인식)에 내재하는 것이라 믿고 있는 것처럼 보이게 만들어 버릴 위험이 있으며, 그래서 나의 방식이 한 번 더 인간의 과학이라는 관념을 축소하거나 상대화하는 혹은 이 인간의 과학이라는 관념을 가지고서 하나의 인식론적 예외를 만드는 그러한 방식이라고 주장하고 있는 것처럼 보이게 만들어 버릴 위험이 있다. 사실 내가 염두에 두고 있는 것은 이와는 정반대다. 논쟁적 상승이 이 [인간 과학 바깥의] 분과 학문들 내에서도 존재한다는 점을 이해하기 위해서는, '천문학 혁명'과 '무한 우주'에 관해 알렉상드르 쿠아레를, 생명과학의 장 내의 '과학적 이데올로기들'에 관해 조르주 캉길렘을 다시 읽어 보는 것만으로도 충분하다. 하지만 과학과 비판 사이의 연접 — 이 연접이 그러한 [논쟁적] 상승의 결과이다 — 이 이론적 영역과 그 역사마다 동일한 형태로 작동하지 않는다는 점은 사실이다. 그런데 알랭 바디우 철학 내에서의 '진리에 대한 정의'définition de la vérité와 관련해 내가 이 정의를 알프레트 타르스키의 정의에 대립시키면서 10년 전에 제시했던 주석은 '메타이론'의 두 가지 개념화를 맞세우는 하나의 방식을 또한 구성했다. 하지만, 비록 바디우가 (그의 최신 저작인 2018년의 『진리들의 내재성』 L'Immanence des vérités에서처럼) 발본적 '선택' — 무한에 관한 수학 이론(구성주의constructivisme 혹은 초한

나의 관점에서는, 이러한 메타이론적 성찰의 실천을 발전시킬 수 있는 가능
성이 과학의 '정의'définition 그 자체의 전도와 긴밀하게 연결되어 있다. 이 점이
바로 내가 '대상의 과학'science d'objets과 '문제의 과학'science de problèmes 사이의 구
분 ─ 또한 이 구분으로부터 과학과 비판 사이의 매우 상이한 두 가지 관계들이
결과하게 된다 ─ 을 제안함으로써 이해시키고자 노력했던 바이다. 이러한 구
분은 인식의 객관성이라는 이상을 포기하는 것이 아니라, 그러니까 인식의 검
증 가능한vérifiable 특징과 보편적 타당성을 포기하는 것이 아니라, 이 인식이라
는 통념을 이상적 대상들의 유형학들 ─ 이 유형학들의 (다른 종으로의 이행meta-
basis eis allo genos의 금지에 의해 형이상학적으로, 즉 이데올로기적으로 정의되는) '순수성'은
단 하나의 유일한 종의 인과성(혹은 적법성)에만 조응하는 원리들에서부터 출발
해 인식을 도출할 수 있는 가능성을 보증하는 것으로 가정된다 ─ 과 결합하는
것(아리스토텔레스Aristoteles까지만큼이나 한참을 거슬러 올라가는 전통이 이를 행했듯, 그리
고 '과학들'에 대한 현대적 '분류'는 이를 완결시켰을 뿐인)을 중단하는 것이다.[22] 오늘날

'강제법'forçage transfini, 괴델 혹은 코엔)은 이 선택에 대립된다 ─ 에 관한 매우 흥미로운 이론적 발전들을
제시한다고는 해도, 바디우는 근본적 문제들 그 자체가 끝날 수 없는 갈등의 장소라고는 사고하지
않는다. 절대를 위해 취해진 입장이 질문을 선제적으로 해결해 버리니까 말이다……. 따라서 메타이론의
문제에 관해 최소한 세 가지 해결책이(그보다 더 많은 수는 아니더라도 최소한은) 존재하는 것이다.

22 후설은 이념적 대상들의 영역들에 관한 인식론을 정초하기 위해 아리스토텔레스로부터 다른
종으로의 이행metabasis eis allo genos의 금지 혹은 '경계 위반'transgression des frontières의 금지를 자신의
것으로 다시 취했다(『순수논리학 서론』Prolégomènes à la logique pure(1900-1901)). '반환원주의적인' 과학들에
대한 모든 분류를 명령하는 이 또한 바로 이 아리스토텔레스이다(예를 들어 오귀스트 콩트에게서 이러한
명령이 존재하는데, 이로부터 과학성 그 자체를 사고하기 위해 '순수 과학들'의 수준에 스스로를 위치시켜야 하는
그리고 '응용 과학들'을 제거해야abstraction 하는 필요가 도출된다). 하지만 칸트Immanuel Kant는 『자연과학의
형이상학적 기초』Premiers principes métaphysiques de la science de la nature(1786)에서 이러한 한정에 대한 거의
넘어서기 불가능한 모델을 제시한다. 『"자본"을 읽자』(1965)에 실은 '역사유물론의 기본 개념들'에
관한 논문에서 나는 바로 이 칸트로부터 영감을 얻고자 노력했다고 말할 수 있다. 나는 이러한 방식으로
『자본』의 대상'(다르게 말해, 마르크스의 과학)을 정의하라는 알튀세르의 지령을 이행하고자 시도했다.
대상objet의 질문을 대신하는 문제problème의 질문으로의 이러한 나의 '전도' ─ 물론 이는 알튀세르적
의미에서의 '문제 설정'problématique으로부터 유래하는 것이지만 ─ 에서 동일한 시기에 파트리스
마니글리에가 낭테르 파리 10대학에서 쓴 문제와 문제화problématisation라는 통념들에 할애한 DEA 과정
논문[즉 석사 논문]에 내가 빚지고 있는 바가 얼마인지 오늘날 정확히 말하기는 어렵다. 안타깝게도, 이
논문을 개정해 출간하라는 나의 끊임없는 요구에도 마니글리에는 이를 여전히 출간하지 않고 있다.

우리는 '문제들' — 이 문제들에 대해서 개념적 상상력이 실행되며, 이 문제들을 둘러싸고서, 일반적으로 '다분과 학문적인'pluridisciplinaire 방식으로, 이론과 실천 사이의 그리고 이론과 비판 사이의 마주침이 이루어진다 — 이 그 정의상 '불순'(혹은 다른 언어로 우리가 말하듯 '복잡')하다는 것을 알고 있다. 하지만 이로부터 광범위하게[그리고 강력하게] 도출되는 경향(과학적 연구의 산업화에 의해, 심지어는 그 상업화에 의해 강화되는)은 이론적 갈등을 제도적으로 정의된 목표들에 활용되는 통계학적 검증들의 누적으로, 그러니까 선별된 변수들에 대한 다소간 장기적인 변화들을 '시뮬레이션'simulant하는 모델들의 구축으로 대체할 것이라 가정되는 환원, 개념에 대한 그 가장 빈곤한 형태들 중 하나로의 환원으로 인한 것이다. 이로 인해 지적 지평으로부터 사라져 버리는 것은 정확히 '문제화'다. 다시 말해, 그 행위자들과 그 담지자들에 의해 지각된 상황(혹은 긴급성)을 즉각적인 답변 없는 그리고 심지어는 사실상 (역사에 대한 비판적 노동에 의해, 그리고 이 역사를 이 질문 한가운데에서 표상하는 담론들의 의미론에 대한 비판적 노동에 의해 — 그런데 이러한 비판적 노동을 위해 사용되는 것이 정확히 바로 개념들이다) 사전적으로 확립된 정식화가 없는 질문으로 변형하는 것이다. 이 노동[즉 작업]은 인식하는 주체들(개인적이고 집합적인 의미에서)을 어떠한 하나의 시간과 장소 내로 함축하는 것 — 이것들 모두가 하나의 현행성actualité을 형성한다 — 에 관한 이 주체들 자신의 성찰의 장소 그 자체이다.

　　바로 그렇기 때문에, '과학적 문제'problème scientifique라는 범주 — 이 범주의 적절성과 유효 범위는 우리가 이 범주가 함축하는 가장 발본적인 딜레마들을 향해 상승함에 따라 증가한다 — 에 대한 재주조로 나아감으로써 나는, 연속주의와 결정론으로부터 스스로를 해방하기 위한 목적에서(하지만 그렇다고 해서 절대적 중지라는 형이상학적인 역의 추상 내로 빠져들지는 않으면서) 동시대 철학이 실행했던 '사건적 전회'tournant événementiel의 유효 범위를 받아들이는 이 현행성이라는 통념에 대한 (내가 예전에 행했던) 개인적인 정교 구성에 의지할 수 있을 거라 믿었다. 나에게는 이것이, 시간들 간의 불일치라는 관념(우리는 발터 베냐민과 그 프랑스 주석가인 다니엘 벤사이드에서부터 클로드 레비스트로스에까지 이르는 동시대의 많은 저자들에게서 이 관념을 발견할 수 있다)에 기초한 도식으로서의 사건의 '도식'을 생산하는 것을 전제할 뿐만 아니라, 인식하는 주체가 행하는 자기 자신의 인식이 취하는 조건들에 대한 성찰에 특징적인 비유trope[혹은 돌아섬]에 의해, 이론가 — 그것이 누구이든 — 가 자신이 그 이해 당사자partie prenante인 힘들의 계기와 작용을 능동적임과 동시에 수동적으로 식별하기 위해 항상 활용하는 그러한 관념들의 '비현행성'inactualité(혹은 시간적인, 문화적인 게다가 실존적인 간극)을 이 도식 안에 기입하는 것을 전제하는 것으로 보인다. 그리고 이 지점에서 한 번 더, 나는 푸코의 담론(해방에 관한 칸트적 모델에 준거하는 '우리 자신의 존재론'ontologie de ce que nous somm-es)과 알튀세르의 담론(포르투나[운]fortune와 비르투[덕]vertu에 관한 마키아벨리적 모델에 준거하는, 정세에 의한 정치적인 것의 '사로잡힘'saisissement) 사이의 평행성 안에서 현행성에 대한 이러한 범주적 구축을 위한 지도 원리를 찾을 수 있다고 믿었다. 이는 또한 나로 하여금 그 자신의 시기[전성기]의 구조주의가, 인식론의 재생이 아마도 의존하고 있을 이러한 질문에 대한 취급과 제거 모두를 구성했다고 제안할 수 있게 해주었다. 아마도 이는, 문제화를 정상화된 변동 과정들의 한계 안으로 데려옴으로써, 그리고 '랑그', '친족 관계', '문화', '신화'와 같은 이미 주어진 영역들에 대한 참조 속에서, 구조주의가 대상적 과학의 이상을 현행화하고자 하기를 멈추지 않았기 때문일 것이다.[23] 이와는 대조적으로, 그 당시 나는 그 뜨거운 현행성과 난폭한 갈등성으로부터 유래하는 비판적 문제화들 — 사회에 대한 과학들[즉 사회과학들]이 취하는 스펙트럼의 두 극단에서 경제적 균형과 경제적 성장에 대한 (기계론적인 혹은 확률론적인) '합리적' 모델들의 타당성에 관한 토론들, 혹은 이와는 매우 다른 방식으로, '세계'와 '삶'의 현상들에 의미를 부여하는 자기 고유의 기준들을 보편화하기 위한 목적에서 서구가 발명한 정치적인 [관

---

23 장클로드 밀네르는 자신의 저서인 『구조적 대항해』Le Périple structural(2002)에서, 구조주의에서 '과학의 대상'(이 경우 소쉬르Ferdinand de Saussure에게서는 언어의, 더 나아가 커뮤니케이션의 사실들 혹은 문제들 전체로부터 분리된 랑그)에 대한 한정을 부과하는 이상화의 모델(밀네르가 '유클리드적'이라 부르는 모델)이 강력한 지배력을 행사한다는 점을 정확히 보여 준다. 물론 나는 사람들이 구조주의를 이러한 제약으로부터 해방하기를 소망할 수도 있다는 점에 반대하지는 않는다.

점에서의] 종교 범주에 대한 토론들이 오늘날 요청하고 있는 것으로 보이는 ─
이, 이 비판적 문제화들의 논쟁적 상승의 종착점에서, 인식과 이 인식의 실천에
관한 모델들에 대한 이러한 재주조를 우리에게 요구할 수 있다는 가설을 제시
했다.24

사유의 사유25

이미 인지했겠지만, 본서에서 이어질 이론적 발전들을 예고하고 질서 지우
기 위한 목적으로 그 커다란 윤곽들을 사전적으로 요약하는 이러한 시도를 행하
면서, 나는 이 이론적 발전들에 몇몇 가설적 보완물 혹은 연장물 또한 덧붙일 수
밖에 없었다. 이것이 바로 서언 혹은 서문의 [일반적인] 법칙(혹은 위험)이다. 독자
의 인내심을 남용하지 않기 위해(그리고 나의 예전 텍스트들에 대한 재검토라는 시험의
시간과 마주하기를 너무 오래 미루지는 않기 위해), 단순하게 나는, 결론을 짓기 위한 목
적에서, '개념의 정념들'이라는 제목으로 논의를 시작하고자 내가 제시했던 바,
즉 개념이 그 자체로서, 우리가 그 행위자agents 혹은 환자patients[(정념을) '겪는 자'
또는 '참고 인내하는 자']인 상황에 대한 가지성의 생산을 스스로의 목표로 가지는
그러한 인식 기획에 특징적인 통일성[단위]이자,26 모순되게도 이와 동시에, 인

---

24 나는 낭테르 파리 10대학에서 행한 나의 발표에서 정치경제학이라는 장과 종교학이라는 장(즉
가장 공격적으로 실증주의적인 장과 인간 과학 중 가장 신실하게 해석학적인 장) 내에서의 '메타이론적'
갈등들의 본성과 이 장들 내에서의 재주조 정향들의 본성에 대해 내가 제시했던 언급들이 초보적인
성격을 지닐 뿐이라는 점을 완전히 인식하고 있다. 비록 다른 곳에서 이에 대해 조금 더 깊게 이야기할
기회를 가질 수 있었기는 했지만 말이다. 특히, 2007년 [미국발 세계 금융] 위기에서 출발하는
'경제학자들 간 논쟁'에 대한 이론적 발전들과 신고전파와 포스트케인스주의 사이의 이전의 갈등들 내에
존재하는 이 논쟁의 근원들에 대한 이론적 발전들을 향한 더욱 큰 관심이 나로 하여금 내가 '이단점' ─
경제학의 시간이 지니는 내속적 불확실성이 구성하는 ─ 이라 부르는 바를 더욱 깊이 탐구할 수 있게
해주었던 것 같다. 그 당시 나는 하이먼 민스키의 작업도, 조앤 로빈슨의 탁월한 논문 「역사 대
균형」History versus equilibrium(*Thames Papers in Political Economy*(1974))도 알지 못했다.
25 [옮긴이] 여기에서 '사유의 사유'로 옮긴 언구의 원어는 Noesis noeseôs이다.

식의 실천에 내재하는 정의와 해석 사이의 갈등들(우리가 특정한 몇몇 경우 진정한 '이
단점들'로 형상화할 수 있는, 하지만 아마도 많은 다른 형태들 또한 취할 수 있을)의 고정점이
라는 점으로 되돌아오고자 한다.

이러한 명제는 모순어법적인데, 왜냐하면 이 명제는 대립물들 간의 통일을
개념들의 인식론이 취하는 중심적 특징으로 의도적으로 확립하기 때문이다. 동
시대 역사가들과 철학자들의 서로 다른 담론들을 편력함으로써 우리가 이 명제
와 결합할 수 있는 이론적 발전들과 함께, 이 명제는, 앞으로 우리가 보게 되는
것처럼, 내가 그를 통해 본서의 문을 닫은 2016년 시론의 지도 원리인 '개념의
개념'[즉 개념에 대한 개념]을 구성한다. 이렇게 나는 지난 20세기 말 프랑스 철학
내에서(그리고 이 프랑스 철학의 영향하에 있는, 이를 넘어선 곳에서까지) 거대한 반향을
일으켰던 논의의 흐름 안에 나를 다시 위치시키고자 시도했다. 우리가 이미 알
고 있듯, 조르주 캉길렘의 저서 『정상적인 것과 병리적인 것』의 영역판 서문에
서 동시대 철학을 '경험, 의미, 주체의 철학들'(실존주의를 포함하여)과 '지식, 합리
성, 개념의 철학들'(인식론으로 제한되지 않으며 정치적 질문들에까지도 결국은 나아가게 되
는) 사이에 놓인 선으로 분할하기를 제안했던 이는 바로 미셸 푸코이다.[27] 그런
데 이러한 구별 자체가 장 카바이예스 사후에 출간된 그의 저서 『과학의 논리와
이론에 관하여』(1947)의 결론으로 카바이예스 자신이 활용했던 정식화, 그것이
내포했던 해석에서의 수수께끼들에도 불구하고(혹은 오히려 바로 이 수수께끼들 때
문에) 젊은 시절 우리의 '이론주의'의 구호가 되었던 다음과 같은 정식화를 투명
한 방식으로 참조했다. "과학의 독트린을 제공할 수 있는 것, 그것은 의식의 철

---

26 이것이 '자연적' 상황과 '사회적' 상황 모두에 유효하다는 점을 지적하도록 하자. 하지만 점점
더, 인식의 노력을 요구하는 것은 '기후변화'와 같이, 그리고 그 안에 우리가 이 기후변화를 기입해야
하는 이질적 시간 층위들과 같이 자연적이면서 동시에 사회적인 상황이다.

27 푸코의 이 텍스트는 여러 판본으로 존재한다. 죽음 직전에 푸코 자신이 직접 재검토했던 마지막
판본은 「생명: 경험과 과학」La Vie: l'expérience et la science이라는 제목으로 *Revue de métaphysique et de
morale*의 캉길렘 특집호(1985년 1-3월)에 출판되었다. Michel Foucault, *Dits et écrits*, tome IV,
Gallimard, Paris, 1994, texte n. 361, p. 763 이하를 보라[이 텍스트의 국역본으로는, 미셸 푸코, 「생명:
경험과 과학」, 오규진 옮김, 〈웹진 인무브〉, 2024 참조].

학이 아니라 개념의 철학이다."²⁸ ²⁹ 첫눈에 보았을 때, 내가 소묘했던(혹은 탐구했던) 정식화들은 카바이예스의 의도와는 정반대되는 것으로 보이며, 이와 관련해 내가 선배들의 것을 전유했더라면 아마 양심의 가책을 느끼기까지 했을 것이다. 푸코와 관련해(그리고 우리가 소환해야만 할 다른 중간 매개적인 저자들과 관련해) 상황은 더욱 복잡한데, 왜냐하면 푸코는 카바이예스의 정식에 잠재해 있는 논쟁적 차원을 (이 정식을 동시대 철학의 대전쟁의 맥락 내로 다시 위치 지음으로써) 명료화할 뿐만 아니라, 또한 푸코는 '과학철학'을 넘어선 유효 범위로까지 (그렇다고 해서 과학들과 그 역사가 담지하는 가지성 모델이 합리주의적 관점 속에서 구성하는 지도적 기능을 포기하지는 않으면서) 이 논쟁적 차원을 확장하기 때문이다. 결국 푸코는 자신의 시론의 이어지는 부분에서 현행성의 문제 설정 — 이에 대해 방금 전에 나는 어떠한 의미에서 이 현행성의 문제화가 '참여' 혹은 '입장 취하기', 그리고 아마도 최종적으로는 당파 취하기(현행성 그 자체를 위한, 다시 말해 사유가 스스로 행해지는 순간에 사유 내에서 그리고 사유를 둘러싸고 '스스로 행해지는'se fait 그러한 변형을 위한 당파 취하기는 말할 것도 없고)라는 관념과 분리 불가능한 것인지를 상기시켰다 — 과의 단락court-circuit을 직접적으로 실천한다. 나의 경우 내가 제안하고자 하는 바는 '개념'의(혹은 이 개념의 '변용들'affections이나 이 개념의 파테마타pathèmata의 전개 그 자체인 개념적 노동의) 한가운데에 대립물들의 통일을 삽입하는 방향으로 한 걸음 더 나아가는 것이다. 하나의 테제는 아니라 해도(하나의 독트린[학설]에 미달한다는 점은 말할 것도 없고) 최소한 하나의 가설과 하나의 질문(오늘날 개념이 우리에게 제기하며 우리가 이 개념에 제기하는 그러한 질문)으로서 말이다.

(더 뒤에서 보게 될) 브라운 대학에서의 발표에서 나는, 사고 행위로서의 개념

---

28 그다음 문장 — 즉 이 저서의 가장 마지막 문장 — 에서 카바이예스는 자신을 헤겔적인 (심지어는 마르크스주의적인) 방향으로 인도하도록 규정한 것으로 보이는 하나의 정확성을 기했다. 그 스스로가 공공연히 밝힌 바 있던 과거의 철학들에 대한 충성이 그를 스피노자의 편으로 나아가게 했던 것과는 대조적으로 말이다. 이 문장은 다음과 같다. "발생적 필연성은 활동의 필연성이 아니라 변증법의 필연성이다." 여기에서 나는 이러한 설명이 촉발했던 논의들에 대해서는 다루지 않도록 하겠다[이 문장의 원어는 다음과 같다. "La nécessité génératrice n'est pas celle d'une activité, mais d'une dialectique"].
29 [옮긴이] 우리는 맥락에 따라 doctrine을 '독트린'으로 음차하거나 '학설'로 번역한다.

이란 무엇인지에 관한 몇몇 고전적 정의들(데카르트René Descartes, 칸트, 들뢰즈)에 관해 논함으로써, 개념성과 갈등성 사이의 관계에 대한 이러한 연구가 (개념들의 과학성에 대한 연구의, 개념들의 담론성에 대한 연구의 그리고 개념들의 역사성에 대한 연구의 곁에서) '개념의 개념'[즉 개념에 대한 개념]을 형성하기 위해 사람들이 취할 수 있는 방향들 중 하나만을 형성했을 뿐이라는 점을 서두에서 명확히 지적하고자 노력했다. 하지만 만일 독자들이 내가 이 연구들의 묶음에서 제안했던 도정을 따르기를 진정으로 원한다면, 독자들은 이 방향들이 실제로는 서로 분리 가능하지 않다는 점을 이해하게 될 것이다. 왜냐하면 마키아벨리, 파스칼, 캉길렘, 바디우, 푸코, 알튀세르, 마르크스, 슈미트, 트론티, 갤리, 코젤렉, 랑시에르 그리고 또 다른 이들의 도움을 통해 내가 기술하고자 시도하는 그러한 갈등성은 과학성, 담론성 그리고 역사성이 취하는 하나의 내재적 특징으로 스스로를 드러내기 때문이다. 비록 그것이 통일된 형태를 취하는 하나의 형상 아래에서 그러한 것은 절대 아니라 하더라도 말이다. 따라서 나는 여기에서 문제가 되고 있는 것이 개념적 사고의 '전체'에 관한 조금은 개별적인particulier 그리고 아마도 꽤나 당파적일 하나의 관점이 아니라고 반박하지는 않을 것이다. 오히려 나는, (종종 갈등을 '모순'과 혼동함으로써 합리성의 필요조건에 이 관점을 대립시키는 아리스토텔레스적 편견의 형태 속에서 특히) 이 관점이 가장 강력한 부인의 대상이 되고 있기 때문에, 그리고 이와 동시에, 이 관점의 인식이 내가 거의 20여 년 전에 캉길렘을 분석하고 주해하면서 위험천만한[그래서 우연적이고 불확실한] 방식으로 지식의 탈이데올로기화라 불렀던 바의 조건을 오늘날 여러 영역들에서 형성하고 있기 때문에, 이 관점이 하나의 특권화된 가치를 전략적으로 보유하고 있다는 점을 주장할 것이다.

1부

진리의 역사

1장
"참 내에 존재하기?"
조르주 캉길렘 철학에서 과학과 진리

1964, 65년에 〈철학과 과학〉Philosophie et science이라는 제목의 프로그램이 프랑스 교육방송에서 방송되었다.[1] 알랭 바디우가 인터뷰어의 자격으로 조르주 캉길렘에게 질문했던 이 방송에는 다음과 같은 대화가 등장한다.

바디우의 질문: 우리는 과학적 인식connaissance scientifique과 통속적 인식connaissance vulgaire을 발본적으로 계속 대립시켜야만 할까요?

캉길렘의 답변: 예, 그리고 점점 더 그래야 하죠. 한편으로는 매우 정교화된 수학 이론들 없는, 다른 한편으로는 점점 더 복잡해지는 도구들의 활용 없는, 그러한 과학적 인식이란 존재하지 않습니다. 심지어 저는 통속적 인식이란 존재하지[조차] 않는다고 기꺼이 말하고자 합니다.

질문: 당신은 이를 통해 '과학적 인식'이란 표현이 하나의 중복법pléonasme이라는 점을 의미하시는 겁니까?

답변: 저의 의도를 정확히 이해하셨네요. 제가 말하고 싶은 것이 바로 그것입니다. 과학적이지 않은 인식은 인식이 아닙니다Une connaissance qui n'est pas scientifique

---

1 *Revue de l'enseignement philosophique*, 15e année, n. 2, décembre 1964-janvier 1965, pp. 10-17에 출간된 방송 텍스트. Georges Canguilhem, *Œuvres complètes*, tome IV, *Résistance, philosophie biologique et histoire des sciences, 1940-1965*, textes édités, introduits et annotés par Camille Limoges, Vrin, Paris, 2015(Annexe VI)로 재간행되었다. 이 1장은 국제철학학교Collège international de philosophie에서 1990년 12월 6-8일에 열렸던 컬로퀴엄 〈조르주 캉길렘: 철학자, 과학사가〉Georges Canguilhem, philosophe, historien des sciences에서 행한 나의 발제를 재간행한 것이다.

n'est pas une connaissance. 저는 '참된 인식'connaissance vraie이라는 말이 하나의 중복법이라고, '과학적 인식' 또한 마찬가지라고, '과학과 진리' 또한 마찬가지라고, 그리고 이 모든 것이 동일한 것이라고 주장하고자 합니다. 이는 인간 정신에게서 진리 바깥의 목적이나 가치란 전혀 존재하지 않는다는 점을 의미하는 것이 결코 아닙니다. 대신 [이는 -발리바르] 당신이 인식이 아닌 것을 인식이라고 부를 수는 없다는 점을, 그리고 진리와는 아무런 관계도 없는, 다시 말해 엄밀성과는 아무런 관계도 없는 그 어떠한 삶의 방식에도 이 인식이라는 이름을 부여할 수는 없다는 점을 의미합니다.2

이 단호한 정식화들 — 이 정식화들이 캉길렘이 말한 바를 전사한 것이며 그가 글로 쓴 것은 아니라는 점을 잊지 말자 — 은 우리가 이 정식화들에 부여할 수 있는 다음과 같은 두 가지 의미들 혹은 두 가지 활용들 때문에 항상 나를 당황스럽게 했는데, 우리가 철학에서 (원하든 원하지 않든) 그 각 항들이 초월론적인 것 혹은 절대적인 것을 함의하고 있는 동어반복적 등식(캉길렘은 '중복법'이라고 말한다), 그러니까 신 즉 자연Deus sive Natura, 과학 즉 진리Scientia sive Veritas와 같은 동어반복적 등식들을 다룰 때마다 그러한 것처럼 말이다. 이를 우리는 비판적인, 더 나아가 실증주의적인 방식으로, 진리의 왕국을 과학적 활동과 객관성objectivité이라는 잘 한정된 영역들로 제한하는 것으로 이해해야 하는가? 또는 오히려 이를 우리는 [단수의] 과학 혹은 [복수의] 과학들을 진리의 장 전체 — 이 장이 유동적인 장이라 해도 — 로(어떤 구성적 한계에 의해 한 번 만에 완전히 경계 지어지지 않으며 대신 이 장 고유의 진행 중인 역사에 따라 열리는 그러한 장 전체로) 과장적hyperbolique인 방식으로 확장하는 것으로 이해해야 하는가? 우리가 택하는 정향에 따라 "이는 인간 정신에게서 진리 바깥의 목적이나 가치란 전혀 존재하지 않는

---

2 [옮긴이] 이 1장에서 vérité는 '진리'로, véritable은 '진리적인'으로, 명사 vrai는 '참'으로, 형용사 vrai는 '참된'으로 옮긴다. 물론 vérité를 '진실'로 옮길 수도 있다. 그리고 vrai의 경우 굳이 구분해 주지 않고 '진리' 혹은 '진실'로 옮겨도 무방하지만 구분해 주는 것에 더 방점을 두어 이렇게 옮긴다.

1부. 진리의 역사

다는 점을 의미하는 것이 결코 아닙니다"라는 문장의 정확성 혹은 신중함의 의미[방향]sens가 완전히 달라지리라는 점은 당연한 것이다. 그리고 특히, 한편의 경우, 캉길렘은 과학 곁에서(과학 위에서가 아니라면 말이다) 철학이 차지하고 있는 자리를 겨냥하는 것일 수 있고, 반면 다른 한편의 경우, 캉길렘은 어찌 되었든 철학을 벗어나는 바를, 그리고 철학으로 하여금 우리 실존의 최종심[급] 재판소에서 이 철학 스스로를 설립하는 것[즉 철학이 스스로를 우리 실존의 최종 결정자로 확립하는 것]을 금지하는 바를 오히려 지시하는 것일 수 있다.

이렇듯, 동일한 맥락에서의 두 가지 요소가 동시에 등장함으로써 우리의 당혹스러움을 배가한다. 캉길렘은 철학 — 그것이 재세례를 통해 인식론épistémo-logie이라는 [새로운] 이름을 가지게 된다 해도 — 에서 "과학이라는 개념의 외연extension을 고정할" 수 있는 능력을 부정했으며, 그에 따라, 인간 문화의 장 — 그 안에서 과학이 자신의 이론적 목적성으로 인해 다른 활동들(특히 산업적 활동들)로부터 구별되는 — 에 관한 단순한 참조[준거]를 통한 것이 아니라면 철학에게서 이 과학 개념에 대한 "내포compréhension를 정의하는" 능력 또한 부정했다. 하지만 이는 캉길렘으로 하여금 진리에 관한 인식론적인, 그러니까 철학적인 테제를 다음과 같이 제기하는 것을 가로막지는 않았다. "형식적 의미의 진리가 존재하거나, 또는 현상들에 대한 해석에서의 정합성cohérence이라는 의미의 진리가 존재합니다. 다른 의미의 진리는 존재하지 않습니다." 이에 캉길렘은 또 다음과 같은 말을 덧붙인다. "여기에서 난점은 특정 시기에서의 형식적인 것le for-mel이 실험적인 것l'expérimental이 진보하는 데에 [유용한] 역할을 하며 실험적인 것이 실험적인 것 그 자신보다는 형식적인 것에 의해 더 빈번하게 진보한다는 점입니다." 달리 말해, 캉길렘은 자신에게서 꽤나 드문 것인(뒤에서 나는 이 점으로 되돌아오도록 하겠다) 하나의 일반 인식론épistémologie générale을, 하지만 사실상 부인이라는 형태하에서 이 일반 인식론을 소묘했다.

사람들은 내가 여기에서 저자가 자신의 저작 — 그가 자신의 저작을 어떠한 방식으로 정의하든 간에 — 내에 아마도 포함하지는 않을 정식화들에 대한 자의적인 해석을 저지르고 있다고 말할 것인가? 아마 그럴지도 모른다. 이 경우,

나에게서 중요한 것이 하나의 질문 — 우리가 텍스트들 그 자체 내에서 그 참된 해답들을 찾아야만 할 — 을 정교 구성하기 위한 명분이라는 점을 고려하도록 하자. 이제 우리에게는 몇 년 뒤 캉길렘이 우리가 앞서 살펴본 자신의 발언들을 하나의 지점 위에서 정확히 설명함으로써 이 발언들을 자신의 것으로 [책임지고] 옹호하는 것으로 나아갔다는 점을 설명하는 일이 남는다. 캉길렘은 이번에는 학술지 『현재적 이성』Raison présente과 합리주의 연합Union rationaliste이 조직한 〈구조와 인간〉Les Structures et les Hommes이라는 학술 대회의 일환으로 파리 소르본 대학에서 1968년 2월 27일 개최된 토론에서 이를 행했다.[3] 캉길렘은 이 토론에서 다음을 선언했다.

어느 날 저는 한 텔레비전 방송[앞서 본 바디우와의 대담]을 시청했던 철학과 학생들 전체를 분노케 했던 것으로 보입니다. 이 철학과의 학생들, 그리고 그들의 많은 선생님들은 제가 다음을 말했다는 점 때문에 분노했습니다. 과학적 진리 이외의 다른 진리는 존재하지 않는다, 철학적 진리는 존재하지 않는다Il n'y a de vérité que scientifique, il n'y a pas de vérité philosophique. 따라서 저는 제가 다른 곳에서[앞서 본 바디우와의 대담에서] 말했던 바를 여기에서 저의 것으로 책임질 준비가 되어 있습니다. 하지만 과학적 진리만이 존재한다고, 혹은 과학적 인식에만 객관성이 존재한다고 말하는 것, 이는 철학에는 대상objet이 존재하지 않는다는 점을 의미하지 않습니다. (……) 과학이 이론적으로 그리고 실험적으로 구성하는 것으로서의 과학적 대상objet scientifique이 존재한다는 그 정확한 의미에서의 철학적 대상objet philosophique이란 존재하지 않습니다…… 만, 결국 저는 [이러한 발언을 통해] 철학의 대상objet de la philosophie이 존재하지 않는다는 점을 의미하는 것은 아닙니다.

    3 *Structuralisme et marxisme*, 10/18, Paris, 1970, pp. 205-265. Georges Canguilhem, *Œuvres complètes*, tome V, *Histoire des sciences, épistémologie, commémorations, 1966-1996*, textes édités, introduits et annotés par Camille Limoges, Vrin, Paris, 2018에 "Objectivité et historicité de la pensée scientifique"(과학적 사고의 객관성과 역사성)이라는 제목으로 재간행되었다.

그렇다면 결국 철학적 대상이란 존재하지 않고, 대신 철학의 단수 혹은 복수의 대상들이 존재하는 것인가?[즉 철학적 대상이 아니라 철학의 대상이 존재하는 것인가?] 캉길렘의 발언을 다음과 같이 환언하는 위험을 감수해 보도록 하자. 구성된constitué 과학적 대상들이 존재하는 것과 달리, 구성된 철학적 대상이란 존재하지 않으며, 대신 철학에는 단수 혹은 복수의 대상들, 다시 말해 질문들이 존재한다.4 그리고 캉길렘은 신경생리학에 대한 정치적 활용이라는 질문을 그 예시로 인용했다.

캉길렘의 이러한 새로운 개입이 놓여 있는 맥락은 우리에게 다음과 같은 하나의 흥미로운 정확성을 제공해 주었다. 하나의 과학(그것이 어떠한 과학이든 상관없이)에서, 자신들의 무역사성 혹은 반복성을 통해 무매개적으로immédiatement 스스로를 드러내는 비과학들 혹은 유사-과학들과는 달리, 이 과학 고유의 역사는 진리적 과학성scientificité véritable에 구성적이다. 더 정확히 말해, 진리적 과학성에 구성적인 것은, 그 아래에서 (분리 불가능하게 이론적이며 실험적이고 분리 불가능하게 개념적이며 도구적인) 객관성의 조건들이 증대하는croissante 객관성의 질서 내에서 서로서로가 무한정indéfiniment 대체 가능한 진보하는progressifs 체계들로 조직화되는, 그러한 연속적인 역사적 형태들이다.

이때부터, 과학적 진리의 두 유형들 혹은 두 양식들[① 이론적, 개념적, 형식적, ② 실험적, 도구적] — 이 유형들 혹은 양식들만이 유일하게 존재하고 있는 것인데 — 에 대한 이전의[즉 바디우와의 대담에서의] 참조[준거]가 재해석될 수 있다. 이 참조는 인식 이론théorie de la connaissance에 따른 과학들의 분류화를 소묘하는 것이라기보다는, 이러한 객관성과 역사성 사이의 동일성 — 매 계기마다, 그리고 지식의 각 영역마다, 형식주의와 도구화 사이의 규정된 그리고 정합적인 하나의 조합을 그 내용물로 가지는 — 을 진리의 장 그 자체로 지시하는 것이다. 이

---

4 [옮긴이] 이 환언의 원문을 제시하자면 이는 다음과 같다. "pas d'objet philosophique *constitué*, comme il y a des objets scientifiques constitués, mais un ou des objets, c'est-à-dire des *questions*, pour la philosophie."

는 명백히 가스통 바슐라르로부터 영감을 얻은 테제인데, 그러나 이는 명시적인 방식으로는 바슐라르의 저작 그 어디에서도 아마 등장하지 않는, 그리고 그로부터 출발하여 지금 우리가 고유한 의미에서의 캉길렘의 저작들로 되돌아갈 수 있는 그러한 테제이다. 캉길렘에게서, 최소한 자신의 성찰의 특정 계기에서는, 과학과 진리라는 이 두 항 모두가 더욱 본질적인 하나의 동일성을, 즉 객관성[대상성]과 역사성 사이의 동일성을 겨냥하는 것의 자격으로 이 과학과 진리가 서로 동일시된다고 우리가 말해야 하는 것일까?

그러나 바로 이 지점에서 우리는 하나의 난점을 맞닥뜨리게 된다. 방금 전에 나는 일반 인식론이라는 용어 — 사람들은 또한 이를 철학, 혹은 인식의 철학philosophie de la connaissance이라고 부를 텐데 — 를 취하는 모험을 감행했다. 하지만 우리가 너무나도 잘 알고 있듯, 이러한 '인식론'이 정확히 바로 캉길렘이 분리된[독립적인] 담론의 형태로 생산하기를 항상 거부했던 바이며, 그 이유는 우연도 시간이나 기회의 부족도 아니다. 캉길렘의 관점에서는, 이러한 [객관성과 역사성 사이의] 본질적 등식을 제출한다는 더 나아가 단순히 제안한다는 사실과, 역사와 철학의 문제들을 이 문제들에 대한 전통적인 제시를 비판함으로써 목표하기 위해 요구되는 이론적 최소를 넘어 사물들[사태들] 그 자체로 나아간다(아마도 '과학'을 자신들의 대상으로 취할 일반적인 혹은 유적인générique 모든 담론들을 내버리면서)는 사실, 이 둘 사이에는 명백히 하나의 내속적인 연관이 존재한다. 그러한 메타 과학적 담론이 캉길렘의 관점에서는 '과학적 방법'의 담론 혹은 '실험적 방법'의 담론 — 캉길렘은 이 과학적 혹은 실험적 방법의 담론이 기정사실에 대한 규범적 해석으로 그리고 지식의 역사성에 대한 부인으로 기능하는 실증주의적 철학과 일체를 이룬다는 점을 끊임없이 보여 준다 — 과 정확히 동일한 특징들을 가지리라는 점을 이해하는 것은 어렵지 않다.[5] 이와 동시에 캉길렘에게 중요한

---

5 특히 *Études d'histoire et de philosophie des sciences*, Vrin, Paris, 1968, pp. 127-171에 모두 수록된 클로드 베르나르Claude Bernard에 관한 텍스트들을 보라. 또한 *Revue de l'enseignement philosophique*, 18e année, n. 2, décembre 1967-janvier 1968, p. 58 sq.에 전사된 〈실험 연구〉La recherche expérimentale라는, 교육방송에서 샤를르 마지에르Charles Mazières와 함께 출연한 방송도 보라.

것은, 정확히 실증주의가 주장하는 바와는 달리, 진정한 양자택일이 철학에 대한 포기와 방법론과 메타언어의 구축 사이의 양자택일이 아니라는 점을 실천적으로 증명하는 것이기도 하다. 우리에게는 불행하게도, 이는 또한 캉길렘의 철학적 언표들이(그것이 인식이든, 생명이든, 역사든 혹은 기술technique이든, 캉길렘에게서 철학적 언표들은 적지 않게 존재하고 있다) 잘 종별화된 비판적 혹은 역사적 맥락 내에 항상 박혀 있다enchâssés는 점을, 그래서 결과적으로 우리가 이 철학적 언표들을 이 비판적이고 역사적인 맥락으로부터 분리하려 시도하자마자 이 철학적 언표들 자신들의 의미를 상실하게 된다는 점을 의미한다.

　　그러나 이러한 상황에는 몇몇 예외들이 존재하는데, 이 예외들의 가능 조건들은 논쟁적 정세들에 의해, 혹은 [어떤 이들의 죽음을 기리기 위해 쓴] 기념사들에 의해 제공된다. 나는 특히 바슐라르의 사유와 저작을 분석하고 해설하기 위해 쓰인 텍스트들을 염두에 두고 있다.[6] 하지만 여기에서 우리는 또 하나의 다른 난점을 맞닥뜨리게 된다. 캉길렘은 자신이 바슐라르의 것으로 간주하는 테제를 끊임없이 자신의 것으로 표방한다. 이 테제란, 인식의 사실들을 허구적으로 등록할 수 있다고 믿지 않는 역사인, 하지만 학자가 해결하고자 노력하는 문제들에 대한 평가와 분석의 관점 혹은 그 정의상 하나의 공리적 과정démarche axio-logique인 진리 탐구의 관점 속에 스스로 자리하는 역사인, 과학들에 대한 비판적 역사, 과학들에 대한 비자연주의적 역사, 그러한 과학들의 역사[즉 과학사]가 하나의 인식론 위에서 정초되어야 한다는 테제이다. 정확히 바슐라르의 그것과 같은, 이론적 불연속들과 지적 혁신들에 대한 비실증주의적인 하나의 철학인 그러한 하나의 인식론 위에서 말이다. 이 텍스트들을 문면 그대로 취한다면, 우리는 극한의 경우 캉길렘의 성찰을 바슐라르의 성찰로 대체하기만 하면 충분할 것이다. 그런데 이는 우리가 하고자 하는 것이 전혀 아닌데, 왜냐하면 캉길렘의 역사

후자는 Georges Canguilhem, *Œuvres complètes*, tome V, op. cit.으로 재간행되었다.
　　6　그 주요 텍스트들은 *Études d'histoire et de philosophie des sciences*, op. cit., pp. 173-207의 한 편 안에 모여 있다.

학적이고 인식론적인 저작을 다시 읽어 나가면서 우리는 캉길렘의 저작이 분명 반바슐라르적이지는 않지만 대신 바슐라르로부터 빌려온 개념들의 활용 그 자체에서 심원하게 독창적이라는 점을 확신하게 되기 때문이다. 이제 우리에게는 다른 유형의 텍스트들, 즉 그 안에서 캉길렘이 과학들의 역사[즉 과학사]에 관한 성찰과 토론을 통해서 '참'이라는 범주를 자신 고유의 것으로 취하기 위해 사고하는 것으로 나아가는 텍스트들에 대한 분석이라는 과제가 남는다. 여기에서 나는 이 텍스트들 중 나에게 핵심적인 것으로 보이는 세 가지 텍스트를 주로 활용하도록 하겠다.

내가 첫 번째로 가져오는 캉길렘의 텍스트는 내가 방금 전 언급했던 그의 선언들과 정확히 동시대의 것이다. 이는 1964년 열린 〈갈릴레이, 그 저작의 의미와 인간의 교훈〉Galilée, la signification de l'œuvre et la leçon de l'homme이라는 강연으로, 『과학사와 과학철학 연구』에 재수록되었다. 이 단순한 텍스트, 하지만 그러면서도 탁월한 방식으로 팽팽히 당겨진 텍스트 — 여기에서 캉길렘은 자신의 자료들을 알렉상드르 쿠아레, 조르조 드 산틸라나 그리고 모리스 클라블랭에게서 가져온다 — 에서, 캉길렘은 교회가 자신에게 제안했던 이론적임과 동시에 정치적인 타협(즉 [지동설과 천동설이라는] 천문학적 '가설들 간의 등가성'이라는 학설)을 받아들이는 것을 갈릴레이Galileo Galilei가 거부한다는 점을 통해 제기되는 윤리적 문제를 떠받치고 있는 인식론적 딜레마를 재구성한다. 갈릴레이의 작업들은 다음과 같은 두 가지 주요 방향으로 동시적으로 발전된다. 한편으로는, 수학적으로 표현된 제1의 물리학적 불변항들 — 이 불변항들은, 운동이란 무한정 보존되는 사물들의 상태라는 테제, 자연에 관한 고대적 관점 전체와 양립 불가능한 그러한 테제를 함축한다 — 의 언표에서부터 출발해 혁명적 역학의 토대를 정초하는 것으로 나아가는 방향이며, 다른 한편으로는, 코페르니쿠스Nicolaus Copernicus의 테제에 일련의 증거들 — 한편에서는 관찰을 통한(렌즈를 망원경으로 변형함으로써 가능해진 그 과학적 활용과 함께) 증거들, 다른 한편에서는 물리학적인, 그리고 이를 통해 [가능해지는] 논증적인démonstratives 증거들 — 을 제공해 주는 방향이다. 캉길렘을 인용해 보도록 하겠다.

갈릴레이는 안드레아스 오지안더의 코페르니쿠스 해석, 즉 아리스토텔레스주의 철학자들과 가톨릭 신학자들이 [자신들의 관점과 부합한다고 간주해] 받아들였던 코페르니쿠스 해석을 거부했다. 코페르니쿠스에 충실하게도, 갈릴레이는 태양중심설[지동설]이 그 물리학적 진리로 인해 참이라는 점을 확립하는 과업을 자신의 임무로 설정했다. 하지만 갈릴레이 고유의 천재성은 [자신의] 갈릴레이 역학이라는 새로운 운동 이론이, 앞으로도 여전히 추동해야promouvoir 하는 물리학적 진리들 — 아리스토텔레스 자연학과 철학에 대한 발본적이면서도 완전한 거부로서의 코페르니쿠스 천문학을 정초할 진리들 — 에 대한 하나의 모델을 제공했다는 점을 인식했다는 것이다. 이러한 임무를 이행해 나감으로 인해 갈릴레이는 교회로 하여금 자신 스스로가 직접 코페르니쿠스를 비난하게 만들도록 강제했던 것이다.

캉길렘은 계속 다음과 같이 말한다. 하지만,

우리는 갈릴레이의 물리학적 논변들이 (……) 그가 이 논변들의 것으로 간주했던 입증적 가치valeur probatoire를 가지고 있지 않다는 점, 특히 지구의 운동에 근거해 튀코 브라헤가 요구했던 증거를 그가 가져다주는 데에 성공하지 못했다 (……) 는 점을 지적했던 이들에게 동의한다. 갈릴레이의 실험들 중 그 어떤 것도 (……) 계산을 통해 예측한 바들을 확인하는 데에 성공하지 못했으며, 그 어떤 것도 자신만큼이나 아리스토텔레스주의적이지 않았던 학자들을 설득하는 데에 성공하지 못했다. (……) 다른 한편으로, 갈릴레이가 옳았음을 보여 주는 물리학적 증거, 즉 고정된 별들 간의 일주시차들에 대한 측정 (……), 이러한 증거는 1728년이 되어서야 제임스 브레들리에 의해 부분적으로 제공되었으며, 19세기가 되어서야 완전히 제공되었다. (……)

그러나 우리는, 알렉상드르 쿠아레와 함께, 참 내에 있는 이는 바로 갈릴레이라고 말하고자 한다.

참 내에 존재하기être dans le vrai, 이것이 항상 참을 말한다는 것dire toujours vrai을 의미하지는 않는다. (……)**7**

참 내에 존재하기. 이는 [발리바르 이전에 이미 많은] 사람들이 주목했던 탁월한 정식이다. 우리의 최초 질문으로 되돌아오자면, 이 정식은 '참 내에'dans le vrai 존재한다는 것이 '과학 내에'dans la science 존재한다는 점을 함의하는가? 그리고, 한 번 더 질문해 보자면, 이 정식을 어떠한 방향으로 이해해야 하는가? 하지만 우선 최소한 은유적으로는 하나의 공간을, 하나의 영역을, 아마도 경계들을 시사하는 이 '내에'를 어떻게 해석해야 하는가? 1970년의 『담론의 질서』에서, 미셸 푸코는 캉길렘을 인용하면서 그리고 캉길렘을 스스로 표방하면서 이 정식에 대한 다음과 같은 하나의 해석을 제안했다.

그 한계들 내에서, 각각의 분과 학문은 참된 그리고 거짓된fausses 명제들을 인정합니다. 하지만 이 각 분과 학문은 지식의 모든 기형학tératologie을 자신의 여백으로 밀어내 버립니다. 어느 한 과학의 외부는 우리가 믿는 것보다 더 그리고 덜 [무언가에 의해] 점유되어 있습니다. 물론, 기억 없는 믿음들croyances sans mémoire을 끊임없이 지탱하고 이것들을 재인도하는 그러한 무매개적 경험과 상상적 주제들이 존재합니다. 하지만 아마도 엄밀한 의미에서의 오류란 거기에 존재하지 않을 것입니다. 왜냐하면 오류는 하나의 규정된 실천 내부에서만 돌발할 수 있고 결정될 수 있기 때문이죠. 하지만 이와 달리, 지식의 역사와 함께 자신의 형태를 변화시키는 괴물들 또한 그곳에 배회하고 있습니다. 결국, 하나의 명제는 어느 한 분과 학문 전체에 속할 수 있기 위해서 복잡하고 무거운 요구 사항들을 충족해야만 합니다. 참이라고 혹은 거짓이라고 말해질 수 있기 이전에, 이 명제는 캉길렘 씨가 말하듯 '참 내에' 있어야만 합니다.8

---

7 Georges Canguilhem, *Études d'histoire et de philosophie des sciences*, op. cit., pp. 44-46. 캉길렘이 자신의 영감을 끌어오는 쿠아레의 구절은 *Études galiléennes*, tome II, Herman, Paris, 1939(rééd. 1966), p. 155이다.

8 [옮긴이] 미셸 푸코, 『담론의 질서』, 허경 옮김, 세창미디어, 2020, 47쪽. 번역은 모두 옮긴이가 직접 했다.

우리 논의의 이해를 위해서는 그다음 페이지 또한 인용해야 한다.

사람들은 도대체 어떻게 19세기의 식물학자들 혹은 생물학자들이 멘델Gregor Johann Mendel이 말했던 것이 참이라는 점을 보지 못할 수 있었는지를 종종 질문했습니다. 하지만 이는 멘델이 자신의 시대의 생물학에 낯선 대상들을 말했고, 낯선 방법들을 적용했으며, 낯선 이론적 지평 위에 서 있었기 때문입니다. 아마도 샤를 노댕이 멘델 이전에 이미 유전형질들이 불연속적이라는 테제를 제시했을 것입니다. 하지만, 이 원리가 아무리 새로운 혹은 낯선 것이라고 해도, 노댕은 — 최소한 수수께끼의 자격으로는 — [자신의 시대의] 생물학 담론에 속할 수 있었습니다. 멘델은 지금까지 전혀 활용된 바 없었던 여과 장치 덕택에 유전형질을 완전히 새로운 생물학적 대상으로 구성하게 됩니다. 멘델은 이 유전형질을 종espèce으로부터 분리하고, 이 유전형질을 전달하는 성sexe으로부터 분리합니다. 그리고 멘델이 이 유전형질을 관찰하는 영역은 이 유전형질이 통계학적 규칙성들에 따라 나타나고 사라지는 세대들의 무한정 열려진 계열입니다. 새로운 개념적 도구들을, 그리고 새로운 이론적 토대들을 요구하는 새로운 대상인 것이죠.[9]

이어지는 푸코의 결론은 다음과 같다.

멘델은 참을 말했습니다. 하지만 그는 자신의 시대의 생물학적 담론의 '참 내에' 존재하지는 않았습니다. 사람들은 동일한 규칙들règles을 따라 생물학적 대상들과 개념들을 형성했던 것이 전혀 아니었습니다. 멘델이 참 내로 진입하기entre 위해서는, 그리고 멘델의 명제들이 그 시기에 (상당 부분은) 정확한 것으로 나타나기 위해서는, 오히려 층위échelle의 변화 전체가, 생물학에서의 대상들의 새로운 구도 전체의 전개가 필요했습니다. 멘델은 참된 괴물이었으며, 이 점이 과학으로 하여금 멘델에 관해 말하지 못하게 만들었던 것이죠. 예를 들어 마티아스 야코프 슐라이덴이 30

9 [옮긴이] 국역본의 47, 48쪽.

여 년 전에 19세기의 한가운데에서 식물의 섹슈얼리티를 부정하면서, 하지만 생물학 담론의 규칙들을 따라, [해당 분과 학문의] 규율을 준수하는discipliné 오류를 정식화했을 뿐이라는 점과는 달리요. 우리가 야생의 외부성의 공간에서 참을 말하게 되는 일은 항상 가능합니다. 하지만 우리는, 우리의 담론들 각각에서 우리가 재활성화해야만 하는 담론적 '치안'police의 규칙들에 복종함으로써만 참 내에 존재합니다. 분과 학문은 담론 생산 통제의 원리입니다. 분과 학문은 규칙들에 대한 항구적 재현행화의 형태를 지니는 동일성의 작용을 통해 이 담론에 그 한계들을 설정합니다.10

이러한 분석은 아마 그 자체만 놓고도 토론해 볼 가치가 있을 것이지만, 이는 이 자리에서 우리가 다룰 대상은 아니다. 하지만 나에게는 이 분석이 정확히 캉길렘의 정식화의 의미[방향]를 전도하는 데에 이른다는 점은 명확해 보인다. 왜냐하면, 캉길렘이 말했던 바는 갈릴레이가 하나의 구성된 분과 학문이 지니는 한계들 내에 — 자신의 반대자들과는 달리 — 이제부터는d'ores et déjà 있게 된다는 것이, 갈릴레이가 언표들에 대한, 그래서 참과 거짓 사이의 특정 분할 양식에 대한 승인validation을 허락하는 몇몇 규칙들의 규범들과 '담론적 치안'police discursive에 스스로를 복속시켰다는 것이 아니기 때문이다. 캉길렘이 말했던 바 그리고 말하고 싶었던 바는 갈릴레이의 진리가 이론적이고 제도적인 몇몇 조건들 — 이 조건들이 필연적이었다는 점이 회고적으로 발견된다고 할지라도 — 에 상대적이라는 것이 아니라, 이와는 정반대로, 규칙들의 부재 속에서 갈릴레이가 사후적으로après coup 인가될sanctionné 보편적 진리 체제régime d'universalité de la

---

10 Michel Foucault, *L'Ordre du discours. Leçon inaugurale au Collège de France prononcée le 2 décembre 1970*, Gallimard, Paris, 1971, pp. 35-38. 이후 사람들은 '멘델의 경우'에 관한 이 분석을 캉길렘 자신이 「다윈 이후의 생명과학의 역사에 관하여」Sur l'histoire des sciences de la vie depuis Darwin(1971)에서 제시하는 분석, 그리고 자크 피크말Jacques Piquemal이 「멘델 사유의 몇몇 측면들」Aspects de la pensée de Mendel(1965)에서 제시하는 분석과 맞세우게 될 것이다. 전자는 캉길렘의 논선집인 『생명과학의 역사에서 이데올로기와 합리성』(Vrin, Paris, 1977)에 재수록되었으며, 후자는 피크말의 『의학과 생물학의 역사에 관한 시론들과 강연들』*Essais et leçons d'histoire de la médecine et de la biologie*(PUF, Paris, 1993)에 재수록되었다[국역본의 48, 49쪽].

vérité를 예감anticipé했다는 것이다. 프톨레마이오스주의, 아리스토텔레스주의, 그리고 가톨릭 신학에 의해 날인된 이 둘 사이의 결합이라는 체계적 오류와는 절대적으로 양립 불가능한 체제를 말이다. 바로 이러한 실재적 예감anticipation réelle — 그러나 '선구자'라는 허구와는 완전히 구별되는 — 속에서, 갈릴레이에게서의 '참 내에' 존재한다는 사실이 놓여 있는 것이다.[11]

그리고 만일 우리가 캉길렘의 이전 저작들, 그러니까『정상적인 것과 병리적인 것』(1943)에서부터『생명의 인식』(1952)의 세포 이론의 역사에 관한 시론을 거쳐『17세기와 18세기에서 반사 개념의 형성』(1955)에 대한 우리의 이해에서부터 출발해 이러한 난점을 성찰해 본다면, 우리는 다른 모든 해석들[캉길렘의 이전 저작들에 비추어 본다면 발리바르의 관점에서는 캉길렘에 대한 오독에 기초한 해석들]이라면 캉길렘을 '정상 과학'이라는 관념의 한 변형태 혹은 한 타자로 이끌어 갔으리라는 점을 확인하게 된다. [하지만 사실을 말하자면] (이 관념이 토머스 쿤으로부터 이 정상 과학이라는 이름을 얻기도 전부터) 과학을 이러한 지성(생명의 세계 한가운데에서 인간 생명체에 의해 담지된 것으로서, 이 지성은, 생명이 생명체에 제기하는 문제들의 해결을 가능케 하기 위해, 생명과 스스로를 구별해야만 한다)의 모험으로 만들어 냄으로써 캉길렘 스스로는 이러한 관념에 맞서 싸우기를 멈추지 않았다. 정확히 이 지성의 모험이 바로 우리가 이론이라 부를 수 있는 바이며, [쿤의 사유에서처럼] 정상성normalité의 등가물이 아니라 [캉길렘의 사유에서처럼] 규범성normativité의 등가물인 것이다. 특히, 우리는 캉길렘의 기술description에 의해 도출된 인식론적 '틀'cadre이 공시적이지 않으며 공간적으로 은유화 가능하지도 않다는 점을 확인하게 된다. 이 인식론적 틀은 하나의 시간적 양태로서만 사고 가능하며, 이 인식론적 틀이 표상하는 문제 전체는 우리가 갈릴레이가 확신하는 바 — 즉 코페르니쿠스주의의 객관적 혹은 실재적 진리 — 와 갈릴레이가 증명할 수 있는 바 사이의 이

11 여기에서 내가 제시하는 분석은 내가 동의하지는 않지만 반드시 언급해야만 하는, 프랑수아 들라포르트의 세심한 비판 대상이 되었다. François Delaporte, "Histoire d'être "dans le vrai"", in Louise Ferté, Aurore Jacquard et Patrice Vermeren(dir.), *La Formation de Georges Canguilhem. Un entre-deux-guerres philosophique*, Hermann éditeurs, Paris, 2013(발리바르가 2019년 추가한 각주).

러한 '간극'에 어떤 내용을 할당해야만 하는가에 대한 질문과 관계되어 있다.

이에 대해 캉길렘은 우리에게 무엇을 말해 주는가? 하나의 쌍을 이루기는 하지만 분명히 구별되는 다음의 두 가지 것을 말한다. 첫 번째는 갈릴레이가 종국에는a terme "수학적 물리학의 제1 법칙을 언표하는 것을 가능케 해주었던 계산의 힘"에 기초한, 즉 "우주적 차원에서의" 완전한 수학적 물리학의 구성에 기초한 증거를 가져다줄 수 있다는 점을 스스로 의식했다는 것이다. 그리고 이것이 바로 실제로 미래에 일어나게 될 일이라는 점을 지금의 우리nous는 알고 있다. 하지만, 여전히 캉길렘을 인용하자면, 이를 행함으로써 갈릴레이는, "자신의 인간으로서의 실존 속에서, 지식의 무한한 주체로서의 인류의 시간을 요구하는 과업, 경험에 대한 측정과 조정의 무한한 과업을 자신의 것으로 떠맡았다."[12] 달리 말해, 갈릴레이는 이 무한한 과업을 상상했고, 스스로를 과학의 주체로 상상했던 것이다. 그리고 두 번째는 다음과 같다. 갈릴레이는 이 무한한 과업을 유한한 것으로 상상한다. 달리 말해, 갈릴레이는 "참 내에" 존재함과 동시에 오류 내에도 존재하는 것인데, 특히 그가 우주cosmos에 대한 '순환론적' 표상에 머물러 있기 때문에(이것이 갈릴레이가 요하네스 케플러가 자신에게 제안하는 바 — 갈릴레이가 이를 전혀 인식하지 못했음에도, 이 케플러의 개념들은 갈릴레이의 개념들을 보완하며, 요구되는 '증거'의 본질적인 한 부분을 제공해 준다 — 에 관심을 기울이지 않는 이유 중 하나인데) 그러하다.

결론적으로 아마도 다음이 바로 캉길렘의 가장 심원한 테제일 것이다. "참 내에 존재하는 것"은 참의 시간에 대한 불균형 내에서en déséquilibre 존재하는 것이다. 참 내에 존재하는 것은 참과 동시대적으로 존재하는 것 혹은 참에 현존하는 것(참의 '현존'에 현존하는 것)이 아니며, 대신 이 참보다 앞서en avance 존재하는 것임과 동시에 이 참보다 뒤처져en retard 존재하는 것이다. 그래서 결과적으로 이는 또한 비참non-vrai 내에 존재하는 것이기도 하다. 갈릴레이의 상황을 기술하는 캉길렘의 두 정식화들(즉 "항상 참을 말하는 것은 아님"ne pas dire toujours vrai과 "참 내

12　[옮긴이] 여기에서 '경험'은 expériences를 옮긴 것인데, 이는 '실험'을 의미할 수도 있다.

에 존재하기") 사이에서, 우리가 발견하게 되는 것은 하나의 제한적 관계 혹은 하나의 우연적 병치가 아니라 하나의 엄격한 [상호] 함축이다. "참 내에 존재하기" 위해서는, (심지어 잠재적으로라도) 참의 왕국(이 참의 '치안'과 함께)일 혹은 이 참의 왕국의 지역들 중 하나(즉 구성된 과학적 분과 학문들 중 하나)일 그러한 영역이 지니는 한계들 내부에 머무르기는커녕, 불안정하고 논쟁적인 방식으로 — 다른 곳에서 캉길렘은 주제넘은présomptueuse[오만한 혹은 건방진, 즉 자신의 '주제'나 '영역'을 무모하게 넘어서는, 즉 '과장적인'hyperbolique] 방식이라고 말한다 — 비참 혹은 오류 내에도 머무를 수 있어야 한다. 어떤 특정한 유형의 오류에 말이다. 우리 등식(즉 과학 = 진리)의 다른 편[즉 '과학']으로 나아가면서, 우리는 '과학 내에' 존재하는 것이 또한 비과학 내에, 하나의 규정된 이데올로기 내에 존재하는 것이기도 하다고 말해야 할까?

우리의 논의에서 지금까지 아무런 역할도 하지 않았으며 어떤 낯선 철학으로부터 '위에서 낙하산을 타고 떨어진'parachutée 것처럼 보이는 이 이데올로기라는 용어를 도대체 왜 활용하는가? 이 용어는 내가 두 번째로 가져오는 캉길렘의 텍스트 — 이를 가지고서 내가 우리의 토론을 계속 이어 나가고자 하는 — 에 대한 독해를 통해 제시되는 것이다. 이 두 번째 텍스트는 이후 캉길렘의 논선집 『생명과학의 역사에서 이데올로기와 합리성』에 재수록되는, 그리고 이 논선집 제목의 구성에 기여하는 1969년의 논문 「과학적 이데올로기란 무엇인가?」 Qu'est-ce qu'une idéologie scientifique?이다.[13] 이 논문은 강력한 계기를, 이를 중심으로 다양한 설명들과 확장들이 조직되는 그러한 강력한 계기를 이 논선집에 이론적으로 구성해 준다. 그리고 특히 이 논문은 오직 진리의 역사이기만 한 진리의 역사도, 오직 과학의 역사이기만 한 과학의 역사도 존재하지 않는다는 관념을 향해 수렴하는 그러한 (캉길렘 저작들 내의) 기나긴 일련의 분산된 지표들의 종착점을 표상한다.[14]

---

13 Georges Canguilhem, *Idéologie et rationalité dans l'histoire des sciences de la vie*, Vrin, Paris, 1977, pp. 33-45.

이 두 정식화들이 완전히 등가적인 것은 아니다. 첫 번째 정식화는 다음과 같은 내적 모순을 지시한다. "진리의 역사만을 만들고자 함으로써, 우리는 하나의 허상적illusoire 역사를 만들어 버린다. 진리만의 역사란 모순적 통념이라는 보그단 수호돌스키 씨의 주장은 이 점에서 옳다." 따라서, 역사학이 모순적 기획이지 않기 위한 유일한 수단은 역사 내에, 그리고 심지어는 진리 내에 ('오류'와 '진리'가 병치되지 않는다는, 하지만 캉길렘이 이보다 조금 더 전에 '시효 지난 역사'histoire pér-imée와 '인가된 역사'histoire sanctionnée라는 바슐라르적 용어들로 말했듯, 이 오류와 진리가 "서로 분리되어 있음과 동시에 서로 뒤얽혀 있다"는 의미에서) 모순이 진입하도록 만드는 것이다. 우리의 두 번째 정식화, 즉 과학의 역사는 오직 과학의 역사이기만 할 수는 없다는 정식화는 다음과 같은 하나의 외부적 조건을, 심지어는 하나의 이중적인 외부적 조건을 지시한다. 실천들, 경험들 그리고 제도들 — 과학은 스스로를 이것들 중에서의 하나의 실천으로, 하나의 경험으로 그리고 하나의 제도로 형상화한다 — 의 측면과 "총체성으로의 직접적 접근에 대한 무의식적 필요 [욕망]"besoins inconscients d'accès direct à la totalité의 측면이라는 하나의 이중적인 외부적 조건을 말이다. 이 후자의 측면은 그 안에서, 다음과 같은 용어 사용을 허락한다면, 우리가 인식 욕망의 주체 그 자체 — 과학의 보편적이고 비인격적인 주체가 아니면서도 이러한 주체로부터 절대로 분리 가능하지는 않은 — 를 인지하게 될 놀라운 정식이다.

따라서 캉길렘이 마르크스, 알튀세르 그리고 푸코[의 개념들]와 [자신 고유의

---

14 미셸 푸코의 『고전주의 시대 광기의 역사』*Histoire de la folie à l'âge classique*(Plon, Paris, 1961, p. 456)에서, 캉길렘은 "동시대인 클로드 베르나르Claude Bernard"에게서 가져온 다음과 같은 놀라운 정식을 읽을 수 있었다. "광기의 역사는 이성의 역사의 상관항contrepartie"이다(J.-F. Michéa, article "Démonomanie" du *Dictionnaire de Jaccoud*. 푸코는 '진리의 역사'histoire de la vérité라는 파스칼적이고 니체적인 기획을 한참 뒤에서야 회고적rétrospectivement임과 동시에 전망적prospectivement으로 주장한다(푸코의 1976년 저서 『섹슈얼리티의 역사 1권: 지식의 의지』와 1984년의 저서 『섹슈얼리티의 역사 2권: 쾌락의 활용』을 보라). 하지만 사실 푸코는 이 '진리의 역사'라는 표현을 알렉상드르 쿠아레의 저서 『천문학 혁명: 코페르니쿠스, 케플러, 보렐리』*La Révolution astronomique. Copernic, Kepler, Borelli*에 대한 1961년 서평에서 처음으로 사용했다(*Dits et écrits*의 tome I: 1954-1975, n. 6, p. 198을 보라).

개념을 서로 분리하는] 세심한 구획화 작업의 끝에 이르러, 이 내적이고 외적인 다양한 결정 작용들 사이의 마주침의 지점에서 '과학적 이데올로기들'이라 부르는 바가 돌발한다.15 계급 정치적 이데올로기들로 환원 불가능한, 거짓 과학 그리고 반과학(종교)과도 구별되는, 마찬가지로 과학자들(혹은 학자들)의 이데올로기들과도 구별되는 이러한 과학적 이데올로기들에 관해 캉길렘은 몇 가지 예시들을 제출하는데, 그것이 바로 원자론, 유전학 그리고 진화론이다.16 캉길렘은 이 과학적 이데올로기들이 역설적이지만 필수적인 하나의 자리를 '인식 공간'의 바깥이 아니라 안에서 차지하고 있다는 점을 보여 준다. 그리고 자신의 논의에 대한 결론을 대신해, 캉길렘은 과학적 이데올로기들의 구성과 기능 양자 모두를 해명하는 것을 목적으로 하는, 이 과학적 이데올로기들에 대한 다음과 같은 세 가지 테제를 언표한다.

a) 과학적 이데올로기들은 설명적 체계들, 그 대상이 (차용을 통해 이 대상에 적용된) 과학성의 규범에 비해 상대적으로 과장적인hyperbolique 그러한 설명적 체계들이다.

b) 과학이 스스로를 확립하게 될 그러한 장 내에서는 하나의 과학 이전에 하나의 과학적 이데올로기가 항상 존재한다. 또한, 이 이데올로기가 비스듬히obliquement 겨냥하는 하나의 일면적latéral 장 내에는, 하나의 이데올로기 이전에 하나의 과학이 항상 존재한다.

c) 과학적 이데올로기는 거짓 과학들과도, 마법과도 그리고 종교와도 혼동되어선

---

15 [옮긴이] 조금 부자연스러울 수 있지만 이 '과학적 이데올로기들'이 복수로 쓰였을 경우에는 복수형을 모두 살렸다.

16 진화론이라는 마지막 예시는 조르주 캉길렘, 조르주 라파사드Georges Lapassade, 자크 피크말 그리고 자크 월만Jacques Ullmann의 집단 작업인 『19세기의 발전에서 진화로』*Du développement à l'évolution au XIXe siècle*(Thalès, Paris, 1960, rééd. PUF, Paris, 1985)에서 이론적으로 완전히 전개된 바 있다. 그런데 자신의 작업 초기에 상세히 다루었던 생기론vitalisme, 혹은 최소한 이 생기론의 어떠한 측면(유기체론 organicisme) 또한, 이러한 의미에서는, 하나의 '과학적 이데올로기' 아닐까? 그리고 어떻게 코페르니쿠스 이전의 천문학적이고 우주론적인 천동설 또한 이러한 관점으로 [과학적 이데올로기라] 사고하고자 시도하지 않을 수 있겠는가?

안 된다. 물론 과학적 이데올로기는, 이 거짓 과학들, 마법 그리고 종교와 마찬가지로, 총체성으로의 직접적 접근에 대한 무의식적 필요[욕망]besoin inconscient d'accès direct à la totalité에 의해 움직인다. 하지만 이 과학적 이데올로기는 이미 확립된 과학 — 이 과학적 이데올로기가 그 명예를 인정해 주는, 그리고 그 스타일을 모방하고자 애쓰는 — 쪽을 선망의 눈초리로 힐끗대는louche 그러한 믿음이다.17

이렇듯 과학적 이데올로기들은 과학성 모델에 대한 '주제넘은'(과장적인) 확장들extensions이다. 이 과학적 이데올로기들은 어떠한 진리 규범을, 이 모델을 지지하며 이 규범이 존재하도록 만드는 그러한 개념들의 적용 조건들 너머로 전위시킨다(여기에서 캉길렘에 의해 분석된 예시들에서는, '자연선택', '개체발생과 계통발생 사이의 조응' 등의 개념이 그러하다). 이러한 확장을 통해 객관성은 상실되며, 우리는 어떠한 의미에서는 진리의 잠재성으로부터 오류의 잠재성으로 이동하게 된다.

그럼에도 이러한 확장은 여전히 진리의 역사의 결정적 계기로, 그리고 이로 인해 과학적 인식의 역사의 결정적 계기로 제시된다. 왜냐하면 이러한 확장이 없다면 하나의 영역에서 다른 하나의 영역으로의, 더 나아가 하나의 분과 학문에서 다른 하나의 분과 학문으로의 개념들의 이주 혹은 수출이란 존재하지 않을 것이기 때문이다. 캉길렘에게 이는 설명에서의 모든 진보가 취하는 그 일반 형태, 혹은 최소한 그 선전제présupposé이다. 이는 지식의 유형적 단위들unités typiques이 '이론'이 아니라 '개념'이라는 기본 관념과 쌍을 이루는 것이다. 혹은 우리가 다음과 같이 말하기를 더 원한다면, 이론 내에서 전략적 요소 — 이 전략적 요소를 중심으로 '진리의 가능성들'이 작동하는데, 하지만 이 전략적 요소는 유통, '자연화'[귀화] 그리고 변형의 사실상 무한한 과정 속으로도 진입하게 된다 — 는 바로 개념이라는 관념과도 쌍을 이루는 것이다. 바슐라르와 장 카바이예스의 인식론들 이후의 캉길렘의 인식론이 ('이론들'의 인식론이 아니라) 하나의 탁월한 개념의 인식론일 뿐만 아니라, 또한 캉길렘 자신이 바로 개념이란 무엇인

---

17 Georges Canguilhem, *Idéologie et rationalité dans l'histoire des sciences de la vie*, op. cit., p. 44.

가라는 질문을 작업장 위로 다시 올려놓는, 혹은 '개념'에 대한 하나의 개념을 구축하고자 시도하는 그러한 매우 희귀한 동시대 철학자들 가운데 한 명이기도 한 것이다.[18]

개념들의 유통(즉 번역, 위치 이동, 일반화) 속에서 이 개념들의 적용 혹은 '노동'이 실행되며, 이 적용 혹은 노동이 이 개념들에 대한 테스트[검증]를 그리고 진리로의 인가를 가능케 한다. 하지만 이와 동일하게 우리는, 캉길렘의 이전 주장들을 다시 취하면서,[19] 주제넘은 확장이 개념들 고유의 기원 영역 내에서의 이 개념들에 대한 도그마화와도 마찬가지로 상관적이라고 가정할 수 있다. 다시 말해, 이 개념들이 내포하는 발산적 해석의 다의성들에 대한, 즉 그 가능성들에 대한 — 잠정적 — 말소와도 마찬가지로 상관적이라고 가정할 수 있다. 『프린키피아』와 『광학』에서 제시된 뉴턴의 인과적 사고를 '중심력'에 대한 '결정론적' 학설의 일의성에 결합하는 포스트-뉴턴적 기계론이라는 명료한[이 점에 관해 우리에게 많은 것을 말해 주는] 예시 또한 보라. 어떠한 한 개념의 활용과 유효 범위를 하나의 허용된 경계를 넘어서까지 과장적으로 '확장'하기 위해(그리고 이러한 유의 모든 확장은 그것이 형식적이든 상상적이든 혹은 화용론적이든 우선은 하나의 유비에 의해 지지된다), 우리는 이 개념의 이론적 잠재성들 가운데에서 선택을 해야만 한다. 이를 통해 우리는 개념을 '문제-개념'concept-problème에서 '해답-개념'concept-solution으로 재변형해야만 한다.[20] 여기에서 모순은 즉각적immédiate이다.

---

18 캉길렘의 글들 중 무엇보다도 *La Connaissance de la Vie*, Vrin, Paris, 1965(2e éd.), p. 129 sq.에 수록된 논문 "Le vivant et son milieu"을, 그리고 "Du concept scientifique à la réflexion philosophique", *Cahiers de philosophie*, publié par le Groupe d'étude de philosophie de l'Université de Paris, UNEF-FGEL, n. 1, janvier 1967을 보라. 이 질문은 캉길렘 생전에 피에르 마슈레("La philosophie de la science de Georges Canguilhem", *La Pensée*, n. 113, janvier-février 1964)와 도미니크 르쿠르("L'histoire épistémologique de Georges Canguilhem", in *Pour une critique de l'épistémologie*, François Maspero Paris, 1972)의 주석 대상이 되었다[르쿠르 저서의 국역본으로는, 도미니크 르쿠르, 『맑스주의와 인식론』, 박기순 옮김, 중원문화, 2023 참조].

19 "La théorie cellulaire", in *La Connaissance de la Vie*, op. cit., p. 43 sq.과 "Le vivant et son milieu", ibid., p. 129 sq.을 보라. 물론 *Du développement à l'évolution*……, op. cit. 또한 보라.

20 이렇게 캉길렘은 바슐라르가 현대 과학의 현재를, 즉 그 활동을 분석하기 위해 필수적이라고

하지만 캉길렘은 그보다 더 멀리 나아간다. 캉길렘은 과학적 이데올로기들이 개념적 창조création conceptuelle를 혹은 '진리의 사실'fait de vérité을 [뒤에서] 따라갈 뿐만 아니라, 또한 이 과학적 이데올로기들이 과학적 창조들을, 즉 인식론적 단절들ruptures 혹은 절단들coupures을 항상 [앞에서] 선행한다는 점을 시사한다. 스스로를 확립하기 위해 어떠한 하나의 과학이 아무 오류와 혹은 아무 오류들의 조직tissu과, 심지어는 아무 이론과 단절할 수 있는 것이 아니다. 그것이 아니라 이 과학은, 이미 그 자체로서 어떠한 과학의 이데올로기화의 결과인 그러한 이데올로기와[만] 단절할 수 있는 것이다. 결국 나는, 과학은 이미 어떠한 하나의un 과학적 개념에 대한 혹은 스피노자가 말했던 '어떠한 하나의 참된 관념'une idée vraie에 대한 이데올로기화인 그러한 이데올로기와[만] 단절할 수 있는 것이라고 주장하고자 한다. 그래서 다윈Charles Robert Darwin과 멘델은 기계론적 과학의 이데올로기적 확장에 최소한 부분적으로는 기초해 있는 환경 혹은 유전 개념과 단절했던 것이다. 갈릴레이는 그 개념들 — 그중 무엇보다도 특히 '자연적 위치'라는 개념 — 이 우주에 대한 최초의 기하학화에 관한 이데올로기화와 일체를 이루었던 그러한 역학과 단절했다.

이는 명백히 기이한 데다 모순적이기까지 한 관념인데, 왜냐하면 이 관념은 과학성 그 자체가 시작점commencement을 가지고 있지 않으며 대신 과학성과 이데올로기화의 변증법이, 혹은 더 정확히 말해, 개념에 대한 이데올로기화와 탈이데올로기화의 변증법 — 인식에 구성적인 — 이 항상-이미 존재하고 있다고 주장하는 것이기 때문이다. 하지만 또한 우리는 이 관념을 캉길렘의 (이러한 측면에서 심원하게 스피노자주의적인) 명제들이 과학성의 절대적 시작점을 사고 가능하게 해주는 것이 아니라 단지 이 과학성의 무한한 과정을, 무한한 재시작점을 혹은 무한한 발전을 사고 가능하게 해주는 것일 뿐이라고 해석할 수도 있다. 이

간주했던 이러한 '철학적 다원주의'를 개념들의 잠재적 다가성polyvalence의 자격으로 과거 그 자체에서 재발견하는 작업에 착수한다. 캉길렘에게서 아마도 이는 탐험하고 노동하는 모든 이성이 항상-이미 '변증법적'이라는 점과 관계되어 있을 것이다.

1부. 진리의 역사

는 캉길렘 명제들의 약점일까? 오히려 이것이 이 명제들의 힘 아닐까? 캉길렘과 함께, 인식론은 과학의 기원들이든 혹은 실증성의 기원들이든 '절단'coupure과 '구획화'démarcation의 문제 설정들 모두를 항상 귀신처럼 따라다니는 '기원들'의 문제에 진정한 작별을 고하게 된다. 인식론은 지식의 역사성에 대한 인지, 하나의 '역사주의'가 아닌 그러한 인지와만 진정으로 하나가 되는데, 왜냐하면 그러한 역사성이 [역사주의에 특징적인] 지식의 상대화[즉 지식에 대한 상대주의]에 절대적으로 배제적이기 때문이다. 나는 오귀스트 콩트의 몇몇 테제들에, 특히 '신학적인 것'의 장악은 총체적이었던 적이 전혀 없었다는 관념에 캉길렘이 항상 두었던 관심을 이러한 의미로 해석함으로써 내가 오류를 범하고 있는 것은 아니라고 믿는다.

이 지점을 더욱 정확히 설명하기 위해, 내가 세 번째로 가져오는 캉길렘의 텍스트, 즉 1974년 『보편 백과사전』Encyclopaedia Universalis에 수록된 「생명」Vie이라는 논문을 원용함으로써 인식과 이데올로기 사이의 관계에서 작동하고 있는 바를 더욱 정확히 이해하도록 시도해 보자.[21] 이 종합적 텍스트(캉길렘이 자신의 많은 수의 연구와 강의의 결과들을 이 자리에 모았다는 점에서)는 어떻게 "인식론적 장애물" obstacle épistémologique이라는 바슐라르적 통념이 [캉길렘에게서는] 결국은 과학적 이데올로기라는 질문과의 필연적 관계 속에서 재작업될 수 있었는지를 우리로 하여금 이해할 수 있게 해준다. "생명에 대한 과학적 인식에서의 장애물들"이라는 질문을 제기하면서, 캉길렘은 "동시대 프랑스 인식론은 자신이 인식에 대한 장애물들의 기원과 기능 작용에 두는 일반적 이해 관심을 바로 가스통 바슐라르의 작업에 빚지고 있다"는 점을 상기시킨다. 그래서 프로이트에 더욱 가까운 그리고 생물학적 인식의 문제들에 직접적으로 적합한 그러한 관점에서 "객관적 인식의 정신분석"이라는 바슐라르적 관념에 대해 작업함으로써, 캉길렘은 지식의 객관성과 인간 생명체의 가치 사이의 반복되는 갈등에 관한 자신의 성찰을

---

21 *Encyclopaedia Universalis*, tome XVI, Paris, 1974, pp. 764–769. Réédition in *Œuvres complètes*, tome V, op. cit.

형태 변환의 욕망, 자생적 발생이라는 신화 그리고 인간 생명체에 의한 동물 생명체의 활용이라는 기술적technique 이해 관심, 이렇게 세 가지 거대한 "복합체 대상들"objets de complexes에 대한 기술description을 중심으로 조직화한다. 이 복합체 각각은 "물질에 대한 인식의 방법들을 생명으로까지 확장하는 것이 새롭게 갱신된 저항들 — 이 저항들은 정서적 차원의 반감만을 항상 표현했던 것은 아니며, 힘pouvoir을 부정하는 가설들에서부터 출발해 최초에는 형성되었던 개념들과 법칙들을 수단으로 [오히려] 이 힘을 설명할 수 있다는 희망이라는 역설적 희망에 대한 성찰된 거부를 표현하기도 했다 — 과 (우리 시대에 이르기까지) 맞닥뜨렸다"는 점을 자신의 방식대로 설명한다.

달리 말해, 생물학 이론은 생명체를 자연적 현상들의 보편성 안으로 데려가는 분석적 설명과 이 생명체를 자연에서의 하나의 예외로 지각하는 (그리고 결국은 '죽음이라는 특권'으로 스스로를 제시하게 될) 독특한 경험 사이의 갈등으로부터 절대로 벗어나지 못한다.

이로부터 비로소 시작되는, 생명에 대한 거대한 이론적 개념화들 — 시간순서로 배열됨과 동시에 관념들의 역사에서 반복되는 개념화들, 즉 영혼을 불어넣는 것animation으로서의 생명, [기계적] 메커니즘mécanisme으로서의 생명, 유기조직organisation으로서의 생명, 정보 혹은 커뮤니케이션으로서의 생명22 — 에 대한 연구는 이러한 '복합체들'이 매 경우마다 생명의 정의에 대한 구축의 토대에 현존하고 있다는 점을 보여 줄 것이다. 왜냐하면 하나의 세계관이지 않은 (생명체들에 대한 단순한 기술 혹은 분류와는 구별되는) 생명 그 자체에 대한 개념화conception[즉 생명관] 혹은 생명 그 자체에 대한 개념화 과정conceptualisation이란 존재하지 않기 때문이다. 그리고 이와 상호적으로, 모든 세계관, "인간 경험의 총체성으로"의 모든 "확장"23은 아마도 자신의 단순성과 자신의 절대적 필요성이라는

---

22   이 일련의 이론적 개념화들에서 캉길렘이 진화 혹은 변형으로서의 생명이라는 '정의'를 위한 하나의 특수한 자리를 마련해 두지 않았다는 점은 놀랍다.

23   Georges Canguilhem, *Idéologie et rationalité dans l'histoire des sciences de la vie*, op. cit., p. 43.

허상을 정초할 수 있는 바를 탄생, 생명과 죽음, 개체 혹은 종의 한계들에 대한 위반[월경]이라는 이 몇몇 복합체들이 공통적으로 이 세계관에 전달해 주는 무의식적 힘 내에서만 발견하게 될 것이다. 그런데 '생명에 대한 정의들'(정확히 이 정의들이 바로 [대문자] 이념들, 즉 [대문자] 영혼, [대문자] 기계, [대문자] 유기조직화된 신체 등인데)은 캉길렘이 앞서 '과학적 이데올로기들'이라 명명했던 바와 근본적으로 다르지 않다.[24] 최소한 이 생명에 대한 정의들은 역사적으로 이 과학적 이데올로기들과 분리 불가능하다. 왜냐하면 모든 '과학적 이데올로기들'에서, 그리고 특히 진정으로 시대의 한 획을 그은 과학적 이데올로기들에서, '생명에 대한 정의'(예를 들어 즉자적 개체성[개체성 그 자체], 자기-가소성이 부여된 유기 조직)가 이 과학적 이데올로기의 조건으로, 그러니까 개념적 일반화의 원천으로 제시되거나, 또는 이 과학적 이데올로기의 목표 그리고 이 과학적 이데올로기의 부산물로 제시되기 때문이다(이러한 측면에서, 캉길렘과 그의 협력자들이 매우 세심하게 연구했던 진화론이라는 경우가 그 완벽한 증거가 된다[25]). 그리고 여기에는 놀라울 것이 전혀 없는데, 왜냐하면 '총체성으로의 직접적 접근에 대한 무의식적 필요[욕망]'는 생명 혹은 생명체에 대한 하나의 도식이 인식의 주체로서의 개인에 대한 표상과 우주에 대한 표상을 최소한 유비적으로라도 서로 동질화하기 위해 개입하지 않고서는 이론적 요소 내에서 표현될 수 없기 때문이다. '정관사 생명'la vie에 대한 모든 정의는, 캉길렘이 종종 보여 주었듯,[26] 이 정의 스스로가 실증적이고 실증주의적이기를 원한다 할지라도, (인식들의 주어진 상태 내에서 그리고 그에 조응하는 언어적 수단들을 통해 생명의 종별성을 언표하기 위해) 이 정의가 생명 이상을, 어쨌든 생명체들의 보편성 너머를 필연적으로 겨냥해야 한다는 그 최소한의 의미에서, '이데올로기적'이다. 그래서 결론적으로, 생명체들의 공통된 '고유성'으로서의

24　여기에서 캉길렘은 '의철학적 이데올로기들'에 관해 말한다.

25　*Du développement à l'évolution au XIXe siècle*(19세기의 발전에서 진화로), op. cit.

26　프랑수아 다고네와의 다음의 토론을 보라. François Dagognet, "Le vivant", Télévision scolaire, émission du 20 février 1968(texte dans la *Revue de l'enseignement philosophique*, 18e année, n. 2, décembre 1967-janvier 1968, p. 55 sq.). Réédition in *Œuvres complètes*, tome V, op. cit.

생명, 이 생명의 측면à côté을 필연적으로 겨냥해야 한다는 의미에서, 이데올로기적이다.

하지만 이와 동일한 분석들이 또한 우리에게 '과학적 이데올로기들' — [앞서 살펴본] 1969년의 논문이 18세기의 유전 담론과 "성들의 종속[성적 종속], 부성, 계보의 순수성, 귀족제의 합법성이라는 이러한 법적 문제들" 사이의 관계, 혹은 허버트 스펜서Herbert Spencer적 진화론과 "19세기 영국 산업사회 내 기술자적ingénieur 기획, 즉 자유 기업과 그에 조응하는 정치적 개인주의에 대한, 그리고 [이와 연결된] 경쟁에 대한 정당화" 사이의 관계를 지적함으로써 그 자리를 이미 표시해 두었던 — 에 대한 또 다른 이해를 가져다주기도 한다. 아마도 과학적 이데올로기들이, '허위의식'이라는 양식에서도 그리고 정당화 담론의 양식에서도, 직접적으로 '계급적 이데올로기들', 혹은 더욱 일반적으로는 사회-정치적 이데올로기들이지는 않을 것이다. 하지만 이 모든 경우들에서 이 과학적 이데올로기들이 사회에 대한, 그리고 이 사회의 권력 갈등과 이 사회의 역사에 대한 표상 — 그 가장 좋은 예시는 기관들organes 사이의 노동 분할[즉 분업]이라는 관점에서의 혹은 세포[로 구성된] 사회라는 관점에서의 유기체organisme에 대한 해석인데, 이번에는 자신의 편에서 이 해석이 사회를 하나의 유기체로 사고할 수 있게 해준다 — 에 의해 과잉 결정되는 것은 아닌지에 대한 질문이 온전히 제기된다.

> [여러 기관들 사이의] 교감consensus이 연대solidarité와 동일시되는 순간에서부터, 우리는 유기체와 사회 중에서 어떤 것이 어떤 것의 모델인 것인지, 혹은 최소한 은유인 것인지 더 이상 알지 못하게 된다.[27]

캉길렘은 과학적 이데올로기들과 사회-정치적이고 신학-정치적인 이데올로기들 사이의 이러한 필연적 관계 — 이 관계로부터 경험에 대한 총체화의 또

---

[27] *Encyclopaedia Universalis*, p. 768. 또한 "Le tout et la partie dans la pensée biologique", dans *Études d'histoire et de philosophie des sciences*, p. 319 sq.도 보라.

다른 경향이 도출된다 — 를 복합체들 혹은 생명의 정의들과 세계관들의 경우에서처럼 욕망과 저항의 무의식적 관계로 제시한 것이 아니라, 오히려 암묵적이고 목적론적인 선전제화의 관계로 제시했다. "분화differenciation의 법칙은 국가에 대항해 개인에게 제시되는 지지에 이르게 된다. 하지만, 만일 이러한 분화의 법칙이 명시적으로explicitement 여기에서 끝나게 된다면, 아마도 이는 이 분화의 법칙이 암묵적으로implicitement 여기에서 시작되었기 때문일 것이다." 이는 "실재에 대한 자신의 실재적 관계[자신이 실재와 맺는 실재적 관계]를 오인하는" 또 다른 방식일 것인데, 만일 "이데올로기가 주어진 인식 대상에 붙어 있다고 믿는 그만큼 오히려 이 주어진 인식 대상으로부터 더욱 떨어져 있는 그러한 인식"인 것이 사실이라면, 인식하기 위해서는 이 관계로부터 자신 스스로를 떼어내야만se dé-prendre 한다.**28** 이렇게 캉길렘이 지적이고 역사적인 하나의 형성 — 그 인식하는 노동은 우리로 하여금 개념들의 외연(그러니까 분석적 설명과 담론성), 사회 내 인간의 상상계와 실천적 목표물들, 인간 생명체에 고유한 지식의(혹은 비지식의) 욕망, 이것들과의 삼중적 관계를 반복적인 방식으로 식별하는 것을 가능케 해준다 — 으로 재사고하는 바로서의 인식론적 장애물이 취하는 다차원적 구조가 완성된다.

이러한 명제들을 소환함으로써, 그리고 이 명제들을 하나의 동일한 진행 방향에 기입시키는 위기와 위험을 나의 것으로 감수하면서, 나는 나 스스로가 최초에 제기했던 문제를 나의 시야에서 놓쳐 버리게 된 것은 아닐까? 그렇지는 않은 것 같으며, 더욱이 아마도 이제 우리는 내가 최초에 제기했던 문제에 해답의 몇몇 요소들을 가져다줄 수단을 가지게 된 것 같다. 왜냐하면 이 명제들은 인식 역사의 개념화 과정과 진리에 대한(혹은 이 진리의 생산에 대한 — 진리는 그 생산으로부터 분리 불가능한 것으로 나타나므로) 하나의 테제 모두를 함축적으로 포함하고 있기 때문이다.

앞서 나는 개념의 노동[작업]travail du concept을 특징화하기 위해 '이데올로기

---

28 *Idéologie et rationalité*……, pp. 36, 42, 45.

화/탈이데올로기화'[라는 쌍]를 제안했다. 이를, 사고가 미지를 향해 나아가는 그 순간에 언어의 요소 속에서 사고를 상상계의 지배력(종의, 개인의, 제도의 상상계의 지배력)에 노출하는 — 하지만 종국에는 이 상상계를 정확히 개념적 비판과 정교 구성에 제공하기 위한 목적에서 노출하는 — 그러한 사고의 끊임없는 운동이라 이해하도록 하자. 이렇듯 자신의 역사 내의 과학은, 사고의 '내적인' 조건들(무의식적인 것이든 암묵적인 것이든)을 — 객관성을 통해 이 조건들로부터 스스로를 해방할 수 있기 위해 — 외부성과 담론성 안에 투사하는, 반복으로부터 벗어나 있지만 지정 가능한 종착점 없는, 그러한 무한한 과정이다.

이로부터, 과학 = 진리라는 등식에 내재적인 변증법을 표현하고자 시도하기 위해 내가 활용하는 발전된[전개된] 정식, 캉길렘이 필연적으로 언표하지는 않으면서도 실천했던 그러한 정식이 다음과 같이 도출된다.

과학 = (역사성 = (이데올로기화/탈이데올로기화) = 객관성) = 진리[29]

대립물들(이데올로기화/탈이데올로기화) 간의 통일과 분열이 이 등식의 중심 그 자체다. 바로 그렇기 때문에 나는 캉길렘이 (바슐라르와는 달리) 거의 사용하지는 않지만 그렇다고 해서 거부하는 것은 아닌 변증법이라는 단어를 여기에서 활용하는 것이다. 이것이 바로 오류라는 위험에, 그래서 이 오류 자체의 정정이라는 위험에 스스로를 노출하지 않고서 '참 내에' 존재하는 것의 불가능성을 표시하는 지적 작업이 취하는 극한limite이다. 이는 또한, 이와 상호적으로, 이데올로기가 자기 자신과 동일한 것으로 남아 있는 것의 불가능성, 그리고 사고가 이데올로기 내에서 휴식 상태로 남아 있는 것의, 즉 인식하지 않는 것ne pas connaître의 불가능성의 표지이기도 하다. 이때부터, '과학과 진리, 이 둘은 동일한 것이다'라고 말하는 것은 과학이든 진리이든 이 두 항 모두가 절대로 하나의 확고부동

---

29 [옮긴이] 원문을 제시하자면 다음과 같다. "science = (historicité = (idéologisation/désidéologisation) = objectivité) = vérité."

한 본질일 수는 없다는 점을 표현하는 가장 적합한 방식 아닐까?*30*

만일 '참 내에' 존재하기 위해 과학 내에, 과학의 노동 내에 그리고 과학의 위험 내에 존재해야 한다면, 과학은 스스로를 사고하는 유일한 사고, 즉 유일한 '사고의 사고'인 것일까? 이 과학이라는 사고에는 자신의 오류를 활용해 자기 자신의 조건들에 대해 발견해야 할 새로운 것이 항상 여전히 남아 있다는 점을 제외한다면 말이다. 이후 캉길렘은 "구상, 오류, 사고의 표지들"Dessein, erreur, marques de la pensée이라 썼다.*31* 과학은 어쨌든 자기 자신을 위해 과학의 내적 장애물들이 종국에는 자신의 가능 조건들이 될 수 있는 그러한 유일한 사고이다. 이 과학은 또한, 이 내적 장애물들을 전위시킴으로써, 과학 고유의 외적이고 우연적인 가능 조건들을 사고의 필연적 '대상들'로 다른 곳에서ailleurs 재발견하기를 희망할 수 있는 유일한 사고이다. 바로 그렇기 때문에, 비록 과학이 전부tout는 아니지만 혹은 (경험의, 생명의, 사고의) 전체le tout는 아니지만, 그럼에도 우리는 잠재적으로 그 무엇도 이 과학에 외부적extérieur이지는 않다고, 바로 이 과학이 과학 자신의 활동까지도 포함해 모든 것을 외부화할 수 있는 한에서(게다가 이러한 외부화는 단 한 번 만에 이루어질 수 있는 것이 아니며, 단지 '지식의 무한' 속에서만 이루어질 수 있다) 그렇지는 않다고 말할 수 있는 것이다.

---

30 [옮긴이] 여기에서 '절대로 본질일 수는 없다'는 ne peut jamais recouvrir를 옮긴 것으로, 이 recouvrir 동사를 고심 끝에 être 동사로 의역해 번역했다. 영어의 recover 동사와 동일한 프랑스어 recouvrir 동사는 사실 일반적으로도 être로 해석하거나 번역하면 큰 무리가 없다.

31 "Le cerveau et la pensée", conférence à la Sorbonne du 20 février 1980(dans le cadre des journées du M.U.R.S.), rééditée dans *Georges Canguilhem. Philosophe, historien des sciences*, Actes du colloque du Collège international de philosophie, Albin Michel, Paris, 1993.

2장
프랑스 철학 내의 알랭 바디우[1]

파스칼에 할애된, 『존재와 사건』[2]의 제21 성찰은 파스칼의 『팡세』로부터의 다음과 같은 인용으로 시작한다. "교회의 역사는 진리의 역사라 고유하게 불려야 한다."[3] 이는 브룅슈빅 판 『팡세』로는 858번, 라퓌마Lafuma 판 『팡세』로는 776번으로 분류된 사유pensée[즉 '팡세']이다. 비록 이 글에서의 나의 목표가 파스칼에 대해 바디우가 제시하는 해석 그 자체에 관해서도, 이 도발적 정식이 제시하는 문제들 전체에 관해서도 논의하는 것은 아니지만, 그럼에도 나는 이와 관련한 다음과 같은 두 가지 지점에 대한 몇 가지 언급들로 나의 논의를 시작해야만 한다.

하나의 문장으로 환원된 파스칼의 이 사유[팡세]는 다음과 같은 매우 기이한 지위를 가지고 있다. 역사에 관한, 혹은 진리에 관한, 심지어는 이 역사와 진리 사이의 상호성에 관한 하나의 파스칼적 학설이라 할 수 있을 바를 소묘하는[혹은 재구성하는] 방식으로 이 사유를 다른 사유들[팡세들]에 연결하는 것이 불가능하지는 않다고 해도, 이 사유는 지금까지 제안되어 왔던 [브룅슈빅과 라퓌마의 그것과 같은] 다양한 분류 체계 내에서 홀로 고립된 것으로 남아 있다. 여러 파스칼적 '담론들'이 취하는 연속성, 사후적 파편화[브룅슈빅과 라퓌마 등에 의해 행해진] 이전

---

1 국제철학학교Collège international de philosophie의 다음 컬로퀴엄에서 행한 발표. "Alain Badiou, 'La pensée forte'", Bordeaux, du 21 au 23 octobre 1999.

2 Alain Badiou, *L'Être et l'Événement*, Seuil, Paris, 1988, p. 235 이하(앞으로는 *EE*로 표기).

3 [옮긴이] 이 인용의 원문은 다음과 같다. "L'histoire de l'Église doit être proprement appelée l'histoire de la vérité."

의 연속성을 재구성하고자 하는 매우 흥미로운 시도에서, 마르티노는 이 사유에 만족스러운 자리를 찾아 줄 수 없었는데, 역으로 이는 이 사유가 하나의 불연속성을, 언표 작용의 독특한 하나의 사실을 표시한다는 점을, 그리고 이 사유가 어떤 면에서는 『팡세』의 이론적 경제와 글쓰기 체제에 초과적이라는 점을 시사한다.4 이 사유는, 그 자체로는, 파스칼에 관한 방대한 문헌들 속에서 거의 논평되지 않아 왔다는 점을 추가적으로 지적하도록 하자. 특히 이 점은 이 사유의 계보학이, 구원의 역사 내에서 교회가 수행하는 기능을 지시하는 진리의 전통traditio veritatis과 같은, 중세적 기원을 가지는, 그리고 더욱 멀게는 아우구스티누스Aurelius Augustinus적 기원을 가지는 중요한 신학적 정식들과의 부인할 수 없는 가족 유사성에도 불구하고, 모호한 것으로 남아 있도록 만든다.5 나는 이 사유가 파스칼의 프랑스어 창조물이라 사고하고자 하며, 조금 뒤에 나는 이 사유의 사후 효과가 지니는 수수께끼로 되돌아오도록 하겠다. 이 사유를 대상으로 행해진 몇 안 되는 논의들 중에, 1971년의 저서 『블레즈 파스칼: 주석들』의 결론에서 앙리 구이에Henri Gouhier가 제출한 논의를 언급하도록 하자. 구이에는 이 사유를, 교부들의 진리 — 교회는 바로 이 교부들의 진리의 전통을 보존하고 있는 것인데 — 를 현행성 내에 기입하는 것을 목표로 하는 투쟁적 전투의 구호로 만드는데, 이러한 기입은 교회로 하여금 기원으로 되돌아감으로써 이 교회 자신의 오류들에 대해 언제든 이의를 제기할 수 있는 가능성을 제공해 주는 것이다.6 그리고 장 메나르Jean Mesnard의 논의 또한 언급해야 하는데, 메나르는 이 사유의 의미 작용을 구약과 신약의 연속성으로까지 확장하며, 따라서 이 사유를 '형상들'에 대한 이론 전체의, 혹은 진리의 은폐와 탈은폐라는 이중 운동 — 세계의 기원에서부터 지속되는, 그리고 예언과 기적의 연속이 그 전반적 의미를

---

4 Blaise Pascal, *Discours sur la religion et quelques autres sujets*, restitués et publiés par Emmanuel Martineau, Fayard/Armand Colin, Paris, 1992.

5 [옮긴이] 이 글에서 '교회'는 모두 Église를 옮긴 것으로, 초두가 대문자로 되어 있으나 일일이 지적하지 않았다.

6 Henri Gouhier, *Blaise Pascal. Commentaires*, Vrin, Paris, 1971, pp. 362-365.

제공해 주는 — 의 기반으로 만든다.7

이 정식에 대한 바디우의 해명 속에서(그러나 바디우는 간접적인 방식으로만 이러한 해명을 수행하는데, 왜냐하면 이 정식의 문장은 이 정식이 형식적으로는 논의되지 않으면서 그에 대한 하나의 해석이 제시되는 『존재와 사건』의 한 장에서 제사로[만] 활용되기 때문이다), 그의 독해는 구이에의 실용주의와 메나르의 거대 서사의 사잇길에 위치한다. 바디우의 해명에서 교회는 신의 법droit divin이라는 선재하는 하나의 제도라기보다는 '개입적 논리'logique intervenante의 혹은 선택하고자 하는 결정 — 이 결정 안에 이 개입적 논리가 집중되는데 — 의 반작용 효과, 현실의 편에서 그러니까 역사의 편에서 유일한 참조물이 절대적으로 반자연적이고 결정 불가능한 기적의 사건인, 그리고 모든 것 중에 가장 기적적인 [대문자] 구원자의 임하심venue du Sauveur인 — 이는 모든 규칙과 모순되는 것이며("법칙loi의 중단의 상징", EE, p. 239) 바로 그 이유로 인해 이것이 이 규칙의 불충분함을 나타내는 것인데 — 그러한 결정의 반작용 효과이다. 바디우의 저서 『존재와 사건』의 이 장이 1인칭으로 표현되는 바디우 자신의 무신론에 대한 표명들 — 투사적 믿음 혹은 충실성에 대한 준거점들(사건적 진리의 상관물로서의)과 항상 이웃해 있는 — 이 등장하는 장들(매우 적은 수이긴 하지만 그럼에도 의미심장한) 중 하나라는 점을 또한 지적하도록 하자. "그의 기독교적 열의를 거의 의심하지는 않지만, 나는 [과]학자이자 도덕가로서의 파스칼이 관심을 기울인 그 향수를 공유했던 적은 전혀 없었다. 나는 이 지점에서 파스칼이 겨냥하고 있는 것이 진리의 투사적 장치라는 점을 너무나도 명확히 보고 있다. (……) 오히려 내가 파스칼에게서 그 무엇보다도 경탄하는 바는, 그 용어의 반동적 의미에서 그렇다는 게 아니라 의고적[낡은] 신념에 대한 현대적 형태들을 발명하기 위해, 힘겨운 정황들 속에서도, 흐름을 거슬러 나아가고자 하는 노력이다. (……)"(EE, p. 245).

나는 바디우가 파스칼에 관한 성찰을 존재론에 대한 자신의 저서의 중심에 설치했다는 점뿐만 아니라 또한 바디우가 이 초과적이고 수수께끼 같은 정식을

---

7 Jean Mesnard, *Les Pensées de Pascal*, SEDES, Paris, 1993(2e édition), p. 269 이하.

찾아 나갔다는 점도 매우 흥미롭다고 생각한다. 파스칼에 의해 진리라는 용어와의 완벽한 등가성("고유하게 불려야 한다") 내에 동어반복적으로 설치된 교회라는 용어가, 최소한 그 역사적 양태에 따라서는, 그 어떠한 기독교적 열의도 확실히 전혀 없는 이러한 전위 속에서 무엇이 되는지 바디우에게 즉시 질문해 볼 필요가 있다. 이 교회는 의미 작용 없는 나머지[즉 의미가 비어 있는 잔여]인가, 숨겨진 열쇠인가, 그도 아니면 상대적 조건인가? 아마 결국에는 뒤에서 이 지점을 다시 다루겠지만, 어쨌든 나는 이러한 방식으로 논의를 시작하고 싶지는 않은데, 왜냐하면 나는 신학-정치적 원리가 바디우가 구축했던 진리의 이론화에서 무매개적으로 작동하고 있다고도, 그렇게 작동하고 있기 때문에 우리가 이 정식의 중요성을 표시할 수 있는 것이라고도 전혀 생각하지 않기 때문이다. 반면, 나는 바디우가 독창적인 방식으로, 혹은 이 컬로퀴엄에서 우리가 이렇게 말할 수 있다 믿고 있듯, '강한'forte 방식으로, 진리의 역사histoire de la vérité라는 질문에 대한 그리고 이 진리의 역사라는 용어 그 자체에 대한 논의로 특징지어지는 철학적 정세에 개입했다고(바디우 자신 또한 이 진리의 역사에 대한 하나의 개념화를, 하지만 자신의 동시대인들 대부분을 거슬러서 제시하기 위해) 확신한다. 바디우가 이 진리의 역사라는 표현을 활용하면서뿐만 아니라 자신의 파스칼적 활용을 드러내면서[도] 이를 행했다는 점은 그가 말하는 이유, 그리고 그가 말하지 않는 또 다른 [숨겨진] 이유로 인해 우리의 가장 커다란 이해 관심을 지니고 있는 것이다. 이제 나는 20세기 후반기 프랑스 철학의 역사에서의 (다른 정황들 내에서의) 한 장chapitre을 형성할 수 있을 바에 대한 가장 도식적인 탐지점들을 제시함으로써 이 이유를 고찰해 보기 위해 잠시 멈춰 볼 것이다.

　'진리의 역사'라는 표현은, 사람들이 이 표현의 의미를 무엇이라 생각하든, 매우 일반적으로 통용되는 표현은 아니다. 또한 이는 손쉽게 번역 가능한 표현도 아닌데, 축자적 등가성이라는 의미에서가 아니라(그 무엇도 이 진리의 역사라는 표현을 영어로 'History of the Truth'나 독일어로 'Geschichte der Wahrheit', 심지어는 'Wahrheitsgeschichte', 스페인어로 'Historia de la verdad' — 보르헤스Jorge Luis Borges가 Historia de la eternidad[영원의 역사]라고 썼듯이 — 로 번역하는 것을 가로막지 않는다) 철학적 관용어의 수용 가능성이라는 의미에서 그러하다. 그런데 이 진리의 역사라는 표현은 논리-현상학적인 그리고 논리-인식론적인 논쟁의 지도 원리들 중 하나를, 즉 1950년대 말부터 1980년대 초까지 프랑스어권 철학에 국제적 환경으로부터의 상대적 자율성을 (아마도 마지막으로) 부여했던 그 지도 원리를 구성한다. 이 점을 확인하기 위해서는, 이 자리에서 내가 이를 세밀한 방식으로 행하지는 않겠지만, (다시 한번 반복해 지적하자면) 이 희귀하며 강제적인[즉 철학자들이 쓰지 않을 수 없을 만큼 강력한] 표현이 프랑스어권 철학의 저자들이 형성하는 성좌 내의 [이들의] 글들 가운데 순환하는 방식(이와 동시에 이 진리의 역사라는 표현은 이 글들 사이의 대립 또한 표시하는데)을 연구하는 것만으로도 충분하다. 다시 말해 이 진리의 역사라는 표현은 이 글들을 한곳으로 다시 모으고 이 글들을 분할하는, 혹은 이 글들을 이 글들 사이의 쟁론을 중심으로 하나의 '이접적 종합'을 통해 모으는 그러한 이단점의 지표를 구성하는 것이다. 여기에서는 데리다, 캉길렘, 푸코라는 세 가지 핵심적 탐지점들을 단순화된 방식으로 제시하도록 하자.

우선 이 진리의 역사라는 표현을 가설적인 방식으로, 그리고 결국에는 비판적인 방식으로 활용한다는 공통점을 지니는 데리다와 캉길렘을 살펴보도록 하자. 데리다는 이를 후설의 『기하학의 기원』에 관한 (1962년에 출간한) 자신의 서문에서의 핵심적 구절들에서 행한다.

> 진리의 문화와 전통은 어떠한 역설적 역사성에 의해 각인되어 있다. 어떠한 의미에서 이 문화와 전통은 모든 역사로부터 풀려난 것으로 보일 수 있는데, 왜냐하면 이 문화와 전통은 현실 역사의 경험적 내용 (……) 에 의해 내속적으로 변용되지 affectées 않기 때문이다. (……) 가치[또는 진리치]의 이념성에 스스로를 가두는 이들과 마찬가지로 역사적 사실성에 머무르는 이들에게 또한, 진리의 서사가 지니는 역사적 본원성originalité은 신화의 본원성일 수밖에 없다. 하지만 후설의 의도에 부합하는 또 다른 의미로, 진리의 전통은 가장 심원하고 가장 순수한 역사이다. (……) 현상학이 관습적인 플라톤주의뿐만 아니라 역사주의적 경험론으로부터도 벗어나게 되자마자, 이 현상학이 기술하기를 원하는 진리의 운동은, 정확히, 구체

적이고 특수한 하나의 역사의 운동 — 그 토대가 시간적이고 창조적인 주관성의 행위들 (……) 인 — 이 된다. (……) 오직 하나의 공동체적인 주관성만이 진리의 역사적 체계를 생산할 수 있으며 이 체계에 총체적으로 응답할 수 있다. (……) 어쨌든, 만일 어떠한 진리의 역사가 존재한다면, 이 진리의 역사는 총체성들과 절대성들의 이러한 구체적 함축implication과 이러한 상호적 함입enveloppement일 수밖에 없다. 이는 그것이 이념적이고 정신적인 함축들에 대한 것임에서만 가능한 것이다. (……) 따라서 후설은 Erstmaligkeit(최초성)의 역사적 내용 앞에서 잠정적으로는 그 무엇도 하지 않았는데, 우선은 이 Erstmaligkeit의 역사적 내용의 객관화[대상화]라는 질문을, 그러니까 역사 내에서의 그 진수mise à flot[즉 배를 바다에 띄우기]와 그 역사성이라는 질문을 제기하기 위해서만 그러했다. 왜냐하면 어떠한 의미sens는 그것이 하나의 절대적 대상이, 그러니까 의미를 역사의 경험적 지면에 붙들어 두었던 밧줄amarres[배를 매는 밧줄] 모두를 (역설적이게도) 이미 끊어 버린 그러한 하나의 이념적 대상이 된다는 조건에서만 역사 내에 진입하기 때문이다. 따라서 객관성[대상성]의 조건들은 역사성 그 자체의 조건들이다.[8]

나는 이 정식화들을 꽤 길게 인용했는데, 왜냐하면 이 정식화들의 대상이 우리가 『존재와 사건』에서 취급할 그 대상과 명백하게도 매우 근접해 있기 때문이다. 어떤 의미에서는, 이 둘 모두는 항상 동일한 논의에 관한 것이다. 여기에서 데리다는 자신이 번역하는 후설의 텍스트 내에서 진리의 역사라는 문제의식을 '읽어 내'지만, 다른 곳에서(이는 『그라마톨로지에 관하여』에서 시작하여 『마르크스의 유령들』과 같은 최근의 텍스트들에서도 여전히 지속되는 그러한 계열인데), 데리다는 이 진리의 역사라는 문제의식을 다음과 같은 결정적 뒤틀림의 대가를 치르고서 자기 자신의 비판 담론 내에서 다시 취한다. 진리의 역사는 하나의 우화fable 혹

---

8 Edmund Husserl, *L'Origine de la géométrie*, traduction et introduction par Jacques Derrida, PUF, Paris, 1962, pp. 48-53[데리다 연구자 김민호의 미출간 번역문을 참조했으나 옮긴이가 직접 번역했으며, 번역에 오류가 있다면 옮긴이의 책임임을 밝힌다].

은 하나의 속임수leurre이지만 이 속임수는 초월론적 가상apparence transcendantale 만큼이나 본질적인 것이라는 결정적 뒤틀림 말이다. "목소리 내에서의 기표의 말소라는 이러한 경험은 다른 허상들 가운데 하나의 허상illusion이 아닌데 — 왜 냐하면 이러한 경험은 진리라는 관념 자체의 조건이기 때문에 — , 그러나 우리 는 어떤 점에서 이 경험이 스스로를 속이는se leurre 것인지를 다른 곳에서 보여 줄 것이다. 이 속임수란 바로 진리의 역사이다……."9 "유령fantôme의 역사는 유 령화fantômalisation의 역사로 남아 있으며 정확히 이 유령화의 역사는 진리의 역사 일 것이다. 어떠한 한 우화fable의 참-되기[진리-되기]의 역사일 것이다. 그 역인 것이 아니라면, 그러니까 진리의 우화화(날조)affabulation인 것이 아니라면 말이 다. 하지만 어떤 경우이든 이는 유령들의 역사[곧 진리들의 역사]이다."10 우리가 이미 알다시피, 데리다에게서, 이념성들idéalités의 시간화는 항상-이미 이 이념 성들의 의미에 대한 산종dissémination이라는 운동 내에 사로잡혀 있는데, 왜냐하 면 이 이념성들의 에크리튀르écriture로서의 혹은 더욱 정확히 말해 원에크리튀 르archi-écriture로서의 지위는 모든 전유 혹은 장악으로부터 벗어나는 하나의 차 연différance의 간극을 기원 그 자체에 기입했기 때문이다.

여기에서 나는 즉시 데리다의 이 정식화들에 「과학적 이데올로기란 무엇인 가?」라는 캉길렘의 1969년 시론에, 이 주제에 관한 유일한 텍스트이면서 동시 에 핵심적인 시론에 담겨 있는 캉길렘의 다른 정식화들을 대립시키고자 한다.

그 자신의 역사 내에서의 과학[간단히 말해, 역사 내 과학]을 진리적 사실들faits de vérité의 절합된 한 연속으로 취급하는 과학사는 이데올로기에 관심을 기울일 필요 가 없다. (……) 그 자신의 역사 내에서의 과학을 증명적 규범들normes de vérification

---

9 Jacques Derrida, *De la grammatologie*, Minuit, Paris, 1967, p. 33.

10 Id., *Spectres de Marx*, Galilée, Paris, 1993, p. 200[국역본인 자크 데리다, 『마르크스의 유령들』, 진태원 옮김, 그린비, 2014, 2판, 243쪽에서 인용하자면, "환영의 역사는 환영화의 역사로 남아 있으며, 환영화의 역사는 진리의 한 역사, 한 우화fable가 진리가 되는 역사일 것이다. 그 반대, 곧 진리에 대한 하나의 날조affabulation가 아니라면 말이다. 어떤 경우든 항상 환영들의 역사이긴 마찬가지다"].

의 정교한 정화purification로 취급하는 과학사는 과학적 이데올로기에도 또한 관심을 기울이지 않을 수 없다. 가스통 바슐라르가 시효 지난 과학사와 인가된 과학사로 구분했던 바는 서로 분리됨과 동시에 서로 교착되어야 한다. 진리 혹은 객관성의 인가는 시효 지난 것에 대한 낙인[또는 폐기]을 그 자신 안에 담지하고 있다. 하지만 만일 이후에 시효가 지날 것이 틀림없는 것이 지금 인가되지 않는다면, 증명은 진리를 나타나게 만들 수가 없다. (……) 진리의 역사만을 만들고자 함으로써, 우리는 하나의 허상적 역사를 만들게 된다. 보그단 수호돌스키 씨는 이 지점에서 옳은데,[11] 그의 주장대로 진리만의 역사는 모순적 통념이다. (……)[12]

다른 곳에서 나는 이러한 정식화가, 한편으로는, 가설과 증거에 관해 갈릴레이의 과학이 취하는 지위라는 문제에 대한 쿠아레 사후의 기나긴 논쟁(사실은 근대 인식론에 구성적인 논쟁)을 종결짓기 위해 쿠아레로부터 빌려온 유명한 표현과 하나의 체계를 형성하며("갈릴레이는 항상 참을 말했던 것은 아니지만, 그럼에도 그는 참 내에 존재했다", 다시 말해 갈릴레이는 물리-우주론적 불변항들 혹은 "자연의 법칙들"에 대한 수학적 이론의 무한한 증명의 지평 내에서 참을 그 자체로서 확립함으로써instituant 작업했다[13]), 다른 한편으로는 과학적 이데올로기의 관점에서의 '인식론적 장애물'에 대한 갱신된 분석 — 오류의 위험이 과학적 객관성에 특징적일 뿐만 아니라 또한 오류의 위험이 이 과학적 객관성이 상상계 그리고 생명과 맺는 실천적 관계에 구성적인 갈등이 되기도 한다는 점을 보여 주는 — 과 하나의 체계를 형성한다는 점

11 여기에서 캉길렘은 보그단 수호돌스키의 다음 논문에 준거하고 있다. Bogdan Suchodolski, "Les facteurs du développement de l'histoire des sciences", XIIe Congrès international d'histoire des sciences, Textes des rapports, Revue de synthèse, n. 49-52, 1968, pp. 27-38.

12 Georges Canguilhem, Idéologie et rationalité dans l'histoire des sciences de la vie, Vrin, Paris, 1977, pp. 44, 45.

13 Georges Canguilhem, "Galilée: la signification de l'œuvre et la leçon de l'homme", in Études d'histoire et de philosophie des sciences, Vrin, Paris, 1968, pp. 44-46. 나는 이 텍스트들에 대한 주석을 캉길렘 컬로퀴엄에서 행한 내 1990년 발표에서 제시한 바 있다. "Être dans le vrai? Science et vérité dans la philosophie de Georges Canguilhem", in Étienne Balibar, Lieux et noms de la vérité, Éditions de l'Aube, La Tour-d'Aigues, 1994에 재수록. 본서의 1장을 보라.

을 보여 줬다. 바로 그렇기 때문에, 다른 곳에서 캉길렘이 오류를 절대적인 의미
에서의 '사유의 표지'marque de la pensée로 제시하는 것이다.14 우리가 이미 보고 있
듯 캉길렘은 우선은 진리의 역사라는 관념을 가설적으로만 자신의 것으로 다시
취하는데, 그러나 이는 이 진리의 역사라는 관념을 그 반대물로 변형하기 위한,
혹은 오히려 이 진리의 역사라는 관념을 그 반대물을 통해 내부적으로 변용하
고 이로써 이 진리의 역사라는 관념에 하나의 구성적 의미를 부여하기 위한 것
이다.

　　완전성과 정확성을 기하기 위해, 이 두 가지 정식화들을 그 고유의 계보학
내에 기입해야만 할 것 같다. 특히 데리다의 편에서, 그 계보란 후설의 최후의
글들에서부터 출발해 행해지는 분석들, "우연성 내의 합리성", "진리의 역사적
퇴적작용" 그리고 "우리를 점점 더 역사 전체에 연결하는" 상호주관성의 감각
적 조건들에 대한 성찰 속에서 데리다가 어떤 의미에서는 그 바통을 이어받고
있는 메를로퐁티의 현상학적 분석들(오늘의 우리는 이 점을 더욱 정확히 알고 있는데15)
일 것이다.16 캉길렘의 편에서, 그 계보란 "과학들에 대한 인식론적 역사" ― 그
안에서 과학의 현행성과 효과성, 그리고 이 과학이 창설[생산]하는 분할이, 설명
의 질서 내에서의 진보의 의미[방향]를 반복과 정정을 통해 규정하는 ― 를 이론
화하는 바슐라르적 시도들일 것이다. 어떤 의미에서 데리다는, 캉길렘이 바슐
라르를 정정하고 어떠한 비판적 인간학 내에 지식의 규범성이라는 이 바슐라르
의 관념을 정초하고자 노력하는 것처럼, 의미에 대한 메를로퐁티의 표상을 산산
조각 나게 만듦으로써 이 메를로퐁티를 전복시키고자 노력한다. 어느 정도로 이
두 시도들이 (이를 [명시적으로] 말하면서 혹은 이를 [전혀] 말하지 않으면서)『과학의 논

14　"Dessein, erreur, marques de la pensée", in Georges Canguilhem, "Le cerveau et la pensée",
in *Georges Canguilhem, philosophe, historien des sciences*, Albin Michel, Paris, 1993.

15　메를로퐁티의 최후의 강의들과 이 강의들을 위한 그의 준비 자료들의 출간 덕에 그러하다.
Maurice Merleau-Ponty, *Notes de cours 1959-1961*, Gallimard, Paris, 1996 ; *Notes de cours sur L'Origine
de la géométrie de Husserl, suivi de Recherches sur la phénoménologie de Merleau-Ponty*, PUF, Paris, 1998.

16　Maurice Merleau-Ponty, *Éloge de la philosophie et autres essais*, Gallimard, Paris, 1989, pp. 54,
93, 121을 보라.

리와 이론에 관하여』에서 장 카바이예스가 제출했던 정식들 — 이 저서에서 카바이예스가 행한, 의식의 활동과는 대립되는 개념의 변증법에 대한 수수께끼 같은 환기는 진리와 역사성 간의 등식을 위해 철학적으로 지지 가능한(이와 마찬가지로 역사주의와 본질주의로 환원 불가능한) 정식에 대한 탐구를 끊임없이 촉발한다 — 의 성찰 혹은 사후 효과에 의해 지배되어 있는지를 발견하는 것(이를 보여 주기 위해서는 약간의 시간만 있으면 충분할 텐데)은 매우 놀라운 일이다. 또한 어떻게 이 정식화들이 (『유럽 학문의 위기』를 인용했던 카바이예스 자신 이래로) Geschichtlich-keit(역사성)에 관한 후설적 정교 구성들과 Seinsgeschichte(존재 역사)라는 하이데거적 주제 — "진리의 본질"이라는 문제의 정립 전체가 정확히도 이에 의존하는데 — 의 점진적 수용과의 상관성 속에서 그 안에 기입되는지를 자세한 방식으로 상기시켜야만 할 것이다. 어떤 의미에서, "진리의 역사"Histoire de la vérité는 Geschichtlichkeit(역사성) 혹은 Seinsgeschichte-Unverborgenheit(존재 역사-비은폐성)라는 쌍의 프랑스어 등가물이다. 하지만 데리다에게서의, 그리고 동일하게 캉길렘에게서의 이 진리의 역사에 대한 심원하게 관용어적인 활용은 '문화'에 대한 완전히 다른 관념에 아마도 준거할 어떠한 환원 불가능한 간극 또한 표현한다. 이 지점에서 우리는 인식론적임과 동시에 형이상학적인(혹은 포스트-형이상학적인) 거대한 논쟁 — 20세기 후반기 프랑스 철학의 계기[모멘트]에 특징적인 — 의 중심에 서게 된다.

하지만 이제 우리는 미셸 푸코라는 이름의, 흥을 깨는 역할에 익숙한 제3의 인물을 개입시켜야 한다. '진리의 역사'는 푸코의 여러 텍스트들에서도 — 하지만 핵심적으로는 내가 방금 언급했던 데리다와 캉길렘의 텍스트들보다 나중에 (마치 푸코에게는, 이 논쟁으로 하여금 어떠한 결정적 자리 이동을 행하도록 만들면서도 이 논쟁을 요약하는 것이 중요하다는 듯) — 주목할 만한 방식으로 등장한다. 진리의 역사는, 첫눈에 보았을 때는 '이야기[또는 담론]로서의 역사'historia rerum gestarum라는 '주관적' 의미에서, '진리의 정치적 역사'histoire politique de la vérité(정치적 진리의 역사와 혼동해서는 안 되는 — 가능성은 희박하지만 혹시라도 그러한 것이 존재한다면 말이다)가 된다. 즉, (과학적 분과들과 그 논리적 규범의 형태하에서 그러한 것을 포함해) 진리의 언표 작용 전체와 관련해 그리고 심지어는 진리의 언표 작용의 가능성 전체와 관련해, 진리의 그 담론으로서의 존재를, 즉 진리의 그 담론적 물질성을 지배하는 권력관계들과 제도적 분할들로 이루어진 체계를 재구성해야만 한다. 하지만 이와 마찬가지로 또한, 결국은, '일어난 사실 그 자체로서의 역사'res gestae라는 '객관적' 의미에서, 그러니까 '참 말하기', 즉 '진리의 담론'의 내속적 정치성 ─ 최소한 몇몇 특정한 역사적 사회들에서는 힘 관계의 능동적 계기를, 지배와 저항 간 미분의 전형적인 쟁점을 구성하는 ─ 이라는 의미에서도 그러하다. 더욱 정확히 말해, 진리의 역사는 진리의 정치적 역사로 "고유하게 불려야 하"도록 만드는 이러한 개념의 재주조를 나는 그 가장 명백한 탐지점들을 환기하는 것에 만족할 하나의 중단된 계열 내에 기입해야 한다. 푸코의 니체주의에 대한 합리주의적이고 심지어는 계몽주의적인aufklärerisch 최종 판본이 (캉길렘 인식론과의 분리, 오마주 형태의 분리라는 대가를 치르고서) 자리 잡는 『담론의 질서』("모든 것은 마치, 플라톤Platon의 거대한 분할에서부터 출발해, 진리의 의지가 자신 고유의 역사를, 강제적 진리들의 역사는 아닌 그러한 자신 고유의 역사를 가진다는 듯 전개된다"[17]), 진리의 역사라는 질문, 정치라는 질문 그리고 주체화 양식들이라는 질문이 서로 연결되는 『지식의 의지』("서양에서 인간은 고백의 짐승이 되었다……. 고백은 해방하고, 권력은 침묵으로 환원시키며, 진리는 권력의 질서에 속하지 않지만, 이 진리는 자유와의 본원적 친족 관계 내에 있다. 이것이 철학의 전통적 주제들인데, 이것들은 진리가 본성적으로 자유롭지 않으며, 오류 또한 본성적으로 복종하는 것이 아니며, 오히려 이 진리의 생산이 권력관계들에 의해 완전히 관통되어 있다는 점을 보여 줌으로써 '진리의 정치적 역사'가 전도시켜야 할 것이다. ……"[18]), 마지막으로 『쾌락의 활용』과, 섹슈얼리티의 역사에 관한 푸코의 기획 속에서 그가 작

---

17 Michel Foucault, *L'Ordre du discours*, Gallimard, Paris, 1971, pp. 15-20[국역본인 미셸 푸코, 『담론의 질서』, 허경 옮김, 세창출판사, 2020의 29쪽은 이를 다음과 같이 옮겼다. "모든 것이 마치, 플라톤의 거대한 분할 이래, 진실의 의지가 강제하는 진실들의 역사와는 다른 자신만의 역사 (……)"].

18 Michel Foucault, *La Volonté de savoir*, Gallimard, Paris, 1976, pp. 80, 81. 이 저작과 이전 저작[즉 『담론의 질서』] 사이에 〈진리와 법적 형태들〉이라는 1973년 브라질 강연이 위치한다. 이 강연에서 푸코는 '진리의 내적 역사'와 '진리의 외적 역사'를 대립시킨다. Michel Foucault, *Dits et écrits*, tome II, Gallimard, Paris, 1994, pp. 538-646.

동한 전도와 동시대적인, 그 안에서 진리의 역사라는 통념과 사유의 역사 혹은 사유 양식들의 역사(특정한 진리 놀이들 — 아쉽게도 나는 이 진리 놀이들이라는 표현의 비트겐슈타인적 함의들을 이 자리에서 논할 수는 없다 — 과 분리 불가능한)라는 통념 사이의 등가성이 설치되는, 오늘날 우리가 쉽게 찾아 읽을 수 있는 일련의 텍스트들이 있다. "내가 해야만 하는 것은 (……) 진리의 역사를 위해 복무할 수 있을 요소들 중 몇몇을 드러내는 기획이다. 인식 내에서 참된 것으로 존재할 수 있을 바에 대한 역사가 아닐 그러한 역사. 대신 '진리 놀이들[작용들]', 참과 거짓의 놀이들 — 이를 통해 역사적으로 존재가 경험으로, 그러니까 사고될 수 있고 사고되어야만 하는 것으로 구성되는 — 에 대한 분석 (……)"**19**

이렇게 푸코는, 그것이 기준의 관점에서 논리적으로 사고된 것이든 가능 조건의 관점에서 초월론적으로 사고된 것이든, 원리의 문제 설정 전체에 대한 온전한 전도를, 그래서 결과적으로는 또한 역사 내에서의 원리의 실현 혹은 비실현에 대한 또는 역으로 원리의 구성(이율배반적 구성 혹은 불가능한 구성으로서의 구성도 포함하여)의 역사성historicité 혹은 역사적임historialité에 관한 철학적 물음 전체에 대한 온전한 전도를, 이 원리의 문제 설정[혹은 물음]을 진리의 필연적 효과들의 문제 설정 그리고 담론의 진리 담론으로의 인지(이 담론의 원인들의 우연성이 무엇이든지 간에)의 문제 설정으로 대체하기 위해, 수행한다. 푸코는 참을 사유하기에 관한 질문을 참을 말하기의 화용론 내에 재기입하지만, 이러한 화용론은 권력관계들에 대한 하나의 계보학이며, 이러한 화용론은 역사에 대한 하나의 구축이자

---

19 Michel Foucault, *L'Usage des plaisirs*, Gallimard, Paris, 1984, p. 12. (우리는 2004년 갈리마르 Gallimard와 쇠이유Seuil 출판사에서 출간된 콜레주 드 프랑스 강의록 『생명정치의 탄생』*Naissance de la biopolitique*의 1979년 1월 17일 강의에서 다음과 같은 매우 공격적인 선언 또한 확인할 수 있다. pp. 37, 38. "진리의 역사가 아니라, 그리고 오류의 역사가 아니라, 그리고 이데올로기의 역사가 아니라 등등, 진리진술의 체제들régimes de véridiction의 역사를 만드는 것 (……) 이는 참의 역사도 아니고 거짓의 역사도 아니며, 이는 정치적으로 자신의 중요성을 지니는 진리진술의 역사이다 (……). –발리바르가 2019년에 추가한 각주)[미셸 푸코, 『생명관리정치의 탄생』, 오트르망 옮김, 난장, 2012의 65쪽과 67쪽을 참조. "진실의 역사나 착오의 역사, 이데올로기의 역사가 아니라 진실진술의 체제의 역사를 연구하는 것입니다." "진실한 것의 역사가 아니고 거짓된 것의 역사도 아닌, 진실진술의 역사만이 정치적 중요성을 갖습니다"].

1부. 진리의 역사

하나의 비판이다. 바로 '우리'의 역사인 이러한 역사(이 역사가 바로 우리의 역사라는 점을 명확히 기억하자)의 한가운데에서, 권력과 규범의 형상들에 의한 진리의 의지와 참 말하기에 대한 도구화라는 단순한 논리는 전혀 전개되지 않으며, 대신(파레시아라는 질문에 관한 푸코의 최후의 연구들이 무엇보다도 잘 증거하듯20) 이 진리의 의지와 참 말하기를 하나의 쟁점으로, 전형적인 정치적 쟁점으로 만드는 그러한 아곤agôn이 전개된다.

나는 이 지점에서 다음과 같은 두 가지 언급을 제시하고자 한다.

1) 푸코가 점진적으로 정교 구성한 입장은, 우리가 이미 알고 있듯 혹은 우리가 지금 명확히 보고 있듯, 정확히 바디우가 궤변술sophistique이라 부르는 바— 그 안에서, 진리에 관한 질문이 현상학자들에게서와 같이 의미에 관한 질문 아래로가 아니라 표현과 언어 놀이에 관한 질문 아래로 복속되는 것이 효과와 효과성의 우위(정관사la 진리 혹은 부정관사une 진리의 효과성이 아니라, 효과로서의 진리, 다시 말해 현상으로서의 진리, 결국 효과성, 다시 말해 권력의 미분différentielle — 자기의 지식을 포함해 지식에 의해 유도된 그러한 미분)로 번역[표현]되는 — 를 표상한다. 그럼에도 이러한 푸코의 입장 또한, 니체, 비트겐슈타인 혹은 하이데거뿐만 아니라 더 나아가 파스칼에도 연결될 수 있는 것이다. 나는 그 증거를 진리와 권력 사이의 관계들에 관한, 『시골 친구에게 보낸 편지』의 12장에서 제시되는 몇몇 정식들과의 반향(우리가 방금 지나치면서 들을 수 있었던) 속에서, 그리고 특히 진리에 관한 질문과 정치적(그 용어의 넓은 의미에서 국가적) 제도화에 관한 질문 사이의 단락이 이 지점에서 재발견되는 그러한 방식 속에서 발견한다.21 우리는, 그 중심에서 진리 진술에 관한 질문이 주체의 존재가 그 안에서 작동하는[혹은 쟁점이 되는] 질

---

20 나의 시론 "Dire, contredire: sur les formes de la parrêsia selon Foucault"(*Libre parole*, Galilée, Paris, 2018)를 보라[국역본으로는, 에티엔 발리바르, 「말하기, 대항말하기: 푸코에게서 파레시아의 형태들에 관하여」, 배세진 옮김, 〈웹진 인무브〉, 2020 참조].

21 [옮긴이] 블레즈 파스칼, 『시골 친구에게 보낸 편지』, 김형길 옮김, 서울대학교출판문화원, 2023 참조.

문으로 제기되는 그러한 담론의 질서 전체를, 환유적으로 '교회'Église라 부를 수 있을 것이다. 푸코는 한 명의 이단적 파스칼주의자, 혹은 파스칼에 반하는 파스칼주의자일 것이지만, 그럼에도 여전히 파스칼주의자일 것이다.

2) 하지만 정확히도, (여기에서 나는 마지막으로 단어들과 이 단어들의 운명이라는 질문으로, 그러니까 이 단어들이 어디에서부터 유래해 데리다, 캉길렘 그리고 푸코에게로 이르는 것인지에 관한 질문으로 되돌아오고자 하는데) 데리다, 캉길렘 그리고 푸코에게, 진리의 역사라는 이 단순하면서도 역설적인 표현 ― 데리다, 캉길렘 그리고 푸코의 관심사들(우리는 이 관심사들이 바로 철학의 지위와 이 철학이 지식과 맺는 관계를 자신들의 쟁점으로 취한다는 점을 명확히 보았다)의 수렴점과 동시에 이 셋의 쟁론 전체, 철학적 지평의 대립되는 지점들로의 이 셋의 분산 전체를 결정화하는 이단점을 지시하는 ― 은 파스칼에게서가 아니라면 도대체 어디에서 유래하는 것이겠는가? 한 명의 문헌학자, 한 명의 탈무드 학자가 되어, 나는 일련의 언표들과 텍스트들을 끌어내고자 했다. 1960년대의 퐁티-데리다 쟁론 이전에, 1950년대 말과 1960년대 초에 이루어진, 과학의 고유한 역사성에 관한 질문들의 바슐라르, 캉길렘 그리고 쿠아레 사이에서의 순환 이전에(이 순환에, 『신 프랑스 평론』에 푸코가 1961년 출간한 놀라운 '서평'이 반향을 일으킨다[22]), 도대체 누가 프랑스어로, 이 표현이 담지하고 있는 문제와 함께, 이 표현을 활용 더 나아가 주장할 수 있었는가? 나는 지금으로서는, 정확히 그리고 그 유일한 언표 내에서, 파스칼 이외에는 그 누구도 찾을 수 없다. 따라서 파스칼이 프랑스의 철학 논쟁에 의해 (이 논쟁의 사후-효과로 인해 오랜 시간이 흐른 뒤) 취해진 형세의 잊힌 원인일 것이라고 가정하는 것이, 혹은 또 다른 표상에 따르자면 파스칼이 근대성 전체에 동연적인 잠재기를 (이 근

---

22 Michel Foucault, "Compte rendu de Alexandre Koyré, *La Révolution astronomique*", *La Nouvelle Revue française*, n. 108, 1961, *Dits et écrits*, tome I, pp. 170, 171에 재간행되었다. "진리의 슬픈 역사들이 존재한다. 환상적féériques이며 죽어 있는 그토록 많은 오류들의 서사가 애도하는 그러한 역사들이"(칼렙 살가즈Caleb Salgads는 쿠아레 자신이 다음의 1946년 시론에서 이 진리의 슬픈 역사라는 표현을 직접 활용한다는 점을 나에게 지적해 주었다. "L'Évolution philosophique de Martin Heidegger", *Études d'histoire de la pensée philosophique*, Gallimard, Paris, 1971에 재간행되었다).

대성이 그 안에서 기거하고 있는 그러한 형이상학적 질문이 결국 자신의 이름을 되찾게 되기 전까지는) 지시할 것이라고 가정하는 것이 설득력 있는 시도라는 점을 인정하도록 하자.

우리는 알랭 바디우가 파스칼의 정식을 『존재와 사건』의 중심점으로, '진리의 투사'의 원형 그리고 이러한 '개입' 혹은 '결정 불가능한 것에 대한 결정' — 그것 없이는 정확히 말해 진리는 존재하지 않는(주체의 구성에 대한 모든 발생inci-dence이 결여된 지식만이 오직 존재하는) — 의 모범적 대표자로 (이제는 사도 바울과 몇몇 다른 이들과 함께) 규칙적으로 원용되는 파스칼이라는 한 명의 저자와 관련해, 다시 취하는 것(비록 바디우가 이 파스칼의 정식의 모든 수수께끼들을 해결하는 것은 아니지만)이 나에게 매우 놀라운 것으로 보일 수밖에 없었다는 점을 이해하게 된다. 이것이 단순한 우연의 일치가 아니라, 형이상학, 논리학 혹은 인식론, 정치 혹은 역사, 이것들 간의 동시대적 대립 속에 존재하는 난점들에 바디우가 가져다 주는 그 고유한 해결책을 특징짓는 하나의 방식, 이 해결책을 하나의 전통 — 바디우는 자신 고유의 용어들을 따라 이 전통에 "그 현대적 형태들을 제공"하고자 노력하는데 — 내에 기입하는 하나의 방식이 되자마자, 나는 이 해결책을 완전히 진지하게 취급해야만 했으며, 심지어는 이 해결책을 나의 발표의 지도 원리로 삼아야만 했다.

***

따라서 나의 가설은 다음과 같다. 바디우는, [자신의 사유 진화 내에서의] 최소한 특정 계기에서는, 진리의 역사에 대한 하나의 개념화를 스스로 발전시키고자(더욱 정확히 말해, 진리에 대한 하나의 개념을, 진리에 대한 하나의 개념임과 동시에 본원적인 방식으로 진리의 역사의 개념이기도 한 그러한 진리에 대한 하나의 개념을 구축하고자) 했다. 내가 앞서 소묘했던 형세 내에서 데리다, 캉길렘 그리고 푸코라는 이름들을 통해 우리가 탐지할 수 있었던 그러한 자리들과는 다른 또 하나의 자리를 차지하러 오는 방식으로 말이다. 이를 통해 바디우는 이러한 자리의 존재, 지금까지는 전혀 의심의 대상이 되지 않았던 그 존재를 증명하고자 했다. 그래서 바디우는, [데리다처럼] 초월론적 가상이라는 관념에도, [캉길렘처럼] 지적 변증법이라는 관념에도, [푸코처럼] 자기의 실천이라는 관념에도 준거하지 않는 방식으로, 진리와 의미 사이[데리다]의, 담론의 존재와 그 효과 사이[푸코]의, 지식의 연속성과 불연속성 사이[캉길렘]의, 참의 일의성과 다의성 사이[바디우]의 관계에 대한 질문들을 직조함으로써 불가능한 과업을 아마도 완수할 것이며, 이를 통해 우리로 하여금 이러한 철학적 정세에 대한 우리의 이해를 재주조하도록 — 그래서 결국 우리는 바로 이 철학적 정세가 미완의 상태라는 점을 인정해야만 할 것일텐데 — 강제할 것이다. 아마도, 이와 관련하여, 이항 대립들의 체계 전체에서 그러한 것처럼 주인공들 간의 대칭성과 상대적 거리에 대한 형식적 고찰들에 집중하는 것도 가능할 것이지만, 이제부터 나에게 남은 시간 동안, 그리고 [남겨진 시간의 제약으로 인해] 필연적으로 도식적일 수밖에 없는 방식으로, 나는 바디우의 기획이 (나에게) 제기하는 질문들의 최소한 일부분을 드러내고자 시도하는 데 집중하기로 한다.

　　나는 이를 다음과 같이 두 단계에 걸쳐 수행할 것이다. 첫 번째로 나는, 이미 사람들에게 잘 알려져 있는 텍스트들을 다시 상기시키면서, 하지만 장미셸 살란스키스가 어제 자신의 발표에서 환기했던 '정초적'fondationnelles 질문들(이 질문들을 다루는 것은 나의 능력을 벗어나는 일이다)은 미결 상태로 내버려두면서, 바디우의 '메타수학'métamathématique — 나는 이를 집합론으로부터 바디우가 추출해낸 바로서의, '식별 불가능한 것의 수학소'mathème de l'indiscernable의 구축이라 부른다 — 그 자체가, 진리와 그 조건들 사이의 관계를 역사화하는, 그래서 결과적으로 원리라는 질문을 재정식화하는 하나의 내속적 방식을 구성한다는 점을 보여 줄 것이다. 두 번째로(이를 위해 나는 '진리의 전설'légende de la vérité이라는 사르트르의 표현을 내 식대로 활용할 것이다), 나는 어떻게 진리와 보편성이라는 개념들이 서로 절합되는지, 다시 말해 어떻게 순수 다자multiple pur의 혹은 '일자 없는 다자' multiple sans un의 학설(진리들의 발본적 특이성이라는 결과를 가지는)이 (이 학설은, 엄밀하게도, '정관사 진리'la vérité라는 보통명사로부터 그 의미를 완전히 제거하는데) 주체적 보편

1부. 진리의 역사

성의 학설 — 다자가 어떤 의미에서는 이 다자에 내재적인 것이 되는 하나의 질적 통일체(수적이지 않거나 수적인 것 이상인) 내에 포섭되는 것은 아니라 해도 최소한 이에 관계된다는 점을 우리는 바로 이 학설 내에서 확인하는데 — 을 통해 사후적으로 완성되는지를 보여 주고자 시도할 것이다.

이 두 가지 단계가 구성하는 두 가지 운동 간의 절합점 — 그 위에서 지식의 질서에 대한 초과가 충실성의 원리로 전환되는 — 은, 명백히도, 행위의 질서 혹은 순수 실천의 질서(칸트에서 피히테Johann Gottlieb Fichte로, 그리고 피히테에서 슈미트로, 심지어는 하이데거로 이어지는 다소 독일적인 철학적 전통의 경우가 아마도 그러할 것이듯)가 아니라 사유의 질서(몇몇 프랑스 철학자들에게서 그러하듯 — 그럴 가능성은 거의 없지만 혹시라도 이 '프랑스'라는 수식어가 일의적 의미를 지닌다면 말인데, 물론 파스칼이 그러하고 또한 '영원한 진리들의 창조'를 말했던 데카르트와 말라르메Stéphane Mallarmé, 그리고 아마도 어떤 측면에서는 사르트르가 그러할 것이다) 내에서의 '선택' 혹은 결정에 관한 하나의 발본적 개념화이다. 특히 이러한 절합(사람들이 유출procession에 이어지는 회귀conversion에 비교할 수 있는)이 제기하는 난점은 역행점point de rebroussement의 이쪽과 저쪽에서 '유적 속성'généricité(진리 절차들의 표지를 구성하는)이 보존되는지, 그리고 보존된다면 어떻게 보존되는지를 아는 것이다. 이 유적 속성이, 주체적 보편성(혹은, 바디우가 종국에는 더욱 정치적인 언어로 말했듯 '보편주의', 그리고 나의 경우 파스칼 그리고 사도 바울과 함께 감히 '보편교회'Église universelle 혹은 '가톨릭성'catholicité이라 말할)과 관련하여, 사실은 이차적 전제 혹은 단호한 선언의 대상이 될 수 있을 것이다. 어쨌든 이 유적 속성은 이름이라는 그리고 이름들의 활용이라는 질문과 관계된 것이다. 또한 유적 속성을 보편주의의 토대로 변형하는 것이 어떠한 효과를 진리들의 역사성의 구축에 혹은 우리가 이 진리들의 역사성을 이해하는 방식에 소급적으로 생산하는지를 질문해 보는 것이 적절할 것이다. 하지만 나는, 단순히 시간이 부족해서만이 아니라 이 질문을 온전히 취급할 능력이 없기에, 이 질문과 관련한 몇 가지 가설들을 제출하는 것으로 만족해야만 할 것이다.

***

첫 번째 지점을 취급해 보도록 하자. 나는 메타수학에 관해 말하고 있지만, 이 지시적 용어를 너무 긴 시간 동안 정당화하지는 않을 것이다. 나는, 프랑스에서 카바이예스 이후 아마도 처음으로, 바디우가 수학과의 그 본질적 관계 — 공리의 구축에 내재적인 — 내에서 진리라는 질문을 취급할 필요성뿐만 아니라 또한 그러한 관계가 (원리들이라는 혹은 증명 절차들이라는 질문에 절합된 채 남아 있으면서도) 규칙이라는 논리적 개념에로의 그리고 의미론적-통사론적 대응에로의 종속 전체로부터 벗어날 수 있는지의 질문 또한 취급할 필요성을 진지하게 고려했다는 점을 염두에 두고 있다.[23] 카바이예스는 다양한 공리 철학들과 그 하부-과학적 효과들에 대한 비판, 집합론 출현의 인식론적 역사, 그리고 의식 없는 변증법이라는 관념과 관계된 철학적 아포리아, 이 셋의 병치에 만족했다(다시 말해, 카바이예스는 자신의 죽음으로 인해 이 지점에서 멈출 수밖에 없었다). 바디우는 (메타수학적 수단을 통해, 다시 말해 수학 그 자체에 적용된 수학들을 수단으로) 하나의 정의를, 즉 진리의 이론 혹은 진리의 개념을 구축하고자 시도한다. 혹은 더욱 정확히 말해, 바디우는 이 개념이 '이미 거기에' 존재하고 있다(비록 얼마 전부터 존재하고 있었을 뿐이지만)는 점을, 그리고 이 개념을 인지하거나 이 개념에 그 이름을 부여하는 것만으로 충분하다는 점을 보여 주고자 한다. '상황의 식별 불가능한 유적 확장' extension générique indiscernable d'une situation이라는 이름을 말이다.

이러한 지형 위에서, 바디우는 자신의 경쟁자가 아니라 자신의 전임자를 즉각 마주치게 되는데, 바디우는 이 전임자와 논쟁 상황에 놓이게 된다. 단순히,

---

23 나는 성급하게도 '카바이예스 이후 처음'이라고 말했는데, 이는 다음의 두 가지 교정을 필요로 한다. 우선, 이것이 항상 프랑스라는 환경에 관한 것이라고 정확히 말해야 한다. 그다음, 이와의 상관성 속에서 말하자면, 이 전통의 중심에, 쥘 뷔유맹, 미셸 세르 그리고 특히 장투생 드장티의 작업들이 존재한다고 말해야 한다. 드장티는 자신의 1968년 저서인 『수학적 이념성들』Idéalités mathématiques에서 결론적으로는 바디우의 연산opération과 반대되는 연산, 즉 그 고유한 대상이 이론들의 역사성인 그러한 현상학적 메타수학의 구축을 시도했다[조금 과잉 번역일 수 있으나 바디우 철학과 수학 간 관계를 고려해 opération은 '작동'보다는 '연산'으로 옮겼다].

일반적으로 '검증 가능성'vérifiabilité이라는 논리적이고 경험주의적인 통념이 아니라, 매우 정확히도, '형식화된 언어들 내에서의 참 개념'이라는 타르스키식 문장[T 문장]construction tarskienne이라는 전임자를 말이다.24

　　타르스키식 문장이 검증vérification의 기준들이라는 질문과는 아무런 관계도 없으며, 이 타르스키식 문장이 (우리가 다음과 같이 말할 수 있다면) 이러한 기준들이 존재한다는, 다시 말해 이러한 기준들이 실천적으로[실제적으로] 작동하고 있다는, 그리고 이러한 기준들이 직관적이라고 가정된 통념, 즉 하나의 언표와 하나의 사태 혹은 상황 사이의 '대응'correspondance이라는 일반적 통념 아래로 포섭 가능하다는 점을 가정하는 것으로 만족한다는 점을 상기하도록 하자. 따라서 이 자리에 놓여 있는 것은 타르스키식 문장이 취하는 문제가 아니라 그 출발점이다. 이 타르스키식 문장의 대상[목표]은 대응에 대한 하나의 수학적 정의를 제시하고, 몇몇 조건들하에서 혹은 몇몇 한계들 내에서, 수학적 증명démonstration이 이로 인해 진리 절차로 '정초'될 수 있다는 점을 보여 주는 것이다. 타르스키가 수학적 모델construction과 등식 관계에 놓는다[즉 동일한 것으로 간주한다]는 의미에서(비록 그리고 특히, 이 수학적 모델이 논리의 수학화에 속하는 것이라 해도, 혹은 속하는 것이라면) 수학화하고자 하는 바, 이는 진리의 기준이 아니라 진리 개념 그 자체이다. 이로부터 타르스키가 철학자들에 대항해 수행한 논쟁이 도출되는 것인데, 그러나 타르스키가 수행한 이 논쟁의 약점은 철학자들의 언어의 모호함과 부조리함에 대한 (진부하게도 신실증주의적인 스타일로 행해진) 비난이지만, 반대로 이 논쟁의 강점은 철학자들의 본질주의적 야심이 사실은 대상 없는 것임을 말한다[폭로한다]는 점이다.25 나는 바디우가, '형식주의들의 제한'limitation des formalismes에 관한 연구로부터 도출된 위대한 정리들 중 가장 최근의 것, 즉 코언Paul J. Cohen의

24　[옮긴이] 언어학에서는 일반적으로 construction을 '구문'으로 옮기는데, 여기에서는 언어철학의 관행을 따라 'T 문장'이라 옮긴다.

25　예를 들어, 「의미론적 참 개념과 의미론의 토대들」La Conception sémantique de la vérité et les fondements de la sémantique의 2부인 「논쟁적 언급들」Remarques polémiques, in Alfred Tarsk, *Logique, sémantique, métamathématique*, vol. II, Armand Colin, Paris, 1974, p. 287 이하를 보라.

정리를 자신의 동맹자와 지지물로 삼으면서, 이러한 지형에 자리 잡고 상황을 완전히 전도하기를 원했다고 생각한다.[26] 이 지점에서 나는 [초기] 바디우가 '모델 이론'théorie des modèles과 모델 개념 — 1970년 바디우는 이 모델 개념에 관한 한 권의 소책자(1967, 68년의 〈과학자들을 위한 철학 강의〉에 그 기원을 두는)를 출판했다.[27] — 에 대한 (사람들이 그 당시에 말했듯 '과학적인' 혹은 '이데올로기적인') 다양한 활용들에 열렬한 관심을 기울이기 시작했다는 점을 상기시키고자 한다(이를 상기시키는 것은 젊은 시절 우리가 서로의 동지였기 때문만은 아니다).

나에게 바디우의 입장은 다음과 같은 것으로 보인다. 첫 번째로, 타르스키식 문장은 역설적으로 집합론에 대한 도구적이고 약한 (그래서 내속적이지 않은) 활용만을 행하며, 이 점은, 우리가 이 집합론에 대한 내속적이고 강한 활용을 행할 수 있는 반면, 이 타르스키식 문장은 존재론을 논리적 의미론으로 약화한다는 점과 일체를 이룬다. 두 번째로, 타르스키 스스로가 완벽히 설명했듯이, 타르스키식 문장의 원동력은 진리 개념을 더욱 일반적이고 그래서 더욱 근본적이라고 가정된 하나의 개념으로, 그러니까 대상들의 규정된 영역 (전체) 내에서의 명제적 기능의 만족이라는 개념으로 환원하는 것에 놓여 있다. 따라서 진리의 문제는 (1) 조건들의 문제로, 그 안에서 상항들constantes의 선택 전체에 의해 만족된다는 혹은 대상들의 영역(우리가 바디우를 따라 상황situation이라고도 부를 수 있을)에서의 그 어떠한 해석에 의해서도 만족된다는 형식적 체계의 공리들의 속성이, 또는 이 대상들의 영역에서 '항상 참'이라는 형식적 체계의 공리들의 속성이, 이 공리들로부터 출발해 증명의 규칙들(정리들)의 적용에 의해 구축되는[모델화되는] 표현들의 한 클래스classe 전체로 뻗어 나가는 그러한 조건들의 문제로 변형되며, (2) 이러한 대응 혹은 모델화의 타당성이 지니는 한계들의 문제로 변형된다. 바

26 Paul J. Cohen, *Set Theory and the Continuum Hypothesis*, W.A. Benjamin Inc., New York/Amsterdam, 1966.

27 Alain Badiou, *Le Concept de modèle. Introduction à une épistémologie matérialiste des mathématiques*, "Cours de philosophie pour scientifiques, IV", Maspero, Paris, 1970. 새로운 서문과 함께 다음으로 재간행되었다. *Le Concept de modèle*, Fayard, Paris, 2007.

디우가 수행하는 연산은 만족이라는 관념이 단지 집합론의 한 개념이라는 점을 확인하는 것에 놓여 있으며, 그래서 결과적으로 이 집합론으로 하여금 명제적 기능들에 대한 만족으로부터 이론들의 진리로 이행하기 위한 도구로서 봉사하도록 요구하는 것이 아니라 이 집합론 그 자체를 진리의 모델들에 대한 이 진리의 이름의 '잘 정초된'bien fondé 활용의 가능성의 한 원리 혹은 한 조건을 구성하는 바로 정의하도록 요구하는 것에 놓여 있다.

마지막 세 번째로, 타르스키식 문장은 제한 혹은 유한성의 정의들의 일반 지평 내에 스스로를 기입하며, 타르스키 자신이 그렇게 해석하듯, 진리라는 통념 그 자체가 외속적이면서 동시에 내속적인 제한들을 포함한다는 점을 의미하는 것으로 해석된다. 우선 이는 외속적 제한인데, 왜냐하면 제안된 모델이 형식화된 언어들에 관하여서만 혹은 심지어는 이 형식화된 언어들 사이에서의 어떠한 특정 클래스와 관련해서만, 예를 들어 우리가 데이비드슨Donald Davidson에게서 보듯이('일상' 언어는 문법 규칙적으로en droit 형식화 가능한가? 혹은 그렇지 않다면 이 일상 언어는 랑그langue 내에서 모든 형식화에 본질적으로 저항하는, 그래서 이를 통해 진리라는 질문 일반을 취급한다는 논리적 의미론의 주장을 무효화하는 것인가?) 그 철학적 적용들을 떠나지 않고hanter 끊임없이 되돌아오는 일상 언어라는 질문을 미해결 상태로 남겨 두면서, 의미를 가지기 때문이다. 동시에 이는 내속적 제한인데, 왜냐하면 타르스키식 문장의 주요 결과는 통사론적 증명 가능성démonstrabilité syntaxique과 의미론적 검증vérification sémantique 사이의, 혹은 우리가 다음과 같이 말하기를 원한다면 개념과 직관(이 개념과 직관 모두, 그 수학화 가능한 버전 내에서의) 사이의 (비록 경험적으로는 지정 가능하지 않지만) 환원 불가능한 간극이 존재한다는 점을 엄밀하게 보여 주는 것이다. 바디우의 응답은 외속적 제한들이라는 문제가, 진리에 관한 어떠한 이론의 혹은 진리에 관한 어떠한 정의의 목표가 수학적인 것 혹은 수학화 가능한 것의 경계들을 결정하는 것(이 수학적인 것 혹은 수학화 가능한 것 바깥에 비수학적인 것을 남겨 둠으로써)이 아니라 수학적 확실성의 방식 위에서 진리들의 역설적 '존재' ─ 우리를 진리들의 개념에 대한 철학적 해석의 가장자리로 데려다 놓는(이 진리들이 어떠한 증명 절차에 따라서, 혹은 더욱 일반적으로는 합리적 탐구의 어떠한 절차에 따라서, 백과사전encyclopédie이라는 통념에, 즉 어떤 무한한 영역의 대상들에 속하는 속성들의 분류classement라는 통념에 유효한 의미를 부여하는 어떠한 '지식'으로부터 도출된다는 유일한 조건하에서) — 를 구축[모델화] 혹은 표현하는 것임을 고려했을 때, 그 어떠한 의미도 가지지 않는다는 점을 보여 주는 것에 그 핵심이 놓여 있다. 또한 바디우는 내속적 제한이라는 문제가, 우리가 코언의 결과로까지 나아가자마자, 그리고 우리가 이 문제를 일련의 결정 행위들actes décisionnels 혹은 결정 불가능성의 상황 내 일련의 결정들 — 고전적 집합론을 가능케 하는 — 과 연속성의 관계 내에 놓자마자, 이 문제에 귀속되었던 의미와는 정확히 반대되는 의미를 가진다는 점을 보여 준다. 여기에서 고전적 집합론이란 '선택 공리의 선택'choix de l'axiome de choix에서부터 코언의 '강제'forçage — 내가 이해한 것이 맞다면 한 상황의 '유적 부분'partie générique으로 명명 가능한 식별 불가능한 것l'indiscernable이, 결정 불가능한 방식으로이기는 하지만, 그래서 어떠한 법칙의 적용 절차 전체 바깥에서, 간주된 상황의 특징적 속성들 전체 또한 소유한다는 점을 의미하는 — 까지를 말하는 것이다.[28] 이 지점에서부터, 제한이라는 관념은 그 자신의 반대물로 전도된다. 즉, 이 제한이라는 관념은, 더 이상 초과가 아니non plus ultra라는, 인식 가능한 것과 인식 불가능한 것 사이의 경계라는 명령의 의미에서 하나의 유한성을 의미하지 않으며, 대신 이 제한이라는 관념은 진리의 장소로, 장소에 비해 초과적임excessive과 동시에 과잉적인excédentaire 어떤 진리의 생산 영역으로(이 장소가 이러한 의미에서 포함하지 않거나 규정하지 않는 그러한 진리인, 그렇지만 이러한 상황의 진리인, 더욱 정확히 말해 이러한 상황 — 이 상황에 이 진리는 하나의 유적 표현을 제공하는 것인데 — 을 위한 진리인) 회귀 작용적으로 구성된 지식 전체의 한가운데에 어떠한 절대absolu가 유효하게 놓여 있다는 점을 의미한다. 이는 무한de l'infini이 존재하는 한에서 모든 지식 내에 절대de l'absolu가 유효하게 존재한다는 점을, 그리고 무한이 그 용어의 발본적인, 존재론적인 의미에서 식별 불가능한 것l'indiscernable 그리고 우발적인 것l'aléatoire과 분리 불가능하다는 점을 의미한다. 여

---

28 *L'Être et l'Événement*, "Méditation XXXI", p. 361 이하.

기에서 우리는 칸토어Georg Cantor적 제스처 — 이 제스처를 통해, 고전주의자들을 당황케 했으며 이성을 동요하게 만드는 것으로 보였던 예의 그 '무한의 역설들'이 집합론의 진정한 대상인 무한집합들에 대한 정의로, 그리고 이 무한집합들에 대한 체계적 순서ordination(즉 '알레프'alephs의 계열)로 전환되는데 — 의 어떤 의미에서는 하나의 반복을, 그리고 하나의 확장을 보고 있는 것이다.

마찬가지로 바디우는 절대의 이러한 형태 — 바디우에 의해 '초과의 방황' errance de l'excès으로, 그리고 사건이 존재에 필연적이라는(이 사건이 존재로 환원될 수 있다는 점에서가 아니라 오히려 이 사건이 결정된détérminée 방식으로, '상황적인'situationnelle 방식으로, 이 존재를 초과한다는 점에서) 사실의 동의어로 명명되는 — 가 지식들 내에 주체의 심급을 도입한다고, 혹은 '주체'를 진리로부터 진실성véridicité으로, 혹은 사건으로부터 지식으로 데려가는 강제forçage의 연산자opérateur로 명명하도록 아마도 강제할 것이라고 말한다.[29] 우리는 이것이 완전히 비인격적인 주체에 대한 것일 수밖에 없다는 점을, 더 나아가서는 의식이라는 질문에, 그러니까 그 모든 형태들하에서의 경험적-초월론적 이중체에, 의식적인 것과 무의식적인 것 사이의 양자택일에 완전히 낯선 그러한 주체에 대한 것일 수밖에 없다는 점을 정확히 보고 있다. 그러나 이러한 주체는 몇몇 특성들을 소유하고 있다. 혹은 우리가 다음과 같이 말하기를 원한다면, 이러한 주체의 그 자체 유적인 이름은 이 주체의 연산의 양태들을 기술하는 몇몇 특성들로부터 분리 불가능한 것인데, 그래서 이 지점에서 우리는 (완전히 비특성화되어disqualifiée 있으면서도 동시에 사실상 우회 불가능하다는 점에서) 까다로운 질문으로, 즉 바디우의 철학적 담론 내에서 명명nomination의 효과라는 질문으로 진입하기 시작하는 것이다. 이 특성들 중 주요

29 아마도, 바디우와 푸코의 서로 심원하게 대립하는 이러한 철학적 정향들보다, 지식에 관한 언표 작용에 영향을 미치는 이러한 용어법적 전도를 더 잘 입증하는 바는 없을 것이다. 푸코에게 '진리 진술성' véridicité 혹은 참 말하기dire vrai는 지식들의 중심에서 바로 이 지식들의 권력 기능을 몰아내고 뒤흔드는 그러한 지식의 활동적 양식인 반면, 바디우에게 '진실성'véridicité은 지식들 — 사건적 진리는 바로 이 지식들로부터 발본적으로 절단되는데 — 의 분리 불가능한 언어적 기입(담론적 '백과사전들' 내로의 기입)이다[아직 합의된 번역어가 없으나 바디우 철학의 맥락을 고려하면 véridicité는 '맞음'으로 옮기는 것도 가능할 것이다].

한 것, 아마도 유일하게 중요한 것은 바로 충실성fidélité(탐구의 혹은 인식의 절차들을 충실하게 따르는 지식들에 비해 그 자체 초과적인 식별 불가능한 것의 돌발이 구성하는 사건에 대한 충실성)이다. 우리는 이 충실성을 연결lien, 혹은 대의[원인 혹은 이유]cause 없는 연결, 우연hasard적 연결, 의존 조건들 없는 의존의 확립이라고도 말할 수 있을 것이다. 주체는 [그 스스로가] 무조건적이거나, 진리의 무조건적 특징을, 더욱 정확히 말해 각각의 진리를, 각각의 진리 사건을 재명명한다. 이것이 결정의 '비존재'를, 혹은 (바디우는 오히려 다음과 같이 말하는데) 개입의 비존재를 사유하는 또 하나의 방식을 표상하는 것일 수도 있다. 여기에서 특정한 철학 전통과의 연결을 정교 구성할 가치가 있을 것이다. 나는 특히 '영원한 진리들의 창조'의 데카르트적 신을 생각하고 있다. 바디우에게 주체는 아마도 그러한 신일 것인데, 하지만 이 신은 상황들의 우연에 따라 그 자체 지속적으로 재창조되는 무한히 증식되는 것임과 동시에 익명성으로 나아가는 바일 것이다. 이 지점에서 나는 나의 논의 대상은 아닌 말라르메적 주사위 던지기에 대한 해석을 환기하는 위험을 감수하지는 않겠다.

이 첫 번째 논점에 대한 결론을 내리기 전에, 나는 다음과 같은 두 가지 언급을 빠르게 제시하고자 한다.

첫 번째 언급은 매우 간략히 제시될 것이다. 방금 전 나는 바디우를 반anti타르스키로 제시했다. 이는 바디우의 모델이 분석적이라 말해지는 철학[즉 분석철학] — 이 철학이 항상 타르스키의 의미론 내에서 스스로를 인지하는 한 — 에 대한 옹호들의 전도라는 파괴적 권력을 잠재적으로 내포한다는 점을 의미한다. 만일 이 철학[즉 분석철학]이 타르스키의 의미론과의 대면을 감행하기를 원한다 해도, 이 철학이 타르스키의 의미론에 저항한다는 것은 생각하기 힘들다. 그런데 우리는, 타르스키 자신이 제시했던 지표들에 따라, 의미론이 ('타르스키식 문장'이 거짓말쟁이 역설의 전도 내에 그리고 무모순율에 대한 특정 해석 내에 뿌리내리고 있는 한에서) 아리스토텔레스적 토대[즉 아리스토텔레스적 의미론]를 포함한다고 생각하는 경향이 있다. 이는 바디우가 전복 혹은 내적 전도 — 그 안에서 [대문자] 다자le Multiple가 [대문자] 일자l'Un의 자리를 차지하게 되는 — 라는 대가를 치르고서라도 플라톤주의를 지속적으로 표방한다는 사실과 완벽히 일치하는 것으로 보일 수 있을 것이다. 하지만 나는 오히려 타르스키적 실재론과 그 일반화된 수용의 조건들을 토마스 아퀴나스의 오랜 전통에 결부하기를 원한다. 대상언어와 메타언어 사이의 구분이, 진리의 심급들을 "지성의 사물들로의 일치", 즉 증명 가능한 진리들과, 더욱 근본적인 것인 "사물들의 지성으로의 일치", 즉 대응 규칙들의 체계 혹은 의미론적 제한 그 자체, 이 둘 사이로 양분하는 하나의 객관적인 초월론적인 것을 이 토마스 아퀴나스 전통 내에 재도입하는 한에서 말이다.30 이는 타르스키식 문장이 심원하게 [언어-]위계적인 내용을 지니고 있다는 점을 의미한다. 이와는 대조적으로, 그러한 만큼 바디우에게서 다수의 진리들 ― 이 다수의 진리들은 그만큼의 무한한 다자성들에 그 자체로 연결되며, 이 다수의 진리들은 그 출현 절차 속에서 서로 유사함과 동시에 서로가 서로에 대해 절대적으로 독립적인데 ― 에 대한 개념화가 취하는 강력한 평등주의가 부각된다.31 하지만 이는 이러한 관계하에서의 치열한 맞세움 ― 내가 아는 한에서는 바디우는 (심지어 비트겐슈타인의 『논리철학 논고』에 대한 자신의 미출간 강의에서조차도32) 이러한 맞세움을 수행하지 않았다 ― , 다수의 진리들과 관련하여 프레게Gottlob Frege와 비트겐슈타인의 그것과 같은 그 또한 발본적으로 평등[주의]적인 의미론들과 유사-존재론들 ― 나는, 비록 이 의미론들과 유사-존재론들이 아마도 이율배반적이거나 불충분하겠지만, 이 의미론들과 유사-존재론들이 존재론적 배가 혹은 초월론적 보증의 가장 낮은 수준을 포함하고 있다고 보지는 않는데

---

30 Thomas d'Aquin, *Question disputée de la vérité*(Question I), extraits traduits dans Ruedi Imbach et Maryse-Hélène Méléard(dir.), *Philosophes médiévaux des XIIIe et XIVe siècles*, 10/18, Paris, 1986, pp. 69-94.

31 [옮긴이] multiple은 기본적으로 '다자'로 옮기되 '다수의 진리들', 즉 multiples vérités와 같이 형용사로 쓰일 경우에는 자연스럽게 '다수'로 옮긴다.

32 Alain Badiou, "Silence, solipsisme, sainteté. L'antiphilosophie de Wittgenstein", inédit.
(이 강의는 이제 다음의 제목으로 출간되어 있다. *Séminaire. L'antiphilosophie de Wittgenstein*, NOUS, Caen, 2004를 보라 ― 2019년에 추가한 언급)[국역본으로는 다음을 참조. 알랭 바디우, 『비트겐슈타인의 반철학』, 박성훈·박영진 옮김, 사월의책, 2015].

— 과의 맞세움을 그만큼 흥미롭게 만들 것이다.

나의 두 번째 언급은 다음과 같다. 만일 타르스키가 아리스토텔레스주의자이기보다는 신아리스토텔레스주의자라면, 그러니까 토마스 아퀴나스주의자라면, 바디우는 플라톤주의자인 것일까? 그게 맞다면, 바디우는 어떤 의미의 플라톤주의자인가? 나는 이 질문이 전혀 단순한 것이 아니라고 생각하는데, 이는 플라톤적 이데아idée의 자리를 대체하는 '일자 없는 다자'multiple sans un의 개입이 포함하는 역설 때문만은 아니다. 이 지점에서 사람들은 다음을 이미 지적한 바 있는데, 플라톤 스스로가 [대문자] 다수에 대한 [대문자] 일자의 일면적 우위라는 의미에서 '플라톤주의자'인지는(아리스토텔레스가 끊임없이 플라톤에게 전가하듯) 전혀 확실하지 않다. 오히려 나는 바디우를 한 명의 신플라톤주의자, 사건이라는 초일자Ultra-Un de l'événement가 지식의 너머에, 그래서 결론적으로는 본질 너머에, '무의 근방에' 위치한다 사유하는(바디우가, 진리들의, 자신들이 그 진리를 표상하는 그러한 상황들 내에서의 진리들의 강제의 연산자라는 자격을 지니는 비인격적 주체가 '공백의 가장자리에' 있다고 말하듯) 그러한 신플라톤주의자로 보고 싶다. 하지만 여기에는 너무나도 거친 정식화가 여전히 놓여 있는 것이며, 그래서 나는 이 질문을 메타수학적 혹은 존재론적 기획에 대한 철학적 해석이 분명히 의존하고 있는 두 가지 주제들, 즉 원리라는 주제와 역사성이라는 주제 간의 교차점 위에 매달아 놓는 것을 선호한다. 하지만 아마도 이 두 주제는 사실 하나의 동일한 주제일 것이다.

분명 바디우는 원리의 비방자 중 한 명은 아니다. 더욱 정확히 말해, 바디우는 무가설적인 것anhypothétique의 비방자 중 한 명은 아니다. 오히려, 바디우가 수행하는 포스트-플라톤적 연산은 엄밀한 의미에서의 무가설적인 것이라는 관념을 조건들의 부재로, 더욱 정확히는 조건들 그 자체의 집합에서부터 출발해 조건적 연관을 해소하는 것으로, 그리고 이러한 해소가 이러한 연관에 미치는 역의 효과로 재해석하는 것에 그 핵심이 놓여 있는 것으로 보인다. 달리 말해, 매우 논리적이게도 바디우는 무가설적인 것이 그 자체로 조건들에 의존적이기를 원하지 않을 뿐만 아니라, 또한 바디우는 이 무가설적인 것이 조건들의 조건이기를 원하지 않기도, 다시 말해 조건들이 이 무가설적인 것으로부터 인과적으로 도출dérivent되고 유출émanent되거나 유래procèdent하기를 원하지 않기도 한다. 무가설적인 것은, 이 무가설적인 것에서 자신이 명명하는 조건들의 효과 혹은 규정 역량이 부재하고 있는 한에서, 조건들을 위한 진리이다. 아마도 바로 이것이 우리로 하여금 신플라톤주의를 떠올리게 만드는 지점일 것이다.[33] 절대는 그 무엇도 야기하지cause 않으며, 절대는 야기된 것causé도 야기하는 것causant도 아니다. 또한 이는 무가설적인 것이 그 어디에도 존재하지 않는다는, 즉 위에도 아래에도 존재하지 않는다는 점 — 이는 또한 위계적 도식의 폐지를 위한 조건이기도 한데 — 도 의미한다. 무가설적인 것은 [대문자] 토대Fondement가, 기초base가 아니다. 무가설적인 것은 가지적인 [대문자] 태양이 아니다. 무가설적인 것은 [대문자] 선인가? 조금 더 뒤에서 확인해 보도록 하자. 결국 이는 절대가 그 자체 발본적으로 탈총체화된 총체화라는 하나의 심급이라는 점을 의미한다. 최소한 우리는 식별 불가능한 것의 '유적' 고유성la propriété générique de l'indiscernable을 이렇게 이해할 수 있는데, 이 식별 불가능한 것의 유적 속성은 상황의 규정되어 있으며 식별 가능한 요소들의 모든 술어들 — 혹은, 우리가 다음과 같이 말하기를 원한다면, 주어진 하나의 무한한 우주 내에서 명명 가능한 술어들 — 을 (그 어떠한 통제로부터도 벗어나게 만들면서) 자기 자신 안에 가두어 놓는 것이다.

하지만 근본적으로, 무가설적인 것 혹은 절대의 이러한 특징들은 바디우가 진리의 역사를 (바로 이 수준에서) 사유하는 방식과는 본질적으로 다른 것인가? 나는 아니라고 주장하고자 한다. '주체의 이론'에 할애된, 『존재와 사건』의 '제35 성찰' 장에서, 바디우는 파스칼적 질문을 다시 취급하면서 다음과 같은 새로운 정식화를 제출한다. "진리의 우연적 역사성"historicité hasardeuse de la vérité(『존재와 사건』, p. 445). 이 역사성의 핵심은 무엇인가? 혹은 더욱 정확히 말해, 이 역사

---

33 예를 들어 Jean Trouillard, "Procession néoplatonicienne et création judéo-chrétienne", in *Néoplatonisme. Mélanges offerts à Jean Trouillard. Les Cahiers de Fontenay*, 1981년 3월, pp. 1-30. 그리고 Stanislas Breton, *Du principe. L'organisation contemporaine du pensable*, Aubier Montaigne, Paris, 1971, p. 150 이하. 이 저자들이 인용하는 플로티노스에 따르면, "원리는 자신이 그 원리인 그러한 것에 전혀 속하지 않는다"[원문은 다음과 같다. "le principe n'est rien de ce dont il est principe"].

성은 어떤 점에서 역사성이라는 이름 — 우리를 이 글의 시작에서 내가 언급했던 동시대 프랑스 철학의 이단점으로 데려가는, 그래서 결국 절대적으로 자의적인 방식으로는 활용될 수 없는 그러한 이름 — 을 가질 만한 가치를 지니는가? 나는 이러한 역사성이 추상적 혹은 유형적[전형적] 서술narration의 단계들과 같은, 그리고 이러한 이유로 플라톤적 동굴의 '변증술적' 원형과 그리고 또한 (우리가 이를 원하든 원하지 않든) '부정의 부정'이라는 운동과(정확히 말해서, 여정, 운동, 이행, 총체화 등과 같은 표상들이 발본적으로 비워져야 한다는 점은 제외하고) 미묘한 괴리 관계를 유지하는 그러한 다음의 계기들의 병치 속에 놓여 있다고 주장하고자 한다. 첫 번째 계기, 주어진 상황의 '유적 절차들'procédures génériques의 전개, 그래서 결과적으로 이러한 상황의, 그리고 이 상황에 고유한 지식의, 무한한 언어로의 구성. 두 번째 계기, '지식 내에 구멍을 내는' 그러한 진리에 구성적인 사건(우리는 유적인 식별 불가능한 것의 실존으로서, 존재론의 가장자리에서 이러한 사건에 대한 개념을 구축할 수 있다). 세 번째 계기, 진리의 사건으로부터 출발해 이루어지는, 상황 그 자체 내에서의 진리의 '주체적' 강제. 지식의 상태의 재조직화를 수행하지 않으며 그래서 어떤 의미에서는 이 지식의 상태를 불변인 채로 내버려두지만 그 사후 효과를 통해 진리 절차들의 진실성véridicité을 정초하게 되는(이 진리 절차들이 적용되는 장의 무한성, 즉 무한한 열림을 표현함과 동시에 정초하게 되는) 그러한 강제. 근본적으로 역사성은 조건 지어지지도 조건 짓지도 않는 그러한 원리의 개념과 같은 것이며, 이는 규정된 지식과 진리의 이름 간의 이질적 결합, 정확히도 이 지식의 무한성 혹은 발본적 불완전성을 지시하는 그러한 결합이다.

우리가 보고 있듯 이러한 역사성은 내속적이다. 이러한 역사성은 진리에 도착하는arrive[혹은 일어나는] 무언가가 아니며, 진리가 생성하는engendre 무언가는 더더욱 아니다. 오히려, 진리가 존재의 질서에 속하는 것이라면, 진리가 곧 역사성으로서 '존재'est할 것이다. 이러한 역사성이 진리와 존재 사이의, 즉 진리와 그 관계자pros ti 사이의 부정적인 혹은 빠져나오는soustractif 관계를 함축하고 있다고 말하도록 하자.

***

이제 나는, 필연적으로 너무 암시적일 수밖에 없는 방식으로, 내가 두 번째 운동이라 예고했던 바를 소묘할 것이다. 즉, 진리라는 질문과 보편성이라는 질문 사이의 관계에 대한 바디우의 명제들이 취하는 의미로 내가 지각하는 바에 대한 성찰적 제시, 비록 그 한계를 나 스스로가 알고 있기는 하지만 너무 부정확하지는 않기를 희망하는 그러한 제시 말이다. 나는 청년 사르트르의, 사람들에게서 많은 부분 잊힌 텍스트로부터 '진리의 전설'이라는 표현을 빌려 왔는데, 왜냐하면 나는 이 표현을 변주하기를 원했을 뿐만 아니라, 또한 다음과 같은 새로운 사실에 관심을 집중하고 싶었기 때문이다. 즉, 지금 진리에 무언가가 도달한다[무슨 일이 일어난다]il arrive quelque chose à la vérité는 사실 말이다(비록 우리가, 이 진리의 총체적 비인격성 속에서, 무언가가 도달함에도 이 진리가 무차별적으로[동일하게]indifférente 남아 있다고 가정할 수도 있지만 말이다. 하지만 아마도 이 진리의 주체에게는 그렇지 않을 것이다. 혹은 아마도, 진리와 주체라는 쌍 속에서, 주체는 거기에도 존재할 것이거나 명목상으로 구별되어야 할 것이라고 가정해야만 할지도 모른다. 진리에 대한 관계가 무차별indifférence의 관계이지 않기 위해서는, 전혀 그러한 관계이지 않기 위해서는 말이다. 왜냐하면 이 지점에 관계되어 있는 것은 바로 전투성militance이며, 무차별적 전투성이라는 관념은 그럼에도 유지하기에는 조금 어려운 하나의 역설일 것이기 때문이다). 진리에 일어나는 바, 그것은 진리가 어떠한 토대fondation의 지지물의 역할을 수행하리라는 점이다. 혹은 더욱 정확히 말해, 다수의 진리들에 일어나는 바는 토대들의 다자성의 지지물, 즉 기초fondement, 그러니까 비실존적이며 완전히 주체적인 그러한 지지물, 즉 기초가 된다는 것이다. 그렇지만 이는 사소한 모험인 것이 전혀 아니다.

만일 이 지점에서 우리가 우리만의 참조물들을, 그러니까 텍스트들 내에서 우리만의 준거점들을 선택해야만 한다면, 나는, 우선은 『조건들』에서부터 시작해 더욱 최근에는 『일시적 존재론에 관한 소론』 혹은 『메타정치 개요』로 이어지는 집중되고 정돈된 글들에서보다는 오히려 『존재와 사건』과 『사도 바울』, 『윤리학』 그리고 (또한 몇몇 측면에서는) 『들뢰즈: 존재의 함성』 사이의 결합으로 되

돌아갈 것이다. 사실 내가 제시해야만 하는 바는 확언보다는 질문에 그 핵심이 놓여 있기 때문이다.34

모든 것을 고려했을 때, 이 질문들은 보편적인 것의 일의성이라는 문제에 관한 것이 아니다. 다수의 들뢰즈주의자들에게는 경악스럽게도(이러한 경악이 정당한 것이든 아니든), 바디우는 들뢰즈에게 '[대문자] 일자의 형이상학'métaphysique de l'Un을 부여할 수 있다고 믿었다(차이에 대한 사유는 이 대문자 일자의 형이상학에 반대되는 것이 전혀 아니라, 이 대문자 일자의 형이상학이 실현된 것, 가지적인 것들의 무한한 차이화의 도식이라는 형태 내에서 실현된 것일 테니). 심지어 바디우는 [대문자] 존재의 일의성이라는 관념을 동의와 부동의의 지점 ― 들뢰즈와 바디우 각자의 '플라톤주의'는 이 지점을 둘러싸고 배치되는 것인데(들뢰즈의 플라톤주의는 차이적인 [대문자] 이념들과 잠재적인 것의 플라톤주의이고, 바디우의 플라톤주의는 [대문자] 다자적인 것과 가능한 것의 플라톤주의이다) ― 으로 제시할 수 있다고 믿었다. 이로부터 나는, 일의성이라는 범주가, 이를 엄밀한 의미로 취한다면, 바디우에게서 보편적인 것이 아니라 존재에 적용되는 것이라는, 그리고 잘못 시작된 논쟁의 굴곡 내에서만이 (내가 방금 사용했던 '보편적인 것의 다의성'이라는 정식에 대한 반작용으로) 바디우가 대칭적으로 대립되는 테제를 옹호하는 것으로 보일 수 있었다는 결론을 이끌어 낸다. 사실적으로, 바디우에게서 보편적인 것은 근본적으로 주체성의 한 범주이며 이 보편적인 것은 존재론을 벗어난다. 반면 일의성이라는 관념은 근본적으로 존재론적인 것으로 내게는 보인다. 따라서 이 지점에 어떤 문제가 있다면, 이 문제는 오히려 바디우 철학의 강력한 이원론 내에 놓여 있는 것이며, 우리는 아마도 바로 이러한 구도 위에서 우리의 논의를 재개해야만 할 것이다. 그러나 부정적인 방식으로 우리는 보편적인 것 혹은 보편주의들이 필연적으로 비다의적이라고 말할 것인데, 이는 이 보편적인 것 혹은 보편주의들이 이 보편적인 것 혹은 보편

34　[옮긴이] 알랭 바디우, 『일시적 존재론』, 박정태 옮김, 이학사, 2018; 알랭 바디우, 『들뢰즈: 존재의 함성』, 박정태 옮김, 이학사, 2001; 알랭 바디우, 『메타정치론』, 김병욱·박성훈·박영진 옮김, 이학사, 2018 참조.

주의들을 정초하는 유일한unique (하지만 하나un는 아닌) 사건에 대한 충실성으로부터 본질적으로 유래하는 것임을 번역[표현]하는 또 하나의 다른 방식이다.

만일 나의 질문들이 일의성과 관계된 것이 아니라면, 도대체 이 질문들은 무엇에 대한 것인가? 본질적으로, 내가 위치해 있는 곳에서, 이는 다음의 두 가지 지점에 대한 것이다. 첫 번째 지점은 진리라는 질문으로부터 보편적인 것이라는 질문으로의 이행의 관점에서, 내가 [청년 사르트르를 따라] '전설'이라 불렀던 바의 관점에서 '충실성'이라는 통념이 취하는 의미에 관한 것이며, 두 번째 지점은 참과 거짓 사이의 이항 대립이 보편적인 것 그 자체를 함축하도록 되돌아오게 만드는 기이한 배가에 관한 것('참된 보편적인 것'과 '거짓된 보편적인 것'이 존재한다, 혹은 다음과 같이 말하기를 더 원한다면, 『윤리학』에서 제시된 용어법을 따라, [대문자] 선과 [대문자] 시뮬라크르가 존재한다는 것)이다.

우리 논의를 결론짓기 위해 이 두 지점 각각을 검토해 보도록 하자.

'진리의 우연적 역사성'과 진리의 전설(혹은 진리의 보편적인 것으로의 변형의 모험, 즉 '보편화') 사이의 차이가 새로운 확장 운동으로 주어진다는 점을 우리가 시사한다면, 충실성이라는 질문은 그 자체 명확해진다. 즉, 이 질문의 난점이 정확히 드러나는 것이다. 나는 캉길렘을 따라 지식과 진리 사이의 관계에 대한 과장적 지양dépassement présomptueux — 이 글에서 우리의 출발점이었던 — 이라고 말하고 싶다. 여기에는 어떠한 외삽이 존재하고 있는데, 왜냐하면 우리는 진리로부터 분리 불가능한 주체적 운동(진리가 식별 불가능한 것에 대한 선택과 강제로서만 존재한다는 사실로부터 결과하는)이 진리의 이편en deçà에서 오며 진리의 저편au-delà으로 나아간다는, 그리고 이 이편과 저편 사이에 (어떤 변증법적 원환은 아니라고 해도) 즉자에서 대자로의 어떠한 이행이, 최소한 이 즉자와 대자 사이의 일종의 대응이, 아마도 부정적인 대응일 그러한 대응 — 바디우가 애정하는 표현을 따른다면 '공백의 가장자리에서'의 대응이라 우리가 부를 수 있을 바 — 이 존재한다는 사실을 고려해야만 하기 때문이다. 빠르게 가로질러 논하자면, 이는 바로 존재가, 혹은 존재자의 존재être de l'étant가 본질적으로 '공백'이라는 사실로 번역[표현]된다. 즉, 형이상학 전통이 가르치는 바 전체와는 반대로, 존재와 고유성이라는 두 통념은 본원적으로 양립 불가능한 것이다. 존재 내에는, 우선 귀속ap-partenance만이, 심지어는 이 존재의 영점 혹은 중립적 형상, 즉 비귀속만이 존재하는 것이다. 결국 모든 고유성들은 파생된 것이다. 이와 마찬가지로, 다른 쪽 극단에서, 보편주의는 바디우에게 그 자체로서 반공동체주의, 즉 공동체 없는 공통-됨en-commun 혹은 귀속 없는 귀속(그 어떠한 고유성과도, 그 어떠한 존재론적 혹은 인간학적 차이와도 관계를 형성하지 않으며 단지 [대문자] 사건에 대한 충실성과만 관계를 형성하는)이다. 만일 우리가 이 지점에서 데리다의 몇몇 부정적 표현들 — 그 자체 모리스 블랑쇼로부터 파생된 것인 — 에 가까운 정식들을 발견한다면 아마 이는 우연이 아닐 것이다.35 바로 그렇기 때문에, 이러한 통념의 적용점을 전위시키는 위험을 무릅쓰고, 바디우는 사도 바울을 기독교적 '케노시스'의 신학자와 이러한 범주의 발명자 장본인으로 인지할 수 있었던 것이다.

하지만 사건의 시작에서부터 끝까지 이어지는 충실성의 연산자에 대한, 지식의 장 내에서의 회귀 작용적 개입의 차원으로부터 역사의 장 내에서의 투사적 예상의 차원으로의 전이가 최소한(하지만 이 최소한은 최대한이 될 가능성을 온전히 지니고 있는데) 이름의 현존을 혹은 명명의 기능의 변화를 가정한다는 점이 여전히 남는다. 『존재와 사건』의 부록으로 실린 '개념어 사전'Dictionnaire의 항목들 중 하나에서, 바디우는 유일성unicité과 관련해 다음과 같이 쓴다. "공집합은 유일하다. (……) 모든 유일한 다자multiple unique는 알라, 야훼, 0 혹은 오메가와 같은 하나의 고유한 이름[즉 고유명]을 수용할 수 있다." 따라서 나는, '동어반복적 명제들의 폭력'에 관한 스타니슬라스 브르통의 탁월한 글36을 염두에 두면서, 다음과 같

---

35 그러나 이 즉시 우리는 이러한 가까움 속에서 대립 또한 발견한다. 블랑쇼로부터 가져와 데리다가 주제화한 'x 없는 x'(특히 "Pas", in Parages, Galilée, Paris, 1986을 보라)는 현존에서 토대를 가지지 않는 도래à venir ou avènement와 항상 관계 맺고 있다. 바로 이 도래가, 바디우에게, 비가역적으로 일어났던 혹은 비가역적으로 미래에 이미 일어나 있을 그러한 사건과의 관계 속에서, 철학에서 '한 걸음 더' 나아간다는 관념을 떠받치고 있는 것이다.

36 Stanislas Breton, ""Dieu est Dieu": Essai sur la violence des propositions tautologiques", in Philosophie buissonnière, Jérôme Millon, Grenoble, 1989. 브르통의 심원한 주해인 Unicité et monothéisme, Éditions du Cerf, Paris, 1981 또한 보라.

은 언급을 추가하고자 한다. 유일성의 고유명에 대한 특권적 언표 작용이 취하는 양식은 다음과 같다. 공집합은 공백이다, 신은 신이다, [대문자] 법은 [대문자] 법이다(혹은, 유적 부분이라는 관념과 관련해 바디우가 동일하게 원용하는 루소Jean-Jacques Rouseau라면 다음과 같이 말할 것이듯, [대문자] 일반 의지는 일반 의지이지 개별 의지들이 아니다), [대문자] 혁명은 [대문자] 혁명이다, [대문자] 노동자는 [대문자] 노동자다 등등.

따라서 나의 질문은 다음과 같다. 어떠한 계기에, 어느 정도로, 그리고 어떠한 주체적 양태를 따라, 보편적인 것의 정초fondation의 그러니까 어떤 도래할 다자성(투사적이기에, 그리고 차이들을 말소하거나 이 차이들을 무차별적인 것으로 간주하기에, 상황에 잠재적인 것이 아니라 상황에 가능한 것인, '현행적'en acte이기보다는 오히려 '작용적'en action인 그러한 다자성)의 구성의 연산자가 된 유적 충실성이 [다자성의 특징이 이러함에도 불구하고] 이렇듯 어떤 하나의 고유명에 의존하게 되는가?

마지막 두 번째 질문은 다음과 같다. 진리에 대한 개념이 진실성 개념(외양적으로는, 거짓faux 혹은 사이비pseudos와 대립 관계를 유지해야 하는 유일한 것인)으로부터 떨어져 나간 이후에, 보편적인 것의 이론화 내에서 참과 거짓 사이의 대립으로의 회귀가 의미하는 것은 무엇인가? 그리고 이러한 회귀는 윤리의 문제에 대한 비판적 취급 내에, 다시 말해 [대문자] 타자 혹은 [대문자] 정의의 윤리에 대립하는 진리들의 윤리에 대한 옹호 내에 [대문자] 선의 범주를 도입하는 것과 어떠한 관계를 맺는가?(만일 어떠한 관계를 맺는 것이 사실이라면 말이다) 이 질문은 전혀 단순하지 않으며, 그렇기에 우리는 이 질문을 단순화하지 않도록 조심해야 한다. 이 질문은 이 지점에서 바디우가 완전히 서로 다른 두 가장자리, 두 가치 평가를 따라 이중의 구분선을 그리고자 시도한다는 점으로부터 유래한다.

한편으로는, 참된 혹은 진정한 보편과 거짓된 보편 사이의 구분이 존재한다. 참된 보편의 전형은 기독교적 혹은 공산주의적 전투주의(다른 시기에 바디우와 발메스François Balmès가 '공산주의적 상수들'의 집요한 실존insistance이라 불렀던 바[37])이며, 거짓된 보편의 전형은 교환과 시장의 법칙, 자본주의적 보편, 화폐이다.[38] 우리는 이

---

37 Alain Badiou & François Balmès, *De l'idéologie*, Maspero, Paris, 1976.

것이 순수한 선결 문제 요구의 오류라 믿을 수도 있을 것이다. 이러한 구별을 실행할 수 있게 해주는 기준은 도대체 어디에 있는가? 하지만 이 문제에 관해 바디우가 제시하는 언급들은 바디우에게서 이것이, 시장의 보편의 실존 조건이 공동체적 차이들의 제거가 아니라 오히려 이 공동체적 차이들의 증식과 체계적 착취이기에 이 시장의 보편이 거짓이라는 점에서, 논리학자들이라면 분석 명제라 부르 바라는 점을 시사할 수 있게 해준다. 일단 그렇다고 인정하고 넘어가도록 하자.

다른 한편으로는, 바디우가 그리스도의 계시에 대한 사도 바울의 충실성이 지식의 질서 내에서의 사건적 진리에 대한 충실성과 형식적으로 분간 불가능하다indiscernable고 설명할 때 나타나는 진정한 보편주의의 두 가지 형태들 사이의 더욱 미묘한 구분이 존재한다.[39] 비록 우리가 한편으로는 (바디우를 인용하자면) 우리nous가 더 이상 믿을 수는 없는 하나의 '우화'fable 혹은 '허구'fiction와 관계하고 있으며(그런데 이 '우리'란 도대체 누구인가? 아마도 우리 무신론자들일 것이다. 이 무신론자라는 용어가 어떠한 특수성의 함의를 내포하고 있지 않다고 가정한다면) 다른 한편으로는 계시가 아니라 탐색 절차와의 관계 내 '유효한 진리'와 관계하고 있지만 말이다.[40] 따라서 이러한 차이는, 참된 보편 그 자체와 거짓 보편을 이미 대립시키고 있는 바와는 반대되게, 독특성의 주체적 보편화, 충실성과 사건이 맺는 관계의 주체적 보편화가 지니는 유적 특징들을 다시 드러나도록 만들기 위해서는 어떠한 의미에서는 무력화해야 하는 것으로 나타난다. 보편은 또한 거짓 위에

---

38 "억압받는 부분 집합들의 문화적 덕성vertu을 증진하려는 이러한 시도의 진정한 통일자는 무엇인가 (……)? 명백히도 이는 화폐적 추상인데, 이 화폐적 추상의 거짓 보편은 공동체주의적 잡다함에 완벽히 부합한다." *Saint Paul. La fondation de l'universalisme*, PUF, Paris, 1997, p. 7.

39 [옮긴이] '식별 불가능'으로 옮기면 너무 어색해 이 부분에서만 부득이하게 indiscernable을 '분간 불가능'으로 옮겼다.

40 "이 독특한 사건이 우화의 질서에 속한다는 점은 사도 바울로 하여금 한 명의 예술가 혹은 한 명의 학인 혹은 한 명의 국가 혁명가가 되는 것을 금지하지만, 또한 철학적 주체성으로의 접근 전체 — 정초 혹은 개념적 자기 정초의 질서하에 놓이거나, 현실적인 진리 절차들의 조건에 놓이는 — 도 금지한다. 사도 바울에게, 진리의 사건은 대문자 철학적 진리를 파면한다. 우리에게는 이 사건의 허구적 차원이 현실적 진리에 대한 주장prétention을 파면함과 동시에 말이다." *Saint Paul*, op. cit., p. 116.

도, 혹은 최소한 비참non-vrai, 허구 위에도 정초될 수 있어야만 한다. 우리가 참된 보편을 이 참된 보편의 [대문자] 시뮬라크르에, 그리고 심지어는 이 참된 보편의 극단적 시뮬라크르 — 이 극단적 시뮬라크르는, 내가 감히 다음과 같이 말할 수 있다면, 진리의 이름으로 차이를 '강제'하는 것일 것이다 — 에 발본적으로 대립시키는 바를 이해할 수 있기 위해서는 말이다. 결국 지금 내가, 바디우 윤리학 원리에서의 [대문자] 참과 [대문자] 선의 상호적 전환 가능성 또한 복원하면서, 우리가 이 지점에서 (정세의, 그리고 이 정세 내 논쟁들의 요청 바깥에서) 바디우를 플라톤주의에 대한 자신의 충실성을 향해 한 걸음 더 나아가도록 인도했던 심원한 이유들 중 하나와 마주하고 있는 것은 아닌지의 질문을 제기하고 있는 것이라 말하도록 하자.

3장
"교회의 역사는 진리의 역사라
고유하게 불려야 한다"[1]

애초 이 발표에 대한 예고에서 부여되었던 제목('진리의 역사: 하나의 문제, 두
개의 개념'[2])은 다음과 같은 나의 최초 기획을 (하지만 그 내용을 분명하게 드러내지는
않으면서) 암시했다. 파스칼과 스피노자 간의 비교로 되돌아오기, 하지만 파스칼
의 '사유'[즉 '팡세'] 하나(L776/B858)에 대한 분석으로부터 출발해 이를 행하기.[3]
파스칼의 이 사유는 "교회의 역사는 진리의 역사라 고유하게 불려야 한다"L'his-
toire de l'Église doit être proprement appelée l'histoire de la vérité인데, 이 사유는 오래전부
터 나의 호기심을 자극함과 동시에 나를 불안하게 만들어 왔다. 나는 이 사유가
매우 흥미로운 것이라고 강하게 믿고 있는데, 이 발표에서 나는 그 이유들을 제
시하고자 노력할 것이다. 이미 이 사유에 대한 분석만으로도 나에게 할당된 시
간을 모두 쓰기에는 충분할 것이다. 따라서 나는 우리가 스피노자에게서 (그리고
또한, 아마도 홉스에게서) 검출할 수 있을 이와 평행하는 질문을 취급하는 것은 다
음 기회로 미루도록 하겠다.[4][5]

1　국제철학학교Collège international de philosophie와 프랑스 국립과학연구센터CNRS의 UMR 5037이
조직한 2006년 6월 8-10일의 컬로퀴엄 〈파스칼-스피노자〉에서 행한 발표.

2　[옮긴이] "Histoire de la vérité: un problème, deux concepts"을 말한다.

3　[옮긴이] 『팡세』는 셀리에 판, 라뛰마 판, 브룅슈빅 판이 정본으로 통용되는데, 여기에서 L776은
라뛰마 판 『팡세』의 776번이라는 의미이고, B858은 브룅슈빅 판 『팡세』의 858번이라는 의미이다.
참고로 S로 시작하는 분류는 저 셀리에 판을 의미하며, L776＝B858은 S641이다.

4　『진리의 장소들과 이름들』(op. cit.)에 재수록한 한 시론에서 나는 진리의 제도(화)institution de la
vérité라는 이와 근접해 있는 문제를 중심으로 홉스와 스피노자에 대한 비교를 소묘한 바 있다.

게다가, 첫눈에 보기에 스피노자에게는 우리가 이 발표에서 분석할 의미에서의 진리의 역사[라는 통념]는 존재하지 않는 것이 사실이다.6 스피노자에게는 기껏해야 인식에서의 진전이 존재하고 있을 뿐인데, 이 진전은 개인들에게서, 그리고 이러한 진전의 추구 그 자체에 의해 아마도 집합체들 혹은 구성된 공동체들 내에서도, 정신의 여정으로 독특한 방식으로 반복될 수 있으며, 이 진전의 가능 조건은 인식론적 측면에서는 '인식의 장르들'의 위계로 사유[간주] 가능한 것이다. 이러한 진전은 『윤리학』 1부 부록이 말하듯 진리의 '규범'norme 혹은 '규칙'règle에 의해 지배되는데, 이 진리의 규범 혹은 규칙veritatis norma은 인간 인식의 역사에서 절단을 행하며, 이 절단의 원인은 수학적 과학들sciences mathématiques(즉 마테시스mathesis)의 발명7에 관계될 수 있는 것이다(하지만 이 절단은 그 자체로서는 진리의 존재에 영향을 미치지 않으며, 단지 이 진리에 대한 지각에만 영향을 미칠 뿐이다).

자, 이제 파스칼에게로 되돌아오도록 하자.8 L776번 사유는 우리가 놓여 있는 철학적 맥락에서 봤을 때 상당히 놀라운, 심지어는 충격적인 것이며, 또한 동시에 수수께끼적인 것이기도 하다. 이 사유는 파스칼적 변증론apologie의 논증적 질서를 재구축하려는 대부분의 시도들로부터 고립되어 있다. 비록 이와 관련해 몇몇 예외들(특히 논란의 여지가 있지만 동시에 고무적이기도 한 자신의 시도 ─ 『팡세』가 그 밑그림ébauche이 아니라 그 단절découpage을 구성할 그러한 '잃어버린 담론들'을 재구성하려는 ─ 를 통해 이 사유에 흥미로운 특징을 부여하는 에마뉘엘 마르티노라는 예외)이 존재하기는 하지만 말이다. 분명 사람들은 매우 여러 번 이 사유에 대한 주석을 제시했지

---

5 [옮긴이] 이 글 전체에서 '교회'는 초두가 대문자인 Église를 옮긴 것인데, 본 번역에서는 초두가 대문자임을 일일이 지적하지 않는다.

6 정당하게도 로랑 보브는 스피노자의 『형이상학적 사유』Cogitata Metaphysica에 '참'vrai과 '진리'vérité라는 단어들의 활용에 관한 '역사적' 탐구 ─ 서사 실천 내에서 이 단어들의 활용의 기원을 재추적하는 ─ 가 존재하고 있다는 점을 지적해 주었다.

7 그리고 아마도 또한, 비토리오 모르피노의 주장을 수용한다면, 정치적 합리성의 발명에도. Vittorio Morfino, Il Tempo e l'Occasione. L'incontro Spinoza-Machiavelli, LED, Milan, 2002. 프랑스어 번역은 Le Temps et l'Occasion: La rencontre Spinoza-Machiavel, Classiques Garnier, Paris, 2012.

8 [옮긴이] 우리는 파스칼 『팡세』의 국역본 중 김형길 판(블레즈 파스칼, 『팡세』, 김형길 옮김, 서울대학교출판문화원, 2015)을 참조한다.

1부. 진리의 역사

만, 이 주석들은 암시적 혹은 소극적인 것들로 남아 있다. 이 주석들은 다른 텍스트들에 기반한 논증을 제시하거나, 혹은 이와는 반대로 이 주석들에서 이 사유는 주해되면서도 고유한 의미에서 해석되지는 않는다(『존재와 사건』에서 알랭 바디우가 제시한 파스칼에 관한 '성찰'의 경우 그러하듯). 하지만 그럼에도 몇몇 예외들이 존재한다. 특히 나는 이 사유에 들어 있는 속격에 대한 두 가지 상관적 해석들을 제시하는, 그리고 (나의 관점에서는 본질적 시도로 보이는) "고유하게 불려야 한다"에 관해 질문하는 엘렌 부쉬우의 텍스트를 언급하고 싶다.[9] 그리고 물론 앙리 구이에가 자신의 저서 『블레즈 파스칼: 주석들』에서 제시하는 결론부의 몇몇 단락들이 존재한다.[10]

이 문장[즉 이 '사유']에 내가 관심을 기울이는 이유는 여러 차원을 지니고 있다. 한편으로, 이 문장은 그 자체 진리에 대한 하나의 탁월한 언표 작용 — 진리를 정의하거나 이론화하지 않는, 하지만 이 진리의 준거점을(혹은 이 진리의 존재 양식, 이 사유에서 '역사적'이라고 수식된 존재 양식의 준거점을) 매우 제약적인 등가 형태[즉 '교회의 역사 = 진리의 역사'라는 등가 형태] 내에 기입하는 — 을 구성한다. 이러한 사실로부터, 진리는 '참을 말하기'dire le vrai[또는 진리-말하기]와 관련된 문제들 전체에 열리게 되는데, 나는 우리가 이 참을 말하기에 관한 또 다른 적용들을 동시대의 맥락 속에서 행하고자 시도할 수 있다고 생각한다. 하지만 더욱 직접적으로, 이 문장은 프랑스어권 철학의 위대한 두 '계기'[즉 파스칼이라는 계기와 20세기 현대 프랑스 철학이라는 계기] 사이의 흥미로우면서도 시사적인 단락을 가능케 한다.[11] (부가적인 수식어가 있든 없든) '진리의 역사'라는 어구가 고전적 의미에서의['인식론'épistémologie과는 구별되는] '인식 이론'théorie de la connaissance을 넘어서거나[지양하거나] 그 자격을 박탈하는 데에 각자의 방식으로 기여하는 서로 다른 철학자들 간 인지의 기호임과 동시에 논쟁의 쟁점이 되었던 것은 정말 매우 최근의 일

---

9 Hélène Bouchilloux, *Pascal. La force de la raison*, Vrin, Paris, 2004, p. 177.

10 Henri Gouhier, *Blaise Pascal. Commentaires*, Vrin, Paris, 1971, pp. 362-365.

11 이는, 앙리 구이에의 또 다른 연구를 따른다면, '반인간주의'에 대한 활성화의 두 계기이다. Henri Gouhier, *L'Anti-humanisme au XVIIe siècle*, Vrin, Paris, 1987.

이다. 특히 미셸 푸코에게서, 그리고 또한 자크 데리다, 조르주 캉길렘, 알랭 바디우, 제라르 르브렁 등등에게서 말이다.[12] 내 나름의 독해 속에서 내가 확언할수 있다 믿는 바에 따른다면, 첫 번째 경우는 『천문학 혁명』이라는 알렉상드르쿠아레의 저서에 대한 서평을 쓴 푸코에게서(이 책이 출간된 것과 동일한 해인 1961년에 『신 프랑스 평론』에 기고한)[13] 발견된다. 이 서평에서 푸코는 이 쿠아레의 저서에서 문제가 되는 것이 바로 더 이상 '슬프지'triste 않을 그러한 진리의 역사라고 말한다. 푸코의 지적 궤적의 다른 쪽 극단에서, 그러니까 1976년의 『지식의 의지』에서부터 1984년의 『쾌락의 활용』의 서문으로 나아가는 텍스트들에서, 이번에문제가 되는 것은 '진리의 정치적 역사'histoire politique de la vérité ―『고전주의 시대 광기의 역사』의 저자이기도 한 푸코가 재구성하고 실천하고자 하는 ― 일것이다. 하지만 확실히 놀라운 것이며 여러 저자들에 의해 경쟁적으로 활용되는 이 진리의 역사라는 표현 ― '역사성'Geschichtlichkeit 혹은 '존재 역사'Seinsgeschichte와 같은, 독일 현상학과 해석학 내의 핵심 통념들에 대한 어떠한 전위[에 불과한 것으]로 환원되지 않으며, 오히려 이 통념들과 서로 경쟁할 ― 은 도대체 어디에서 유래하는 것인지 우리가 자문해 본다면, 우리는 정확히도 이 표현이 우리가 방금 전 상기시켰던 구절에서의 파스칼을 제외하고는 그 이전에 활용된 바없다는 점을 발견하게 된다. 심지어 이 구절은 『시골 친구에게 보낸 편지』와『팡세』의 저자 파스칼의 저작들에서도 유일한 것이다. 그러니까 이 구절은 파스칼에게서 명백히 그 자체 전례 없는, 단발어hapax legomenon인 것이다. 다르게말해, 그리고 물론 더욱 완전한 탐구를 앞으로 수행해야 한다는 유보를 단다면,파스칼은 '진리의 역사'라는 정식을 '발명'했던 것으로 보이며, 매우 특수한 맥락속에서 위험을 무릅쓰고 겨우 제시될 수 있었던 이 진리의 역사라는 정식이 그즉시 프랑스어에서 사라져 버려 4세기가 지나서야만 재돌발했고 따라서 경쟁

---

12 알랭 바디우의 작업에 대한 보르도에서의 내 컬로퀴엄 기고문을 보라. 「진리의 역사: 프랑스 철학 내의 알랭 바디우」Histoire de la vérité: Alain Badiou dans la philosophie française. 본서의 2장.

13 *Dits et écrits*, tome I, op. cit., pp. 170, 171.

하는 일련의 해석들로 흩뜨려졌던 것으로 보인다. 이것이 바로 우리가 이 진리의 역사라는 정식의 최초 [탄생] 맥락에 더욱 깊은 관심을 기울이는 것을 정당화해 줄 수 있는 바이다.

우선 무엇이 파스칼이 활용한 정식의 '원천들', 혹은 우리가 다음과 같이 말하기를 더 원한다면, 그 모델들이 될 수 있을지를 질문해 보는 것이 적절하다. 이러한 언표 작용이, 그것이 생산하는 의미 효과들과 함께, 무로부터ex nihilo 불시에 나타나는 경우는 거의 없다. 여기에서 성 아우구스티누스를 떠올리는 것은 충분히 자연스럽다(그리고 더 나아가 바로 성 아우구스티누스의 교리와 파스칼의 교리 간의 체계적 맞세움의 틀 내에서, 프랑스 학계의 위대한 파스칼주의자 중 한 명이며 뒤에서 다시 한번 우리가 준거해야만 하는 저자들 중 한 명인 필리프 셀리에가 L776번 사유를 개입하게 만드는 것이다).**14** 내가 아는 한에서 성 아우구스티누스는, 고대, 중세 시대 혹은 고전주의 시대의 그 어떤 저자도 그러하지 않듯, 히스토리아 베리타치스historia veritatis라는 표현을 활용하지 않는다. 반면 성 아우구스티누스는 amor veritatis, inquisitio veritatis, studium cognoscendae veritatis, caritas veritatis, veritatis delectatio 등과 같은 일련의 다른 통념들과 하나의 체계를 이루는 인벤치오 베리타치스inventio veritatis[즉 진리의 발명]라는 표현은 사용한다.**15** 최후의 심판 날에까지 이어지는, 신의 도성Cité de Dieu(즉 성인들 혹은 선택받은 이들의 도성)이 지상의 도성Cité terrestre 내에서 행하는 '성지순례'를 드러내는 위대한 종말론 전체 — 그리고 바로 이로부터 정신의 현현manifestation의 목적론과 같은 근대의 '보편적 역사들'이 유래하는 것인데 — 는 비고유하지는 않을 방식으로[즉 고유하게] '진리의 역사'라 불릴 수 있을 것이다. 타락과 구원의, 혹은 악에 대한 선의 승리(신이 원한)에 관한 '예언적' 역사(*prophetica historia*, CD, XVI, 11-13)는 역사 속에서 작동하고 있는 진리에 대한 하나의 표시물을 제시하는데, 그러나 이 예언적 역사는 그럼에도 진리의 역사와 혼동되지는 않는다. 사실 성 아우구스티누스에

---

14 Philippe Sellier, *Pascal et saint Augustin*, Albin Michel, Paris, 1995(2e édition), p. 455.
15 *Cité de Dieu*, XIX, 19. 활동적, 관조적 그리고 혼합적 삶이라는 '세 가지 삶'과 관련해서 말이다.

게서, (신적) 진리는 역사 속에서 작동하고 있는 것인데, 그러나 이 진리는 고유한 방식으로 역사를 가지지는 않는다.

파스칼적 관념에 가장 가까운 (그리고 우리가 앞으로 보겠지만 이 파스칼적 관념과 밀접하면서도 긴장된 관계를 맺고 있는) 신학적 표현은 리옹의 성 이레네오saint Irénée de Lyon가 이단들을 논박하는 자신의 위대한 논고(『이단 논박Adversus haereses: '이단들에 반대하여. 거짓말쟁이의 이름인 영지에 대한 비판과 반박』의 177절) — 여기에서 트라디치오traditio는 사도 바울이 활용했던 그리스어 파라도시스paradosis를 번역한 것이다 — 에서 활용한 트라디치오 베리타치스traditio veritatis[즉 진리의 전통]이다.16 이 트라디치오 베리타치스라는 표현은 [대문자] 구원자의 사도들('사도적 전통'tradition apostolique)에 의한 이 구원자의 가르침에 대한 전승('희소식' 혹은 복음) — 교부들과 종교회의들에 의해 지속되는 — 을 지시한다. 따라서 트라디치오 베리타치스는 교회의 '권위'magistère와, 그리고 이를 통해 교회의 제도와 하나가 된다. 이 권위와 제도는 초자연적 기원과 기능을 가지는 것이면서도 세계 내에서, 다시 말해 인간들의 속된, 즉 경험적인 역사 내에서 구현되고 작동한다. 개인적 증언과 믿음의 행위에 기초해 있지만 신학적 도그마들에 기입되어 있는 이 트라디치오 베리타치스는, 그 자신의 자격으로, 이레네오와 그의 뒤를 이은 테르툴리아누스Quintus Septimius Florens Tertullianus가 '이단'으로 명명하고 코드화하는 교리와 믿음의 질서 내에서의 편향들에 대한 (영구적이며 항상적으로 갱신되는) 구분선을 그린다(외부에서 그리고 내부에서 오류에 의해 영구적으로 포위 공격당하는 것으로 지각되는 교회가 미래에 취할 길이 될 바를 열어젖히면서). '전통'을 사고할 수 있기 위해서는, 교회에 의해 '기탁'되고 전승되며 보전되고 교육되는 진리가 이단들 — 진리의 흐름을 방해하는 데에 전혀 성공한 바 없었던, 그리고 이 진리에 이후적

---

16 Jean Danièlou & Henri Marrou, *Nouvelle histoire de l'Église*, vol. I: *Des origines à Grégoire le Grand*, Seuil, Paris, 1963, pp. 142-144; D. B. Reynders, "Paradosis: le progrès de l'idée de tradition jusqu'à saint Irénée", in *Recherches de théologie ancienne et médiévale*, tome V, Louvain, 1933, pp. 155-191(Fr. George Florovsky, "St. Gregory Palamas and the Tradition of the Fathers", http://orthodoxinfo.com/phronema/florov_palamas에서 재인용).

postérieures, 외부적 혹은 부수적adventices인 — 의 이전antérieure에 위치하는 것[이단 이전의 진리가 존재하는 것]이 필수적이다. 우리는 정확히도 하나의 정통 혹은 복수의 신조들articles de foi이, 그 자체로 비난받는 그리고 교회 제도[또는 교회의 제도화]에 의해 추방되는 '이단들'과의 차이에 의해서만 고정되었기에, 여기에 어떠한 [논리적] 원환이 놓여 있는 것은 아닌지 질문해 볼 수 있다. 하지만 이 원환은 [그 논리적 문제를 미해결의 상태로 내버려두면서] 역사 내에서의 성령Ésprit saint의 작용 그 자체로 제시된다.

따라서 파스칼의 이 문장은 트라디치오 베리타치스라는 관념 — 그리스도교 시대에 그 자체 하나의 '전통'으로(어떤 의미에서는 '전통의 전통'으로) 변형된 — 의 또 다른 언어로의 '반복'과, 혹은 우리가 다음과 같이 말하기를 원한다면, 번역과 다른 것이 전혀 아닌 것으로 보인다.[17] 교리와 종교적 삶을 대상으로 하는, 종교개혁과 반종교개혁 사이에서의 그리고 반종교개혁(얀센파는 스스로가 이러한 반종교개혁의 선봉이기를 원했는데) 그 자체 내에서의 격렬한 논쟁들이라는 정세에 의해 요청된 이러한 번역은 지역적 언어로의 탁월한 언어적 발명이라는 대가를 치르고서 이루어진다. 여기에는, 그 어떠한 해석도 무시할 수 없을, 하지만 또한 파스칼이 그 강조 양태를 변용하는(즉 "고유하게 불려야 한다……"라는 양태의 강조) 문장, 그가 유일하게 언급하는 그러한 문장을 고려하기 위해서는, 우리가 복잡화해야만 하는 논박할 수 없는 무언가가 존재한다.

이제 파스칼적 언표 작용의 문법이라는 문제에 접근해 보도록 하자. 이 문제는 '고유한'propre 것을 언표해야만 한다는 명령과 관계된 것이다. 그래서, 암묵적으로, 파스칼에 의해 제시된 언표 작용은 '비고유한'impropres 것일 다른 언표 작용들, 다시 말해 여기에서 겨냥하고 있는 바, 즉 (진리의 역사에) 고유한 장소를 부여하는 (교회의 역사에) 고유한 이름[고유명]을 제공해 주지 않을 다른 언표 작용들에 대립된다. 진리는 바로 교회 내에서 자신의 '장소'를, 최소한 역사라는 양태 내에서의 장소를 갖게 되는데, 이는 실정적임과 동시에 제한적인 것이다

17 Gérard Granel, *Traditionis traditio*, Gallimard, Paris, 1972.

(이를 다음과 같이 해석하도록 하자. 진리는 신 안에 자신의 장소를 가지고 있지만, 이 진리의 역사는 교회 내에 있으며, 이 교회는 어떤 의미에서는 신으로부터 도출되거나 이 신에게서의 영원한 것이 취하는 역사적 존재를 표상한다). 상호적으로, '진리의 역사'는 교회의 역사를 고유하게 명명하는데, 이는 진리에 대한 하나의 형이상학적 테제라기보다는 교회에 대한 하나의 정치-신학적 테제이다. 역사 내에서 진리를 '표상'하는 것은 교회가 아니라 바로 교회의 진리, 우리가 역사라는 양태 내에서 그에 대한 접근권을 가지는 그러한 진리로서 교회의 진리이다. 많은 경우 그러하듯, 이러한 명령의 완전한 의미는 우리가 다음과 같은 상상적 변주를 행할 때에 나타나게 될 것이다. 진리의 역사에 그 자체로서 속한다고, 그렇지만 이렇듯 비고유하게만 명명될 것이라고 우리가 사고할 수 있을 그러한 '역사들'이란 도대체 무엇인가? 미국인들이 말하듯 두 가지 '후보'candidates가 머릿속에 떠오른다.

첫 번째 후보는, '섭리주의적인'providentialiste 방식으로 계시와 구원의 역사로 간주될 수 있을 바로서의 보편적 역사 그 자체이다. 따라서 이 지점에 대한 규정은, 우리가 그러한 보편적 역사 — 이 보편적 역사의 모델은 이론의 여지 없이 성 아우구스티누스의 신의 도성으로부터 유래하는 것이다 — 라는 관념(그리고 이 관념은 그 자신의 시대에 라이프니츠Gottfried Wilhelm von Leibniz — 이본 블라발은 이러한 측면에서 라이프니츠를 근대적 역사철학의 '정초자'로 만들 수 있었다[18] — 에 의해 그 원리에서부터 재사유되며 『보편적 역사에 대한 담론』에서 보쉬에Jacques-Bénigne Bossuet에 의해 적용된다)과 파스칼 사이의 관계를 정확히 설명하는 것을 전제한다. 나에게는 우리가 이 질문에 예 혹은 아니요라는 단순한 방식으로 대답할 수 없는 것으로 보인다. 확실히 파스칼은 그 '총체성' 내에서의 인간 역사를, 모든 인간을 구원으로 이끌거나 이와 반대로 영원한 지옥으로 이끄는 그러한 신의 계획의 실현 — 그리고 이 실현의 '중심' 혹은 축은 그리스도의 세계 내로의 도래venue, 초월적 신의 역사 내에서의 성육신incarnation으로 구성된다 — 으로 만드는 섭리주의적 도식 내에 기입된다. 하지만 나에게는 파스칼이 이러한 역사의 완전성intégralité

---

18 Yvon Belaval, *Leipniz. Initiation à sa philosophie*, Vrin, Paris, 2006(6e édition).

에는, 시작에서부터 끝까지의 단 하나의 운동의 연속성에는 그다지 관심을 기울이지 않는 것으로 보인다. 오히려 파스칼은 역사의 파편화를, 즉 이 역사가 서로 대립되는 독특한[개별] '역사들' — 이 독특한 역사들 간의 절합이 문제가 되는 것이며, 이 독특한 역사들의 의미가, 바로 이 독특하다[개별적이라]는 이유 자체로 인해, 불확실한 것으로 남는다(혹은, 이성 관념의 대상보다는 신앙의 '내기'pari 를 구성한다) — 로 구성되어 있다는 사실을 강조한다. 한편으로는, (예언들에 대한, 그리고 이 예언들이 포함하는 형상들에 대한 해석이 회고적으로 증명하듯) 그리스도의 도래를 준비하는 유대 민족의 역사(지나가는 김에 지적하자면, 이 유대 민족의 역사는 『팡세』에서의 '역사'라는 단어의 활용에서 거의 배타적인 참조점이다), 다른 한편으로는, 이러한 도래로부터 오는 그래서 결과적으로 이러한 도래가 '몸소' 표현하는 진리의 변전[진리-되기]과 관계된 교회의 역사(라는 유일한 정식화) 말이다. 이 유대 민족의 역사와 교회의 역사 모두는 '민족들'과 국가들의 역사에 대립하는데, 하지만 서로 완전히 다른 이유에서 그러하다. 유대 민족의 경우, 유대 민족은 민족들 가운데에서 독특한데("완전히 형제들로 구성된"), 이 유대 민족은 선택받았다는 점에서 이 민족들로부터 구별된다. 교회의 경우, 교회는 민족이 아니며, 대신 교회는 그 용어의 사회정치적 의미에서 전체 네이션들의 민족을 수용한다.[19] 그러므로 진리의 역사라 '고유하게 불려야' 하는 바는 역사 일반 — 사람들은 이 역사 일반의 최종적 의미[방향]를, 이를 요약[규정]하기 위해, 전제할présumerait 것인데 — 이 아니라, 바로 서로 간에 대립되며 절합된 여러 역사들 가운데 차이적différentielle 방식으로 존재하는, 교회의 역사이다. 따라서 여기에 놓여 있는 질문 전체는, 역사로서(그 기원과 그 종말[목적]의 관점에서뿐만 아니라, 또한 그 '주체'와 그 양태의 관점에서), 이 교회의 역사를 독특화하는 바가 무엇인지 확인하는 일일 것이다.

하지만 두 번째 후보가 또한 존재한다. 이는 과학사라는 후보인데, 파스칼은 『기하학적 정신과 설득술』이라는 소품의 여러 구절들에서, 『시골 친구에게

---

19 [옮긴이] '네이션들'의 원어는 nations이며, '민족'의 원어는 peuple이다.

보낸 편지』와 『팡세』의 여러 구절들에서, 하지만 특히 『진공[공백]에 관한 논고』 (기획은 했지만 전혀 집필하지는 못했던)의 서론 그리고 액체의 평형과 공기의 중력에 관한 『논고들』_Traités_의 결론 — 여기에서 파스칼은, [가스통 바슐라르보다도 먼저] '인식론적 장애물'에 관한 이론을 이미 소묘하는 관점에서, 진공[공백]에 관한 이전의 오류들에 관해, 그리고 이 오류들이 실험적 방법에 의해 해소되는 계기들에 관해 논한다 — 에서, 이론가로서의 자신의 모습을 확연히 드러냈다.[20] 그러므로 파스칼이 "과학의 역사는 진리의 역사라 고유하게 불려야 한다"라 쓰고 있는 것을 상상하는 것은 전혀 터무니없지 않다(혹은 우리에게 이는 전혀 불가능한 일이 아니다). 그리고 우리는 프랑스 학계의 포스트-바슐라르적 인식론자들과 과학사가들이 이로부터 멀리 떨어져 있지 않다는 점을 지적해야만 한다(특히 캉길렘의 다음과 같은 정식을 떠올려 보도록 하자. "진리의 역사만을 만들고자 함으로써, 우리는 하나의 허상적 역사를 만들어 버린다. 진리만의 역사란 모순적 통념이라는 보그단 수호돌스키 씨의 주장은 이 점에서 옳다."[21] [22] 그 공통점은 진리의 역사가 오류의 역사를 통과한다는 것, 그리고 이것이 바로 인벤치오 베리타치스_inventio veritatis_와 그 전진을 설명하는 진정한 방식이다). 하지만 이러한 매혹적인 가능성은 잠재적인 방식으로만 존재하며, 절대로 마지막까지 유지될 수 없다. 과학의 역사와 교회의 역사 간의 공통점은 이 두 역사 모두가 신체들[즉 집단]의 질서에, 그러니까 동맹과 힘 관계에 기초한 국가들의 역사에 대립한다는 점이다(확대된 유일 가족과 같은 것인 유대 민족이라는 예외는 제외하고). 하지만 이 과학의 역사와 교회의 역사를 구분하는 것은 과학의 역사가 정신es-

---

20 피에르 마슈레의 탁월한 주석을 보라. Pierre Macherey, _Groupe d'études "La philosophie au sens large" animé par Pierre Macherey_, Séance du 30 novembre 2005, "Pascal et l'idée de science moderne: la Préface pour un Traité du vide de 1651", https://philolarge.hypotheses.org/files/2017/09/30-11-2005-2.pdf.

21 [옮긴이] 본서의 1장을 참조해 생략하지 않고 이 문장 전부를 온전히 옮겼다.

22 _Qu'est-ce qu'une idéologie scientifique?_(1969), in Georges Canguilhem, _Idéologie et rationalité dans l'histoire des sciences de la vie_, op. cit., p. 45. 나의 연구인 "Science et vérité dans la philosophie de Georges Canguilhem"(조르주 캉길렘 철학에서 과학과 진리)에서 나는 이에 대한 주석을 제시한 바 있다. 본서의 1장을 보라.

prit의 질서에 속하며 교회의 역사가 마음cœur 혹은 자비charité의 질서에 속한다는 점이다. 그러나 다른 한편에서 이러한 차이는 변증화되며, 그 본성이 파스칼에 고유한(혹은 더욱 정확히 말해, 파스칼이 '탐구'하는) 역사 개념이라는 질문 위에 굳게 놓여 있는 그러한 개입을 생산한다. 그리고 이러한 개입 그 자체는 다음과 같은 두 가지 관점에 따라 고찰될 수 있다.

한편으로, 정신에 의해 그리고 마음에 의해 인식의 두 질서를 절합하는 원리principe라는 관념이 지니는, 인식론적 혹은 존재론적이라기보다는 종말론적인 하나의 심원한 다의성이 존재한다. 마음의 질서에서 우리는 항상 추론raisonner해야 하며 종교가 이성에 반하지 않는다는 점(이성 없이 우리는 믿지 않는다. 비록 종교적 신비의 핵심은 이 이성에 의해 불가능한 것이겠지만)을 보여 줘야 한다.23 그리고 정신의(즉 과학의) 질서에서, 이성raison 혹은 추론raisonnement(이 이성과 추론 사이에는 하나의 지양 불가능한 원환이 존재하고 있다)이 아니라 마음[심정]에 의해 인식되는 그러한 원리들이 필요하다.24 법칙을 위해서와 마찬가지로 과학을 위해 이 지점에서 하나의 "신비적 토대"를 보는 것으로까지 나아가야만 할까?(L60).25 따라서 이 극단의 지점은, 신체들[또는 집단들]에 대한 권위가 소멸되듯 과학의 진리가 '소멸되는' 그러한 지점일 것이다. 그 정도로 멀리까지 사변을 전개하지는 않으면서, 우리는 진리의 역사로서의 과학들의 역사가 존재한다면, 그것은 (이 지점에서만 스피노자처럼 말해 보자면) 이 진리의 결론들의 역사이거나(즉 진리의 경험들, 진

---

23 L12: "사람들은 종교에 대한 경멸심을 가지고 있다. 그들은 종교에 대한 증오심을 가지고 있어서 이 종교가 사실이 아닐까 하고 두려워한다. 그것을 치료하기 위해서는 먼저 종교가 결코 이성에 어긋나는 것이 아님을 보여 주는 것으로부터 시작해야 한다. (……)"[김형길 판의 22, 23쪽].

24 L110: "우리는 이성에 의해서뿐만 아니라 심정에 의해서도 역시 진리를 인식한다. 우리가 제일원리들을 인식하는 것은 바로 심정에 의해서이다. (……) 원리는 느껴지고 명제는 결론지어진다. (……) 바로 이러한 이유 때문에 심정의 직관을 통해서 신으로부터 종교를 부여받은 사람들은 매우 다행스럽고 합법적인 방법으로 설득이 된 것이다. 그러나 우리는 종교를 가지지 못한 사람들에게 신께서 심정의 직관을 통해서 종교를 그들에게 부여해 주시기를 기대하면서 추론에 의해서밖에는 그것을 줄 수가 없다. 심정의 직관이 없다면 신앙은 인간적인 것에 불과하며 구원을 위해서 무익할 뿐이다"[김형길 판의 72, 73쪽. 김형길은 '마음', 즉 cœur를 '심정'으로 옮긴다].

25 [옮긴이] 김형길 판의 47쪽은 이 '신비적 토대'를 '신비스러운 근거'로 번역한다.

보들, 발견들, 애초에는 오류에 의해 은폐되었던 "자연의 비밀들"에 대한 "대대로 이어져 내려오는 계시"의 역사) 이 진리의 전제들(원리들)의 역사이거나 둘 중 하나일 것(즉 이 전제들 또는 결론들에 대한 정확한 발견 혹은 변형이라기보다는 — 아마 파스칼은 이를 터무니없다고 판단할 것이다 — , 이 전제들 또는 결론들에 관한 해석에서의 계쟁의 발견 혹은 변형의 역사, 그리고 이 전제들 또는 결론들의 진리에 대한 정신의 '저항'의 발견 혹은 변형의 역사)이라고 가설적으로 제안할 수 있다. 하지만 마음의 물질들에 대한 역사는 신학적 장 내에서 더욱 '고유하게' 실현된다.

따라서 우리는 다음과 같은 두 번째 관점을, 내가 (과학적) 진리의 불행이라 부를 그러한 관점을 소묘할 수 있다. 심원하게 도착화된 권위의 인간적 제도로서의(즉 근본적으로 하나의 준국가로 기능하는) 교회가, 이 교회가 우주론, 수학, 물리학이라는 장에서의 몇몇 탐구와 발견을 '이단들'과 동일시하자마자, 바로 이러한 진리의 불행의 원인이 된다.[26] 이는 그 자체 심원하게 이단적인 동[일]화인데, 왜냐하면 이 동[일]화는 믿음과 자연의 철학들 혹은 속된 형이상학들(아리스토텔레스주의, 데카르트주의) 사이의 혼동 위에 기초해 있기 때문이다. 이렇듯 교회는, 진리에 대해 어떠한 검열을 행사하고자 시도함으로써, 이 진리의 진보에 장애물들을 생산하는데, 그러나 근본적으로 이 장애물들은 친리 그 차신의 '역사'에 영향을 미치는 훨씬 더 심원한 어떤 곤란함 — 이 진리에 외속적인 방식으로가 아니라 이 진리의 한가운데에서 [내속적인 방식으로] (교회가 믿음과 관련해 전통과 이단 사이에서 확립하는 관계 속에서, 그리고 교회가 권위와 신학적 진리 사이의 관계를 개념화하는 방식 속에서) 생산되는 그러한 곤란함 — 의 지표이다. 이러한 관점에서 고찰하자면, 최종적으로, 그 안에서 과학들의 역사가 진리의 역사의 자격으로 '비고유하게' 사고될 수 있는 그러한 의미[방향] 또한, 그 안에서 이 진리의 역사가 '고유하게' 작동하는 그러한 영역, 즉 교회의 역사 그 자체에 준거하게 된다.

---

26 갈릴레이와 콜럼버스Christopher Columbus에게서 그러한 것처럼 말이다. 시골 친구에게 보낸 18번째 편지와 『팡세』의 L677을 보라. "교황은 자기에게 복종의 서원을 하지 않는 학자들을 미워하면서도 두려워한다"[김형길 판의 362쪽].

따라서 이제는 그에 따라 교회의 역사가 '진리의 역사'라는 고유명을 가지게 되는 그러한 '고유한 의미[방향]'를 파스칼이 정교 구성하는 방식에 집중해 보도록 하자. 우리는 아마도 이번에는 다른 텍스트들과의 가설적 교차를 수행해야만 할 것 같은데, 왜냐하면 우리가 우리의 출발점으로 삼았던 '사유'['팡세', 즉 "교회의 역사는 진리의 역사라 고유하게 불려야 한다"]는 고립되어 있기(혹은 우리에게 고립되어 도착했기) 때문이다. 나는 결국에는 서로 교차해야만 하는 다음과 같은 가능한 세 가지 수준들을 인지하고 있다.

첫 번째 수준은 내속적으로 결정적인 것으로, 이 첫 번째 수준은 고유하게 신학적이지만 이는 또한 가장 암시적인 성격의 텍스트, 파스칼의 사유를 추동한다는 그리고 이 파스칼의 사유를 파스칼 자신의 것이 아닌(혹은 아직은 아닌) 그러한 담론들에 귀속한다는 가장 커다란 위험을 우리로 하여금 무릅쓰게 만드는 그러한 텍스트 내에 있는 것이다. 그렇지만 우리는 이를 모른 척하고 지나갈 수는 없다. 만일 진리가 근본적으로 신 그 자체라면(혹은 오히려 성육신된 신이라면. "나는 길이요, 진리요, 생명이니라"), 진리의 역사는 '신의 역사', 다시 말해 (복음이 우리에게 전해 주는, 그리스도의 탄생에서부터 그의 죽음과 부활에 이르는) 그리스도의 성스러운 역사에 혹은 그의 개인적 삶에 제한되지 않는, 대신 '그리스도의 몸' 안에 언젠가는 들어가야 하는 모든 것을 포괄하는 그러한 성육신의 역사일 것이다. 여기에서 우리는, 이 지점에서 본질적인 것이 이러한 통합incorporation[포함 혹은 성육신]의 바로 그 중심에 개입해야만 하는 분리(즉 죄악의 제거, 선택받은 자들과 지옥이 예정된 자들을 서로 분리하는 '심판')라는 점을 제외한다면, 인류의 역사라는 관념을 재발견하게 된다. 신 자신의 신체에 직접적으로 작용하는 신의 [대문자] 심판의 이러한 역사는 교회의 역사와 본질적으로 동일한 것인데, 왜냐하면 교회는 신학적으로(혹은 '신비적으로') 지상의 도성일 뿐만 아니라 또한 성령 안에서의 신자들의 통교communion — '거의 모든' 인간들은 자신들의 삶과 죽음을 넘어 이 교단에 참여하도록 예정되어 있는데 — 이기도 하기 때문이다. 이러한 신학적 주제와 파스칼 사이의 관계가 제기하는 질문(예를 들어 셸링Friedrich Wilhelm von Schelling에게서 그러한 것처럼 철학 내에서 다시 취해질 그러한 질문)은 다음과 같은 것이다. 어느 정도로까지 파스칼은 이 신학적 주제를 자신의 것으로 다시 취하는가? 고유하게 비극적인 또 하나의 다른 요소가 이 지점에서 개입해 들어오는 것으로 보인다. 신의 이러한 역사가 자신의 '가시적인', '현세의' 표현manifestation을 발견하는 곳인 교회가 또한 너무나도 인간적인 하나의 제도, 타락의 저주에 사로잡힌 그러한 제도이기도 하다는 요소 말이다. 즉, 파스칼이 얀센파를 따라 복원하고자 하는 '진정한' 성 아우구스티누스 교의에 따르면, 심판이 단순한 예정prédestination(그림자 연극, 즉 팬터마임에 불과할 삶과 역사 이전에 존재하는 분할)에도, 완전히 자율적인 자유 의지libre arbitre에도 속하지 않으며 대신 신이 인간들에게 선사하는 시련 혹은 '기회'에 속하게 되자마자,27 이 교회는 도대체 어떠한 역할을 실제적으로 수행하는 것인가? 이 교회의 역할이 집합적 구원의 도구로서의 역할인지, 아니면 이 집합적 구원의 전형적인 장애물로서의 역할인지를 질문하는 것은 불가피하다. 다르게 말해, 신의 은총을 요구하고 획득하는 이들에 대한 구원이 역사적 교회와 함께 혹은 이 역사적 교회에 반하여 이루어지는지에 대한 질문, 파스칼이 예라고도 아니요라고도 대답할 수 없는 그러한 질문……

이제 우리는, 두 번째 수준에서, '역사'와 '전통'(그리고 전통의 권위) 사이의 관계라는 질문을 재발견하게 된다. 이 관계는 다음과 같은 놀라운 양가성으로 각인되어 있다. 한편으로 파스칼은 교회가, 진리가 세계에서 절대로 사라지지 않도록(초자연적인 것의 현현manifestation에 필수적인, 그리고 선택된 자들을 이전의 예언들에 부합하게 그들의 구원으로 인도하기 위한, 그러한 기적들의 형태하에서 존재하는 진리를 포함해) 할 것이라는 그리스도의 약속을 지니고 있으며 이를 영속적인 것으로 만든다는 관념에 찬동한다. 이는 그 성 아우구스티누스적 기원과 파스칼이 여기에서 그 모델에 가하는 굴절(죄악, 즉 세계와 이로부터의 구원 사이에서의 영원한 전투 — 극한의 경우, 엄밀한 의미에서의 역사철학 전체를 무용하고 불가능한 것으로 만드는 — 라는 방향으로의)을 설명하기 위해 필리프 셀리에가 주석을 단 파스칼의 사유들이다.28 바로

---

27 *Écrits sur la grâce*를 보라.

28 Philippe Sellier, *Pascal et saint Augustin*, op. cit., p. 455 이하.

이로부터 다음과 같은 또 다른 측면이 도출된다. 다른 한편으로, 역사적 교회(제도로서의 교회)가 기능하는 방식에 관해 파스칼이 가하는 부정적 판단, 그리고 극한의 경우에, 이 역사적 교회를 (항구적 기적을 제외한다면) 항구적으로 노리고 있는 — 그리고 특히, (참된) 그리스도교인들이 통과하고 있는 시련의 시간인 '오늘날' — , 이 역사적 교회의 전통에 대한 배반. 명백히도 이러한 판단은 얀센파에 대한 박해에 관한 성찰에 의해 그리고 이 얀센주의자들에게 행해지는 이론의 여지 없는 복종 명령의 의미에 의해 뒷받침되는 것이다. 파스칼은 기원으로의 회귀로서의 '개혁'에 대한 프로테스탄트적인 특정 관념(여기에서 문제가 되는 것은 칼뱅Jean Calvin보다는 루터Martin Luther이다)에 특히 반대해서 교회의 전통을 표방해야 함과 동시에 전통의 도착perversion — 예수회원들이 이러한 전통의 도착을 위해 사용되는 도구인데 — 을 고발해야 한다. 이러한 도착은 어떠한 우연일 수 없다. 만일 이러한 도착이 필연적인 것이 아니라 해도, 그럼에도 이 도착은 역사의 진리의 시련이며, 이러한 의미에서 이 도착은 '진리의 역사'의 중심에 기거하고 있는 것이다.

이렇게 우리는, "교회의 역사는 진리의 역사라 고유하게 불려야 한다"라는 언표 작용을 그 안에서 취해야만 하는 그러한 근본적으로 갈등적인 의미에 도달하게 된다. 따라서 '역사'는 변증법적일 뿐만 아니라 또한 비극적이기도 한 의미 작용을 가지게 되며, 우리는 믿음의 개입에 종속된 과학들의 역사와 관련해 소묘되었던 정식화를 다시 취할 수 있게 된다. 이는 진리의 약속과 이 진리의 끈질긴 존속만큼이나 진리의 불행의 역사에 관한 것이기도 하다. 바로 이 지점에서, 우리의 언표[즉 "교회의 역사는 진리의 역사라 고유하게 불려야 한다"]와 관련해 에마뉘엘 마르티노가 제시한 이와 근접해 있는 언표가 자신의 의미를 가지게 된다.

광명.

어두움.

만약에 진리 속에 눈에 띄는 증거가 없다면, 어두움이 너무 심할 것이다. 진리가 눈에 보이는 집합체인 교회 안에 항상 존재하고 있다는 것이 바로 놀라운 증거이다. 만약에 교회 안에 하나의 감정만 있다면 광명은 너무나도 뚜렷할 것이다. 항상 존재해 왔던 감정이 참된 것이다. 왜냐하면 참된 감정은 거기에 항상 존재해 왔던 반면에 거짓된 감정들 중에서는 어느 것도 거기에 항상 존재하지는 않았기 때문이다[L758].*29*

교회의 역사는 정확하게 말해서 진리의 역사라고 불려야만 된다[L776].*30*

사람들은 자기가 결코 죽지 않으리라는 확신이 있을 때는 폭풍우로 인해서 난파를 당한 배 속에 들어 있다는 것이 즐거운 법이다. 교회를 괴롭히는 박해도 이러한 성질에 속한다[L743].*31*

이 시기에는 진리가 너무나 어두워져 있고 거짓이 너무나 확고하게 자리 잡고 있기 때문에, 사람들이 진리를 사랑하지 않는 한 진리를 알 수 없을 것 같다[L739].*32*

진리를 좋아하지 않는 사람들은 진리를 부정하는 사람들의 항의와 이들의 수가 많다는 것을 구실로 삼는다. 따라서 그들의 오류는 그들이 진리 또는 자비를 좋아하지 않는 데에서부터 기인할 뿐이다. 그러므로 그들은 그에 관해서 변명할 수가 없다[L176].*33 34*

하지만 이것이 의미를 가지기 위해서는, 종교의 역사를 (앞서 내가 제시했던) '인류의' 역사로 명확히 규정하는 작업의 기초를 완성하는 것이 필수적이다. 교회의 역사는, 유대 민족의 역사 이후, 이 인류 역사의 두 번째 계기를 구성한다. 하지만 여기에는 실제로 몇 가지의 계기가 존재하는가? 둘 혹은 셋? 아니면 둘 더하기 하나, 그러니까 앞선 두 계기들 속에서 적용된 시간성 관념과의 질적 단

29 [옮긴이] 김형길 판의 398, 399쪽.

30 [옮긴이] 김형길 판의 407쪽. 표현 조금 수정.

31 [옮긴이] 김형길 판의 394쪽.

32 [옮긴이] 김형길 판의 394쪽.

33 [옮긴이] 김형길 판의 125쪽.

34 Blaise Pascal, *Discours sur la religion et sur quelques autres sujets*, restitués et publiés par Emmanuel Martineau, Fayard/Armand Colin, Paris, 1992, p. 158[대괄호의 번호 표시는 발리바르의 것이며, L776의 경우 이 부분에서만 김형길 판의 번역을 따랐다].

1부. 진리의 역사

절을 사실은 표시하고 있는 추가적supplémentaire 시간?(아감벤Giorgio Agamben이라면 '남겨진 시간'이라고 할 텐데35). 이 지점에서 나는 피에르 포르스의 주해로부터 내 영감의 원천을 길어 올 텐데, 하지만 포르스가 그리스도를 구원의 매개자임과 동시에 역사에 대한 해석의 '고정점'으로 취하는 『팡세』의 텍스트들에 대한 자신의 독해로부터 끌어내는 결론들을 어떤 의미에서는 전도함으로써 말이다.36 우리는 메시아적 사건, 그러니까 예수그리스도의 도래와 가르침이 이전('육체적인'[혹은 지상의] 유대 민족의 선택받음 — 예언의 장소이자, 진리에 의해서만 형상화되는 현현의 장소인)과 이후(기적과 그에 대한 증언의 연속, 선택된 자들의 결집, 교회의 역사 내에서의 '두 인간' 사이의 분리)를 분리함과 동시에 연결하면서 이러한 역사의 축 혹은 중심을 구성한다는 점을 알고 있다. 하지만 이러한 연속은 어떠한 '종말'[목적]을 향해 나아가는가? 이는 필연적인 종말[목적] 혹은 그 확실성이 보장되는 그러한 종말[목적]이 아니라, 가능한(파스칼적 의미에서 '개연적인'probable37) 종말[목적], 그 자체로 지속적인 육체적 오인méconnaissance charnelle의 대상이 되는 그러한 종말[목적]이다. 따라서 '종말'[목적]은 개별적으로는 어떠한 '내기'pari의 논리적 형태를 지니고 있는 전도로부터만 올 수 있으며, 집합적으로는 사랑과 자비의 지배에 관한 (단순한 정의justice를 넘어서는) 있을 법하지 않은 확장으로부터만 올 수 있다. 그러한 종말[목적]의 특징들은 완전히 역설적이다. 항상 이미 거기에 있는(예수그리스도 이래로), 하지만 항상 이미 심원하게 우발적인aléatoire, 어쨌든 그 어떠한 보증도 없는 그러한 '기대 없는 희망'espoir sans espérance(데리다라면 이렇게 말할 텐데)의 대상. 따라서 파스칼에 따르면 역사의 변증법은 삼항적인데, 그러나 이 역사의 변증법의 세 번째 시간은, 이 역사의 변증법의 원리(즉 그리스도의 도래의 의미sens)를 형성하는 바를 파괴한다는 점을 제외한다면, 중지된suspendu 채 남겨져 있다. 이

35 Giorgio Agamben, *Le temps qui reste. Un commentaire de l'Épître aux Romains*, Rivages, Paris, 2004.

36 Pierre Force, *Le Problème herméneutique chez Pascal*, Vrin, Paris, 1989, p. 173 이하.

37 "만약에 개연적인 것을 확실한 것이라고 말한다면 진실을 찾으려는 성자들의 열성은 아무런 쓸모가 없을 것이다"(L721)[김형길 판의 379쪽].

는, 구원의 역사의 관점에서 교회가 '전체'tout이면서도 아니라는 사실과 관련짓기 위해, (비극적인 것과 관련해 쉬잔 기어하트의 범주를 다시 취해) 내가 '중단된 변증법' dialectique interrompue이라 부를 것이다.*38* 분명 '교회 바깥에서 구원은 존재하지 않는다', 하지만 교회 안에서 구원은 항상 이미 의심스러운 것이며, 심지어 교회 안에서 이 구원은 가장 큰 위기péril 속에 있으며, 망실의se perdre 가장 큰 위험risque 에 처해 있다. 왜냐하면 교회 그 자체를 구원의 길 위로 데려와야 하기 때문이다. "모든 사물들은 이중적이다. 그런데도 동일한 이름이 그대로 쓰이고 있다"(L733).*39* 예수그리스도의 교회라는 이름을 포함해서 말이다. '두 가지 종교'가 교회 안에 존재하고 있다("각 종교에는 두 종류의 인간들……", L366*40*).

따라서 이제 우리는 다음과 같은 세 번째 해석 수준으로 넘어갈 수 있다. (자신의 저서 『파스칼: 주해들』의, "교회의 역사는 진리의 역사라 고유하게 불려야 한다"에 정확히 할애한 결론의 몇몇 페이지들에서의) 구이에와 함께, 더불어 바디우와 함께, 우리가 '투사적'이라 부를 수 있는(즉 투사적 교회라는 관념에 대한 발본적 해석에 속하는) 그러한 해석 수준 말이다.*41* 이 해석 수준의 핵심은 이전의 정식화들에 이단들의 지위에 대한 근본적 질문 — 이 질문은 얀센파가 자신의 '외부의' 적들(이들은 또한 교회의 적들이기도 한데)에 그리고 자신의 '내부의' 적들(교회에서 지배적인 이들이 될 수 있는, 교회 내부의 적들)에 대항해 수행하는 이중의 전투 속에서 편재하고 있기 때문에 파스칼의 텍스트에서 편재하고 있는데 — 을 통합하는 것이다. 이단이라는 질문은 다음과 같이 삼중적이다. [첫째로] 이단이라는 질문은 이 이단의 본성과 원인(즉 '원천')에 관한 질문이다. [둘째로] 이단이라는 질문은 이 이단의 양태(교회 분열schismes과의 차이, 불신incroyance 혹은 비충실성infidélité과의 차이, 권위에 대한 저

---

38 Suzanne Gearhart, *The Interrupted Dialectic: Philosophy, Psychoanalysis, and their Tragic Other*, The Johns Hopkins University Press, Baltimore, 1992.

39 [옮긴이] 김형길 판의 388쪽.

40 [옮긴이] 김형길 판의 235쪽.

41 Henri Gouhier, *Blaise Pascal. Commentaires*, Vrin, Paris, 1971, pp. 362-365; Alain Badiou, *L'Être et l'Événement*, "Méditation XXI: Pascal", Seuil, Paris, 1988, pp. 235-246.

항과의 차이[즉 이것들과는 다른 것으로서의 이단])에 관한 질문이다. 결국 [셋째로] 이단이라는 질문은 이 이단이 교회의 역사에서 수행하는 기능에 관한 질문이다. 만일 우리가 이러한 기능이 필수적이라고 말한다면, 우리는 계발적임과 동시에 위험천만한 다음과 같은 하나의 테제에 접근하게 될 것이다. 진리의 역사는 진리의 분할과 오인의 역사와는 다른 것이 아닐 것이며, 따라서 이 진리의 역사는 근본적으로 이단들hérésies과 '이단적인 것'hérétique 그 자체의 역사일 것이다(알튀세르가 '이론적인 것의 역사'에 대해 말할 수 있었듯[42]). 그러나 그 사이에서 진리가 분할되는(그래서 '감추어지는') 그러한 이단들을 어떠한 목적론(예를 들어 헤겔적인 목적론)의 계기들로, 실정성 혹은 지양의 약속으로 보지 않도록 조심해야 한다. 그리고 이와는 반대로, 부정적으로, 그 안에서 진리가 움직이는 — 자기 자신을 찾고자 '방황하는'errant, 끊임없이 자신의 타자(진리는 이 타자와 혼동된다)와 마주하게 되는, 그리고 그로부터 이 진리가 더 이상 분간될 수 없었던 바로부터 스스로를 차별화함으로써 스스로를 구성하도록 요구되는 — 그러한 망실perte 혹은 타락perdition의 조건의 표지들로 보아야 한다. 이 지점에서도 여전히, 이러한 '투쟁'의 결과는 보증됨 없이, 심지어 권위의 표현의 대상이 될 수 없으면서 말이다(이는 홉스와의 거대한 차이인데, 우리는 뒤에서 이 지점으로 되돌아올 것이다).

이렇게 우리는 진리의 정치적 역사라는 관념의 근방으로 재인도되는데, 왜냐하면 '이단들'은 교회 내에서 투쟁하는 당파들과 다른 것이 전혀 아니며, 이 당파들의 투쟁은 인간들에게 주어지는 구원의 약속을 실현하는 교회의 능력을 이러한 실현 그 자체에 대립하는 죽음의 위협이라는 역설적 형태로 저당 잡기 때문이다. 이 진리의 정치적 역사의 신학적 의미를 이해하기 위해서는, 계시에 대한 절대적 오인 혹은 무지가 아니라 '단지' 이 계시의 왜곡에, 믿음의 교의의 측면들 중 단 하나의 측면만을 일면적으로 선택하는 것에 그 핵심이 놓여 있는 이

---

42 Louis Althusser, "Du Capital à la philosophie de Marx", in Louis Althusser et al., *Lire le Capital*, nouvelle édition revue, PUF, Paris, 1996, p. 52[국역본으로는, 루이 알튀세르·에티엔 발리바르·피에르 마슈레·자크 랑시에르·로제 에스타블레, 『"자본"을 읽자』, 진태원·배세진·김은주·안준범 옮김, 그린비, 2025를 참조].

단들 — 이레네오와 테르툴리아누스가 확립한 이 이단의 전통적 정의에 부합하는 이단들 — 의 원천과 관련해 파스칼이 지속적으로 던지고 또 던졌던 질문으로부터 출발해야만 한다. 이러한 원천은 원리 그 자체en archè에 놓여 있다, 다시 말해 이러한 원천은, 그리스도Christ 혹은 말씀Verbe의 '이중적 본성', 즉 [대문자] 인간과 [대문자] 신이라는 '이중적 본성'으로 인해, 그리스도(안에 있는 것)이거나 말씀 그 자체(안에 있는 것)이다. 기독교적 진리(혹은 진리의 진리, 즉 그로부터 도그마dogme[학설]가 유래한다고 앞으로 신학자들이 말하게 될 그러한 케리그마kérygme[설교])의 핵심인 바로 이 이해 불가능한 신비(이 '괴물')로부터 '난처함들'contrariétés이 혹은 딜레마 — '인간주의'와 '영지'gnose(대문자 인간이기만 한 예수, 혹은 신이기만 한 예수), '펠라기우스파 교리'와 '예정'(오늘날의 몰리니즘과 칼뱅주의)이라는 딜레마 — 의 형태를 취하는 이단점들이 순차적으로 도출된다. 따라서 이단의 원천은 전혀 우연적이지 않으며, 이 이단의 원천은 성육신의 신비의 본질에 그리고 육체적 인간과 정신적 인간(혹은 더욱 정확히 말해, 정의로운 자들과 신성한 자들을 포함해 모든 인간에게서 각기 존재하고 있는 '두 인간') 사이의 인간학적 대립 — 이 성육신의 신비의 본질이 이 대립을 해결할 열쇠를 제공해 주는데 — 에 제거 불가능하게 연결되어 있다. 혹은 더욱 정확히 말해, 그리스도의 이중적 본성과 인간의 이중적 본성 사이의 조응이라는 신비에, 그리고 구원의 약속과 다른 것이 전혀 아닌 인간의 역사의 신비에 제거 불가능하게 연결되어 있다.

따라서 여기에서 제기되는 상호적 질문은 다음과 같다. 교회의 역사를 이러한 분열의 발전으로, 일종의 '두 번째 타락'으로, 아담에서부터가 아니라 그리스도에서부터 출발하는 두 번째 타락으로 상상해야만 하는가? 그렇다면 그리스도는 역사의 '중심'일 뿐만 아니라 진리의 '이단점'(이러한 의미에서도 또한 새로운 아담인)이기도 할 것이다.[43] (만일 우리가 파스칼을 우리와 함께 불신의 형태로 몰아넣기를 원하지 않는다면) 오히려 우리는, (그리스도의 도래로 인해) 구원이 이미 주어진

---

43 이 지점에 대해, 이를 Pierre Force, *Le Problème herméneutique chez Pascal*, op. cit., p. 185 이하에서 제시된 논의와 비교해 보라.

것임과 동시에 그럼에도 항상 이미 (우리에게) 발본적으로 불확실하다는 사실을 고려하기 위해 대체 보충과 '중단된' 변증법의 도식에 충실해야만 한다. 근본적인 텍스트들을 이 지점에서 찾아야 하는데, 한편으로는 『은총에 관한 저술들』(교회 내에서의 얀센파의 생존을 위한, 그러니까 교회를 전향시키기 위한 — 이러한 전향이 없다면 얀센파는 살아남을 수 없기에 — 전투의 한가운데에서 파스칼이 썼던 '선언문')에서, 다른 한편으로는 L733번 사유("교회는 항상 서로 반대되는 오류의 집단들로부터 공격받아 왔다"[44])에서 말이다. 이 전투에서 교회는 적대적인 혹은 반항적인 바깥보다는 자기 자신과, 혹은 우리가 다음과 같이 말하기를 원한다면, 이 교회로 되돌아오기를 멈추지 않는 그러한 바깥과, 이 교회 자신의 이단으로의 경향과 투쟁하는 것인데, 이는 교회의 제도화, 그리고 이 교회의 '전통'과 '권위'magistère의 제도화에서 대립물들의 화해 혹은 재결합의 보증을 보는 것을 단번에 영원히 금지한다. 왜냐하면 교회는 그 자체 분할되어 있기 때문이다. 기껏해야 우리는, 논의 속의 논의의 형태로, (전투적이고 메시아적인 다른 제도들에서 여러 번 발견될 수 있을 그러한 도식을 따라) 교회가 자기 자신의 중심에 모순을 재생산하면서 그리고 이 교회 자신이 그 생산물인 그러한 모순으로부터 스스로가 변용되면서 이 모순의 해소를 위해 '노동'한다고 말할 수 있다.[45] 바로 그렇기 때문에 우리는 '교회 분열'schisme 과 싸워야 하는 것인데, 왜냐하면 교회 분열은 이단을 외부화하고 '이단적 구성원'(L954)을 분리하며 교회를 이 이단적 구성원으로부터 '보호'하고 이를 통해 교회를 (이 교회를 측면들 중 하나의, 그러니까 다른 하나의 측면에 대립되는 하나의 구현in-carnation[에 불과한 것]으로 만듦으로써) 파멸로 이끌기 때문이다. 예정에 대한 (그리고 성 아우구스티누스적 유산에 대한) 일면적 관념을 원용하는 루터적이고 칼뱅주의적인 개혁에 반대하는 투쟁이 교회를 펠라기우스파 쪽으로 몰아세웠듯이, 그리고

---

44 [옮긴이] 김형길 판의 387쪽.

45 "(……) 내적 투쟁은 당에 힘과 생명력을 제공합니다. 당의 허약함의 가장 명백한 증거는 그 무정형성, 그리고 뚜렷이 그려진 경계의 부재입니다. 당은 스스로를 정화함으로써 스스로 강해집니다 (……)"(라살레Ferdinand Lassalle가 마르크스에게 보낸 1852년 6월 24일자 편지의 발췌), 레닌이 자신의 1902년 저서 『무엇을 할 것인가?』의 제사로 인용.

이 펠라기우스파를 교회에서 공식화하고 예수회원들과 함께 이를 권력의 자리에 놓았듯이 말이다……. 이단으로의 경향은 필연적이며, 이 이단으로의 경향은 성육신의 '사실'(혹은 기적) 그 자체 내에 기입되어 있고, 이 이단으로의 경향은 이 사실이 존재하게 하는 이중성 그 자체로부터 유래한다.

하지만 우리는 다음과 같이 말해야 한다. 여기에는 세 번째 항이 존재하고 있다고, 교회는 "대립적인 [두 가지] 오류들"의 "중간에 자리 잡고 있다"고(『은총에 관한 저술들』), 그리고 이 중간은 실제로 존재하고 있다고. 게다가…… 아마도 우리는 이단들이 이쪽과 저쪽에서, 대칭적으로, 참된 ('정통적') 위치로, 그러니까 그리스도의 본성 그 자체 내에서와 같이 교회 내에서, 성육신된 신으로서의 그래서 또한 인간으로서의 본성의 이중성을 제시하면서, '대립물들을 조정하는concilie'(비록 이미 이러한 조응 내에서 어떠한 괴리가 작동하고 있지만 — 그리스도 안에서는 본성들 간의 연합 혹은 결합이 존재하며, 인간 안에서는 화해 불가능한 투쟁이 존재하는데, 바로 이로부터 이 인간의 비참이 유래한다……), 그리고 구원의 작동 내에서 자유와 은총의 협업을 사유할 수 있게 해주는 그러한 위치로 떨어진다고 말해야만 한다. 하지만 진리 그 자체일, (파스칼이 특권화하는 비유를 따르자면) 편향을 표시하는 저울의 눈금에 비유할 수 있을, 이러한 제3의 위치가 그 자체로 언표 가능한 것인지, 식별 가능한discernable 것인지는 확실하지 않다. 어쨌든 이 제3의 위치는 그 용어의 두 가지 의미에서 표상/대표 가능하지représentable 않다(우리는 그에 대한 표상 또는 이미지를 제시할 수 없으며, 그 어떠한 제도도 이 제3의 위치를 대표한다고 주장할 수 없다). 교회가 (우리를 그로부터 꺼내기 위해) 그 안에서 움직이는 부패 상태 내에서, 그리고 교회 스스로가 기대되지 않은 그리고 지각 불가능한 방식으로 항상 그 도구가 될 수 있는 그러한 부패 상태 내에서, 진리에 대한 유일하게 가능한 '표상'은 가시적인, 제도적인(공의회, 교황[46]) 전통과 '성 아우구스티누스의 제자들'이 원용하는 비가시적 전통 — 이들이 얀센 이후 스스로를 그렇게 명명하듯 — 사이의

---

46 "교황. 하나님께서는 그의 교회의 일상적인 섭리 속에서는 결코 기적을 일으키지 않으신다" (L726)[김형길 판의 381쪽].

대립의 형상을 취할 갈등 그 자체이다. 하지만 이들은 자신들이 익숙해져 있는 확실성을 순교자 — 최소한, 권위가 자신들을 이단자들로, 심지어는 교회 분열자들로 제시한다는 사실 그 자체인 도덕적 순교자 — 가 되고자 하는 자신들의 경향aptitude을 통해서만 교통할 수 있다. 따라서 전통은 증언 속에서, 피의 가능성이 그 위에 드리우는(아마도 수사적으로 말이다⋯⋯. 하지만 그게 수사적인 게 아니라 진짜일지 누가 알겠는가?) 역사 속에서 전체적으로 해소된다.[47] 이를 통해 우리는 다음과 같은 관념, 아마도 [파스칼에게, 그리고 또한 우리에게] 가장 심원한 것일 그러한 관념을 건드리게 된다. 교회의 역사는 진리의 역사라 '고유하게 불린'다(그렇게 불려야 한다는 명령). 왜냐하면 계시를 서로 대립되는 방향으로 해석하는 이단들 간의 갈등은 진리에 외부적이지 않을 뿐만 아니라, 이 진리 자신의 중심에 (우리를 위해) 차지해야 할 텅 빈 자리 하나(이는 대립물들에 대한 이중부정의, 혹은 동시적 부정의 자리인데, 이후 '부정논리곱'barre de Scheffer은 이를 명제적 논리로 표현할 것이다)만을 마련해 두기 때문이다. 교회의 역사는 전통을 원용해야만 하는 모든 신학적 담론들의 권리들titres에 대한 불안정성과 지속적 문제 제기를 향해서만 열리게 된다. traditio vera[traditio veritatis -발리바르] est traditio abscondita(진리의 전통은 숨겨진 전통)인가?[48]

따라서 이것이 바로 교회 내에서의 진리 — 이 진리 자신의 타자와는 다른 것으로서의, 혹은 이 타자의 부정을 표상하는 것으로서의 — 의 역사적 실존 양식이다. 진리는 이단들에 대한 이중적 거부의 혹은 동시적 부정의 형태 내에서만, 그래서 이단들의 이단으로서만 존재할 수 있다. 우리는, 파스칼의 가장 '도그마적인' 글(내가 앞서 얀센파의 '선언문'과 동일시했던, 그리고 이단 증명이라는 과제를 예수회원들에게로 전도함으로써 『시골 친구에게 보낸 편지』가 그 '화용론적' 상관물을 형성하는

---

47 "나는 그 증인들이 목이 잘리게 될 그러한 이야기들만을 믿는다"(L852)[옮긴이가 원문에서 직접 번역했으며, 원문은 다음과 같다. "Je ne crois que les histoires dont les témoins se feraient égorger"].

48 "이곳은 진리의 나라가 전혀 아니다. 진리는 인간들 사이에서 인식되지 않은 채 방황하고 있다⋯⋯"(L840)[옮긴이가 원문에서 직접 번역했으며, 원문은 다음과 같다. "Ce n'est point ici le pays de la vérité. Elle erre inconnue parmi les hommes⋯⋯"].

『은총에 관한 저술들』)에서, 파스칼이 자신의 것으로 동일시하는 (그리고 칼뱅주의자들의 오류와 몰리니즘주의자들의 오류 모두와 구별되는) '성 아우구스티누스의 제자들'의 위치가 분명 '대립적 오류들 사이에서 더 많은 신중함과 사려 깊음을 향해 나아가는' 위치로 특징지어진다는, 하지만 사실은 그 어떤 고유한 도그마도 내포하지 않는다는 점을 관찰하게 된다. 이러한 위치는 대립물들을 지닌다tenir les contraires는 사실 내에만, 다르게 말해 난처함contrariété의 실천, 난처함을 그 자체로 확언하는, 그래서 이 난처함을 격화시키는, (이 난처함에 대한 해소 혹은 종합을 제시하는 것이 전혀 아니라) 이 난처함의 화해 불가능한 특징을 유효하게 사유하는, 그러한 실천 속에서만 존재한다.**49** 바로 그렇기 때문에 우리는 그리스도의 길과 가르침을 되찾는 것은 그리스도를 표상[대표]하거나 정의하는 것이 아니라, 모순의 중심에 이 그리스도를 위한 자리를 마련하는 것, 교회의 역사를 넘어 — 그러니까 진리 그 자체의 역사(혹은 역사성)를 넘어 — 이 그리스도의 도래를 위한 '공백'을 만드는 것이라고 말할 수 있는 것이다. 이는 우리가 하나의 답변으로서보다는 오히려 항상 되살아나는 하나의 질문으로 간주할 수 있는 것이다.**50**

---

49 [옮긴이] 참고로 불어에서 '거역하다, 반대하다, 저지하다, 방해하다, 언짢게 하다, 불쾌하게 하다, 화나게 하다, 서로 대립(상반, 모순)되다' 등을 의미하는 동사 contrarier의 명사 contrariété는 '난처함', '당황', '불만' 등을 의미한다. 그리고 opposé가 두 항 사이의 대립을 의미한다면, contrasté는 (하나의 스펙트럼을 구성하는) 구별되는 여러 항들 사이의 대립이고, contrarié는 contesté(논박된) 혹은 contredit(반박된) + frustration(좌절)을 뜻한다고 보면 된다.

50 이러한 토대 위에서, 우리에게는, 한편으로는 교회 내에서 이단들 사이에서entre 그리고 이단들과 함께avec 행해지는 투쟁이 형성하는 진리의 이러한 '정치적' 역사와, 다른 한편으로는 고유한 의미에서의 정치적인 것의 역사, 국가와 민족의 역사 — 그 중심이 진리가 아니라 정의와 힘 사이의 관계로 구성되어 있는 그러한 역사 — , 이 둘 사이의 유사성과 차이에 관한 밀도 있는 논의를 수행해야 할 것이다. Christian Lazzeri, *Force et justice dans la politique de Pascal*, PUF, Paris, 1993을 보라. 그리고 또한, 우리의 탐구의 추동력이 취하는 시작점인 20세기로 되돌아와, 어떻게 파스칼적 흔적이 푸코에게서, 하지만 또한 암묵적으로 그리고 파스칼과의 훨씬 더 강력한 친연성 속에서, 알튀세르에게서 '진리의 정치적 역사'로 오늘날까지 사유되어 왔던 바 속에서 존재하고 있는지를 질문해 봐야만 할 것이다.

2부

이단점들

4장
군주가 된다는 것, 인민이 된다는 것[1][2]
마키아벨리의 갈등적 인식론

1.

　니콜로 마키아벨리(1469~1527)에게 하나의 '인식론'épistémologie을 할당하는 것은 분명 즉각적인 시대착오의 위험을 무릅쓰는 것이다. 왜냐하면 이 인식론이라는 통념은 마키아벨리가 전혀 가지고 있지 않았던 어떠한 담론 유형에 대한 관념과의 관계 속에서 마키아벨리 한참 이후에나 되어서야 철학 내에서 주조되고 확립되었기 때문이다. 하지만 이 지점에서 클로드 르포르의 마키아벨리에 관한 저작의 제목인 『저작의 노동: 마키아벨리』가 제시하는 영감을 따라, 나는 우리가 마키아벨리의 저작의 [노동을 통해 생산된 그] 사후-효과 — 마키아벨리가 자신의 저작에서 제시한 말과 제안에 대한 끊임없는 동원을 통해 자신의 저작의 의미를 변형하면서도 동시에 이 의미를 바로 이러한 변형을 통해 드러내는 — 를 고려함으로써 마키아벨리에게 하나의 인식론을 할당할 수 있다

　1　"Essere principe, essere populare: The Principle of Antagonism in Machiavelli's epistemology", *Machiavelli's The Prince: Five centuries of history, conflict, and politics*(Brunel University, Londres, 29-31 mai 2013) 컬로퀴엄에서 제시한 발표문. 본서를 위해 프랑스어로 번역하고 번안했다.

　2　[옮긴이] 여기에서 '군주가 된다는 것'은 esser principe를, '인민이 된다는 것'은 esser populare를 옮긴 것이다. 발리바르가 뒤에서 제시하듯, 불어로 esser principe는 être prince로, esser populare는 être du peuple로 번역된다. 한국어로 이는 각각 '군주의 존재'와 '인민의 존재'로도 번역 가능하다. 참고로 본 번역에서 peuple(인민)의 경우 소문자일 경우에는 따로 지적하지 않고 대문자로 쓰였을 경우에만 '대문자'라고 표기한다. 반면 prince의 경우 대문자일 경우에는 따로 지적하지 않고 소문자로 쓰였을 경우에만 '소문자'라고 표기한다.

고 주장하고자 한다.3 특히 이러한 지연된 효과들은 인식이 정치에서의 당파 취하기와 맺는 불편한(그리고 많은 점에서 역설적인) 관계를 대상으로 하는 논쟁 — 이 논쟁은 마키아벨리의 현실주의(혹은, 우리가 andare drieto alla verità effettuale della cosa라는 정식의 의미를 해석하는 방식에 따르자면, 그의 실용주의) 그리고 유토피아주의(역설적이지만, 『군주론』의 저자 마키아벨리 또한 분명 이 유토피아주의의 위험으로부터 전혀 안전하지 않다)와 관련한 다른 토론들을 과잉 결정하게 된다 — 의 연속성으로 특징지어진다.4 스피노자, 루소, 헤겔로까지 거슬러 올라가는, 그리고 오늘날에는 레오 스트라우스Leo Strauss, 카를 슈미트, 안토니오 그람시, 루이 알튀세르가 이어 가고 있는 일련의 주해들의 계보는 이러한 논쟁을 마키아벨리 당대에 특징적이었던 공화주의와 군주정 사이의 갈등 — 이 갈등에 대한 다른 시대의 상관물들을 발견하는 것은 그리 어렵지 않다 — 내에서 마키아벨리가 차지했던 정확한 위치[입장]에 관한 반복되는 토론과 연결한다. 우리는 이 토론을 [소문자] 군주들의 '관점'point de vue과 인민의 '관점' — 이 [소문자] 군주들의 관점과 인민의 관점 각각은 정치적으로 그리고 사회적으로 상대방의 관점에 내포되어 있다 — 사이의 딜레마, 『군주론』의 헌정사가 제시하는 것으로 보이는 딜레마 내에서 마키아벨리 자신이 차지하는 위치[입장]를 여기에 삽입해야 한다는 난점으로 요약 혹은 상징화할 수 있을 것이다.5 마키아벨리 스스로는 정치에 대한 하나의 과학을 구축하려는 자신의 시도 내에서 이 두 관점 중 하나의 관점을 채택하는가? 만일 그렇다면 이 둘 중 어떠한 관점을 채택하는가? (『군주론』의 독자들 또한 이 두 관점에 따라 서로 분할하는) 이러한 질문은 갈등이 그 분석의 대상일 뿐만 아니라 그 가능성의 조건들 중 하나로 나타나야만 하기도 하는 그러한 인식에 대한 하나의

---

3 Claude Lefort, *Le Travail de l'œuvre Machiavel*, Gallimard, Paris, 1972.

4 [옮긴이] andare drieto alla verità effettuale della cosa라는 정식의 프랑스어, 한국어 번역과 그 의미에 대해서는 본서의 서문을 참조하라.

5 [옮긴이] 여기에서 '위치'는 position을 옮긴 것인데, '위치'와 '입장'(철학적으로는 '정립') 모두로 번역 가능한 이 어휘는 맥락에 맞게 하나를 선택해 옮기되 두 뜻 모두를 병기할 필요가 있을 경우 번거롭더라도 대괄호를 활용해 두 의미 모두를 제시하겠다.

개념화라고 내가 잠정적으로 정의하고자 하는 '갈등적 인식론'épistémologie con-
flictuelle이라는 기획, 이를 정식화하기를 원하는 누구에게라도 결정적인 중요성
을 지니는 것으로 보인다.

2.

우선 헌정사에서 결정적인 한 구절에 대한 불어 번역은 다음과 같다.

Et je ne veux pas que l'on impute à la présomption qu'un homme de bas et
infime état (basso e infimo stato) ait la hardiesse d'examiner les gouverne-
ments des princes et de leur donner des règles; en effet, de même que ceux
qui dessinent les pays se placent en bas, dans la plaine, pour considérer
(considerare) la nature des monts et des lieux élevés, et que, pour consid-
érer celle des lieux d'en bas, ils se placent haut sur les monts, semblable-
ment pour connaître bien (conoscere bene) la nature des peuples (populi), il
faut être prince (esser principe), et pour connaître bien celle des princes, il
convient d'être du peuple (esser populare).[6]

이 정식화에 관심을 기울였던, 그리고 이를 최종적 헌정 대상(즉 1492년부터

---

6 Nicolas Machiavel, *De principatibus. Le Prince*, traduction et commentaires de Jean-Louis
Fournel & Jean-Claude Zancarini, PUF, Paris, 2000, p. 77["또한 낮고 비천한 신분에 있는basso e infimo stato
사람이 감히 군주의 통치 방식을 논하고 규정한다고 해서 주제넘은 일로 생각되지는 않았으면 합니다. 왜냐하면,
풍경을 그리는 사람들이 산과 높은 곳의 특성을 살피기 위해considerare 스스로를 평지에 두고 낮은 곳의 특성을
살피기 위해 스스로를 산 위의 높은 곳에 두는 것처럼, 인민populi의 본성을 잘 이해하려면conoscere bene 군주가
될esser principe 필요가 있고 군주의 본성을 잘 이해하려면 인민이 될esser populare 필요가 있기 때문입니다."
니콜로 마키아벨리, 『군주론: 군주국에 대하여』, 곽차섭 옮김, 길, 2017, 111쪽. 괄호 안의 이탈리아어 원어
병기는 발리바르의 것이며 이를 그대로 따랐다].

1519년까지 우르비노의 공작이었던 로렌초 데 메디치 군주)의 환심을 사기 위한 어떠한 전술적 혹은 수사적 기교로 환원하지 않는 주석을 제시했던(이 정식화가 도입하는 '이론'과 실제적으로 분리 불가능한 '호명'의 가치를 이 정식화에 부여하기 위해, 그리고 이를 통해 이 『군주론』이라는 저서의 글쓰기가 취하는 발화 내적 지위를 인지하면서[7]) 독자들 중에, 레오 스트라우스와 루이 알튀세르는 우리의 각별한 관심을 끈다.

1958년의 저작 『마키아벨리에 관한 사유들』에서, 레오 스트라우스는 상당히 복잡한 하나의 질문을 정식화한다.[8] 첫눈에 보기에, 레오 스트라우스는 『군주론』이 통치의 기예art de gouverner와 관련해 고문conseillers 혹은 대신courtisans이 그들의 정당한 주권자에게 쓴 글들을 모아 놓는 이 "군주의 거울miroirs des Princes이라는 전통적 유에 속한다"고 우리에게 말하는 것으로 보인다. 따라서 우리는 이제 다음과 같은 질문을 제기할 수 있다. 군주에게 제공된 '거울'speculum은 도대체 누가 들고 있는가? 사실 레오 스트라우스는 우리에게 마키아벨리의 『군주론』이 실제로 '불편부당'impartial하거나 '과학적'인 것이 아니며, 이는 논고의 형태로 스스로의 모습을 숨기고 있는 하나의 교전 지침서 혹은 [정치] 팸플릿이라고 설명한다. 그렇다면 이 저서는 누구를 위해 혹은 무엇을 위해 싸우고 있는가? 저자가 자신의 가면을 벗기까지 우리는 마지막 장에서 마련된 놀라운 무언가surprise를 기다려야 할 것이다. 하지만 이번에는 이러한 드러냄 자체가 하나의 간지를 내포하는데, 왜냐하면 [『군주론』의] 호명의 틀 내에서의 인식 조건들의 표면적 대칭성esser principe, esser popolare[즉 군주가 되라는, 그리고 인민이 되라는 대칭적 호명]이 마키아벨리 자신이 인민을 표상 혹은 체현한다는 점을 의미하는 반면 마키아벨리가 수신자로 삼는 현실의 [소문자] 군주(이 군주가 로렌초라는 점은 인정하도록 하자)는 [대문자] '군주'로 스스로를 지칭하는 일반적 형상을 표상 혹은 체

---

7 [옮긴이] 발화 내적 기능의 가장 대표적인 예를 들어 이 어휘를 간단히 설명해 보자. 식사 중에 누군가가 "거기 소금 좀 있어?"라고 말한다면, 이는 테이블 위에 소금이 있는지 없는지를 묻는 것이 아니라, 내 음식에 소금을 조금 더 쳐서 간을 맞추고 싶다는 의미를 전달하는 것이다. 그러므로 이 문장은 그 발화의 표면적인 뜻과는 다른, 그 발화에 내재하는 특수한 기능을 수행하고 있는 것이다.

8 Leo Strauss, *Pensées sur Machiavel*, présentation de Michel-Pierre Edmond, Payot, Paris, 1982.

현하기 때문이다. 이 상호 보완적인 두 관점 모두가 인식 조건들을 포함하는 반면, 그 결과는 마키아벨리의 개입이 군주 자신의 계획의 현실을 인민이 보지 못하도록 은폐하는 군주의 작업을 도와야 한다는 점일 것이다. 결론적으로 이는 루소가 옹호하는 테제(반마키아벨리적 담론을 전도하는 것을 목적으로 하는 테제)의 정확한 반대물이다. 하지만 또 하나의 놀라운 무언가가 여전히 이 놀라운 무언가 안에 예비되어 있다. 레오 스트라우스는 군주의 관점과 인민의 관점 사이의 (산montagne과 평지plaine 사이의 대당이라는 모델 위에 놓여 있는) 대당 전체는 무의미한 것이라고 말하는데, 왜냐하면 마키아벨리 자신의 은밀한 목적은 군주를 지적으로 지배하는 것, 이 군주의 스승이 혹은 '군주의 군주'prince du Prince가 되는 것이기 때문이다. 만일 우리가 이 대당을 이렇게 해석한다면, 헌정사의 알레고리는 자신의 존재를 만인에게 노골적으로 드러내고 있는 하나의 수수께끼와 같은 것이 되며(애드거 앨런 포Edgar Allan Poe를 따라 라캉이 말하는 '도둑맞은 편지'를 떠올려 보자), 바로 이 알레고리가 이 텍스트 전체에서 작동하게 될 담론 전략을 예고하게 만드는 것이다. 결국 이 텍스트를 이해하는 열쇠는 정치적 글쓰기의 법칙 자체를 구성하는 이중의 진리라는 방법인 것이다.

자신의 유고 『마키아벨리와 우리』(정확하지는 않지만 아마도 1976년에 완성되었을 것이며, 알튀세르 사후 1994년에 공식 출간된)에서, 알튀세르는 이와는 다른 하나의 해석을, 하지만 레오 스트라우스의 그것과 완전히 양립 불가능하지는 않은 하나의 해석을 제시했다.9 알튀세르에게, 정치에 관한 마키아벨리의 '과학적' 담론은 보편주의적 의미에서 이론적인 것이 아니다(예를 들어, 마키아벨리 이외의 그의 또 다른 위대한 모델인, 몽테스키외Charles Louis de Secondat Montesquieu의 정치에 관한 과학적 담

9   Louis Althusser, *Machiavel et nous*(suivi de deux essais par François Matheron), préface par Étienne Balibar, Tallandier, Paris, 2009. 나는 특히 미코 라티넨Mikko Lahtinen이 『정치와 철학: 니콜로 마키아벨리와 루이 알튀세르의 우발성의 유물론』*Politics and Philosophy. Niccolo Machiavelli and Louis Althusser's Aleatory Materialism*(Haymarket Books, Chicago, 2009)에서 제시한, 알튀세르의 마키아벨리 해석에 관한 세심한 주해와 독창적인 이론적 발전을 참조하기를 권한다. 하지만 라티넨은 헌정사에 대한 해석을 특별히 강조하지는 않는다.

론이 그러한 것과는 달리). 게다가 정치에 관한 마키아벨리의 과학적 담론은 '주체가 없는' 것도 아니고 '수신자가 없는' 것도 아니다.[10] 마키아벨리는 어떠한 갈등적 상황의 내부에서 이 상황을 변화시키거나 이 상황에 영향을 미치기 위해, 다시 말해 이 상황에 어떠한 효과를 생산하기 위해, 이 상황에서 '유효한 것'이 되기 위해 글을 쓴다(알튀세르는 이를 또한 '정세 내에서 글쓰기'écrire sous la conjoncture라고 부르기도 한다).

이는 마키아벨리가 당파를 취한다는 것을, 혹은 이 마키아벨리가 자신이 그 안으로 내던져진 장소인 갈등 내에 현존하고 있는 '당파들' 중 하나에 찬동한다는 것을 단순히 의미하는 것인가? 하지만 사태는 분명 이보다 훨씬 더 복잡한 것으로 보인다. 두 가지 입장 혹은 두 가지 관점(즉 군주의 존재esser principe 대 인민의 존재esser populare) 사이의 양자택일은 군주와 이론가-저술가의 '자리들'places, topoi 이 사회적임과 동시에 정치적이며 또한 인식론적이기도 한 관점에 위치 지어지는 장소로서의 어떠한 '위상학적 공간'espace topologique을 창조한다. 알튀세르의 생각에 마키아벨리가 본질적으로 주장하는 바는, 역사 내에서의 군주의 기능 혹은 '본성'을 '인식'하기(오인의 효과들을, 혹은 정치권력의 위계들의 작용에 내재하는 허상들을 일소하는 인식이라는 그 용어의 강한 의미에서) 위해서는, 인민의 '자리' 혹은 관점을 채택해야만 한다는 것이다. 따라서 산과 평지라는 알레고리가 보여 주는 바는 '자리'라는 통념이 상대적인 것이라는 점이다. 즉, 하나의 자리는 또 하나의 다른 자리에 관한 하나의 관점이다. 더욱 정확히 말해, 이 하나의 자리는 우리가 '보여지는'vu 바로 그 지점을 '볼'voir 수 있는 가능성을 생성하는, 또 하나의 다른 관점에 관한 하나의 관점이다. 하지만 만일 이렇듯 마키아벨리가 그로부터 출발해 [소문자] 군주들의 관점이 가시적이게 되는 그러한 관점을 채택할 수 있다면, 이는 마키아벨리 자신이 '비천한 출신', 즉 '인민'이기 때문이다.

이는 아주 자연스럽게 우리를 다음과 같은 질문으로 인도한다. 그렇다면 왜 마키아벨리는 '인민을 인식하기'connaître le peuple 위해 '군주가 되기'esser principe를

---

10 Louis Althusser, *Montesquieu, la politique et l'histoire*, PUF, Paris, 1959.

명령하는 대칭적 정식을 추가하는 것인가? 알튀세르에게(이 지점에서 알튀세르의 영감은 분명 스피노자보다는 루소에게서 오는 것인데, 그럼에도 그의 영감은 역시 레오 스트라우스의 논증으로부터 무언가를 채택한다), 이는 글쓰기의 간지, 수사적 눈속임이다. 그 증거는 마키아벨리가 『군주론』이라는 책만을 쓰며, 이 책에 후속하는, 『인민』이라는 제목이 붙을 두 번째 책을 쓰지는 않는다는 것이다.[11] 마르크스적 용어로 말하자면, 마키아벨리는 하나의 '계급적 관점'point de vue de classe이기도 한 하나의 계급 위치를 채택하고 발전시킨다. 바로 이 지점에 (계급으로서의) 포폴로 popolo와 (입장, 관점으로서의) 포풀라레populare를 함께 절합하는 미묘하면서도 강력한 하나의 방식이 존재한다. 이 방식은 또한 군주의 존재esser principe와 인민의 존재esser populare 사이의 반정립이 하나의 분할일 뿐만 아니라 하나의 갈등이기도 하다는 점을, 하나의 정치가 역사적으로 구성되기 위해서는 어떠한 하나의 방식으로 혹은 그와는 또 다른 방식으로 이 갈등을 '해소'해야 한다는 점을 지적인 방식으로 볼 수 있도록 해준다. 하지만 이 지점에서 나는 다음과 같은 두 가지 난점을 발견한다. 첫 번째로, 인민의 관점을 채택한다는 혹은 인민의 자리에 스스로를 위치시킨다는 사실은 마키아벨리가 인민에게 말을 건다는 것을 함의하지 않는다. 반면 마키아벨리는 인민을 대체하고 있는 중이거나 '인민의 자리에서'[즉 인민을 대신해] 글을 쓰고 있는 중일 수 있으며, 이는 정치에서 인민이 그

11 이 결여된 부분을 추가하거나 이에 대한 대체물을 제공하는 것은 마키아벨리 이후의 다른 저자들의 과업에 속하게 된다. 분명 많은 독자들은 마키아벨리의 『인민』Peuple이라는 저서가 사실은 존재하고 있다고 생각한다. 이는 바로 『로마사 논고』라 불리는 '공화주의적' 저작일 것이다. 분명 이 두 저작이 함께 구성되었거나 혹은 서로를 주고받는 양태로 구성되었다는 사실은 키아즘의 형태를 취하는 이러한 관계에 의해 지지받는 하나의 논거를 형성한다. 하지만 우리는 다른 배치들 또한 생각해 볼 수 있다. 그람시에게 『군주론』이 또한, 자신의 방식대로, '인민'에 대한 저서이기도 하다는 점은, 혹은 만일 우리가 이론적 관점으로부터와 마찬가지로 역사적 관점으로부터도 그람시의 '새로운 군주'라는 표현이 제시하는 관념을 끝까지 밀어붙인다면, 이 『군주론』이 인민에 대한 저서가 될 수도 있으리라는 점은 명확하다. 반면 알튀세르에게 인민이라는 질문은 아포리아적인 것으로 남아 있는데, 왜냐하면 이 질문은 그것이 심지어 '공화주의적'인 것이라 해도 '부르주아적인' 정치형태에는 더 이상 준거할 수 없으며, 이 정치형태를 구현할 수 있을 '프롤레타리아적인' 정치적 주체(혹은 행위자)가 역사 속에서 작동하고는 있지만 그것이 규정된 이론적 형상을 가지고 있지는 않기 때문이다.

스스로로서는 말할 것이 아무것도 없으며 자기 자신의 목소리를 가지고 있지 않고 단지 대체자의 목소리만을 가진다는 것을 의미할 것이다. 두 번째로, 대칭성을 비대칭성으로(즉 '마키아벨리는『인민』이라는 저서를 쓰지 않았다'는) 변형하는 논거는 하나의 동어반복이거나 하나의 목적론적 편향을 포함하고 있다. 알튀세르의 항구적 준거점들에 관해 우리가 이미 알고 있는 바를 고려해 본다면, 우리는 마키아벨리가『군주론』이외의 또 다른 책을 쓰지 않은 것은 그가 아직은 마르크스가 아니기 때문이라고(마르크스에게서 '인민'은 '프롤레타리아트'라는 새로운 이름을 얻을 것인데) [동어반복적으로 혹은 목적론적으로] 주장하게 된다. 마키아벨리와 같은 이론가의 개입을 통해, 군주 그 자신은 특정한 방식으로 (그 현실의 정치 내에서) '인민'populaire이 되어야 하는데, 그러나 이 인민 자신은 (그람시가 추구하는 바와는 달리) 아직은 '군주가 되'라고 요청받지 않는다. 역사는 [대문자] 인민의 관점을 취하고 있는 군주에 의해 만들어지지만, 이 [대문자] 인민은 역사의 주체가 아직은 아니다. 바로 그렇기 때문에 인민에게는 군주를 인식하는 것(근본적으로 이는 군주의 정치가 인민의 이해 관심 내에 존재한다는 점을 이해하고 인정하는 것인데)이 중요한 것인 반면, [대문자] 인민은 인식되지 않은 것inconnu으로, 심지어는 사고되지 않은 것impensé으로 남아 있어야만 한다. 이렇게 마키아벨리는 자신이 위치하고 있는 자리 그 자체를 '비사고'impense한다.

하지만 이 지점에서 멈춰 우리의 텍스트로 되돌아가도록 하자. 갈등의 지형학topographie du conflit이라는 알튀세르적 관념은 분명 매우 올바른 질문으로부터 유래하는 것이다. 하지만 이 알튀세르적 관념은 이 관념 자신의 함축들 ─ 거울의 알레고리에 대한 레오 스트라우스의 준거가 이 함축들을 식별할 수 있게 우리를 도울 수 있는데 ─ 에 대한 단순화를 통해 이 질문에 답하는 것으로 나아간다. 어떻게 부분적 관점들 간의 거울적 조합 ─ 인지와 오인 모두를 동시에 포함하는 ─ 이 하나의 인식을 생산할 수 있는가? 그리고 이 조합이 누구를 위해 이러한 인식을 생산할 수 있는가? 왜 이러한 조합은 갈등의 한가운데에서의 '인식하는 주체'의 상황이라는, 그리고 이 상황의 변형이라는 질문과 연결되는가? 아래에서 나는 이 질문을 두 단계로 검토할 것이다.

3.

우선 우리 텍스트의 문자 그 자체로 되돌아가도록 하자. 헌정사에서 활용된 명사들을 이 『군주론』이라는 저서 스스로가 이 명사들에 대해 제시하는 정의와 대립시키는 것은 [헌정사가 『군주론』의 일부인 만큼] 불가능하다. [헌정사의] 호명과 [『군주론』 전체가 정교 구성하는] 이론은 서로가 서로를 감싸고 있으며, 이것이 바로 이 『군주론』이라는 저서에 특징적인 '비유'trope이기 때문이다. 군주Principe와 인민popolo은 명확히 상호 의존적인 항들, 서로가 서로에 대한 거울인 그러한 항들이지만, 이 항들의 의미를 밝히기 위해서는 [군주와 인민 각자에 대한] 서로 분명히 구별되는 이론적 전개들을 참조해야 한다.

물론 '군주'라는 명사는 『군주론』 전체에 편재해 있다. 하지만 우리의 논의와 관련해 핵심적인 구절은 마지막(즉 26장)에 있는데, 여기에서 마키아벨리는 (우리가 앞서 이미 보았듯 레오 스트라우스를 깜짝 놀라게 만들면서) 이탈리아의 '구원자'에 호소한다. 그람시의 해석은 상당한 역동적 뉘앙스를 도입하면서 이를 확인해 준다. 그람시는 '인민 되기'는 군주 스스로가 되어야 하는 바, 즉 '새로운 군주' — [네그리의 관점에서] 이는 또한 '새로운 유의 군주'이기도 한데 — 를 이해할 수 있는 능력을 의미한다고 말한다.[12] 이 마지막 장에서 레오 스트라우스가

---

12 "마키아벨리는 책 전체를 통해, 민중[인민]을 지도하여 새로운 국가를 건설하려면 군주가 어떠해야 하는가를 논하였는데, 그 논의는 엄밀한 논리와 과학적인 객관성에 입각하여 전개된다. 결론 부분에서 마키아벨리는 민중과 함께 섞이고 민중이 된다. 하지만 이때의 민중은 어떤 '일반적인' 민중이 아니라 마키아벨리 자신이 지금까지의 주장으로 설득시킨 민중이다. 다시 말해 마키아벨리 자신이 그들의 의식으로 된 민중이며, 자신이 그들의 표현인 것처럼 느끼는 그 민중이며, 스스로 그들과 똑같다고 느끼는 그 민중이다. 이제 모든 '논리적' 주장은 바로 민중 자신의 자기 성찰이 — 곧 대중적 의식 속에서 진행된 내적인 추론이며 결론은 절실한 긴급성의 외침이다 — 되게 된다. 이제 정열은 논의 자체에서부터 '정서', 열기, 행동을 향한 열광적인 갈망으로 변하여 간다. 이것이 바로 『군주론』의 에필로그가 부수적, 외적, 수사적인 것으로 끝나지 않는 까닭이며, 군주론 전체의 필연적인 요소 — 진정 그 전체에 진정한 빛깔을 부여하고 그것을 일종의 '정치적 선언'으로 만드는 요소 — 로서 이해되어야 할 까닭이다"(*Quaderni del carcere*, Q. 13, 1932-1934: *Noterelle sul Machiavelli*, édition Gerratana, Einaudi, Torino, 1975, vol. III, p. 1556)[안토니오 그람시, 『그람시의 옥중수고 I: 정치편』, 이상훈 옮김, 거름, 1999, 133, 134쪽에서 인용했으며, 발리바르와 달리 생략 없이 가져왔다]. 네그리는 이러한 그람시의 독해에 반대한다.

하나의 급변으로, 그람시가 하나의 변형으로 읽어 내는 바는 군주 되기에서 인민이 가지는 이해 관심이 무엇인지를, 그리고 이와 더불어 왜 바로 '인민의' 관점으로부터 군주의 '본성'nature이 드러나는지를 우리에게 지시해 준다. 여기에서 '본성'이라는 단어는 어떠한 본질을 지시하기보다는 동일한 이름을 가지지만 동일한 방식으로 통치하지는 않는 그리고 동일한 목표를 가지지는 않는 복수의 군주들 사이의 차이들을 사고할 수 있게 해주는 기준을 지시한다. 만일 이 복수의 [소문자] 군주들이 자기 자신의 본성을 '인식'connaître 혹은 '인지'reconnaître, conoscere할 수 없다면, 이는 이 [소문자] 군주들이, 자기 자신들을 하나의 동일한 형상 혹은 보편적 기능의, 즉 [대문자] '군주'의 혹은 유적 '군주국'의 형상 혹은 보편적 기능의 구현물들, 결국 권력 혹은 주권으로만 바라봄으로써 자신들 사이의 혹은 자신들의 품행들 사이의 차이들을 지각하지 못하기 때문이다. 바로 그렇기 때문에, 이 동일한 기능의 서로 다른 실현물들 간의 근본적 구별을 도입하기 위해서, 외부성의 관계가, 심지어는 바깥으로부터 해소되는 잠재적인 갈등이 필요한 것이다.

그렇다면 이러한 [군주의] 딜레마의 다른 편, 즉 인민의 딜레마는 어떠한가? 우리는 이와 관련해 제시되는 텍스트적 준거점을 손쉽게 찾을 수 있다. 이는 바로 '시민 군주국'principat civil, De principatu civili에 관한 9장인데, 그러나 이 텍스트적 준거점은 하나의 문제를 발생시킨다. 푸르넬과 장카리니가 지적하듯, 마키아벨리의 주석가들은 이 모순어법적 정식에 당혹스러워하는데, 왜냐하면 사실 '시민적'이라는 단어는 공화주의적인 것républicain을 의미하기 때문이다.13 푸르넬과 장카리니는 이 정식이 '유토피아로 충전되어' 있지만 어떠한 역설적 방식을 통

네그리는 이탈리아의 구원자에 대한 마키아벨리의 이러한 최종적 호소가 우스꽝스러운 것이라고, 게다가 (『군주론』 전체와 그러한 것처럼) 『로마사 논고』 — 다중의 구성 권력이 체계적인 방식으로 현존하고 있는 저작인 — 와 정합적이지 않다고 생각한다. Antonio Negri, *Il Potere costituente. Saggio sulle alternative del moderno*, manifestolibri, Roma, 2002. *Le Pouvoir constituant*, traduction française par Étienne Balibar & François Matheron, PUF, Paris, 1997.

13   Nicolas Machiavel, *De principatibus. Le Prince*, traduction et commentaire par Jean-Louis Fournel & Jean-Claude Zancarini, op. cit., pp. 320, 321.

해 공화주의 정부의 목표들이 표면적으로는 그 목표들에 반대되는 바를, 즉 군주국(독재라고까지는 말하지 않더라도)을 수단으로 달성될 수 있는지를 지시하는 데에도 활용된다고 지적한다. 하지만 이보다 훨씬 더 의미심장한 것은 '모든 정치체에서 발견할 수 있는 두 가지 서로 다른 기질들humeurs'에 관한 3장의 독트린에 담겨 있는 준거점이다. 우리가 이미 알다시피, 현대어에서 이 시민이라는 용어의 번역은 까다로운데, 왜냐하면 이 시민이라는 용어는 정치체cité를 분할하는 계급, 이해 관심, 정념 체제들에 분리 불가능하게 준거하기 때문이다. 시민들의 집합(데모스demos)으로서의 '인민'은 포폴로 미누토popolo minuto(우리가 또한 전형적으로 '인민적인 이'라 부르는, 그리고 고대어가 '저속한 이'라 명명했던 그러한 요소, 즉 il volgo, to plèthos, hoi polloi, plebs 또는 multitudo[즉 '평시민'])와 포폴로 그라소popolo grasso(특권자들patriciens 혹은 귀족들aristocrates, 즉 '인민적'이지 않은 인민의 한 부분[즉 '대시민'])로 구성된다se compose(그러므로 또한 해체된다se décompose). 따라서 포폴로popolo는 하나의 제유를 포함한다. 포폴로popolo는 전체와 부분 모두를 지칭한다. 이 구성과 해체의 이중적 관계를 이해하는 것, 정확히 이것이 바로 인민의 '본성'을, 하나의 차이로 새로이 사고되어야만 하는 이 본성을 인식하는 것이다. 비록 이 경우에는 더 이상 전략과 정세(군주들 사이의 혹은 이 군주들의 정치들 사이의 차이)가 아니라 구조(인민 내부에서의 항구적 분할)에 관한 것이기는 하지만 말이다.

하지만 이에 더해 이러한 차이를 가지고서 정치적으로 무엇을 할 것인지 또한 중요하다. 핵심적 구절은 4장에 있다.

Celui qui atteint le principat avec l'aide des grands se maintient avec plus de difficulté que celui qui le devient avec l'aide du peuple, car ce prince se trouve avec autour de lui beaucoup de gens qui lui paraissent être ses égaux, et de ce fait il ne peut ni les commander ni les manier à sa façon. Mais celui qui arrive au principat avec la faveur populaire, s'y trouve seul, et n'a autour de lui personne — ou bien peu de gens — qui ne soit prêt à obéir (……) Le pire qu'un prince puisse attendre du peuple ennemi, c'est d'être abandonné par lui; mais s'il a les grands pour ennemis, il ne doit pas seulement craindre d'être abandonné par eux, mais aussi qu'ils se dressent contre lui (……) de plus le prince est toujours dans la nécessité de vivre avec ce même peuple, mais il peut fort bien se passer de ces mêmes grands, puisqu'il peut en faire et en défaire chaque jour.*14*

따라서 군주는 자신의 권력의 우월성을 확립하기 위해 특권자들(군주와 동등한 자들은 아니라 해도 군주의 경쟁자들이기는 한)에 대해 간지를 발휘해야ruser 하며 자신의 동류들로부터 스스로를 고립시켜야 — 하지만 그렇다고 해서 특권자들과 스스로를 동일시하지는 않으면서 — 한다. 그러므로 중요한 것은 이 특권자들을 '대표하는 것'이 아니라 이들과의 '우정' 혹은 동맹을 주조하는 것이다. 이러한 동맹은 분명 이 동맹이 정치체 내부의 공동의 적에 대항하는 방향으로 이루어질 때에만 의미를 가지는 것이다. 그리고 이것이 바로 '이율배반적' 혹은 갈등적 인식론이라는 질문, 즉 우리가 존재essere와 인식conoscere 사이의 결합 — 이 결합 안에서, 인민을 '구조화하는' 그리고 그 정치적 결과를 생산하는 적대의

14   Nicolas Machiavel, *Le Prince*, op. cit., p. 145["대시민의 도움으로 군주의 자리에 오른 사람은 평시민의 도움으로 군주가 된 경우보다 스스로를 유지하기가 더 어렵다. 왜냐하면 그는 자신과 동등해 보이는 다수의 사람들이 주변에 있음을 알게 되며, 이로 인해 자신의 방식대로 그들에게 명령을 내리거나 그들을 다룰 수 없기 때문이다. 그러나 평시민의 호의로 군주의 자리에 오른 사람은 자기 혼자만이 그곳에 있음을 알게 되며, 주변의 사람들 중 그에게 복종하지 않으려는 경우는 전무하거나 극히 적다. 더욱이 고귀함을 가지고 타인을 침해하지 않으면서 대시민을 만족시킬 수는 없지만, 평시민을 그렇게 할 수는 있다. 왜냐하면 대시민은 억압하려 하고 평시민은 억압받지 않으려 하는데, 평시민의 목적이 대시민의 목적보다 더 고귀하기 때문이다. 나아가서 군주는 적대적인 평시민에게서 결코 자신을 지킬 수가 없는데, 그들의 수가 많기 때문이다. 그는 대시민에게서 자신을 지킬 수는 있는데, 그들의 수가 적기 때문이다. 적대적인 평시민에게서 군주가 예상할 수 있는 최악은 그들로부터 버림받는 것이다. 하지만 적대적인 대시민의 경우, 군주는 단지 그들로부터 버림받는 데 그치지 않고 그들이 자신에게 항거할 수도 있다는 것을 두려워하지 않을 수 없다. 왜냐하면 대시민은 보는 눈이 더 날카롭고 더 교활하므로, 스스로를 지키기 위해 언제나 때맞춰 움직이며 승리가 예상되는 인물의 환심을 사려고 하기 때문이다. 또한 군주는 언제나 같은 평시민들과 사는 것이 필요하지만, 같은 대시민들은 없어도 매사를 잘해 나갈 수 있다. 왜냐하면 그는 매일같이 그들을 만들기도 하고 없애기도 할 수 있을 뿐만 아니라 마음대로 그들의 명성을 빼앗기도 하고 그들에게 명성을 안길 수도 있기 때문이다." 니콜로 마키아벨리, 『군주론: 군주국에 대하여』, 곽차섭 옮김, 길, 2017, 171, 172쪽. 발리바르와 달리 생략 없이 인용했다].

본성이 바로 군주의 관점으로부터 하나의 구성적 비대칭성(두 편 중 한 편[즉 대시민]은 지배하고자 노력하며 다른 한 편[즉 평시민]은 단지 억압당하지 않는 것만을 위해 노력하는)으로 나타나게 된다 — 과 맞닥뜨리게 되는 것에 관한 질문이 돌발하는 방식이다.[15]

어떠한 의미에서, 알튀세르는 이러한 구조를 완벽하게 인지했다. 알튀세르의 테제는, 군주가 [대문자] 인민과 동맹을 맺을 수 있는 자신의 능력을 대시민들Grands[즉 권력자들]에 대한 '억압'을 통해, 혹은 [대문자] 인민을 향한 잔혹보다 더욱 강하고 더욱 가시적인 잔혹을 이 대시민들을 향해 행사해 입증한다는 점을 전제함으로써, 이 구조를 정치적 관점에서 표현한다. 하지만 (그람시를 따라) 알튀세르는 『군주론』의 마지막 장(이 장에서 히브리 민족으로 알레고리적으로 비유되는, 곤궁 상태에 있는 이탈리아 인민은 '구세주'를 기다린다)으로부터 여기에서는 '인민'이 민족nation의 동의어라는, 그래서 어떠한 도래할 민족-국가État-nation를 가리키고 있다는(이 민족-국가 안에 모든 사회적 차이들을 다시 담아 넣거나 전체와 부분을 목적론적으로 재통합하면서, 즉 피착취자들의 계급적 이해 관심과 민족적 이해 관심을 함께 통합하면서) 관념을 연역함으로써 자신의 테제를 결국은 무력화하게 된다.

이율배반적 혹은 갈등적 인식론이라는 관념에 관한 첫 번째 설명의 결론을 제시해 보자. 이 이율배반적 혹은 갈등적 인식론은 정치적 적대를 인식의 유사-초월론적인(혹은 경험적-초월론적인) 한 조건으로 만들어야만 하는데, 이는 동시에, '존재론적' 관점에서, 적대 내부로의 인식의 국지화 — 즉 상황에 대한 인식, 타자에 대한 혹은 맞수에 대한 인식, 갈등 그 자체에 대한 인식의 국지화 — 의 이면이기도 하다. 적대는 인식의 내속적 조건이 되는데, 왜냐하면 인식 그 자체

15 정치체를 구성하는 두 기질들umori이라는 관념이 자세히 설명되는(1권의 4장부터 6장까지) 『로마사 논고』와의 차이는 형식적 정의와 관련된 것이라기보다는 오히려 그 논거가 수행하는 기능과 관련된 것이다. 『군주론』에서 이는 '공민적'civique 이해 관심(정치체의 안정성, 역량, 팽창)과 관계된 것이 아니라 계급투쟁의 서로 다른 효과들에 대한 평가[와 측정]를 명령하는 군주의 이해 관심과 관계된 것이다. 물론 이는 마키아벨리의 독트린 전체에 반향을 일으킨다. 그래서 이를 통해 특권화되는 결과는 플레브스plebs로서의 인민을 '대표하는 것'을 통한 국가 내에서의 갈등의 조절(이 갈등의 조절이 로마가 제국으로까지 팽창하는 것에 기여하는데)이 아니라 통치하고 권력을 보존할 수 있는 군주의 능력이 된다.

가 갈등을 실천하는 것을, 즉 이 갈등을 활용하고 이 갈등의 배치를 변형할 수 있기 위해 이 갈등을 '지배'하는 것을 겨냥하기 때문이다. 따라서 마키아벨리 자신의 시대적 조건들 내에서의 그의 '인식론'으로 우리가 간주할 수 있는 바는 우리에게 마키아벨리 이후에 등장하는 실증주의적 인식론 — 과학의 '기축적 중립성'[즉 가치중립성]을 선언할 — 의 정확한 반정립으로 나타난다(아마도 이는 이 실증주의적 인식론이 자신의 실증성을 인식에 대한 마키아벨리적이고 포스트-마키아벨리적 인 개념화에 대한 거부에 기초해 구축했기 때문일 것이다).[16]

나는 그 안에서 적대와 인식이 서로서로를 조건짓는 이 도식의 두 가지 흥미로운 결과들을 다음과 같이 지적하고자 한다.

(a) 이 도식은 반유토피아적 도식이며, 이는 그 용어의 정확한 의미에서 현실주의적인 혹은 유물론적인 이유에서 그러하다. 스피노자가 『정치론』에서 마

---

16 이러한 해석은 또한 『군주론』에서 제시되는 마키아벨리의 '입장'에 대한 포칵(John Greville Agard Pocock의 관념에도 동일하게 대립하는 것이다. "말하자면 그는 스스로를, 시민 엘리트로서의 성격을 유지하기 위해 애쓰는 오티마티와도, 혹은 대평의회의 복원과 광범위한 파르티치파치오네(정치 참여)를 요구하는 부류 — 1516년 알라만니Luigi Alamanni는 이들을 사보나롤라파로 분류하게 된다 — 와도 동일시하지 않고 있다는 것이다. 『군주론』은 그것이 어떤 한 집단의 입장을 대변하는 것으로 볼 수는 없다는 의미에서 이데올로기적 저작은 아니다. 그것은 차라리 혁신과 그 결과에 대한 분석적 연구라 할 수 있다. (……) 정치체제가 보편적인 데서 멀어지고 특수한 존재로 보이게 될수록 포르투나를 다루기는 어려워진다. 공화국은 오직 시민들을 자기 충족적인 우니베르시타스universitas, 즉 단일한 전체로 통합함으로써 포르투나를 제어할 수 있다"(John Greville Agard Pocock, *The Machiavellian Moment. Florentine Political Thought and the Atlantic Republican Tradition*, Princeton University Press, Princetown, 1975, p. 156)[존 그레빌 에이가드 포칵, 『마키아벨리언 모멘트: 피렌체 정치사상과 대서양의 공화주의 전통 1, 2권』, 곽차섭 옮김, 나남출판, 2011 중 1권의 285, 286쪽에서 인용했으며, 발리바르와 달리 생략을 조금 멀했다]. 이는 포칵의 '공화주의'가 '시민권'citoyenneté이라는 제도를 통해 적대들을 무력화하는 계기에 대한 예상을 항구적으로 내포하기 때문인데, 그러나 나는 이 지점과 관련해 르포르에 동의하면서 마키아벨리에게서 사태는 이와는 정반대라고 생각한다. 르포르는 '분할'과 '갈등'의 양태들이 정치체 내에서 무한정 재생산될 것이라고, 그리고 이 분할과 갈등의 양태들이 마키아벨리 자신이 집중하고 있는 정치적인 것에 대한 구체적 분석의 진정한 대상이라고 전제한다. 역설적이게도, (『로마사 논고』의 '구축적' 역량과는 대조적으로) 『군주론』을 아포리아적인 저작으로 간주하는 네그리는 르포르보다는 오히려 포칵에 더 가깝다. 네그리에게 구성 권력은 "위기의 해소보다는 이 위기 자체에 관심을 기울이는" 저작[즉 『군주론』]에서 은폐되어 있고 족쇄에 묶여 있는 것으로 나타나기 때문이다. *Il Potere costituente*……의 불역본인 *Le Pouvoir constituant*, op. cit., p. 71 참조.

키아벨리를 그 반정립으로 환기하면서 지적하듯, '유토피아'는 초월적transcend-ant이고 전지적synoptique인 관점; 결국 산 위에서도 평지 위에서도 서 있지 않아도 되게 해주는 그러한 관점이 존재할 것이라는 허상으로 시작된다. 하지만 사유를 통해 갈등을 넘어 일어서도록, 그리고 이 갈등의 '당파성'으로부터 스스로를 해방하도록(이것이 이 당파성을 사유하거나 설명하기 위한 것이라 할지라도) 해주는 이 발견 불가능한 '아르키메데스의 점'을 도대체 어디에서 찾아야 하는가?17 전지적 관점은 플라톤적 동굴의 바깥에서, 그러니까 신에게서 혹은 (결국 이는 동일한 것인데) [대문자] 선Bien과 그 [대문자] 이념Idée의 빛 속에서, 결국 [대문자] 주권자 혹은 [대문자] 철학자 혹은 이 둘이 함께 형성할 이상적 결합 쌍에 지정 가능한 입장[위치]에 설치되어야 할 것이다. 혹은 이 전지적 관점은 더 나아가 이성의 초월론적 능력에 설치되어야 할 것인데, 하지만 이는 사실 문제가 해소되었다고 전제하도록 만드는 것에 불과하다. 왜냐하면 이러한 설치 이후에는 경험의 '병리적' 차원들로부터 항상 이미 떨어져 있는 인간학적 주체를 상상해야만 하기 때문이다(특히 푸코가 칸트에 관한 자신의 주석에서 보여 주듯이 말이다).18

(b) 하지만 만일 '이론가'가 군주와 맺는 자신의 관계 내에서 혹은 인식의 기능과 통치gouvernance의 기능이 유지하는 관계 내에서 어떤 위치를 차지하는지를 이 지점에서 다시 한번 우리가 묻는다면, 나에게는 그 또한 새로운 방식으로 역동적일 하나의 가능한 답변만이 다음과 같이 존재하는 것으로 보인다. 이러한 '자리'place는 갈등에 내재적이지만 본질적으로 불안정한 하나의 전위dé-

---

17 여기에서 우리는 인식론적이고 위상학적인 하나의 중요한 질문과 관계하고 있다. 어떠한 관점에서 혹은 어떠한 각도 아래에서 갈등이 갈등으로서 '가시적'인가? '내부에서부터'(이 갈등이 복수의 입장들 중 하나의 입장 혹은 다른 하나의 입장에서부터 출발해 지각되어야 하는)인가? '외부에서부터'(두 가지 입장이 그 자체로서, 하지만 독립적으로 지각되는)인가? 이는 분명 헤겔에게서의 그리고 마르크스에게서의 변증법 — 이 변증법이 지니는 확신은 자기 자신의 입장과 자기 맞수의 입장 모두를, 그러니까 갈등 그 자체를, 하지만 이 갈등의 '지양'이라는 관점에서 지각하는 한 편un côté이 존재해야만 한다는 것인데 — 의 중심적인 대상이었다.

18 Emmanuel Terray, *La Politique dans la caverne*, Seuil, Paris, 1990과 Michel Foucault, *Les Mots et les Choses*, Gallimard, Paris, 1966을 보라.

placement, 하나의 '자리바꿈'changement de place이다. 또한 우리는 이를 다음과 같이 '대체 보충'supplément의 언어로도 특징지을 수 있을 것이다. 갈등을 이용할 수 있기 위해, 군주는 특권자들로부터 스스로를 분리하는, 하지만 그렇다고 해서 평민들plébéiens과 스스로를 동화하지는 않는, 그래서 결국 '차이 속의 차이'를 생산하면서 그리고 당파들 간의 관계를 (이 관계에서 어떠한 권력 효과를 생산하기 위해) 갈등으로 변형하면서 특권자들과 평민들 모두로부터 스스로를 구별하는 그러한 제3의 당파tiers parti로 나타나야만 한다. 그런데 이러한 전위는 또한 위상학적인 것이기도 하다. 이는 마치, '인민의 관점에서' 혹은 더 정확히는 인민의 이해 관심의 관점에서 설명될 수 있는 양태를 따라, 군주가 한쪽 가장자리에서 다른 쪽 가장자리로, 혹은 한쪽 당파에 대한 옹호에서 다른 쪽 당파에 대한 옹호로 '이주'하는 것과 같다. 그리고 바로 그렇기 때문에 정치 저술가는 '인민의 자리'를 차지하러 와야만 하는 것인데, 이것 없이는 이 인민의 자리가 어둡고 쓸모없는 것으로 남게 될 것이며, 또한 바로 그렇기 때문에 이 정치 저술가가 지적으로뿐만 아니라 정념적인 방식으로도 이를 행해야만 하는 것이다. [지배자들의 공간인] "월가를 점거하라"Occupy Wall Street? 오히려 [피지배자들의 공간인] 메인스트림을 점거하라Occupy mainstream······.

4.

이제 나는, 우리에게 마키아벨리적 인식론의 모체로 제시되는 이러한 '자리들의 위상학'이 지니는 내재적 난점들과, 이 자리들의 위상학이 마키아벨리의 독자들과 해석자들, 특히 이 자리들의 위상학을 극단으로까지 밀어붙이고자 시도하는 이들(왜냐하면 이들은 이 자리들의 위상학에서 '당파적' 관점에서 정치를 사고할 수 있는 가능성 그 자체를 보기 때문에) 가운데에서 이 자리들의 위상학 스스로가 생산하는 갈등 효과들, 이 둘 모두를 고려하고자 시도하면서 이 문제에 대한 나의 두 번째 독해를 제시하도록 하겠다.

그런데 이러한 난점들은 도대체 어디에 놓여 있는 것인가? 이 난점들은 인식 주체의 내재적 혹은 유사-초월론적 분할이라는 통념(이 분할은 정치적 '물질들' matières에 대한 이해intelligence에 적용되는 실천적 능력으로 제시되는데)이 **논리적일 뿐만 아니라 정치적인 하나의 이중 구속을 포함한다**는 점으로부터 오는 것이다. 사실 우리는 '전지적' 관점(총체성에 대한 통일된 표상을 자임하는)의 반정립이 무엇일 수 있는지, 어떻게 이 반정립이 인식의 기능을 이행할 것인지 여전히 모르고 있다. 우리는 들뢰즈가 '이접적 종합'이라 부르는 바 — 이러한 통념은 첫눈에는 매우 수수께끼적인 것으로 나타나는데, 왜냐하면 이 통념은 어떠한 한 전체의 부분들 모두를 붙잡는 것과 이 부분들 간의 분리를 더 나아가 이 부분들 간의 양립 불가능성을, 이 양립 불가능성을 담론의 동일한 '자리'에서 표현함으로써 유지하는 것 모두를 시사하기 때문이다 — 로부터(다르게 말해, 이 이접적 종합이라는 통념은 갈등 그 자체를 표현하기 위해 담론의 중심에 하나의 자리를 확립한다) 하나의 형식적 지표를 이끌어 낼 수 있을 것이다.[19] 하나는 순수하게 형식적이며 다른 하나는 더욱 역사적인(혹은 역사의 서사적 제약을 고려하는) 두 가지 연속적 수준에서 이 이중 구속을 분석하도록 해보자.

형식적으로 말해서, 나는 자리들의 위상학이 포함하는 비대칭성 — 이 비대칭성으로부터 '인식 효과'의 가능성이 도출되는 것인데 — 을 사회적이고 정치적인 입장들로서의 이 동일한 자리들에 대한 '셈'compte(바디우가 말하듯)의 불확실성, 즉 변이들과 관계 맺기를 제안하고 싶다.[20] 마키아벨리적 지식-권력 장치를 행위자 혹은 주체가 스스로의 입장을 취하기 위해 차지해야만 하는(우리의 오래된 '계급 정치'에서 개인 혹은 집단이 하나의 '계급 입장' — 그것이 이 개인 혹은 집단의 입장이 되었든 당파적 이유에서 취하는 이 개인 혹은 집단과는 '다른 이'의 입장이 되었든 — 을 채택하도록 요구되었듯) 그러한 주어진 자리들에 대한 정적 기술description로, 배치

---

19 Gilles Deleuze, *Différence et répétition*, PUF, Paris, 1969[국역본으로는, 질 들뢰즈, 『차이와 반복』, 김상환 옮김, 민음사, 2004 참조].

20 '인식 효과'는 알튀세르 인식론의 핵심 정식이다. Louis Althusser et al., *Lire le Capital*, nouvelle édition revue, op. cit., "Du "Capital" à la philosophie de Marx", p. 69를 보라.

로 보는 대신, 우리는 이 지식-권력 장치를 권력과 지식 모두를 변용하는 유동적인 그리고 심지어는 어떠한 의미에서 가역적인 하나의 관계로 해석할 수 있을 것이다. 왜냐하면 지금 우리가 말하고 있는 이 '자리'는 항상 권력의 입장[위치]이자 동시에 지식의 입장[위치]이기도 하기 때문이다.[21] 이러한 비대칭성을 정확히 어디에 위치시켜야 하는가? '새로운 군주'는, 만일 그가 [특권자와 평민으로 분할되는] 인민의 차이적 구조를 혹은 '본성'을 인식하지 못한다면, 인민에게 (그리고 인민의 '기질들'에, 즉 이 인민의 이해 관심에서의 갈등과 정념에) 권력을 행사하지 못할 것이다. 이러한 의미에서 군주에게 인식은 군주 자신의 권력을 행사하기 위한 도구이다. 그런데 그 역 또한 참인데, 하지만 이는 소박한 수준에서 그러하다. 『로마사 논고』에서, 로마제국이 지니는 역량의 원천으로서의 시민 갈등con-flit civil이 생산하는 효과와 관련해(『로마사 논고』, I, 4), 마키아벨리는 키케로Marcus Tullius Cicero를 인용한다. "무지자임에도 인민에게는 진리를 이해할 수 있는 능력이 있다"benchè siano ignoranti sono capaci della verità.[22] 하지만 『군주론』에 잠재해 있는 관념은 이보다 훨씬 더 나아간다. 인민은, 혹은 더 정확히 말해 인민 내부의 인민적 요소élément populaire는, 다르게 말해 전체가 아니라 부분partie은, 이 부분이 실천적으로 군주의 본성을 인식하는 한에서 군주의 정치를 지지할 것이다. 이는 인민이 다양한 '군주국들' 사이에서, 그리고 군주들의 통치에서의 서로 다른 양식들 사이에서 차이를 만들어 낼 수 있으리라는 점을 실천적으로[또는 현실

---

21 여기에서 이 권력이라는 단어의 영어 대응어가 그 다의성 자체로 인해 우리의 논의에 유용한 것이 되는데, 왜냐하면 권력이라는 단어의 영어 대응어인 power는 라틴어 potentia와 potestas 모두를, 즉 불어의 puissance와 pouvoir 모두를 포함하기 때문이다. 이탈리아어 대응어인 potere는 일상어에서 이 둘 사이 어딘가에 놓여 있다. 안토니오 네그리가 potentia를 '구성 권력'pouvoir constituant으로서의 인민 혹은 다중으로 간주하는 경향을 항상 지니고 있는 반면, 그에게서 국가, 더욱 일반적으로 지배계급은 potestas를 행사할 뿐이라는 점을 지적하도록 하자. 결과적으로 네그리는 정치의 행위자들 사이에서 이루어지는 권력의 서로 다른 측면들 간의 전략적 순환circuit 혹은 역사적 전위를 사고할 수 있는 가능성을 스스로로부터 박탈하며, 그는 결국 현실의 정치를 사고 불가능한 것으로 만들어 버린다. 서로 다른 이유에서이기는 하지만 랑시에르가 정확히 그러하듯 말이다.

22 [옮긴이] 발리바르가 제시하는 이 구절의 프랑스어 번역은 다음과 같다. "Bien qu'ignorants, les peuples sont capables de comprendre la vérité."

적으로] 의미한다. 인민은 이 차이를 경험하기 시작할 것이고, 이로써 인민은 이 차이의 효과를 예상하거나 '계산'할 수 있게 될 것이다. 그럼에도 불구하고 오직 정치 저술가만이, 결국 (몇몇 희소한 선구자들을 포함해) 마키아벨리 자신만이, 갈등에 대한 지식을 발전시킴으로써 그리고 이 갈등에 대한 지식을 현존하는 '부분들'parties로 하여금 접근할 수 있게 만듦으로써, 심지어 매우 우발적인 방식으로, 권력의 분배와 재분배에 영향을 미치는 역량과 능력을 획득하게 될 것이다. 이는 '이중의 진리'를 실천하는 것을 필연적으로 함의하지는 않는데, 그러나 대신 두 가지 독자 집단 모두를 겨냥하는 것은 확실히 함의한다. 하지만 여기에서 그 무엇도 전혀 단순하지 않다. 마키아벨리가 영향을 미치길 희망하는 독자들이란 도대체 누구인가? 나는 (마키아벨리가 군주에게 글을 쓰는 체하지만 실제로는 인민에게 글을 쓰고 있다는 루소의 해석과는 대조적으로) 이들이 모든 장소들에서의 모든 부분들이라고, 하지만 서로 구별되는 방식으로 그러하다고 말하고자 한다. 나는 저술가로서의 마키아벨리가 하나의 유일한 텍스트, 하지만 서로 다른 두 독자 집단을 위한 서로 다른 두 의미를 내포하는 하나의 유일한 텍스트를 구성하기에 성공하기를 원한다고 생각한다.

이는 나를 자리들의 셈을 지배하는 불확실성과 사회적 입장들[위치들]의 비대칭성 사이의 관계로, 그리고 이 관계의 동역학으로 나를 인도한다. 앞서 나는 하나의 자리에서 다른 하나의 자리로의 전위가 글쓰기의 일시적 '매개 작용'médiation을, 혹은 이제는 유명해진 한 시론에서 프레드릭 제임슨이 제안했듯 '사라지는 매개자'médiateur évanouissant를 함축한다는 관념을 제시했다.23 출발점에서부터 그 구조가 이분법적이며, 이 구조는 특권자들(포폴로 그라소popolo grasso)과 평민들(포폴로 미누토popolo minuto) — 앞서 우리는 이 두 집단의 이해 관심이 비대칭적이라는 점을 확인했다([반복하자면] 특권자들의 이해 관심은 권력 혹은 지배의 행사인

---

23 Fredric Jameson, "The vanishing mediator: or, Max Weber as storyteller"(1973), in *The Ideologies of Theory, Essays 1971-1986*, University of Minnesota Press, Minneapolis, 1988, vol. 2, pp. 3-34.

반면, 평민들의 이해 관심은 이 지배의 무력화 혹은 제한이다) ─ 각각에 의해 점유된 두 가지 자리들 간의 대당으로 정의된다. 하지만 다음과 같이 두 번에 걸쳐 이 구조는 복잡해진다. 한 번은, 다른 특권자들보다 더욱 강한 한 명의 특권자가 되는 것뿐만 아니라 그 용어의 강한 의미에서 '공적인' 한 명의 인물이 되기 위해 자신의 계급으로부터 스스로를 고립시키는 혹은 이 계급과 자신 사이에 거리를 취하는 군주가 추가됨으로써.24 또 한 번은, 『군주론』이라는 제목의 저서를 집필하고 출간하는 저술가가 추가되고, 이로써 이 공적 인물[로서의 군주]이 역사적 인물로 변형됨으로써. 이렇게 우리는 [이 이분법적 구조에 군주가 추가됨으로써] 둘이 셋이 된다고, 그리고 [여기에 저술가가 또 한 번 추가됨으로써] 셋이 넷이 된다고 말할 수 있을 것이다. 하지만 여기에서 그 윤곽이 드러나게 되는 경향은 이중성으로의 회귀, 자신의 의미와의 관계 속에서, 그리고 자신의 시초에서의 정치적 구성과의 관계 속에서 변형되는 그러한 이중성으로의 회귀이다.

어떤 점에서 우리는 하나의 변형이, 『군주론』이라는 저서를 쓴다는 것écriture이 그 수행적 언표 작용을 표상할 그러한 변형이 일어났다는 점을 보게 되는가? 여기에서 어떠한 의심이 계속 잔존하게 될 것인데, 왜냐하면 우리는 우리의 그물로 이 『군주론』이라는 저서가 활용하는 교활한 전략을 잡는 데 성공했는지 아닌지 절대로 확신할 수 없을 것이기 때문이다……. 하지만 우리는 다음과 같이 말할 수는 있을 것이다. 그 결과는 군주와 그의 인민 사이의 [규제된다는 의미에서의] 해결된 갈등 ─ 그 안에서 군주가 인민의 정념들의 매개자와 조절자로 행동하는 ─ 일 것이라고. 아니면 우리는 다음과 같이 말할 수도 있을 것이다. 그 결과는 인민에 대한 군주의 권력, 다소간 안정적으로 존재하는 하지만 동시에 인민의 '객관적 이해 관심' 내에 존재하는 그러한 권력(왜냐하면 이 권력은 권력자들, 즉 특권자들에 대한 무력화를 발생시키거나 이 권력자들로부터 이들의 권력을 다소간 완벽하게 박탈하는 것으로 나아가기 때문)이라고. 어떠한 경우에서든 우리는 하나의 표면

---

24 "Ma perché di privato si diventa principe……"(하지만 사인이었다가 군주가 되는 데는……), *Il Principe*(군주론), 8장[국역본의 161쪽].

적 대칭성에서 하나의 현실적 비대칭성 — 하지만 이 비대칭성은 어떤 의미에 서는 피지배자의 관점을 지배자의 관점에, 다시 말해 지배의 행사에 통합해야만 한다 — 으로 이행해야만 한다. 그리고 이는 자신의 담론을 통해 담론들의 이질 성을 보여 줌과 동시에 하나의 자리에서 다른 하나의 자리로 이주하는(권력에 대 한 진리가 언표되는 자리를 전도하면서, 그리고 이로써 스스로를 스스로 인식하는 권력이라는 허상 — 어떤 의미에서는 권력에 '절대지'를 부여하는 주권적 담론 — 을 파괴하면서) 그러한 저술가의 사라지는 매개 작용을 통해서만 완수될 수 있는 것이다.25

이 지점에서, 마키아벨리가 언표하는 바를 『정치학』 3권에서 제시한 자신 의 '시민성'citoyenneté, politeia에 대한 정의에서 아리스토텔레스가 지식의 관점과 권력의 관점을 정치의 공간에 대한 자신의 기술description 속에 통합했던 방식과 비교할 필요가 있다. 아리스토텔레스는 정치 공동체의 능동적 구성원으로서의 '시민'citoyen, polites에 대한 세 가지 연속적 정의들을 제시했는데, 그중 두 번째 정 의(1277b7-15)는 다음과 같다.

> 그러나 태생과 자유라는 점에서 그들 자신과 비슷한 자들을 지배하는 어떤 종류 의 지배가 있다. 우리는 이 지배를 '정치적인' 지배라고 말하는데, [노예에 대한 지 배와 달리] 지배자는 지배를 받는 자가 됨으로써 이 지배를 배워야만 한다. 이는 마 치 기병대 지휘관 밑에서 일함으로써 기병대 지휘관이 되는 것을, 장군 밑에서 일 함으로써 장군이 되는 것을, [부족의] 부대장 밑에서 일함으로써 [부대장이 되는 것 을], 백부장 밑에서 일함으로써 [백부장이 되는 것을 배우는 것과 같다.] 이러한 까닭 에 '지배받지 않고는 잘 지배할 수 없다'는 이것 또한 올바르게 말해진 말이다. 반

---

25 이 지점에서 우리는 마키아벨리에게서 존재하는, 담론의 '세속화'의 강력한 한 요소를 보게 된다. 신성(특히 이 신성에 대한 절대적 인식)이 지니는 신학적 속성들에 대한 '세속적인'séculier 혹은 속된profane 주권자에게로의 이전이라는 (슈미트적) 의미에서가 아니라, 이와는 반대로 모든 현실의 군주 혹은 통치자를 주권에 대한 신화적 표상으로부터 분리하는 절단 — 군주의 본성을 인식하는 '저술가'를 아주 단순히 추가하기만 함으로써(하지만 이는 외부에서 추가하는 것인데, 왜냐하면 이 저술가가 군주와 일치하는 것은 아니기 때문이다) 이루어지는 — 이라는 의미에서의 요소를 말이다.

면에men 이것들[지배하고 지배받는 자유인들]의 덕은 다르지만 좋은 시민은 지배를 받고 지배를 하는 앎과 능력을 가져야만 하며, 또 자유로운 자들의 지배를 양쪽에서 아는 것이 시민의 덕[탁월성]이다. 설령 지배자에게 적합한 절제 및 정의가 [자유로우나 지배받는 사람의 절제 및 정의와] 다른 종류라 하더라도, 사실상 좋은 사람은 양쪽 모두를 가진다. 왜냐하면 만일 좋은 사람이 지배를 받지만 자유로운 시민이라면 그의 덕은, 예컨대 정의는 하나가 아닐 것이며, 오히려 지배하고 지배받는 데에 따르는[적합한] 다른 종류의 것을 가진다는 것이 분명하기 때문이다. 이것은 마치 남자와 여자의 절제 및 용기가 다른 것과 마찬가지다.*26 27*

아리스토텔레스의 중심 관념은 어떻게 지도할지를diriger(혹은 명령할지를com-mander, archein) 배우기 위해서는 복종을 경험해야만 하며, 아마도 심지어는 더 잘 복종하는 이 혹은 어떻게 지도되는지se faire diriger, archesthai를 아는 이는 바로 명령의 경험을 가지고 있는 이라는 것이다. 그러므로 여기에서 대칭성은 완벽한 것이며, 이 대칭성은 시민들 간의 평등(상호성으로 개념화된)을 확립한다. 이 지점에서 문제가 되는 '권력'pouvoir, archè은 적대를 함축하지 않으며, 또는 스스로가 계속 존재하기 위해 이 권력은 적대가 어떠한 의미에서는 이미 선체적으로 무력화되었다고 가정하는데, 이 때문에 아리스토텔레스는, 현실적 시민성의 조건으로서, 정치체 내 부의 격차에 제한을 설정하기를 원하는 것이다. 역으로, 마키아벨리적 정치체 내에서는, 하나의 거리를 창조해야만 하거나(산과 평지라는 풍경은 이 거리의 알레고리이다) 또는 오히려 (항상 이미 존재하고 있던) 이러한 거리를 백일하에 드러내야만 한다. 이러한 거리는 제거될 수 없겠지만, 입장을 취하는(그리고 분할의 한편에 위치한 자리를 점유하러 오는) 저술가는 군주에게(그리고 아마도 또한 [대문자] 인민에게도) 어떻게 군주와 인민 각자의 정치적 전략 속에 타자[군주에게

---

26 Aristote, *Les Politiques*, traduction française de Pierre Pellegrin, Garnier Flammarion, accès en ligne sur l'édition Kindle.

27 [옮긴이] 아리스토텔레스, 『정치학』, 김재홍 옮김, 길, 2017, 193, 194쪽에서 인용. 대괄호는 김재홍의 것.

는 인민, 인민에게는 군주]에 대한 고려가 들어가게(이 거리를 감축하기 위한, 혹은 이 거리의 분할 효과를 완화하기 위한 목적에서) 만들 수 있는지를[28] '교육하기' 위해 이 거리를 활용할 수 있다. 분할은 거리 두기를 발생시키며, 이 거리 두기가 불평등을 정치적으로 생산적인 것으로 만든다. 평등은 다른 양태들 중 하나의 역사적 양태에 불과한, 하나의 한계 사례이다.

5.

이러한 형식적 논의에서부터 출발해, 우리는 이러한 종류의 위상학적 도식들 — 정치 과학 혹은 정치 이론의 가능성 그 자체가 당파적 담론 내에 놓여 있다고 사고하는 사상가들에게서 지식-권력과 관계되어 있는 그러한 도식들 — 의 '흔적'을 탐지하고자 시도하면서 다른 고찰들로 넘어갈 수 있다. 물론 이 당파적 담론은 정확히도 자유주의 이론가들이 증오하는 것인데, 이들은 또한 대부분의 경우 마키아벨리의 사유를, 특히 그의 『군주론』을 불편해한다(마찬가지로 이는 또한 마키아벨리에 관한 '공화주의적' 주석가들에게서도 사실인데, 포칵이 그 대표적인 예이다). 하지만 이와 반대로, 이 당파적 담론은 동시대 '비판 이론' 전체를 편력한다.

알튀세르는 우리에게 각별히 흥미로운 하나의 예시를 제공해 주는데, 알튀세르에게서 '이론에서의 계급투쟁'이라는 관념(그에게서 특수하게 철학을 정의하는

---

28 더 정확히는, 더욱 변증법적으로 말해, 어떻게 자기 자신의 정치적 행동에 타자가 당신vous에 대해 가지는 이미지를 통합할 수 있는가를 말이다. 이러한 질문은 '이데올로기의 정치', 즉 군주로 하여금 '[대문자] 인민의 상상력 내에서의 군주(즉 자기 자신)에 대한 의견'[즉 인민이 상상하는 군주의 모습]에 부합하거나 이를 활용하고 변형할 수 있게 해주는 그러한 이데올로기의 정치로서의 군주라는 알튀세르적 해석의 중핵을 구성한다. 하지만 마키아벨리적 장소론에 대한 알튀세르의 일면적 독해로 인해(혹은, 알튀세르가 '대문자 인민을 인식하기' 위해 이번에는 왜 군주가 되어야esser Principe 하는지라는 대칭적 질문을 회피하는 방식으로 인해), 알튀세르는 최소한 표면적으로는 다음과 같은 질문을 취급하지 않고 넘어가 버리게 된다. 어떠한 [대문자] 인민의 의견, 상 혹은 '관념'이 '군주'(통치자, 지도자, 더 나아가서는 정치조직)가 '인민적'(혹은 인민주의적) 정치를 상상하고 실행하는 방식을 지배하는가?

것일)이 변화하는 방식 때문에 그러하다.[29] 하지만 나는 알튀세르를 고립적인 방식으로 독해하지 말고 그를 오히려 [여러 사상가들 간의] 비교적 논의(특히 카를 슈미트와 마리오 트론티를 포함하는)가 취하는 항들 중 하나로 형성해 내기를 선호한다. 그람시와 함께, 이 알튀세르, 슈미트 그리고 트론티 모두는 레닌을 20세기의 위대한 '마키아벨리주의자'(하나의 형상[인물] 내에 정치적 행위자와 정치 이론가 모두를 동시에 구현하는[30])로 간주한다는 공통점을 지닌다.

내가 이 지점에서 관심을 기울이는 슈미트는 자신의 저서인 『정치적인 것의 개념』[31]이 유명하게 만든 슈미트가 아니라 레닌과 그의 '프롤레타리아독재' 이론의 열정적 독자로서의 이전 슈미트(일종의 '우익적 레닌주의'를 발명하기 위해 레닌을 공산주의 혁명에 대항하는 이로 전도하길 원했던 — 우리가 알다시피 이는 독일과 이를 넘어 여러 곳에서 보수 혁명의 결정화에 강력히 기여했다[32])이다. 마키아벨리에 관한 슈미트의 해석이 등장하는 『독재』(1921) 또한 포함하는, 그리고 레닌과 트로츠키Leon Trotsky에 관한 마지막 장 또한 이상적으로는 포함해야 하는 이 첫 번째 시기의 저술들 중에, 이 지점에서 우리에게 가장 흥미로운 것은 역시 『의회주의와 민주주의』이다.[33] 이는 슈미트가 이 저서에서 일차적 수준의 정치적 갈등 — 이 정치적 갈등의 주인공은 '친구'와 '적'으로 나뉜 계급들 혹은 당파들이며, 결과

---

29 Louis Althusser, *Réponse à John Lewis*, Maspero, Paris, 1973.

30 이렇게 레닌은 '집합적 지식인'이자 (사회의 변혁을 목표로 하는) '지도'의 능력을 가지기도 하는 '현대의 군주'라는 그람시적 발명품을 예비한다. 특징적 방식으로, 이 모델은 하나의 당파 혹은 하나의 '조직된' 계급과 같은 집합적 조직 내에서의 융합의 표상과 이 표상을 구현하고 이 표상이 존재하게 만드는 지도자의 형상[인물] 사이에서 진동한다. 아쉽게도 이는 내가 이 자리에서 지적만 하고 넘어갈 수밖에 없는 질문이다.

31 *Das Begriff des Politischen*. 이 저서는 처음에는 1927년 긴 분량의 논문으로 출간되었으며, 이후에는 수정과 변형을 거쳐 1932년 단행본으로 출간되었다[국역본으로는, 카를 슈미트, 『정치적인 것의 개념』, 김효전·정태호 옮김, 살림, 2012 참조].

32 Stefan Breuer, *Anatomie der konservativen Revolution*, Wissenschaftliche Buchgesellschaft, Darmstadt, 1993.

33 Carl Schmitt, *Parlementarisme et démocratie*, Seuil, Paris, 1988(*Die geistesgeschichtliche Lage des heutigen Parlamentarismus*, 1923. 1926년에 제2 증보판이 출간됨)[국역본으로는, 칼 슈미트, 『현대 의회주의의 정신사적 상황』, 나종석 옮김, 길, 2012 참조].

적으로 정치는 이 계급들 혹은 당파들 사이에서 선택을 내려야만 하는 것이다 — 뿐만 아니라 양립 불가능한 이데올로기들 — 소렐Georges Sorel의 용어법을 차용해 슈미트가 '신화'라고 부르는(총파업에서 시작되며 프롤레타리아독재로 이어지는 계급적 신화 혹은 사회주의적 신화, 그리고 파시즘을 떠받치는 민족적, 그러니까 민족주의적 신화) — 사이에서의 이차적 수준의 갈등 또한 기술한다는 점과 관계된다. 담론적 장으로서의 정치적 장을 진정으로 구성하는 것은 바로 이 이차적 수준이다. 이 지점에서, 동일한 시기에 그람시 또한, 하지만 슈미트와는 다른 목적에서, 소렐의 용어법을 차용했다는 점을 지적하자. 슈미트의 관념은 경쟁하는 신화들 각각이 정치적 적대를 사고하는, 이 정치적 적대의 용어들을 위계화하는, 그리고 이 정치적 적대의 효과들을 예상하는 방식을 표현한다는 것이다. 소비에트 혁명에서부터 이탈리아 파시즘의 도래로 이어지는 (그리고 세력 관계가 사람들의 눈에 명백히 드러나게 되는 1922년 10월의 '로마 진군'에서 절정에 달하는) 역사적 시퀀스는, 유럽 전체에서의 혁명 시도들과 반혁명 시도들이 재빠르게 잇따름과 함께, 프롤레타리아적 신화에 대한 민족적 신화의 우위 — 물질적 힘들 사이의 관계뿐만 아니라 역사에 대한 더욱 거대한 해석 역량에도 기초해 있는 — 에 관한 실험적 증명과 같은 것일 테다. 물론 이 지점에서 흥미로운 것은 프롤레타리아적 '신화'(혹은 마르크스주의자들이 더욱 기꺼이 말할 것이듯, 프롤레타리아 이데올로기)에 유리한 방향으로 이 논증을 전도하려는, 더 나아가서는, 반혁명에 대항하는 전략과 같은 무언가를 생산한다는 조건에서 프롤레타리아적 신화가 결국은 승리할 것이라 가정할 수 있게 해주는 삼차적 수준의 갈등을 상상하려는 유혹이 존재할 수 있다는 점이다.[34] 그리고 이것이, 특히 공산주의가 '계급에 대항하는 계급'이라는 전략으로부터 반파시즘적 '인민전선'이라는 전략 — 하지만 여전히 프롤레타리아 헤게모니라는 관념에 뿌리박고 있는 — 으로 이행할 필요성을 이해했을 때, 다

---

34 이러한 관념은 근본적으로 20세기 '좌익 슈미트주의'의 관념 — 명시적인 혹은 알레고리적인 방식으로 마키아벨리와 회고적으로 결부되었던 — 이었다. 브루노 아카리노Bruno Accarino와 다리오 젠틸리Dario Gentili가 편집한 학술지 『센타우로스』Il Centauro에 실린 논문들을 취사선택해 출간한 논선집 *La Crisi del politico 1981-1986*, Guida, Naples, 2007을 보라.

시 말해 계급적 관점을 민주주의적 혹은 '인민적' 관점 — 그 안에서 정치적 주체가 부분에서 전체로(아마도 다시 취하는 것이 불가능할 '반인민적' 요소들로보다는……) 다시 이행하는 — 과 순일하게 교환하지 않고자, 하지만 이와 동시에 계급적 관점 그 자체의 구축 속에 대립적 경향들 혹은 '인민 내부의 모순들'(마오)에 대한 이해를 통합하고자 노력했을 때, 20세기의 공산주의가 절망적으로 시도했던 바이다.[35]

우리는 매우 자연스럽게 슈미트에 대한 독해로부터 마리오 트론티와 정치적 사유의 편파성parzialità 혹은 일면성unilateralità이라는 그의 통념 — 우리가 '몫' part이라는 단어의 이중적 의미에 기초한 트론티의 말놀이를 보존하기 위해 (당파적 입장 혹은 일면적 관점보다는 더욱 정확히) 당파성이라 번역할 수 있는 — 으로 이동한다.[36] 트론티 사유의 핵심은 노동자계급이 사회의 한 부분이라는 사실과, 이 노동자계급이 계급투쟁 내에서 한 당파로 개입한다는 사실 간의 내속적 조응을 확립하는 것이다. 왜냐하면, 『공산주의자 선언』에서 마르크스와 엥겔스가 확언하듯, '프롤레타리아트의 투쟁은 이 프롤레타리아트의 실존 그 자체와 함께 시작하는 것', 그러니까 이 프롤레타리아트의 투쟁이 프롤레타리아들 그 자신들의 생존을 위한 하나의 조건이기 때문이다.[37] 트론티는 화해 불가능한 분할이 현대 역사의 법칙이기 때문에 총체화가, 정치적 합의로서의 총체화든 '전체'의

---

35 나는 이것이 서로 다른 형태들하에서의 '수동혁명'이 수행하는 헤게모니에 대한 전도로서의, 그람시가 소묘하는 '진지전'이라는 이론의 중핵이라고 생각한다. 그리고 이는 진정으로 마키아벨리적인 관념이다.

36 [옮긴이] 사실 이탈리아어 parzialità의 동의어가 partialité이므로 이 둘을 동일하게 옮겨야 하지만 여기에서는 맥락을 고려해 다르게 옮겼다.

37 이러한 이론, 트론티 자신이 미국의 포드주의에서뿐만 아니라 1960년대 이탈리아의 산업 발전에서의 계급투쟁 경험에도 조응한다고 생각했던 그러한 이론을 통해, 어떤 의미에서 트론티는 루카치György Lukács로부터 가져온 '계급의식'에 관한 이론을 전도시켰다. 부르주아 이데올로기에 대한 프롤레타리아 계급의식의 변증법적 우위를 표현했던 바는 더 이상 총체성에 대한 이해에의 접근이 아니라 오히려 이 프롤레타리아 계급의식이 (적대적인 자본주의적 사회관계의 '종합' 전체를 배제하면서) 스스로 표방하는 '당파성'partialité이었다. 나는 나의 이러한 주석을 마리오 트론티의 주저에 근거해 제출한다. Mario Tronti, *Operai e capitale*(1966/1972), traduction française par Yann Moulier-Boutang & Christian Bourgois, Paris, 1977(réédition de Entremonde, Genève, 2016).

종합적(혹은 전지적) 표상으로서의 총체화든, 절대로 가능하지 않다는 관념을 극단으로까지 밀어붙였다. 트론티는 이 관념에 프롤레타리아로서의 한 계급이, 이 계급 자신으로부터 자신의 적이 가지게 되는 지각에 대한 전도를 통해서만 (노동자계급에게 이는, 그 속격의 이중적 의미에서 '자본의 과학'으로서의[즉 '자본의 과학'과 '자본에 대한 과학'으로서의] 정치경제학 비판을 통해 전도한다는 것을 의미한다) 이 계급 자신의 역사적 권력 내에서(사회학적 관점에서 단지 이 계급이 사회 내에서 차지하는 자리를 통해서만이 아니라) 이 계급 스스로를 실천적으로 스스로 인식할 수 있다는 관념을 추가했다.**38** 트론티는 과학을 혁명 계급의 편으로, 이데올로기를 보수 계급의 편으로 위치시키는, 과학과 이데올로기 사이의 구분을 자신의 것으로 다시 취했다. 하지만 트론티가 기술하는 진리 효과는 계급들 사이의 인식적 관계(이 관계에서 이론가는 투쟁하는 계급 내부로 스스로를 통합함으로써 자신의 역할을 수행한다)에 대한 실천적 전도에 온전히 기초해 있는 것이다.

　정치적인 것의 자율성에 관한 이러한 '프롤레타리아적' 정의를 자크 랑시에르가 '몫 없는 자들의 몫'part des sans part을 셈에 넣는 관념에 기초해 있는 평등의 정치를 정교 구성하는 방식과 비교해 보는 것은 흥미로운 작업일 것이다. 랑시에르는 전혀 마키아벨리적이지 않지만, 랑시에르와 마키아벨리라는 이 두 이론가가 '당파적'partiale이지 않은 '파당적'partisane 정치 입장 ― 어떠한 하나의 '몫' (그것이 '몫 없는 자'의 몫이라 하더라도)에 동일화 가능한 ― 이란 존재하지 않는다는, 그리고 지식과 권력의 지배적 분배로부터의 배제와 일치하지 않는 발본적 당파성이란 존재하지 않는다는 관념을 다른 이들보다 더욱 멀리 밀어붙인다는 점은 흥미롭다. 하지만 트론티에게 배제된 몫(혹은 바타유식으로 말해 '저주받은' 몫)은 그 어느 때보다도 더 하나의 실체적 계급, 그러니까 공장 노동자계급(트론티가 마르크스적 '프롤레타리아트'에 비해 더욱 특권화하는 경향이 있는)에 의해 구성되는 반면, 랑

38　최근 트론티는 노동자주의의 역사에 관한 개인적 대차대조표를 제시한 바 있다. *Noi operaisti*, Derive Approdi, Rome, 2009. 불역본으로는, *Nous opéraïstes. Le "roman de formation" des années soixante en Italie*, Éditions de l'Éclat, Paris, 2013.

시에르에게 이는 노동자와 특수한 관계를 전혀 맺고 있지 않은 하나의 '텅 빈' 계급(비록 이 계급이 매우 실제적인 온갖 종류의 사람들과 경험들로 채워진다고 해도)이어야만 한다. 물론 노동자가, 정치적 표상으로부터 자신이 배제된다는 점으로 인해, 역사적으로 이러한 자리를 차지하게 될 수도 있지만 말이다. 하지만 이러한 관념은 '보편적 계급' — 이 또한 발본적 부정성에 기반해 있는데 — 이라는 마르크스적 통념의 많은 것을 보존하고 있다.39

이러한 대안들과 대면시킴으로써 알튀세르의 담론은 더욱 흥미로운 것이 된다. 알튀세르의 담론은 1968년의 시론인 『레닌과 철학』에서 '철학이 과학의 곁에서 정치를 표상하고, 정치의 곁에서 과학을 표상한다'는 관념으로 소묘된다. 이러한 정식화는 극단들 사이에 어떠한 하나의 매개를 위한 자리를 남겨 두는데, 하지만 이러한 정식화는 철학자의 입장[위치]을 안정화하는 것으로 이어지지 않았다. 우리가 알다시피, 알튀세르는 철학자의 소명이 '자신의 개입 속에서 사라지는 것'이라고 결론 내린다.40 이후 알튀세르의 이러한 정식은 철학이 '이론에서의 계급투쟁'의 실존을 드러냄으로써, 그러니까 잠재하는 하나의 구조적 분할을 이 분할과 동시에 하나의 인식론적 기능 또한 수행하는 하나의 당파적 입장으로 변형함으로써, 과학 그 자체의 계급적 차원을, 그러니까 정치적 차원을 명료화하는 담론이라는 관념으로 변형된다. 알튀세르가 『존 루이스에 대한 답변』(1972)에서 설명했듯, 오직 [철학에 의해 수행되는] '이론에서의 계급투쟁'

---

39 Étienne Balibar, "Le moment messianique de Marx", in *Citoyen sujet et autres essais d'anthropologie philosophique*, op. cit. 그러나 랑시에르는 자신의 초기 시론들(1981년의 『프롤레타리아의 밤』, 1990년의 『정치적인 것의 가장자리에서』)과 가장 최근의 시론들(2005년의 『민주주의의 증오』) 사이에서 '몫 없는 자들의 몫'에 대한 자신의 정의를 변화시킨 것으로 보인다[랑시에르 저서들의 국역본으로는, 자크 랑시에르, 『프롤레타리아의 밤』, 안준범 옮김, 문학동네, 2021, 자크 랑시에르, 『정치적인 것의 가장자리에서』, 양창렬 옮김, 길, 2013, 전면개정판, 자크 랑시에르, 『민주주의는 왜 증오의 대상인가』, 허경 옮김, 인간사랑, 2011을 참조].

40 Louis Althusser, *Lénine et la philosophie*, Maspero, Paris, 1968, 이브 생토메Yves Sintomer에 의해 『마키아벨리의 고독과 다른 텍스트들』*Solitude de Machiavel et autres textes*(PUF, Paris, 1998)에 재간행되었다[『레닌과 철학』의 국역본으로는, 루이 알튀세르, 「레닌과 철학」(진태원 옮김), 박노자 외, 『레닌과 미래의 혁명』, 그린비, 2008에 실림 참조].

만이 이론으로 하여금 자신의 이데올로기적 조건화로부터 탈출할 수 있게, 그리고 진정으로 정치(와 역사)의 장 내에서의 과학이 될 수 있게 해준다. 결국 (알튀세르의 이러한 지적 변화가 [1980년 자신의 아내 엘렌Hélène Rytmann 살해로 인해] 난폭하게 중단되기 이전에) 우리는 이 문제에 대한 가장 명시적으로 변증법적인 정식화(비록 헤겔로부터는 매우 멀리 떨어져 있는 것이지만), '분파적 과학'science schismatique이라는 정식화(알튀세르가 마르크스주의와 정신분석학 모두에 적용하는)에 도달하게 된다.*41* '분열' scission 혹은 지속적 '분파화'schisme는 인식의 외적 조건뿐만 아니라 이 인식의 내적 발전 양식 또한 형성한다. 이는 이러한 유형의 인식적 분과 학문들 내에서 이 분과 학문들의 원리들이 해석의 갈등들에 항구적으로 종속되어 있다는 점만을 의미하는 것이 아니라, 또한 '경향들 사이의 투쟁'이 이 원리들의 대상을 탐구할 수 있는 그리고 가지성을 획득할 수 있는 그 유일한 가능성을 표상한다는 점 또한 의미한다. 그러나 이러한 투쟁이 그 역의 효과, 즉 적대에 의한 거세를 생산할 수도 있다는 위험을 피할 수는 없다. 그래서 이 적대는 인식이 지니는 하나의 양가적 규정인 것이다. 알튀세르적 용어로 말해, 이 적대는 성공 혹은 진보에 대한 그 어떠한 보증물도 내포하고 있지 않은 것이다.

여기에서 인식 주체의 탈국지화[탈위치화] 혹은 분할이라는 마키아벨리적 모델은, 그로부터 출발해 반정립적 편향들이 분기할 수 있는 그러한 텅 빈 자리로서의 정통성을 제외한다면 그 어떠한 정통성도 거부하는, '이단점'이라는 파스칼적 관념에 의해 과잉 결정된다. 따라서 진리 혹은 적합한 인식은 항구적 동요라는, 경향들 혹은 편향들 — 최종 심급에서 하나의 계급적 규정을, 혹은 정신분석학의 경우에서처럼 하나의 무의식적 규정을, 즉 정신적 경제를 위한 하나의

---

41 Louis Althusser, "Sur Marx et Freud"(1976), *Écrits sur la psychanalyse. Freud et Lacan*, Stock/IMEC, Paris, 1996 참조["Sur Marx et Freud"의 국역본으로는, 루이 알튀세르, 「마르크스와 프로이트에 관하여」, 이진숙·변현태 옮김, 『알튀세르와 라캉』, 윤소영 편역, 공감, 1996 참조]. 문자 그대로로는, 알튀세르는 '분열적'scissionniste 과학이라 말한다. '분파적 과학'science schismatique이라는 탁월한 등가어는 알튀세르 생전에 [그의 감수하에] VSA 출판사에서 1977년 출간된 롤프 뢰퍼와 페터 쇠틀러의 독일어 번역본에서 등장하는 것이다.

'이해 관심'을 가지는 ― 간의 갈등이라는 형태하에서만 존재할 수 있다. 하지만 '최종 심급'은 그 자체로 접근 불가능한 것으로 남아 있다. 이 최종 심급은 규정적인[규정하는] 것이지만 비규정되어 있다. 알튀세르의 출발점에서의 정식(즉 정치 곁에서의 과학의 표상과 과학 곁에서의 정치의 표상이라는 '이중적 표상')은 『군주론』의 헌정사에서 소묘된 위상학에 더욱 가까웠던 반면, 아마도 바로 이 지점[즉 '이론에서의 계급투쟁'에 관한 이후의 정식]이 '메타-갈등'이라는 슈미트적 도식과의 유비가 가장 흥미로워지는 곳일 것이다. 나는 마키아벨리적 장치가, 이론적 실천이 정치 과학의 '전지적' 모델들의 부적합성을 증명하고 또 하나의 다른 담론적 이상을 추구하기를 강제했을 때마다 매번 마키아벨리의 후예들이 이 마키아벨리적 장치를 단순화하지 않고서는 다시 취하거나 활용할 수 없었던, 다의적 장치라고 결론 내리고 싶다. 사실과 가치 사이의 분리에 기초한 과학에 대한 실증주의적이고 추상적으로 보편주의적인 개념화들에 반대해 우리가 인식을 위한 하나의 비판적 방법론을 추구하는 한에서, 항상 이는 우리의 다음 목표로 남게 된다.

5장
푸코와 '이단점'

1966년 가을 자신의 저서 『말과 사물: 인간 과학의 고고학』[1]의 출간은 그 즉시 미셸 푸코를 저명한 철학자로, 즉 우리가 푸코의 경쟁자로 삼게 될 장폴 사르트르에 맞먹는 문화계의 스타로 만들었다.[2] 푸코는 실존주의에 맞서, 그리고 더욱 일반적으로는 '주체의 철학들'과 이 주체의 철학들이 지니는 '인간주의적' 함의들에 맞서 '구조주의'의 투사로 등장했다(거대 언론들이 끊임없이 불을 지폈던 이 논쟁에서 이 주체의 철학들은 『말과 사물』의 저자 푸코로 인해 갑작스레 수세로 몰리게 되었다). 분명 이 『말과 사물』의 저자 푸코는 전혀 알려지지 않은 인물은 아니었으나 그의 명성은 학계 — 이 학계에서 푸코는 아직은 일급의 철학자로 간주되지 않았다 — 의 경계 바깥을 넘어가지는 않았다. 자신의 국가 박사 학위논문을 출간한, 푸코의 최초 주저 『광기와 비이성: 고전주의 시대 광기의 역사』*Folie et déraison. Histoire de la folie à l'âge classique*(1961)는 정신의학자들과 심리학자들 사이에서 논쟁을 일으켰다.[3] 몇몇 철학자들(특히 루이 알튀세르와 조르주 캉길렘)은 출간 즉시 자

---

1 피에르 노라가 책임 지도 했던 '인간 과학 총서'Bibliothèque des sciences humaines의 한 권으로 갈리마르Gallimard 출판사에서 출간되었다. 지금은 플레이아드 총서Bibliothèque de la Pléiade의 한 권으로 재출간되어 있다. 나는 초판에서 인용할 것이며, 이제부터 MC로 표기하도록 하겠다[본 번역의 경우에는 『말과 사물』로 생략 없이 표기하도록 하겠다].

2 이 연구의 원본은 "Foucault's Point of Heresy. "Quasi-transcendentals" and the transdisciplinary function of the episteme"(푸코의 이단점: '유사-초월론적인 것들'과 에피스테메의 횡단 분과 학문적 기능)라는 제목으로 *Theory, Culture & Society*, 2015, vol. 32(5-6), pp. 45-77에 실린 바 있다.

3 [옮긴이] 물론 푸코의 모든 저서들 중 최초로 출간된 것은 1954년의 『정신병과 인격』*Maladie mentale et personnalité*이다. 이 『정신병과 인격』의 1962년 개정판인 『정신병과 심리학』*Maladie mentale et psychologie*의 번역본으로는, 미셸 푸코, 『정신병과 심리학』, 박혜영 옮김, 문학동네, 2002를 참조.

신들의 학생들에게 이를 혁명적인 저서로 소개했지만, 이 저서는 시간이 지나서야 그리고 단순화된 제목으로 바뀐 뒤에야[즉 1972년 『광기의 역사』라는 제목으로 온전하게 재출간된 뒤에야] 위대한 참조물이 된다.[4] 우리는 푸코의 두 번째 주요 저서인 『임상의학의 탄생: 의학적 시선의 고고학』(1963) — 오직 몇몇 독자들만이 이 저서가 현상학 전통에 대한 온전한 형태의 이의 제기를 포함하고 있다는 점을 이해했다 — 에 대해서도 이와 동일하게, 하지만 이보다는 약한 강도로 말할 수 있다. 반면 이 두 저서와 달리, 비로소 『말과 사물』을 통해, (나 또한 그에 속하는) 한 세대 전체에게 앞으로 중요한 '철학극'이 될 바가 그 당시 우리에게 장엄한 것으로 보였던 방식으로 우뚝 솟아나게 된다.

그런데 역설적이게도, 이제는 푸코가 20세기의 세 명 혹은 네 명의 위대한 철학자들 중 하나로 간주되는 반면, 이 『말과 사물』이라는 저서는 문헌 연구의 견지에서 이 저서를 푸코의 사상적 진화에서의 하나의 '전회'를 입증하는 것으로 취급하는 경우를 제외한다면 아마도 가장 덜 읽히고 가장 덜 논의되는 저서일 것이다.[5] 여기에는 그 다양한 이유들이 존재할 수 있다. 이 저서는 기술적te-chnique이며 백과사전적이고, 그 구성은 복잡한 다이어그램들과 유형학들의 도움을 통해 어떤 특정 형식주의를 추구하고 있는 것으로 보인다. 자신의 인식론적 야심을 선언하는 이 저서는 아마도 매우 잘 '씌어진' 책이겠지만, 동시에 이 저서는 푸코의 이전 저서들 혹은 이후 저서들보다 더욱 난해한 스타일로 씌어져 있다. 『말과 사물』 출간 이후에 행해진 한 대담에서 자신의 지적 여정의 문제로

---

4 [옮긴이] 이 저서는 1961년 플롱Plon 출판사에서 『광기와 비이성: 고전주의 시대 광기의 역사』라는 제목으로 출간되었으며, 2년 뒤인 1963년부터 UGE(10/18) 출판사에서 『고전주의 시대 광기의 역사』라는 제목으로 축약본이 출간되고(이 축약본이 여러 나라 번역 판본들의 저본이 된다), 1972년 갈리마르 출판사에서 역시 『고전주의 시대 광기의 역사』라는 제목하에 온전한 모습으로 재간행된다.

5 하지만 여기에는 몇몇 탁월한 예외들이 존재한다. Diogo Sardinha, *Ordre et temps dans la philosophie de Foucault*, L'Harmattan, Paris, 2011과 Philippe Sabot, *Lire "Les Mots et les Choses" de Michel Foucault*, PUF, Paris, 2006, 그리고 Lucien Vinciguerra, *La Représentation excessive. Descartes, Leibniz, Locke, Pascal*, Presses universitaires du Septentrion, Villeneuve-d'Ascq, 2013까지……. 물론 독립적으로이기는 하지만 벨라스케스Diego Rodríguez de Silva Velázquez의 『시녀들』*Les Ménines*에 대한 푸코의 논의는 그에 대한 매우 많은 주해들을 생산했다.

되돌아오면서, 푸코는 이 저서를 '조르주 캉길렘을 만족시키기 위해' 썼다고 진지하지는 않게 선언했는데, 사람들은 놓치지 않고 이를 [『말과 사물』의 진정성에 대한] 푸코 자신의 부인으로 해석했다.6 7 푸코와 매우 긴밀하게 결합되어 있었던 '구조주의적 계기'가 결국 지나간 유행이 되어 버렸고, 푸코 자신은 이 구조주의와 거리를 두고서 스스로는 '구조주의자였던 적이 전혀 없다'고 주장하게 된다는 점을 여기에 추가하도록 하자.8 이는 푸코가 '고고학'의 모티프를 '계보학'의 모티프로 대체함으로써 인식론보다는 오히려 윤리학과 정치학을 건드리는 질문들로 돌아섰다는 사실과 최소한 표면적으로는 일관된 것으로 보이는 바이다.

그러나 여러 이유들이 1966년의 이 저서 『말과 사물』에 대한 오늘날의 시선을 정정하고자, 그리고 이 저서를 푸코 작업의 중심으로 다시 데려오고자 협력한다. 우리는 한편으로는 인간주의와 반인간주의라는 질문이, 다른 한편으로는 철학적 혹은 과학적 분과 학문으로서의 인간학[인류학]이라는 질문이 사상의 역사 전체에서 동일화 가능하지는 않다는 점 ― 비록 하나의 본질 혹은 하나의 규범으로서의 인간적인 것에 대한 개념화가 이 질문들 사이에서 하나의 상호성을 확립하기는 했지만 ― 을 알고 있다. 인간학의 영역에 온전히 속하는 '포스트휴먼'에 관한 현재의 논의들이 특히나 입증하고 있듯 말이다.9 이로부터 푸코가 『말과 사물』의 결론에서 다음과 같이 요약했던 논증에 대한 [요즈음의] 새로운 관심이 유래하는 것이다. "인간은 하나의 발명품, 그것이 최근에 만들어진 것임을 그리고 그것이 아마도 곧 종말을 맞이할 것임을 우리 사유의 고고학이 손쉽

6　[옮긴이] 여기에서 '진지하지는 않게 선언하다'는 se laisser aller à déclarer를 의역한 것이다. se laisser aller는 '그렇게 흘러가도록 내버려두다' 정도의 의미를 지니므로, 조금 의역해 '진지하지는 않게' 정도로 옮겼다. 이 문장은, 푸코는 진지하지 않게 얘기한 것을, 사람들이 역시 놓치지 않고 『말과 사물』의 의미를 저자인 푸코 자신이 부정한 것으로 얄궂게 해석했다는 점을 말하고 있다.

7　"Entretien de Michel Foucault avec Duccio Trombadori", n. 281, in *Dits et écrits*, tome II, Gallimard, 2001, p. 886을 보라[국역본으로는, 미셸 푸코·둣치오 뜨롬바도리, 『푸코의 맑스』, 이승철 옮김, 갈무리, 2004를 보라].

8　동일한 대담의 p. 880 이하를 보라.

9　Dominique Lecourt, *Humain, posthumain. La technique et la vie*, PUF, Paris, 2003을 보라[국역본으로는, 도미니크 르쿠르, 『인간 복제 논쟁』, 권순만 옮김, 지식의풍경, 2005를 참조].

게 보여 줄 수 있는 그러한 발명품이다."10 여기에, 근대 세계의 개념화들에 이 개념화들의 횡단 분과 학문적transdisciplinaires[또는 초학제적] 과학성의 모델들을 제공해 주었던 '표상'représentation의 코드들에 대한 질문과 보편(수)학mathesis univer-salis에 대한 질문을 취급하는, 인식론과 형이상학의 경계에 서 있는 새로운 연구들이 추가된다.11 12 결국 '비판'이라는 우리 관념의 기나긴 궤적 속에서(동시대 철학에서 모두 여전히 활동적인, 이 비판이라는 관념의 칸트적, 니체적 그리고 마르크스적 계기들과 함께), '권력'과 '지식'에 대한 절합(이 비판이라는 관념에 구성적인)은 지식의 제도와 적용을 지배하고 있는 이해 관심들에 대한 해명뿐만 아니라 인식과 담론의 서로 다른 형태들에 내재하는 배제 효과들에 대한 이해 또한 요구하는 것으로 보인다. 그런데 이 모든 지점들 위에서, 현대성의 거대한 두 계기들(정치적일 뿐만 아니라 지적인 사건으로도 간주되는 '부르주아혁명'[1789년 프랑스대혁명]이 취하는 그 이전과 이후라는 두 계기들) 사이의 인식적 차이를 형식화하기 위해 푸코가 행했던 시도는 우리 논의를 위해 우회 불가능한 하나의 출발점으로 나타난다. 바로 이러한 관점 내에 '고고학적' 방법의 몇몇 측면들 — 지금까지의 주해들에 의해 아직은 온전히 밝혀지지 않은 일정 부분의 신비를 포함하고 있는 것으로 보이는 — 을 고립시키는 방식으로, 나는 나 스스로를 [이러한 논의 내에] 위치시킬 것이다.

---

10 『말과 사물』, p. 398.

11 David Rabouin, *Mathesis Universalis. L'idée de "mathématique universelle" d'Aristote à Descartes*, PUF, Paris, 2009과 Lucien Vinciguerra, *La Représentation excessive. Descartes, Leibniz, Locke, Pascal*, Presses universitaires du Septentrion, Villeneuve-d'Ascq, 2013를 보라. 이 논문의 결론에서 나는 이 빈치게라의 책으로부터 중요한 시사점을 가져올 것이다.

12 [옮긴이] 푸코의 『말과 사물』과 관련해서 représentation은 많은 경우 '재현'으로 정당하게 옮겨진다. 하지만 이 재현이라는 역어로 이 통념의 모든 의미가 남김없이 표현되는 것이 아닌 데다 재현으로 옮기기 힘든 경우도 적지 않아, 고심 끝에 (문제의 여지는 분명히 있으나) 재현보다 조금 더 외연이 넓다고 판단되는 '표상'으로 représentation을 모두 옮기도록 한다. 독자들은 이 표상이라는 역어가 재현이라는 역어가 될 수도 있었음을 인지하기를 바란다.

복합적 장치¹³: '이단점들'

푸코에게 『말과 사물』에서의 고고학적 탐구의 지도 원리를 제공해 주는 범주를 에피스테메épistémè — 우리는 이 에피스테메라는 범주에 '인식적 장'champ épistémique이나 '인식적 불연속성'discontinuité épistémique과 같은 표현들을 추가할 수 있다 — 로 간주해야 한다는 점에는 사람들의 의견이 일치한다.¹⁴ 푸코의 『말과 사물』에서 때때로 이 에피스테메라는 범주는 '실증성 체계'système de positivité 혹은 아주 단순하게 '지식'savoir('과학'science[혹은 학문]과는 세심하게 구별되는)으로 대체된다. 이 에피스테메라는 범주는 다음과 같은 삼중의 기능을 수행한다. 첫 번째 기능은 담론들 간의 (그리고 외부에서 검토[분석]되는 바로서의 지식 — 이러한 검토는 지식의 담론적 규칙들에 대한 분석을 특권화함으로써 수행된다 — 에 대한) 시기 구분pério-disation이며, 두 번째 기능은 하나의 에피스테메가 주어진 하나의 분과 학문을 공리적으로 정초하는 개념들 혹은 가정들의 체계를 명명할 뿐만 아니라 또한 이와는 반대로 이 분과 학문들 중 여럿(결국 생물학, 경제학, 문헌학)의 발전을 특정한 계기에 동시적으로 명령하는 그리고 이 분과 학문들의 담론들 사이에서의 형식적 조응과 번역 가능성을 돌발케 하는 그러한 통념들과 질문들의 체계도 명명한다는 점에서의 횡단 분과 학문적 통일성이며, 마지막으로 세 번째 기능은, 푸코가 동일한 용어를 가지고 이후에 행하게 될 활용들을 일단 한편으로 치워 둔다면, 여기에서 내가 적절한 질문들 — 담론들이 구성하는 특정한 질서의 중심에서 제기될 수 있는 — 과 (이와의 상관성 속에서) 대상들 — 이 담론들이 구성하는 특정한 질서가 조직하는 경험에게 가시적이거나 가시적이지 않은 — 을 식별하는 이중의 지적 제스처라고 정의할 바, 즉 문제화이다.

이 지점에서 우리가 취급하는 이 에피스테메라는 인식론적 장치는 매우 강

---

13 [옮긴이] '복합적 장치'에서 '복합적'은 complexe를 옮긴 것으로, 간단히 '복잡한' 정도로 이해해도 큰 문제는 없다.

14 [옮긴이] 이 텍스트에서 모든 épistémè 즉 '에피스테메'는 이탤릭체로 씌어져 있지만 몇몇 예외를 제외한다면 이제부터는 이를 살리지 않도록 하겠다.

력한 역량을 지니는 것이다. 이 에피스테메라는 인식론적 장치는 푸코로 하여금 자신이 연구하는 분과 학문들 사이의 일련의 유사성들analogies 전체를 (현상학적 기술description에서 합리적 재구축으로 이행함으로써) 밝혀낼 수 있게, 그리고 지식의 '고전주의적' 시대(유형학typologies 혹은 박물지histoires naturelles의 시대)에서 이 지식의 '근대적' 시대(발전développement 법칙과 역사적 진화évolutions의 시대)로의 이행에 대한 하나의 새로운 해석을 제시할 수 있게 해주었다. 과학사의 영역에서, 푸코는 이 에피스테메라는 인식론적 장치로부터 생물학과 인류학에서의 진화론적 이론들의 기원에 관한 하나의 도발적인 개념화를 특히 이끌어 냈다(역설적인 방식으로 몇몇 '비진화론적'fixistes 논거들을 이 진화론적 이론들의 가능 조건으로 만듦으로써 말이다). 이 지점에 대한 푸코의 테제들은 분명 논박 불가능한 것은 전혀 아니지만, 이 푸코의 논거들을 손쉽게 치워 버리는 것은 더 이상 가능하지 않게 되었다.[15]

하지만 이는 에피스테메라는 통념이 너무나도 많은 난점들을 내포하게 되는 것을 가로막지 못한다. 이 난점들 중 몇몇은 푸코가 비교하기를 원하는 두 개의 잇따르는[연속적인] 에피스테메들의 구축 속에 포함되어 있는 분과 학문들에 대한 자의적ad hoc 선택처럼 보이는 바에 관한 것이다. 왜 푸코가 그렇게 하듯, '생물학'과 '경제학'으로 완전히 환원 가능하지 않은 사회학이나 심리학이 아니라 바로 이 두 학문을 근대 에피스테메에 포함해야 하는가?[16] 하지만 가장 커다

---

15 물론 이 두 질문 사이에는 하나의 긴밀한 연관이 존재한다. 왜냐하면 에피스테메들 사이의 발본적 불연속성이라는 테제는 푸코로 하여금 고전주의 시대 — 이 고전주의 시대에서 지식은 변화가 아니라 질서의 도식에 의해 지배되어 있다 — 내에서의 진화론적이고 역사주의적인 도식들에 대한 '예상'이라는 관념 전체를 거부하도록, 그리고 모든 반대 사례들을 인식론적 관점에서 중요하지 않은 것으로 제시하도록 강제하기 때문이다. 이 지점에 관해서 우리는 라마르크, 퀴비에Georges Cuvier 그리고 다윈 사이의 관계에 대한 푸코의 해석을 둘러싼, 조르주 캉길렘이 『말과 사물』의 출간 이후에 조직한 거대한 토론을 참조할 수 있다. Michel Foucault, "La situation de Cuvier dans l'histoire de la biologie", in *Dits et écrits*, tome I, op. cit., pp. 898-934(또한 프랑수아 다고네François Dagognet와의 이전 토론도 참조)을 보라. 그리고 Georges Canguilhem, *Œuvres complètes*, vol. V, op. cit., p. 357("Georges Cuvier. Journées d'études organisées par l'Institut d'histoire des sciences de l'Université de Paris")도 보라.

16 서로 매우 다른 국민적 역사들에 뿌리 박혀 있는 언어적 제약들이 여기에서 중요한 역할을 수행하고 있는 것으로 보인다. 자신의 국적과 자신이 받은 교육으로 인해, 푸코는 (최초로는 말브랑슈가 '신에 대한 과학'에 맞서 제시했던) '인간에 대한 과학'science de l'homme, 그리고 이후에 등장하는 '인간

176

란 난점 — 최소한 철학자들에게는 — 은 에피스테메에 부여된 역사 기술적his-toriographique 기능과 이 에피스테메의 논리-초월론적 구축 사이의 내적 긴장들에 관한 것이다. 한편으로, 지식이 그 사이에서 분배되는 그리고 지식이 그 가운데에서 조직되는 그러한 계기들은 이론적 통일성들[단위들]unités을 형성하는데, 그러나 이 계기들은 연대기적으로 잇따르는[연속적인] 것으로도 제시된다. 이것이 근대성에 대한 고전적 역사 도식을 재생산하는 것이다. 그래서 이로부터 반역사주의적 역사성historicité antihistoriciste이라는 기이한 효과가 생산된다. 푸코는 지식의 역사에 대한 하나의 '메타 서사' — 그 안에서 독립적 '변동들'mutations을 사고하기 위해 진보라는 관념은 금지될 — 를, 이 지식의 대상들에 대한 문제화의 서로 양립 불가능한 양상들을 서로 간 분리함으로써 구축하는 것으로 보인다. 아마도 이는 '역사의 의미[방향]'라는 관념을 제거하는 것으로 나아가기보다는 이 역사의 의미[방향]에 대한 하나의 더욱 미묘한 판본을 제시하는 것으로 나아갈 것이다. 중심적 절단이 고전주의적 에피스테메(이 고전주의적 에피스테메에서 지식은, 담론의 절합들이 실재의 절합들에 적합하게 조응하거나 이 실재에 대한 '표상'을 제공해 준다는 점을 이끌어 내면서, '질서'의 공리계에 의해 지배된다)와 근대적 에피스테메(이 근대적 에피스테메에서 지배적 범주는 현상들의 역사성이라는 범주인데, 이 현상들의 역사성이라는 범주의 동력은 표상 — 이 표상의 중심에서 이 동력이 도주선의 가능성을 항구적으로 개방한다 — 이편에 놓여 있는 것으로 간주된다)를 분리한다. 이러한 변동은 칸트에게서 그 특권화된 해석자를 발견하는, 그러한 혁명적 시기 동안 생산될 것이다. 따라서 혁명의, 그리고 이 혁명이 그것과 일치하는 지적 휴지기의 '이전'과 '이후'가 존

과학'sciences humaines — 이 표현의 기원은 관념학자들idéologues, 그리고 그 뒤를 이은 생시몽Claude Henri de Rouvroy Saint-Simon과 오귀스트 콩트에게서 발견된다 — 이라는 표현들이 등장하는 프랑스적 전통에 속한다. 결국 이러한 전통은 17세기 이후부터 사실상 중단 없이 이어져 왔던 것이다. 반면 영미 세계를 지배하는, 그리고 이 인간 과학의 단지 부분적인 등가물인 '사회과학'social science(William Thompson, 1824)은 더욱 최근에 만들어진 용어이다. 18세기 말부터 딜타이Wilhelm Dilthey가 이 용어의 의미를 '고정'시키는 때에 이르기까지 그 의미가 계속 변동하는 정신과학Geisteswissenschaften이라는 독일어 통념에 대해 말해 보자면, 이 용어는 치유 불가능하게 유심론적인 것으로 간주되어 프랑스적 전통과 영미적 전통 모두에서 추방된다……

재하는 것이다.[17] 하지만 최초의 불연속성(푸코는 이 최초의 불연속성이라는 관념을 보르헤스 글의 한 구절에 대한 독해가 생산하는 부조리의 감각과 결합한다[18])을 할당하기 위해서는 푸코에게 하나의 전사préhistoire를, 즉 이전의 이전d'avant l'avant의 역사 ― 이 역사에서 고전주의적 범주들은 아직 작동하고 있지 않을 것이다(즉 중세 후기와 르네상스 사이의 '닮음'ressemblance의 시기) ― 를 환기하는 것이 필수적인 일로 보이는 것과 마찬가지로, 인간학적 한계들에 관해 우리가 오늘날 취하는 의식은 '우리'nous(즉 서구 지식의 담지자)가 이후의 이후après l'après의 문턱에, 즉 사유의 요소로서의 '언어의 회귀'가 지시해 줄, 포스트휴먼적이고 포스트역사적인 시기로 들어서는 지점에 서 있음을 지시해 주는 것으로 보인다. 다른 한편으로, 분과 학문들의 경계를 횡단하는 불변 항들 ― 즉 (후설에게서 여전히 살아 있는 아리스토텔레스적 전통에 의해 금지된) 다른 종으로의 이행metabasis eis allo genos의 작동자들 ― 이 과학적 문제들의 정식화를 위한 가능 조건들로서임과(예를 들어 특질car-actères[혹은 형질]의 부여를 유형types의 정의와 어떻게 절합할 것인지라는, 동일한 시기에 박물지와 부의 분석에서 그러한 것과 마찬가지로 고전 문법에도 해당되는 질문) 동시에 경험 내에서 대상들에 대한 재인reconnaissance을 위한 가능 조건들로서도('단어'와 '랑그', '동물'과 '식물', '교역'과 '부' 등등) 칸트적 방식으로 제시된다. 이로부터 에피스테메가 합리성의 선험적a priori 조건들 ― 경험적 담론들을 구조화하는 ― 의 등가물이

---

17 여기에서 중요한 것은 바로 이 지적 휴지기이다. 하지만 우리는 이 지적 휴지기가 혁명의 '시간' 혹은 이 혁명의 '계기'와 일치하도록 만들 수는 없다. 이후 푸코는 최소 한 번은 '원선택'choix originel ― 이는 철학의 영역과 지식의 영역에서의(그러므로 이 두 영역 모두를 함께 취하는 '문화'의 영역에서의) 기원에 대한 선택choix d'une origine을 의미한다 ― 에 대해 말하면서 이 주제로 되돌아온다. 푸코가 학술지 『분게이』*Bungei*를 위해 시미주T. Shimizu 그리고 와타나베M. Watanabe와 행한 인터뷰를 보라. "Folie, littérature, société", in *Dits et écrits*, tome I, op. cit., p. 974.

18 『말과 사물』의 서문에 등장하는 다음의 구절을 보라. "이 책은 보르헤스의 한 텍스트로부터 세상에 태어난다. 즉, 보르헤스의 이 텍스트에 대한 독해 속에서 사유의 ― 그러니까 우리의 시대와 우리의 지리를 자신의 조건으로 가지는 우리 사유의 ― 모든 친숙함들을 (질서 지어진 표면들 전체를 그리고 군집된 존재들을 우리를 위해 정리시켜 주는 평면들 전체를 뒤흔들면서, 그리고 대문자 동일자와 대문자 타자에 대한 태곳적부터 시작된 우리 실천을 오랫동안 동요시키고 불안정하게 만들면서) 뒤흔드는 웃음 속에서부터 말이다"(『말과 사물』, p. 7).

라는 관념이 도출된다.

에피스테메를 개념화하는 이러한 두 가지 방식은 서로 대립되는 철학적 방향들로 뻗어 나간다. 푸코로 하여금 이 두 가지 방식을 화해시킬 수 있게 해주는 것은 그가 에피스테메를 '역사적 아프리오리'a priori historique — 신칸트주의로부터 아마 무언가를 빚지고 있는 것으로 보이지만, 오히려 후설로부터의 차용물인, 하지만 현상학에 대항하는 것으로 전도된 차용물인 것으로 드러나는 — 로 정의했다는 것이다.[19] 하지만 그럼에도 역사적 아프리오리라는 이러한 통념은 극도로 취약하다. 이 통념이 모순어법을 통해 난점을 표상하는 하나의 단순한 방식이 아니라고 가정한다면, 이 통념은 문화주의적 유사성들(이 문화주의적 유사성들에서 에피스테메들은 사유를 집합적 동일성들과 사회적 변형들 아래로 종속시키는 문화적 규정 체계들로 사고된다)과 '[대문자] 존재의 역사'라는 하이데거적 모티프의 암묵적 반복(이 하이데거적 모티프에서 지식은 하나의 합리성이라기보다는 진리의 상실이 구성하는 태곳적 비밀의 순간적 섬광 — 연속적인 형상들을 취하고 있는 — 이다) 사이에서 진동할 수밖에 없다. 캉길렘과 같이 푸코에 그토록 고집스레 비판적이면서도 우호적이었던 독자 또한, 자신이 '모든 당파들의 인간주의자들' 사이의 동맹이라 조롱조로 불렀던 이들이 푸코에 반대하기 위해 퍼부은 격렬한 비난들에 맞서 푸코의 이 저서 『말과 사물』을 옹호하기 위해 쓴 서평에서조차 이러한 난점을 지적했다.[20]

19 Ernst Cassirer, *La Philosophie des Lumières*, Fayard, Paris, 1966의 프랑스어 번역본에 붙인 푸코의 서문을 참조. 『임상의학의 탄생』, 『말과 사물』 그리고 『지식의 고고학』 사이에서 '역사적 아프리오리' 통념의 의미와 정교 구성에 관해서는(특히 『지식의 고고학』의 3편 4절 전체는 이 통념을 정의하는 데에 할애되어 있다), Jean-François Courtine, "Foucault lecteur de Husserl. L'a priori historique et le quasi-transcendantal", *Giornale di Metafisica*, XXIX(2007), pp. 211-232(그리고 이제는 '1960년대 프랑스 철학의 반헤겔주의'L'antihégélianisme dans la philosophie française des années 1960 — 이 역사적 아프리오리라는 개념의 정교 구성이 1950년대 푸코, 알튀세르 그리고 자크 마르탱Jacques Martin의 공통된 작업으로까지 거슬러 올라가는 것이라 주장하는 — 에 관한 곧 단행본으로 출간될 장바티스트 뷔유로의 박사학위논문 또한 참조하라 ―발리바르가 2019년 추가한 언급).

20 Georges Canguilhem, "Mort de l'Homme ou épuisement du cogito", 최초로는 *Critique*, n. 242, 1967년 7월에 출간되었다. *Œuvres complètes*, tome V: *Histoire des sciences, épistémologie, commémorations 1966-1995*, Vrin, Paris, 2016, pp. 189-214에 재간행되었다.

그러나 이 글에서 내가 하고자 하는 바는 이 토론들을 오늘날 다시 시작하는 것이 아니다. 오히려 내가 하고자 하는 바는 이 토론들이 다음과 같은 하나의 논점을 그토록 오랫동안 한편으로 치워 두었던 만큼 자신들의 한 부분이 결여된 채 남아 있다는 점을 보여 주는 것이다. 푸코의 저서 『말과 사물』에서 에피스테메라는 범주는 그것이 또 하나의 다른 범주, 즉 이단점point d'hérésie이라는 범주와 맺는 그 상관관계와 독립적으로는 홀로 서지 못하고 아무런 의미도 가지지 못한다는 논점을. 에피스테메와 이단점이라는 변증법적 쌍을 이렇게 구성한 것은 담론적 지식이 취하는 내속적으로 갈등적인 차원을 지시하기 위한 것이다. 그러나 나는 에피스테메와 이단점 간의 이러한 상관관계가 '이단점'이, 비록 이 이단점이 여러 장소에서 명시적으로 등장하기는 하지만, 많은 경우 다른 이름들로 혹은 대체어들로 원용된다는 사실로 인해 푸코의 이 저서 『말과 사물』에서 직접적으로 명백히 드러나지는 않는다는 점을 인정한다. 게다가 에피스테메와는 달리, 이 이단점은 『말과 사물』에서 명시적 정의의 대상이 된 적이 없다. 이 에피스테메들에 대한 기술description 속에서 출현하는, 이 에피스테메들에 대한 과잉 결정이라는 형태하에서가 아니라면 말이다. 이단점이라는 통념에 대한 이러한 은폐는 일종의 '도둑맞은 편지'의 지위를 가지고 있다는 점을 반드시 지적해야만 한다. 왜냐하면 이단점들의 존재와 그 분석을 위한 전략적 기능이 푸코의 이 텍스트[『말과 사물』] 내에서 식별되자마자, '인식적 장'이란 무엇인지를 이해할 수 있게 해주는 두 항(즉 이단과 에피스테메) 사이의 절합이 정확히 무엇인지를 인식하게 되기 때문이다. 이 인식적 장이 구조화하는 것, 이 인식적 장이 포함하는 것, 혹은 이와는 반대로 이 인식적 장이 자신의 작동으로부터 배제하는 것, 그러니까 모든 에피스테메에는 한계들 — 이 한계들에 대한 위반[월경]transgression 또한 하나의 역설적 '경험'에 속한다 — 이 존재한다는 관념이 의미하는 것이 바로 이것이다. 따라서 나의 첫 번째 목표는 푸코의 텍스트 내에서 이단점의 기입들 전체 — 이 기입들 전체가 남기는 흔적은 그것이 처음에는 잘 보이지 않음에도 나에게 이론의 여지 없이 존재하는 것으로 보인다 — 를 지적하는 것이다.[21]

분명 이 이단점이라는 표현은 푸코에게서 그리고 그의 동시대인들 중 몇몇에게서 편재하고 있는 일련의 다른 통념들 혹은 준개념들과 친연적 관계를 맺고 있다.22 하지만 엄밀한 의미에서 이 이단점이라는 표현은 (『지식의 고고학』에서 제시된 이론적 전개와의 상보성 속에서) 『말과 사물』의 언어에 특징적인 것이다. 문자 그대로로는, 『말과 사물』에서 이 이단점이라는 표현은 다음과 같은 두 가지 맥락에서 세 번 등장한다. 우선, 내속적 의미를 지니지 않는 더욱 기초적인 단위들(음 혹은 문자)로 단어들을 해체하는 것과 '어근'과 같은 원초적 의미 요소들로 이 단어들을 해체하는 것 사이의 인식적 선택이 제시될 때의(『말과 사물』, pp. 116, 117) 일반문법에 대한 기술 속에서. 그다음으로, '기호'로서의 화폐에 관한 이론들과 '상품'으로서의 화폐에 관한 이론들 사이의 인식적 갈등이라는 문제를 취급할 때의(『말과 사물』, pp. 193, 194) 고전주의적인 부의 분석에 대한 기술 속에서. 이러한 딜레마는 가치가 지니는 '심리학적' 토대로서의 재화의 유용성(리샤르 캉티용의 관점)과 가치가 지니는 토대로서의 자연의 생산성(중농주의자들의 관점) 사이의 양자택일 — 푸코가 "우리에게 친숙한 이단점"(『말과 사물』, p. 204)으로 지시하는 — 로 더 뒤에서 재출현한다. 그런데 이러한 관념 — 동일한 지식 장치(예를 들어 화폐를 하나의 '담보물'gage로 정의한다는 사실)의 전개 중에, 혹은 그 결과(물론 이 결과는 자의적인 것이긴 하지만)가 동일한 전제들에서부터 출발하는 하나의 필연적 반정립으로부터 도출되는 선택의 전개 중에 독사들doxai(억견opinions, 판단jugements, 입장positions) 사이에서 제시되는 분기bifurcation라는 관념23 — 이 이단을 명시적으로

---

21 영어로 이 시론을 집필하고 출판한 뒤, 기쁘게도 나는 위반이라는 문제와 '이단점'이라는 질문이 맺는 관계 속에서 푸코에게서의 이 이단점이라는 질문을 남김없이 취급하는 또 다른 분석을 발견하게 되었다. Robert Harvey, *Sharing Common Ground. A Space for Ethics*, Bloomsbury Academic, Londres, 2017을 보라.

22 푸코와 다른 이들에게서 존재하는 '점', '선', '공간', '장', '신체', '표면', '띠', '차원', '깊이' 등과 같은 위상학적 어휘에 대한 온전한 연구에 착수하는 것은 흥미로운 작업이 될 것이다. 이러한 측면에서 이미 진행된 연구로는 Diogo Sardinha, *Ordre et temps dans la philosophie de Foucault*, op. cit. 참조.

23 "하지만 만일 우리가 이와 동시에 이것들 모두를 가능케 만들었던 지식에 대해 탐구해 본다면, 우리는 대립이 표면적인 것임을 간파하게 된다. 그리고 또한, 만일 이 대립이 필연적인 것이라면, 이는

원용할 필요성 없이 제시될 수 있다는 점을 즉시 지적하도록 하자.24 많은 경우 '선택점'point de choix, '선택의 갈래'fourche de choix, '억견의 실제 선택'choix réel d'opinions 혹은 '양자택일'alternatives과 같은 등가적 표현들을 통해서만 이 이단이라는 관념은 텍스트로 되돌아온다.25 만일 우리가 이단점의 이 모든 변형태들까지도 고려한다면, 『말과 사물』에서 이 이단점이라는 범주의 분배는 훨씬 더 광범위한 것이, 그뿐만 아니라 훨씬 더 복잡한 것이 된다. 우리가 해명해야만 하는 것은 바로 이러한 푸코의 활용 전략이 취하는 대상이다.

'이단점'의 세 가지 유형

이 지점에서, 이단점을 지칭하는 이러한 변형태들이 푸코가 '이단'hérésie이라는 어휘를 그 어원적 의미에서, 그러니까 양자택일적 가능성들 사이에서의 '선택'choix이나 '결정'décision을 의미하는 그리스어 하이레시스hairesis에서 가져온다는 사실에 의해 손쉽게 설명된다는 점을 곧바로 지적하도록 하자. 우리 [서구] 문화에서 이러한 의미는 종교적 제도와 담론의 역사에 긴밀하게 연결되어 있다. 고대의 신학자들(특히 이레네오)은 '이단들'을 도그마dogme에, 그러니까 교회의 권

오직 필요 불가결한 선택의 갈래만을 규정된 한 지점 위에서 마련해 놓는 유일한 하나의 배치에서부터 출발해 그러한 것이다"(『말과 사물』, p. 193). 이 문장은 상당히 뒤틀려져 있는 것임을 지적하자. '표면적 대립'에서부터 출발해 이 문장은 '필요 불가결한 선택'(이 선택이 에피스테메의 깊숙한 곳에 뿌리박혀 있다는 점에서)으로 귀결되기 때문이다. 이 비유에 관해서는, Diogo Sardinha, *Ordre et temps dans la philosophie de Foucault*, op. cit.을 보라.

24 [옮긴이] opinion은 조금 어색하더라도 그 철학적 맥락을 살펴 '의견'보다는 '억견'으로 대부분 옮겼다.

25 파리고등사범학교의 인식론 서클 회원들이 푸코와 행한 토론 — 처음에는 『분석잡지』*Cahiers pour l'Analyse*에 출간된(피터 홀워드Peter Hallward와 녹스 패든Knox Peden의 노고로 출간된 고증판본을 참조, http://cahiers.kingston.ac.uk) — 의 발전되고 복잡화된 판본인 『지식의 고고학』(1969)에서, 푸코는 '선택점'이라는 어휘만을 활용하며, 이 글에서 내가 『말과 사물』로부터 식별하는 이단점의 특징들 중 몇몇만을 포함하는, 이 이단점에 대한 더욱 형식적인 정의를 제공한다.

위가 정당한 것으로 인정한 억견에 대립되는 독트린들로 정의했는데, 이 독트린들[즉 '이단들']의 오류는 '잘못된 선택'(혹은 '거짓의 선택', 그러니까 악의 선택)을 행한다는 데 있을 뿐만 아니라 또한 도그마에 대한 하나의 해석[만]을 일면적인 방식으로 선택한다는 사실에도 정확히 놓여 있다.[26] 여기에 함축되어 있는 관념은, 신학적 진리의 언표 작용이 취하는 역설적 조건을 형성하는 바가, 성육화 incarnation(신임과 동시에 [대문자] 인간인 그리스도의 이중적 본성)와 구원(인간의 자유로운 행위와 동시에 신의 까닭 없는 지고한 은총으로부터 결과하는 바로서의)이라는 근본적인 두 가지 도그마들을 통해 확인할 수 있듯 정확히 대립물들 간의 통일이라는 것이다. 나의 가설은 푸코가 기억을 통해[프랑스에서 젊은 시절 받은 교육에서 기억해 냈거나 아니면 프랑스의 지식 전통 전체에서 가져왔거나], 그리고 아마도 심지어는 이러한 신학적 활용에 대한 의도적 전위 — 어원적 연속성을 통해 행해지는 — 를 통해 '이단점'과 '선택점'을 활용했다는 것이다. 이러한 전위는, (에포케épochè에서 그러한 것처럼) 신학적 테제들에 대한 직접적 참조 전체를 '중단'하지만, '도그마적 양자택일들'(억견의 선택들 혹은 지적 입장의 선택들)이 제시되는 곳 어디에서든 진리의 기능(푸코가 나중에는 진리 진술véridiction의 양식이라고 부르게 될 바)이 이러저러한 '이론'이 독립적으로 검증되거나 반박된다는 사실이 아니라 반정립적 명제들의 체계가 원리 혹은 공리계에 대한 해석의 가능성들을 내부적으로 분할한다는 사실에 준거한다는 관념을 보존하고 있다.

그런데 우리는 여기에서 한 걸음 더 나아갈 수 있다. 나는 푸코가 담론의 고고학 안에서 지식(에피스테메)과 선택(하이레시스)을 절합하는 방식을 최소한 비스듬하게[즉 간접적으로] 지배하고 있는 바가 바로 이 동일한 질문에 대한 파스칼의 취급에 준거하는 것이라고 생각한다.[27] 파스칼이 은총과 구원 사이의 관계라

---

26 이러한 독트린의 원천은 이레네오의 논고인 『이단 논박』Adversus haereses(180절)이다. Jean Daniélou & Henri-Irénée Marrou, *Nouvelle histoire de l'Église*, 1권, Seuil, Paris, 1965를 보라.

27 이미 나는 '진리의 역사'와 관련해 푸코에게서의 파스칼적 원천을 환기할 기회를 가졌던 바 있다. 푸코에게서 이 진리의 역사는 『팡세』에 등장하는 하나의 도발적 명제와 만나게 되는데, 이 명제가 바로 철학적 언어에서 푸코 이전까지 사라졌던, '교회의 역사는 진리의 역사라 고유하게 불려야

는 질문을 둘러싸고 예수회 수도사들과 논쟁을 벌일 때(그래서 결과적으로 예정설과 관련해 그리스도교 독트린들 간의 '분열'에 개입하게 될 때), 파스칼은 증명의 '기초들'(즉 공리들)을 그 자체 증명 불가능한 것으로 간주하는, 논리학자와 수학자로서의 능력을 발휘한다. 파스칼은 정통성과 이단들 사이의 관계에 관한 하나의 발본적 정의, 즉 신학 내 부정신학via negativa — 교회와 진리의 제도에 적용되는 — 의 한 변형태(게다가 우리는 이 변형태에 관해 그것이 그 자체로 이단적인 것은 아닌지 질문해 볼 수 있다)인 그러한 정의를 제출한다. 정통성의 대상은 믿음의 '신비들'(혹은 그에 대한 어떠한 '합리적' 설명도 가능하지 않은 계시된 진리들)이기에, 참vrai의 실증성에 대한 가지적 현시présentation와 같은 것은 전혀 존재할 수 없다. 가능한 유일한 검증은 자신들 사이에서 양립 불가능한 표상들 — 이 현시를 반박하는 — 에 관한 동시적 부정, 다르게 말해 대립적 '오류들'로 빠지는 것을 피하기 위한 부단히 반복되는 노력이다.[28] 파스칼에게서와 마찬가지로 푸코에게서도, 대립물들 간의 통일coincidentia oppositorum을 사유의 내속적인 한 특징으로 만드는 '변증법적' 도식들은 화해 혹은 부정의 부정이라는 목적론적 과정 전체와 구별된다.

그 서로 다른 이름 아래, 이러한 이단점은 서로 다른 수준에서 연속적으로 적용되면서 『말과 사물』로 규칙적으로 되돌아온다. 이러한 확장은 에피스테메 개념의 점진적 변형들을 동반하는 것으로 보이며, 결과적으로 우리가 이 에피스테메 개념의 기능을 이해하는 것을 도와줄 것이다[이단점의 세 가지 유형은 다음 (1, 2, 3)과 같다].

1. 고전주의 시대에, 각각의 실증성 장 혹은 분과 학문 영역은 표상의 기능들, 즉 '말하기'(단어들을 언표하기), 자연적 종들을 '분류하기', 재화를 '교환하기'

한다'이다(본서의 3장을 보라). 분명 이 두 가지 질문은 서로 독립적이지 않다. 『말과 사물』에서 푸코는 '진리의 역사'를 실천한다. 비록 푸코가 이를 그렇게 명명하지는 않으면서 실천하는 것이기는 하지만 말이다.

28 이러한 독트린은 『은총에 관한 저술들』에서 명시적으로 설명되지만, 이 독트린은 『시골 친구에게 보낸 편지』와 『팡세』의 입론의 기저에도 숨겨져 있는 것이다. 나의 시론인 「교회의 역사는 진리의 역사라 고유하게 불려야 한다」(본서의 3장)를 참조.

2부. 이단점들

중 하나에 조응하는 그러한 하나의 이론적 대상을 고립시킨다.[29] 이 표상의 기능들 각각은 하나의 혹은 여러 이단점을 제시한다. 이 기능들의 중요성은 동일한 통념('의미' 혹은 '가치'와 같은)에 대한 경쟁하는 해석들 간의 단순한 차이에서부터, "[분과 학문 -발리바르]을 하나의 랑그로 구성하는 두 가지 방식들"을 대립시키는 분기("가능"함과 동시에 "필요 불가결"한) — 그리고 린네의 체계와 뷔퐁의 방법 사이의 선택(박물지의 형성 전체에 핵심적인)이 그러한 것처럼 그 "나머지 모두는 논리적이고 필연적인 결과에 불과한"데 — 에 이르기까지 뻗어 있다(『말과 사물』, p. 152). 표상의 장 내에서, 다시 말해 고전주의 시대를 지배하는 에피스테메의 장 내에서, 우리가 이 장의 구조를 그 이단점들을 식별하지 않고는 기술할 수 없다는 점은 명확하다. 하지만 이보다 더욱 정확한 방식으로 다음과 같이 말하도록 하자.

1.1. 지각 가능한 것과 말할 수 있는 것에 엄격한 조건들을 할당하는 인식적 장에 내적인 것으로서의 이단점들은 "개인들, 환경들, 사회집단들에 따라 작동되는 선택들" — 개인적이고 독트린적인 논쟁의 형태로 이 선택들을 제시하는 것은 전통적 관념사로 하여금 몇몇 저자들의 억견들을 서로 맞세울 수 있게 해주는 지도 원리를 이 전통적 관념사에 제공해 준다 — 의 완전한 반대물[이와는 완전히 반대되는 것]이다(『말과 사물』, p. 89). 푸코의 고고학은 이단점들을 주관적 선택들(심지어 어떠한 하나의 역사 내에 위치해 있는)로 만들지 않으며, 대신 지식의 한 '배치'의 중심에서 열려 있는 객관적 가능성들로 만들어 낸다. 결과적으로, 이단점들은 지식이 그 '주체들'에게 남겨 놓는 (제한된) 자유의 정도를 예증하며, 저자의 기능이 무엇에 놓여 있는지를 이해할 수 있게 해준다. 즉, 저자의 기능은, 대상과 경험에 대한 하나의 새로운 가지성 원리가 돌발하자마자, 지식의 조직 내에 잠재적으로 현존하고 있는 반정립적 가능성들을 현행화하는 것이다. 이렇

---

29   이러한 삼분할과 (자신의 유명한 텍스트에서) 레비스트로스가 자신으로 하여금 사회인류학의 '대상들'을 교환 혹은 교통의 세 가지 양태들(재화, 말 그리고 여성)로 정의하게끔 해주었던 삼분할 사이에는 놀라운 상응성이 존재한다. Claude Lévi-Strauss, *Anthropologie structurale*, Plon, Paris, 1958, 15장 「민족학에서의 구조 통념」La notion de structure en ethnologie, p. 342 이하.

게 하나의 동일한 에피스테메의 중심에서 분기하며 양립 불가능한 길들을 대립시키는 담론적 분쟁 혹은 논쟁은 지식의 역사 내에서 주체들이 취하는 입장[위치]에 대한 해석의 열쇠로 나타난다. 주체는 담론적 갈등의 작동자이다. 주체는 더도 말고 덜도 말고 바로 이러한 담론적 갈등의 작동자인 것이다.30

1.2. 이러한 설명의 결론은 인식적 갈등들이 상대화되거나, 심지어는 이 인식적 갈등들이 자기들이 그 안에 기입되는 '일반 체계'(혹은 구조)에 비해 '표면적인' 현상들로 제시된다는 것이다.31 결과적으로, 체계를 정의하는 것은 혹은 이 체계를 변형하는 능력을 내포하고 있는 것은 이 인식적 갈등들이 아닐 뿐만 아니라, 주어진 하나의 에피스테메 내에서 사고 가능한 모든 대상들에 공통된 규정 작용들, 경험의 '심원한' 규정 작용들과 비교해, 이 인식적 갈등들은 하나의 '겉보기의 모순'만을 대표할 뿐이기도 하다. 그래서 우리는 "사유의 일반 체계를 재구성해야 하는데, 이 사유의 일반 체계의 연결망은, 그 실증성 속에서, 동시적인 그리고 겉보기에 모순적인 억견들의 작용을 가능케 한다. 어떠한 논의 혹은 문제의 가능 조건들을 정의하는 것이 바로 이 연결망이며, 이 연결망이 지식의 역사성의 담지자인 것이다"(『말과 사물』, p. 89). 이는 사유의 저자들 혹은 학파들이 발본적 대당들이 자신들을 분리하고 있다는 주관적 확신을 가질 수는 있지만 사실 이들은 자신들에게 공통된 원리들에 관한 이율배반적 특징을 나타나게 만들고 있을 뿐이라는 관념과 완벽히 일관적이다.

1.3. 그러나 이러한 상대화는 이번에는 자신의 편에서 다음과 같은 하나의 상관물을 내포한다. 이단점들은 [서로가] 동일한 것les mêmes으로, 혹은 복수의 분과 학문들에서의 '동일한 자리에서'à la même place 돌발하는 것으로 — 결과적으로 '동형적인'isomorphes 양자택일들(이 양자택일들의 병치가 고전주의적 지식의 장을 기술하

---

30 조금의 시간이 더 흐른 뒤에야(즉 1969년에), 하지만 이와 유사한 정신 속에서, 푸코는 '저자 기능'에 대한 하나의 체계적 분석을 제시한다. "Qu'est-ce qu'un auteur?", in Dits et écrits(말과 글), tome I, op. cit., pp. 817-849를 보라.

31 이 지점과 관련해서는 한 번 더 Diogo Sardinha, Ordre et temps dans la philosophie de Foucault, op. cit.에서의 귀중한 분석들을 참조하라.

는 것인데)을 만들어 내면서 — 나타난다. 문법학자, 박물지 기술자, 부의 분석자(아직은 우리가 '경제학자'라 부를 수 없는)는 동일한 선택지들과 마주하게 되며, 서로 다른 어휘들을 활용함으로써 그리고 이질적인 경험적 활동들(말하기, 분류하기, 교환하기)에 준거함으로써이기는 하지만, 유사한 방식으로 이 선택지들을 해소한다. 이는 이단점들이 본질적으로 횡단 분과 학문적이라는 점을 의미한다. 그리고 결과적으로 이 이단점들이 드러내는 바는 에피스테메의 통일적 구성이다. 더 정확히 말해 이 이단점들은, 분과 학문들이 사유의 동형적 작동들을 개념적 모체로서 가졌다는 점을 발견함으로써, 우리가 가설적으로 준거했던 통일성을 검증할 수 있게 해준다. 만일 갈등들이 억견들이 표현되는 '표면'에서 동일한 것들이라면, 이는 잠재적 문제들이 근본적으로는 동일한 구조에 의해 지배되기 때문일 수밖에 없다. 이는 또한 우리로 하여금 어떤 점에서 푸코적 '지식' 개념이 논리적 혹은 '수학적'이기만 한 것이 아니라 또한 이 개념이, 공리들에 대한 언표로 제한되는 것이 아니라, 이 공리들로부터 도출되는 경험의 구축 그 자체를 자신의 대상으로 취하는 하나의 기능 양식을 드러내기도 하는지를 이해할 수 있게 해준다.

2. 그러나 푸코가 에피스테메라 부르는 바에 일반적으로 적용되는 것으로 보일 수 있는 이 모든 특징들은 하나의 에피스테메만을, 그러니까 고전주의 시대 '표상'의 에피스테메만을 세심한 설명의 대상으로 삼는다. 그런데 이는 이단점이라는 통념 그 자체가, 그리고 지식의 전제들의 수준에 개입해 들어오는 분기의 기저에 놓여 있는 도식이, 표상과 질서의 구조들 — 정의와 분류 사이의 이항적 선택지들을 발생시키는 — 과 특권화된 관계를 맺고 있다는 점을 의미할 수도 있다. 만일 이것이 사실이라면, 이는 에피스테메와 이단이라는 통념들은 내가 앞서 시사했듯 절대적으로 상관적인 것은 아니라는 점을 의미할 것이다. 왜냐하면 이러한 상관성이 통용되지 않는 최소한 또 하나의 다른 에피스테메가 존재할 것이기 때문이다……. 그러므로 '이단점'이라는 통념이 근대 에피스테메 — 푸코가 역사라는 관념의 우위로 특징짓는, 그리고 그 일반 대상이 인간(혹은 살아 있고 말하며 일하는 존재로서의 인간)인 — 의 틀 내에서 하나의 이름 혹은

또 하나의 다른 이름 아래에서도 기능하는지(이는 '인간 과학'이라는 총칭적 이름이 적용되는 새로운 실증성들의 가능성을 개방한다)를 질문해 보면서 이 지점을 더 자세히 살펴보도록 하자. 우리는 에피스테메 개념의 변화를 표시하는 어떠한 변형이 일어났다는 점을 발견한다. 그래서 두 가지 서로 구분되는 에피스테메(고전적인, 근대적인)가 (마치 이것이 단지 경쟁하는 두 가지 이론 혹은 두 가지 철학인 양) 그 용어의 동일한 의미에서의 '지식'을 생산하지는 않는 것이다. 그러나 이것이 '이단점'으로 하여금 이전과 동일한 기능으로 최소한 한 번은 명시적으로 되돌아오는 것을 방해하지는 않는다. 그리고 이러한 되돌아옴은, 푸코가 필요와 생산능력 간 관계가 취하는 '경향들'에 대한 리카도적인 해석과 마르크스적인 해석 사이의 억견 갈등을 (이 억견 갈등을 '경제학'이라는 새로운 분과 학문의 중심에서의 피상적 '분기'뿐만 아니라 역사성과 인간학적 유한성 사이의 근본적 절합의 표현으로도 만들기 위해) 기술할 때, 분명 전혀 순수하지 않은 방식으로 일어난다. 이 부분의 중요성을 고려해, 나는 그 전체를 인용해 보도록 하겠다.

하지만 아마도 리카도의 '비관주의'와 마르크스의 혁명적 약속 사이의 양자택일은 그다지 중요한 것이 아닐 것이다. 그러한 선택 체계는 단지 인간학과 [대문자] 역사의 관계들 — 경제학이 희소성과 노동이라는 통념들을 통해 확립하는 바로서의 — 을 편력하는 두 가지 가능한 방식들을 표상할 뿐이다. 리카도에게, [대문자] 역사는 확정적 안정화의 지점에 도달하는 순간까지, 인간학적 유한성에 의해 마련된 그리고 항구적 결핍으로 표현된 구멍을 채워 준다. 마르크스주의적 독해에 따르면, [대문자] 역사는 인간에게서 그의 노동을 박탈함으로써, 이 인간의 유한성이 취하는 실증적 형태를 입체적으로 돌발하게 만들고 그럼으로써 이 인간의 물질적 진리는 결국 해방된다. 분명히 우리는 어떻게 억견의 수준에서 실제적 선택들이 분배되었는지, 왜 몇몇 선택들은 전자의 유형[즉 리카도]의 분석을, 다른 선택들은 후자의 유형[즉 마르크스]의 분석을 채택했는지를 어렵지 않게 이해한다. 하지만 이 지점에는, [결국에는] 독사론적 탐구와 분석에[만] 전반적으로 속하게 되는 파생된 [이차적] 차이들만이 존재한다. 서구 지식의 근본적 수준에서, 마르크스주의는 그 어떠한 실제적 절단도 도입하지 않았다. 마르크스주의는 이 마르크스주의를 우호적으로 자신 안에 들여 주었던 인식론적 배치 내에(왜냐하면 바로 이 인식론적 배치가 마르크스주의에 그 자리를 마련해 주었던 장본인이기에) 한동안(그러니까 마르크스주의 자신의 시대[즉 전성기]에) 어려움 없이, 온전한, 평온한, 편안한 그리고 세상 만족한 하나의 형상으로 자리 잡았다. 그리고 그 맞은편에서 마르크스주의는 문제를 일으킬 거리가, 특히 상황을 변질시킬 힘이 눈곱만큼도 없었는데, 왜냐하면 마르크스주의는 전적으로 이 인식론적 배치 내에 놓여 있었기 때문이다. 마르크스주의는 19세기의 사유 속에서 물속의 물고기와 같다. 달리 말해 19세기의 사유가 아닌 어느 곳에서든 마르크스주의는 숨을 쉬지 못하는 것이다. 마르크스주의가 '부르주아' 경제 이론들에 대립된다고 하더라도, 그리고 마르크스주의와 부르주아 경제 이론들 사이의 이항 대립 내에서 이 마르크스주의가 이 부르주아 경제 이론들에 대립해 [대문자] 역사의 발본적 전도를 투사한다 하더라도, 이 갈등과 투사는 [대문자] 역사 전체를 자신의 손안으로 회수하는 것이 아니라, 모든 고고학이 정확히 위치시킬 수 있는, 그리고 19세기의 부르주아 경제학과 혁명적 경제학을 동일한 양식 아래 동시적으로 규정했던 그러한 하나의 사건을 자신의 가능 조건으로 지닌다. 19세기의 부르주아 경제학과 혁명적 경제학 간의 논쟁은 아무 의미 없이 몇몇 파도를 일으키고 몇몇 잔물결을 수면 위에 그려 넣을 뿐이다. 이는 그저 아이들 욕조에 일어난 풍랑[즉 찻잔 속의 태풍]일 뿐이다(『말과 사물』, pp. 273, 274).[32]

푸코의 이러한 이론적 전개는 고약한 것이다(그의 시대에는 그것이 너무나 명확해 보이기에, 이 이론적 전개가 겨냥하고 있는 것이 무엇인지 파악하기 위해서 굳이 많은 지식을 갖출 필요조차 전혀 없었다). 특히 이 이론적 전개 그 자체가 고고학적 방법 한가운데에서의 하나의 분기 — 이 이론적 전개의 전략적 의도들을 드러내 주는 — 를 구성한다. 고고학적 방법의 이전 활용과 이를 다시 이어지게 만드는 바는 역

---

[32] [옮긴이] 미셸 푸코, 『말과 사물』, 이규현 옮김, 민음사, 2012, 364, 365쪽을 참조하면서 직접 번역했다.

사의 법칙들과 관련한 '억견 선택들'('정지 상태'라는 관념으로 나아가는 것으로 가정된 리카도의 '비관주의'와 마르크스의 혁명적 '약속' — 푸코가 '낙관주의'로 특징짓지는 않는 — 간의 양자택일)이 지식의 심원한 구조들에 영향을 미치지는 않는 표면 효과들을 표상하며 결과적으로 어떠한 '인식론적 절단'도 — 그것이 (알튀세르가 바슐라르의 용어법을 마르크스주의에 대한 자신의 '증상적 독해'를 위해 전용함으로써 믿었던 것처럼) 경제 담론의 선전제들과의 절단이든 — 생산할 수 없다는 관념이다. 그렇지만 푸코에 따르면 리카도와 마르크스 사이의 이항 대립이 입증하는 '선택'이 (이전에 쟁점이 되었던 이단점들에서 그러했던 것처럼) 고유하게 인식론적인 혹은 기술적인tech-niques 용어들로 정의되기보다는 훨씬 더 철학적인 (그리고 심지어는 형이상학적인) 용어들로 정의된다는 사실에 주목하자. 이 선택은 푸코가 매우 하이데거적인 방식으로 '유한성'의 개념화라고 부르는 발산, [대문자] 역사와 [대문자] 인간학을 절합하는 방식에서의 발산과 관계되는 것이다. 바로 그렇기 때문에, 안정된 지식장 내 '국지적' 유효 범위를 취하는 하나의 반정립만을 정의하기보다, 이렇게 제기된 질문이 이제는 우리를 이 장의 한계들로 데려다 놓고 '가능 조건들' 그 자체 — 여기에서 이 지식 체제의 지평(지향성), 즉 푸코에 따르면 '근대성' 그 자체를 구성하는 이 지평이 자신의 내속적 규정을 성찰한다 — 에 대한 우리의 이해를 문제 삼는 것으로 보이는 것이다. 이는 또한 이러한 근대성이 자신의 파면의 가능성 혹은 자신의 위반의 가능성과 마주해야 할 것임을 의미한다. 아마도 이는 이와 동시에 이단점에 하나의 '횡단 분과 학문적' 기능을 부여하는 것을 금지하지는 않을 것이지만, 그 결과는 다른 분과 학문들(생물학 혹은 문헌학)로 하여금 그 정초 원리가 내포하고 있는 양가성을 인정하도록 동일하게[즉 이 분과 학문들 모두에 동일한 방식으로] 압박하는 것으로 보이는 문제들과 양자택일들 사이의 모든 상응성 혹은 유사성이 '실증성'에(혹은 사실, 대상 그리고 이론의 구축에) 속하기보다는 철학적 '성찰성'에, 결국 실은 완전히 다른 유형의 담론에 속하리라는 점일 것이다.

그런데 조금 뒤 푸코는 '실증적' 분과 학문들의 역사 내에서 기원하는, 하지만 즉각적으로 철학적 의미를 가지는 또 하나의 다른 이단점의 예시를 환기하고자 한다. 이는 언어의 기능에 대한 해석학적 개념화와 형식주의적 개념화 사이의 거대한 반정립이라는 예시이다. 푸코는 이 반정립을 버트런드 러셀의 그것(형식적 랑그의 논리)과 지크문트 프로이트의 그것(꿈과 증상에 대한 정신분석학적 해석)이라는 동시대 '발명들' 사이의 이항 대립으로 예증하기를 선택한다. 푸코가 이 동시대 발명들이 함께 소묘하는 이항 대립적 형상을 요약하는 방식은 다음과 같다.

> 해석과 형식화 사이의 분리가 오늘날 우리에게 압박을 가하며 우리를 지배하고 있다는 점은 사실이다. 하지만 이러한 분리는 충분히 엄밀한 것이 아니다. 이 분리가 소묘하는 갈래는 우리 문화에서 충분히 깊게 뿌리박혀 있지 않으며, 이 분리의 두 가지branches는 이 분리가 단순한 하나의 선택을 규정한다고만 혹은 이 분리가 의미sens를 믿었던 과거와 기표signifiant를 발견하는 현재(혹은 미래) 사이에서 선택을 내리도록 우리를 인도한다고만 우리가 말할 수 있기에는 너무 동시대적이다. 사실 이 해석과 형식화는 그 가능성의 공통 기반이 근대의 문턱에서 구성되었던 언어의 존재être du langage에 의해 형성되는 그러한 두 가지 상관적인 기술들techniques이다. (……) 이는 사유의 형식주의를 향한 그리고 무의식의 발견을 향한, 그러니까 러셀을 향한 그리고 프로이트를 향한 이중의 전진을 정확히 설명한다. 그리고 또한 이는 이 두 방향을 한 방향이 다른 방향을 향하도록 구부리고자 하는, 그리고 이 두 방향을 교차시키고자 하는 유혹을 설명하기도 한다. 예를 들어 모든 내용 이전에 우리의 무의식에 부과되는 순수한 형태들을 밝혀내기 위한 시도, 혹은 더 나아가 경험의 기반, 존재의 의미, 우리의 모든 인식의 체험된 지평을 우리 담론에까지 이르게 만들기 위한 노력 말이다. 구조주의와 현상학은 바로 이 지점에서, 자신들의 고유한 배치와 함께, 자신들의 공통의 장소를 정의하는 일반적 공간을 발견한다(『말과 사물』, p. 312).*33*

---

33 [옮긴이] 국역본의 414, 415쪽을 참조하면서 직접 번역했다.

이는 이단점의 식별이 사실은 두 방향으로 작동한다는 점을 우리에게 보여준다. 한편으로, 이단점의 식별은 화해 불가능한 것으로 보일 수 있는 이론적 딜레마들('의미'의 관점과 '기표'의 관점 사이의 선택과 같은)이 사실은 인식의 몇몇 일반적 대상들을 역사적으로 출현하게 만드는 합리성 유형에 의해 결정된다는 점을 끊임없이 다시 말하도록 우리를 인도한다. 하지만 다른 한편으로, 이 이단점의 식별은 사유가 두 가지 길을 동시에 따라갈 수 있는('이중의 전진') 가능성 — 단순한 '이성의 이율배반'이 아니라 오히려 합리성의 중심에서의 대화적 모험aventure dialogique과 같은 무언가(그 발전이 동일한 지점에서부터 출발해 회고적인 방식으로 인식 가능하지만 시초적 분리를 단순히 반복하는 것에는 절대로 만족하지 않을) — 을 포함하고 있는 하나의 동역학적 모델을 도입한다. 이러한 동역학을 고려하기 위해서, 혹은 이 동역학에 가능한 한 가장 가까이 접근하기 위해서, 여기에서 푸코는 '이단점'을 하나의 '갈래'로서가 아니라 철학과 실증성이 자신들의 역할을 서로 교환하는 어떠한 상호 작용의 장소, 극단들의 이중적 기입 원리로 우리에게 제시한다. 그 증거는 푸코가 기표들의 순수한 작용으로서의 언어에 대한 형식주의적 개념화가 의미의 새로운 해석 '코드'가 될 수 있는 방식을 참조한다는 점인데, 이는, 푸코의 눈으로 봤을 때 언어에 대한 러셀의 개념화와 프로이트의 개념화 사이의 '변증법'이 생산적 노동에 대한 리카도의 개념화와 마르크스의 개념화 사이의 변증법보다 훨씬 더 생산적이라는 점 또한 지시하면서, 라캉이 발전시킨 무의식에 대한 구조주의적 개념화를 투명하게 암시하는 것이다(하지만 라캉에게 근본적인 논리적 참조점은 러셀이 아니라 프레게였다는 점은 제외하고 그렇다는 점을 지적하고 넘어가도록 하자).

하지만 앞서와 같이 이 지점에서도 이를 넘어서는 무언가가 존재하고 있는데, 왜냐하면 이러한 상호 작용적 도식 내에 관계되어 있는 것은 과거에 대한 참조뿐만 아니라 또한 미래를 향한 투사(혹은 이 투사가 이 참조에 의존하는 방식)이기도 하기 때문이다. 몇 단락 전에 푸코가 근대 문헌학의 기술들techniques이 발생시킨 '언어'의 새로운 '객관성'에 내재하는 이단점을 형식 논리와 비교 문법 — '일반문법 해체'의 쌍둥이 생산물들인, 그러니까 이전의 고전주의적 에피스테

메에서도 탐지 가능한 그 흔적들인 — 사이의 이항 대립으로 기술했을 때 우리
는 이에 대한 지표를 획득하게 되었다.

어떤 의미에서 우리는 논리대수와 인도유럽어들이 일반문법 해체의 두 생산물 —
인도유럽어들은 인식된 대상 편으로의 언어의 미끄러짐을 보여 주며 논리대수는
이 언어를 인식하는 행위 편으로 기울어지게 만드는(이를 통해 이 언어로부터 이미 구
성된 모든 형태를 벗겨 내는) 그러한 운동인 — 이라고 말할 수 있을 것이다. 하지만
순수하게 부정적인 이러한 형태하에서 이 사실을 언표하는 것은 불충분할 것이다.
왜냐하면 고고학적 수준에서, 비언어적 논리의 가능성과 역사적 문법의 가능성이
취하는 조건들은 동일한 것이기 때문이다. 이들의 실증성이 취하는 기반은 동일하
다(『말과 사물』, p. 310).**34**

　　나의 가설은 지금 우리가 처음에 우리에게 나타났던 이단의 통념과는 현저
하게 다른 이단의 통념과 마주하고 있다는 것이다. 물론 여전히 문제는 자신의
'공간'에 속해 있으며 자신의 역사적 특수성을 정의하는 자신의 구성 규칙들을
따르는 그러한 에피스테메의 '중심에' 자리 잡는 하나의 담론적 독특성(우리는
이를 담론적 사건이라고까지 부를 수 있을 것이다)을 기술하는 것이다. 하지만 이와 동
시에 그러한 공간을 하나의 단순한 평면으로, 명제들에 대한 하나의 병치로 환
원하는 것을 불가능하게 만드는 바 — 비록 우리가 이 명제들에 몇몇 암묵적 공
리들의 결과 전체를 추가할 수도 있고 우리가 서로 다른 영역들 사이의 유사성
혹은 동형성이 튀어나오게 만들 수도 있지만 — 가 등장하게 된다.**35** 그러나 한

　34　[옮긴이] 국역본의 411, 412쪽을 참조하면서 직접 번역했다.
　35　'표상의 법칙들'에 대해 푸코가 제시한 기술description이 고전주의 시대의 분과 학문들을
조직하는 질서에 대한 '순진한'naïve 관념을 공리화하는 기획(수학자라면 이렇게 말할 텐데) — 이를 통해
푸코 자신의 시대에서라면 보편(수)학mathesis universalis과 대칭적인 보편 분류학taxinomia universalis으로
생각될 수 있을 바를 말하자면 후험적으로a posteriori 존재하게 만듦으로써 — 과 얼마만큼이나 닮아
있는지를 확인하고서 우리는 깜짝 놀라게 된다(『말과 사물』, pp. 71, 72).

시대의 합리성의 구조들에 대한 이러한 유형의 이념적 재구축은 우리를 완전히 만족시킬 수는 없는데, 왜냐하면, 최소한 여기에서 문제가 되는 것이 '근대적' 에피스테메를 구성하는 인간학 담론일 때, 우리는 또한 다음 시대의 발전들 내에서 폐지된 [이전] 에피스테메에 대한 잔존물들을, 즉 지식의 토론과 이율배반에 그 영양분을 지속적으로 공급해 주는 생산물들, 그러니까 '이 [이전] 에피스테메의 해소의 생산물들'을 항구적으로 고려해야 하기 때문이다. 다르게 말해, 이 지점에서 우리는 '이단점'의 시간화[의 문제]를 목도하고 있는 것인데, 그렇다고 해서 이 시간화가 현상학적인 혹은 변증법적인 유형의 '과거에 대한 내면화'와 동화 가능한 것은 아니다. 오히려 이 이단점의 시간화는 서로가 서로의 외부에 머물러 있는, 하지만 어떠한 '하이퍼-공간' 내에서 공존하고 있는 그러한 역사적 요소들 간의 비동시대성을 표현할 것이다. 그런데 이단점에 대한 이러한 더욱 복잡한 개념화는 순수 철학에 속하는 것으로 보이는 하나의 성찰적 담론 유형으로 이동해 푸코가 논하는 또 하나의 다른 '지점'에 정확히 적용될 것이다.

3. 이 세 번째 유형의 이단점은 푸코가 18세기 말의 지식에 대한 종합적 재구축을 시도하는 담론들 — 즉 데스튀트 드 트라시와 피에르 장 조르주 카바니스의 [대문자] '관념학'Idéologie과 칸트적 '비판[철학]'Critique — 의 의미에 할애한 편section에서 등장한다. 이러한 재구축이 우리에게 제시하는 이해 관심에도 불구하고, 나는 이러한 선택이 지니는 적절성에 대한 관념들의 역사[즉 관념사]라는 관점에서의 논의 전체는 한편으로 치워 두도록 하겠다.36 왜냐하면 내가 특

---

36 특히 우리는 푸코가 [영불해협 건너의] 섬의insulaire 사유가, 특히 스코틀랜드 계몽주의가, 그리고 일반적으로는 경험주의가 혁명기의 철학적 전장Kampfplatz에서 차지한 장소를 한편으로 치워 둔다는 점에서 이러한 선택에 반대할 수 있을 것이다. 하지만 동일한 장에서 푸코가 애덤 스미스의 문제 설정에 깊은 관심을 기울였다는 점을 지적해야 한다. 비록 푸코가 스미스를 경제과학의 선구자로만 간주하기는 하지만 말이다. 관념학자들idéologues의 사유에 대한 새로운 관심이 (상대적으로 짧은 시간 동안이긴 했지만) 1960년대 프랑스에서 유행하고 있었다. 그리고 이미 푸코는『광기의 역사』와 『임상의학의 탄생』에서 이 관념학자들에 대한 재평가를 수행했으며, 캉길렘은 푸코의 이러한 작업을 극찬한 바 있다. 오늘날에는 피에르 마슈레가 자신의 위대한 저서 *Études de philosophie "française": de Sieyès à Barni*, Publications de la Sorbonne, Paris, 2013에서 제시한 주석을 참조하라 (-발리바르가 2019년 추가한 주석).

히 관심을 기울이는 바는 푸코가 [대문자] 관념학과 [대문자] 비판 사이의 이러한 이항 대립에 부여하는 개념적 형식이기 때문이다. 다시 한번 우리는, 어떻게 푸코가 일반문법, 박물지 그리고 부의 분석의 중심에서 동시적으로 발생하는 — 각각의 경우마다, 그 본질적 속성이 내속적 가소성 혹은 역사성인 그러한 대상들의 존재를 표현하기 위해(그것이 단어의 굴절flexion[어미변화]이든, '유기물질'과는 구분되는 유기체의 생명이든 혹은 상품 가치의 척도로서의 노동생산성이든) 표상의 불충분함을 증명하면서 — 지각 불가능한 '사건'을 기술하는지를 상기시키는 것으로 시작하면서 푸코를 인용해야 한다.

조금은 수수께끼적인 이 사건, 18세기 말경 이 세 영역에서 (이 세 영역을 단숨에 하나의 동일한 단절에 복속시키면서) 발생했던 이 은밀히 감추어진 사건, 그래서 이제 우리는 이 사건을 그 다양한 형태들을 정초하는 통일성 내에 할당할 수 있다. 우리는 이러한 통일성을 합리성 내에서의 진보의 편에서 혹은 새로운 문화적 주제의 발견의 편에서 찾고자 하는 것이 얼마나 피상적인 시도일 것인지 확인하게 된다. (……) 더욱 근본적인 방식으로, 그리고 인식들이 자신들의 실증성 내에 뿌리박게 되는 이 수준에서, 사건은 인식 내에서 겨냥되고 분석되며 설명되는 대상들이 아니라, 심지어는 이 대상들을 인식하거나 합리화하는 방식조차 아니라, 대신 표상과 이 표상 내에서 주어지는 바 사이의 관계와 관련된다. 애덤 스미스, 최초의 문헌학자들, 쥐시외Antoine Laurent de Jussieu나 비크다지르Félix Vicq-d'Azyr 혹은 라마르크와 함께 발생했던 바는 미세하지만 절대적으로 본질적인, 그리고 서양의 사유 전체를 뒤흔들었던 그러한 간극이다. 표상은 이 표상 자신으로부터 출발해 이 표상 자신의 전개 내에서 그리고 이 표상을 자기soi 위에서 배가하는 그러한 작용에 의해 연결들[관련성] — 이 표상의 다양한 요소들을 하나로 결합할 수 있는 — 을 정초하는 권력을 상실했다. (……) 이제부터 이러한 연결들의 조건은 표상의 무매개적 가시성을 넘어 이 표상의 바깥에, 표상 자신보다 더욱 심원하며 더욱 두꺼운 일종의 배경-세계에 놓이게 된다 (……). 표상된 바의 존재 그 자체가 이제는 표상 그 자체의 바깥으로 떨어지게 될 것이다(『말과 사물』, pp. 251-253).[37]

일반적인 방식으로, 그 자체 실증적인 분과 학문들(어떠한 횡단 분과 학문적 공간 내에서 이 공간과 수수께끼처럼 항상 상관관계를 유지하고 있는)의 중심에 자리하고 있는 변형들과 발명들로부터 출발해 여기에서 기술되는 바는 물 자체 — 모든 '표상'이 그 개별적이고 고립된 측면들만을 표현할 수 있을 — 의 출현이다. 더 나아가 우리는 다음과 같이 말할 수도 있을 것이다. 표상의 '대상들'gegenstände[즉 '객관'Objekt과 구별되는 '대상']을 넘어, 모든 분과 학문들에서 동시적으로 출현하는 바는 지식의 총체성의 조직 내에서의 시대 변화를 드러내 주는 '[대문자] 사물 기능'fonction Chose, Ding이다. 그러나 이것이 모든 곳에서의 동일한 '사물'에 대한 것은 아닌데, 왜냐하면 [대문자] 생명은 [대문자] 언어가 아니며, [대문자] 언어는 [대문자] 노동이 아니기 때문이다. 하지만 이 세 가지 본질들이 매 경우 가시성 이편에en deçà, 표상적 '무대의 뒤편에'derrière la scène 자리하는 것으로 가정되는 바를 유사한 방식으로 명명한다고 확언하는 것은 가능할 것이다.

따라서 푸코가 지식의 새로운 배치의 가장 적합한 표현을 제공한 것이 바로 칸트적 비판주의라고 설명하는 것에 이른다 해서 더 이상 놀라지 말도록 하자. 왜냐하면 푸코가 '메타 분과 학문적'métadisciplinaire 언어로 정식화했던 바는 하나의 유일하고 동일한 인식론적 사건, 하나의 유일하고 동일한 단절이었기 때문이다. 칸트적 비판은 그럼에도 동시대 지식의 변환과 자신 사이의 합리적 '조응'이 지니는 역사적 조건들에 대해 맹목적이며, 바로 이것이 이 칸트적 비판으로 하여금 이 동시대 지식의 변환이 취하는 '자연주의적' 토대를 탐구하도록 인도했다(비록 칸트가 인식 능력들과 관련해 말하는 '자연'은 존재들의 분화의 무한한 '질서'로서의 자연이 아니라 경험적-초월론적 이중으로서의 '인간'의 본성이지만). 이는 왜 이 지점에서 푸코가, 비판을 심리학, 문화 그리고 상징 형태들과 같은 새로운 분과 학문들과 새로운 영역들의 방향으로 물리-수학적 유형의 과학성을 확장하기 위한 '토대'로 만들어 내는 신칸트주의적 전통이 자신의 것으로 부단히 다시 취했던 관념에 관심을 기울이지 않는지를 설명해 줄 수 있을 것이다. 푸코가 관심을 기울이

---

37 [옮긴이] 국역본의 335-337쪽을 참조하면서 직접 번역했다.

는 바는 횡단 분과 학문적인 새로운 에피스테메 — 결국은 이로부터 '인간 과학
들'의 체계가 출현하는 것인데 — 가 칸트적 비판의 내적 긴장들 내에서 이 에
피스테메 고유의 철학적 모순들을 위한 특권화된 표현을 발견해야만 한다는 점
을 보여 주는 것이다. 역으로, 인간학적 실증성의 긴장들에 대한 (그러므로 결국
이 인간학적 실증성의 도래할 이단들에 대한) 칸트주의의 완전히 특수한 감성[이해 방
식]은 (게루 혹은 뷔유맹식의) 체계의 구조에 대한 재구축 내에서가 아니라 또 하나
의 다른 사변적 인간학, 즉 칸트의 경쟁자들이었던 관념학자들이 정확히 동일한
시기에 제안하는 '인간에 대한 자연과학'science naturelle de l'homme과의 반정립이
라는 형태하에서 자신의 의미 전체를 가지게 된다. 따라서 새로운 에피스테메
의 형성을 떠받치는 '심원한 통일성'은 우리가 동일한 시기에 등장하지만 사실
은 '비동시대적인' 그러한 두 담론 사이의 갈등의 형태를 이 심원한 통일성에 제
공한다면 더욱 잘 이해될 수 있다. 이는 또한 하나의 인식적 '사건'을 개념화하
는 하나의 방식을, 그리고 더 정확히는 사건에 대한 너무 단순한 관념으로부터
복합적 현행성에 대한 분석으로 우리가 나아가도록 만드는 하나의 방식을 구성
한다.

18세기 말의 [대문자] 관념학과 비판철학의 공존은 (……) 서로가 서로에 대해 외
부적이지만 그럼에도 동시적인 그러한 두 가지 사유의 형태 내에서, 과학적 성찰
들의 곧 서로 분리될 것이라 약속되어 있는 [일시적] 통일성 내에서 이 과학적 성
찰들이 유지하고 있는 바를 공유한다 (……). 그러나 우리는, 어떠한 관계에 대한
사유를 이 관계에 대한 감각sensation을 통해 정의함으로써 혹은 더욱 간단히 말해
사유 일반을 감각을 통해 정의함으로써, 데스튀트 드 트라시가 표상의 영역 전체
를 (이로부터 빠져나오지는 않으면서) 포괄한다는 점을 지적해야 한다. 하지만 트라
시는 표상의 절대적으로 단순한 최초 형태forme première로서, 사유에 주어질 수 있
는 바의 최소한의 내용으로서, 감각이 사유를 설명할 수 있는 생리학적 조건들의
질서로 이동하는 그러한 경계에 도달한다 (……). 표상에 대한 분석은, 이 표상에
대한 분석이 자신의 가장 먼 경계에 도달하는 순간, 가장 외부에 위치한 자신의 가

장자리에서 인간에 대한 자연과학의 영역과 거의 동일할(혹은 오히려 미래에 동일하게 될 — 왜냐하면 이 영역은 아직은 존재하지 않는 영역이기에) 그러한 영역에 가닿게 된다. 칸트적 질문과 [대문자] 관념학자들의 질문은, 형태, 스타일 그리고 목표에서 그들이 서로 다르다 할지라도, 표상들이 자기들 사이에서 지니는 관계라는 동일한 적용점을 가진다. 하지만 이 관계 (……) 칸트는 이 관계를 표상의 수준에서 필요로 하지 않는다 (……). 칸트는 그 일반성 내에서 이 관계를 가능하게 만드는 바의 방향으로 이 관계에 대해 질문한다 (……). 따라서 칸트적 비판과 그와 동일한 시기에 관념학적 분석의 거의 완벽한 최초 형태로 확립되었던 바 사이의 분명한 상응성이 존재한다. 하지만 관념학은, 성찰을 인식의 장 전체로 확장함으로써 (……), 표상의 형태 바깥에서 구성되고 재구성되고 있는 중이었던 바 그 자체를 이 표상의 형태 내에서 다시 취하고자 시도했다 (……). 이러한 의미에서 관념학은 최후의 고전 철학이다 (……). 반면 관념학과 마주해, 칸트적 비판은 우리 근대성의 문턱을 표시한다. 칸트적 비판은 표상의 단순한 요소에서 표상의 가능한 모든 조합들로 나아가는 무한정한 운동에 따라서가 아니라 이 표상의 정당한 한계들에서부터 출발해 이 표상에 대해 질문한다. 이를 통해 칸트적 비판은 18세기 말 유럽 문화에서의 이러한 사건을 처음으로 인가한다. 즉, 표상의 공간 바깥으로의 지식과 사유의 물러남 말이다. (……) 이러한 의미에서, [대문자] 비판[철학]은 18세기 철학이 표상에 대한 분석만으로 환원하기를 원했던 것인 형이상학적 차원이 다시 튀어나오도록 만든다. 하지만 이와 동시에 이 [대문자] 비판[철학]은 표상의 원천과 기원을 구성하는 바 전체를 표상 바깥에서 질문하는 것을 목표로 하는 또 하나의 다른 형이상학의 가능성을 열어젖힌다. 그래서 이 [대문자] 비판[철학]은 19세기가 이러한 비판을 따라 펼쳐 낼 이 [대문자] 생명Vie, [대문자] 의지Volonté, [대문자] 말Parole의 철학들을 가능케 한다(『말과 사물』, pp. 253-256).**38**

분명하게도 여기에서 우리가 관계하고 있는 것은 하나의 새로운 이단점, 하

---

38 [옮긴이] 국역본의 338-341쪽을 참조하면서 직접 번역했다.

지만 내가 이차적 질서의du second ordre 것이라 말할 이단점이다. 이 이차적 질서의 새로운 이단점은 새로운 에피스테메의 외연 전체에 걸쳐, 하지만 매우 특수한 하나의 형태, 즉 예전의 지식과의 잠재적 갈등을 근대성의 전형적 '억견들' 사이에서의 명시적 갈등들에(이 억견들 중 몇몇은, 비록 새로운 지식의 논리를 이미 따르고는 있지만, 예전 지식을 계속 고수한다) 중첩시키는 형태 아래에서 확산되도록 정해져 있다. 이는 우리가 역사에 관한(혹은 내속적으로 역사적인 존재인 '인간'에 대한 과학들 전체를 품고 있는 진리 체제로서의 '역사성'에 관한) 그리고 19세기 철학들의 '종말론'과 '실증주의' 사이로의 분할에 관한 이후의 고찰들로 넘어가게 될 때 자신의 놀라운 확인증을 발부받게 된다.

사실을 말하자면 여기에서 문제가 되는 것은 하나의 양자택일이라기보다는 초월론적인 것의 수준에서 경험적인 것을 가치화하는 모든 분석에 내재하는 동요이다. 콩트와 마르크스는 (인간에 대한 담론의 도래할 객관적 진리로서의) 종말론과 (대상의 진리로부터 출발해 정의되는 담론의 진리로서의) 실증주의가 고고학적으로 서로 분리 불가능하다는 이러한 사실의 증인들이다. 그래서 스스로가 경험적이자 동시에 비판적이기를 원하는 담론은 실증주의적임과 동시에 종말론적인 하나의 담지자일 수밖에 없으며, 이 담론 속에서 인간은 환원되었음과 동시에 약속된 그러한 하나의 진리로 나타난다. 전pré 비판적 순진함이 이 담론을 전면적으로 지배한다 (『말과 사물』, p. 331).*39*

여기에서 이에 대한 간단한 논평이 필요하다. 우선 여기에서 우리는, (철학에 대한 마르크스주의의 기여의 핵심을 형성하는, 즉 비판이라는 관념에 대한 마르크스주의의 고유한 공헌인) '이데올로기에 대한 이론'이 사실은 '전pré 비판적'이라는(왜냐하면 이 이데올로기들에 대한 이론이 관념학자들[이데올로그들] ― 우리가 이미 알고 있듯 훌륭한 '독일 관념론자'로서의 마르크스는 이 관념학자들[이데올로그들]에 대해 경멸감만을 가지고 있

---

39 [옮긴이] 국역본 439쪽을 참조하면서 직접 번역했다.

었다 ─ 의 이론과 동일한 담론적 실증성에 속하기 때문에) 점을 시사하는, 마르크스주의에 대한 '잘못 의도된' 푸코의 언급들 중 하나와 관계하고 있다. 그리고 아마도 우리는 여기에 이전의 언급과는 모순되는 것이 존재하지는 않는지 질문해 볼 수 있을 것이다. 왜냐하면 [푸코의 이전 언급에 따르면] 자신의 비판 대상인 정치경제학과 동일한 자격으로, 마르크스주의는 그 안에서 자신이 '물속의 물고기와 같이' 존재하는 근대적 에피스테메에 온전히 속하기 때문이다. 하지만 아마도 이는 여기에서 우리가 더 이상 동일한 '마르크스주의'에 대해 말하고 있지 않다는 사실로부터 유래하는 것일 테다. 정치경제학 비판으로서의 마르크스주의는 리카도 이론과 동시대적인 것일 것이며, '철학'으로서의(혹은 역사성에 관한 이론 그 자체로서의) 마르크스주의는 '전pré 비판적' 인간학을 향한 퇴행(혹은 또 다른 관점에서 보자면, 이 전 비판적 인간학의 잔존물)일 것이다. 따라서 마르크스주의의 한가운데에는 하나의 '절단'이, 혹은 인식적 장에 대한 더욱 일반적인 하나의 변형을 반영하는 하나의 분기점이 존재한다. 하지만 푸코에 따르면 이러한 절단은 자신보다 조금 전에[즉 1965년 『마르크스를 위하여』와 『"자본"을 읽자』와 함께] 알튀세르와 그의 제자들이 주장했던 바의 정확히 반대 방향으로부터 유래하는 것이다…….*40*

---

40 구조와 역사성 사이의 갈등에 관한, 그리고 이 두 통념을 결합할 수 있는 가능성에 관한 1960년대 전반기의 논쟁들이 형성하는 맥락 내에서, 사실 푸코는 '구조주의적 마르크스주의'의 중심에 놓여 있었던 하나의 관념, 즉 서로 다른 시대들을 지배하고 있는 구조들 사이의 이행 국면들이 그 내적 간극 혹은 '자기 자신에 대한 비동시대성'으로 특징지어진다는 관념을 반복한다(혹은 자신의 것으로 취한다). 하지만 푸코는 이러한 관념을 이 관념의 저자들[즉 알튀세리앵들]에 대항하는 것으로 돌려놓는다. 『말과 사물』에서의 푸코의 입장들과 알튀세르의 테제들 사이의 친화성과 [이 친화성을 은폐하는] 눈속임들은 여기에서 그치지 않는다. 왜냐하면 사실, 공산당들(그리고 다른 당들)의 제도적 마르크스주의 내에서 지배적이었던 정통성을[정통성까지도] 고려한다면 다소간의 대담함과 함께 제시된다 말할 수 있을 알튀세르의 중심 테제는 항상, 몇몇 눈부신 예외를 제외한다면 마르크스에게서 '이데올로기에 관한 이론'이 '마르크스주의적'이지 않다는, 대신 계몽철학으로부터 유래한(물론 마르크스가 이 계몽철학의 직접적 상속자들인 관념학자들을 특별히 언급하는 것은 아니지만), 권력자들을 위해 봉사하는 허상(혹은 거짓말)이라는 주제에 대한 변주를 구성한다는 것이었기 때문이다. 바로 그렇기 때문에 정확히도 알튀세르는 (아마도 실패가 예정되어 있는 기획이었겠지만) 역사와 정치에 관한 자신의 비판적 혁신과 '동시대적인' 이데올로기에 관한 이론을 마르크스주의에 제공해 주고자 했던 것이다.

이러한 관념(그것이 순수하게 동어반복적인 것으로 남아 있을 수 있다는 점을 내가 전혀 숨기지 않는 그러한 관념)에 푸코가 덧붙이기를 원하는 것처럼 보이는 바는, 몇 년 뒤 알튀세르가 자신의 방식대로 행할 것처럼, 이행이 종결될 수 없는 것이라는 관념, 혹은 고전주의적 사유와의 단절(근대성을 열어젖히는), 인식적 원리들(혹은 배치들)의 수준에서 '발본적인' 그러한 단절이 그러나 유효한[실제적] 담론의 수준에서는 불순하거나 실현 불가능하다는 관념이다. 새로운 실증성 '아래에서', 혹은 아마도 오히려 이 새로운 실증성과 교차하고 이 새로운 실증성과 투쟁함으로써, '담론' 그 자체와 다른 것이 전혀 아닌 낡은 실증성(즉 '표상')과의 잠재적 대립이 계속된다. 여기에서 이러한 잠재적 대립은 퇴행의 원리로 등장하지만, 이러한 잠재적 대립은 위반의 작동 내에서 활동적 방식으로 함축되어 있는 것일 수도 있다. 그런데 정확히 이것이 바로, (퇴보régression와 진보progression 사이의 진화주의적 이항 대립보다는 퇴행régression과 위반[월경]transgression 사이의 논쟁적 이항 대립에 따라 훨씬 더 많이 사유하는) 푸코가 근대성 그 자체가 맞닥뜨리게 될 '한계 경험'으로서 담론의 귀환을 도입할 때 우리가 관찰하게 되는 것이다.

이는 나를 다음과 같은 세 번째 성찰로 이끈다. 지금 우리가 논하고 있는 [세 번째 유형의] 이단점이 이전의 [첫 번째와 두 번째 유형의] 이단점들보다 더욱 복합적일 뿐만 아니라, 이 이단점이 표면과 깊이 사이의 절합을, 에피스테메들과 (이 에피스테메들이 제시하는) '선택들'(이단들) 사이의 절합을 혹은 포함과 배제 사이의 관계를 전도하는 효과 또한 가진다는 점에 대한 성찰 말이다. 이제 여기에서 문제가 되는 것은 하나의 양자택일에서 다른 거대한 양자택일로의, 즉 시대들에 대한 거대한 분할 그 자체로의 [이동이라는] 질문이 제기되는 그러한 '지점'을 할당하는 것이다. 파스칼적인 용어로, 우리가 에피스테메들이 자신들의 국지화된 이단점들 혹은 자신들의 '이차적' 갈등들의 자격으로 내부적으로 분할될 뿐만

푸코는 이를 완벽히 알고 있었지만, 그는 『독일 이데올로기』의 (혹은 이로부터 유래하는) 대문자 이데올로기에 대한 '마르크스주의적' 이론 이외의 다른 대문자 이데올로기에 대한 마르크스주의적 이론은 존재하지 않는 것처럼 항상 행동한다.

아니라, 또한 이 에피스테메들이 시간 속에서 단순히 병치되어 있는 것이 아니라, 모든 계기에서 [끊임없이] 서로가 서로에 대해 갈등 상태에 놓여 있는 그러한 서로 다른 사유 양태들을 분리하는 분기 내에서 이 에피스테메들 그 자체로서 취해지는 것이기도(비록 이 중 몇몇 에피스테메들은 여전히 '도래'해야만 하는 것이거나 '임박'의 상태에 놓여 있는 것이긴 하지만……) 할 수 있는 가능성을 고려해야 한다고 말하도록 하자. 이제 나는 푸코의 인식론적 성찰 내에서의 이러한 위반의 형상을 고찰할 시간을 가져 보고자 한다. 『말과 사물』이라는 텍스트(뒤에서 우리가 취급하겠지만, 특히 벨라스케스의 『시녀들』에 대한 저 유명한 분석에서 도입되었던 '왕의 자리'에 관한 알레고리적 형상이 환기되는 부분)에서 푸코가 보여 주는 집요함은 방법론들 사이에서의 혹은 합리성 형태들 사이에서의 공간성의 혹은 전위의 관계들에 대한 형식적 정교 구성과는 더 이상 아무런 관계도 없다. 오히려 이러한 푸코적 집요함은 그 지배가 그리고 또한 그 취약성이 (푸코의 관점에서는) 근대적 사유를 표시하는 그러한 '대상' 혹은 '사물'(즉 '인간의 역사성'이기도 한 '인간적 유한성')과 내밀한 관계를 유지한다. 바로 그렇기 때문에 우리는 인간학에 대한 푸코적 비판이라는 질문 속으로 더욱 깊숙이 들어가야만 하는 것이다.

'유사-초월론적인 것'에서 '인간학적 잠'으로

푸코의 '이론적 반인간주의'(알튀세르의 용어를 적용하자면)라 우리가 부를 수 있는 바의 중심에는 이해된 것보다 더 자주 인용되곤 하는 통념, 즉 서양철학 내에서의 대담한 혁신을 표상함과 동시에 이 서양철학 아주 깊숙한 곳으로부터의 반향을 환기하는 '경험적-초월론적 이중체'doublet empirico-transcendantal라는 통념이 자리해 있다. 우리는 이 이중체(우리가 단순하게 ET라 부를 수 있을[41])가 근대철학으로 하여금 인식을 사유의 한 활동으로 정의할 수 있게 해주는 그러한 분

---

41 스티븐 스필버그의 동명의 영화는 1982년이 되어서야 나왔다…….

할의 두 측면 모두에서 존재해야만 하는 편재적ubiquitaire 존재 혹은 실체entité를 명명한다는 점을 알고 있다. 한편으로 이 인식은 대상들 중에서의 한 대상이 되는데, 그러나 다른 한편으로 이 인식이라는 대상은 모든 대상들과 마주할 수 있는 표상 능력(세계에 대한 지각으로서든, 혹은 이 세계에 대한 구축으로서든, 혹은 개념과 이론을 수단으로 한 이 세계에 대한 전유로서든)이기도 하다. 이러한 대립물들 간의 통일들이 신과 [대문자] 인간 — 이 신의 표지를 담지하고 있으며 이 신의 상에 따라 창조된 — 사이의 특권화된 관계로부터 유래하는 것이 아닌 한에서는, 이 대립물들 간의 통일들이 신Dieu 안에서만 존재한다고(혹은 대문자 절대의 표지라고) 주장하는 존재 신학적 전통과 단절하는 것처럼 보임에도, 근대 철학(그리고 특히 칸트적 비판론)은 이러한 이중적 기입이 '유적 존재'être générique로서의, 즉 자연의 일부분임과 동시에 이 자연을 하나의 이념 아래 모아진 대상들 전체로 지각하고 인식concevoir할 수 있는 능력을 가진 것, 즉 결과적으로 '주체'로서의, 그러한 인간 — 혹은 더욱 복잡한 정식화를 가지고서 말하자면, 경험 일반의 주체를 혹은 보편적인 것을 체현하는 자연적 인간 — 의 고유성이라고 사고하기를 원했다. 그런데 이러한 존재자는 전혀 '절대적'이지 않으며, 반대로 이러한 존재자는 그것이 어떠한 주어진 환경 내에서 다른 존재자들과의 관계 속에서 진화의 산물로서만 존재한다는, 그리고 세계를 전유할 수 있는 이 존재자의 능력이 (칸트적 설명에서, 개념들이 직관의 형식 아래 '도식화 가능한 것'으로도 남아 있어야 한다는 제한적 조건으로 인해) 내부적으로 제한되어 있다는, 그 이중적 의미에서 '유한'한 것이다.

서양철학의 중심에 놓여 있는 이러한 질문에 대한 논의에서 푸코가 제시하는 새로움은 푸코가 이중체라는 관념을 단순히 받아들이거나 거부하는 데 집중하는 것이 아니라 이 이중체의 발명과 정식화에 대한 하나의 계보학을 제시하기를 원한다는 점에 놓여 있다.[42] 그리고 도덕적이고 신학적인 철학과 담론의

42 이 모든 논의가, 푸코가 '고고학'에 대한 재구축으로 제시하는 바의 한가운데에서 자신이 [이후에] '계보학적 탐구'로 의미하게 될 바에 관한 매우 분명한 예증을 제공해 준다는 점을 지적하도록 하자. 이는 이 고고학과 계보학적 탐구라는 두 '방법들' 간의 기계적 대립(비록 그것이 필요에 의한 것이었다고는 해도)이 얼마나 부조리한 것인지를 잘 보여 준다. 호모 두플렉스homo duplex라는 주제의

기나긴 서구적 전통을 선전제하기는 하지만, 이러한 계보학에 활용되는 도구는 특수하게 인식론적이다. 즉, '유사-초월론적인 것'이라는 범주, 더욱 일반적으로는 ([대문자] 생명, [대문자] 노동, [대문자] 언어라는) 특정 개념들의 유사-초월론적 기능(근대 지식의 영역들 혹은 분과 학문들을 통합하는, 그리고 인간 본성의 속성들 혹은 선전제들을 식별하는)이라는 관념 말이다. 바로 이 유사-초월론적인 것이라는 '혼종적' 용어에 대한 이러한 정의와 비판적 활용에서부터 우리는 우리의 설명을 시작해야만 하는 것이다.[43]

방금 전 나는 인식론적 범주라는 표현을 사용했다. 하지만 이는 동어반복과 다의성[애매성]이라는 두 가지 위험을 동시에 감수하는 것이다. 이 지점에서 푸코가 자유로운, 심지어는 이단적인 방식으로 활용하고 있는 칸트의 언어를 빌려와, 우리는 유사-초월론적인 것들이 [대문자] 이념들이라고, 즉 [대문자] 생명(혹은 유기체)의 이념, [대문자] 언어(프랑스어는 영어나 독일어와 달리 이 언어Langage를 랑그langue와 대립시킨다 — 이후 이 둘 사이에 위계를 설정할 수 있기 위해서 말이다)의 이념, [대문자] 노동(혹은 더욱 정확히 말해, 생산적 노동)의 이념이라고 말해야만 한다. 푸코에 따르자면, 이 이념들은 '규제적' 기능만을 가지는 것이 아니라, 또한 근대(이 이념들이 과학적 정의와 경험적 탐구 모두의 대상이 되는)에 발견된 실증성들에 구성적

기나긴 역사에 관해서는, Maurizio Iacono et al., *Homo duplex. Filosofia e esperienza della dualità*, Edizioni ETS, Pise, 2004를 참조.

43 [옮긴이] 발리바르는 「관개체적인 것의 철학들: 스피노자, 마르크스, 프로이트」(에티엔 발리바르 지음, 배세진 옮김, 〈웹진 인무브〉, 2019)의 한 각주에서 푸코와 데리다에게서의 유사-초월론 개념을 다음과 같이 설명한다. "동시대의 철학에서, '유사-초월론적인 것'이라는 통념은 특히 푸코와 데리다가 활용한 것인데, 그러나 푸코와 데리다는 첫눈에 보기에는 서로 다른 것으로 보이는 두 가지 의미/방향으로 이 '유사-초월론적인 것'이라는 통념을 활용했다. 푸코에게, 유사-초월론적인 것은 가능성의 조건들[즉 '가능 조건']이 형성하는 하나의 체계(즉 하나의 '역사적 아프리오리')이다. 이 체계는 유사-초월론적인 것 고유의 경험적 실현들에 의해 항구적으로 변양된다(우리는 '오염된다'라고도 말할 수 있을 것이다). 데리다에게, 유사-초월론적인 것은 '가능성의 조건들'이 형성하는 하나의 체계인데, 그러나 그에게서 이 '가능성의 조건들'은 동시에 '불가능성의 조건들', 다시 말해 구축과 파괴 혹은 (서로가 서로의 대립물인) 삶의 형태들의 불확실성과 사유의 형태들의 불확실성 모두에 동시에 함축되어 있는 것이기도 하다. 나의 경우, 나는 이 유사-초월론적인 것을 구성적 관계 그 자체에 대한 위반 관계라는 관념과 같은 무언가에 함축시키는 방식으로 활용하고자 한다."

이기도 하다. 하지만 그럼에도 푸코는 이 이념들 각각이, 우리가 '폭로'해야만 했던 서로 다른 양태들에 따라, 이 양태 매 경우마다, 단순한 표상을 넘어서는 현실의 초과를 명명한다고 전제한다. 내가 앞서 지적했듯, 이 이념들이 명명하는 바는 하나의 물chose임과 동시에, 표상 가능한 현실을 초과하는 '실재'로서 선전제되는 하나의 '권력'이다. 이 세 가지 이념들이 표상 가능한 것의 한계에 위치하기 때문에(이후 이 이념들은 이 표상 가능한 것의 조직을 이 표상 가능한 것에 규정[기입]해 준다) 이 세 가지 이념들이 대상성에 구성적인 것이라고 결론 내리도록 하자.

하지만 그렇기에 다음과 같은 질문이 필연적으로 돌발한다. 인식적 기능이라는 유사성을 넘어, 이 세 가지 이념들은 어떠한 공통점을 가지는가? 어떻게 이 세 이념들이, 마치 이 세 이념들의 돌발 이편에서[이면에서] 어떠한 숨겨진 '사건' — 매 경우마다 동일한 것으로 남아 있을 — 이 존재해 있는 것처럼, 하나의 유일하고 동일한 에피스테메의 돌발에 기여하는 일이 일어날 수 있는가? 그러나 이 지점에서 우리에게 신중함이 요구되는데, 왜냐하면 이 질문에 대한 푸코의 답변은 단순하지 않기 때문이다. 푸코의 답변은 비판 전통의 무언가를 '반복'하지만, 이러한 반복은 결국 이 비판 전통을 하나의 내재적 비판에 더욱 잘 복속시킬 수 있기 위해서이다. 그래서 푸코의 답변은 이 세 이념들이 [대문자] 인간이라는 이념(혹은 '인간적인 것' 그 자체라는 이념)일 그러한 상위 질서의 하나의 유일한 이념이 취하는 측면들의 일부분을 형성하거나 이를 표현한다는 것이 아니다. 마치 푸코가, [대문자] 생명이란 무엇인가, [대문자] 언어란 무엇인가, [대문자] 노동이란 무엇인가라는 세 가지 질문이 [대문자] 인간이란 무엇인가라는 네 번째 질문 — 앞서의 세 가지 질문들을 포함하는, 그리고 근대 에피스테메를 구성하는 분과 학문들을 통해 이 근대 에피스테메를 통일하는 능력을 이로써 부여받는 그러한 궁극적 질문일 — 에 속한다고 주장하면서 『논리학 강의』에 등장하는 (그리고 『순수이성비판』을 보충하는) '초월론적 질문들'의 저 유명한 유형학들을 재정식화하고자 시도한다는 것처럼 말이다. [대문자] 인간은 새로운 인식적 형상의 심원한 원천이 전혀 아니며, 이 [대문자] 인간은 오히려 이 새로운 인식적 형상의 표면 효과일 것이다. 인식적 변형에 의해 생성된 신기루[환상]라고까지는 말하지 않더라도 말이다. 더욱 정확히 말해, 이 [대문자] 인간은 '인간의 과학들'sciences de l'homme을 이념적으로 '통일'하는 것이 아니라, 단지 인간의 과학들 — 하나의 전체로 취해진 — 이 이 인간의 과학들에 공통될 하나의 이념적 대상 — 우리는 이 인간의 과학들이 지니는 공통된 억견의 대상이라고 말하고 싶은데 — 으로 투사하는 것에 불과하다. 그러나 이러한 언급은 우리로 하여금 질문을 전위시키도록 만들 뿐인데, 왜냐하면 모든 과학들을 관통하는, 혹은 [대문자] 생명, [대문자] 언어 그리고 [대문자] 노동 간의 교차를 명명하는, 그리고 그 자체로서 인간학적 질문의 집요한 반복을 도출하고 공통 지평으로서의 '인간'이라는 이념을 설치하는, 그러한 횡단 분과 학문적인 하나의 범주가 분명 존재해야만 하기 때문이다. 나에게는, 『말과 사물』의 푸코의 관점에서 이러한 횡단 분과 학문적 통념이 바로 역사성, 혹은 더욱 정확히는 유한성의 지평 내에서 재사유된 역사성인 것으로 보인다(['재사유'라고 말하는 이유는] 푸코는 지식이 근대성 이전에 역사와 역사성이라는 질문을 무시했다고 주장한 적이 전혀 없었기 때문이다). 따라서 우리는 유사-초월론적인 것의 기능에 대한 이러한 첫 번째 설명 궤적을 다음과 같은 방식으로 요약할 수 있다.

1) 유사-초월론적인 것들은 각각의 분과 학문을 그 구성적 문제를 중심으로 통일한다. 여기에서 구성적 문제란 항구적 변형의 하나의 '역사적' 권력만의 혹은 하나의 유한한 능력(조건 지어진, 우발적인, 그래서 유한한)의 표현들로서의 생명, 언어 그리고 노동이라는 현상들의 문제다.

2) 유사-초월론적인 것들은 그것들의 개념들 혹은 실험적 과정들이 (고전주의적 에피스테메의 분과 학문들에서 그러하듯) '동형적'일 것이라는 혹은 하나의 동일한 형식주의에 대한 이 개념들 혹은 과정들만큼의 수의 번역들을 형상화하리라는 점에서가 아니라, 그것들이 생명, 언어 그리고 노동에 '구성적인 역사성들'과 관련해 유사한 하나의 질문을 도출한다는 점에서 하나의 새로운 횡단 분과 학문성을 생성한다.

3) 유사-초월론적인 것들은 역사성을 대상의 한 '법칙'(살아 있는 유기체들은 발전하고 진화하며, 언어는 랑그와 문법 형식에 대한 항구적 발명 속에서 현행화되며, 경제는

노동의 생산성 내에서의 누적적 변화의 과정이라는)으로서 지시함과 동시에, 그 안에서 어떤 특정 '존재 양식' — 모든 실증성들이 공통적으로 가지고 있지만 그 의미가 무대 뒤편에 숨겨져 있는 권력과 같이 이 실증성들을 넘어서 존재하는 — 이 반영되는 그러한 하나의 구성적 '이상'으로서도 지시한다. 이것이 분명 인간학적 '잠'으로 변형될 수도 있는 하나의 논리적 원환[순환]의 형태를 지니고 있다는 점을 지적하도록 하자.

그러나 이 지점에 도달한 뒤, 푸코는 하나의 분기를 (그러니까 철학적 체계들의 역사가 예증하는 하나의 잠재적 '이단점'을) 발견하게 되는데, 왜냐하면 이러한 구성적 원환을 분석하는 두 가지 가능한 방식들이 존재하기 때문이다. 유사-초월론적 이념들은 새로운 형이상학 체계들 — 각각의 체계가 자신의 사변적 원리를 지니는 — 을 위한 토대들이 될 수 있다. [대문자] 생명의 형이상학들, [대문자] 언어의 형이상학들, 심지어는 (마르크스의 '변증법적 유물론'에서 그러하듯) [대문자] 노동의 혹은 [대문자] 생산의 형이상학들 말이다. 이는 각각의 유사-초월론적인 것들이 [대문자] 존재의 한 이름으로 차례차례 돌발할 수 있다는 (따라서 나머지 이름들은 종속된 혹은 부분적인 표현들에 불과한 것이라는) 점을 의미할 것이다. 우리는 이 점이 그렇게 존재해 왔으며 계속 그렇게 존재하고 있다는 점을 알고 있는데, 그러나 푸코에게 이는 근대 에피스테메의 가장 특징적인 경향은 아니다. 왜냐하면 이 근대 에피스테메가 실증성들 간의 실제적 차이들을 말소하는(혹은 과학들의 경험적 특징 — 이 과학들의 복수성과 함께하는 — 을 부정하는) 경향을 가지기(이를 통해, 이와 동시에 횡단 분과 학문성의 질문 그 자체를 대상이 없는 것으로 만들면서) 때문에도, 그리고 또한 이 근대 에피스테메가 이 과학들이 자신들의 공통 지평으로 만드는 그러한 역사적 유한성을 [대문자] 절대의 새로운 형상들로 형태 변환하는 것으로 되돌아오기 때문에도 그러하다. 바로 그렇기 때문에 그 지배적 형태 내에서의 혹은 그 특징적 정향 내에서의 근대성에 의해 작동되는 '선택'이 반대 방향으로 나아가는 것이다. 즉, 형이상학으로의 퇴행이라는 방향이 아니라, '유사-초월론적인 것'의 배가라는 방향 — 경험적 과학들의 역사성이 [대문자] 초월론적 주체(내부적으로 제한된 인식 권력으로서의 [대문자] 인간)의 유한성 위에 기초하도록

(반면 대상들의 유한성의 편에서는 이 대상들의 유한성이, 즉 이 대상들의 우연성이, 이 대상들의 물질적 한계들이 [대문자] 인간 주체 그 자신에게 하나의 '구성적 역사성'을 부과하도록) 이 구성적 원환이 거울 쌍으로 재정식화되는 그러한 방향 — 으로 말이다. 정확히도 바로 이러한 순환성[원환]을 기술하는 것이 유한성 분석론analytique de la finitude의 과업이다. 그렇기에 유사-초월론적인 것들에 대한 정의는 경험적-초월론적 이중체 — 이는 어떠한 인식론적 원환의 실현(이 경험적-초월론적 이중체는 토대fondement이자 동시에 정초된fondé 것, 기원적인 것이자 동시에 파생된 것 등등이다)으로서 제시될 뿐만 아니라 또한 주체와 대상이 항상-이미 형성하는 그러한 '원환'으로 존재론적으로 구성된 것으로도 제시된다 — 의 '인간학적' 기능에 대한 해명으로 변형된다.44 논리적 관점에서, 이는 하나의 엄밀한 '비판적' 관점에서는 (칸트가 그렇게 하듯) 두 가지 기능을 세심하게 구분함으로써 제거해야만 하는 하나의 역설, 아마도 심지어는 하나의 부조리이기까지 할 것이다. 그렇지만 이는 [대문자] 인간을 이 인간 자신의 과학들의 정초적 이념으로 정립하는 것 — 그래서 이 인간은 이 과학들의 가장 일반적인 연구 대상임과 동시에 이 과학들의 발전의 궁극적 주체이기도 한 것인데 — 의 중심 그 자체이다.

따라서 모든 유사-초월론적인 것들은 역사성과, 무한한 [대문자] 존재의 부재 혹은 이 무한한 [대문자] 존재의 물러섬으로 환원될 수 없는(고전주의 시대의 철학 체계들이 그렇게 사고했듯),45 하지만 하나의 자기 제한으로 혹은 (어떠한 의미에서는 인식 불가능한 내속적 타자성으로 인해 스스로가 변용되면서) 유한한 존재가 자기 차

---

44 이 지점에서 푸코는 하이데거(우리가 『존재와 시간』에서 탐지할 수 있는 '해석학적 원환')뿐만 아니라 헤겔(루카치가 활용하는 바로서의 헤겔, 즉 역사의 '주체-대상'의 철학자로서의 헤겔)과도 '대화'한다. 이 질문은 파리 낭테르 10대학에서 2007년 뤼디 레오넬리Rudy Leonelli가 제출한 박사 학위논문에서 세심한 검토의 대상이 된 바 있다. *Foucault généalogiste, stratège et dialecticien. De l'histoire critique au diagnostic du présent*를 참조. 이 박사 학위논문 중 일부분만이 이탈리아에서 출간되었다. *Illuminismo e Critica. Foucault interprete di Kant*, Quodlibet, Macerata, 2017.

45 나는 이 지점에서 푸코가, 모리스 메를로퐁티가 *Signes*(1980/1964) — 원래는 *Encyclopédie des grands philosophes*(L. Mazenod, Paris, 1956)을 위해 작성된 텍스트인 — 에서 제시했던 데카르트적이고 포스트-데카르트적인 형이상학들의 '실증적 무한'에 관한 정식화들을, 이 정식화들을 정교 구성하고 발전시키기 위한 목적에서 차용한다는 점을 확신한다.

신과 유지하는 어떠한 관계로 개념화되어야만 하는 그러한 유한성, 이 역사성과 유한성 사이의 동화 그 자체를 함축하는 것이다. 하지만 그럼에도 우리는 각각의 유사-초월론적인 것들이 비판에 대한 이러한 배가에 동등하게 기여한다고 생각해서는 안 될 것이다. 곧바로 우리는 푸코가 [대문자] 생명, [대문자] 언어, [대문자] 노동이라는 세 가지 경우에 완전히 비대칭적인 역할들을 부여할 것이며 이 세 가지 경우에 완전히 불평등한 이해 관심을 기울일 것임을 확인하게 되는데, 이는 유한성의 분석론에서 이에 상응하는 분과 학문들(생물학, 문헌학, 경제학)이 차지하는 중요성과 직접적으로 반향한다. 사실 푸코 사유의 바로 이 계기에서, 오직 언어만이 경험적-초월론적 이중체가 자신의 구성적 '타자성'과 맺는 관계가, 혹은 모든 코기토cogito와 비사유l'impensé[사고되지 않는 바] 사이의 필연적 관계가, 인간학적 원환을 부수는 혹은 '인간학적 잠'을 방해하는 방식으로, 온전히 드러난다. 이는 언어가 비사유와 내속적 관계를 맺고 있다는, 그리고 유한성의 수수께끼를 드러낼 수 있는 능력(생명도 노동도 지니고 있지 못한)을 가지고 있다는 점을 의미한다. 왜냐하면 언어는 과학에(그리고 '지식'에) 내속적인 관계와 동시에 문학에 내속적인 관계 또한 지니고 있기 때문이다. 『말과 사물』 시기의 푸코에게 특징적인 이러한 입장은 블랑쇼에게 바친 오마주이자 주체를 그 지배자의 위치로부터 파면할 수 있는 문학이 소유한 능력에 대한 주석인 「바깥의 사유」(1966)라는 같은 시기의 시론이 언표하는 입장이다.46 우리는 푸코의 여정 전체에서 사태가 이와 동일하지는 않다는 점을 알고 있는데, 이 점이 푸코의 계보학적 기획 그 자체의 전위를 규정하게 된다. 이러한 관념은 푸코가 고고학에서 계보학으로 단순한 방식으로 이행한다는 식의 관념보다는 더욱 흥미로운 것으로 보인다. 『말과 사물』에서, 계보학은 칸트 철학으로 하여금 더욱 발본적인 비판의 가능성을 자기 자신 안에서 발견하는 것을 방해했던 것이 이 칸트 철학

---

46 나의 연구인 "Pensée du dehors? Foucault avec Blanchot", in Jean-François Braunstein, Daniele Lorenzini, Ariane Revel, Judith Revel, Arianna Sforzini(dir.), *Foucault(s)*, Éditions de la Sorbonne, Paris, 2017을 보라[본서의 부록 3을 보라].

이 '나는 생각한다'je pense라는 토대의 기능을 고집스레 유지한다는 사실 혹은 '나는 생각한다'를 '나는 말한다'je parle로 대체할 수 없었다는 사실이라는 가정에 암묵적으로 기초해 있다. 이로 인해 칸트의 비판은 인간학적 담론의 한계를 논하기 시작하기도 전에 이 인간학적 담론의 한계 내에 스스로를 가두어 버리고 만다. 또한 이는 칸트의 『실용적 관점에서의 인간학』에 관한 자신의 작업 — 푸코가 자신의 생전에 출간하지 않던[47] — 에서 발전시켰던, 그리고 지식과의 관계 속에서 언어의 비판적 기능들이 무엇인지를 이렇듯 정확히 설명하도록 우리를 이끄는, 그러한 동일한 관념이기도 하다.

1. 푸코는 경험적-초월론적 이중체를 혹은 인간이라는 관념을 탈안정화하는 데 기여할 인간 과학들을 '대항-과학들'이라고 부른다.[48] 이 대항-과학들은 인간 과학 장의 중심에 놓인 이차적 수준second ordre의 이단점을 표상한다. 이 대항-과학들 중 다음의 두 가지가 명시적으로 식별되고 논의된다. (그 안에서 죽음과 광기가 언어의 의사소통적 기능을 폐지하는 그러한 '한계 경험들'에 대한 푸코 자신의 성찰을, 욕망과 언어의 대문자 법과의 절합 — 무의식을 구조화하는, 그리고 치료의 실천적 가능성을 지배하는 — 에 관한 유사 라캉적 고찰들과 기이하게도 결합하는 그러한 용어들로 제시되는) 정신분석학(『말과 사물』, p. 385 이하를 보라), 그리고 (레비스트로스의 문제 설정과 같은 구조주의적 문제 설정을 직접적으로 환기하는, 그리고 이러한 구조주의적 문제 설정을 서양 문화의 식민적 차원에 대한 비판에 연결하는 — 이는 『말과 사물』에 존재하는 매우 드문 정치적 언급들 중 하나인데 — 그러한 용어들로 제시되는) 민족학[49]이 그것이다. 분명, 정신분석학

---

47 이 작업은 푸코의 죽음 이후 처음에는 영어로, 그다음에는 프랑스어로 출간되었다. Michel Foucault, *Anthropologie du point de vue pragmatique de Kant*(푸코의 "Introduction à l'Anthropologie de Kant"(칸트의 인간학에의 서문)가 서문으로 실림), ouvrage édité sous la direction de Daniel Defert, François Ewald, Frédéric Gros, Vrin, Paris, 2008[국역본으로는, 미셸 푸코, 『칸트의 인간학에 관하여: '실용적 관점에서 본 인간학' 서설』, 김광철 옮김, 문학과지성사, 2012 참조].

48 『말과 사물』, p. 391 이하를 보라.

49 "민족학은 문화들 내에서 (체계적 선택을 통해 그리고 이와 동시에 자료의 부족으로 인해) 사건들의 잇따름보다는 구조의 불변항들을 연구한다"(『말과 사물』, p. 388). 레비스트로스는 pp. 390, 391에서

과 민족학을 상호 접근시키는 것은 '유한성'이라는 관념을 이 관념 자신의 한계에 대한 인정으로까지 밀어붙일 수 있는 능력, 이 정신분석학과 민족학의 대상이 비사유 그 자체, 즉 인간의 '주체'로의 구축 전체와 양립 불가능하며 비규정된 타자성의 한 형태 그 자체라는 점으로부터 오는 능력이다. 하지만 이 지점에서 우리는 이 정신분석학과 민족학에서 인지되는 이러한 능력이 정신분석학을 의학적이고 심리학적인 테크닉으로 전통적인 방식으로 정의하는 것, 혹은 민족학을 '원시'사회들에로 적용된 사회학의 한 형태로 전통적인 방식으로 정의하는 것으로부터 오지는 않는다는 점을 확실히 보게 된다. 이러한 능력은 자신들 고유의 장 내에서 언어의 우위를 인지할 줄 알았던, 그리고 이 언어의 우위로부터 자신들의 장에 구조언어학의 모델을 수입할 필요성을 인정했던, 라캉 그리고 레비스트로스와 같은 동시대 이론가들에 의해 이 정신분석학과 민족학이라는 분과 학문들에 대한 구조주의적 '재주조'에 부여된 중요성으로부터 유래하는 것이다. 이는 우리를 다음과 같은 가장 어려운 질문으로 이끈다. 『말과 사물』시기 구조주의의 인식론적 프로그램과 푸코가 맺는 매우 기이한 관계, 즉 비스듬한oblique(도착적pervers이라고까지는 말하지 않더라도) 관계, 하지만 언어학적 구조주의를 넓은 의미에서의 인간학적 분과 학문들에로 확장하는 것(오늘날에도 여전히 뜨겁게 논쟁되고 있는 그러한 논점)의 일반적 정당화로 지각될 수 있었던 그러한 관계라는 질문 말이다.50 그래서 우리는 언어학 그 자체가 정관사 '대항-과학'의 전형이라고 말해야만 할까? 이 언어학은 '위반적[월경적] 횡단 분과 학문성'의 원리와 같은 무언가를, 달리 말해 분과 학문들을 관통하는 그리고 이 분과 학문들을 자신들의 역사주의에 대항하는 것으로 전도하는 — 이를 통해, '인간 과학들'이 처음에는 언어학자들에 의해 정교 구성되었던 구조주의적 모델을 채택해 감에 따라, 유한성에 대한 새로운 지성[인식]의 토대를 마련하면서 —

"민족학이 인간을 해소한다"고 언표하는 인물로 인용되며, 이 테제는 정신분석학으로까지 확장된다.

    50 Jean-Claude Milner, *Le Périple structural. Figures et paradigme*, édition revue et augmentée, Verdier, Lagrasse, 2008을 보라.

그러한 하나의 비판적 관념을 포함하고 있는 것일까?

2. 우선 이 질문에 대한 답변은 긍정인 것으로 보인다. '인간이라는 형상'의 '임박한 종말'에 관한 최종적 고찰들 바로 앞에 위치해 있는 다음과 같은 이론적 전개가 입증하듯이 말이다.

따라서, 이렇게 개념화된 민족학과 정신분석학에 이들의 형식적 모델을 제공해 줄, 언어에 대한 하나의 순수 이론이라는 주제가 형성된다. 인간 과학들을 이들을 둘러싸고 있는 실증성들과 관계 짓는 이러한 민족학의 차원뿐만 아니라 인간에 대한 지식을 이 인간을 정초하는 유한성과 관계 짓는 이러한 정신분석학의 차원도 자신의 유일한 도정 내에서 포함할 수 있을 그러한 하나의 분과 학문이 이렇듯 존재할 것이다. 언어학을 통해, 우리는 인간 외부의 실증성들의 질서 내에 완벽히 정초된, (……) 그리고 인간 과학들의 공간 전체를 관통하면서 유한성의 질문과 만나는, 그러한 하나의 과학을 가지게 될 것이다(왜냐하면 언어를 통해서 그리고 언어 안에서 사유가 사유할 수 있기 때문이다 — 그래서 이 언어는 그 자체로 근본적인 것으로서의 가치를 지니는 하나의 실증성이다). 민족학 그리고 정신분석학 위에서, 더욱 정확히 말하자면 이 민족학 그리고 정신분석학과 복잡하게 뒤얽혀, 세 번째 '대항-과학'이 인간 과학들의 구성된 장 전체를 편력하고 생동케 하며 불안에 떨도록 만들게 될 것이다 (……). 이 세 번째 대항-과학은 이 인간 과학들에 대한 가장 일반적인 이의 제기[논박]를 형성하게 될 것이다. 다른 두 대항-과학과 마찬가지로, 이 세 번째 대항-과학은 인간 과학의 한계-형태들을 담론적 양식하에서 나타나게 만들 것이다. 다른 두 대항-과학과 마찬가지로, 이 세 번째 대항-과학은, 무의식과 역사성 아래서 인간의 지식이 이 다른 두 대항-과학을 가능케 만드는 바와 이 인간의 지식 자신 사이의 관계를 작동하는 장소인 환히 밝혀져 있으면서도 동시에 위험스러운 이러한 영역들 내에 이 세 번째 대항-과학 자신의 경험을 안착시킬 것이다. 이 세 가지 대항-과학은, 인간으로 하여금 인식되는 것을 가능케 했던 바 그 자체를, '이를 노출함'으로써, 위험에 처하게 만든다. 이렇듯 우리가 목도하는 가운데 인간의 운명이 짜이는데, 그러나 이 인간의 운명은 뒤집힌 방향으로 짜인다 (……). 그렇지

2부. 이단점들

만 이것은 인간을 그 종말로 이끄는 하나의 방식 아닐까? 왜냐하면 언어학은 정신 분석학이나 민족학만큼 인간 그 자체에 대해 말하지는 않기 때문이다(『말과 사물』, pp. 392, 393).[51]

그렇지만 결국 이는 사실이 아닐 것이며, 그렇기에 여기에서 푸코가 모든 것을 조건법[~것이다]으로 쓰는 것이다. 혹은 오히려 이는 구조적 (또는 형식적) 언어학이 이번에는 자기 자신을 전복할 또 하나의 다른 방식, 언어의 활용과 의미를 '탈주체화'할 또 하나의 다른 방식과 관계 맺어진다는 — 그래서 이 구조적 혹은 형식적 언어학은 (언어의 형식과 구조를 분석함으로써) 언어를 지배하는 과학이 아니라 오히려 언어의 '주권'에 예속되도록 스스로를 내버려두는 그러한 과학이다 — 절대적 조건에서[만] 사실일 것이다. 이러한 또 다른 형태의 탈주체화는 그것이 획득하는 동시대적, 모더니즘적[즉 '근대적'] 그리고 반인간주의적 의미에서의 문학, 말라르메가 개시했으며 블랑쇼가 완성한 이론과 실천의 문학이다.[52] 그렇지 않았다면, 동시대 담론에서의 '언어로의 회귀'는 고전주의 시대 에피스테메를 지배했던 그러한 '담론의 질서'로의 회귀 — 필요하다면 추상

---

51 [옮긴이] 국역본의 518, 519쪽을 참조하면서 직접 번역했다.

52 "훨씬 더 길고 훨씬 더 예기치 못했던 길을 따라, 우리는 니체와 말라르메가 — 니체가 누가 말하는가라고 질문했을 때, 그리고 말라르메가 대문자 말Mot 그 자체 속에서 답변이 반짝이는 것을 보았을 때 — 지시해 주었던 이 장소로 다시 인도된다. 그 자신의 존재 내에서의 언어란 무엇인지에 대한 질문은 한 번 더 정언명령적 어조를 취하게 된다 (……). 그리고 바로 이렇듯 발견된 이러한 공간 안에서 문학이, 우선은 초현실주의와 함께(하지만 여전히 매우 변장된 형태하에서), 점점 더 그리고 더욱 순수하게는 카프카Franz Kafka, 바타유, 블랑쇼와 함께, 경험으로 스스로를 허여하게 되었던 것이다. 죽음의(그리고 죽음의 요소 내의), 사유 불가능한 사유의(그리고 그 접근 불가능한 현존 내에서의), (언어에 가장 가까운 그리고 가장 멀리 떨어진 끝에 항상 놓여 있는 그러한 본원적 결백의) 반복의 경험으로, 유한성의 경험(이러한 유한성의 개방과 제약에 사로잡힌)으로 말이다"(『말과 사물』, p. 395)[국역본의 520-522쪽을 참조하면서 직접 번역했다]. Philippe Sabot, *Lire "Les Mots et les Choses" de Michel Foucault*, op. cit., p. 144 이하는 정당하게도 '문학적 대항-담론'에 대해 말하기를 제안한다. 하지만 이를 제안하면서 사보는 '대항-과학들'의 기능을, 그리고 이 대항-과학들이 언어학 모델과 맺는 인식적 관계의 기능을 한편으로 치워 버린다. 다르게 말해, 『말과 사물』이 구조주의적 논쟁과 맺는 관계를, 그리고 이 『말과 사물』이 인식론을 문학 이론과 교차시키는 방식을 한편으로 치워 버리는 것이다.

적이고 형식화된 형태 아래에서의 — 에 불과했을 것이다.[53] 여기에서 중요한 것은 하나의 핵심적 방향 지시인데, 왜냐하면 이 방향 지시는 우리로 하여금 하나의 동일한 장소 혹은 '지점'에 두 가지가 아니라 다음과 같은 세 가지 가능성들이 제시되고 있다는 점을 볼 수 있도록 해주기 때문이다. (1) '인간학적 잠'의 지속이라는 (혹은 인간, 즉 경험적-초월론적 존재가 인간 과학들의 '주체-대상'이라는 가설에 기반한 인간 과학들의 발전) 가능성, (2) 형식화된 인간학적 분과 학문의 형태 내에서 담론의 질서를 '시대착오적'으로 재구성할 가능성(이러한 사실로 인해, 이는 표상이라는 고전주의적 모델들과의 비교 속에서, 마테시스mathesis와 분류학taxonomie 간 하나의 놀라운 '융합'으로 나타나게 될 것이다), (3) 비판주의에 대한 내적 비판 혹은 새로운 '유한성 분석론'의 수수께끼적인 (그리고 아마도 아포리아적인) 가능성. 이 비판주의에 대한 내적 비판 혹은 새로운 유한성 분석론 내에서 합리적 과학의 대상으로 나타나는 바는 인간적 정상성이 아니라, 이와는 반대로, 새로운 인식적인 대립물들-간-통일coincidentia oppositorum — 형식화[형식주의]와 아방가르드 문학 사이의 동시대 '마주침'이 물질화하는 — 의 도움을 통해 주체를 소멸시키는 혹은 이 주체를 그 '주권적' 자리로부터 내쫓아 버리는, 이 주체로부터 그 정초적 기능을 빼앗아 버리는 그러한 '초과 권력들' 혹은 니체가 예고했던 극단들이다. 따라서 '구조주의'는 그 어떠한 답변도 제시하지 않을 것이지만, 대신 여기에서 쟁점이 되고 있는 바에 관한 질문 그 자체는 제시할 것이다. 왜냐하면 이 구조주의의 개념은 마지막 두 가지 가능성들 사이에서 이러지도 저러지도 못한 채 놓여 있으며 사실은 이 마지막 두 가지 가능성들 간의 적대를 내포하고 있기 때문이

---

53 이는 그 당시 많은 '구조주의자들' 혹은 형식주의 언어학자들이, 그들이 의미론적 혹은 통사론적 구조에 관한 자신들의 모델과 '데카르트적 언어학'으로 재명명된 일반문법에 관한 모델 사이의 유사성을 알아차렸을 때 열정적으로 확언했던 바이다. 데카르트적 언어학Cartesian Linguistics은 '합리주의적 사유의 역사에서의 한 챕터'A chapter in the history of rationalist thought라는 부제가 달려 있는 촘스키의 유명한 저서의 제목이며, 이 저서는 『말과 사물』과 동일하게 1966년 출간되었다. 존 라이크먼이 확립한 고증 판본의 촘스키-푸코 논쟁을 보라. *The Chomsky-Foucault Debate. On Human Nature*, The New Press, New York, 2006[국역본으로는, 노엄 촘스키·미셸 푸코, 『촘스키와 푸코, 인간의 본성을 말하다』, 이종인 옮김, 시대의창, 2015를 보라].

다. 하지만 어찌 되었든 구조주의는 역사주의에 작별을 고하는데, 이는 이 구조주의가 또한 역사에도 작별을 고하는 것이라고 믿게끔(이는 구조주의의 많은 독자들 — 그중에는 명망 있는 [뛰어난 지식인으로 간주되던] 인물들도 몇 있었는데 — 의 반응이었다) 만들 수 있다.

3. 『말과 사물』의 마지막 장에서 '역사'라는 제목이 붙은 이론적 전개는 조금은 과한 기교를 부리는데, 왜냐하면 이 이론적 전개는 다음과 같은 두 가지 목표를 동시에 추구하기 때문이다. '역사성'이, 모든 근대 과학(생명의 역사성, 언어의 역사성, 노동의 역사성)에서 작동하고 있는 것으로 우리가 발견할 수 있었던, 그리고 이를 통해 주체 그 자체를 하나의 '역사적 존재'로 정의함으로써 '경험적-초월론적 이중체'를 구축하는 것을 가능케 했던 이러한 횡단 분과 학문적 이념이었다는 점을 고려했을 때, 유한성이 역사성의 과잉이라는 형태로 그리고 이 역사성의 극단이라는 형태로 역사성을 넘어서 혹은 더욱 정확히는 역사성의 아래에서[즉 이면에서 은밀하게] 사고될 수 있다는 점을 증명해야 했기 때문이다. 그리고 실제로 무의식 혹은 광기의 폭력 혹은 죽음의 한계 경험이 형식적인 측면에서 공통적으로 가지고 있는 것은 이것들의 무역사적 특징, 혹은 최소한, 이것들이 진보, 진화 혹은 조직화의 법칙들로서의 '역사의 법칙들'을 완전히 벗어난다는 사실이다. 더욱 정확히 말해, '대상적'[객관적]이지도 '주체적'[주관적]이지도 않은 것, 그것은 바로 또 하나의 다른 역사성에 대한 발견인 것이다. 하지만 [이러한 증명과 동시에] 또한 그 자체로서의 역사(분과 학문으로서의 역사)가 온전한 권리를 가지는 하나의 '대항-과학'이 될 수는 없다는 점 — 나중에, 하지만 사실은 매우 이르게, 즉 『말과 사물』의 출간 이후, 하지만 68혁명 이후의 완전히 변형된 정치적이고 지적인 정세 속에서, 푸코가 '대항-과학들'과 최소한 언어적 유사성을 내포하고 있으며 이 대항-과학들의 전복 능력을 자신의 것으로 가져가는 그러한 '대항-역사'라는 관념을 자신의 것으로 만들기 위해 문서고에서 탐구를 수행하고자 했을 때54 푸코가 제안하게 될 바와는 극심하게 대조되는 것

---

54 1976년 콜레주 드 프랑스 강의 〈"사회를 보호해야 한다"〉를 보라[국역본으로는, 미셸 푸코,

으로 보이는 그러한 테제 — 도 증명해야 했기 때문이다. 따라서 나는 정확히 바로 이 계기에서 푸코의 증명이 '구조적 역사'는 존재할 수 없다는 점과 인간학에 대한 내적 비판이 이 인간학의 주요 모티프에 대한 재구축 — 우선 '경험적-초월론적 이중체'의 두 구성 요소인 역사성과 유한성을 서로 분리하는 것을 가정하는 — 을 수행해야 한다는 점을 보여 주는 것을 목표로 하는 이중적 입론의 형태를 취한다는 가설을 세우고자 한다. 분명 이 지점에서 우리는 모든 인간학적 독해를 벗어나는 것으로서의 현존재Dasein라는 하이데거적 관념의 매우 가까이에 위치하게 된다. 하지만 이 논거의 첫 번째 구성 요소는, 앞서와 같이 여기에서 한 번 더, 사회구성체에 대한 구조적 이론의 가능성을 개방하는 방식으로 구조주의와 마르크스주의를 결합하는 '역사과학'이라는 알튀세르적 프로그램을 겨냥하고 있다. 이 또한 이 『말과 사물』이라는 저서의 논쟁적 의도를 매우 명료하게 지시해 주는 바이다. 하지만 이것들 중 그 무엇도 어떠한 '지점'에 푸코가 인식론적 '선택' — '신의 죽음'의 결과로서의 (그리고 아마도 근본적으로는 이 신의 죽음과 구별 불가능한) '인간의 죽음'에 관한 니체적 예언의 반복이 알레고리적으로 암시하는 — 을 위치시키기를 원했는지를 우리가 이해하도록 해주지 않는다. 이를 위해서 한 번 더 우리는, 그 안에서 푸코가 다른 이단들을 기술한 뒤에 자기 자신의 '이단'을 위치시키기를 원했던 그러한 전략적 장을 조직하는 바를 명확히 설명해야 한다.

왕의 자리

『말과 사물』 9장(「인간과 그 분신들」)의 도입부에서 푸코는 '왕의 자리'라는 제목의 절을 삽입한다. 이 왕의 자리라는 절은 왜 '인간'의 형상이, 사유와 존재의 합치가 담론의 투명성의 결과로서 제시되는 곳인 표상의 질서Ordre de la représenta-

『"사회를 보호해야 한다"』, 김상운 옮김, 난장, 2015를 보라].

tion로서의 고전주의적 에피스테메에서는 발견할 수 없는 것일 수밖에 없었는지, 그런데 이와는 반대로 (인간을 모든 대상적[객관적] 변형의 효과이자 동시에 역사라는 성찰적 통념의 원천으로 만듦으로써) 지식에 대한 하나의 일반적 역사화를 수행하는 근대적 에피스테메의 구축 속에서는 현존하는présente(심지어는 편재하는omni-présente) 것이 되는지를 설명하는 것으로 시작된다. 이러한 설명을 위해 푸코에게는 특히 '인간에 대한 자연적naturel 개념'을 '인간적 본성nature의 개념'과 구분해 주는 바를 검토하고, 모든 존재론적 매개 바깥에서 '나는 생각한다'je pense를 '나는 존재한다'je suis와 무매개적으로 동일시함으로써 데카르트적 코기토를 반복하는 것(칸트가 행하듯)이 필요하다. 하지만 이 동일한 절(이 절로부터 이 절을 포함하는 부분 전체의 소제목이 나오는 것인데)은 또한, 벨라스케스의 『시녀들』Les Ménines이라는 그림의 구축[구조]을 해석함으로써 『말과 사물』의 첫 번째 장이 소묘했던 표상의 주권자에 관한 수수께끼적 형상으로 회귀하는 것을 포함한다. 그런데 출발점으로의 이러한 회귀는 매우 곤란한 하나의 효과를 생산한다. 푸코는 지적 교태가 없지 않은, 그리고 기이하게도 초연하게 들리는 그러한 어조로 이러한 회귀를 수행하는데, 그러나 사실 이러한 회귀의 쟁점은 경쟁하는 두 에피스테메가 동일한le même 내적 한계 혹은 도주점, 또는 최소한 동일한 자리, 즉 '왕'의 자리에 조응하는 내적 한계 혹은 도주점을 포함하고 있다는 점을 시사하는 것이다. 첫 번째 판본에서 주권적 기능의 자리가 '비어 있는' 것으로 남아 있도록 예정되어 있는 반면, 두 번째 판본에서 이 자리는, 비록 기이하게 양분된 하나의 역설적 형상에 의해서라고 할지라도 채워지거나 차지되어야 한다는 점을 제외한다면 말이다. 어떻게 두 가지 에피스테메가, 동일한 '자리'를 포함하고 있으면서도 혹은 하나의 유일하고 동일한 관점으로부터 상상될 수 있으면서도, 그 '어떠한'rien 공통점도 가지지 않을 수 있는가? 역으로, 어떻게 이 두 '자리들'이 '동일한 것'일 수 있는가, 혹은 어떠한 하나의 동형성 — 그로부터 출발해, 충만함과 비어 있음의, 실증적인 것과 부정적인 것의 양자택일이 정식화 가능해지는 (비록 지식의 장의 구축을 양립 불가능한 법칙들에 종속시키는, 이 지식의 장 내에 어떠한 발본적 변환이 개입했다 해도 — 이로 인해 다른[상대방] 자리에게서 각각의 담론은 보르헤스식 '중국 백과사전'의 괴상한insensés 특징들 아래에서만 나타날 수 있게 되는데) ― 에 속할 수 있는가?

우리는 이러한 난점을 서로 다른 관점에서 검토할 수 있다. 논의를 빠르게 진행하기 위해, 나는 관념의 역사 혹은 철학의 역사에 대한 고찰 전체는 한편으로 치워 둘 것인데, 어쨌든 그러한 고찰이 그 안에서 전략적 차원과 인식론적 차원이 중첩되는 그러한 구조적 문제를 해결하는 데에는 절대로 충분하지 않을 것이다. 우선 벨라스케스의 그림『시녀들』에 대한 첫 번째 기술description에서의 '결여된 주권자'가 왕(그런데 이 왕이 이 그림을 그리고 있는 화가 자신인 예술가와 그 즉시 배가된다[겹쳐진다]는 것은 사실이다)인 반면, 이러한 알레고리적 반복이 그 서막을 이루는 지식의 새로운 시대 속 '현존하는 주체'sujet présent는 일상적인 혹은 오히려 유적인 인간이라는 사실에 주목하자. 우리는 결백한 기표란 존재하지 않는다는 것이 사실이라 해도 이러한 고찰을 수행하지 않고 넘어갈 수는 없다. 하지만 이러한 고찰은 푸코적인 이론적 장치에 대한 해석에서 우리를 잘못된 길로 들어서게 할 수도 있는데, 왜냐하면 이러한 고찰은, 모든 것이 잘 고려된다면, 고전주의적이고 근대적인 에피스테메들 간의 잇따름[연속]이 군주제적 '절대주의'에서 공화주의적 '인간주의'로 이동하게 만드는 정치적이고 사회적인 변형을 표현하게 만드는 것에 불과하다고 시사할 위험이 있기 때문이다……. 그런데 확실히 이는 푸코가 원했던 것이 전혀 아니었다. 심지어 상징적으로라도 말이다. [이와 달리, 올바른 방향을 가리키는] 또 하나의 다른 정향은 우리에게 다음을 제시한다. '부재하는 주권자', 이는 분명 신의 이름, 이를 통해 그 알레고리가 표상에 대한 고전주의적 질서가 혹은 더 나아가서는 (담론의 합리성이 펼치는) 실증적 무한성 ― 직접적으로 파스칼적인 주제인 ― 이 신의 부재에 의해 '신들려 있다'hantée는 점을 지시하는 그러한 신의 이름이라고 말이다. 이러한 부재가 그 자체로서 가시적인 것이 될 때에만 신은 다시 한번 체현[성육화]될 수 있다. 비록 그것이 어떠한 인격 안에서가 아니라 하나의 유한한 존재의 작은 형상인 [대문자] 인간 안에서라고 해도 말이다. 이러한 관념은 어쨌든 그 자체 이미 더욱 흥미로운 것일 텐데, 왜냐하면 이러한 관념은 어떠한 관점에서 푸코가 이『말과 사물』의 끝에서 근대성에 고유한 것인 신학적인 것의 '세속화'라는 포이어바흐 Ludwig Andreas Feuerbach적이고 마르크스적인 길을 취하기보다는 '인간의 죽음'이라는 이름 아래 니체적인 '신의 죽음'을 반복하기로 결심하게 되는지를 우리로 하여금 이해할 수 있게 해주기 때문이다.[55] 하지만 여전히 이는, 우리가 관심을 가지는 것이 가시적인 것과 비가시적인 것의 논리 그 자체인 반면, 하나의 알레고리를 또 하나의 다른 알레고리를 수단으로 해석하는 것에 기반해 있다.

이와 관련해 나는 '미셸 푸코의 보는 기술'l'art de voir de Michel Foucault에 관한 존 라이크먼의 논문 — 여기에서 라이크먼은 (푸코가 '보는 자'voyant라는 들뢰즈의 관념으로부터 영감을 얻어) 에피스테메의 고고학과 가시성의 질문 사이의 관계에 대해 논한다 — 으로부터 첫 번째 시사점을 끌어내고자 한다.

> 따라서 어느 한 시대의 시각적visuelle 사유는 하나의 실증적 조직을 가질 것이다. 하지만 이러한 조직은 은폐의 과정 내에 뿌리박고 있지 않다. 푸코는 고전주의 시대의 제도들이 광기를 '가시적인 것'visible으로 만들었던 방식이 이 광기의 진실[진리]에 대한 억압이나 은폐 — [이 광기의 진실이 정말 억압되거나 은폐된 것이 맞다면] 우리가 드러낼 수 있기를 아마도 원할 그러한 진실에 대한 억압이나 은폐 — 에 기초해 있지 않다는 관념에 도달했다. 보여질vu 수 있는 바를 결정하는 개념적 도식은, 『지식의 고고학』의 말을 [직접] 가져오자면, "비가시적이지만 숨겨져 있지는 않은 바"와 관계된다. 어느 한 시기의 가시성은 이 가시성 그 자체로서 이 시기에게 비가시적일 수 있는데, 하지만 이는 시각vue으로부터 빠져나오는 것일 어떠한 무언가[즉 숨겨져 있는 무언가]에 대한 것은 아니다. 비가시적인 것은 사물들을 환히 비추는 혹은 그 안에서 사물들이 가시적이게 되는 그러한 빛과 다른 것이 전혀 아니다.[56]

---

55 이러한 관점에서, 분명하게도, 그 자신의 '이단' 그 자체 내에서 가장 '정통적인' 기독교인은 바로 푸코라는 점을 지적하도록 하자……. '대문자 인간의 죽음'으로 '신의 죽음'을 해석하는 것 혹은 그 역과 관련해, 여기에서 필수적으로 요구되는 비교는 니체와의 비교뿐만 아니라 『정신현상학』과 『종교철학 강의』에서의 '죽음의 죽음'이라는 루터적 주제계를 정교 구성하는 헤겔과의 비교이기도 하다.

이는 고전주의적 표상과 근대적 역사성의 '관점들'perspectives — 지식의 조직화 그 자체에 관한 관점들로서의 — 간 비교에 함축되어 있는 다음과 같은 두 가지 대칭적 문제가 존재한다는 점을 우리에게 시사해 준다. 첫 번째 문제는 어떠한 특정 비가시성을 보게 만들 수 있는 가능성과 관련된 것이고, 두 번째 문제는 어떠한 특정 가시성(혹은 현존)이 이 가시성 자신에게 비가시적이도록 만드는 바와 관련된 것이다. 하지만 우리는 이 두 문제를 분리해서 개별적으로 취급할 수는 없는데, 왜냐하면 이 두 문제는 지식의 동일한 '울타리'[경계]의 두 가지 면이기 때문이다. 그러나 여기에서 라이크먼이 논하는 바는 어떠한 주어진 가시성(혹은 지식에 의해 마련된 어떠한 특정 '가시성 공간')과 그 '대상들' 혹은 특징적 '현상들'(이 대상들 혹은 현상들이 광기의 경우와 같이 그토록 '기이'하고 '비정상적'인 것으로 존재할 수 있다고 해도) 사이의 관계로 본질적으로 남아 있다.

이러한 질문으로부터 이차적 수준의 질문 — 가시성의 체제들 그 자체 사이의 '비가시적' 관계라는 질문일 — 으로 나아가기를 원하기에, 나는 이러한 논의 방향들을 뤼시앵 빈치게라의 최근 저서인 『초과적 표상』이 포함하고 있는 논의 방향들에 추가하기를 제안한다. 이 탁월한 저서는 객관성[대상성]의 구축과 데카르트, 라이프니츠, 로크John Locke 그리고 파스칼의 저작들에서의 과학으로서의 기하학의 발전들, 이 둘 사이의 관계를 취급한다. 이를 통해 이 저서는 우리를 분류학에 대한 연구로부터 보편(수)학mathesis universalis에 대한 연구로 이끌어 간다. 자신의 결론에서, 빈치게라는 푸코에게서 '왕의 자리'의 인식론적 편재성이 표상하는 수수께끼를 논한다.

> 따라서, 비어 있음vide과 동시에 유인하는attirante 이러한 [왕의] 자리에서, 푸코는 (……) 19세기의 [대문자] 인간의 상 — 새로운 에피스테메는 이 [대문자] 인간을 자신의 지식의 핵심으로 만들 것인데 — 을 흔적으로서comme un palimpseste [재]발견하기를 원했다 (……). 어떻게 [대문자] 담론의 투명성과 단절하는 이 주체-대상이

---

56 John Rajchman, "Foucault's art of seeing", *October*, vol. 44, 1988, pp. 92, 93.

(……) 마치 원용된 그림[즉 벨라스케스의 『시녀들』]이 자기 자신의 사유를 찢어 버릴 수 있는 기적 같은 능력을 가지고 있다는 듯이 이렇듯 고전주의 철학의 담론 내에서 보여지게 될se donner à la vue 수 있는 것일까?**57 58**

이로부터 출발해 빈치게라는 에피스테메들 간의 잇따름[연속]이 발본적으로 불연속적이라는 관념과 새로운 에피스테메의 '중심적 형상'이 이전 에피스테메의 중심에서 '이미 존재하고 있는 것'déjà là으로 발견될 수 있다(비록 그것이 부재라는 양태 내에서라고는 해도)는 관념 사이에 모순이 존재한다는 점에 대한 증명을 수행한다. 사실은 두 가지 에피스테메가 존재하는 것이 아니라 단지 하나의 에피스테메만이 홀로 존재한다 — 비록 이 하나의 에피스테메가 '두 면으로 이루어져' 있거나 혹은 가시성의 두 가지 체제를 포함하고 있다 해도(하나는 '왕'의 형상의 부재를 표현하는, 다른 하나는 이 왕의 현존을 표현하는) — 고 가정하는 것이 아니라면 말이다. 이는 정중앙에 위치해 있는 [1789년 프랑스대혁명이라는] '혁명적' 사건(칸트와 [대문자] 관념학자들 간의 갈등이 지시하고자 목표했던)은 회귀 없는 출발점으로서보다는 동일한 장치 내에서의 전도로 사고되어야 한다는 점을 의미한다. 그러나 뒤이어 빈치게라는 고전주의 시대에서 근대성으로의 이행 밑에 숨겨져 있을 (그리고 푸코가 시간 내에서의 에피스테메들의 단선적 잇따름과 같은 무언가를 기술하는 것을 — 결과적으로 앞서 내가 역사주의에 대한 역사주의적 비판의 역설이라 불렀던 바를 겨냥하면서 — 자신의 목표로 삼았던 적이 전혀 없었다는 점을 함축하는) 심원한 통일성이라는 가설이 무거운 만큼 거의 받아들이기 힘든 그러한 함축들을 내포한다고 지적한다. 무거운 이유는, 이로써 우리가 전지적인 '철학적 관점' — 그 안에서는 『말과 사물』에서 연구되는 두 가지 에피스테메들(즉 표상과 역사성, 질서와 유한

---

57 Lucien Vinciguerra, *La Représentation excessive. Descartes, Leibniz, Locke, Pascal*, op. cit., p. 164.
58 [옮긴이] palimpseste는 '씌어 있던 글자를 지우고 다시 글자를 써넣은 양피지'라는 뜻이다. 그러므로 comme un palimpseste란 더욱 정확히 말하자면 동일한 자리에서 이전의 상이 흔적을 남긴 채 지워지고 새로운 (하지만 사실은 전혀 새롭지 않은) 상이 씌어졌기에 이를 '이러한 덧씌워진 양피지에서처럼' '재'발견하고 싶다는 것을 의미한다.

성 등등) 사이의 이접적 통일이 그 자체 '가시적'인 것이 될 수 있을 — 이라는 관념을 재도입하기 때문이다. 어떠한 [대문자] 절대지라고 말하지는 않더라도 '하이퍼-인식적인'epekeina tès épistémès⋯⋯ 관점과 같은 무언가를 말이다. 거의 받아들이기 힘든 이유는, 이러한 가설의 논리적 결과가 에피스테메들 혹은 특수한 합리성들이 실증적 구축에 대한 이 에피스테메들 혹은 합리성들 고유의 규칙의 관점에서 완전히 분석될 수 없으며(하지만 『말과 사물』 이후 『지식의 고고학』에서 푸코는 이러한 분석이 가능하다고 다시 주장할 것인데) 대신 차이들 간의 어떠한 부정적 작용에 대한 식별에 달려 있는 것으로 남아 있다는 게 될 것이기 때문이다.[59] 내 생각에 빈치게라의 이러한 지적은 우리를 올바른 길 위에 서도록 해주는 것으로 보이는데, 그러나 나는 이러한 지적의 결론을 아마도 수정해 줄 하나의 변형태를 이 지적에 가져다주는 자의성을 발휘하고자 한다.

나는 서로 다른 수준의 '이단점들'을 구별해야 한다고 생각한다. 푸코가 어떠한 주어진 합리성 내부에서 의미를 취하는, 하지만 이 합리성 바깥에서는 이 의미를 더 이상 지니지 않는(자신들이 태어난 물 바깥으로 나간 물고기들처럼) 그러한 분기들 혹은 대립들을 분석할 때, 그리고 그가 어떠한 특정 지식 체제에게 다른 지식 체제에게는 비가시적인 바를 가시적인 것으로 만드는 그러한 잠재적 갈등을 분석할 때, 그가 목표로 하는 것이 동일한 종류의 담론적 차이들 혹은 갈등들은 아니다. 비록 우리가 이미 보았듯 몇몇 특정한 '선택들'은, 우리를 에피스테메의 중심에서 이 에피스테메의 구성적 한계들로 이행하게 만듦으로써, 우리를 관점의 전도의 혹은 실증적 합리성의 전복의(이 전도 혹은 전복은 이 에피스테메를 해체하겠다 위협하는 것인데) 가장자리로 이끌지만 말이다. 더욱이, 왕의 자리는 물론 알레고리적인 것이지만 이 왕의 자리는 푸코에게 '사유 불가능한 것'은 아니라 해도 최소한 인식론적으로 불가능한 것을, 즉 몇몇 특정 대상들의 표상과 몇몇 특정 질문들의 정식화 — 그 안에서 이 대상들도, 이 질문들도, 모두 이론적으로 '존재할' 수 없는 그러한 어떤 합리성의 중심에 놓인 — 를 사유할 수 있게

---

59 Ibid., p. 172.

해준다. 하지만 빈치게라가 앞서 무엇을 말했든지 간에, 불가능한 것에 대한 이러한 사유를 문제화하기 위해 어떠한 절대지의 등가물을 재창조할, 어떠한 '하이퍼 공간'을 창조할 혹은 철학을 이론들의 이론이라는 '전지적' 위치에 설치할 필요는 없다. 담론의 한계에 도달하는 것, 그리고 어떠한 의미에서는, 이 담론을 분석하거나 이 담론을 하나의 '바깥'으로 기술하기 위해 이 담론의 내부를 외부로 뒤집음으로써 이러한 한계에 자리 잡는 것만으로 충분하다.**60** 푸코에게 이는 이론의 과업이라기보다는 형이상학적 선택 혹은 결정의 과업, 심지어는 문서고에 대한 기술description이라는 세심한 작업에 기초해 있는 그러한 과업이다.

하지만 지적해야 할 것이 하나 더 있다. '대항-과학들'과 그것이 [대문자] 비사유[즉 사고되지 않는 바]와 맺는 문제적 관계에 대한 우리의 논의가 보여 주었듯, 이러한 선택의 배치는 보충적인 변증법적 작용의 대상이 될 수 있다. 한계에 도달한다는 것은 무엇을 의미하는가? 이는 양립 불가능한 두 가지 인식적 입장들 사이에서 무한정 동요하는 것이, 이미 주어진 닫힌 담론들([고전주의 시대의 경우] 표상, [근대의 경우] 인간학)의 대칭성에 갇힌 채 남아 있는 것이 아니다. 오히려 이는 사실 삼중의 지점 — 거기에서 세 번째 항, 즉 이것도 저것도 아닌 '중성적인 것'이 최소한 예상될 수 있거나 심지어는 현존하는 지식의 위반의 계기들 내에서 '읽힐' 수 있는 지점 — 인 그러한 하나의 '이단점'을 발견하는 것이다. 인식론적으로 말해, 이 삼중의 지점은 문헌학과 언어학 그 자체에 대한 동시대 발전이 개시한, 하지만 특히 '바깥의 사유'로서의 문학이 개시한 '언어로의 회귀'가 인간 과학들에 그들의 구성적 오류 추리(대상이 되는 주체, 주체가 되는 대상)를 해소할 수 있는 가능성을 제공해 주는 그러한 문턱을 정의한다. 전략적으로 말해, 이 삼중의 지점은 선재하는 에피스테메들과 이에 조응하는 합리성 모델들의 동요가 지식의 새로운 시대의 관점 — 여전히 도래해야만 하는 혹은 결정화되기 직

---

60 푸코, 블랑쇼 그리고 '바깥의 사유.'에 관한 나의 시론을 보라. 또한 푸코의 저작 중 「위반에 관한 서문」에서 제시된, 칸트와 바타유에게서의 '한계'라는 질문에 대한 그의 고찰들을 특히 참조하라. "Préface à la transgression", in *Dits et écrits*, tome I, op. cit., p. 263 이하.

전인 — 을 개방한다기보다는, 1960년대에 몇몇 구조주의자들이 그리고 더 나아가서는 몇몇 마르크스주의자들이 믿었던 것처럼 보였듯, 역사적 지식이 자신의 유사-초월론적 이념들에 종속시켰던 대상들과 질문들을 이 대상들과 질문들 고유의 타자성 혹은 '바깥'에 대한 조명 속에서 다르게 사유할 수 있는 관점을 개방한다는 사실을 표시한다. 그리고 푸코가 집필한 이 『말과 사물』이라는 '철학책'의 야심은 아마도 단순히 (푸코가 이 책에 대해 취했던 의식 속에서) 그러한 이단점의 정위emplacement를 '발견'하는 것은 아니었을 것이다. 더욱 사실임 직해 보이는 것은, 푸코의 야심이 그보다는 이러한 자리를 차지해 이 자리에서 스스로를 표현할 수 있기 위해 이 이단점을 구축하는 것이었다는 것이다. 왕 자기 자신 혹은 이 왕의 화가뿐만 아니라 부재하는 그리고 그만큼 집요하게 존재하는 '보는 자'voyant 혹은 관람자spectateur 그 자신 또한 차례를 바꿔 가며 차지하러 올 수 있을 이 '왕의 자리'라는 지점은 그래서 푸코에게 그가 다소간 오랫동안 — [대문자] 인간 이후에 오는 주권자로서는 아니라 해도(푸코 이후 장뤽 낭시는 '주체 이후에 누가 오는가'라고 질문할 것이다61) 최소한 자신의 소멸을 그리는 예술가로서 — 자리하고 체류하며 노동할 수 있을 그러한 자리로 나타났던 것일까? 이는 또 다른 문제이다. 우리는 이 질문의 답이 예라고 생각할 수도 있고 아니요라고 생각할 수도 있다. 하지만 이제부터는 이 삼중의 지점이 두 가지 구별되는 수준 — 그에 대한 알레고리[즉 왕의 자리]가 우리로 하여금 이 두 가지 구별되는 수준이 분리 가능하지 않다는 점을 개념화할 수 있게 돕는 — 을 취하는 하나의 결정적 기능을 획득하게 되었다는 점이 남는다. 이는 그로부터 생명의 혹은 언어의 혹은 노동의 과학의 장 내에서 생산되는 과학적 발견들의 횡단 분과 학문적 효과가 문제화될 수 있는 그러한 지점이다. 또한 이는 분과 학문들의 질서 그 자체를 재질문화하기 위해 도달하거나 혹은 단순히 예상해야만 하는 그러한

---

61 Jean-Luc Nancy et al., "Après le sujet qui vient?", *Les Cahiers Confrontation*, n. 20, 1989. 영역 증보판은 Eduardo Cadava, Peter Connor, Jean-Luc Nancy, *Who comes after the Subject?*, Routledge, Londres, 1991.

지점이기도 하다. 여전히 그리고 항상, 대립물들 간의 통일coincidentia oppositorum
인 그러한 지점.

6장
하나의 역경점
미셸 푸코의 반마르크스

 〈마르크스와 푸코〉라는 이름의 이 컬로퀴엄을 위해 준비한 발표에 '미셸 푸코의 반反마르크스'라는 제목을 제시함으로써, 나는 약간의 도발적인 요소를 분명하게 도입하고자 했다.*1* 왜냐하면 나는, 일반적으로 그러하듯 이 컬로퀴엄이 마르크스와 푸코 사이의 화해réconciliation까지는 아니라 하더라도 타협concil- iation이라는 입장을 취할 것이라 생각했었기 때문이다. 이 컬로퀴엄 전체를 통해 우리는, 발표자들에게서 마르크스와 푸코 사이의 관계라는 문제가 그렇게 단순한 용어[관점]로 제시되지는 않았다는 점 — 왜냐하면 발표자들 각자가 그 자신의 방식으로 마르크스와 푸코 사이의 수렴점들뿐만 아니라 분기점들도, 양립 가능성들뿐만 아니라 양립 불가능성들도, 또는 내가 위험을 감수하면서 가산성 또는 감산성이라 부르는 것(이러한 계산들이 그 안에서 의미를 가질 수 있는 역사학적이고 인식론적인 양태들을 고려하면서)도 명확히 보이도록 만들기 위해 공을 들였기 때문이다 — 을 확인할 수 있었다. 이 컬로퀴엄의 참가자들 그 누구도 마르크스를 푸코주의에 혹은 푸코를 마르크스주의에 환원하는 주장을 펴지 않았다. 비록, 이 두 사상가들의 사상의 역사를 이해하기 위해서뿐만 아니라 이 사상에 대한 앞으로의 적용과 연구를 위해서도, 이 두 문제 설정 사이의 교통의 담론, 즉 공통의 담론을 구축하려는 경향이 우리가 서 있는 무대의 전면을 이론의 여지

---

1 낭테르 파리 10대학에서 열린 컬로퀴엄 〈마르크스와 푸코: 독해, 활용, 맞세움〉Marx & Foucault. Lectures, usages, confrontations(2014년 12월 20일)의 폐회 발표[이 장의 최초 판본인 "L'Anti-Marx de Michel Foucault", in *Marx & Foucault. Lectures, usages, confrontations*, La Découverte, 2015을 참조해 소제목을 추가했다].

없이 차지하고 있기는 하지만 말이다. 결국 이 컬로퀴엄의 제목은 "마르크스 또는 푸코?"가 아니라 "마르크스와 푸코"이지 않은가.

마르크스와 푸코: 어떠한 절합?

자신이 주관하던 섹션에 개입하여, 마티유 포트본빌은 우리가 이 "와"et, & 를 실천할 수 있는 방식들의 유형학 — 이 유형학 내에서 각각의 실천 방식들이 자신들의 옹호자들을 찾을 수 있을 거라고 예상하면서 — 을 제시했다. 나는 이 유형학을 세 가지 거대한 가능 양태들이 존재한다는 말로 요약하고자 한다. 첫 번째 양태를 절합articulation이라고 부르자. 이는 우리가 언표, 분석, 문제, 지향성을 가까움과 멂, 동질성과 이질성 사이의 가능한 모든 정도와 연결하고자 한다는 것을 의미한다. 이러한 절합을 엄밀하게 사고해 본다면, 이는 아마도 마르크스와 푸코 사이의 모든 진지한 대결의 가능 조건이 될 것이다. 이 대결을 넘어, 한 사상가를 다른 사상가 밑으로 포섭하는 것subsomption[두 번째 양태]은 더욱 공격적이거나 더욱 위험천만한 것인데, 그러나 이것이 우리가 마르크스의 분석들을 가지고서 푸코적 이론의 일부분을 형성하려고 한다거나 그 역을 행하려고 한다는 것을 필연적으로 의미하는 것은 아니다. 오히려 이는 매우 단순히 우리가 푸코적인 질문들에 따라서 마르크스를 다시 읽으려 시도한다는 점을, 또는 그 역을 시도한다는 점을 의미할 수 있으며, 또한 더 나아가 우리가 푸코적인 관점 내에서 마르크스의 분석들을 발전시키거나 수정하려고 시도한다는 점을, 또는 그 역을 시도한다는 점을 의미할 수 있다. 심지어 어떠한 매개도 없이 행해질 수 있는, 또는 증인이나 중개인의 자격으로 소환되는 제3자(칸트, 헤겔, 베버 또는 들뢰즈……)를 경유하는 우회를 통해 행해질 수 있는 하나의 "상호적 포섭"도 생각해 볼 수 있는 가능성이 있다. 결국 이 중에서 가장 위험천만한 것, 하지만 이 위험천만하다는 이유로 가장 야심 차고 필연적으로 가장 계발적인 것은 마르크스와 푸코를 메타이론, 또는 우리가 다음과 같은 표현을 원한다면 메타 구조 — 이 메타 구조 내에서 그들의 언표들(이 언표들을 신성화하거나 [원전주의에 빠져] 그 언표들의 문자 자체만을 중시하지 않으면서도 가능한 한 가장 신중한 방식으로 이를 다루면서)은 자신들이 생산하는 가능한 결과들로 응답해야만 하며 또한 어떠한 기반 위에서, 그리고 어떠한 목적으로 이 두 사상가의 언표들이 함께 작동할 수 있는지 말해야만 한다 — 의 법정 앞에 소환하고자 하는 포섭이다. 나는 이러한 관점들을 전혀 거부하지 않으며, 오히려 나는 이 관점들을 취하면서 어쨌든 이로부터 배우려고 노력한다. 하지만 최소한 여기에서는, 사유의 실험[훈련]에 대한 필요성 때문에, 나는 이 관점들에 대해 정반대의 입장을 취할 것이다. 다시 말해 이 두 저자들, 이 두 문제 설정들 사이의 이접[세 번째 양태]을 사유하려 시도할 것이란 말이다. 어쨌든 우리는 결국 이것이 생각만큼 쉽지는 않다는 점을 앞으로 확인하게 될 것이다. 결론적으로 나는 완벽한 상보성과 가능한 한 가장 통합적인 포섭에, 그리고 특히나 타협에 반대하면서 마르크스와 푸코에 대해 발언할 것이다. 하지만 내가 볼 때 나의 이러한 시도는 바로 여러 가지 점에 있어서 마르크스와 푸코 사이에 이론의 여지가 없는 매우 커다란 근접성, 즉 '친연성'이 있다는 이유에서만 의미가 있는 것이다. 이러한 근접성은 푸코가 행했던 마르크스에 대한 독해뿐만 아니라, 여러 가지 이유들 — 그 이유들 안에 나는 기꺼이 마르크스가 행했던 푸코 독해라는 분명히 잠재적인[가상적인] 독해(예전에 피에르 마슈레가 이미 고전적인 저서가 된 『헤겔 또는 스피노자』[2]에서 스피노자의 헤겔 비판을 보여 주었듯이 우리 또한 이론적 상상력을 통해 구축할 수 있는 독해)를 추가할 것이다 — 에도 빚지고 있다. 동일하게 나는 이 두 저자들 사이의 이론적, 개념적, 문제 설정적인 근접성이 지적 스타일에서의 유사성 — 그들의 [광의의 사회과학적] 탐구[조사]에 대한 열정, 체계적인 결론과 구축물에 대한 끊임없는 문제 제기, 푸코의 유명한 표현을 따르자면 "역사의 장들 내에서 철학적 단편들"[3]을 발전시

---

2 Pierre Macherey, *Hegel ou Spinoza*, Éditions Maspero, Paris, 1979[피에르 마슈레, 『헤겔 또는 스피노자』, 진태원 옮김, 그린비, 2010].

3 Michel Foucault, in Michelle Perrot, *L'impossible Prison. Recherches sur le système pénitentiaire au XIXe siècle*, Seuil, Paris, 1980, pp. 29-39.

키고자 하는 그들의 욕망exigence을 지배하는 그 유사성 — 을 또한 가지고 있다고 주장하고자 한다.4

하지만 이 모든 것 — 이론적 친연성과 지적 유사성 — 은 두 사상가 사이의 대화의 조건들을 이해하기 위해서는 어떠한 대가를 치르고서라도 말소해서는 안 되는 (그리고 아마도 심지어는 이미 가까워 보일 수 있었던, 사실은 그것도 너무 가까워 보일 수 있었던 것을 향한 접근이라는 끝없는 과제의 중심에 위치시켜야 할) 환원 불가능한 분기점들을 명확히 인식한다는 조건하에서만 그 의미를 가지게 된다. 여기서 또한 나는 푸코적인, 또는 거의 푸코적인 표현을 활용할 것이다. 푸코적인 표현을 따라 나는, 우리가 역경[갈등과 시련]의 지점point d'adversité 또는 역경의 지점들(하지만 본질적인 하나의 역경의 지점만으로도 나쁘지 않을 것이다)을 찾아야만 한다고 주장할 것이다. 이것이 지금, 필요하다면 역경이 잘 드러나도록 만드는 방식으로 설명을 '강제'하면서, 그리고 이 역경의 지점을 역사적이고 동시에 논리적인 의미에서 피할 수 없는 마주침과 대결의 장이며 또한 환원 불가능한 '역경의 장'인 하나의 장 안에 위치 지으면서, 내가 활용하고자 하는 것이다. 조금 뒤에 나는 이 역경의 지점을 어떻게 정의할지 발언할 것이다. 하지만 그 전에, 가능하면 도식적으로, 이 콜로퀴엄에서 말해지거나 제시되었던 많은 요소들을 활용하면서, 세 가지 전제들préalables[아직 완전히 발전시키지 않은 단상 또는 아이디어]을 소묘할 필요가 있다. 이 세 가지 전제들을 완전하게 발전시키지는 않을 것이며, 나는 단지 이 세 가지 전제들에 대한 가능한 논증을 기술하는 것에 만족하고자 한다. 이 전제들 중 첫 번째 전제와 두 번째 전제는 우리가 마르크스에 대한 푸코의 [독일어로] Abrechnung(청산[결산]) 또는 [프랑스어로] 'règlement de comptes'(청산[결산] 또는 과거에 대한 정리나 판정[규정])5의 두 가지 주기들cycles이라 부를 수 있

---

4 이 콜로퀴엄의 또 다른 발표자인 디오구 사르디나의 발표 「반형이상학 원리로서 관계의 유명론」Le nominalisme de la relation comme principe antimétaphysique의 문제의식과 유사하게 말이다. 물론 나는 이 글과 완전히 동일한 결론을 이끌어 내는 것은 아니다.

5 [옮긴이] 앞으로 이를 '청산'으로 통일하며, 발리바르가 독일어로 Abrechnung이라고 쓸 경우엔 강조 표시를 하겠다.

는 것과 각각 관련되며, 또한 더욱 구체적으로 말해 두 번째 전제는 [『형벌의 이론
과 제도』나 『처벌 사회』와 같은] 최근의 출판물들과 논쟁들이 특히나 명확히 드러냈
던, 내가 정치적 또는 정치 논리적politologique 주기라 부를 두 번째 주기의 구성,
리듬, 정향, 맥락과 관련된다. 그리고 결국 — 논란의 여지가 있을 정도로 피상
적인 방식으로 — 나는 어쨌든 오늘날 우리에게서 또는 "현재의 우리라는 존재"
ce que nous sommes, 다시 말해 마르크스와 푸코 이래로 이들을 통해 우리가 되었
던 바를 고려해 본다면, 이론의 여지 없이 필수적인 두 담론들에 관한 몇몇 중
첩recouvrements에 대한 인지를 또한 [세 번째 전제로서] 미리 제시하겠다.

푸코의 청산

첫 번째 전제, 즉 청산. 내 생각에 마르크스에 대한 푸코의 청산(이는 마르크
스가 헤겔과의 청산에 관해 말했던 의미에서의 청산인데, 그러나 또한 우리는 마르크스가 자신
이 헤겔과의 관계를 단숨에 끝냈다고 조금은 성급하게 믿었다는 점을 알고 있다)에는 충분히
선명하게 분리되는 두 가지 거대한 주기가 존재하는 것 같다. 내가 생각한 첫 번
째 주기를 제시하기 위해 명확히 하자면, 첫 번째 주기[(1)]는 1954년과 1966년
사이에 걸쳐 있다. 한편으로, 1954년에 출판된 『정신병과 인격』이 있는데, 이
『정신병과 인격』에는 나중에 [『정신병과 심리학』이라는 이름으로 1962년 개정판을 출간
할 때에] 삭제된 '마르크스주의적인' 두 개의 장이 포함되어 있다(그런데 우리는 또
한 『말과 글』에도 이 두 개의 장이 포함되어 있지 않음을 지적해야만 한다6). 한 개의 장은 역

---

6 『정신병과 인격』Maladie mentale et personnalité(1954)으로 출간된 최초 판본은 '정신적 소외'라는
질문, 그리고 이 정신적 소외가 '사회적 소외'와 맺는 관계라는 질문(마르크스주의적인 영감으로부터
명시적으로 길어 온)에 할애된 두 개의 장이 포함되어 있었다. 하지만 이는 다음과 같은 두 가지 서로 다른
정향에 따른 것이었는데, 첫 번째 정향은 불가능한 명령에 대한 '역설적 반응'에 관한 파블로프Ivan
Petrovich Pavlov적 이론의 전개이며, 두 번째 정향은 소외의 두 측면에 대한 유비적 구축(더욱 사회학화하는
영감으로부터 길어 온, 그리고 당대 프랑크푸르트학파의 작업들을 떠올리게 만드는)이다. 기나긴 주저함 이후
이 소책자를 『정신병과 심리학』으로 재출간하는 것을 결국은 수락했을 때(Maladie mentale et psychologie,

사주의적이고 사회학적인, 다분히 조르주 폴리처Georges Politzer적인 장이며, 다른 한 개의 장은 변증법적 유물론적이며 소련 과학아카데미의 작업들에 대한 참조를 가득 담고 있는, 명시적으로 파블로프적인 장이다. 이 두 장은 모두 내부화되고 전위된 갈등이라는 관점에서, 그 용어의 이중적 의미에서 소외/양도alienation의 사회적 원인과 물질적 조건에 대한 문제를 탐구한다. 다른 한편으로, 1966년 출간된 『말과 사물』이 있는데, 여기서 푸코는 유명하게도 마르크스주의를 19세기의 역사적이고 경제적인 진화주의의 장 내에 기입한다(그리고 여기서 푸코가 기입하는 것은 에피고넨들의 마르크스주의가 아니라 마르크스 자신의 마르크스주의라는 점을 지적하자). 여기서 마르크스주의는, 이 19세기라는 장 내에서 생산 체계의 발전 법칙들과 그 최종 상태 사이의 절합에 대한 특정한 "이단점"을 중심축으로 삼고 있는 "물속의 물고기"와 같은 것이며,7 이로부터 또한 마르크스주의와 부르주아 경제학 사이의 대립 또는 절단을 중심으로 하는 논쟁들에 대한 푸코의 "찻잔 속의 태풍"tempête au bassin des enfants이라는 조롱이 등장하게 된다. 그러므로 이 주기는 하나의 전복을 실행하는 것인데, 이 전복의 단계들은 단순하지 않으나 대신 그 결과는 돌이킬 수 없는 방식으로 완전히 명료해 보인다. 노동의 인간주의와 이데올로기 범주 둘 모두에 대한 (놀랍게도 동시에 이루어진) 평가 절하는 이 첫 번째 주기의 뚜렷한 측면들 중 하나를 이룬다. 이 주기는 특히 인식론적인데, 그러나 이는 그 정치 또는 정치적 함의가 여기서 어떠한 역할도 하지 않는다는 점을 의미하지는 않는다. 이론적 담론의 정치적 함의들이 현실의 정세와 전혀 무관하지 않으므로, 이러한 측면에서 1954년이 1956년 이전이며 1966년

PUF, Paris, 1962), 푸코는 이렇듯 제목을 변경했으며 앞서 언급한 두 개의 장을 『광기의 역사』(1961)의 테제들을 하나로 집약한 장으로 대체했다. 사람들은 이 대체된 장들이 (그와 동일한 시기에 집필된 다른 시론들이 그러하듯, 또는 어떤 동일 저서의 후속하는 판본들에서 잘려 나간 텍스트들이 그러하듯) 『말과 글』Dits et écrits에 이론적으로 온전한 방식으로 포함되었을 거라 예상하겠지만 실제로는 그렇지 못했다. 그래서 이 두 개의 장은 사실상 여전히 찾아 읽을 수 없는 것으로 남아 있다. 피에르 마슈레의 다음과 같은 주석을 참고하라. Pierre Macherey, "Aux sources de l'*Histoire de la folie*: une rectification et ses limites", *Critique*, n. 471, 472, 1986.

　7　Michel Foucault, *Les Mots et les choses*, Gallimard, Paris, 1966, p. 274.

이 아직은 1968년이 아니라는 점을 지적하자. 아마도 독자들은 이를 단번에 눈치챘을 것이다.

만일 이것이 첫 번째 주기라면, 두 번째 주기[(2)]는 무엇인가? 내 생각에 우리는 이 두 번째 주기 또한 충분히 정확하게 그 범위를 한정 지을 수 있을 거라고 생각하는데, 지금 우리는 [『형벌의 이론과 제도』와 『처벌 사회』, 『정신의학적 권력』과 『비정상인들』 등의 출간으로 인해] 이를 위한 모든 요소들을 이미 갖추고 있기 때문이다. 이 두 번째 주기를 특징짓는 텍스트들의 관점에서(그리고 이 텍스트들의 동역학은 이 두 번째 주기에 그 육체와 실체를 부여한다), 두 번째 주기는 푸코의 콜레주 드 프랑스 두 번째 해의 강의(왜 내가 이 강의를 기점으로 삼는지는 뒤에서 설명하겠다)가 열리는 해인 1971년에 시작되어, 역사에 대한 사유에서 법적 범주들의 특정한 지배(마르크스주의 자신 또한, 푸코가 명시적으로 공감을 표했던 그 반법주의antijuridisme에도 불구하고, 이 지배의 수인이다)에 뿌리박혀 있는 "억압 가설"에 대한 거부를 정식화하는 『섹슈얼리티의 역사 1권: 지식의 의지』가 출간되는 1976년에 완료된다. 하지만 특히, 그리고 여기서 또한 나는 왜 결정적인 사건protocole이 1976년의 강의 〈"사회를 보호해야 한다"〉 — 이 강의에서 우리는 푸코가 사회 전쟁 또는 인종 전쟁이라는 도식의 역사적 변형으로부터 출발하여, 이것 없이는 마르크스주의가 존재하지 않는, 그게 아니더라도 어쨌든 역사성과 정치에 대한 마르크스주의적 사유는 존재할 수 없는, 마르크스주의의 중심적 범주인 계급투쟁 관념 자체의 계보학을 제안하는 것을 볼 수 있다 — 인지에 대해 설명해 보겠다. 헤겔적인 용어법과 조금은 불장난을 하면서, 마르크스의 마르크스주의(그리고 결국 마르크스의 후계자들의 마르크스주의 — 아무리 이 후계자들의 마르크스주의가 마르크스의 마르크스주의에 비해 혁신적이었다고 하더라도, 우리는 푸코에게서만큼은 이 후계자들의 마르크스주의가 그다지 혁신적이지 않았다는 점을 잘 알고 있다)가 푸코에게 "포함[이해]되었다"compris, begriffen고 말하자. 그리고 이렇게 푸코의 일부분이 된 채로, 마르크스주의는 사실 푸코로부터 배제된congédié, aufgehoben 자신을 발견하게 된다. 이 순간 이후 푸코는 마르크스와 함께 자신의 담론을 설명할 필요를 느끼지 않으며, 필요한 경우에는 마르크스로부터 부분적이고 사소한 차용만을 할 수 있었다(사실 그마저도 하지 않았지만). 근본적으로, 마르크스와의 관계는 끝난 것이다. 분명 이러한 전환이 푸코 자신의 문제 설정과 관심 지점의 전위, 즉 통치성이라는 질문의 등장, 권력에 대한 자신의 개념화의 변형과 권력과 저항, 권력과 갈등 사이의 관계에 대한 변형(이 변형을 전복이라고까지는 말하지 않더라도)과 일치한다는 점을 지적하는 것은 매우 중요하다. 이는, 이러한 이유 때문에 내가 정치적 또는 정치 논리적 주기(비록 인식론적인 관심이 사라진 것은 아니지만)라고 부르는 이 국면[주기 (2)]에서 푸코의 문제 설정 — 특히 권력에 대한 그의 개념화 — 이 역으로 마르크스와의 대결에 의해 중심적으로 결정되었으며(내가 여기에서 마르크스와의 대결이 유일하게 결정했다고 말하는 것이 아니라 중심적으로 결정했다고 말한다는 점에 주의하길 바란다), 푸코는 이 대결을 포함[이해]해야comprendre 했으며 이를 어떤 의미로는 축소[환원]해야 했다는 점을 의미한다. 하지만 그 결과는 새로이, 그리고 분명 더욱 결정적인 새로운 기반들 위에서, 마르크스에게 이별을 고하는 것이었다. 그렇지만 모든 이별은 트라우마라고까지는 말하지 않더라도 흔적들을 남긴다. 이것이 바로 이 컬로퀴엄뿐만 아니라 컬로퀴엄을 넘어서는 우리의 성찰 대상인 것이다.

우리는 내가 제시한 이 두 가지 주기[(1)과 (2)]가 분리되어 있다는 점을 확인했다. 이 두 주기 사이에서는 어떠한 문제들이 존재할까? 풀기 힘든 수많은 문제들이 존재하는데, 왜냐하면 이 문제들이 대개 텍스트에 기입되어 있지 않으며, 이 점에 관한 한 서로 다른 시기에 서로 다른 청중들을 대상으로 한 푸코의 공언들은 서로 모순될 뿐만 아니라, 많은 지점들을 드리워진 그림자 속에 남겨 두기 때문이다. 오늘 당장 성급하게 이를 더욱 명료하게 규정하려고 노력하지는 않으면서, 나는 다음과 같이 말하겠다. 분명하게 이 두 개의 주기 사이에는 1968년이 존재한다고(하지만 1968년에 대한 푸코의 진정한 입장은 무엇이었는가? 플라톤, 그리고 알튀세르와 마찬가지로, 하지만 이들과는 다른 이유로, '그는 거기에 없었다'……). 그리고 알튀세르주의자들과의, 라캉주의적 알튀세르주의자들과의, 마오주의적 알튀세르주의자들과의, 심지어는 푸코주의적 알튀세르주의자들과의 열정적인 논쟁이 존재했다고. 특히 이러한 논쟁의 상당 부분이 가지는 문화적 틀과 감정적 폭발의 장소였던 뱅센 실험대학[현재의 파리 8대학]의 창설이 존재했다고. 이는 이 두 가지 주기의 유사성과 차이에 대한 나의 두 가지 보충적인 언급을 요한다.

첫 번째로, 이 두 가지 주기 내에서, 하지만 분명히 두 가지 서로 다른 양태들을 따라(왜냐하면 시간도, 주체도, 대상도 전혀 동일하지 않기 때문에), 푸코의 마르크스에 대한 청산은 알튀세르라는 지식인의 존재, 그의 입장들, 그의 언표들에 의해 과잉 결정된다. 나는 알튀세르가 푸코와 마르크스 사이의 유일한 '제3자'라고 말하는 것은 아니지만, 알튀세르가 이론적으로, 그리고 정서적으로 가장 중요한 주요 인물이었다고는 말하겠다. 이는 알튀세르의 텍스트에 대한 인용에 가까운 언급, 알튀세르의 텍스트에 대한 전유, 알튀세르의 테제에 대한 반대 테제와 같이, 동시대인들에게서, 그리고 최소한 이 두 이해 당사자들에게서는 투명한 상태로 존재하는 알튀세르에 대한 암시의 증가에 의해, 그리고 이뿐만 아니라 또한 계산된 침묵들 — 이 계산된 침묵들 중 몇몇은 푸코가 완벽히 인식하고 있었던 알튀세르의 입장들에 대한 다소간 공격적인 부인의 성격을 띠고 있다 — 에 의해 텍스트 내에서 드러난다. 필요하다면 나는 다른 기회에 더욱 자세히 이에 대해 말하겠다. 그리고 나는, 독자들이 여기에서 내가 나 자신이 알튀세르와 맺었던 개인사적 관계에 의해 판단이 흐려졌다거나 알튀세르와 더 친해서 알튀세르의 편을 더 들고 있다고 믿지는 않기를 바란다. 게다가 푸코 또한 알튀세르와 마찬가지로 나의 선생이지 않았는가. 나는 사태를 다음과 같이 요약하고자 한다. 알튀세르의 이름에 대한 언급이 거의 없다는 점을 고려한다면, 여기서 알튀세르는 어떠한 의미에서 "자신의 개입 속에서 사라진다."[8] 특히 내가 지금 다시 다루려고 하는 두 번째 주기에 대한 이해를 위해 이를 꼭 기억하자. 푸코는 마르크스를 읽고, 마르크스를 해석하며, 마르크스를 활용하고, 마르크스를 변형하지만, 여기에서 알튀세르의 마르크스 또는 알튀세르의 마르크스주의가 항상 이중 인화되어 있다는 점을. 분명 두 가지 주기에서 이것이 동일한 방식으로 그

---

8 [옮긴이] 프레드릭 제임슨은 이를 '사라지는 매개자'vanishing mediator로 개념화했다.

러한 것은 아니다. 첫 번째 주기[(1)]에서, 근본적으로 작동하고 있는 것은 알튀세르의 반인간주의, 그의 마르크스주의적 인간주의에 대한 비판, 주체-대상이라는 쌍에 대한 그의 탈구축이다. 두 번째 주기[(2)]에서, 도처에 편재하고 있는 것은 이데올로기적 국가 장치들에 대한 '이론' 또는 가설, 그리고 자본주의적 생산관계의 재생산에서 이 이데올로기적 국가 장치들이 수행하는 그 기능이다.9 장치와 그 기능, 이 둘이 동일한 것은 아니다. 물론 이데올로기라는 질문이 중심에 존재하는 것은 사실이지만(그리고 이것이 푸코가 가장 도착적인 모습을 보이는 지점들 중 하나인데, 왜냐하면 푸코는 항상 암묵적인 방식으로 이데올로기에 대한 개념화를 정확히 알튀세르의 것 — 그러나 사실을 말하자면 알튀세르는 마르크스주의를 이 이데올로기로부터 해방하고 싶어 했다 — 으로 간주했기 때문이다10). 이는 또한 1973년 『존 루이스에 대한 답변』이라는 (그 당시 매우 논쟁적이었던) 텍스트에서 알튀세르가 언표했던 그 "자기비판"이기도 했다. "나는 [지배 이데올로기를 너무 강조한 나머지] 계급투쟁을 과소평가했다."11 이것뿐이다……. 이는 결국 내게 다음과 같은 보충적인 또 하나의 언급[두 번째 언급]을 추가하도록 한다. 인식론적인 또는 정치 논리적인 지배소dominante가 존재한다고. 하지만 우리가 (알튀세르가 그러한 경향성을 가졌듯이) 인간학이라는 통념과 (이론적) 인간주의라는 통념을 혼동하든, (푸코가 종종 시도했듯이) 인간학이라는 통념과 (이론적) 인간주의라는 통념을 분리하든 간에, 인간학과 그 서로 다른 유형들에 대한 문제는 항상 중심적이라고.

---

9 이 컬로퀴엄의 또 다른 발표인 「푸코에게 미친 알튀세르 효과: 처벌 사회에서 재생산 이론으로」L'effet Althusser sur Foucault. De la société punitive à la théorie de la reproduction에서 탁월한 방식으로 쥘리앙 팔로타Julien Pallotta가 우리에게 상기시키듯이 말이다.

10 [옮긴이] 여기에서 발리바르가 지적하고자 하는 바는, 푸코가 일차원적으로 이해된 이데올로기 개념을 비판하면서 이를 이러한 이데올로기 개념을 갱신한 알튀세르의 것으로 사실은 상당히 부당하게 귀속했다는 것이다.

11 Louis Althusser, *Réponse à John Lewis*, Éditions Maspero, Paris, 1973.

푸코의 정치 논리적 주기

지금 여기에서 나는 우리의 관심사와 직접적으로 연결되는 1971~76년 사이의 정치 논리적인 주기가 어떻게 조직되는지를 여전히 도식적인 방식으로 말해야만 한다. 우리는 1971, 72년의 강의 〈형벌의 이론과 제도〉, 1972, 73년의 〈처벌 사회〉, 1973, 74년의 〈정신의학적 권력〉, 1974, 75년의 〈비정상인들〉(최소한 내가 생각했을 때는 푸코의 작품들 가운데에서 절대적으로 최고의 위치를 점하는 것들 중하나), 그리고 마지막으로 1976년의 〈"사회를 보호해야 한다"〉(이는 푸코의 의도가 개입된 제목인데, 왜냐하면 이는 분명 푸코 스스로가 말한 명령형 문장이 아니라, 일반적인 명칭으로 사용되던 문장에 대한 유사-인용 또는 준인용이며, 푸코는 이 명령형 문장에 대한 활용의 기원과 변형태를 추적하고 싶어 했기 때문이다[12])로 이어지는 강의들의 흐름 자체를 이해의 길잡이로 삼아야 한다. 마르크스주의와의 청산은 이 주기의 처음과 끝에 자리 잡고 있는데, 다시 말해 이 청산은 〈형벌의 이론과 제도〉와 〈처벌 사회〉라는 강의에서부터 시작하여 2년 동안 중단된다(왜냐하면 겉보기에는 마르크스주의는 정신의학적 권력과 의학-범죄학적 권력에 대한 연구에서 어떠한 역할도 하지 않는 것처럼 보이기 때문이다). 그런데 바로 이러한 부재가 의미심장한 것이다. 왜냐하면 이는, 이러한 권력과 이 권력의 정상화 과정, 그리고 이와 상관적인 개인의 비정상화 과정 — 뒤에서 다시 다룰 것이지만 말이 나온 김에 언급하자면, 이는 인간학적이고 인간 규범적인anthroponomique 과정이다 — 을 연구하기 위해 마르크스가 필요하지 않다는 점을 의미하기 때문이다. 마지막으로, 마르크스와의 청산은 다시 시작되고 1976년의 〈"사회를 보호해야 한다"〉라는 강의에서, 하지만 완전히 다른 양태하에서 종결된다. 마르크스의 테제들과 그의 역사학적이고 사회학적인 이론에 대한 논의, 그리고 우리가 이 마르크스의 이론을 해석하거나 또는 그 반대물로 전복하는 방식(이 역시도 하나의 이론적 전개인데)에 대한 논의라

---

12 Michel Foucault, *"Il faut défendre la société"*. *Cours au Collège de France*(1975-1976), EHESS/Gallimard/Seuil, Paris, 1997, p. 53.

는 양태가 전혀 아니라, 경합적인agonistique 특정한 역사성의 모델 내에서, 그리고 프랑스대혁명 전후, 산업혁명, 근대 국민국가의 형성으로 이어지는 연속적인 역사적 맥락과의 관계 내에서의 연구를 위한, 계급투쟁에 대해 마르크스의 담론이 지니는 전제들에 대한 확인[평가]이라는 양태하에서 말이다.

이 지점에 대해 세 가지를 말해 보겠다. 첫 번째로, 푸코의 강의[담론]discours는 강의실에 앉아 있는 특정한 청중들에게로 또는 이들을 넘어 극장의 장막 뒤에 있는 누군가에게로 수신자가 정해져 있는 강의[담론]이며, 이 청중들 속에서 푸코의 젊은 친구들 또는 동료들 — 그중 상당 부분은 마르크스주의자들 또는 알튀세르적 마르크스주의자들, 또는 전ex 알튀세르주의적 마르크스주의자들 또는 전ex 알튀세르주의적 전ex 마르크스주의자들(특히 마오주의자들)이다 — 이 중심의 위치를 차지하고 있다. 물론 문제는 누가 스승인지, 스승이 누구를 좇고 있는지를 아는 것에만 관련된 것이 전혀 아니며, 오히려 역사적이고 전략적인 요소들의 정세를 해석하는 것이다. 그런데 이 정세는 좌익 운동들, 특히 프롤레타리아 좌파에 대한 탄압, 그리고 마르셀랭Raymond Marcellin 장관의 "파괴방지법"lois anti-casseurs 제안, 감옥 운동, 인민 법정에 대한 논쟁(여기에 사르트르가 개입한다), 그리고 또한 립LIP, 라르작Larzac, 좌파 공동강령, 그리고 곧이어 급진적인 방식으로 혁명적이기를 원하는 반의회주의적 반대파의 도시 게릴라로의 변형 가능성(이는 독일과 이탈리아에서 구체화된다)과 같은 정세들이다. 이미 1969년에 알랭 제스마르와 세르주 쥘리는 내전이라는 방향으로 1968년 5월 혁명을 지속할 것을 선언하는 『내전을 향하여』[13]라는 제목의 책을 출간했다. 두 번째로, 마지막까지 미출간 상태로 남아 있었던 푸코의 강의록들에 대한 최근의 출간(사실 이 강의들은 맨 나중에 출판되었지만 연대기순으로 봤을 때는 초기 강의들이다)은 푸코가 마르크스와 마르크스주의에 관하여 일반적인 인식론적 또는 정치적 판단들에 머물러 있지 않았으며, 오히려 자기 고유의 개념적이고 역사 기술적인 수단들을 가지고

13 Alain Geismar, Serge July, Erlyne Morane, *Vers la guerre civile*, Éditions et publications Premières, Paris, 1969(에를린 모란은 가명이며 나는 그가 누구인지 모른다. -발리바르가 2019년에 추가한 언급).

마르크스주의가 제기하는 문제들 — 계급투쟁의 도식, 재생산, 생산관계와 자본주의국가의 발생, 착취의 조건, 임금 형태 등등 — 에 대해 그 내부에서부터 작업했다는 점을 확인할 수 있도록 해주었다.[14] 이 점에 있어 푸코는, 하버마스가 지적했듯이, 각자의 방식으로 마르크스주의를 재건하기 위해 노력했던 동시대의 마르크스주의적 조류들을 부러워할 필요가 없었다. 대신 우리는 푸코가 이 마르크스주의의 동시대적 조류들과 이들 고유의 지반 위에서 — 부분적으로는 그들 고유의 무기를 가지고, 그리고 부분적으로는 다른 무기들을 가지고 — 전투를 벌이기 위해 노력했다는 점을, 그리고 결국은 이것이 푸코를 완전히 다른 방향으로 이끌어 갔다는 점을 보게 된다. 이 컬로퀴엄에서 발표자들은 〈처벌 사회〉라는 강의가 이후에 출간되는 저작인 『감시와 처벌』과 매우 다르다는 점(이 〈처벌 사회〉라는 강의가 『감시와 처벌』의 단순한 초안에 불과하다고 믿을 수 있을 만큼)을 자주 상기시키고 있다. 또한 발표자들은 푸코에게서, 알튀세르와 알튀세르주의자들과 같이 지배 이데올로기에 대한 예속화가 아니라 노동자들의 제도적 도덕화, 민중(과 다른 이들)의 위법행위에 대한 통제, 노동시간 등등에 대한 착취와 관리의 모체로서의 임금-형태와 감옥-형태(이 "형태"라는 용어는 푸코에게 미친 마르크스주의의 영향의 확실한 지표이다) 사이의 상관관계, 이것들에 대한 온전한 이론 내에서 프롤레타리아의 "재생산"이라는 문제가 놀라운 위치를 점하고 있다는 점을 자주 상기시키고 있다(그러므로 푸코는 프롤레타리아의 "재생산"이라는 문제에서 알튀세르와 알튀세르주의자들의 이론과 길항 관계에 있는 것이다). 하지만 『형벌의 이론과 제도』[15](우리는 이 강의에 대한 푸코의 완전한 저술 또는 녹취록을 가지고 있지 못한데, 그러나 이것이 이 강의를 완벽히 이해하는 데에 걸림돌이 되지는 않는다)의 출간으로 사태는 더욱더 명확해졌다. 이 강의는 1639년 노르망디 농민 폭동révolte des Va-nu-pieds과 이 폭동이 이끌어 낸 정치적 혁신들을 경유하는 프랑스 절대군주제 시대의

---

14 [옮긴이] 참고로 세 번째가 무엇인지는 불분명하다.

15 Michel Foucault, *Théories et institutions pénales. Cours au Collège de France*(1971-1972), EHESS/Gallimard/Seuil, Paris, 2015.

"억압적 국가 장치" 또는 "국가"에 대한 역사적 형성사를 제시한다.*16* 절대군주제를 통한 부르주아 계급국가의 구성의 역사는 그 당시 마르크스주의 역사 기술에서 명예가 걸린 지점이었으며, 롤랑 무스니에Roland Mousnier*17*와 같은 "부르주아" 역사가들과의 논쟁에서 마르크스주의 역사 기술의 주요 대상이었다. 푸코의 주요 원천들 중 하나는 보리스 포르츠네프라는 소련 역사학자였는데, 그로부터 푸코는 이 가설을 광범위하게 채택(하고 기회가 있을 경우에는 토론)했다. 그런데 보리스 포르츠네프는 또한 『몽테스키외: 정치와 역사』*18*에서 알튀세르가 제시한 설명의 주요 원천이기도 했다. 하지만 특히 "억압적 국가 장치"라는 표현은 이전에 마르크스주의에서는 존재하지 않았던, "이데올로기적 국가 장치들"이라는 개념과 상관적인 알튀세르의 발명품이다. 결국 푸코는 알튀세르에게 (그리고 푸코와 알튀세르 공동의 청중들에게) 다음과 같이 말하는 것이다. 당신이 믿고 가르치는 바와는 정반대로, 주요한 문제는 이데올로기적 국가 장치들에 있는 것이 아니라 억압 장치에 있습니다. 우리는 무엇보다도 이 억압 장치로부터, 주권자에게 "초과-권력"sur-pouvoir을 부여하는 특권인 군대와 사법제도의 활용이 취하는 새로운 양태들의 (세금의 부여와 교차하는) 다기능성을 해석하고 굴곡진 그 발생을 재구성해야 하는 것입니다. 이때에 푸코는 다음 해에는 (이와는 반대로) 자신이 활용하게 될 "재생산"이라는 통념notion을 경계한다. 그는 "억압 가설"에 대한 논의를 끝까지 밀어붙이는 것인데, 그러나 이후에 그는 [『지식의 의지』에서] 이 억압 가설을 절대적으로 거부한다. 그리고 바로 이러한 가설의 범위 내에서 푸코는 "권력관계는 생산관계만큼이나 심원하며, 이 둘은 서로로부터 연역되지 않는다. 이 둘은 서로를 서로에게로 다시금 이끌어 나간다"*19*는, 다르게 말해 이

---

16 Ibid.

17 노르망디 농민 폭동에 대한 프랑스 역사 기술과 푸코 사이의 관계에 대한 최고의 설명으로는, 푸코의 이 강의록에 부록으로 실린 클로드-올리비에 도롱Claude-Olivier Doron의 글을 보라.

18 Louis Althusser, *Montesquieu, la politique et l'histoire*, PUF, Paris, 2003.

19 Michel Foucault, *La Société punitive. Cours au Collège de France(1972-1973)*, EHESS/Gallimard/Seuil, Paris, 2013, p. 151(삭제된 구절 -발리바르).

둘은 상호 구성적이라는 테제를 언표 또는 발견하게 되는 것이다. 우리는 이 두 해에 무슨 일이 일어나고 있는지 잘 보고 있다. 푸코는 마르크스주의자가 되었거나, 또는 [이전보다] 더욱 마르크스주의적이 되었고, 마르크스주의자들보다 더 나은 마르크스주의자, 그러니까 일종의 '수퍼-마르크스주의자'sur-marxiste가 된 것인데, 이는 푸코가 마르크스주의자들의 문제를 그들과는 다른 방식으로 다룬다는 점을 의미한다. 그리고 갑자기 이 모든 게 중단되며, 마르크스주의는 어둠 속으로 숨는다. 마르크스 스스로가 바이데마이어Joseph Arnold Wilhelm Weydemeyer 에게 보내는 1852년의 유명한 편지에서 언급했던 "계급투쟁" 통념notion의 계보학 — 매우 오래전부터 인용되어 왔고 아주 오래전부터 논평되어 온 이 통념은 마르크스가 발명한 것이 아니며, 프랑스 부르주아 역사학자들로부터 마르크스가 이를 "차용"해 온 것이다 — 을 통하여 마르크스주의가 1976년에 재등장했을 때, 이는 더 이상 토론하거나 발전시키거나 대체해야 할 참조 이론이 아니라, "대항-역사"의 계보학20 내에서 다른 것들 사이에 기입해야 할 하나의 담론이 된 것이다……

그래서 이 둘 사이에서 무슨 일이 일어나고 있는 것인가? 그리고 그게 중요한가? 물론 중요하며, 심지어 이는 근본적인 것이기까지 하다. 〈정신의학적 권력〉 강의(그리고 이에 이어지는 〈비정상인들〉 강의)는 새로운 형태로 "권력의 생산성"이라는 테제를 위치 지으며, 푸코는 억압 가설을 완전히 포기하고, 특히 사회를 진실의 특정한 유효성(푸코에 따르면 우리는 이 진실의 유효성의 정치사를 또한 형성해야만 한다)하에 예속화함으로써 사회를 정상화하는 "정신적 기능 작용"fonction psy과 아동에게 행사되는 가족 권력 사이의 내재적 관계의 계보학을 통해, 권력의 규율 또는 테크놀로지의 문제를 "개인"(이 따옴표는 원문의 것이다21)의 구성과 생산이라는 질문과 관계 짓는다. 다시 말해, 푸코에게서 개인화individuation라는 문제

---

20 Michel Foucault, "*Il faut défendre la société*", op. cit., p. 69.

21 Michel Foucault, *Le Pouvoir psychiatrique. Cours au Collège de France(1973-1974)*, EHESS/Gallimard/Seuil, Paris, 2003[국역본으로는, 미셸 푸코, 『정신의학의 권력』, 오트르망 옮김, 난장, 2014를 참조].

는 대중의 통제[관리]와 대중운동이라는 문제(차후에 인구에 대한 생명 정치의 관점에서 완전히 다른 방식으로 재등장하는)보다 우위에 서게 된다. 또는 더 정확히 말해 개인화라는 문제는 이미 — 형벌 제도를 경유하여 — 규율 권력의 "대상"으로(또는 "대상으로서의 주체", "예속된 주체"로) 개인을 겨냥했다는 사실을 수단으로 하여 대중의 통제[관리]라는 문제로부터 추출되었던 것이다. 이제부터 규율 권력은 경쟁하는 두 가지 형태를 가지게 된다. 한편으로 "감시하고 처벌하는" 형태. 다른 한편으로 "의학화하고 말하고 이야기하게 만드는" 형태. 우리는 권력과 그 전략의 분석론으로, 더 정확히 말해 그 "미시 물리학"으로 들어간다. 심지어 그리고 특히 이 권력이 사회적 기능들을 가지고 있는 것이라면, 마르크스주의는 이 기능들을 사고하는 데에서 아무런 쓸모가 없다. 왜냐하면 이 권력은 정신이나 관념이 아니라 신체에 직접적으로 작용하기 때문이다. 결국 다음을 곧바로 언급해야 하고, 또는 오히려 다음을 다시 말하고 지적해야 하는 것인데, 푸코에게서는 이데올로기라는 통념notion이 다시 한번 거부된다고 말이다(비록 알튀세르가 다음을 직접 주장한 것은 맞지만, 마치 이데올로기 통념은 "지배적인" 그리고 "지배당하는" 관념들의 운동과 통제[관리]에만 관련되는 것처럼 보인다는 이유로). 이것이 바로 내가 봤을 때 청산의 두 번째 주기가 그 주위에서 전개되고 완료되는 중심축인 것 같다.

지면이 부족한 관계로, 여기서 나는 내가 푸코와 마르크스 사이의 중첩의 체계라고 불렀던 나의 세 번째 전제로 빠르게 넘어가고자 한다. 비시간적 공리계를 따른 절대성 내에서가 아니라 우리가 오늘날 가지고 있고 구축하고 있는, 특히 필요한 경우 사상의 역사에서 '시간의 화살'을 전도하도록 해주는 관점 내에서 말이다. 하지만 이것이 큰 문제를 일으키는 것은 아닌데, 왜냐하면 내 생각에 우리는 오늘 이 관점 안에서 이미 가장 풍부하게 여러 가지를 말했던 것이기 때문이다. 물론 나는 이러한 중첩을 구성하는 나 자신의 방식을 가지고 있지만, 본 저서의 다른 글들이 제시하는 중첩의 방식들에 대해 근본적으로 동의하지 않는 것은 아니다. 모든 것은 『자본』 1권과의 관계 내에서, 또는 그 이론적 전개들 중 몇몇과의 관계 내에서 작동하고 있다(그리고 푸코가 행했던 『자본』 독해의 진지함과, 『자본』을 선별적으로 읽는 그 당시 패러다임에 푸코가 속해 있었음을 동시에 보여 주는 것만으로도 충분할 것이다). 한편에는 푸코가 마르크스의 매뉴팩처 분석을 자신의 규율 권력 이론으로 구성하면서 수행했던 "일반화"라고 뤼디 레오넬리가 부르는 것,22 즉 위에서 아래를 내려다보는surplombante 추상이라는 의미에서의 일반화가 아니라(종종 "사회"를 유사 주체로 간주하는 것처럼 보이는 문장들에도 불구하고 말이다) 규율적 메커니즘들과 그 테크놀로지의 일방향적 확장의, 일반화된 유비의 의미에서 그가 "일반화"라고 부르는 것이 존재한다. 마르크스는 결국 푸코의 주요 참조점은 아니었으며, 당연히 푸코는 다른 원천들을 가지고 있었는데, 그것이 바로 벤담Jeremy Bentham과 판옵티콘이다. 하지만 규범 권력pouvoir des normes이라는 이러한 첫 번째 개념화의 발생에서 마르크스의 텍스트가 가지는 생산성은 명백한 것이며, 그래서 최근에 피에르 마슈레23가 푸코적인 일반성을 마르크스적 착취 분석 내로 되돌아오도록 만들면서 행했듯이 — 하지만 이러한 모든 유비를 짓누르는 근본적 한계의 존재, 다시 말해 마르크스에게서 매뉴팩처와 매뉴팩처적 노동 분할이 아직은 자본의 명령하에서 노동력의 실질적 포섭이 아니며, 단지 이행의 한 형태(비록 이 이행의 한 형태가 주기적으로 재작동한다고 할지라도)일 뿐이라는 점을 잊지 않는다는 조건에서 — , 전도된 포섭을 시도해 볼 근거가 또한 존재하는 것이다. 그리고 다른 한편으로, 기욤 시베르탱블랑Guillaume Sibertin-Blanc의 논증24을 따라 (또는 이를 나의 방식으로 해석하면서) 내가 "인구법칙"에 대한, 또는 더 정확히 말해 상대적("초과된"excédentaire) 과잉인구의 생산에 대한 그리고 그 연속성(심지어 자본과 인간에 대한 본원적 축적의 폭력에 관한 경제적 규칙règles에 의해 명백히 정상화된 형태들 내에서의)에 대한 계급투쟁 분석 내에 존재하는 마르크스의

22 Marx & Foucault. Lectures, usages, confrontations, La Découverte, 2015의 4장으로 수록된 뤼디 레오넬리의 글 "Foucault lecteur du Capital"을 보라. 레오넬리는 이 모든 논의점에 대해 낭테르 파리 10대학에 제출한 2007년 자신의 박사 학위논문 「계보학자, 전략가, 그리고 변증론자로서의 미셸 푸코: 비판적 역사에서 현재의 진단으로」Foucault généalogiste, stratège et dialecticien. De l'histoire critique au diagnostic du présent에서 길게 논증했다. 이 학위논문이 책으로 출간되기를 간절히 바란다.

23 Pierre Macherey, Le Sujet des normes, Éditions Amsterdam, Paris, 2014.

24 Guillaume Sibertin-Blanc, "Loi de population du capital, biopolitique d'État, hétéronomie de la politique de classe", in Franck Fischbach, Marx. Relire Le Capital, PUF, Paris, 2009, pp. 77-100.

"푸코적인 계기"라고 불렀던 것이 존재한다. 이 계기(그때에는 마르크스에게 이 표현이 존재하지 않았지만, "생명 정치적인" 계기)는 매순간 개념을 가지고서 매우 다른 틀 내에서 계급투쟁의 현상학에 기여하는 『자본』 1권의 위대한 이론적 전개들 중 세 번째 전개이다. 내가 마키아벨리적 계기라고 부르고 싶은, 노동시간에 대한 법제화로 이어지는 "연장된 내전"에 대한 이론적 전개, 그리고 내가 홉스적 계기라고 부르고 싶은, 생산력의 기술적이고 과학적인 성장을 노동강도에 대한 가차 없는 강화와 결합하는 것으로서의 대공업의 모순들에 대한 이론적 전개 이후의 세 번째 전개 말이다(왜냐하면 마르크스 또한 기계적이고 동시에 법적인, 사회적 인공 신체라는 리바이어던을 구축하기 때문인데, 이에 대해 이탈리아의 노동자주의는 1960년대에 가장 변증법적인 해석을 제공했다).[25] 하지만 분명히, 『자본』의 마지막 편에서 (마르크스에 있어서의) 푸코적인 계기가 존재한다는 점을 받아들이기 위해서는, 우리는 마르크스가 그 전임자들로부터 푸코적인 무언가를 이미 읽을 수 있었다는 점을 가정하고(이러한 가정이 너무 어려운 것은 아니다) 또한 동시에 푸코적인 의미에서의 생명 정치가 마르크스적 "총체화"totalisation 내에, 더 명확히 말해 마르크스가 『그룬트리세』 이래로 "총자본"Gesamtkapital이라고 부르는 것의 "총과정" 내에 통합될 수 있었다는 점을 가정해야만 한다(이러한 가정은 위의 가정보다는 훨씬 덜 자명하다).

헤겔로부터 출발하는 두 가지 양립 불가능한 인간학

나는 이 글의 처음에서부터 내가 예고했던, 마르크스와 푸코 사이의 역경의 지점 또는 환원 불가능한 양립 불가능성의 지점(이 지점은 푸코-마르크스적인 "종합" 안에서 이 종합의 한계를 드러내고 그 단순화를 거부하며, 또한 둘 사이의 불균형적 연역[즉, 푸

---

25 특히 1961년에서 1966년 사이에 출간된 『붉은 노트』Quaderni Rossi라는 잡지를 참고하고, Mario Tronti, *Ouvriers et capital*, Christian Bourgeois, Paris, 1977을 보라.

코 또는 마르크스의 사상을 불균형한 방식으로 마르크스 또는 푸코의 사상으로부터 도출하려
는 오류]을 범하지 않기 위해 이 종합이 항상 되돌아오도록 만들어야 하는 장소이다)을 특정
한 이론적 장 내에 위치 짓고자 하는 이 글 전체의 시도에서 가장 핵심적인 마지
막 지점으로 나아가고자 한다. 나는 역경의 지점이 존재하는 이유가 형식적으
로는 동일한 하나의 문제, 즉 개인화individuation라는 문제에 대해 마르크스와 푸
코가 서로 분기하는 두 가지 인간학을, 그리고 우리 스스로가 우리 자신의 것으
로 다시 취할 수 있고 취해야만 하는 그러한 양립 불가능한 두 가지 인간학을 발
전시킨다는 사실 때문이라고 사고하기를 제안한다.

여기서 나는 "인간이란 무엇인가?"라는 질문과 같은 초월론적 방식의 인간
학 문제를 말하는 것이 아니다. 하지만 그렇다고 나는 허술한 방식으로 인간학
이 인간의 조건 또는 인간 사회의 역사적인 다양한 변수들에 대한 서술에 관한
것이라고 주장하려는 것도 아니다. 오히려 이는 마르크스와 푸코 또는 푸코와
마르크스(순서는 중요하지 않다)가 중심적인 방식으로 서로가 서로에게 개인에 대
한 이론을 구축하기를, 혹은 더 정확히 말해 개인화에 대한 이론을 구축하기를,
그리고 이 개인화를 한편에서는 복종화sujétion, 예속화assujettissement, 주체화sub-
jectivation의 양식들과 관련짓고, 다른 한편에서는 개인적인 것과 사회적인 것,
또는 더 정확히 말하여 개인적인 것과 집합적인 것 사이의 관계(이 둘 사이의 관계
는 사회적인 것 자체의 기본 세포 같은 것이다)의 양태들과 관련짓기를 제안하는 것이
라고 나는 주장하고 싶다. 그런데 우리가 유사−초월론적이라고 말할 수 있는
이 문제는 근본적으로 인간학적인 문제이며, 이는 역사적이고 동시에 철학적인
특정한 인간학에 구성적이다. 그러므로 마르크스와 푸코가 그 안에서 서로 마
주하게 되는 역경의 장은 개인화individuation의 이론으로서의 인간학이라는 장,
또는 주체의 개인으로의 구성이라는 장이다. 그리고 그 역경점은 마르크스와
푸코가 개인에 대한 동일한 개념도, 개인화에 대한 동일한 문제 설정도, 그리고
역으로 집합화에 대한 동일한 문제 설정도, 그 반정립적 생성 내에 존재하는 주
체에 대한 동일한 관념도 가지고 있지 않다는 사실에 놓여 있다. 당연히 나는 이
것이 (중심적인 이론적 대상으로서의) 계급 관계와 권력관계 사이의 대립 또는 지배

의 두 가지 개념화 사이의 대립 — 하나는 노동에 대한 착취를 통한 지배[마르크스], 다른 하나는 신체에 대한 규율화와 품행에 대한 통치에 따른 지배[푸코] — 과 관련이 있다는 점에 대해서는 부인하지 않는다. 하지만 나는 이러한 대립을 적어도 나에게는 철학적으로 근본적인 층위인 것처럼 보이는 곳으로 다시 돌려보내고 싶다.

주체의 개인화라는 질문이 푸코에게서 근본적인 질문이었다는 점을 납득하는 것은 (예를 들어 개인의 주체로의 호명이라는 질문과는 달리) 그가 이 질문을 지속적으로 반복했었기 때문에 그리 어렵지 않다. 우리는 특히 (『정신의학적 권력』의 분석들의 중심에서) 이 개인화가, 개인들로부터 그들의 정상적인 또는 비정상적인 특이성에 대한 고백을 요구하면서 개인들을 분간하고 동시에 범주화하는, 그러므로 개인성을 하나의 사회형태(이 사회형태는 "개인들의 사회"의 출현을, 또는 토크빌Alexis Charles Henri Maurice Clérel de Tocqueville 이후 우리가 그렇게 말하기 시작했듯, 사회적 관계의 역설적 형태로서의 "개인주의"의 출현을 가능케 한다)로 "구성"하는 이러한 유형의 규율이 가지는 특징적 효과로 등장하는 것을 보게 된다. "통치성"의 원형인 "사목 권력"의 도입이 이 질문을 보존하고 심지어는 이 질문에 또 다른 답변을 제시함으로써 (역사학을 경유하여) 이를 확장한다는 점을 지적하자. 그러므로 어떠한 면에서 이러한 인간학적 질문이 푸코의 질문이라는 점은 명확하다. 그렇다면 푸코의 경우와 마찬가지로 우리는 이것이 마르크스의 질문이라고도 말할 수 있는가? (개인주의의 또 다른 이름인) 공리주의적 이기주의라는 부르주아 모델에 대한 청년기 마르크스의 고찰들이 남긴 끈질긴 흔적이 그에게 남아 있다는 사실, 그리고 이후에 마르크스가 이 고찰들을 노동 분할(그 철학적 이름은 『독일 이데올로기』가 우리에게 말해 주듯 '소외'이다)의 이론과 관련지었다는 사실에도 불구하고, 이것이 마르크스의 질문인지는 푸코보다는 덜 명확하다.26 하지만 여기에서 나는, 마르크스에게서 '개인화된 개인성의 구축'construction de l'individualité individualisée과 (우리가 앞으로 보게 될) 그 파괴의 이론이 존재한다는 점과 관련하여, 그리고 동시

---

26 [옮긴이] '노동 분할', 즉 la division du travail은 '분업'으로도 간단히 번역 가능하다.

에 마르크스의 도식과 푸코의 도식 사이의 대립과 관련하여, 만일 우리가 이 모든 논의의 진정한 역사적 기반인 헤겔로부터 다시 출발한다면 사태는 더욱 명확해진다는 점을 제시하고 이를 주장하고자 한다.

왜 그럴까? 왜냐하면 헤겔은 『법철학』에서 "추상법"droit abstrait에 대한 한 절을 집필했기 때문인데, 헤겔에게서 이 추상법은 바로 "추상적"이라고 불리는 개인성individualité의 구축(다시 말해 다른 모든 개인성과 형식적으로 등가인 보편적 개인성의 구축)을 의미한다.[27] 게다가 이러한 구축은 사회적 구축이지 단순히 법적 논리의 설명이 아닌데(비록 이 법적 논리 또한 사회적 구축물이지만), 왜냐하면 추상법에 대한 헤겔적 개념화에서, 우리는 역사-정치적 제도의 형태에 대한 묘사와 그 관념이라는 양자 모두와 관계하고 있기 때문이다. 헤겔을 다른 모든 계약론자들로부터 구분하는 것은 알다시피(그리고 각자의 방식으로 마르크스와 푸코 모두가 계약론자들에 대한 이러한 헤겔의 비판이라는 유산을 상속받았다는 점은 명백하다) 헤겔에게서 "순수하고 단순한" 개인들은 주어진 것들로, 즉 생물학적인 소여로도 심리-도덕적인 소여로도 존재하지 않으며, 대신 이 개인들은, 보편적인 것 자신 또한 구축되어야 하듯, 이 보편적인 것과 동시에 구축되어야, 혹은 (다음과 같이 말하기를 원한다면) 생산되어야 한다는 사실이다.

매우 간략하게 한 가지 점을 상기시키고 싶은데, 그러나 우리 모두는 이미 이 텍스트들을 잘 알고 있다. 헤겔적 구축은 변증법적으로 연결되어 있는, 그리고 객관적 정신 구조 내에 다시 기초 지워진 세 가지 시간의 진행에 따라 전개된다. [첫 번째로] 인격들을 그들의 재산의 자유로운 소유자로 만드는 전유의 계기 — 이 전유의 "의지는 사물들 위로 강림한다"(비데가 강조하듯, 『자본』 1권 1편 2장에서 마르크스는 문자 그대로 이 구절을 인용한다[28]). [두 번째로] 사회적 상호주관성의 모

27 Georg W. F. Hegel(traduction française de Jean-François Kervégan), *Principes de la philosophie du droit*, PUF, Paris, 1998[게오르그 빌헬름 프리드리히 헤겔, 『법철학』, 서정혁 옮김, 지만지, 2020 참조].

28 *Marx & Foucault. Lectures, usages, confrontations*, La Découverte, 2015의 20장인 비데의 「마르크스와 함께 푸코를: 자본-권력과 지식-권력」Foucault avec Marx: pouvoir-capital et pouvoir-savoir을 보라[국역본으로는, 자크 비데, 「마르크스와 함께 푸코를: 자본-권력과 지식-권력」, 배세진 옮김, 〈웹진

든 양태들의 모체인 계약이라는 계기, (그러니까 더욱 일반적으로 말해) 상호성이라는 계기, 즉 인정이라는 계기. [세 번째로] 추상법의 형태들 내에 모순을 도입하는, 그리고 이 모순을 통해 운동을 도입하는, 그러니까 그 실현을 도입하는, 또는 (우리가 이렇게 말하기를 원한다면) 재생산을 도입하는 계기, 즉 운레히트Unrecht라는 중요한 계기 ─ 여기서 운레히트는 "법의 부정"négation du droit과 "부정의"injustice로, 그리고 더 정확하게는 "위법성"illégalité[29]으로 동시에 하지만 매우 힘들게 프랑스어로 번역된다 ─ 가 있다는 점을 잊지 말자. 이 추상법의 계기가 지니는, 달리 말해 헤겔에게서 개인성의 구축이라는 계기가 지니는 이러한 삼중성을 보존하는 것이 중요하다. 그런데 이 세 계기의 연쇄 전체가 이루는 총체성은 추상적 개인성의 구축에서 구성적인데, 왜냐하면 만일 우리가 이 점에 대해 마르크스와 푸코를 동시에 바라본다면, 그리고 우리가 이 계기들을 가설적으로 '포스트-헤겔적인 것들'로 간주한다면, 이는 우리가 이 계기들 각자가 감산과 동시에 가산(이는 또한 [장소의 이동, 즉] 전위이기도 하다)을 동시에 실행한다는 점을 보고 있기 때문이다. 그리고 이는 이 계기들 중 그 어떤 것도 헤겔적인 형태의 완전성을 '보존'하지 않으며 대신 각자는 (서로 대립되는 방향으로라고 할지라도) 이 헤겔적 형태를 변형한다는 점을 의미한다.

진정 마르크스가 위법성, 즉 운레히트를 다루지 않는다는 점, 다시 말해 위법성을 법적 형태와 그 내재적 유효성의 바깥으로 내보낸다는 점은 매우 명백하다. 국가론의 틀 내에서 제약, 처벌, 정의 그리고 부정의와 같은 문제로 나중에 혹시라도 되돌아오고 싶어지는 한이 있더라도 말이다(하지만 우리는 마르크스가 이렇게 되돌아온 바가 전혀 없음을 알고 있다). 상당히 푸코주의적인 "목재 절도"에 관한 청년기 논문은 이러한 위법성이라는 계기가 부재한다는 표지일 것이다.[30] 반면

인무브), 2020 참조].

29 [옮긴이] illégalisme은 '위법행위'로 번역한 반면, illégalité는 '위법성'으로 번역했다. 앞서 언급한 국역본에서 서정혁은 이를 '불법'으로 번역한다.

30 라인주 의회의 '목재 절도'에 대한 토론을 분석한 마르크스의 텍스트(1842년 10월 25일 298번 기사로 『라인신문』Rheinische Zeitung에 실린)는 주석이 달린 여러 고증 불역본들의 대상이 되었다. 이

마르크스는 법적 형태를 "경제적" 형태 또는 더 정확히 말해 "상품" 형태 — 이는 거울에 반사된 법적 형태의 이미지인데, 이 상품 형태 내에서 교환되는 상품들의 등가성이 평등한 계약의 이미지이며 그 역 또한 성립한다 — 로 이중화한다. 그러나 이 상품들의 전유(소외를 목표로 하는)는 소유와 (이 소유 속에서 기거하는) 자유의지의 이미지이기도 하다. 이것이 그 유명한 "인간의 권리와 시민의 권리의 에덴동산"이다. 자유, 평등, 소유 그리고 벤담. 우리는 마르크스에게서, 추상적 개인성의 구축에서 법적 형태들을 통해 유효성efficacité, 더 정확히 말해 효과성effectivité을 만드는 것은 바로 그 법적 형태를 상품적 형태와 한 쌍으로 만드는 것, 다시 말해 인격과 사물에 대한 두 가지 물신숭배의 역전 가능성임을 확인하게 된다.

반면 우리가 푸코 쪽을 바라본다면, 우리는 푸코가 마르크스와는 정반대되는 선택을 한다는 점을 확인하게 된다. 한편으로 푸코는 소유라는 질문을 상대화한다(그러나 이는 그가 소유라는 질문을 무시한다는 것은 아니다. 대신 푸코에게서 소유는 다른 많은 사회제도들 중에서 근본적인 우위를 가지지는 않는, 정상화normalisation 실천들의 지지물일 뿐이라는 점을 의미하며, 그러므로 또한 소유가 개인성의 구축과 내속적으로 연결되어 있지는 않다는 점을 의미한다). 하지만 다른 한편으로 푸코는 위법성과 (위법성을 억압하면서도 동시에 지속시키는) 형벌pénalité, 그리고 운레히트의 중요성을 과대평가하며majore, 동시에 그 의미를 전위시킨다. 분명히 나는 여기에서 법에 대한 서로 다른 이론가들과 비평가들이 (법적 형태 자체 안에서) 형법의 구성적 기능에 가치를 부여하는 방식들에 대한 비교 분석에 뛰어들 시간은 없다. 하지만 우리는 푸코의 관점에서(이후에 출간되는 『감시와 처벌』에서 푸코는 이에 대한 원대한 해석을 제시할 것이다) 형벌과 관련해 중요한 것은 형벌이 정당화되는 방식이 아니라, 전체적인 사회 내에서, 그리고 동시에 개인화된 신체들의 관계 내에서 형벌이 실행되는

불역본들 중 특히 Pierre Lascoume, *Marx: du "vol de bois" à la critique du droit. Karl Marx à la Gazette rhénane, naissance d'une méthode*, PUF, Paris, 1984와 Daniel Bensaid, *Les Dépossédés. Karl Marx, les voleurs de bois et le droit des pauvres*, La Fabrique, Paris, 2007을 언급해 두고자 한다.

방식과 이 방식이 이편과 저편에서(그러니까 법정이 아니라 감옥과 그 가능한 대체물들에, 그리고 판결이 아니라 처벌에 등등) 생산하는 효과들이라는 점을 확인할 수 있다. 그리고 우리는 바로 이편에서, 다시 말해 법을 '규범적'normatif인 것이 아니라 특별히 효과적인 (그리고 하나 더 추가하자면, 잔인한) 인간학적 규범norme anthropologique으로 만드는 것의 편에서, 법의 효과성을 찾아야 하는 것이다.

개인성이라는 질문

매우 형식적인 이러한 첫 번째 분기점을 위치 지었으므로, 우리는 한 걸음 더 나아가 다음과 같은 근본적인 질문을 제기할 수 있다. 마르크스와 푸코는, 근대라는 시기의 부르주아적 소외에 대한 철학과 사회학적 전통에서 중심적인, 하지만 헤겔에게서 단번에 그 이상적인 정식화를 발견해 낸 문제 설정이라고 우리가 말할 수 있는 이러한 추상적 개인성의 문제 설정을 통해 무엇을 형성해 낸 것일까? 여기서 나는 다음과 같은 두 번째 가설을 정식화하고자 한다. 마르크스와 푸코는 점점 더 분기하게 되는데, 왜냐하면 마르크스는 추상화로서의 개인화individualisation comme abstraction라는 이러한 문제 설정을 승인하지만, 그는 이 문제 설정을 초과로서의 극단, 즉 이 초과로서의 극단이라는 사실로 인해 이 문제 설정에 전복의 약속을 가져다주는 그러한 극단으로 밀어붙이기 위해 이를 승인하기 때문이다. 반면 푸코는 경향적으로 이 문제 설정을 거부하며, 대신 이 문제 설정을 처음에는 규율에 연결되어 있는, 나중에는 사목 권력, 그리고 일반적으로는 통치의 기술들에 연결되어 있는 지식-권력에 의한 개인들의 차이화라는 문제 설정으로 대체한다. 이 문제 설정 내에서는 추상화가 아니라 합리화가 중요한 것이다(이로부터 푸코와 프랑크푸르트학파 사이의 반복적인 긴장이 유래하는 것인데, 프랑크푸르트학파는 자신의 마르크스적이고 포스트-마르크스적인 유산으로 인해 추상화와 합리화라는 두 가지 측면을 그다지 구분하지 않는다). (개인성의 구축이라는 근본적인 문제에 관한) 이러한 심원한 인간학적 분기는 두 가지 윤리의 분기라는 그 대응물을 갖게 될 것인데, 하나[마르크스]는 집합적 주체성 내에서 개인적 추상화의 지양을 통한 소외와 탈소외의 윤리이며, 반면에 다른 하나[푸코]는 정상적인 개인성, 정상화된 개인성을 극복하는 초개인성surindividualité(니체가 인간을 극복하는 '초인'에 대해 언급했듯이) 내에서 정상적이고 정상화된 개인성을 초월한다는 윤리이다. 그리고 이 초개인성의 양태들은 서로 다른 역사-문화적인 맥락들 내에서 이 양태들의 모델들을 연구했던 푸코를 끊임없이 사로잡았으며, 이 초개인성의 양태들이 집합적인 것과 맺는 관계(이 관계는 푸코에게서 무시된 것이 아니라 수수께끼로 남겨져 있다)는 푸코에게 끊임없이 문제를 만들어 냈다. 하지만 인간학적 분기 더하기 윤리적 문제에 대한 입장 자체의 분기는 정치라는 개념화 자체를 붙잡지 않을 수 없다. 바로 이것이 마르크스와 푸코 사이에서 일어나고 있는 일이며, 이 때문에 바로 정치적 문제에서 마르크스와 푸코가 서로 교차할 수 있고 심지어는 (예를 들어 봉기에 대한 두 사람의 공통적인 가치 부여에서와 같이) 마르크스와 푸코가 이상적으로 서로 결합되도록 시도할 수 있는 것이다(하지만 이 둘이 봉기에 동일한 의미를 부여한다고 상상하기는 힘들며, 아마도 이 둘은 봉기에 반대되는 의미를 부여하는 것처럼 보인다). 다음을 잘 지적해야 하는데 나는 우리nous, 우리가 [푸코와 마르크스 둘 중 하나를, 또는 둘 모두를 동시에] 선택할 수 있다고는 말하지 않는다. 그렇기 때문에 끝까지 푸코-마르크스적이기가 그토록 어려운 것이다. 비슷한 경우로mutatis mutandis 프로이트-마르크스주의자가 되는 것이, 물론 이러한 방향으로 나아갔던 탁월한 시도들이 존재하긴 했지만, 그토록 어려웠던 것과 마찬가지로 말이다.

하지만 마지막으로 역경점으로 다시 돌아와 개인(또는 개인화)의 구축을 위한 두 가지 길 ─ 내가 추상화의 과잉, 추상화의 증가라 불렀던 [마르크스의] 길, 그리고 내가 개인의 정상화된 차이화로서의 개인화individuation라는 개념화라 불렀던 [푸코의] 길 ─ 에 더욱 정확한 표상을 부여하려는 시도를 해보자. 『자본』에서 마르크스는 무엇을 하는가? 『자본』에서 마르크스는 노동의 세 가지 소외 또는 연속적인 수탈(생산물에 대한 수탈, 노동할 수 있는 능력 또는 노동자의 힘의 "표현"으로서의 노동에 대한 수탈, 마지막으로 인간의 유적 본질 ─ 이는 인간존재의 공동체 내로 인간이 직접적으로 소속됨을, 그리고 최종적 분석에서는 인간 종 그 자체Gattungswesen에 소속됨을 의미한다 — 에 대한 수탈)이라는 ('소외된 노동과 사적 소유'에 대한 『1844년 경제학-철학 수고』
의 유명한 단편에서 제시된) 노동과 노동자에 대한 소외 이론에 머무르지 않는다.[31]
오히려 마르크스는 개인화individuation의 두 가지 계기를 도입하는데, 이 두 가지
계기는 동시에 중첩된 두 가지 수탈 양태들(두 번째 양태가 첫 번째 양태를 배가하고
변형하는)이기도 하다. 첫 번째로, 마르크스는 각각의 개인이 그 자체 양분 또는
분열이기도 한 자기 자신과의 관계로 인해 개인으로 구성된다고 설명한다. 개
인 일반(특히 노동자)은 "힘" 또는 "노동 능력"Arbeitskraft, Arbeitsvermögen으로서의
자기 자신에 대한 소유자인데, 이는 내가 위에서 환기했던 모든 경제적-법적
구조, 즉 등가성과 계약, 전유와 법적 허구로서 인격 사이의 거울 구조가 개인
과 그 개인 자신 사이를 통과하거나 또는 이 개인을 개인 자신으로부터 분리한
다는 것을 다시 의미하게 된다. 분명히 우리는 이를 다른 방향으로, 즉 (사실은 바
로 법적-상품적 형태로서의 사회 전체가 개인이 자기 자신에 대해 맺는 관계의 소외하고 소외
되는 매개자가 된다는 점을 제외한다면) 자기의식과 유비될 수 있는, 사회적인 것의 매
개(헤겔이 '객관 정신'이라 불렀던 바)를 통한 개인과 개인 자신 사이의 변증법적 관계
설정으로 해석할 수도 있다. 하지만 더욱 강력하고 공격적인 두 번째 형태가 있
는데, 이는 '소유'[고유성]propriété에 대한 또는 노동력에 대한 적용이 생산하는 형
태, 그리고 특히 내가 위에서 생산적 '리바이어던'의 출현으로 묘사했던 대공업
이라는 범위 내에서 그 적용이 생산하는 형태이다. 왜냐하면 이 리바이어던은
초개인성surindividualité을 갖추고 있으며, 이 초개인성은 리바이어던을 통해 자본
(개별 기업의 자본뿐만 아니라 아마도 그 '유기적 구성'과 함께 총자본Gesamtkapital)의 '유기적
신체'를 형성하기 때문이다. 마르크스는 그 상관물을 유기체들 그 자체의 형태
를 왜곡하는 노동 분할의 형태 내에서의 노동하는 혹은 생산적인 개인성들에 대
한 분해démembrement — 여기에서는 모든 다른 분열scission, 분해의 조건이자 덮개

---

31   Karl Marx(traduction française de Franck Fischbach), *Les Manuscrits économico-philosophiques de
1844*, Vrin, Paris, 2007[국역본으로는, 카를 마르크스, 『경제학-철학 수고』, 강유원 옮김, 이론과실천, 2006을
참조].

2부. 이단점들

인 이 분열, 분해가, 그러니까 인간의 육체적이고 정신적인 능력의 분리séparation (노동자들을 일종의 살아 있는 죽은 자morts vivants로, 영혼 없는 신체 또는 신체 없는 영혼으로 만드는 '영혼'과 '신체' 간 분할disjonction, 호모 두플렉스homo duplex의 분할이라는 관념의 유물론적 판본인)가 특히 맹위를 떨친다 ─ 로 기술한다. 또한 최종적인 분석에서, 산업화된 생산과정이 개인성의 분해에도 불구하고 요구하는 협동, 즉 관개체적인 집합성을 강제로 해체하는 것이 바로 이러한 분리이기도 하다. 그들의 영혼 또는 그들의 신체를 박탈당한 노동자들은 그들의 동류인들로부터도 잘려져 나가는 것이다……. 그러므로 정치적 주체화에 대한 위대한 텍스트임에 틀림없는 『자본』의 유명한 구절로부터 출발하여, 그리고 동시에 일반지성general intellect이라는 표현이 등장하는 『그룬트리세』에서의 이론적 전개와 상응하는 이론적 전개로부터 출발하여, 결국에 제기되는 질문은 이러한 분해에 부정의 부정으로서 맞서는 '완전한 개인성'individualité intégrale[즉 전인적 인간]이라는 관념이 마르크스의 텍스트 내에서 파우스트적(또는 그노시스적) 신화라는 기원으로의 회귀를, 또는 계급투쟁과 공산주의적 희망32을 위한 '기대 지평'을 표상하는 것은 아닌지 확인하는 것인데, 아마도 이 둘 모두일 것이다…….

푸코에게서 우리는, 규율에 대한 분석으로부터 출발하는 매우 심원하게 다른 인간학적 궤적을 발견하게 된다. 나는 여기서 그 자체로 매우 다양한, '지식-권력'과 관계된 기나긴 이론적 전개들 ─ 이는 정신의학과 심리학, 범죄학과 교

---

32 '완전한 개인성'에 대해서는, Karl Marx, *Le Capital. Livre I*, chapitre XV, §9, "La législation sur les fabriques", sous la direction de Jean-Pierre Lefebvre, PUF, Paris, pp. 540-549를 보라. "대공업은 세부적 생산 기능의 고통 담지자로서의 분할된 개인을 노동의 가장 다양화된 요구들에 대항하는 법을 알고 있는 전인적 인간으로 대체하도록 사회를 강제하며, 그렇지 못할 경우 사회를 죽음에 이르도록 만든다. 이로 인해 대공업은 교대로 주어지는 기능들 내에서 그 자연적 또는 획득된 능력의 다양성으로 개인이 자유롭게 비상하도록 만들 뿐이다." '기계'와 일반지성general intellect에 관한 『그룬트리세』에서의 이론적 전개(특히 안토니오 네그리가 그에 대한 주석을 제시한 바 있다. Antonio Negri, *Marx au-delà de Marx*, traduction française de Christian Bourgois, Paris, 1979)는 장피에르 르페브르Jean-Pierre Lefebvre의 『그룬트리세』 번역본에서 찾을 수 있다. *Grundrisse*, traduction de Jean-Pierre Lefebvre, Éditions sociales, Paris, 2011(réédition de 1980, La Dispute, Paris, pp. 649-670)[안토니오 네그리의 작업은 국내에서 '마르크스를 넘어선 마르크스'라는 명칭으로 통용된다].

육학, 그리고 결국은 의학에 관하여 '지식'(그 용어의 분과 학문적이고 형식적인 의미에서의 과학적 지식을 포함하여)이 이러한 권력의 형태에 내재적이라는 점(바로 이 권력의 형태가 차이들을 통제[관리]하기 위해, 그리고 특히 차이들을 서로 다른 사회적 정상성과 비정상성의 '칸들'cases 안에 남김없이 분할하기 위해 이 차이들을 인식할 또는 객관화할 필요를를 느끼기 때문에)을 우리에게 설명해 준다 — 로 돌아오지는 않을 것이다. 이 각각의 칸들은 — 바로 차이로서 — [칸트적인] 대학 "학부들의 논쟁"이라는 의미에서 규정된 하나의 "학부"faculté에 속하게 된다. 왜냐하면 이 모든 것은 원리적으로 이미 잘 인식되어 있기 때문이다. 비록 그 세부적인 것은 차이 또는 차이화의 일반적 관념으로부터 절대로 연역될 수 없으며 대신 탐구[조사]라는 수단을 통해 역사 내에서, 권력관계들의 우연적 형세 내에서 여전히 발견해 내야 하지만 말이다. 그렇기 때문에 이는, 비록 여기에서 푸코의 프랑스 사회학 전통, 더욱 정확히 말해 뒤르켐Émile Durkheim적 전통33과의 역설적인 친화성을 강조하는 것 — 마치 푸코가 '기계적 연대성'과 '유기적 연대성' 사이의 차이를, 또는 상호교환 가능한 개인들이 서로에 대해 가지는 유사성과 개인적 차이의 유기체성 사이의 차이를 정상적인 것 위에서가 아니라 비정상적인 것, 괴물 같은 것, 그리고 아노미 위에서 근거 지우려고 시도했다는 듯이 — 이 매력적으로 보일 수 있다 하더라도, 우리가 최종적인 분석에서는 또 다른 방향에서 개인에 대한 푸코주의적 구축의 정치적 이점과 원천을 찾아야만 한다는 점을 의미한다. 일단 나는 무엇보다도 여기서 우리가 생명들(푸코주의적인 개인의 구축에서 통제[관리]하고 정의하고 교정하는 것이 중요한)을 서로 분리하고 재분리하는 과정 속에 있는, 규율화 형태들의 이질성('상보적'이긴 하지만) 쪽에서 이를 찾아야 한다고 말하고 싶다. 특히나 다른 곳에서 내가 '부르주아적'이라고 불렀던, 범죄성의 범주들과 광기의 범주들 사이의 거대한 분리 — 이 범주들의 동요와 그 역설적 중첩(분명히 보수적 집단들sociétés conservatrices에서 '사회방어'라는 이름으로 중요시되었던)과 함께 — 의

---

33 Bruno Karsenti, *D'une philosophie à l'autre. Les sciences sociales et la politique des modernes*, chapitre V: "La politique du dehors", Gallimard, Paris, 2013을 보라.

편에서 말이다.34 이로부터 권력의 생산성에 대한, 또는 치안을 강제police하거나 통치하기 위한 개인적 차이들의 생산과 개인성의 생산의 실정적 메커니즘으로서의 권력에 대한 일차적 분석 층위 전체에 부인할 수 없는 방식으로 영향을 미치는, 매우 비극적인 차원이 유래한다. 아동기와 아동의 섹슈얼리티 ― 그 당시에 푸코가 사회적 배제와 주변화에 대한 자신의 성찰의 탁월한 대상이 되어 주었다고 말했던 ― 의 감시에 관한 이론적 전개들이 설득력 있게 보여 주듯이, 개인성은 그 비정상성의 이러저러한 형태들 내에서 일상적인, 그리고 어떠한 의미에서는 진부한, 동요의 그늘과 위협하에서만 구축된다. 정확히 바로 이것이 "정상화"가 의미하는 것, 또는 『안전, 영토, 인구』의 정식들을 따르자면,35 "규범화"normation36가 의미하는 것인데, 그러나 모든 것은 마치 비정상성으로부터 도망치는 개인들의 운명이 끝에 가서는 다른 것, 즉 스테판 르그랑Stéphane Legrand이 "정신병리학적-법적 악순환"이라고 부른 것에 속하는 모든 것,37 다시 말해 범죄 또는 광기, 성적 도착 또는 비행에 빠지는 결과에 도달하는 것에 불과한 것처럼 진행된다. 우리 모두는 '정상적'이거나 '비정상적'인데, 다시 말해 우리 모두는 비정상성을 생산하는 권력에 예속되어 있는 것이다.

---

34 Étienne Balibar, "Crime privé, folie publique", in *Citoyen sujet et autres essais d'anthropologie philosophique*, op. cit. 그 영감은 아마도 조르주 바타유로부터 온 것 같다.

35 Michel Foucault, *Sécurité, Territoire, Population. Cours au Collège de France(1977-1978)*, Gallimard/Seuil/EHESS, Paris, 2004, p. 59[국역본으로는, 미셸 푸코, 『안전, 영토, 인구』, 오트르망 옮김, 난장, 2011 참조].

36 [옮긴이] 『안전, 영토, 인구』(오트르망 옮김, 난장, 2011)의 92쪽을 참조하라. "규율적 정상화normalisation는 일정한 결과에 따라 구축된 최적의 모델을 제시하는 것을 우선적 목표로 하고, 규율적 정상화의 시행조작은 사람, 몸짓, 행위를 이 모델에 부합시키려고 합니다. 왜냐하면 정상적인 것은 이 규범에 부합할 수 있는 능력이고, 비정상적인 것은 무능력이기 때문입니다. 달리 말하면 규율적 정상화에서 근본적이고 일차적인 것은 정상과 비정상이 아니라 규범입니다. 규범에는 원래부터 명령적 속성이 존재하며, 이 수립된 규범과 관련해 정상과 비정상이 결정되고 포착될 수 있다는 것이죠. 정상에 비해 규범이 먼저 존재하는 것, 즉 규율적 정상화는 규범을 출발점 삼아 최종적으로 정상과 비정상의 분할에 도달하게 되는 것입니다. 바로 이러한 이유 때문에 저는 규율기술에서 발생하는 것은 정상화라기보다는 규범화normation라는 점을 지적하고 싶습니다. 이 어법에 어긋난 단어를 용서해 주십시오. 그래도 이 단어는 규범의 기본적이고 근본적인 성격을 잘 강조해 주니 말입니다."

37 Stéphane Legrand, *Les Normes chez Foucault*, PUF, Paris, 2007.

이 지점에서 아마도 우리는 "영혼, 그것은 신체의 감옥"이라는 거대한 테마를 인지했을 것이다.[38] 이로부터 푸코가 언제 그리고 어떻게 일종의 내적 모순을 통해 권력의 실정성이라는 관념뿐만 아니라 권력에 대한 저항의 유효성이라는 관념도 변용하는 이러한 비극으로부터 탈출했는지(만일 푸코가 이로부터 완전히 탈출한 것이 맞다면)에 대한 문제가 또한 등장하게 된다. 이는 마치 그림자의 맞은편 또는 상호주관적 외부성(이라는 '권력관계')의 바깥과 같은 것이다. 그리고 나는 자유주의를 통해, 푸코 자신이 받아들인 자유주의에 대한 인정을 통해, 즉 독트린[학설]이나 국가 이데올로기의 의미에서가 아니라 '자유의 공간들'을 최대화하는 논리와 행위(그리고 '성찰적' 행위라는 이차적 수준에서의 행동)의 의미에서, 더욱 정확히 말해 규율이라는 장 내부 자체에서의 대립물들 간의 통일과 '자기의 통치와 타자의 통치'의 뒤얽힘이라는 의미에서, 이러한 자유주의에 대한 인정을 통해 푸코가 이 비극으로부터 탈출했다고 우리가 말할 수 있을 거라 믿는다. 그래서 정신의학적인 것과 법적인 것 사이에서, 그리고 이 둘을 서로서로 분리하는, 영혼의 '감옥'의 문을 잠재적으로 여는, 푸코가 '진실의 실천'이라고 부르는 대안적 공간이 돌발하게 된다. 정상성은 푸코의 사유에서 정상화의 산물에 불과하므로 '평온한' 정상성을 위한 도피처로서의 진실의 실천이 아니라, 오히려 대항-품행(이 대항-품행은 종종 비정상성과 이상하게 닮아 보일 수도 있으며 비정상성의 규약들을 패러디할 수도 있지만 이는 결론적으로 비정상성과는 다르다)의 헤테로토피아적인hétérotopique 가능성으로서의 진실의 실천 말이다.[39] 그러므로 퇴폐relégation가 아니라 '불명예'infamie, 즉 (어원적 의미로는) '이름 없음' 또는 익명성으로서의, 비사회성asocialité이 아니라 '댄디즘' 또는 '고행'[금욕]ascèse으로서의 진실의 실천으로부터, 사실은 항상 순응성의 실현과 순응주의의 진실 진술véridiction에 불과한 '현실 자유주의'의 제도들과는 거의 양립 가능하지 않은 상당히 독특한

38 Michel Foucault, *Surveiller et punir*, Gallimard, Paris, 1975, pp. 37, 38.

39 [옮긴이] 헤테로토피아에 대해서는, 미셸 푸코, 『헤테로토피아』, 이상길 옮김, 문학과지성사, 2023을 참조.

자유주의가 등장하게 되는 것이다.*40* 하지만 그럼에도 이는 자유주의인데, 왜냐하면 이는, 로베르토 니그로Roberto Nigro가 '니체적 공산주의'라고 부르는*41* 이러한 유토피아적인 유의 공산주의를 제외한다면, 모든 '사회주의'와 모든 공산주의의 대척점에 존재하기 때문이다.

이 글에서 내가 나 자신의 가설을 가볍게 스치듯 다루기만 했다는 것을 나 또한 잘 알고 있다. 하지만 나는 푸코와 마르크스 사이의 화해를 피하는 것이 (내가 봤을 때) 도대체 어떠한 의미에서 필연적인지를, 그러니까 우리를 매혹하는 것과 우리에게 불가피한 것처럼 보이는 것의 조건 자체인지를 이해시키기 위해 노력했다. 즉, 푸코를 마르크스 안에서, 마르크스를 푸코 안에서, 확장된 비판적 사유에 활용하기 위해 작동하도록 만드는(하지만 성공에 대한 어떠한 보증도 없이), 마르크스 그리고 푸코와 함께하는 작업 말이다. 질 들뢰즈는, 자신이 푸코와 가장 긴밀한 동지 관계를 유지했던 시기에(그러니까 펠릭스 과타리와 함께 오히려 마르크스 쪽으로 선회하기 이전에), 나에게 부분적으로는 불투명한 것으로 오랜 기간 남아 있었던 표현(이 표현이 탁월한 철학적 제시 능력을 가지고 있음에도), 즉 '이접적 종합'synthèse disjonctive이라는 표현을 주조해 냈다.*42* 아마도 이곳이, 마르크스와 푸코 사이의 쟁론에 대한 그리고 이들의 연장된 '역경점'에 대한 우리의 성찰 내에서 노동하는 바에 관한 실천적 개념을 주조하기 위한 목적에서 이 표현을 시험에 부쳐 볼 장소일 것이다.

---

40 [옮긴이] '불명예' 또는 '오욕'infamie에 대해서는, 들뢰즈가 푸코의 매우 아름답고 탁월한 글이라 평가하는, 『말과 글』Dits et écrits에 수록된 「이름 없는 사람들의 삶」La vie des hommes infâmes을 참조.

41 Roberto Nigro, ""Communiste nietzschéen". L'expérience Marx de Foucault", in Marx & Foucault, op. cit. 그 영감은 아마도 조르주 바타유로부터 온 것 같다.

42 Gilles Deleuze, Logique du sens, Minuit, Paris, 1967, pp. 201-204를 보라. 이 통념은 다음의 저작들에서도 다시 취해진다. Différence et répétition, PUF, Paris, 1969; Mille plateaux(avec Félix Guattari), Minuit, Paris, 1980. 그리고 François Zourabichvili, Le Vocabulaire de Deleuze, Ellipses, Paris, 2003, pp. 82, 83 또한 보라[Différence et répétition의 국역본으로는, 질 들뢰즈, 『차이와 반복』, 김상환 옮김, 민음사, 2004 참조].

3부

현행성들

7장
철학과 현행성
사건을 넘어서?

"하지만 형편이, 형편이 그렇지 않아요!"Doch die Verhältnisse, sie sind nicht so!

- 베르톨트 브레히트, 『서푼짜리 오페라』[1]

    나는 하나의 일화를, 어떤 의미에서는 이 발표가 오랫동안 지연되어 온 그 사후-효과를 구성할 그러한 하나의 일화를 이야기함으로써 나의 발표를 시작하고자 한다.[2] 이 일은 '군사 협력'의 일환으로 내가 알제 대학 조교로서 알제리에서 행했던 2년간의 체류를 마치고 프랑스로 돌아온 1967년 가을에 일어났다. 프랑스로 돌아온 나는 '구조주의적 마르크스주의'의 위대한 시기가 지난 후 적잖이 변화된 도덕적, 정치적, 지적 환경 속 파리를 다시 만나게 되었다. 루이 알튀세르의 제자들 중 일부 — 이들 중 몇몇은 나의 매우 가까운 친구들이었는데 — 는 철학에 관한 알튀세르의 '이론주의적' 개념화 — 그들이 정치에서의 개량주의적이고 수정주의적인 입장들과 분리 불가능하다고 판단했던 — 와 단절했으며, 이들은 이후 독일 혹은 이탈리아에서 그러했던 것처럼 무장투쟁에 뛰어드는 것이 아니라(물론 그 당시 이 무장투쟁이라는 문제가 한때 이들 사이에서 제기되기는 했지만) 기층에서의 혁명운동 — 마오주의라는 예시로부터 영감을 얻은, 지식인

---

    1 [옮긴이] 한국브레히트학회 엮음, 『브레히트 선집 1』, 연극과인간, 2011에 실린 「서푼짜리 오페라」 225쪽의 번역을 가져왔다.

    2 이 글은 현대프랑스철학 국제연구센터Centre international d'études de la philosophie française contemporaine, CIEPFC의 연속 기조 강연을 위해 파리고등사범학교에서 2003년 6월 10일 행한 발표의 텍스트이다.

들을 노동자들의 삶과 이들의 노동의 장소 그 자체 내에서 이 노동자들 곁에 '하방'시키기 위한 새로운 역사적 시도에 조응하는3 — 이라는 기획에 뛰어들기로 결정했다.4 자신들의 '스승'[주인]maître 알튀세르와 — 이들 중 몇몇의 경우에는 매우 고통스러운 방식으로 — 단절하면서, 이들은 장폴 사르트르, 미셸 푸코 그리고 몇 다른 이들과 협력 관계를 맺고자 하게 된다. 나는 이들과는 동떨어진 채 어떤 딜레마 앞에 서게 된 스스로를 발견했던, 그리고 결국에는 전통주의적인 길을 선택했던 이들에 속했다. 이후 마오주의 운동 행렬의 지도자들 중 한 명이자 우리 시대의 가장 뛰어난 지식인 중 한 명인 로베르 린아르를 다시 만남으로써, 우리의 관계를 청산하기 위한 계기가 아니라(우리 사이에는 그러한 일이 일어나고 말고 할 게 전혀 없다) 사태의 근본으로 나아가 우리 각자의 주장을 교환하기 위한 계기가 도래하게 되었다. 로베르는 나에게 다음과 같은 질문을 제기했다. 너는 이론적 실천의 '상대적' 자율성을, 이 이론적 실천이 우리의 구호인 '인민에게 봉사하기'가 요약하는 바로서의 그러한 정치투쟁의 필요로 환원 불가능하다는 점을 지지해. 그렇다고 치자고. 그런데 도대체 누가 이론가에게 명령을 내리는 거지?5 아마 로베르는 다음과 같이 질문할 수도 있었을 것이다. 도대체 누가 이론적 문제들을 제기하는가? 혹은 더욱 익명적인 방식으로 다음과 같이 질문할 수도 있었을 것이다. 주어진 시기에, 혹은 항상, 사유의 노력을 요구하는 이론적 문제들은 도대체 어디에서 오는가, 어디에서 유래하는가? 이론적 문제들은 어떻게 문제로 구성되는가? 마오가 조롱조로 말한 바 있듯 "이론적 문제

---

3 [옮긴이] 여기에서 '하방시키기'는 '설치', '확립', '건설' 등의 의미를 지니는 프랑스어 동사 établir를 옮긴 것인데, 사실 이 établir 동사의 과거분사 établi에는 '벨트컨베이어'tapis roulant라는 의미도 들어 있다. 그런데 이러한 의미가 확장되어 프랑스어에서는 이 어휘가 (벨트컨베이어 위에서 노동하는 노동자들의 곁에 지식인들을 '설치'하는) '하방'의 의미를 표현하기 위해 활용된다.

4 Robert Linhart, *L'Établi*, Minuit, Paris, 1978; Virginie Linhart, *Volontaires pour l'usine: vies d'établis, 1967-1977*, Seuil, Paris, 1994[로베르 린아르 저서의 국역본으로는, 로베르 린아르뜨, 『에따블리』, 김수경 옮김, 백의, 1999를 보라].

5 [옮긴이] 여기에서 '명령'은 commandes를 번역한 것으로, '지령'으로도 옮길 수 있을 것 같다. 원문은 다음과 같다. "qui passe les commandes au théoricien?"

들은 하늘에서 떨어지는가?" 혹은 땅에서 솟아나는가? 그리고 이 이론적 문제들이 돌발하는 양태들을 이 이론적 문제들에 대한 취급 그 자체 내에서 어떻게 성찰하는가? 하지만 로베르는 이러한 자신의 호명에 더욱 개인적임과 동시에 더욱 사변적인 하나의 형태를 부여했다. 즉, 어떤 의미에서는, 철학으로 하여금 자신의 주인[스승]이 도대체 누구인지를(주권자를, 혹은 더욱 정확히 말하자면 주권자의 주권자를, 다시 말해 인민을) 인지하기를 촉구한다는, 혹은 이 철학 자신의 아르케arkhè의, 즉 이 철학 자신의 시작과 끝의 발본적 불확실성과 구성적 무지를 떠맡도록[결국 철학에는 주인이 존재한다는 점을 철학 스스로 인정하도록] 촉구한다는 그러한 하나의 역설(이러한 [역설적] 촉구 또한 우리의 질문을 해결하는 하나의 방식이었다)을 함축적으로 포함하는 형태를 말이다.6 사람들은 내가 이 질문에 다음과 같은 방식으로 대답했을 거라 생각할 것이다. 이 질문이 그 자체로 이론적이다, 운운. 사실 나는 내가 뭐라 답변했는지 잊어버렸다. 내 삶의 방식을, 그러니까 그다지 현대화되지 못한 나의 이론적 삶bios theôretikos을 포기하고 싶지는 않다고 말하는 방식인, 답변을 나중으로 미루기 위한 성격의 답변 따위 같은 것이 아니었다면 말이다. 하지만 나는 이 질문만은 지금까지도 망각하지 않고 있으며, 그렇기 때문에, 여전히 답변은 가지고 있지 않음에도 내가 오늘밤 이 자리에서 이 발표를 행하고 있는 것이다.

확실히 철학적 활동에 관한 우리의 개념화 전체를 사로잡고 있는 이 '명령'이라는 아포리아를 해결하는 가능한 방식들 중 하나는, 분명, 가능한 한 가장 빈번하게, 그리고 능력에서의 제한과 보증된 면책 특권 없이, 이론화에로의 명령, 호명, 청원에 스스로를 노출하는 것 ― 그러나 우리가 이 이론화의 용어들[조건들]을 선택하는 것은 아니다(비록 우리가 사후적인 방식으로 이 용어들을 문제화하고자 노력하기는 하지만) ― 이다. 결국 이는 다른 주체들, 다른 심급들로 하여금 당신vous

---

6 [옮긴이] 여기에서 '촉구하다'는 sommer 동사를 옮긴 것인데, '촉구'보다는 '명령'에 더 가까운 강한 의미이지만 commande와 구분하기 위해 '촉구'로 옮긴다. commande와의 관계 속에서, 한국어 '촉구'보다는 조금 더 강한 의미를 지니고 있다는 점을 기억하자.

이 [말 혹은 글로] 개진할 수 있을 거라 사람들이 (옳게든 그르게든) 믿는 바를 결정하도록 내버려두는 것, 그리고 최소한 어느 정도까지는 이 다른 주체들, 다른 심급들이 질문의 언어 그 자체를 당신을 대신해 선택하도록 내버려두는 것이다. 이것이 바로 지금 일어나고 있는 바이며, 그래서 결국 한 번 더 나를 이 발표의 자리로 데려오는 바이다. 이 일련의 강연에 참여하기를 희망할 온갖 종류의 좋은 이유들을 가지고 있음에도 나는 그에 하나의 이유를 더 추가했는데, 이는 바로 이 일련의 강연을 조직한 사람들이 나에게 이 질문에 대해서 철학과 현행성la philosophie et l'actualité이라는 정식화를 부여해 주었다는 점이다.7 이 요청에 대한 수락에는(사실 나는 이 요청을 수락하고 싶어 하는 나 스스로의 갈망이라고 말하고 싶은데), 이 철학과 현행성이라는 정식화에서 내가 그에 대한 답변을 전혀 가지지 못했던, 하지만 그 답변을 가지고 있지 않다는 사실이 나로 하여금 끊임없이 고뇌하게 만들었던 그러한 질문을 다시 한번 [다른 이로부터] 듣게 되었다고 나 스스로가 믿었다는 사실이 아마도 많이 작용했을 것이다.

하지만 나는, 그러니까 이렇듯 결국 내가 선택한 것은 아닌 이러한 철학과 현행성이라는 정식화와 관련해, 그 즉시 자의적인 수정을(그리고 이러한 자의적인 수정이 뒤에 이어지는 나의 모든 성찰을 이끌어 낸다), 그러니까 사건événement이라는 보충적 용어를 추가하는 수정을 가해 보겠다. 그러므로 나는 다음과 같은 형태로

---

7 [옮긴이] '현행성'은 actualité를 옮긴 것이다. 하지만 현행성이라는 역어는, 발리바르가 바로 뒤에서 지적하는 actualité의 두 가지 의미, 즉 "한편으로는 어떠한 '상황'situation의 무매개성immédiateté (직접성 혹은 즉각성), 어떠한 '조건들'conditions 혹은 '정황들'circonstances의 현사실성facticité, 그리고 다른 한편으로는 실천의 현행태로의 이행passage à l'acte, 실현réalisation으로의 이행, 결국 유효성efficacité 혹은 효과성effectivité으로의 이행이라는, 이 현행성이라는 용어의 통용되는 이중적 의미"를 온전히 표현하지 못한다. 특히 전자의 의미는, 역시 발리바르가 뒤에서 지적하듯 칸트가 「계몽이란 무엇인가?」 (정확히는 '계몽이란 무엇인가라는 문제에 대한 답변')에서 제시한 '오늘날'을 지시하는데, 그래서 이 두 의미를 온전히 표현하기 위해서는 '현행성/오늘날'이라고 번역해야 하지만 현실적으로 이렇게 난삽하게 옮길 수 없기에 '현행성'이라고만 간단히 옮긴다. 하지만 독자들은 이 '현행성'이라는 역어에 '오늘날'이라는 의미가 포함되어 있음을 기억해야 한다. 참고로 한국의 푸코 전공자들은 이 actualité를 '현실태'라고 옮기는데, 이 actualité가 '우리'가 놓여 있는 '오늘날'의 '지금 여기'라는 '현실'을 지시한다는 점에서, 그리고 푸코에게서 이 개념이 '현행성'이 놓여 있는 정통 철학의 전통과의 일정한 단절(연속성과 함께)을 함축한다는 점에서, 이 '현실태'라는 역어에는 어느 정도의 정당성이 있다.

이 질문을 완성한다. "철학과 현행성: 사건을 넘어서?" 그리고 나는 사람들에게 이 '넘어서'au-delà를, 사건이라는 범주에 관한 그리고 동시대 프랑스 철학의 담론 내에서 이 사건의 의미 작용과 이 사건의 권력이 취하는 그 특정한 집요함에 관해 취해진 어떠한 거리로, 그리고 이와 동시에, 이 사건의 전략적 기능에 대한 (피할 수 없는) 인정으로, 함께 이해하기를 요청한다. 한편에서, 나는 사람들이 실존주의, 역사주의, 구조주의라 말하듯 내가 위험을 감수하고서 사건주의événe-mentialisme라 부르는 바에 관한 하나의 비판을 소묘해 보고 싶다. 특히 이 사건주의의 가능성 — 그리고 이 사건주의가 몇몇 독특한 체계들로 실현된 것들에 이르기까지 — 이 이 사건주의가 자신의 대립물들과 즉각 맺게 되는 그러한 변증법적 관계에 의해 선규정된다는 점 — 이는 사건의 사유 그 자체를 '사건'으로, 그러니까 단절로, 절대적 새로움으로, 문제 설정의 변화로 만들 수 있는 이 사건의 사유 자신의 능력에 하나의 한계를 구성하는 것인데 — 을 보여 줌으로써 말이다. 비록 단어들에 대한 선택이 분명 일정 부분의 관례를 포함할 뿐만 아니라 또한 우리가 완전히 그 주인인 것은 아닌 그러한 함의들을 강제하기도 하지만, 이 자리에서 나는 사건을 시간의 형이상학의 역사 내에서의 그 단순한 변형태라는 이 사건 자신의 기능으로부터 빼낼 그러한 사건성의 대체 보충물을 지시하기 위해 현행성actualité이라는 용어를 다시 취한다. 하지만 다른 한편으로, 나는 철학과 현행성(한편으로는 어떠한 '상황'situation의 무매개성immédiateté[직접성 혹은 즉각성], 어떠한 '조건들'conditions 혹은 '정황들'circonstances의 현사실성facticité, 그리고 다른 한편으로는 실천의 현행태로의 이행passage à l'acte, 실현réalisation으로의 이행, 결국 유효성efficacité 혹은 효과성effectivité으로의 이행이라는, 이 현행성이라는 용어의 통용되는 이중적 의미에서) 사이의 관계에 관한 진정한 성찰이, 이 성찰이 사건과 사건성에 관한 성찰로부터 시작한다는 조건에서만, 아마 더 나아가서는 사실상 이 사건과 사건성의 범주를 완전히 구성하고 그 문제들을 언표하고자 시도하는 것으로 스스로를 한정한다는 조건에서만 엄밀한 방식으로 발전될 수 있다는 관념 — 철학 내에서의 [사건주의 이외의 다른] 많은 동시대적 시도들 또한 (고유의 양태에 따라, 그리고 고유의 정치적 목적까지도 포함한 고유의 목적에 따라) 그 기저에 가지고 있는 것으로 보이는 그러한 관념 — 을 확인하고 심화하고 싶다. 나는, 바로 사건과 현행성이라는 두 용어 사이의 혹은 이 두 용어가 지시하는 질문들 사이의 통일과 간극에 관한 이러한 작용 속에서, 철학자들의 실천을 그리고 정향을 '명령'하는 바에 관한, 그러니까 최소한 원리적으로는 '누가' 이 철학자들을 지휘하거나 이 철학자들에게 명령을 내리는가(이 '누구'가 이 철학자들 이외의 그 어떤 이의 것으로도 귀속될 수 없는 경우까지도 포함해서)에 관한 질문을 위한 답변을 소묘하기를 바란다. 자크 데리다가 썼듯, 결정은 항상 타자의 결정이니까.

***

　필연적으로 매우 도식적일 수밖에 없는 이러한 도정에서, 나는 다음과 같이 두 단계로 나의 논의를 진행할 것이다. 첫 번째로, 나는 우리가 20세기의 철학이 일종의 '사건적 전회'tournant événementiel — 이 사건적 전회는 20세기의 철학으로 하여금 존재의 문제와 시간의 문제 사이의, 존재론적 질문과 역사성의 질문 사이의 거대한 등가성을 (물론 그에 대한 반대와 함께) 확인하도록 이끌었을 뿐만 아니라, 또한 역사성의 한가운데에 사건의 초월론적transcendantale 문제 설정, 그러니까 초월론적 사건의 문제 설정이기도 한 그러한 문제 설정을 변전devenir[생성, 생성 변화, 되기], 변형transformation, 과정procès의 문제 설정 대신 설치하도록(혹은 더욱 미묘하게는 초월론적 사건을 변전과 과정 그 자체에 대한 사고의 가능 조건으로 만들도록) 이끌기도 했다 — 를 작동했다고 인지할 수 있게 해주는 특징들 중 몇 가지를 상기시킬 것이다. 불가피하게도 나의 이러한 제시[혹은 구도]는 헤겔로부터 우리에게 온 바, 즉 [대문자] 이념Idée의 자기실현의 형태를 그래서 시간화의 형태를 구성하는 '절대적 방법'의 혹은 '주체 없는' 과정의 목적론과, 하이데거로부터 우리에게 온 바, 즉 주는 자 없는 줌donation sans donateur, es gibt으로 해석될 수 있는 지양 불가능한indépassable '현존재'être là, '일어남'avoir lieu이라는 양태, 이 양태와 분리 불가능한 도래/사건événement/avènement, Ereignis의 현사실성, 이 목적론과 현사실성 둘 사이의 맞세움이 제기하는 질문들을 다시 상기시키는 것에 근거할 것이다.[8] 나는 변증법적 과정성processualité dialectique의 관점과의 '사건적' 단절이 [대문자] 존재와 [대문자] 무, 변전과 영원, 연속성과 불연속성, 규정과 비규정, 표상과 표상 불가능한 것 등과 같은 대칭성들에 의해 항상 그리고 여전히 지배되고 있다는 점을 보여 주고자 시도할 것이다. 어떠한 의미에서 이러한 사건적 단절은, 이 사건적 단절이 억압하거나 부인해야만 했던 질문들의 이면을 복원하는 것을 포함하여, 시간의 형이상학 내에 기입되어 있는 가능성들이 오히려 전개되도록 만들 뿐이다. 하지만 이러한 사건적 단절은 주체 자신에 대한 탈구축에 관한 혹은 주체와 대상 사이의 대립에 대한 탈구축에 관한(이러한 탈구축은 어떠한 의미에서는 모든 '사건주의적'évènementialistes 철학들의 지평을 구성하는 것인데) 이 주체의 '역설적' 저항이라는 질문일 그러한 선확립된 답변 없는 질문 또한 드러낸다. [두 번째로] 이 지점으로부터 출발해, 나는 매우 특수한, 그리고 많은 점에서 양립 불가능한, 하지만 그럼에도 (얼마 되지 않은 가까운 과거에) 담론적 '역설'의 양태 내에서 사건의 문제 설정들과 주체성의 문제 설정들 사이의 관계를 수립하고 작동했다는 공통점을 가졌던 그러한 두 가지 담론에 대한 검토로 나아갈 것인데, 이 두 가지 담론은 이러한 담론적 역설의 양태 내에 스스로를 투여함으로써 결과적으로 정의définition 혹은 기술description 혹은 정초fondation의 양식이라기보다는 유효화 effectuation의 혹은 글쓰기écriture의 양식 위에서 자신들의 현행성을 구성하고자

---

8   [옮긴이] 여기에서 '있음'으로 번역되는 es gibt를 '주는 자 없는 줌'으로 과잉 번역한 이유는 발리바르 자신이 이 es gibt의 불어 역어로 donation sans donateur를 제시하고 있기 때문이다. 현대 프랑스 사회학과 인류학에서 일반적으로 don을 '증여'로 옮기기 때문에, 고심 끝에 donation을 '증여'나 '증여성'으로 옮기지 않고 '줌'으로 옮겼다. 여기에서 발리바르는 '주는 자 없는 줌'으로 해석될 수 있는 것이 바로 지양 불가능한 것으로서의 '현존재'Dasein 즉 '일어남'Augenblick이라는 양태라고 지적하는데, 그러면서 이 Augenblick의 역어로 avoir lieu를 제시하고 있기 때문에 Augenblick을 그 일반적 역어인 '순간성'이 아니라 불어의 의미를 따라 '일어남'(직역하면 '장소를 가짐')으로 옮겼다. 발리바르는 이러한 '현존재'(혹은 '거기 있음') 즉 '일어남'이라는 양태와 분리 불가능한 것이 바로 Ereignis(에어아이그니스)라고 지적하면서 그 역어를 évènement/avènement 즉 '도래/사건'이라고 제시하는데, Ereignis의 한국어 번역어들 중 이에 가장 근접한 것은 바로 '생기 사건'이다. 뒤에서 Ereignis가 등장할 때 몇몇 경우에는 이 '생기 사건'이라는 역어를 함께 활용하도록 하겠다. 이 지점과 관련해서는, 그리고 뒤에서 언급되는 하이데거의 1962년 강연 『시간과 존재』의 국역본으로는, 마르틴 하이데거, 『사유의 사태로』, 신상희·문동규 옮김, 길, 2008 참조.

시도했다. 이 두 가지 담론은 루이 알튀세르와 미셸 푸코의 것으로, 여기에서 나는 바로 이 두 사상가에 관해 말하고 싶다. 더욱 정확히는 이 알튀세르와 푸코 각자의 담론 내에서 자기비판적인 입장에 위치해 있는, 하지만 고전적인 저자에 관한 주석의 모습을 취하는 그러한 두 텍스트 혹은 일련의 텍스트들에 관해 말하고 싶다. 즉, 푸코의 경우 그가 동일한 정식들에 대한 연속적 독해 속에서 자신의 비판 목표에 관한 특징화를 투사하기 위해 그 삶의 마지막 몇 해 동안 끊임없이 되돌아왔던 저자인「계몽이란 무엇인가?」Was ist Aufklärung?의 칸트에 관한 주석이라는 수단과 우회를 통해서 항상 위치해 있는, 그리고 알튀세르의 경우 그가 아마도 그의 위대한 저서라 말할 수 있을 유고 형태로 출판된 소책자[즉 『마키아벨리와 우리』]에서 이데올로기의 공간 내에서 정치적으로 행위한다는 것이 결국 무엇을 의미하는지를 자신에게 설명하라고 (그리고 우리nous에게 설명하라고) 요구하는 저자인『군주론』의 마키아벨리에 관한 주석이라는 수단과 우회를 통해서 항상 위치해 있는, 그러한 두 텍스트 혹은 일련의 텍스트들 말이다. 우리에게, 이 두 담론 사이의 상호 접근은 아주 최근에 자신의 저서『권력의 정신적 삶』에서 주디스 버틀러가 사건적 역설에 대한 푸코의 취급과 알튀세르의 취급 사이의 형식적 유사성을 수행적 모순이라는 범주를 통해 매우 정당한 방식으로 밝혀냈다는 사실로 인해 용이해진다.9 그래서 현행성이라는 통념은, 최소한 우리가 이 통념을 가지고서 행할 수 있는 어떤 특정한 활용을 따라서는, 사건의 또 다른 이름으로서가 아니라, 그에 따라 철학이 '사건'을 사건 그 자체로 '사고'하기를 시도하기보다는 그 자체로 사건적인 비스듬한oblique 양태(주체와 대상 사이의 미분소différentielle를, 혹은 다음과 같이 말하기를 원한다면 수동성과 능동성 사이의 미분소를 활용하는 그러한 양태) 내에서 '사건과의 관계 아래에서의'en rapport avec l'événement 글쓰기를 시도할 수 있는 그러한 양태의 담론적 지표로 나타나게 된다.10

9　Judith Butler, *La Vie psychique du pouvoir. L'assujettissement en théories*, traduction de Brice Matthieussent, Léo Scheer, Paris, 2002[국역본으로는, 주디스 버틀러,『권력의 정신적 삶: 예속화의 이론들』, 강경덕·김세서리아 옮김, 그린비, 2019를 참조].

10　[옮긴이] différence는 '차이'로, différentiel은 '미분소'로 구분해 옮겼다.

우선 나는 동시대 철학이 예의 그 '언어적 전회'와 명백히 동일한 중요성을 지니는 (그리고 이 언어적 전회와 독립적이지 않은 것으로 결국은 드러나게 되는) '사건적 전회'의 극장이었다는 점을 시사하고자 한다. 자기 자신의 '구체적' 내용을 생성하는 시간의 전진 혹은 (다음과 같이 말하기를 원한다면) 과정을 현상들에 대한 우리의 표상의 가능 조건으로뿐만 아니라 또한 이 현상들의 나타남manifestation의 실체 혹은 존재 그 자체로도 만듦으로써(이를 통해 이 현상들은 자신들을 가지적인 것intelligible의 형태로 그리고 이 가지적인 것의 감성적 규정들déterminations sensibles의 형태로 사고에 내어 준다) 칸트의 초월론 혁명을 '완수'할 수 있다고 사고하는 헤겔의 방식을 중심축으로 삼는 것이 이 사건적 전회의 몇몇 특징들을 탐지하는 데에 용이하다. 이러한 의미에서 우리는 사건적 전회가, 그것이 어떠한 계기에 발생했던 것이든, 우선 반헤겔주의로 탐지 가능하다고 말할 수 있다. 그런데 이는 헤겔주의의 몇몇 측면들과의 매우 심원한 공모를, 그리고 동시대 철학에서의 변증법에 대한 재질문화라는 혹은 변증법의 용이성에 대한 비판이라는 일반적 운동이 지니는 다른 측면들과의 유사성을 불가피하게 함축할 것이다. 물론 나의 이러한 관점이 너무 제한적인 것일 수도 있다. 그리고 나는 다른 장소들로부터 출발해, 예를 들면 행위와 원인 사이의 분리를 실행하기 위해 사건이라는 범주를 작동하는 데이비드 흄으로부터 영감을 얻는 분석철학의 편에서,[11] 혹은 화자라는 동일성[정체성]을 부여하거나 정지하는 그러한 발화 행위에 대한 일반 이론을 추구하는 '실용주의'pragmatisme[즉 '화용론']로 정향된 분석철학의 편에서, 이 사건적 전회를 탐지할 수 있는 다른 방식들이 존재하지 않을까 추측한다. 하지만 나에게는 이러한 토대 위에서 사태를 취급할 능력이 없음을 고백한다. 그래서 이 자리에서 나는 '대륙[철학]적' 관점에 만족하고자 한다. 그리고 이러한 대륙적 관점에서 나에게는 우리가 다음을 말할 수 있을 것으로 보인다. 헤겔적 변증법은 물

---

11 이 지점에서 우리는 도널드 데이비드슨의 작업을 떠올릴 수 있다. Donald Davidson, *Actions et événements*, traduit et présenté par Pascal Engel, PUF, Paris, 1993[국역본으로는, 도널드 데이빗슨, 『행위와 사건』, 배식한 옮김, 한길사, 2012 참조].

론 변전의 철학임과 동시에 사건(이 헤겔적 변증법이 '계기'moment 혹은 '형상'figure이라 부르는)의 철학이다.12 하지만 이러한 대립물들 간의 통일 속에서 헤겔적 변증법은 사건을 과정의 우위 아래로 다시 데려오기 위해, 이 사건을 정확히도 과정의 한 계기로 만들기 위해 체계적이고 명시적인 방식으로 작업한다. 심지어 바로 이러한 작동 속에, 변증법이 스스로를 정의할 수 있는, 스스로를 구체적 존재의 운동으로 정립poser할 수 있는, 그리고 시간성에 관한 형식적 관점 — 여기에서 시간성은 공간 옆에 병치된 하나의 주관적 형식에 불과한데 — 에서 추상들을 지양할 수 있는 그러한 가능성이 놓여 있다. 헤겔은 끊임없이 생명vie의 언어로 과정을 사고한다. 비록 (『대논리학』의 마지막 편에서) 이 생명이 [대문자] 이념Idée의 실현의 형상들 중 하나의 형상, 여전히 부분적인, 규정된 그리고 '절대적'이지 않은 하나의 형상으로 기술되기는 하지만 말이다. 우리는 과정이라는 개념이 자신을 스스로 아는 그러한 생명vie qui se sait elle-même이라는 관념에 의해 가능한 한 가장 정확히 이해된다고 말함으로써 이를 표현할 수 있다.13 따라서 과정은 사건성을 이 과정 자신 바깥에 내버려둘 수 없다. 이와는 정반대로, 한편으로 과정은 사건성을 설명해야 하며 극한의 경우에 이 과정은 사건성을 자기 자신의 실현의 한 계기로 (예를 들어 이행, 질적 변화, 개체화된 형상의 경험으로) 생성해야만 한다. 다른 한편으로 이 과정은 사건성의 집요한 이질성을 특히 우연성의 형태, 개별성particularité의 형태, 개념 — 그 실존이 시간 그 자체인 그러한 개념 — 으로 환원 불가능한 외부성의 형태로 환원해야만 한다. 우리는 이러한 작동이 헤겔 자신의 사유 내에서 매우 심원한 방식으로 실행되고 있다는 것을 알고 있다. 시간성에 의한 공간성의 지양이, 그러니까 공간적 규정들의 시간적 규정들로의 전

---

12 [옮긴이] figure는 '형태'로 옮기는 것이 나은 경우들이 분명 존재하지만 forme를 '형태' 혹은 '형식'으로, figure는 일관되게 '형상'으로 옮겼다.

13 Georg Wilhelm Freidrich Hegel, *Science de la logique*, 1812, livre III(3권), *Doctrine du concept*, II.3.1 "La vie". 이에 관한 제라르 르브룅의 심원한 이론적 발전들développements을 보라. Gérard Lebrun, *La Patience du concept. Essai sur le discours hégélien*, Gallimard, Paris, 1972, p. 361 sq.[헤겔 저서의 국역본으로는, 게오르그 빌헬름 프리드리히 헤겔, 『대논리학』 1, 2, 3권, 임석진 옮김, 자유아카데미, 2022 참조].

도(혹은 이 공간적 규정들의 공간적 배치가 이 공간적 규정들 고유의 시간성에 의해 할당되는 그러한 전도)가 논리적으로 보자면 실행되고 있는 영역인 '자연'nature의 중심에서 말이다. 또한 우리는 이러한 작동이, 헤겔이 이를 고백하는 데에 어려움을 느끼지는 않는, 그리고 그가 이를 자신의 최종적 체계화의 원동력으로 만드는 그러한 내속적 난점을 포함하고 있다는 점을 알고 있다. 그러니까 '모든 사건들'이 [대문자] 이념의 전진으로부터 온전히 도출될 수는 없다는 (예를 들어 『법철학』과 『역사철학』에서의) 고백에 의해 표현되는, 과정의 필연성에 대항한 개별성의 '저항'과 같은 것이, 시간적 내부화에 대항한 공간적 분산의 저항에 상동적인 저항과 같은 것이 존재하는 것이다. 역사는 정치인들과 언론인들이 매우 좋아하는 한 줌의 불확실성과 우연성이라는 여백을 내포하는데, 그러나 이러한 한 줌의 불확실성과 우연성은 객관적인, 역사적인 혹은 제도적인 정신의 시간성으로서의 과정이 정신의 실현의 궁극적 형상을 구성할 수 없는 주된 이유가 되기도 한다. 우리는 그 안에서 사건 그 자체가 말소되는 그러한 하나의 '절대적' 형상으로 이동해야 하는데, 이러한 절대적 형상 속에서 사건 그 자체가 말소되는 이유는 이러한 사건 그 자체가 이 절대적 형상 안에서는 전체의 독특성, 스스로를 스스로 생산하는 정신의 영원한 운동의 독특성 그 자체와 일치하기 때문이다.

이 지점에서 나는 내가 소략하게 설명할 수밖에 없는 다음의 두 가지 사항을 지적하고 싶다. 첫 번째로, 과정 개념의 절대화라는 이러한 헤겔적 운동은 초월론적 관점에 대한 반박이나 회피를 구성하지 않는다. 비록 이러한 헤겔적 운동이 헤겔 자신에게는 형식적인 것으로 보이는 칸트적 초월론에 대한 비판으로 제시되기는 하지만 말이다. 반면, 이 헤겔적 운동은 근대 철학의 역사 내에서의, 다시 말해 철학을 경험의 가능 조건들에 관한 이론으로 구성하는 그러한 철학의 역사 내에서의 초월론적 운동의 하나의 [유일한] 완수achèvement로, 그건 아니라 해도 어쨌든 그 가능한 완수들 중 하나로, 경험을 이 경험 자신의 한계들로 이동하는 그러한 운동 내에서 그리고 그러한 운동에 의해 그 안에서 조건들이 직접적으로 경험에게 명증화되어야만 하는 — 하지만 아마도 또한 이러한 명증화는 위기와 전도로 이어지는 것이기도 할 텐데 — 그러한 완수로 우리에게 나타나야만 한다. 두 번째로, 이러한 구성, 그러니까 내가 초월론적 과정의 구성으로, 혹은 칸트의 감성 형식들과 지성 형식들의 분석적 분리를 넘어서는 초월론적인 것의 궁극적 형상으로 이 과정을 설립하는 것으로 부르고자 하는 바의 원동력은 다음과 같은 두 가지 사변적 작동들 사이의 결합에 놓여 있는 것으로 보인다. 하나의 작동은 과정으로부터 출발해 이 과정 자체와 그 대립물 — 본질적으로 유한성이라는 특징, 순간성fugacité이라는 특징 그리고 확실성과 진리 사이의 간극 혹은 '대자'pour soi와 '즉자'en soi 사이의 간극(『정신현상학』의 언어로는 우리가 의식conscience이라 부를 수 있는)이라는 특징에 의해 탐지되는 — 둘 모두를 사고할 수 있게 해주는 것이다. 이 과정 내에서 그리고 이 과정에 의해, 그러니까 이 특징들 고유의 모순들의 나타남과 해소의 운동 내에서 그리고 이 운동에 의해 '지양'relevées되어야 하는 것은 바로 이러한 특징들이다. 시간의 규정된 내부성 내에서의 공간적 외부성의 지양을 혹은 대상의 지양을 완수하기 위해, 여기에서 우리는 절대적 내부성 안에서의 혹은 주체 없는 내부성 안에서의 의식 혹은 주체의 지양 또한 실행해야 한다. 결과적으로 또 하나의 작동은 '과정'이라는 범주에 푸코가 '경험적-초월론적 이중체'doublet empirico-transcendantal라 부르는 바(하지만 여기에서 푸코는 사실 칸트의 언어를 매우 가까이에서 따라가고 있을 뿐인데)의 특징들을 부여하는 것에 놓여 있다.[14] 헤겔 철학에서 변증법적 과정은, 본질적으로, 경험적 나타남인 동시에 사변적(혹은 순수한, 그러니까 초월론적) 표현 — 그러니까 이 변증법적 과정 자신과는 다른 것[차이 나는 것]의 가능 조건 — 으로 존재하는 것이다.[15] 변증법적 과정성은 자기 자신의 방해물, 지체, 중단 들을 설명해야만 하며, 이 변증법적 과정성은 이 방해물, 지체, 중단 들을 절대적인 것의 역

---

14 Michel Foucault, *Les Mots et les choses*, op. cit., p. 329. "유한성의 분석론에서, 인간은 기이한 경험적-초월론적 이중체이다 (……)."

15 '나타남'manifestation 대신에 우리는 『대논리학』의 언어로 '명제'proposition라 말할 수도 있다. 초월론적 관념론에서 현상학으로 나아가는 지도 원리로서의 관념, 즉 동일한 것identique과 차이 나는 것différent 사이의 동일성이라는 관념(자기 자신과 차이 나는 일자hen diapheron heautô라는 헤라클레이토스 Heracleitos의 모티프를 다시 취하는)이 지니는 중요성에 관해서는 다음의 저작을 참조하라. Françoise Dastur, *Philosophie et différence*, Les Éditions de la Transparence, Chatou, 2004.

량으로서의 자신의 억제 불가능한 역량을 (결국은) 확인하는 그만큼의 기회들로 삼아야만 한다. 절대적인 것은 그것이 무한정 지연된다différé는 점 때문에만 전능한 것이다. 우연성contingence은 항구적으로 정당화되어야 하는데, 이는 이 우연성이 어떠한 하나의 과정 내로 환원되어야 한다는 것을 의미한다. 하지만 이를 위해서는 서로가 서로 안에 삽입된 혹은 어떠한 하나의 '교착'chiasme과 같은 것을 형성하는 그러한 두 가지 종류의 '과정'이 사실 존재해야만 한다. 한편에는 경험적인, 관찰 가능하거나 표상 가능한, 그래서 우연성 — 예를 들어 역사적 제도들이라는 우연성 — 이 섞여 있는 그러한 [복수의 부정관사] 과정들이, 그리고 다른 한편에는 정신의 필연적 전진과 일치하는 [단수의 정관사] 초월론적 과정 그 자체가 말이다.

지금 내가 토론에 부치기를 원하는 테제는 다음과 같은 것이다. 내가 간략한 방식으로 사건적 전도라 불렀던 그러한 운동 내에서 놀라운 점은 우리가 이 운동에서 어떠한 의미에서는 동일한 형식적 특징을(이 동일한 형식적 특징은 형식주의에 관한 헤겔적 비판 내에서 형식적인 무언가가 그 어떤 경우보다도 더 [강력한 방식으로] 존재하고 있다는 점을 이해할 수 있게 돕는다), 그러니까 경험적 사건, 혹은 내가 '통속적'vulgaire 사건이라고도 말하고 싶은 바와, 초월론적 사건, 즉 본래적authentique 사건, 혹은 그 고유의 본질에 따라 사고된 사건, 역사성을 사고할 수 있게 그러니까 사건 자신과 자신의 대립물 — 이 경우에 이 대립물은 과정, 혹은 더욱 그럴듯하게 말하자면 몇몇 경우에는 과정의 외양apparence, 과정의 가상illusion인데, 심지어 이는 변전의 가능성(여기에서 나는 특히 잠재적인 것의 본질로서의 '차이의 차이화'différenciation de la différence에 관한 들뢰즈의 탁월한 정식들을 생각하고 있다[16])이 될 수도

---

16   Gilles Deleuze, *Différence et répétition*, PUF, Paris, 1968, 특히 p. 269 이하를 보라. 나는 이 점을 프랑수아 주라비츠빌리François Zourabichvili의 주석이 없었다면 이해하지 못했을 것이다. François Zourabichvili, *Deleuze, une philosophie de l'événement*, réédité in François Zourabichvili, Anne Sauvagnargues et Paola Marrati, *La Philosophie de Deleuze*, PUF, Paris, 2004, p. 78("La multiplicité: différence et répétition"이라는 제목으로 다시 실림). '시간에 대한 통속적 개념화'라는 관념이 내포하는 난점과 이 관념을 헤겔로 귀속하는 것에 관해서는, Jacques Derrida, "Les fins de l'homme", in *Marges de la philosophie*, Minuit, Paris, 1972를 보라(그리고 파리고등사범학교에서 데리다가 1964, 65년에 한 강의를

있다 — 을 설명할 수 있게 해주는 정확히 유일한seul 사건, 이 두 사건 사이의 긴장이라는 형태를 앞으로 취하게 될 그러한 경험적-초월론적 이중화를 발견하게 된다는 것이다. 초월론적 사건은, 그것이 바로 정확히, 헤겔이 정신의 잔여로 만들어 내기를 원했던 특징들(하지만 그러면서도 절대로 이 특징들의 저항을 결코 완전히 제거하지는 못한다는 위험을 감수하면서)과 함께 나타나는 사건이다. 즉, 발본적 우연성, 의미의 혹은 목적론적 기능의 부재, 근본적으로 표상 불가능한 특징 말이다. (1962년의 강연 『시간과 존재』에서) 이 점과 관련해 하이데거는, 사건(혹은 전유appropriant함과 동시에 탈유dépropriant하는 그러한 도래-사건événement-avènement, 즉 생기 사건 Ereignis)을 형이상학적 의미에서의 토대로 지칭하는 것을 거부하는 그러한 하나의 심연적 특징이 존재한다는 점을 강조하면서, 이 점을 각별히 주장한다. 하지만 나는 이것이 사건을 '궁극적' 정립으로 지정하는 것으로부터, 혹은 사건을 그로부터 출발해 전통적 이항 대립들인 연속성과 불연속성, 규정과 비규정이 정립되고 상대화되는 그러한 가능 조건으로 지칭하는 것으로부터 이 사건을 빼내어 버리지 않으며 오히려 그 반대라고 주장하는 위험을 감수하고자 한다.

하지만 이러한 나의 주장을 잘 이해하기를 바란다. 나는 사건적 전도가 하나의 용어[항]에서 다른 하나의 용어로의 언어적 차원에서의 단순한 대체 혹은 뒤집기라고 주장하고 싶은 것도, 사건의 철학들이 무분별한 방식으로 [대문자] 궁극 이념의 혹은 절대적인 것의 특징들을 사건이라는 통념으로 전위시킨다고 (아마도 사건의 철학들의 이러한 특징은 '차이의 철학들'이 지니는 것보다는 더욱 결정적인 특징, 어쨌든 이 차이의 철학이라는 정식 자체의 이해 가능성에 필수적인 그러한 특징일 것이다) 주장하고 싶은 것도 아니다. 오히려 나는 오늘날의 우리에게 초월론적인 것이라는 관념의 의미 그 자체(와 역량)가, 과정의 우위에서 사건의 우위로의 이 초월론적인 것이라는 관념의 '이주'와, 그러니까 어떠한 하나의 인과성 혹은 목적성

보라. *Heidegger: la question de l'Être et l'Histoire*, Galilée, Paris, 2013. 결과적으로 이 강의는 알튀세르와 그의 제자들이 〈"자본"을 읽자〉 세미나에 할애한 학년과 동일한 학년에 행해진 것이지만, 둘 사이에는 그 어떠한 교류도 없었다 - 본서 출판을 위해 발리바르가 추가한 주석).

으로부터 연역할 수 없는(혹은 자기 자신의 '조건들'에 대해 과잉적인en excès) 그러한 우연성의 개입interruption, 예측 불가능성의 상관항으로서의 비가역성, 표상으로 그러니까 어떠한 하나의 법 혹은 서사의 규칙성으로 환원 불가능한 현실의 중핵으로서의 현사실성이라는 범주들[즉 우연성의 개입이라는 범주, 예측 불가능성이라는 범주, 비가역성이라는 범주, 현사실성이라는 범주]의 특권화promotion와, 그리고 이 통념들이 현상학적으로 해석되고 발전될 수 있는 극도로 다양한 방식들 그 자체에 대한 특권화와 분리 불가능해졌다고 주장하고자 한다. 이 지점에서 다시 한번 헤겔에 대한 참조가 유용해지는데, 왜냐하면 헤겔에 대한 참조는 사건주의에 내재하는, 이 사건주의의 놀라운 철학적 생산성을 해명하는 일련의 문제들을 지시하는 것을 가능케 해주기 때문이다.

우선 장 이폴리트Jean Hyppolite가 정당하게도 자신의 강의에서 끊임없이 강조했던 사실, 즉 사건주의의 뿌리들이 다음과 같은 서로 다른 양태들에 놓여 있다는 사실, 그에 따라 절대적 과정에 관한 헤겔적 표상이 19세기 동안 쇠렌 키르케고르Søren Aabye Kierkegaard, 프리드리히 니체 그리고 카를 마르크스에 의해 발본적으로 재질문화되었던 그러한 서로 다른 양태들에 놓여 있다는 사실이 존재한다. 물론 키르케고르와 니체에게서 사건의 우위를 정립하는 것은 전혀 동일하지 않다. 키르케고르에게서는 ('유'genre, 즉 '인류'로 환원 불가능한) 독특한 개인을 영원성의 수수께끼와의 교통 관계 내에 놓는 그러한 '자유의 가능성'에 대한 감정 — 그러나 이 독특한 개인의 실존적 본래성authenticité, 그러니까 이 독특한 개인의 '자기에 대한 자기의 관계'rapport de soi à soi는 [역설적이게도] 이 영원성의 수수께끼에 의존한다 — 이 극도로 주관적인subjective 방식으로 주어지는 지점으로서의 불안의 계기라는 형상 내에서 사건의 우위가 정립되며, 니체에게서는 (1962년의 『니체와 철학』에서 들뢰즈가 제출한 주석을 따른다면) 변전의 선별 역량이, 생의 힘들 — 어떠한 규범의 표상으로 혹은 어떠한 규칙성 법칙의 표상으로 절대로 환원 가능하지 않으며, 항상 스스로 차이 나는 것이거나 항상 스스로의 변환을 생산할 수 있는 그러한 힘들 — 의 역량이 긍정되는 장소인, 시간 흐름의 중단과 일치하는 니체적 '영원회귀'의 형상 내에서 사건의 우위가 정립되기 때문이다.

하지만 가장 까다로운 경우는 아마도 마르크스의 경우일 텐데, 그의 경우가 초월론적 과정의 정관사(la) 철학의 자격으로 사고되어야 하는 것인지 아니면 초월론적 사건에 관한 하나의une 철학의 자격으로 사고되어야 하는 것인지는 전혀 명증하지 않기 때문이다. 마르크스에게서 역사의 종말[목적]의 변증법이, 그리고 역사적 변전을 절대적인 것의 실현의 운동 그 자체 혹은 '역사의 동력'을 형성하는 모순들에 대한 해소의 운동 그 자체로 만들기 위한 시도가 지배적이기 때문만이 아니라, 또한 특히 마르크스가 그 아래에서 사건의 우연성 혹은 비규정성(알튀세르라면 사건의 '과잉 결정'이라고 말할)을 사고하는 그 가장 명확한 형상이 역사적 과정과 그 이데올로기적 표상들 사이의 물질적 간극(프랑스대혁명과 19세기의 그 반복들과 관련해 마르크스가 극적인 방식으로 기술하는) 내에, 그러니까 모순들의 환원 불가능성에, 즉 이 모순들의 사건적 효과성에 접근하기 위해서는 우리가 꿰뚫어 보아야만 하는 어떠한 초월론적 가상illusion transcendantale의 형태 내에 놓여 있다는 이유에서도 그러하다. 다른 한편으로, 마르크스를 사건적 전회의 선구자들 중 한 명으로 포함하는 것은, 만일 우리가 어떠한 특징을, 그러니까 그로부터 출발해 사건을 아마도 역사의 가지성의 원리로 초월론적으로 구성하는 것 — 이 원리가 부정적, 비판적 혹은 결여적인 것이라 할지라도 — 이 가장 정확히 이해될 그러한 특징을 완벽히 드러낼 수 있기를 원한다면, 필수적인 일이다. 여기에서 내가 의미하는 것은 변전 그 자체의 가능 조건으로서의 반복이라는 관념이다. (「루이 보나파르트의 브뤼메르 18일」에서의) 마르크스에게서, 반복이라는 관념은 명확히 시뮬라크르simulacre를 포함한다.[17] 그리고 시뮬라크르에 대

---

17 바로 그렇기 때문에, 반복에 관한 니체적 사유와 시뮬라크르에 관한 플라톤적 사유를 대립시키는 『차이와 반복』의 들뢰즈(*Différence et répétition*, p. 165 이하)가 마르크스를 위한 자리를 이 수준에 마련해 두지 않는 것이다. 들뢰즈의 관점에서 마르크스는 플라톤과 함께 '세계에 관한 도덕적 관점'의 편에 서 있는 것으로 보인다(물론 들뢰즈가 과타리와 함께 쓴 저서들에서는 마르크스가 완전히 다르게 취급되지만). 마르크스의 「루이 보나파르트의 브뤼메르 18일」에서 등장하는 반복의 형상들에 관해서는 특히 폴로랑 아순Paul-Laurent Assoun과 크리스틴 뷔시글뤽스만Christine Buci-Glucksmann이 각자의 주석을 제시한 바 있다. Paul-Laurent Assoun, *Marx et la répétition historique*, PUF, Paris, 1978; Christine

한 바로 이러한 포함이, 그 안에서 (하이데거가 지시한 것들에 조응하게도) 시간의 차원들 간의 상호적 외부성이 부정되거나 극복되어야만 하는 그러한 사건의 초월론적 구성을 우리가 사고하는 방식에 따라, 특권화된 현상학적 '차원'이 비가역적 절단으로서의 과거, 유보 상태로 혹은 기대 상태로 항상 여전히 남아 있으며 남아 있게 될 바로서의 미래, 혹은 잠재적 차이를 동시에 포함하고 있는 바로서의 현재일 수 있게 만드는 것이다. 그러나 어떠한 경우이든 시뮬라크르 혹은 허구 혹은 가상이라는 요소, 사건의 역량을 하나의 보증물로 취급하는 것을 금지하는 그러한 요소는 반드시 셈해져야만[즉 유의미하게 포함되어야만] 한다. 이 사건을 또 하나의 새로운 목적론의 원동력으로 만들 수 있는 모든 가능성을 어떠한 의미에서는 내부에서부터 붕괴시키면서 말이다.

하이데거에, 그러니까 특히 그의 1962년 강연 『시간과 존재』에서 제시된 생기 사건Ereignis[즉 도래-사건]에 관한 개념화에 한 번 더 준거했기에, 나는 이 첫 번째 논점을 헤겔과의 새로운 단락court-circuit을 통해 결론짓고자 한다. 가능한 한 가장 단순한 (그리고 심지어는 단순화하는) 용어들로 말하자면, 내가 생각하는 바는 사건의 우위에 관한 모든 동시대 철학들, 즉 그것이 (메시아주의와의 지속적인 토론을 수행하는 데리다의 경우에서 그러한 것처럼) 도-래à venir를 현상학적으로 특권화하는 철학들이든, (계시révélation라는 관념과의 지속적인 토론을 수행하는 바디우의 경우에서 그러한 것처럼) 과거를 현상학적으로 특권화하는 철학들이든, (창조라는 관념과의 지속적인 토론을 수행하는 들뢰즈의 경우에서 그러한 것처럼) 현재를 현상학적으로 특권화하는 철학들이든, 이 모든 동시대 철학들이 하이데거가 생기 사건Ereignis을 '[대문자] 존재'Être의 자기 자신의 나타남 그 자체 내로의 '물러섬'retrait으로 기술했던 방식 — 이것이 정확히 '일리야'il y a 혹은 '에스 깁트'es gibt에 내가 방금 언급했던 경험적-초월론적인 이중적 차원을 부여하는 것이다 — 으로부터 아마도

Buci-Glucksmann, "Déconstruction et critique marxiste de la philosophie", *La Quinzaine littéraire*, n. 211, 1975[『차이와 반복』의 국역본으로는 질 들뢰즈, 『차이와 반복』, 김상환 옮김, 민음사, 2004를 참조하고, 「루이 보나파르트의 브뤼메르 18일」의 국역본으로는 『칼 맑스 프리드리히 엥겔스 저작 선집』 2권, 박종철출판사 편집부 엮음, 김세균 감수, 박종철출판사, 1997에 실린 판본을 참조하라].

유래한다는 것이다.**18 19** 하지만 또한 이 데리다, 바디우, 들뢰즈는 이러한 하이데거의 방식으로부터 스스로를 거리 두거나, 혹은 이러한 언표 작용 내에 지지 불가능한(이 언표 작용이 스스로를 진리의 한 언표 작용으로 확립하는 그만큼 지지 불가능한) 무언가가 존재한다는 점을 발견한다. 그리고 이 지지 불가능한 것으로 존재하는 바, 나는 이것을 허무주의라는 하나의 요소로 특징화하는 위험을 감수하고자 하는데, 나는 이 허무주의가 전통이, 특히 헤겔적 전통이 '주체'라 불렀던 바에 대한 취급을 정확히 자신의 대상으로 취한다고 생각한다. 사건에 관한 동시대 철학들은 물론 주체성의 형이상학에 관한 발본적 비판들이며, 그러한 자격으로 이 사건에 관한 동시대 철학들은 고전 철학에 의해 주체에 부여된 거대한 특권 — 우리가 하나의 '주권'이라[고까지] 부를 수 있는 — , 즉 본성적으로 경험적-초월론적 이중체의 두 측면, 그러니까 우연성의 측면과 필연성의 측면, 유한성의 측면과 절대적인 것 혹은 이 절대적인 것의 논리적 대체물들의 측면, 또한 수동성의 측면과 능동성의 측면 모두에서 등장할 수 있는 특권을 파괴하고자 체계적으로 시도한다. 하이데거는 모든 반인간주의자들뿐만 아니라 모든 주체 파괴자들 중에서도 아마 가장 발본적인 인물일 것이다. 하이데거에게서 존재와 진리의 사건적 '줌'donation — '에스 깁트' 혹은 '일리야'라는 정식이 표현하는 — 이 엄밀한 의미에서의 주체성에 대한 그 어떠한 '흔적'도 남겨 놓지 않는 한에서 말이다. 그런데 만일 이러한 존재와 진리의 사건적 줌이 이러한 주체성의 흔적을 남겨 놓는다면, 이는 다른 곳에서, 그러니까 이후에 슈바르츠발트의 은둔자로 변신하는 프라이부르크 대학 총장의 이데올로기적 의견과 입장에서

---

18 『시간과 존재』에서 하이데거가 반복했던 표현은 다음과 같다. "Die zeit ist nicht, es gibt Zeit." 이 표현과 그것이 내포하는 말놀이는 프랑스어로 번역이 불가능하다. *Questions IV*, Gallimard, Paris, 1976, p. 35를 보라. "Le temps n'est pas, il y a temps." 또한 Françoise Dastur, *Heidegger et la question du temps*, PUF, Paris, 1990, p. 113도 보라.

19 [옮긴이] 'il y a'는 'es gibt'의 불어 역어로서, 이 둘 모두 '있음'을 의미한다. 하지만 앞서 발리바르는 이 'es gibt'의 역어로 'il y a'가 아니라 'donation sans donateur'를 제시한 바 있다. 독자들은 이 두 역어 사이의 긴장에 주목해야 한다. 신상희와 문동규는 앞서 언급한 『사유의 사태로』의 55쪽에서 이 "Le temps n'est pas, il y a temps"를 "시간은 있지 않습니다. 그것Es이 시간을 줍니다"로 옮긴다.

그러하다……. 달리 말해, 능동성과 수동성 사이의 모든 긴장은 사건의 사유 내에서 발본적으로 폐기되며, 우리는 결정의 파토스에서 포기의, '그 자체로 존재하게 하기'laisser être의 시학 — 그 안에서 사건은 명백히 불변성을 향해서만 (그러니까 과정 혹은 목적론이라는 관념에 대한 비판을 향해서가 아니라, 이러한 관념에 대한 포기[그 자체]를 향해서) 열리게 된다 — 으로 직접적으로 나아가게 된다. 물론 이러한 상황은, 헤겔에게서 주체성이 과정의 목적론을 위한 도구가 되었다는, 이 주체성이 '매개'médiation의 지점에, 부정의 부정을 위한 (그러니까 우연성과 사건성을 정향되고 연속된 어떠한 과정의 단순한 계기로서의 역할로 환원하기 위한) 사전적 가능 조건을 형성하는 '부정'의 지점에 본질적으로 위치 지어지게 되었다는 사실에 대한 반작용이다. 하지만 우리는 사건에 관한 동시대의 철학이 헤겔과 하이데거 모두에 대한 반작용이라고, 그러니까 사건에 관한 동시대의 철학이 과정에 대한 그리고 이 과정의 연속적 혹은 구성적 계기들에 대한 목적론적 도식으로부터 사건의 역량, 비규정성, 환원 불가능성을 해방하는 것과, 사건 내에서 혹은 사건에 관한 하나의 현상학을 수단으로 또 하나의 다른 주체성 양태를 사고하는 것, 이 둘 모두를 추구한다고 주장할 수 있다. 나는 이를 능동성과 수동성 혹은 긍정과 부정 사이의 모든 차이들 — 주체성은 그 원인이기보다는 효과인, 그리고 정치는 아니라 해도 윤리와 관련해 가장 높은 수준의 중요성을 지니는 그러한 차이들 — 을 이 차이들의 일반성과 이질성 속에서 내포하는 주체성, 즉 실체적 주체 없는 주체성이라 말하고자 한다.[20]

---

20 이러한 의미에서 사건의 문제 설정들은, 그것들이 구조주의의 자기의식을 특징지었던 '실증주의' 혹은 '이론주의'에 환원 불가능한 것이라 해도, 이 구조주의와 하나의 근본적 정향을, '구성하는 주체성'이라는 질문을 '주체의 구성' 혹은 '주체화'라는 질문으로 전도한다는 정향을 공유한다. 나의 논문 "Le structuralisme: une destitution du sujet?", *Revue de métaphysique et de morale*, n. 1, janvier 2005, '구조를 재사유하기'Repenser les structures 특집호를 보라[본서의 부록 1을 보라].

* * *

이제 나는 뒤늦게나마 나의 두 번째 논의로 나아갈 것인데, 다시 한번 나는 헤겔이 우리에게 제시하는 하나의 방향을 주디스 버틀러의 최근 저작으로부터 우리가 끌어낼 수 있는 (내 의견으로는) 매우 설득력 있는 하나의 제안과 단락시킴으로써 이를 행하고자 한다. 지금 우리에게 중요한 것은 어떻게 우리가 사건의 사유를 '현행화'actualiser할 수 있는지, 혹은 현행성으로서의 사건événement comme actualité을 철학적으로 사유할 수 있는지를 파악하는 것이다.21 헤겔이 특히 『정신현상학』의 서문에서 그리고 우리의 논의를 위해 각별히 흥미로운 언표적 양태들 아래에서 이 문제와 맞닥뜨렸다는 점을 기억하도록 하자. 헤겔은 자기 자신의 전개 — 여전히 앞으로 도래해야만 하는 — 로부터만 결과할 수 있는 지sa-voir를 [선행적으로] 요약해야 한다는 난점, 혹은 더 나아가 매우 단순하게도 이 지의 대상을 [선행적으로] 지시해야 한다는 난점과 맞닥뜨리게 되며, 헤겔은 이러한 현시présentation가 엄밀한 의미에서는 불가능하다는 점을 인정한다. 하지만 이러한 현시는 또한 정신의 전개의 논리 그 자체에 이질적인 필연성nécessité — 내가 넓은 의미에서의 정치라 지시하고 싶은 — 으로 인해 '필연적'nécessaire인 것이기도 한 것이다.22 이러한 필연성은 [대문자] 절대적인 것의 철학에 대한 저항의 실

21 나는 '사건주의'événementialisme의 상관항으로 현행주의actualisme라는 용어를 사용할 수는 없는데, 왜냐하면 이 현행주의라는 용어는 20세기의 위대한 철학 중 하나인 조반니 젠틸레의 아투알리스모attualismo(혹은 순수 행위로서의 정신에 대한 철학filosofia dello spirito come atto puro) — 단순화한 방식으로 '이탈리아 헤겔주의'의 한 변종으로 종종 간주되곤 하지만 오히려 하나의 독창적인 프락시스praxis의 철학이며(앙드레 토젤André Tosel의 저서인 『이탤릭체의 마르크스: 동시대 이탈리아 철학의 기원에 관하여』Marx en italiques. Aux origines de la philosophie italienne contemporaine(T.E.R., Mauvezin, 1991)를 보라) 그 영향력이 오늘날까지도 매우 강력한(특히 안토니오 네그리의 경우) — 를 지시하기 위해 이미 사용되고 있기 때문이다. 현재에 관찰 가능한 인과성 도식들에 대한 회고적 적용이라는 의미에서의 '현행주의'는 또한 지질학의 개념 중 하나이기도 한데, 인류세에 관한 최근의 논의들이 인식론적 현행성을 지니는 [인식론적인 차원에서 현재성을 지니는] 추가물을 이 개념에 부여하고 있다.
22 이러한 측면에서 『정신현상학』의 '서문'의 지위를 스피노자의 『윤리학』에서의 '주석들' — 들뢰즈가 제출하는 해석의 의미에서의 주석들 — 의 지위와 상호 접근시키는 것이 매력적인 작업으로 보인다. 즉, 첫 번째 책을 배가하는 두 번째 책 — 논증적이고 직시적이지 않으며 대신 논쟁적이고

존, 더 나아가 이 철학에서의 시뮬라크르의 실존에 관계된 것이며, 극한의 경우 이 필연성은 침묵하게 만들어야만 하는 목소리, 그러니까 정신의 형상들의 자기 현시autoprésentation의 의미를 왜곡하는 위험을 무릅쓰고서라도 침묵하게 만들어야만 하는 셸링의 목소리의 우연적 실존과 관계된 것이다. 이러한 목소리는 그 전개의 한 형상이라는 자격으로는 그 어떠한 계기에서도 회수될récupéré 수 없는, 변증법적 과정의 타자인 것인데, 왜냐하면 이 목소리는 이 변증법적 과정의 필연성을 무효화할invaliderait 것이기 때문이다. 헤겔이 발견한 '해결책'은 물론 자기 자신의 담론의 특정 현행성에 대한 긍정affirmation에 놓여 있는 것이지만, 이러한 현행성은 매우 역설적이다. 이 현행성은, 자기 자신의 담론 속에서 허구의 담론으로서의 철학에 대한 하나의 현시 또한 증상적인 방식으로 읽어 내지 못한다면, 이러한 담론의 사건성을 허구적으로 '부정'하는 데에 이르게 되기 때문이다. 우리가 이미 알고 있듯 헤겔의 이 해결책의 핵심은 철학자를 미네르바의 올빼미의 상황 속에 선제적으로par avance 자리 잡는 이로, 사후-효과를 예상하는, 다시 말해 대낮에 이미 밤이 오고 있는 것처럼 사유하는 이로 정립하는 것에 놓여 있다. 이 철학자의 담론이 정신의 변전의 끝에 이미 자리 잡고 있다는 점을 선제적으로 언표한다는 역설을 자신의 것으로 떠맡으면서, 이 철학자는 그 결과를 관조하며 자신의 시간이 이미 도래했다고 스스로 선언한다. 우리는 이러한 역설적 양태를 언표하는 것이 '역사의 종말/목적'이라는 하나의 형이상학적 테제로 순일하게 되돌아오는 것이 아니라, 오히려 — 어떠한 의미에서는 이것이 훨씬 더 위험천만한 것인데 — 자기 자신의 '현행성'과 관련한, 혹은 자기 자신의 담론의 현행성과 자기 자신 사이의 동시대성과 관련한 철학자의 결단으로 되돌아오게 되는 것이다. 나는 동시대 철학의 한 부분 전체 — 이 동시대 철학의 한 부분 전체에서 나는, 초월론적 사건이라는 주제계에 대한 거부가 아니라,

정치적인 — 이 지니는 흔적으로서 말이다. 이 서문은 '예비적 주석'과 같은 것일 테다(물론, 설명 exposition의 질서를 글쓰기écriture의 질서에 관해 우리가 이미 알고 있는 바로 대체함으로써 이 서문을 『정신현상학』에서 『대논리학』으로의 '이행'으로 해석하는 것도 가능하지만 말이다).

과정 너머에의 주체성의 흔적이라는 질문과의 직접적 관련 속에서 이 주제계의 복잡화를 발견한다 — 가 이러한 역설을 가지고서 작업하기를 멈추지 않았으며 또한 이 역설의 항들[용어들]을 문제화하고자 시도하기를 멈추지 않았다는 점을 제안하고 싶다. 나는, 비록 철학자들로 하여금 '우리 시대'notre époque의 성격을 특징짓고자 시도함으로써 '우리가 누구인지'ce que nous sommes를 (그리고 우리가 무엇이 되는지ce que nous devenons를) 스스로 질문하도록 인도하는, 그리고 우리nous에게 질문하도록 인도하는 그러한 현대성의 운동에 전형적인 대표자로서의 칸트를 좇아서이기는 하지만, 어쨌든 헤겔을 인용하는 푸코의 용어법을 의도적으로 다시 취하고자 한다.

버틀러는 동일한 종류의 역설을 최근 프랑스어로 번역된 『권력의 정신적 삶』에서 자신이 제시한 분석의 원동력으로 취했는데, 특히 그녀는 푸코와 알튀세르를 놀라운 방식으로 상호 접근시키면서 이를 행했다.[23] 버틀러가 하나의 취약점 혹은 하나의 결점으로서가 아니라 권력에 관한 푸코의 철학적 기획의, 그리고 이데올로기에 관한 알튀세르의 철학적 기획의 대상 그 자체로서 식별하는 바는 하나의 화용론적 '역설', 혹은 다음과 같이 말하기를 원한다면 하나의 수행적 역설이다. 푸코와 알튀세르는 [그들의 철학적 기획에 의해] '주체'sujet 혹은 '주체화'subjectivation에 관해 말하도록 강제되는데, 이들은 푸코의 경우 이 주체를 식별하고 이 주체의 품행을 정상화하는 권력과의 관계 내에서, 알튀세르의 경우 이 주체를 호명하고 이 주체의 좋은 의식과 나쁜 의식conscience[혹은 양심]의 형태들을 결과임과 동시에 선전제로 이 주체에게 할당하는 이데올로기와의 관계 내에서, 이 주체 혹은 주체화의 가능 조건들을 연구한다. 더욱 정확히 말해 알튀세르와 푸코는, 자신들의 담론 그 자체 내에서(그런데 이들의 담론은 바로 다음과 같은 사실로 인해 모호한 것이 된다), 자신들이 사회적 관계들relations sociales의 체계가 취하는 하나의 형태[형식] 혹은 하나의 기능으로 지정하는 바를 (이러한 지정과 동시적으로) 수포시툼suppositum이라는 의미에서의 선재하는préexistant '주체'로(혹은

---

23 Judith Butler, *La Vie psychique du pouvoir*, op. cit.

여전히 결여되어 있는 이 주체의 대체물로서의, 앞으로 호명해야만 하는 '개인'으로) 지시하도록 강제된다. 최소한 겉보기에는 명백해 보이는 하나의 난점, 푸코에게서 주체화를 예속화의 타자(혹은 이렇게 말하기를 원한다면, 이 예속화로부터의 자유화)임과 동시에(혹은 교대로) 영속적 예속화의 특권화된 형태(혹은 이렇게 말하기를 원한다면, [또 다른] 새로운 예속화가 취하는 조건들 속에서만 주어지는 그러한 자유화 — 하지만 이것이 모든 예속화가 동일한 가치를 갖는 것임을 의미하는 것은 전혀 아니다……)로 만드는 그러한 양가적 긍정의 형태를 취하는(예를 들어, 여기에서 우리는 푸코의 저 유명한 텍스트 「주체와 권력」을 떠올리고 있다) 난점이 이로부터 도출된다.24 알튀세르의 경우, '이데올로기적 국가 장치들'에 관한 자신의 텍스트에서 이러한 난점은 윤리적으로 그리고 정치적으로 매우 불안한(허무주의적이라고까지 말하지는 않더라도) 하나의 순환성의 형태를 취한다. 자발적 종속soumission volontaire이, 혹은 금지에 대한 의식

---

24 이 지점에서 우리는 푸코의 텍스트 「주체와 권력」을 참조할 것이다. 이 텍스트는 (영어로) *Michel Foucault: Beyond Structuralism and Hermeneutics*, University of Chicago Press, Chicago, 1982, Hubert L. Dreyfus & Paul Rabinow(이 책은 1984년 프랑스어로 번역되었다)에 [부록으로] 수록되어 "주체와 권력에 관한 두 가지 시론"deux essais sur le sujet le pouvoir이라는 부제를 달고서 최초로 출간되었으며, 그 뒤 『말과 글』*Dits et écrits*(tome IV, pp. 222~243)에 [프랑스어 번역으로] 재수록되었다. 여전히 간행되지 않은 콜레주 드 프랑스 강의록들의 출판이 밝혀 주게 될 바들을 기다리면서[현재에는 콜레주 드 프랑스 강의록들의 출간이 완료되었다], 나는 (그 내용으로 인해) 이 텍스트가 1970년대 후반기에 진행된 '통치성', '저항' 그리고 '권력관계'에 관한 자신의 작업을 대상으로 하는 푸코의 개인적 노트라고 생각한다. 그래서 나는 이 개인적 노트가 그것이 출판되었던 시기에 예상적prospective 이기보다는 회고적rétrospective 의미를 가진다고 생각한다(그 당시 푸코는 자신의 강의와 연구를 '주체의 해석학'과 '자기 배려'를 중심으로 이미 재정향하고 있었기 때문인데, 하지만 당연하게도 이 두 주제가 단순히 이전 주제들에 대한 포기를 의미하는 것은 전혀 아니다). (『말과 글』(tome IV, p. 227)에서 발견할 수 있는, "개인을 주체로 변형하는 것은 바로 권력의 형태이다. 주체라는 단어에는 두 가지 의미가 존재한다……"라는 정식 — 이 정식 뒤에는 '투쟁'의 유형학이 따라 나온다 — 을 중심으로 하는) 최초의 이론적 발전들은 이것이 '이데올로기적 국가 장치들'에 의해 보장되는 '개인의 주체로의 호명'이라는 1970년 최초로 제시되었던 알튀세르의 가설들에 대한 반작용이기도 하다는 사실에는 의심의 여지가 전혀 없다. 이렇게, 담론과 정치적 경향들이 형성하는 성좌, '현행성'을 자신의 방식대로 구성하는 성좌가 소묘되는 것이다. 기욤 르 블랑Guillaume Le Blanc은 다음의 저서에서 정당하게도 이 논점을 지적한 바 있다. Guillaume Le Blanc, *La Pensée Foucault*, Ellipses, Paris, 2006, p. 68 sq.[이 7장에서 제시되는 발리바르의 논의와 매우 긴밀히 연결되는 이 저서의 한 장에 대한 번역으로는, 기욤 르 블랑, 「예속된다는 것/예속된 존재: 알튀세르, 푸코, 버틀러」, 배세진 옮김, 『문화과학』 2018년 겨울호를 참조하라].

— 실존과 개인성의 조건인 — 이, 그를 통해 개인이 자신을 구성하는 호명을 인지하게 되는 그러한 제스처 혹은 의례를 항상-이미 선행한다는 순환성 말이다. 이러한 알튀세르의 기술description이 상상계의 거울 놀이에만 관련된 것이라고 말해야 하는 것 — 이는 주체의 발생이 이 주체 자신의 허상illusion이 취하는 장 내에서 온전히 전개된다고, 그리고 이러한 의미에서 이 주체의 발생이 극복 불가능한[혹은 지양 불가능한] 것이라고 말하는 것으로 귀결되는데 — 이 아니라면 말이다.25 하지만 우리는 또한 이러한 양가성 혹은 순환성이 사건성 그 차체의 한 특징을 정확히 구성한다고 말할 수 있다. 예속화의 사건성, 호명의 사건성을 말이다. 최소한 이 예속화의 사건성과 호명의 사건성이, 이론가에게 혹은 철학자에게 자유와 진리의 지배 속에서 기원으로, '자연' 상태로, 혹은 종말 목적으로 스스로를 다시 위치 지을 수 있다는 그러한 허구적 가능성과 일체를 이루었던 어떠한 과정에 대한 [헤겔적] 기술description의 규칙성과 정상성을 위반한다

---

25 「이데올로기와 이데올로기적 국가 장치들」이라는 알튀세르의 텍스트, 오늘날 그의 가장 중요한 텍스트들 중 하나로 그리고 1960, 70년대 프랑스의 '철학적 계기'를 형성한 전형으로 간주되는 이 텍스트는 매우 기이한 지위를 차지하고 있다. 『라 팡세』La Pensée(n. 151, juin 1970)에 최초로 출간된 이 텍스트는 『입장들』Positions(Éditions sociales, Paris, 1976, pp. 67-125)이라는 논선집을 구성하는 하나의 논문으로 재출간되었다. 이 텍스트는 "상부구조에 관하여: 법, 국가, 이데올로기"De la superstructure: droit, État, idéologie라는 제목의, 알튀세르가 평생 동안 겪어야 했던 우울증의 재발로 인해 그 집필이 중단되었으며 이후에도 전혀 재개되지 못했던, 미완성 원고의 '단편들'이었다. 서술exposition에서의 이러한 불연속적 특징을 표시하기 위해, 알튀세르는 도입부, 결론부 그리고 텍스트 중간에 절취선들을 삽입했는데, 저자 사후에 재출간된 이 텍스트의 판본들, 특히 자크 비데의 판본(이 텍스트의 원본인 '완전한' 원고를 포함하고 있는 『재생산에 대하여』Sur la reproduction(PUF, Paris, 1995)의 부록)과 이브 바르가스 Yves Vargas의 판본(1964에서 1975년 사이 알튀세르가 학술지 『라 팡세』에 출간했던 논문들 중 일부를 모은 『루이 알튀세르를 사유하자』Penser Louis Althusser(Le Temps des Cerises, Montreuil, 2006))에서는 이 절취선들이 완전히 사라졌다. 따라서 여기에서 말소된 것은 이 텍스트가 놓여 있는 정황에 대한 표지marque뿐만 아니라 이 텍스트의 입론이 내포하고 있는 '결여들'과 '아포리아들' — 이 결여들과 아포리아들은 이 텍스트의 글쓰기가 놓여 있는 정황들에 직접적으로 준거한다 — 의 지표indice이기도 하다. 이로 인해 이 글쓰기의 역사적 효과들이 지니는 의미와 근거가 완전히 왜곡되어 버린다. (국제철학학교의 한 세미나에서) 나는, 이 불연속들의 장소가 어떠한 의미에서 「마키아벨리와 우리」라는 원고(이 원고 또한 미완성된 것인데)가 이 「이데올로기와 이데올로기적 국가 장치들」이라는 텍스트에 대한 재개를, 그리고 몇몇 측면에서는 심지어 이 텍스트에 대한 정정을 구성하는지를 이해하기 위한 준거점으로 취해져야만 한다고 주장했다.

는 점에서 말이다. 버틀러 스스로가 이 역설에 가져다주고자 시도하는 '해결책'을 일단 한편으로 치워 둔다면,26 나는 그 안에서 푸코와 알튀세르 스스로가 철학의 고유한 대상objet과 목표objectif로서의 현행성이 취하는 하나의 형태를 (일반적으로 이론화한 것은 아니라 해도) 실천적으로는 정교 구성했던 텍스트들을 평행하게 검토하기 위해 이 둘 사이의 이러한 상호 접근을 나의 논거로 취하고자 한다. 게다가 나는, 버틀러의 주석보다 한 걸음 더 앞으로 나아감으로써, '주체 자신의 가능 조건들을 향한sur 이 주체의 [자기 자신에 반한] 돌아섬retournement' ― 버틀러가 비유적tropologique이라 부르는 ― 이라는 도식, 혹은 주체에게 이 주체의 '대상'을 부여하는 그러한 상황 그 자체 내로의 이 주체의 '사건적' 함축 ― 철학적 글쓰기로 하여금 일종의 수행적 모순을 강제하는 ― 이라는 도식이 푸코와 알튀세르 모두에게 공통된 것일 뿐만 아니라, 또한 이 도식이 푸코의 경우와 알튀세르의 경우 모두에서 철학적 글쓰기écriture philosophique라는 활동이 어떤 점에서 예속화의 '원환'에 대한 일종의 전위를 구성하는지를 혹은 더 나아가 순일한 반복의 도식에 대한 거리 두기의 한 형태를 구성하는지를 이해할 수 있게 해주는데에 활용될 수 있다고 우리가 주장할 수 있을 거라 믿는다. 그러므로 이러한 의미에서, 순수하게 담론적이라는 이유에서 그것이 아무리 제한적인 것이라 해도, 이는 사건을 필연성으로 환원하지 못하도록 예방해 주는 하나의 방식인 것이다.

이 지점에서, 푸코와 알튀세르 모두가 현행성[즉 '오늘날']이라는 언어를 활용한다는 점을 지적하도록 하자. 자신의 유고인 『마키아벨리와 우리』에서(나는 푸코의 '우리'nous와 종종 놀라울 정도로 닮아 있는 이 '우리'로 곧 돌아오도록 하겠다), 알튀세르는 다음과 같이 쓴다. "나는 이 수수께끼에 관해서 (……), 그러니까 마치 마키아벨리가 (충격적인saisissante 방식으로, 그리고 우리의 이해를 벗어나는insaisissable 방식으

---

26 비록 이 버틀러의 해결책이 굉장히 흥미로운 것이긴 하지만, 이 해결책이 자아moi의 기원적 비결정성 ― 이 비결정성이라는 바탕 위에서 개인의 주체로의 예속화 혹은 호명을 가지고서 행해지는 '작용'[혹은 '놀이']의 가능성들(즉 '호명'과 '대항-호명', 혹은 미셸 페쇠가 말했듯 동일한 예속화 구조 내에서의 '좋은 주체'와 '나쁜 주체'의 생산)이 소묘된다 ― 이라는 관념을 개입시키기 때문에 그러하다.

로) 자신이 서 있던 평지에서 나와 (……) 아주 오래전부터 우리 가운데 임하는 것처럼, 그리고 우리에게 말하는 것처럼, 수 세기의 시간이 흘렀음에도 여전히 현행적인 이 마키아벨리의 현존이라는 수수께끼에 관해서 성찰해 보기를 원했다."²⁷ 그리고 조금 더 뒤에서 알튀세르는 다음과 같이 쓴다. "마키아벨리는 지나간 과거에서au passé 헤겔에게 말하는 것이 아니다. (……) 마키아벨리는 동일한 시점에서au présent 헤겔에게 '말한다'. 매우 정확히도 [헤겔이 생존해 있던 시대의] 독일의 정치적 상황에 관해서 말이다 (……). 헤겔에 관하여 마키아벨리가 지니는 현행성은 [그리고 더욱 일반적으로는 마키아벨리의 모든 독자들 — 그 가운데 바로 우리가 있다…… — 에게 -발리바르] 국가의 구성이라는 (……) 정치적 문제를 제기하고 이를 취급하는 대담함을 가졌다는 것이다 (……)"(즉, 알튀세르가 더 뒤에서 전개하게 될 테제, 그러니까 역사적 제도들의 혹은 역사적 변형 과정들의 시작점이라는 문제, 정치의 수수께끼를 구성하는 그러한 문제)(p. 49). 푸코의 경우, 그는 (1982, 83년 콜레주 드 프랑스 강의의 대상이 되기도 했던) 칸트의 텍스트 「계몽이란 무엇인가?」에 관한 자신의 강연의 서로 다른 판본들에서, 칸트의 질문이 취하는 '대상'(이는 또한 어떠한 의미에서는 하나의 비대상, 혹은 존재하지 않는, 범주화 가능하지 않은 그러한 하나의 대상이기도 한데)이 바로 '현행성'이라는 사실을 끊임없이 강조한다. "칸트가 계몽Aufklärung이라는 질문을 제기하는 방식은 [자신의 동시대인들, 예를 들어 모제스 멘델스존 같은 이의 방식과는 -발리바르] 완전히 다르다. 칸트에게서 계몽은 우리가 그 안에 속해 있는 세계의 어떠한 시대를 지시하는 것도, 우리가 그 기호들을 지각하는 어떠한 사건을 지시하는 것도, 어떠한 완료의 여명을 지시하는 것도 아니다. 칸트는 계몽을 거의 완전히 부정적인 방식으로, 즉 하나의 아우스강Ausgang, 그러니까 '탈출' 혹은 '출구'로 정의한다. 역사에 관한 그의 다른 텍스트들에서, 칸트는 기원에

---

27 여기에서 나는 알튀세르의 이 텍스트의 (저자 사후 출간된) 첫 번째 판본, 즉 『철학적, 정치적 저술들』Écrits philosophiques et politiques(Stock/IMEC, Paris, 1994) 1권에 실린 판본을 참조한다(이 구절은 이 판본의 p. 43에서 찾을 수 있다). 하지만 이후 이 텍스트는 다음과 같이 독립적으로 출판된다. Louis Althusser, Machiavel et nous, suivi de deux essais par François Matheron, préface par Étienne Balibar, Tallandier, Paris, 2009.

관한 질문을 제기하거나 역사적 과정의 내적 목적성을 정의한다. [반면] 계몽에 관한 텍스트에서, 이 질문은 순수한 현행성에 관한 것이다. 칸트는 어떠한 총체성 혹은 어떠한 미래의 완성에서부터 출발해 현재를 이해하고자 노력하지 않는다. 칸트는 하나의 차이를 찾고자 한다. 오늘은 어제에 비해 어떠한 차이를 도입하는가?"**28** 혹은 더 나아가 다음을 인용해 보자. "내가 제시하고자 하는 가설은 칸트의 이 짧은 텍스트가 어떤 의미에서는 비판적 성찰과 역사에 관한 성찰 사이의 경첩에 위치해 있다는 것이다. 이는 바로 자신의 기획의 현행성에 관한 칸트의 성찰이다. 아마도, 어떤 철학자가 이러저러한 시기에 자신이 그 저작의 기획에 착수하는 이유들을 [직접] 제시하는 것이 처음은 아닐 것이다. 하지만 나에게는 이렇듯 어떤 철학자가, 긴밀한 방식으로 그리고 내부에서부터, 인식과의 관계 속에서의 자신의 저작의 의미를, 역사에 관한 성찰을, 그리고 그 안에서 자신이 글을 쓰며 그로 인해 자신이 글을 쓰는 그러한 독특한 계기에 관한 특수한 분석을 서로 연결하는 것은 진정 처음인 것으로 보인다. 역사 내에서의 차이로서의, 그리고 특수한 철학적 과업을 위한 모티프로서의 '오늘'aujourd'hui에 관

---

28   Michel Foucault, *Dits et écrits*, tome IV, op. cit., p. 564. 여기에서 나는 다양한 정황들 속에서 푸코가 칸트의 이 소품「계몽이란 무엇인가?」를 대상으로 한 자신의 분석에 관해 다시 쓰기를 행한 텍스트들[즉 다른 여러 판본의 텍스트들 사이의 차이]에 관한 질문은 다루지 않겠다. 이 다시 쓴 텍스트들에 관한 질문은 다양한 연구의 대상이 된 바 있다(이 중에는 자신이 파리 낭테르 10대학에서 2007년 제출한 박사 학위논문인「계보학자, 전략가 그리고 변증론자로서의 미셸 푸코: 비판적 역사에서 현재의 진단으로」Foucault généalogiste, stratège et dialecticien. De l'histoire critique au diagnostic du présent에서 뤼디 레오넬리가 제시한 탁월한 연구가 속하는데, 이 박사 학위논문 중 이에 관한 연구만이 독립적으로 이탈리아어로 번역, 출판되었다. *Illuminismo e critica. Foucault interprete di Kant*, op. cit.). 결국, 이러한 분석이 그 안에 속했던 혹은 삽입되었던 연구들(예를 들어, *Le Gouvernement de soi et des autres*, Gallimard/Seuil, Paris, 2008라는 1982, 83년도 콜레주 드 프랑스 강의) — 이 연구들에서 이러한 분석은 그리스인들에게서의 파레시아parrêsia라는 질문으로의 '회귀'를 선행하지만, 그렇다고 해서 이 분석이 이 파레시아라는 질문으로 들어가기 위한 도입부 역할을 하는 것은 전혀 아니다 — 로부터 분리 가능한 연구로서 가지는 이 푸코의 분석의 운명과, '이데올로기적 국가 장치들'에 관한 알튀세르의 텍스트 — 이 텍스트의 원출처인 미완성되고 미간행된 원고[즉 앞서 이미 언급한 "상부구조에 관하여"]를 건너뛰어 세계 곳곳에서 유통되고 논평되었던 — 에 의해 형성되었으며 알튀세르 자신에게 부과된 그러한 정황들에 의해 부분적으로는 강제된 이 알튀세르의 텍스트의 운명, 이 두 운명들 사이에는 기이한 유사성이 존재하고 있다는 점만을 지적하고 넘어가도록 하자.

한 성찰이 바로 이 텍스트의 새로움인 것으로 나에게는 보인다. 그리고 나에게는, 이 텍스트를 이렇게 간주함으로써 우리가 이 텍스트에서 다음과 같은 하나의 출발점을 인지할 수 있을 것으로 보인다. 우리가 현대성의 태도라 부를 수 있을 바에 관한 소묘를 말이다 (……)"(p. 568). 그리고 마지막으로 다음을 인용하도록 하자(하지만 이 외에도 가능한 다른 인용들이 더 있을 것이다). "나에게는 우리가 칸트의 텍스트 안에서 철학적 사건으로서의 현재 — 이 철학적 사건으로서의 현재에 관해 말하는 철학자 자신이 그 안에 속해 있는 — 라는 질문이 등장하는 것을 보고 있는 것으로 보인다. 만일 우리가 철학을 자신의 고유한 역사를 가지고 있는 담론적 실천의 한 형태로 간주하고자 진정 원한다면, 나에게는 우리가 이 계몽에 관한 텍스트와 함께 철학이 (……) 처음으로 자신 고유의 담론적 현행성을 문제화하는 것을 보고 있는 것으로 보인다. 즉, 이 철학이 사건으로 간주해 질문하는, 이 철학이 그 의미, 가치, 철학적 독특성을 말해야만 하는 그러한 하나의 사건으로 간주해 질문하는, 그리고 그 안에서 이 철학이 자신 고유의 존재 이유와 이 철학이 말하는 바의 토대 모두를 발견해야만 하는, 그러한 현행성을 말이다 (……). 바로 이 우리(= "철학 고유의 현행성에 특징적인 하나의 문화적 총화ensemble", 즉 하나의 국민정신Volksgeist은 아닐 하나의 시대정신Zeitgeist)가 철학자에게 이 철학자 자신의 성찰의 대상이 되고 있는 중인 것이다. 그리고 이를 통해 철학자가 이 우리로의 자신의 독특한 속함에 관해 질문하지 않고 넘어갈 수는 없다는 불가능성이 확언된다 (……). 나의 현행성이란 무엇인가? 이러한 현행성의 의미는 무엇인가? 그리고 내가 이 현행성에 관해 말할 때 나는 무엇을 하는가? 나에게는 바로 이것이 현대성에 관한 이러한 새로운 탐구가 그 위에 놓여 있는 바로 보인다"(pp. 680, 681).

여기에서 중요한 것은 이 텍스트들을 단순한 방식으로 서로 덧대어 붙이는 것이, 이 텍스트들을 식별하여 그 담론을 하나의 유일한 '학설'로 환원하는 것이 전혀 아니다. 중요한 것은 이 텍스트들에게 공통된 '비유'trope, 자신의 의미를 정확히도 현행성에 관한, 즉 사건의 현행성에 관한, 현행성의 사건에 관한 이러한 집요한 참조에 부여하는 그러한 '비유'를 식별하는 것이다. 역사적이고 담론적인 두 측면 모두에서 말이다.

우선 수행적 모순의 현존, 혹은 언표 작용의 역설의 현존 — 우리의 논의는 바로 이 현존에서 출발했던 것인데 — 에 관해 언급하도록 하자. 이 현존은 푸코에게서 '우리 자신의 존재론'ontologie de ce que nous sommes, '우리 자신에 관한 비판적[혹은 역사적historique -발리바르] 존재론'ontologie critique de nous-mêmes이라는 기이한 표현 — 푸코는 자신의 철학적 정향을 특징짓기 위해 여러 연구의 '장들'(진리, 권력, 자기 배려) 속에서 이 표현을 정교하게 설명하면서 이를 종종 활용한 바 있다 — 에 대한 지속적인 활용 — 이 텍스트를, 그리고 『말과 글』 내내 이 텍스트에 관해 행해진 모든 암시들을 동반하는 — 속에서 명백히 보이는 것이다. 자연스럽게도 여기에서는 푸코의 이전 정식화들에 대한 반향이 울려 퍼지고 있다. 우리가 여기에서 논하고 있는 칸트를 비롯해 니체, 하이데거, 그리고 '무엇'이라는 질문을, 즉 본질이라는 질문을 대체하는 '누구'라는 질문 말이다. 하지만 여기에는 특히 (논리적으로 '비일관적인') 불편한 언표 작용이, 그러니까 철학자에게는 그 안에서 자신이 사유하는 그러한 '상황'이 그 자체로 자신의 주요 '대상'이라는 사실에 대한, 그리고 이 철학자 자신의 이 상황에 대한 '속함'이 그 자체로 이 상황의 일부를 구성한다 — 이 철학자가 이 상황에만 의존한다는 점에서, 그래서 결국 또한 이 철학자가 이 상황으로부터 스스로를 떨어뜨릴 수 있는 가능성을[떨어뜨릴 수 있을 거라] 아마 상상하기도 하리라는 점에서가 아니라, 순환적으로, 이 철학자 자신의 담론의 효과성이 이 상황을 변형하는 데에, 이 상황의 잠재성들을 해방하는 데에, 이 상황을 이 방향보다는 저 방향으로 정향시키는 데에, 그래서 이 상황에 어떠한 하나의 의미[방향]를 부여하는 데에 기여하고 있거나 혹은 기여하리라는 점에서 — 는 사실에 대한 언표 작용이 존재한다.[29] 여

---

29 우리는 푸코와 알튀세르 모두가 「문학이란 무엇인가?」Qu'est-ce que la littérature?(*Situations*, II, Gallimard, Paris, 1951)에서 장폴 사르트르가 제기했던 문제를 여기에서 다시 취하고 있다고 말할 수도 있을 것이다. 물론 사르트르에게서 힘들의 장 — 상황에 구성적인 — 과 담론 사이의 절합이 '주체'의 심급 혹은 심리-사회학적 개인성의 심급을 통과한다는 점을 제외한다면 말이다[국역본으로는, 장폴 사르트르, 『문학이란 무엇인가』, 정명환 옮김, 민음사, 1998을 참조].

기에는 어떠한 회의주의나 상대주의와는 다른, 하지만 우리가 실천의 혹은 비판의 투여, 가장 사변적인 이론 그 자체 내로의 투여의 형태 그 자체라고 지시하는 위험을 감수할 수 있는, 그러한 하나의 순환성이 존재한다. 그런데 우리는 알튀세르의 텍스트에서 이러한 순환성의 유사물을 발견한다. 알튀세르 또한 어떠한 '우리'nous를, 이미 텍스트의 제목에 현존하고 있으며 텍스트 안에서도 다시 취해진 그러한 우리를 다음과 같이 활용한다. "마키아벨리는 우리nous를 사로잡는다saisit. 하지만 우연히로라도 우리가 마키아벨리를 사로잡기를 원한다 해도, 그는 우리로부터 벗어난다. 사로잡을 수 없는insaisissable 마키아벨리"(p. 43). 그리고 마지막으로 알튀세르는 다음과 같이 말한다. "하지만 이렇게 우리는 하나의 예외적 사고 형태와 마주하게 된다. 한편으로는, 이탈리아 정세의 일반 상태에서부터 운Fortune과 비르투virtù 사이의 마주침의 형태들에 이르기까지의, 그리고 정치적 실천의 요청들에 이르기까지의, 가장 높은 수준의 정확도로 정의되는 이 조건들에, 다른 한편으로는 정치적 실천의 장소와 주체에 관한 총체적인 비결정에 놓여 있는 사고 형태를 말이다. 놀라운 점은 마키아벨리가 이 사슬의 두 끝 모두를 단단히 붙잡는다는 것, 그러니까 이러한 이론적 간극을, 이러한 종류의 모순을, 이 이론적 간극 혹은 모순에 그 어떠한 환원이나 이론적 해결책을 어떠한 통념 혹은 몽상의 형태로 사고에 제시하기를 원하지 않으면서 사고하고 전제한다는 것이다. 이러한 간극의 사유는 마키아벨리가 자신의 문제를 제기할 뿐만 아니라 또한 자신의 문제를 정치적으로 사고하기도 한다는 점과 관계된 것이다. 그러니까 사고에 의해서는 제거될 수 없으며 대신 현실에 의해서만, 즉 필연적이지만 예견 불가능하며 특정le 장소와 특정 시간, 특정la 인격에 지정 불가능한 돌발, 정치적 마주침이 취하는 구체적 형태들 — 그 일반 조건들만이 유일하게 정의되는[정의될 수 있는] — 의 돌발에 의해서만 제거될 수 있는 그러한 현실 내 하나의 모순으로 이 문제를 사고하기도 한다는 점 말이다. 이 간극을 사고하고 유지하는 이러한 이론 내에, 정치적 실천을 위한 자리가 이렇듯 마련된다. 이론적 통념들을 서로 멀리 찢어 놓는 이러한 배치agencement에 의해, 한정된 것과 한정되지 않은 것 사이의 간극에 의해, 즉 필연적인 것과 예견 불가능한 것 사이의 간극에 의해, 정치적 실천을 위한 자리가 마련된다. 사고에 의해 사고된, 그렇다고 해서 사고에 의해 해소되지는 않은 이러한 간극, 이것이 바로 이론 그 자체 내에서의 역사와 정치적 실천의 현존이다"(pp. 133, 134).

이 자리에서 나는 알튀세르의 텍스트에 관해 우리가 제시할 수 있는 비판적 언급들, 특히 여기에서 등장하는 '구체적'이라는 용어가 동어반복에 속하는 것은 아닌지에 관해 우리가 제기할 수 있는 질문은 한편으로 치워 두도록 하겠다. 비록 이 동어반복이 다음과 같이 수행적 글쓰기 효과의 범위 내에서 새롭게 해석될 수는 있지만 말이다. 즉, 구체적인 것, 그것은 바로, 그 안에서 사고의 능동적이고 반동적인 힘들의 작용을 드러내는 방식으로, 그러니까 이 상황을 형식화하는 제도들의 전개만으로 이루어질 수 없는 이 상황의 변형의 불가능성과 [이와 반대로, 이 상황을 형식화하는 제도들의 전개만으로 이루어져야만 하는 이 상황의 변형의] 필연성을 (극도로 양가적인 방식임과 동시에 그럼에도 극도로 '능동적인'[긍정적인] 방식으로) 문제화하는 방식으로, 이 사고에 의해 스스로가[철학자가] 그 안에 삽입되는 것이 가능한 그러한 상황에 대한 특징화라고 말이다. 하지만 그 대신 나는 결론을 맺기 위해 잠정적으로나마 다음과 같은 두 가지 특징들을 지적하도록 하겠다. 첫 번째로, 푸코와 알튀세르의 글쓰기 전략들(결국 성찰 전략들) 사이에는 하나의 놀라운 상사성이 존재한다. 푸코와 알튀세르 모두, 명확히도 자신들만의 문제를 사고하기 위한 목적에서, 그러니까 철학적 문제의 자격으로, 혹은 철학적 문제로서의 자신들만의 정치적 문제의 자격으로, 혹은 그 정치적 규정 내에서의 자신들만의 철학적 문제의 자격으로 이 문제를 사고하기 위한 목적에서, 푸코의 경우 칸트라는, 알튀세르의 경우 마키아벨리라는, 하나의 모델, 하나의 예시 exemplar의 형상 내에서의 이 문제에 대한 거리 두기[이 문제를 예시 속에서 구체화함으로써 가능해지는, 이 문제와 자신 사이의 거리 내기]를 필요로 한다. 하지만 수행적 모순을 특정한 방식으로 '취급'하거나 그 위치를 [칸트 혹은 마키아벨리에게로] 이동하는 미장아빔의 과정은, 이와 동시에, 또한 현행성이라는 통념을 어떤 특정 역사적 상황의, 규정된 조건들(이 조건들 자신들의 돌발과 변형의 '과정'에 종속되어 있는)의 어떤 특정 총화의, 그리고 어떤 특정 비시간성 혹은 횡단-시간성의, 더 정확히는 그 정의상 역사적 독특성들의 연속적 변화 혹은 끊임없는 재생산이기도 한 어떤 특정 사건적 반복의 교차점에 위치시키는 것을 가능케 한다.30 따라서 이러한 미장아빔은 알튀세르라는 철학자의 상황과 마키아벨리라는 전략가-이론가(혹은 이렇게 말하기를 원한다면, 반철학자) 사이의 상동성에서, 푸코라는 고고학자-계보학자-철학자와 칸트라는 비판철학자 사이의 상동성에서 멈추지 않는다. 이 두 경우 모두에서 이러한 미장아빔은 하나의 이편을, 그것이 마지막 수준이라고 가정할 이유가 전혀 없는 그러한 세 번째 수준[즉 프레임 속 프레임 속 프레임]을 내포한다. 한편에서, 이는 마키아벨리 스스로가 그로부터 영감을 얻는(혹은 그로부터 영감을 얻어내기 위해 스스로 주조해 내는) 모델이다. 즉, 이는 체사레 보르자라는 '군주'의 정치, 마키아벨리가 '증오 없는 공포'에 관한, 다시 말해 피통치자들의, 역사 속 '인간들'의 이데올로기 그 자체를 이들로 하여금 상황(재생산과 사회적 보존이라는 이 상황 자신의 목적에 반하는 그러한 상황)을 생산하도록 만들기 위해 활용할 수 있는 가능성에 관한 결정적 교훈들을 이끌어 내는 그러한 정치이다. 다른 한편에서, 이는 칸트가 자신의 목표들에 대한 완수에 필수적인 비판적 자기의식을 그에 부여하기 위해 스스로를 그 안에 삽입하고자 시도하는 그러한 총화이다. 이는 '계몽'les Lumières, 혹은 더 정확히 말해, 복종과 비판 혹은 이성의 공적이고 자유로운 사용(다른 곳에서 푸코가 '참을 말하기'dire vrai라는 그리스적 모델을 따라 곧 파레시아라 부르게 될 바31), 이 둘 사이의 균형이 유지되도록 만드는 (그래서

---

30 [옮긴이] mise en abîme, 즉 '미장아빔'은 프레임 속에 프레임을 설치하는 구성을 의미하며, 특히 연극 대본, 영화 시나리오, 소설 등에서 많이 쓰이는 기법이다(이를 번역 없이 프랑스어식으로 그대로 음차하여 '미장아빔'이라고 대부분 쓰기 때문에 옮긴이 또한 고심 끝에 그대로 '미장아빔'으로 옮겼다). 여기에서 발리바르가 미장아빔이라는 표현을 사용하는 이유는, 알튀세르의 경우 체사레 보르자라는 군주의 정치를 사유하는 마키아벨리라는, 푸코의 경우 계몽의 지성을 사유하는 칸트라는 '예시'를 통해 프레임 속 프레임(더 나아가서는 프레임 속 프레임 속 프레임) 안에서 자신의 논의를 전개하기 때문이다.

31 매우 긴 우회 이후 푸코가 자신의 1982, 83년도 콜레주 드 프랑스 강의에서 칸트에 관한 자신의 독해를 파레시아에 관한 자신의 분석들과 교차시키는 기획에 착수할 때, 그가 이를 "철학하는 주체의 존재 양식과 정치를 실천하는 주체의 존재 양식 사이의 동일성"이라는 플라톤적 질문을 중심으로 행한다는 점은 흥미롭다(*Le Gouvernement de soi et des autres*, op. cit., pp. 271, 272). 하지만 이 질문은 불발되어 버리고, 우리는 이후에 이 칸트에 관한 주석에 대한 푸코 자신의 일련의 다시 쓴 텍스트들

결과적으로는 균형을 이루고자 이 둘이 움직이도록 만드는) 그러한 '계약'을 군주와 함께 (더욱 일반적으로, 제도와 함께, 조직된 사회와 함께라고 말하도록 하자) 체결할 수 있는 계몽의 지성intellectualité des Lumières ― 결국 이 계몽의 지성이 계몽 그 자체의 중핵인데 ― 이다.

하지만 다른 한편으로, 결론적으로 이 두 텍스트는 서로 매우 다른 방향으로 나아가게 된다. 첫눈에 보기에는 서로 매우 달라 보이는 방향으로 말이다……. 문학적인 관점에서, 철학자의 개입 혹은 이 철학자의 주체화 노력을 이 철학자 자신의 대상으로 투여하는 글쓰기 운동이 푸코와 알튀세르 각자에게서 반대 방향으로 정향되어 있는 것으로 보인다. 푸코에게서, 모든 것은 마치 칸트의 기획이 여전히 현행적인encore d'actualité 것처럼 진행되며, 혹은 더욱 정확히 말해 이 칸트의 기획이 어느 정도로dans quelle mesure 현행적인지를, 다시 말해 우리가 어느 정도로 여전히 '현대적'modernes인지를 아는 것(그리고 분명 이 정도mesure가 영[제로]인 것은 전혀 아니다)인 데 반해, 알튀세르에게서, (알튀세르 스스로가 인정하기를 원하는 것보다는 더 많은 것을 그람시로부터 취하면서) 모든 것은 마치 마키아벨리의 기획이(혹은 도래할 '군주'에 관하여 마키아벨리에 의해 상상된, 마키아벨리에 의해 투사된 그러한 기획이) 이미 현행적이게 된déjà d'actualité 것처럼 ― 알튀세르의 이 논의를 비

속에서야 이 질문이 진정으로 작업되기 시작한다고 분명히 말할 수 있다. 그런데 이보다 더욱 기이한 것은, 최소한 제대로 전사된 것이 맞다는 조건에서는, 다음과 같은 구절이다. "어쨌든, 만일 제가 이번 연도의 강의를 칸트로 시작했다면, 이는 칸트가 집필한 계몽에 관한 이 텍스트가, 계몽에 관한 비판을 통해 문제들을, 즉 고대에 전통적으로 파레시아의 문제들이었으며, 이후 16세기와 17세기 동안 재등장하게 되었던 문제들이며, 계몽 속에서 그리고 특히 칸트의 이 텍스트 속에서 자기 스스로를 의식하게 되었던 문제들인 그러한 문제들을 의식하는, 철학이 가지는 하나의 특정한 방식으로 나에게 보인다는 점 때문입니다"(ibid., p. 322). 우리는 이를 서로 동질적인 것으로 간주된 계몽의 입장들을 칸트가 비판하는 것으로 이해해야 하는가, 아니면 그가 이 입장들을 예증하는 것으로 이해해야 하는가? 헤겔주의자라면 다음과 같이 말하고 싶다는 유혹을 느낄 것이다. 칸트의 텍스트에서 계몽의 내적 모순이 세상으로 나오게 된다고(게다가 사실 이는 『정신현상학』이 말하는 바와 거의 동일하다). 그러나 나에게 더욱 만족스러운 것으로 보이는 관념은, 칸트의 이 소품 「계몽이란 무엇인가?」 내에서, 수사학적인(혹은 비유적인tropologique) 하나의 '장치'가, 이 장치가 이 담론을 유효화하고 이 담론에 대문자 군주에 대한 복종이라는 그 한계를 설정하면서도 이 담론의 현행성이라는 질문을 제기하는 한에서, 계몽의 담론 내에 모순을 도입하는 그러한 장치가 구성된다는 관념이다.

관적인 방식으로, 그렇지 않다면 어쨌든 최소한 회의적인 방식으로 이해해야 하는 것은 아니라면 그러한데, 결국 우리는 어떻게 하나의 '새로운 흐름', 하나의 '새로운 정치'가 이전 정치의 조건들로부터 (이 이전 정치의 과정에 대항해) 돌발할 수 있는지에 대한 인식과 관련하여 마키아벨리보다 여전히 더 진일보해 있지 못하다 ─ 진행된다. 혹은 오히려 우리는 (마르크스에게, 레닌에게 그리고 모든 다른 프롤레타리아 '이론가-지도자들'에게는 실례되는 말이겠지만) 항상 이미toujours encore 현재의 우연들hasards 속에서 이미 거기에déjà là 있을 '시작점들'을 탐색하도록 강제되어 있는 것이며, 그 어떠한 이론도 이 시작점들을 주조하거나 연역할 수 있는 권력을 가지지 못할 것이다. 하지만 또한 우리는 푸코적 글쓰기의 칸트적 현행성 내로의 회고 작용적 삽입이 몇몇 담론들의 의미 작용을 드러내는 것을 목표로 한다는 점을, 반면 알튀세르적 글쓰기의 마키아벨리적 현행성 내로의 회고 작용적 삽입은 특정 힘 관계들의 합력을 드러내는 것을 목표로 한다는 점을 말할 수 있을 것이다. 여기에서 양식적인 혹은 질적인 하나의 뉘앙스를, 그러니까 현행성과 맺는 관계의 한 양태를 포착하고자 시도하는 나의 이러한 정식화가 쓰인 즉시 전도되어야 한다는 혹은 그 반대물에 의해 변용되어야 한다는 점을 나 스스로가 인식하게 된다는 것은 사실이다. 왜냐하면 칸트와 푸코의 담론들 또한 '힘들'이기도 하며, 이 칸트와 푸코의 담론들이 소묘하는 실천적 목표는 정원 외적 담론discours surnuméraire의 형성이라는 목표, 특정한 방식으로 힘들의 관계의 변화를 규정하는(혹은 이 힘들의 관계를 규정하고자 시도하는) 그러한 철학의 담론에 대한 형성이라는 목표일 것이기 때문이다. 그리고 마키아벨리와 알튀세르의 힘들은 또한 담론들, 혹은 그건 아니라 해도 어쨌든 (알튀세르가 유지하는 용어법을 따른다면) '이데올로기들'이기도 하다. 그리고 알튀세르 스스로가 제기하는 질문은, 혹은 시간을 뛰어넘어서 행해지는 두 '주체들' 사이의 중첩이 실천적으로 제기하는 질문은, 어떠한 담론이(그것이 정말로 존재한다면 말이다), 그리고 그것이 어떠한 양태를 따라, 변형적 힘의 결여를 채울 수 있는지에 대한 질문이다.[32] 아마도 이는 이 변형적 힘이 존재하도록 만들기 위해 이 변형적 힘을 가장simuler할 수 있는 담론은 무엇인지에 대한 질문이기도 할 것이다. 우리는 바로 이러한 대칭성으로부터, 아마도 다음 기회에는, 사건의 존재론과 현행성의 화용론을 교차시키고자 시도하기 위해 재출발해야 할 것이다. 어떠한 장소론top-ique 혹은 지형학topographie이, 성찰을 위한 문제로서의 주체-대상 관계의 특수한 그리고 나의 관점에서는 특수하게 철학적인 이 '불순함'에 대한 이해를 위해 적합할 것인가라는 질문을 제기하면서 말이다.

32 (그람시를 다시 취하면서) 이 텍스트가 말하는 바에 따르면, 이러한 양태는 어떠한 '선언문'의 양태, 하지만 어떠한 선재하는 운동의 목적들을 표현하는 것은 포기해야만 하는 그러한 선언문의 양태이다. 여기에서 나는 알튀세르의 이 텍스트에 대한 재출간을 위해 작성했던 서문의 마지막에서 내가 활용한 바 있는 몇몇 정식들을 다시 가져오고자 한다. "그러나 바로 여기에서 하나의 문제가 소모된다는 점을 결론적으로 말해 보자 (……). 프랑수아 마트롱François Matheron은 이를 다음과 같이 분명한 방식으로 말한다. 본질적으로 '위치 지을 수 없는', 보증 혹은 토대의 논리에는 발본적으로 낯선 그러한 정치 형상(이 정치 형상의 분신을 형성하는 철학 그 자체와 같이 발본적으로 낯선 정치 형상) — 반면 정세들과 이 정세의 '심급들' 사이에서 예견 불가능한 방식으로 순환하는 — 은 '마르크스주의'의 정치 형상이 아니다. 또한 마르크스주의가 계급투쟁과 국가권력 장악이라는 질문들을 중심으로 구성할 수 있었던 형상도, 마르크스주의가 모든 다른 '당들'과는 달리 본질적으로 '국가 바깥에서' 존재하는 그러한 하나의 '당'(하나의 조직 형태)의 발명을 중심으로 구성하기를 실패했던 그러한 형상도 아니다. 그런데 만일 다른 곳에서 알튀세르가 '혁명의 무기'로서의 철학을, '이론 내에서의 계급투쟁'을 그리고 정치(혹은 정치의 '새로운 실천')와 공산주의라는 통념들 사이의 상호성을 그토록 강조하지는 않았더라면, 여기에 그 자체로서는 난점이 존재하지 않을 것이다. 아마도 바로 이것이 『마키아벨리와 우리』의 집필을 '종결지을' 수 없었던 알튀세르의 그 무능을, 혹은 『마키아벨리와 우리』의 집필이 여전히 종결되지 않았다는, 이 『마키아벨리와 우리』가 '우리'nous와 맺는 관계가 아포리아적인 것으로 남아 있다는 — '우리'가 인민에 대한 통치의 어떠한 실천뿐만 아니라 어떠한 공산주의적 정치 또한 탐구하고 있는 것인 한에서 — 그러한 알튀세르의 주관적 감정을 설명해 주는 바일 것이다. 결국 이 책의 제목은 (……) '마키아벨리와 우리' 아닌가? 그런데, 집합적 언표 작용과 희망의 담지자로서 다른 곳에서 돌발하는 이가 아니라면, 이 '우리'란 도대체 누구이겠는가? 20세기에 의해 (그 파국과 함께) 완수되었던 비가역적 변형들에 대한 예리한 의식 속에서, 150년 전의 『공산주의자 선언』이 예고했던 '임박함'과 그 어느 때보다도 더 동시대적인 것으로 남아 있는 이 '우리'는 도대체 누구이겠는가? 나는 마트롱이 이 문제를 인식하지 못하고 있다고 말하는 것은 아니다 (……). 하지만 사람들이, 마트롱을 독해하면서, 그가 본질적으로 아포리아적인 방식으로 마키아벨리에서부터 출발해 '정치의 정치'를 성찰하는 마키아벨리주의자 알튀세르와, 종교적인 것은 아니라 해도 심리적인 이유들로 인해 당에 (특히 그것이 이상적 '당', 역사적 당은 그 모방물에 불과할 그러한 이상적 당에 관한 것이라면) 지정된 보증 기능 혹은 그 충만함을 통해 토대의 일관성과 가치(이 토대의 일관성과 가치는 존재론에 속하는 것이다)를 계급투쟁과 그 '끝/목적'fin — 알튀세르 스스로가 그 도구와 행위자agent가 되기를 원하는 — 에 부여하는 그러한 공산주의자 알튀세르 사이에서 (……) 하나의 구분선을 '가능하다면' 그리고자 하는 경향을 가지고 있는 것은 아닌지 판단할 것이다"("Une rencontre en Romagne", in Louis Althusser, *Machiavel et nous*, op. cit., pp. 28, 29).

8장
구조주의

사회과학의 방법인가 전복인가?[1][2]

1.

　[구조주의는 사회과학의 방법méthode인가 아니면 그 전복subversion인가라는] 질문에 대한 답변에는 어떠한 의심의 여지도 없는 것으로 보이며, 그 답변은 다음과 같이 이중적으로 부정적인 것으로 보인다. '구조주의', 혹은 1960년대와 1970년대에 주되게는 프랑스에서 그러한 이름으로 불렸던 바(우리는 이 구조주의라는 어휘의 다른 용례들이라는 질문은 제쳐 두도록 하겠다)는 사회학과 인류학의 영역 내에서도, 언어학과 심리학의 영역 내에서도, 비록 이 구조주의가 유통시켰던 많은 개념과 사고 도식이 여전히 이 영역들에서 인지 가능함에도, 더 이상 진정으로 생산

　1　이는 1995년 4월 6일과 7일에 낭테르 파리 10대학과 CNRS가 공동으로 주최한, URA 1394(정치적, 경제적 그리고 사회적 철학)의 학술 대회 〈과학성의 규범과 사회과학의 대상〉Normes de scientificité et objet des sciences sociales에서 발표한 텍스트이다.

　2　[옮긴이] 프랑스어에서 '사회과학'은 거의 대부분의 경우 sciences sociales, 즉 복수형으로 표기된다. 하지만 한국어에서는 '사회과학들'의 복수적 존재를 인정하면서도 단수형으로 대부분 표기하기 때문에, 이 sciences sociales을 단수인 '사회과학'으로 번역하면서도 복수형임을 강조할 필요가 있다고 판단되는 경우에만 복수인 '사회과학들'로 번역하도록 하겠다. 이는 '인간 과학', 즉 sciences humaines의 경우도 마찬가지다. 물론 한국에서는 프랑스와 달리 이 '인간 과학' 대신 '인문학' humanities이라는 어휘를 활용한다는 차이가 존재한다(이 두 개념 사이에 존재하는 의미 차이는 생략하자). individu와 individualisme, 그리고 individualité와 individuation의 경우, '개인'과 '개인주의', 그리고 '개인성'과 '개인화'로만 옮기지만, 독자들은 이 어휘들이 '개체'와 '개체주의', 그리고 '개체성'과 '개체화'로도 번역될 수 있음을 염두에 두기를 바란다. 그렇기 때문에 transindividuel의 경우에는 '관개인적'이 아니라 조금 더 엄밀하게 '관개체적'으로 옮기는 것이다. 또한 CNRS는 Centre National de la Recherche Scientifique의 약자로, 프랑스 국영 연구 센터, 즉 프랑스의 '국립과학연구센터'이다.

적인 방법으로는 인정되지 않는다.3 이 구조주의의 언어와 목표를 열정적으로 채택했던 이들 중 상당히 많은 수가, 때로는 더욱 실증주의적 혹은 통계학적 혹은 설명적 방법론들로 나아가기 위해, 때로는 참여 연구[혹은 참여 관찰]로 나아감으로써 '경험'과의 더욱 무매개적인 접촉을 추구하기 위해, 이 구조주의로부터 등을 돌렸다. 하지만 우리는 이 구조주의가 하나의 '전복'을 표상했다고 말할 수 있는 것도 아닌데, 왜냐하면 — 최소한 겉보기에는 — 사회과학들과 인간 과학들은 [구조주의가 어떠한 '전복'을 일으켰다고 하기에는] 여전히 매우 건재하며 동일한 제도적 정당성을 계속 향유하고 있기 때문이다. 따라서 이 질문에 대해서 오늘날 [1995년 -발리바르] 우리가 활용 가능한 유일한 총론적 저작 — 솔직히 말하자면, 극도로 조악한extrêmement médiocre — 이 제시한 표현들을 따르자면, [프랑스어상으로 '기호의 장'champ du signe과 발음이 동일한] '백조의 노래'chant du cygne를 부르기 시작할, 그리고 아마도 또한 '집단적 난파'naufrage collectif를 [공식적으로] 인정할 시기가 도래한 것 같다.4 5

  그러나 우리의 관점은 [프랑수아 도스의 조악한 그것과는] 다를 것이다. 왜냐하면 우리는 이 '구조주의'가 표상했던 기획 혹은 지적 모험의 내용이 정확히 무엇인지에 관한 질문이 수수께끼들을 담지한 채 여전히 [미래의] 토론에 광범위하게 열려 있다고 판단하기 때문이다. 하지만 이러한 질문은 그 자체로, 어떠한 다른 형태들 아래에서 그리고 어떠한 다른 이름들로, 이러한 구조주의라는 기획을 생산했던 질문들이 오늘날에도 여전히 제기되고 있는가라는 질문과 분리 불가능한 것이다. 게다가 사회과학들의 좋은 건강 상태[건재함], 이 사회과학들의

---

  3 [옮긴이] '인류학'은 anthropologie를 옮긴 것인데, 사실 이 어휘에는 '인류학'과 '인간학'이라는 뜻이 모두 들어 있다. 사회과학 내 하나의 분과 학문을 지칭하는 것이 명확할 때에는 '인류학'으로, 그렇지 않은 경우에는 '인간학'으로 번역하도록 한다.

  4 François Dosse, *Histoire du structuralisme*, 2 vol., La Découverte, Paris, 1991 et 1992.

  5 [옮긴이] 프랑수아 도스François Dosse의 『구조주의의 역사』 1권의 부제가 "기호의 장: 1945-1966"이며, 2권의 부제가 "백조의 노래: 1967년에서 오늘날까지"이다. 이 "기호의 장"과 "백조의 노래"는 프랑스어로 발음이 동일하며, 후자는 이러한 동음이의를 통해 구조주의의 쇠퇴 혹은 '집단적 난파'를 익살스레 표현한 것으로 볼 수 있다.

장의 통일성 그리고 이 사회과학들의 방법들 간의 양립 가능성이 사실은 극도로 취약한 하나의 얇은 막에 불과하다는 점이 드러나자마자 어떠한 형태들 아래에서 그리고 어떠한 이름들로 이 질문들이 재돌발할 수 있는지의 질문과도 말이다. 그래서 전복이라는 문제는 [새롭게] 다시 제기될 위험이 있는데, 하지만 더욱 심각한 분위기 속에서 그러할 것이다. 왜냐하면 우리는 이러한 [사회]과학적 지식의 기획의 '승리'라는 정세 내에 더 이상 있지 않기 때문이다. 많은 점에서, 우리는 다소 성급하게 수행된 [구조주의를 포함한 사회과학적 지식의 기획 전반에 대한] 평가 작업의 끝에 도달해 [그에 대한] 청산의 국면으로 들어설 위험에 처해 있는 것이다.

구조주의의 가르침들에 관해 진지하게 토론하기 위한 첫 번째 조건은 이 구조주의라는 이름 아래에서 그 어떠한 통일적인 입장position도 구성되었던 적이 전혀 없다, 어떠한 하나의 모델에 대한 확장이라는 의미에서조차도 그러했던 적이 전혀 없다는 사실을 인식하는 것이다. 따라서 구조주의는 하나의 학파école를 지시하지 않으며, 대신 구조주의는 하나의 주어진 지적 정세 내에서의 하나의 운동mouvement을 지시한다. 그리고 무엇보다도 이 구조주의를 특징짓는 것은, 푸코의 핵심적인 표현 하나를 다시 취해 보자면, 바로 그 '이단점들'points d'hérésie이다.[6] 이 이단점들은 주로 다음과 같은 세 가지 거대한 질문들을 중심으로 회전하고 있는 것으로 우리에게 보인다. 첫 번째는 주체의 구성constitution du sujet이라는 질문이며, 두 번째는 지식의 이론적 절단coupure théorique du savoir이라는 질문이며, 세 번째는 인간 본성의 보편성universalité de la nature humaine이라는 질문이다.[7] 하지만 이 세 가지 거대한 질문들을 취급하기 전에, 이 구조주의의 위대한 시도들의 발산 이전에 이 시도들에 공통된 인식론적 배경을 구성해 주었던 바에 관해 몇 가지 언급을 해야만 한다.

---

6 Michel Foucault, *Les Mots et les choses*, op. cit.

7 [옮긴이] 일반적으로, 루이 알튀세르의 인식론적 입장을 따라, rupture는 '단절'로 coupure는 '절단'으로 일관되게 번역한다. 이를 따라 여기에서 coupure théorique을 '이론적 단절'이 아니라 '이론적 절단'으로 번역했다.

2.

[사람들에 의해 구조주의에 관해 일반적으로] 제시될 수 있었던 바(그리고 구조주의는 일반적으로 언어학적 모델을 인간 과학의 영역 전체에 일반화하고 수출하는 것과, 이에 더해 구조적 사유 방식démarche의 원형prototype과 이 사유 방식의 논리적 오르가논organon을 동시에 구성하는 그 전형적인 이분법들 — 공시태/통시태synchronie/diachronie, 랑그/파롤langue/parole, 기표/기의signifiant/signifié 등등 — 을 동반하는 언어에 대한 소쉬르적 이론, 이 둘을 그 근원으로 가지고 있다는 통속적인 생각에 의해 특히 신빙성을 얻게 되었던 바)에도 불구하고, 나는 여기에서 기호signe에 관한 질문의 우위를 혹은 기호화signification가 취하는 구조에 관한 질문의 우위를 그 무엇보다도 먼저 강조해야 한다고는 생각하지 않는다.[8] 혹은 오히려 이러한 [기호와 기호화의 구조에 대한 소쉬르적] 질문의 중요성은 19세기와 20세기의 '인간 과학들'에 구성적인 방법론적 딜레마로부터 탈출하기 위해 적극적으로 탐구된 독창적인 해결책 — 이 인간 과학들의 제도적 발전에 끊임없이 동반되는 — 이라는 기반[즉 구조주의라는 사유 운동 그 자체] 위에서 이차적으로[만] 개입해 들어오는 것이다.

이 딜레마는 설명적explicative 방법과 이해적compréhensive 방법 사이의, 법칙 정립적nomothétique 방법과 개성 기술적idiographique 방법 사이의, 혹은 자연주의적, 결정주의적 등등의 전통과 해석학적herméneutique 전통 사이의 갈등으로 제시된다. 구조주의의 프로그램은, 최종적으로는, (영미권에서의 연구들이 부여했던 [대립적] 용어법을 따르자면) 분석적이고 '개인주의적인' 환원주의réductionnisme analytique, 'individualiste'와 '전일론적인' 유기체주의organicisme 'holiste' 사이의 양자택일을 지양하려는dépasser 기획에 집중했다.

이러한 관점에서 사태를 파악하는 것은 구조주의의 기획을 다음과 같은 이

---

8 [옮긴이] '언어에 대한 소쉬르적 이론'에서 '언어'는 langue를 옮긴 것이다. langue가 parole과의 대립 쌍 내에서 제시될 때에는 '랑그'로, '언어 일반'을 의미하는 것으로 보일 때에는 langage와 같이 '언어'로 옮긴다.

중적 맥락 내에 재위치시키는 것을 가능케 해준다.

첫 번째는 철학적 맥락이다(그리고 우리는 결론에서 이 철학적 맥락으로 다시 돌아올 것이다). 우리는 환원주의적인 관점 혹은 유기체주의적인 관점 중 하나를 일면적으로 선택하는 것이 '과학적' 방법론들에 전형적인 것이라고, 반면 위대한 철학적 기획들은 오히려 항상 이러한 추상적 이항 대립에 대한 지양 혹은 상대화의 기획이라고 주장할 수 있다. 구조주의 또한 이러한 딜레마에서 탈출하려고 시도했다는 사실은 이 구조주의의 철학적 차원을 드러내 주는 것인데, 그러나 구조주의는 사변적인 방식을 통해 이 딜레마로부터 탈출하려 하지는 않았다. 오히려 구조주의는 대상들에 관계 맺어진 유효한[실제적] 지식의 발전 속에서 이러한 지양을 내재적인 방식으로 실행하고자 항상 시도했다.

두 번째는 정확히 인간 과학에 고유한 맥락이다. 구조주의의 특수성을 형성하는 것은 여기에서 구조주의 이전의 혹은 이후의 몇몇 다른 시도들 — 하지만 동일한 거대 역사적 정세에 속하는 — 과의 비교를 통해 평가되어야 한다. 이를 위해, 아날 학파가 발전시킨, 그리고 페르낭 브로델이 그 최고치의 개념적 정확성을 가져다주었던, 사회학과 역사학 간 종합이라는 기획을 언급하도록 하자. 그리고 또한, 더욱 최근으로 오자면, 장클로드 파스롱이 발전시킨 '자연적 추론' raisonnement naturel으로서의 사회학적 추론이라는 화용론적 개념화를 언급하도록 하자.[9]

이러한 논쟁에서 마르크스주의가 행한 기여에 관해 말해 보자면, ('변증법'에 준거하는 마르크스주의든 그렇지 않은 마르크스주의든) 철학과 사회과학의 교차점에 정확히 위치하는 담론으로서, 마르크스주의의 기여는 (하지만 서로 매우 상이한 정향들에 따라서) 결정적이었으며 지금도 결정적인 것으로 남아 있다. 루이 알튀세르가 '기계적 인과성'causalité mécanique과 '표현적 인과성'causalité expressive 사이의 이중적 거리 두기에 정확히 기초해 있는 구조적 인과성causalité structurale이라는 통념

---

9   Jean-Claude Passeron, *Le Raisonnement sociologique. L'espace non poppérien du raisonnement naturel*, Nathan, Paris, 1991.

을 중심으로 제시했던 역사 유물론에 대한 개념화는, 사실, 구조주의 운동 그 자체의 추동적 요소들 중 하나였다(초기 텍스트들에서의 클로드 레비스트로스 자신의 마르크스주의에 관한 상당히 통상적인 준거 — 최종 심급에서의 물질적 하부구조의 결정적 기능에 대한 준거와, 마르크스의 이론에 대한 준거 — 보다 훨씬 더 말이다). 1970년대 이래로 미국의 '이단적' 마르크스주의자 이매뉴얼 월러스틴은 구체적인 역사적 체계 système로 간주된 세계-경제 — 이 세계-경제의 일반 법칙들은 주어진 시기에서의 조절 작용을 반영한다 — 의 상호 보완적 측면들에 대한 분석 속에서 '19세기'(하지만 20세기에도 여전히 살아 있는) 사회과학의 방법에서의 갈등들에 대한 지양 — 이 지양을 위해, 월러스틴은 체계 이론들 쪽에서 그리고 일리야 프리고진이 이론화한 '새로운 동맹' 쪽에서 그 모델들을 찾는다 — 을 연구함으로써 완전히 다른 또 하나의 길 위에 들어서게 된다.[10] 여기에서 '구조'와 '체계'(이 단어들의 고유한 의미는 규정될 수 있을 가능성이 매우 적지만, 설사 규정된다 하더라도 그 중요성을 거의 지니지 않는다)는 구조주의가 이러한 딜레마들을 넘어서 탐구했던 총체성 totalité에 대한 사고(와 인식)의 양식을 지시하기 위해 부과된 용어들이다. 이 구조와 체계라는 용어들은 항들termes을 대신해 관계들relations을 강조한다는, 혹은 오히려 항들의 기능과 식별이 전적으로 관계들의 본성에 의해 결정된다는 점을 전제한다는 공통점을 지닌다. 이로부터 구조주의 일반이 수학과 연역적 과학들 내에서의 공리적 사고 양식과 가지게 되는 친화성이 도출된다. 왜냐하면 이 수학과 연역적 과학들 내에서, 정확히, 관계들은 체계로 조직화되거나 총체성으로 간주되어야 하기 때문이다. 이러한 궁극적 규정이 실제적으로 사고 가능하기 위해서는 말이다. 또한 이것이 바로 구조주의로 하여금 실증주의적 전통과 비판적 전통 — 이 두 전통 모두 동일하게 '실체주의'에 반대하는 길로 나아가는데, 동일하게 이 두 전통은 (법에 대한 저 유명한 콩트적 정의에서 그러한 것처럼) 관계 rapport를 혹은 (에른스트 카시러에게서 개념에 대한 정의가 그러한 것처럼) 기능fonction을

---

10   Immanuel Wallerstein, *Impenser la science sociale. Pour sortir du XIXe siècle*, PUF, Paris, 1995[국역본으로는, 이매뉴얼 월러스틴, 『사회과학으로부터의 탈피』, 성백용 옮김, 창비, 1994를 보라].

강조하지만, 전체ensemble와 개인individu 사이의 관계라는 문제는 한편으로 완전히 치워 둔다— 의 테제들을 넘어설 수 있게 해주는 것이다. 하지만 역으로, '이차적 수준의 총체성'totalité au second degré을 통해 개인들뿐만 아니라 전체들도, 그러니까 이 개인들에게 그들 각각의 자리를 지정하는 관계들의 체계système des relations도 특징화할 수 있는 수단들을 스스로에게 제공하는 구조주의는 고유하게 존재론적인 하나의 새로운 딜레마— '담지자'support, Träger라는 알튀세르적 통념에 대한 가능한 두 가지 해석은 이 딜레마에 대한 상당히 명료한 관념을 제시해 준다— 로 필연적으로 나아가고야 만다.

담지자는 이 담지자의 모든 특징들을 결정하는, 달리 말해 이 담지자를 생성하는 구조의 작용action de la structure에 의해 구성되는 하나의 독특한 실존une existence singulière이거나, 그와는 반대로 (자크 라캉적 의미의 '실재'의 방식으로) 담지자는 하나의 비규정된 한계une limite indéterminée— 그 독특성은 정의상 모든 논리적 규정détermination을 초과한다— 이거나 그렇다. 조금 뒤에 우리는 주체와 (이 주체가 구조주의적 전통 속에서 결정하는) '이단점'의 구성과 관련해 이 딜레마를 다시 만나게 될 것이다. 이 딜레마가 동시대 논리학 속에서의 의미론적-통사론적 정향과 화용론적 정향 사이의 대립이라는 딜레마와 정확히 평행한다는 점을 보여 주는 일은 그리 어렵지 않을 것이다.

3.

개인과 전체 사이의 양자택일을 지양함으로써 구조주의가 총체성에 대한 자신의 새로운 개념화에 가한 강조(하지만 이 총체성에 대한 새로운 개념화가 초래하는 아포리아들과 [여전히] 함께)에, 지식의 대상과 이론의 구축 사이의 상응성이라는 특수한 개념화가 조응한다. 지난 몇 년 동안 장클로드 밀네르보다 이 점을 더욱 정확히 보여 줬던 이는 없었다. 밀네르 자신이 이 개념화에 대한 이론적 발전에 참여한 뒤 결국은 이로부터 벗어나 이 개념화에 (노엄 촘스키와 자크 라캉의 계보 내에서) 문자적 알고리즘 생산으로서의 과학성scientificité comme production d'algorithmes littéraux에 대한 일반화된 개념화에 토대를 두는 보편주의적인 '갈릴레이적' 인식론으로의 회귀를 대립시키게 되었다는 그 정확한 의미에서 말이다.[11] [12]

밀네르가 정확히 보여 주었던 바는, 본질적으로 반환원주의적인 구조주의의 기획이 과학의 '대상'을 형성하는 관계들의 영역에 내재적인, 그래서 물리학이나 생물학의 개념들에 대한 적용 혹은 수입으로 환원될 수 없을 뿐만 아니라 정신의 초월성으로도 환원될 수 없는, 그러한 과학의 이상을 실현하는 경향이 있다는 점이다. 이를 위해서는 영역(혹은 대상들의 장 — 알튀세르가 '대륙'이라 불렀던 바), 개념들 — 이 개념들의 특수성은 '문제 설정'(혹은 규정된 '구성' 양식)에 속하는 것이다 — , 마지막으로 검증vérification과 증명démonstration의 절차들procédures, 이 사이의 '자연적' 상응성을 확립해야만 한다. 따라서 우리는 밀네르가 인식론적 '아리스토텔레스주의'(그리고 이 인식론적 아리스토텔레스주의의 구호는, 정확히, 후설이 『논리 연구』의 도입부에서 반복한 metabasis eis allo genos[다른 유genre로의 이행passage]에 대한 아리스토텔레스적 금지일 수 있다)라 부르는 바 내의 보편(수)학mathesis universalis이라는 관념의 정반대편에 서 있는 것이다.

이렇게 우리는 형식주의적 인식론épistémologie formaliste에서 역사적 인식론épistémologie historique — 각 과학에 고유한 개념들의 형성이라는 [역사적] 질문에, 그리고 과학성의 새로운 영역들의 시초적 '절단'에 대한 [역사적] 탐구에 집중하는 — 으로 이행하려는 구조주의 운동의 경향을 이해하게 된다. 또한 우리는 이 구조주의 운동의 주된 관심사가, 항상, 과학에 조응하는 대상들의 영역이 지니는 '경계'를 그리는 것, 혹은 지식의 대상들의 '구성 양식' — 여기에서 이 구성 양식은 개념으로 하여금 이 지식의 대상들에 접근 가능하게 만들어 주는 것인데

---

11 특히 Jean-Claude Milner, *L'Amour de la langue*, Seuil, Paris, 1978과 *L'Œuvre claire. Lacan, la science, la philosophie*, Seuil, Paris, 1995를, 또한 안타깝게도 현재 구하기가 쉽지 않은, 기호에 대한 소쉬르적 개념화를 분석하는 텍스트인 "Retour à Saussure", *Lettres sur tous les sujets*, n. 12, avril 1994를 보라(마지막 텍스트는 현재 *Le Périple structural*, op. cit.에서 찾아 읽을 수 있다 -발리바르의 추가).

12 [옮긴이] '이론적 발전'은 développement을 조금 의역한 것이다.

— 을 탐지하는 것이었음을 이해하게 된다. 마지막으로 우리는 왜 이 구조주의 운동이 언어학에서부터 인류학을 거쳐 정신분석학에 이르는 서로 다른 분과 학문들에서 형식적 '모델'의 기술주의technicisme와 의식에 대한 인간주의적인 지루한 반복 모두로부터 벗어나는 것에 무엇보다도 우선 집중했던 연구자들을 강하게 유혹했었는지를 이해하게 된다.[13]

이러한 토대 위에, 이제 우리는 구조주의의 주요 '이단점들' 혹은 딜레마들을 위치시킬 수 있다. 이 이단점들(혹은 딜레마들) 중 그 어떠한 것도 확정적 결과를 생산하지 않았다(생산할 수도 없었다)는 점을 명확히 해야 한다. 그리고 이를 통해 우리는 구조주의 운동이, 최상의 경우 다양한 '포스트-구조주의들'을 생산하기 위해 '종언'을 고했다는 점을 이해하게 된다. 질문의 소진이나 무력함의 고백이라는 의미에서가 아니라 불가피한 전위라는 의미에서의 종언 말이다.

4.

첫 번째 딜레마는 주체의 구성constitution du sujet에 관한 것이다. 구조의 관점과 주체의 관점 사이의 대립(혹은 구조의 옹호자들이 범하는, 주체라는 질문에 대한 오인[혹은 무지])에 관한 조금은 단순화된 토론들 — 특히 구조주의의 반대자들과 구조주의의 아류들이 함께 이끌어 갔던 — 이 끝나고, 이제는 구조주의의 위대한 대표자들이 — 이 주체라는 통념을 그 초월론적 비규정성으로부터 빼내기 위한 목적에서, 그리고 이를 달성하기 위해 이 주체라는 통념을 구성하는 기능 fonction constituante에서 구성되는 기능fonction constituée으로 이행시키거나 이 주체라는 통념을 하나의 효과effet로 간주하기 위한 목적에서 — 그들 각자의 영역에서 주체라는 질문에 자신들의 힘을 정확히 집중했다는 점을 인식해야 할 때이다.

---

13 이 질문은 질가스통 그랑제Gilles-Gaston Granger의 위대한 저서 *Pensée formelle et sciences de l'homme*, Aubier, Paris, 1960에서 탁월하고 명료한 방식으로 제기되었다.

모든 구조주의자들은, 이러한 의미에서, 주체가 '생산된다'produit고, 혹은 오히려 주체성 효과effet de subjectivité의 생산양식들[즉 '효과'로서의 '주체'를 '생산'하는 '양식들']이 존재한다고 간주한다.14 바로 이러한 공통의 영감 혹은 문제 설정이, 이번에는, 모든 구조주의적 기획들 내에 존재하는 인간학적 차원을 이해하게 해 주는 것이다. 최소한 우리가 인간학[좁게는 인류학]의 고유한 대상이 바로 주체성의 이화적différentiels 양식들에 관한 그리고 (인류의 역사에서 이 주체성의 이화적 양식들에 조응하는) 개인적 혹은 집합적 (사실, 더욱 근본적으로는, 관개체적) 경험 양태들에 관한 연구라는 점을 인정한다면 말이다.

그러한 프로그램은 다양한 측면에서 자신의 이론적 선조들을 발견할 수 있다. 예를 들어 (말브랑슈, 스피노자, 흄에게서의) 정념과 상상력에 대한 고전적인 이론들에서 말이다. 특히 이 고전적인 이론들이 주체 구성의 구조 전체와 분리 불가능한 오인의 차원에 관해 강조하는 바로 인해서 말이다. 혹은 가치와 상품 교환의 대상성 그 자체 내에 함축되어 있는 주체성 형태들(세계와 타자에 대한 지각 형태들)의 명증화로서의 '상품 물신숭배'에 관한 마르크스적 분석에서 말이다.15 하지만 여기에서 프랑스 구조주의는 자신의 문제들에 대한 정식화를 마르셀 모스Marcel Mauss의 작업 — 레비스트로스가 그의 작업[정확히는 모스의 저서『사회학과 인류학』Sociologie et anthropologie]에 부친 해제는, 클로드 앵베르가 지치지 않고 반복해 말해 주듯, 구조주의 프로그램 전체의 '결정화'cristallisation가 취하는 핵심적 계기를 정확히 구성한다 — 이 제공하고 상속해 주었던 질문들 전체 속에서 본질적으로 길어 올렸다.16

14　나의 시론「구조주의: 주체의 파면?」Le structuralisme: une destitution du sujet? (loc. cit.)을 보라[본서의 부록 1을 보라].

15　'상품 물신숭배'에 관한 마르크스의 분석이 취하는 인간학적 차원에 관해서는, Jean-Joseph Goux, *Freud, Marx. Économie et symbolique*, Seuil, Paris, 1973와 *Les Iconoclastes*, Seuil, Paris, 1978을, 그리고 Alfonso M. Iacono, *Le Fétichisme. Histoire d'un concept*, PUF, Paris, 1992를 보라.

16　Claude Imbert, *Lévi-Strauss, le passage du Nord-Ouest*, L'Herne, Paris, 2008[레비스트로스의 해제의 국역본으로는, 클로드 레비스트로스,『마르셀 모스 저작집 서문』, 박정호·박세진 옮김, 파이돈, 2023을 참조].

바로 이 모스로부터, 그리고 더욱 구체적으로는 이 모스의 저서 『증여론』으로부터, 사회적 관계들의 형태 그 자체 내에서 혹은 이 사회적 관계들의 고유한 '논리' 내에서, 주체성의 비밀을 형성하는 행태, 전략, 자기와 타자에 대한 표상의 양식들에 대한 설명을 찾으려는 시도가 도출되는 것이다.[17] 이러한 측면에서 모스는 사회적 유기체organisme(혹은 노동 분할[즉 분업])의 자연주의와, 사회가 개인에게 행사하는 '제약'의 도덕주의 혹은 규범주의, 이 둘 사이의 병치를 지양함으로써 뒤르켐적 유산을 완전히 재주조했다. 모스는 (상징화함과 동시에 상징화되는) 상징적 신체의 구성 속에서 개인과 전체 사이의, 개인적 이니셔티브와 관개체적 무의식 사이의 비구별성의 지점 그 자체를 발견했다.[18] 이로부터 출발해 다음과 같은 양자택일들이 전개된다. 이 양자택일들 모두는 근본적으로는 다음과 같은 두 가지 지점에 결부되는 것이다. 첫 번째 지점은 주체화subjectivation 양식과 예속화assujettissement 구조 사이의 관계를 대상으로 한다. 서구 전통 전체를 관통하는 이 '말놀이'는 프랑스어에서 각별히 강한 함축적 의미를 지니고 있으며, 아마도 이것이 프랑스 구조주의가 이 말놀이를 자신의 내적 갈등들 (라캉과 푸코 사이의, 라캉과 알튀세르 사이의, 알튀세르와 푸코 사이의 ― 이는 하나의 항을 혹은 다른 하나의 항을 특권화함으로써 이러한 절합을 사고하는 그만큼의 많은 여러 방식들이다)의 중심에 결국은 위치시켰다는 점을 해명해 주는 바일 것이다.[19]

두 번째 지점은 주체화가 개인화와 맺는 관계를 대상으로 하며, 주체를 신체적 하비투스habitus 혹은 규정된 이데올로기적 입장 안으로 내부화된 '구조적 결정 작용들[규정들]에 대한 종합'으로 형성하는 그러한 개인적 주체에 대한 개념화와, 주체를 모든 구조들에 추상적으로 공통된 결여manque와 '공백'vide으로 형

---

17 [옮긴이] 모스의 저서 『증여론』의 국역본으로는, 마르셀 모스, 『증여론』, 이상률 옮김, 류정아 해제, 한길사, 2002를 보라.

18 브뤼노 카르상티Bruno Karsenti의 작업 덕분에 모스의 이 저작의 주요 기능은 이제 완전히 해명되었다. 우선 카르상티의 소책자 *Marcel Mauss. Le Fait social total*, PUF, Paris, 1994를, 그다음으로는 특히 그의 박사 학위논문 "Sociologie, anthropologie et philosophie dans l'œuvre de Marcel Mauss", Université de Lille III, 1996을 보라. 이 박사 학위논문은 *L'Homme total*, PUF, Paris, 1997로 출간되었다.

19 Étienne Balibar, *Citoyen sujet et autres essais d'anthropologie philosophique*, op. cit.을 보라.

성하는 그러한 주체에 대한 개념화 — 결과적으로 개인성의 규정된 형태들보다 미달한 지점에 위치하는, 그리고 어떠한 주체도 자기 자신과는 절대로 완벽히 일치할 수는 없다는 불가능성을 입증하는 — 사이의 대립으로 나아간다. 피에르 부르디외가 전자의 편에, 일반적으로 구조주의는 구조의 완전성과 효과성보다는 (질 들뢰즈의 분석에 따르면) '구조의 결함défaut'을 사고하기 위한 시도였다고 생각하는 이들과 함께 자크 라캉이 후자의 편에 위치한다.20 알튀세르의 경우, 우리는 그가 본질적으로 정치적인 기준들에 따라 서로 다른 가능성들 사이에서 끊임없이 진동했다고 분명하게 말할 수 있다.

5.

두 번째 딜레마는 이론적 절단이라는 관념 — 이 이론적 절단이라는 관념은, 주체가 더 이상 구성하는 것이 아니며 대신 정확히 하나의 '효과'로 사고되어야 하는 것이자마자, 그 자체로 주체와 인식 형태 사이의 관계라는 관념에 구성적인 것이 된다 — 에 대한 해석에서의 하나의 반정립으로 제시될 수 있다. 그렇다면 지식의 장(혹은 [알튀세르의 표현을 따르자면] '이론적 실천'의 장) 내로의 주체의 재기입 — 이 주체는 더 이상 이 지식의 장의 선험적 선전제(이 주체의 보편성과 단순성에 의해 모든 모순이 이 주체로부터 감산된 그러한 선전제)를 구성하지 않는다 — 은 어떻게 실행될 것인가? 그리고 이 재기입은 순수하고 단순한 상대주의가 아니라 보편성이라는 이상의 재주조와 어떻게 양립 가능할 것인가?

여기에서 나는 미셸 푸코가 1966년 『말과 사물』에서 제시했던 '해결책'은, 그 고유한 철학적 이해 관심이 어떠한 것이든 간에(존재의 역사에 관한 하이데거적인

---

20 Gilles Deleuze, "À quoi reconnaît-on le structuralisme?", in François Châtelet et al., *Histoire de la philosophie*, vol. VIII, Hachette, Paris, 1973(Gilles Deleuze, *L'île déserte et autres textes*, édité par David Lapoujade, Minuit, Paris, 2002에 다시 실림 -발리바르의 추가)[이 텍스트의 국역본으로는, 질 들뢰즈, 「구조주의를 어떻게 인지할 것인가?」, 『들뢰즈가 만든 철학사』, 박정태 옮김, 이학사, 2007을 참조].

특정 관념과의 최소한 형식적인 측면에서의 협화음 속에서, 연속적인 두 에피스테메épistémès 사이 내에서의 인식 주체의 '사라짐'이라는, 하지만 [이와 동시에] 각각의 에피스테메를 내적으로 분할하는 '이단적 선택들'의 형태 — 바로 정확히 이 형태 — 내에서 실천적 주체 혹은 주체적 관여의 재돌발이라는 철학적 이해 관심), 한편으로 치워 둘 것이다. 왜냐하면 이러한 푸코적 해결책은, 인간 과학을 위한 하나의 문제 설정을 구성하는 것이라기보다는, 근본적으로는 메타 담론으로서의 한 특징을 지니는 것이기 때문이다.

　반면, 우리는 '인식론적 절단'coupure épistémologique이라는 알튀세르의 표현과 '거리 둔 시선'regard éloigné[혹은 원격화된 시선]이라는 레비스트로스적 표현(이 표현은 『구조인류학』의 세 번째 권의 제목이다) 각각이 지시하는 두 전략을 서로 대립시킬 수 있다. 이 두 전략은 명증성들의 탈구축이라는 혹은 '해석학적 원환' — 이 원환 안에서 인식 주체는 대상의 의미signification에 관한 어떠한 '선이해'를 미리 활용함으로써만 대상과 대면하게 된다 — 을 부숴야 할 필요성이라는 형식적으로 공통된 하나의 필요성에서부터 출발하면서도 동시에 하나에서 열까지 서로 대립된다. 이 경우 대상이 인간적 행태 혹은 사회적 관계이기 때문에, 구조주의의 기획에게는 선확립된 모든 공모[합의]를 대신해 하나의 발본적인 타자성이 취하는 조건들을 확립하는 것이, 하지만 이 타자성을 개념화 과정의 조건 그 자체로 변형하는 것이 중요하다.

　인식론적 절단의 관점에서, 이러한 타자성은 개념의 전개 그 자체에 의해 주어지며, 그래서 이 타자성은, 비록 이 타자성이 이차적인 수준에서는 훨씬 더 물질적인 역사적 조건들(특히, 계급투쟁 내에서, 그리고 더욱 일반적으로는 '지배자'와 '피지배자' 사이의 갈등 내에서 취해진 어떤 특정한 '입장')에 종속되어 있는 것으로 드러난다 하더라도, 본질적으로 지성적이다. 레비스트로스가 이론화했고 실천했던 시선의 멀어짐éloignement du regard[혹은 시선의 원격화]이라는 관점에서, 이러한 타자성은 관찰자의 문화적 탈중심화에 의해 주어지는데, 이 관찰자는 자신의 '자기의식' 속에서 스스로 배가되며[스스로의 분신을 만들어 내며], 이 자기 의식 속에서 이 관찰자는 둘 모두 동일하게 필수적인 것인 참여participation와 물러섬retrait이라는 두 가지 정향 — 우리는 특히 각 '문화'에 고유한 것들인, 신성한 것과 속된 것,

정상적인 것과 병리적인 것, 폭력과 제도적인 것 사이의 경계선에 대한 해석에서 이 두 가지 정향과 마주하게 된다 — 사이의 갈등이라는 형태를 취한다.

6.

[세 가지 이단점과 관련해] 마무리를 지어 보자면, 이러한 [참여와 물러섬이라는 두 가지 정향 사이의] 이항 대립은 우리를 세 번째 '이단점'으로 나아가는 것을 가능케 해준다. 우리는 이 세 번째 이단점을 레비스트로스의 저작 내에 담겨 있는 모순적 경향들의 도움으로 그리고 이 모순적 경향들이 생산할 수 있는 활용들의 도움으로 온전히 설명할 수 있다.

실존주의와 변증법의 다양한 옹호자들이 경솔하게 규탄했듯 구조주의 일반이 인간 본성에 관한 본질주의적인 관념소들idéologèmes을 [레비스트로스의 구조 인류학을 통해] 현대적 용어로 다시 조우하게 되었을 뿐이라고 생각하는 것은 명백한 오류이다. 하지만 이것이 그렇다고 해서 구조주의가 이러한 패러다임의 '상실'(에드가르 모랭이라면 이렇게 말했을 텐데)로부터 도출되는 질문들과 아무런 관계가 없다는 점으로 이어지는 것은 아니다. 오히려, 구조주의의 인류학적 관여가 생산하는 가장 흥미로운 효과가 바로 (이러한 측면에서) 다양한 이론적 가능성들을 돌발하게 만든다는 점이다. 이 이론적 가능성들 모두는 인간 종이라는 관념의 상관물을 구성하는 것으로서의 보편적인 것이 취하는 구체적 지위의 정교구성에 대한 탐구와 관계를 맺는다.

일정 부분, 이러한 탐구의 기원은 위대한 '실천적 질문들'(하지만 제도적이거나 행정주의적technocratiques이지는 않은) — 우리는 20세기 후반부의 인간 과학의 발전을 바로 이 실천적 질문들에 빚지고 있다 — 중 하나에 놓여 있다. 즉, 나치즘과 식민화의 비참이 백일하에 드러난 이후의, 인종주의라는 질문, 그리고 이 인종주의에 우리가 대립시킬 수 있는 테제들 말이다.

우리가 마주하고 있는 가능성들 중 하나는 보편적인 것들에 대한 생물학적 자연화로 나아가기보다는 인지주의적 이론의 프로그램, 즉 뇌의 구성 그 자체 내에 기입된 서로 다른 학습 과정들로서의 인간의 서로 다른 '지각들'에 대한 해석의 프로그램으로 나아간다. 또 다른 가능성 — 이 또한 (최소한 잠재적인 방식으로는) 레비스트로스에게서 존재하고 있는데(그의 역사에 관한 저술들에서, 그리고 각 문명 사이의 병리적인 것의 변화에 관한, 조르주 드브뢰의 그것과 가까운 분석에서[21]) — 은 변별적인 학습들 내의 역량 혹은 실현된 가소성으로서보다는, '문화'와 개인적 '특징'이라는 이중적 다양성이 구성하는 체계 그 자체로서 보편적인 것을 사고하고자 한다.

이 지점에서 우리는 엘베시우스의 전통보다는 푸리에의 전통 안에 있는 것이며, 이러한 고찰들이 인종 전쟁 — [현재에는] 포스트-식민적 인종주의에 의해 수행되는, 바람직하지 못한 '이방인들'에 대한 배제로 변환된 — 의 재발흥과 혁신되고 재주조된 코스모폴리티즘 사이의 양자택일이라는 문제가 제기되는 시기에 각별히 생산적인 것으로 드러날 수 있다면, 이는 전혀 우연이 아니다. 이러한 새로운 통합적 차이주의différentialisme intégral의 구성 — 우리가 구조주의의 기획으로부터 끌어낼 수 있는 바로서의 통합적 차이주의, 다시 말해 집합적인 역사적 전체들ensembles을 분리되어 있으며 상호 교통이 불가능한 그만큼의 '우주들'로 서로 대립시키는 것(근본적으로 이는 훔볼트Wilhelm Von Humboldt적이고 라이프니츠적인 낡은 주제계를 부활시키는 것에 지나지 않는다)에 만족하지 않는, 대신 주체성의 모든 형태들이 취하는 관계(그리고 그것들이 취하는 비관계 — 즉 환원[제거] 불가능한 차이 혹은 타자성)에 의해 (최소한 잠재적으로는) 관통되며 구성되는 각각의 개인성을 보여 주는 그러한 통합적 차이주의 — 은 세계적 공간 내에서 주체성들 혹은 동일성들을 실천적으로[현실적으로 혹은 유효하게] 배치agencer하기에는 전혀 충분하지 않다. 하지만 아마도 이는 인간주의의 실현 불가능한 소망과 [대문자] 타자의 존중에 관한 지루한 반복과는 다른 방식으로 이러한 배치의 가능성을 정초

---

21 Claude Lévi-Strauss, "Cosmopolitisme et schizophrénie", *Le Regard éloigné*, Plon, Paris, 1983을 보라.

하는 유일한 방법들 중 하나일 것이다.

7.

　따라서 이렇게 세 가지 이단점이 존재하는 것이다. 하지만 또한 우리는, 이 세 가지 이단점과 함께, 그 현재성을 지금도 전혀 잃어버리지 않은 토론들의 개방과 갱신에 관한 세 가지 관점도 즉각적으로 확인하게 된다. 그래서 우리에게는 지적 노동 분할 내의 어떠한 '영역'에서 이 토론들이 발전되는지의 질문이 아마도 여전히 남게 될 것이다. 특정 수준에서는 이러한 질문이 무용해지는데, 이 질문이 교육기관들의 체계 내에서 그리고 CNRS의 경제적 지원과 권력의 구조 내에서 '분과 학문들'을 분류하는 것에만 관계된 것일 때 그러하다. 하지만 다른 한편에서 이 질문은 [앞서와 달리 무용해지지 않으면서] 다음과 같은 답변, 즉 이 모든 질문들이 근본적으로 철학적이라는 답변을 요청한다. 바로 그렇기에 나는 나 스스로가 앞서 제기했던 딜레마를 다음과 같이 기꺼이 제거하고자 한다. 구조주의의 중요성은 이 구조주의가 사회과학에 하나의 '방법'을 제공했다는 점 혹은 이 구조주의가 이 사회과학의 인식론적 지위를 '전복'하는 것을 가능케 했다는 점에 놓여 있는 것이라기보다는, 이 구조주의가 철학의 타자로부터 출발해 이 철학을 다시 한번 재생시키는 데에 기여함으로써 이 사회과학의 문제들을 철학 내에 재기입했던 방식에 놓여 있는 것이다.

9장
이론은 무엇이 되는가? 논쟁적 상승들[1]

　　나는 무엇보다도 먼저 우리 작업의 개회사 격으로 이 발표를 행하도록 초대해 준 본 콜로퀴엄의 조직자들에게 감사의 말을 전하고 싶다.[2] 이는 대단한 영광이며 그래서 나는 지금 매우 기쁘다. 이 자리에서 우리가 토론할 질문들은 나의 가장 오래된 [이론적] 관심들 중 몇몇과 일치하는데, 그러나 또한 나는 역으로 이 질문들이, '인간 과학과 사회과학'sciences humaines et sociales이라는 이름 아래 우리가 이 한자리에 모은 지식들에, 그리고 이 지식들을 유숙시키고 있는 제도들에 치명적인critique [지금의] 정세 속에서 객관적인 중요성을 지니고 있다는 점을 보장할 수 있다고도 믿는다. 물론 이러한 관계는 순환적인 것이다. 그러나 우리를 이 자리로 소환하는 이러한 인간 과학과 사회과학이라는 표현에서, 각각의 항은 문제를, 그리고 특히 이 문제들 간의 연접을 발생시킨다. 바로 그렇기 때문에 우리는 이 콜로퀴엄을 준비하기 위해 낭테르 대학 내부에서 절반은 공식적으로 유통되었던 텍스트, 그리고 내가 제대로 이해한 게 맞다면 상당수의 반응들 — 이 반응들 중 몇몇은 꽤나 격렬한 것인데 — 을 이끌어 내고 있는 텍스트 [즉 콜로퀴엄 준비를 위한 내부 발제문]가 취하는 근거들에 대해 질문해 볼 수 있는 것이다.[3] 이 텍스트는 다음과 같이 말한다. "오랫동안 우리는 인간 과학과 사회과

　　1　[옮긴이] 이 텍스트는 본서의 결론 격으로 수록된 「개념의 개념: '하나는 스스로를 둘로 나눈다'」Le concept de concept: "un se divise en deux"와 짝이 된다. 참고로, sciences humaines은 '인문학'이 아니라 프랑스 인간 과학의 전통을 고려해 '인간 과학'으로 옮겼으며(science de l'homme 또한 구분 없이 '인간 과학'으로 옮겼다), objectivité는 '대상성' 혹은 '객관성'으로, 아니면 대괄호를 활용해 둘 모두로 번역했다. sciences humaines et sociales의 경우 '인간 과학과 사회과학'으로 풀어 옮겼다.
　　2　이 텍스트는 파리-웨스트 낭테르 대학 창립 60주년을 기념하기 위한, 2010년 12월 16, 17일 열린 〈인간 과학과 사회과학〉Sciences humaines & sociales 콜로퀴엄의 발표문이다.

학의 위기를 믿어 왔다. 1970년 이후, 마르크스주의 패러다임 혹은 구조주의 패러다임은 이들이 설명하지 못했던 구체적 주제의 현실과 마주해 쇠퇴해 버리고 말았다. 그리고 우리는 경제학 혹은 생물학과 같은 다른 분과 학문들이 인간적 사실을 일반성과 독특성[개별성]이라는 두 차원에서 더 잘 이해할 수 있게 해줄 것이라 생각하게 되었다……." 이는 이 쟁점에 대해 너무 많은 것을 혹은 너무 적은 것을 말하는 것이다. 왜냐하면 여기에 놓여 있는 모든 것이 문제를 발생시키기 때문이다. 각 항이 단수형으로 씌어 있다는 점, 서로 다른 '혹은'들(이 '혹은'은 포함적인 것인가 배제적인 것인가?), 그리고 강력하지만 동시에 위험천만한 하나의 인식론적 테제를 암시할 수 있는, '패러다임'과 '분과 학문' 간의 비교 대조, 즉 우리가 때로는 '인간 과학'이라 때로는 '사회과학'이라 부르는 바를 자신들 사이로 '배분'하는 그러한 분과 학문들은 사실은 설명적, 해석학적, 혹은 화용론적 '패러다임들'과 다른 것이 전혀 아니라는, 혹은 그러한 패러다임들에 의해 전적으로 지지받고 있다는 테제 말이다. 그래서 이 패러다임들이 동요할 때,[4] 다

3 「말 그대로 받아들여진 컬로퀴엄」Le colloque pris aux mots이라는 제목하에 '낭테르 대학의 연구자-교육자 집단'이 2010년 12월 16일 『리베라시옹』에 기고한 [또 다른] 텍스트를 컬로퀴엄 이후 접하게 되었다. 이 텍스트는 특히 다음과 같은 정식화들을 포함하고 있다. "인간 과학과 사회과학sciences humaines et sociales. 발표자들 간의 차이에도 불구하고, 매우 오래전 그토록 많은 논쟁들을 유발했던, 놀라운 비판적 에너지를 공급해 주었던 이 범주는 불가피한 것으로, 그러니까 불고 있는 바람만큼이나 자연스러운 것으로 제시되는 두 취해진 당파들이 지배하고 있는 혼성적인 하나의 카탈로그 안에 놓인다. 한편으로, (단수의) '구조주의 패러다임과 마르크스주의 패러다임의 쇠퇴'라는 상투적 후렴구(세계의 지적 공간에서 이 두 패러다임이 여전히 풍부하게 확장되고 있으며 이론적으로 갱신되고 있다는 점을 전혀 고려하지 않는). 다른 한편으로, '인지적 패러다임'이라는 새로운 껍데기new-look를 쓴 실증주의에 대한, 공통의 초석이라는 미명하에 몇몇 이들에 의해 행해지는 환기. 사회 비판으로부터 탈출하자exit, 신경 과학과 행동 이론 만세."

4 이 패러다임들은 내속적인 이유들로 동요하기도 하지만 또한 때로는 외속적인 이유들로 동요하기도 한다. 이러한 측면에서, '마르크스주의' 패러다임의 '쇠퇴'(만일 이 마르크스주의 패러다임이 쇠퇴하고 있는 것이 정말 사실이라면)에, 이 마르크스주의 패러다임 고유의 이론적 아포리아들에, 혹은 제도들과 여론 내에서 이 마르크스주의 패러다임을 표적으로 삼아 행해지는 공격들에, 그리고 이 마르크스주의 패러다임을 의문에 부치는 역사적 사건들과 이 아포리아들과 공격들이 맺는 관계에 책임이 있는 것은 도대체 무엇인지 누가 말할 수 있을까? 이러한 변화가 단선적인 것이라고 누가 장담할 수 있을까? 그리고 동일한 가설들이 다른 형태로 재돌발하지는 않을 것이라고, '네오케인스주의'가 존재하듯 '네오마르크스주의'가 존재하지는 않을 것이라고(혹은 아직은 존재하지 않고 있다고) 누가

시 의문에 부쳐질 수 있는 것은 [이 패러다임과 동일한 것으로 간주되는] 분과 학문 그 자체이다. 식민지 시기와 탈식민지 시기의 실험심리학, 사회학, 인류학이 그 증인이다……. 하지만 또한, 진정으로 성찰적인 패러다임의 목적성은 바로 분과 학문의 지위와 그 연구 프로그램의 정당성을 질문하는 것일 수도 있다. 그리고 바로 이것이 더 혹은 덜 성공적인 방식으로 마르크스주의나 정신분석학(그런데 정신분석학은 왜 이러한 자리 지움에서 부재하고 있는 것인가? 정신분석학이 취급하는 주제에 관한 토론들이 오늘날 새로운 중요성을 획득하고 있는데 말이다)이, 무엇보다도 프랑스에서(물론 프랑스에서만은 아니지만) 지난 반세기를 특징지었던 구조주의적 관념과의 '마주침' 속에서, 행하고자 했던 바이다.

낭테르 대학에 부임했던 1995년, 나는 '과학성의 규범과 사회과학의 대상' Normes de scientificité et objet des sciences sociales이라는 주제로 프랑스 국립과학연구센터CNRS의 URA 1394가 주최한 이틀간의 학술 대회에 참가해 "구조주의: 사회과학의 방법인가 전복인가?"라는 제목의 발표를 행했다.5 이 발표에서 나는 다음과 같은 관념을 전개했다. 즉, 구조주의의 궤적이 사람들에게는 '완료'[종결]된 것으로 간주되지만, 이 구조주의의 궤적은 인간 과학들의 인식장을 확장하기 위함과 동시에 이 인간 과학들이 오늘날 권리적으로 그리고 사실적으로 받고 있는 그 청산의 위협으로부터 저항하기 위함에서도 이 인간 과학들에 중요한 질문들을 여전히 담지하고 있는 것으로 남아 있다는 관념 말이다. 이러한 명제를 뒷받침하기 위해, 나는 구조주의를 언어학적 모델의 [다른 분과 학문들로의] 수출보다는 20세기의 인식론들로부터 상속받은 딜레마들(환원론 대 해석학, 혹은 법칙 정립론nomologie 대 개성 기술학idéographie)에 대한 하나의 해결책을 가져다주려는 시도로, 사회적 실천과 그 역사적 변이들 혹은 변형들이 의존하는 '관계들'에 대한 공리화를 수단으로 인류학적[넓게는 인간학적] 영역들을 자율적 대상성들[객관성들]로 구성하는 바로 특징지었다. 이러한 토대 위에서, 나는 하나의 통일된

장담할 수 있을까?
5 본서의 8장을 보라.

학파가 아닌 하나의 모순적 운동으로서의 구조주의가, 사람들이 푸코와 같이 '이단점들'이라 부를 수 있는 바를 둘러싸고 규칙적으로 분할된다는 점을 보여주고자 노력했다. 나는 구조주의에서 잠정적으로나마 다음과 같은 세 가지 이단점들을 식별했다. 주체의 구성과 관련된 첫 번째 이단점은 이 주체에 대한 과잉 결정된 개체성으로의 표상을 이 주체에 대한 결여 혹은 도주점으로의 표상과 대립시킨다. 대상성[객관성]의 구성과 관련된 두 번째 이단점은 '인식론적 절단'이라는 관념을 '거리 둔 시선'이라는 관념과 대립시킨다. 보편적인 것의 구축과 관련된 세 번째 이단점은 인지주의를 비교주의comparatisme에 대립시키며, 문화의 타자성에 관한 반정립적인 두 가지 조절들로 이어진다. 나는, 경험주의와 사변 모두로부터 동일하게 거리 둔 형태(즉 '비판적' 형태)하에서, 구조주의가 철학과 과학적 분과 학문들(다시 말해, 밀네르에 따르면, 독사doxa와 테오리아theoria6) 사이의 대립을 무시했다[지양했다]고 결론 내렸다. 필연적으로 받을 수밖에 없는 내 올해 발표의 한계 내에서, 나는 새로운 정세를 맞이해 나의 이러한 가설들을 전위시키고 재개시키기를 원한다.

　나는 이를 다음과 같이 두 단계에 거쳐 행하도록 하겠다. 우선 나는 구조주의의 모험에서 최소한 한 부분에는 투여되었던 바로서의(특히 이 구조주의의 모험이 마르크스주의와 자신이 맺는 관계에 의해 과잉 결정되었을 때) 이론이라는 용어가 지니는 그 의미와 기능의 문제로, 그리고 나의 생각에는 (매우 심원한 재주조라는 대가를 치르고서라도) 우리가 상처를 입지 않고서는 완전히 무시하고 지나갈 수는 없어 보이는 그 근거들로 되돌아오도록 하겠다. 그다음으로, 나는 인간 과학이 자신의 '대상'으로, 그러니까 '이론적' 우회라는 값을 치르고서라도 행해야 할 자신의 잠재적인 분과 학문적 갱신[의 목표]으로 간주하는 그러한 사회적 현실 내에 이 인간 과학이 개입할 수 있는 능력을 지니기 위해서는 오늘날 전략적인 것으로 나에게 보이는 다음의 두 가지 질문들을 (빠르게) 검토해 보고 싶다. 첫 번째 질문은 사회과학으로서 경제학의 지위와 관계된 것이며, 두 번째 질문은 다문화

6　Jean-Claude Milner, *Le Périple structural. Figures et paradigme*, op. cit.

주의라는 관념의 아포리아들 — 현재 정의되고 있는 바로서의 문화 연구cultural studies의 발전만으로는 이 아포리아들로부터 우리가 탈출하기에는 충분치 않을 것으로 보인다 — 과 관계된 것이다. 우리는 이 두 질문들의 중첩이 세계화의 현재적 발전을 동반하고 있는 폭력의 현상들을 문제화하는 특정한 하나의 방식을 함축하고, 그 안에서 인간 과학이 국민적, 사회적, 식민적 그리고 세속화된 국가에 의해 정의된 제도적 틀7 내에서 작업해 왔던 그러한 '권력-지식'의 체제와는 다른 '권력-지식'의 체제 안으로 진입하기를 요구하는 것으로 보인다는 점 — 이는 아마도 우연에 의해서는 아닐 것인데 — 을 확인하게 될 것이다.

우리가 속해 있는 분과 학문들[즉 인간 과학과 사회과학] 내에서 '이론'에 대한 준거가 오늘날 가지는 의미에 대한 몇 가지 성찰들을 시작해 보도록 하자. 아마 우리는 차이적인 혹은 심지어는 대립적인 하나의 정식화를 피해 갈 수 없을 것이다. 하지만 나는 이론과 실천(또는 적용) 혹은 이론적 구축과 귀납적인 또는 기술적인descriptives 경험적 과정들 사이의 고전적 반정립들 — 비록 우리가 이 반정립들을 인간 과학과 사회과학 내에서 [재]전유하고자 하는 노력을 기울일 수는 있겠지만(나의 관점에서는 바로 이러한 노력이 '이론'에 속하는 것이다) 이 반정립들이 인간 과학과 사회과학의 역사와 특수한 관계를 맺고 있는 것은 아니다 — 을 다시 취하는 것이 그 자체 충분하지는 않다고 생각한다.8 오히려 나에게는 무엇보다도 '인간적'이고 '사회적'인 분과 학문들 내에서 개념들이 차지하는 독특한 지위에 우리의 토론을 위치시켜야 하는 것으로 보인다. 그런데 이러한 개념들

---

7 이러한 수식어들에 관해서는, 나의 최근 논선집인 *La Proposition de l'égaliberté. Essais politiques, 1989-2009*』(평등자유 명제: 정치적 시론들, 1989-2009), PUF, Paris, 2010을 보라.

8 1995년의 발표에서, 나는 장클로드 파스롱의 *Le Raisonnement sociologique. L'espace non-poppérien du raisonnement naturel*, Nathan, Paris, 1991과 이매뉴얼 월러스틴의 *Impenser la science sociale*, op. cit.을 언급했다. 여기에 더해 나는 제임스 클리퍼드James Clifford와 조지 마커스George Marcus가 *Writing Culture. The Poetics and Politics of Ethnography*, University of California Press, Berkeley, 1986에서 인류학적 연구는 항상 글쓰기 작업 — 그 코드들이 하나의 규정된 제도적 장소에 기입되는 — 이라는 관념으로부터 출발해 개시한 '비판적'critique 전회를 언급할 수 있을 것이다[클리퍼드와 마커스 저서의 국역본으로는, 제임스 클리포드·조지 마커스, 『문화를 쓴다』, 이기우 옮김, 한국문화사, 2000 참조].

은 항상 하나의 논쟁적인 지위(내부적으로 그리고 외부적으로 논쟁적인)를 가지는데, 이는, 이 개념들이 그 논쟁적 지위를 가짐으로 인해 객관성에 부적합해지지 않을까 하는 의심을 일소하도록 만듦으로써, 이 개념들을 인식론적인 관점에서 현저하게 문제적인problématiques 것으로도 만든다. 이 지점에서 활용 가능할 많은 용어법들(왜냐하면 이러한 특징은 매우 많은 수의 '이론가들'에 의해 인지된 바 있기 때문에) 중에, 나는 영미 철학자 월터 브라이스 갤리가 유명한 하지만 이미 오래된 한 논문에서 제시했던 그러한 용어법을 취하자고 제안한다.

내가 검토하고자 하는 개념들은 조직된 혹은 준조직된 몇몇 수의 인간 활동들과 관련된다. 학술적인 용어로 말해, 이 개념들은 미학, 정치철학, 역사철학, 그리고 종교철학에 속한다. 이 개념들에 대한 나의 테제는 다음과 같다. 개념들, 예를 들어 예술, 민주주의, 기독교 전통과 같은 개념들에 대한 적절한 활용에서 서로 동의하지 않는 일군의 사람들이 존재한다. 우리가 이 용어들의 서로 다른 활용들을 그리고 그 안에서 이 개념들이 등장하는 그러한 논거들을 검토할 때, 그 즉시 우리는 올바른 혹은 표준적인standard 것으로 확립될 수 있는, 이러한 개념들에 대한 명료히 정의 가능한 그 어떠한 활용도 존재하지 않는다는 점을 확인하게 된다. '예술 작품', '민주주의' 혹은 '기독교 교리'와 같은 용어들의 서로 다른 활용들은 서로 다른 학파들 혹은 서로 다른 예술가나 비평가 운동들, 서로 다른 집단과 정치 당파, 서로 다른 종교 공동체와 종파에 대해 서로 다른 기능들 — 하지만 이것이 이 기능들이 서로에 대해 독립적이라는 점을 의미하지는 않는다 — 을 가진다. 기능들의 그러한 다양함이 일단 명료화되면, 우리는 그 안에서 앞서 언급된 개념들이 등장하는 그러한 논쟁들이 결국에는 하나의 용어를 발견하게 된다는 점을 기대할 수도 있을 것이다. 하지만 사실적으로, 그러한 방식으로 사태가 전개되지는 않는다. 각각의 당파party는 '예술 작품', '민주주의' 혹은 '기독교 교리'라는 용어들이 이 당파 자신을 위해 수행하는 혹은 이 당파 자신의 해석을 따라 수행하는 그 개별적 기능이, 문제가 되는 용어에 대한 올바른, 적절한, 주요한 — 혹은 유일하게 중요한 — 기능을 구성한다고 사고하기를 고집한다. 게다가 각각의 당파는 이 각각의 당파 자신이 확신할 만한 논거들, 증거들 그리고 정당화의 다른 형태들이라고 주장하는 바들을 수단으로 이 각각의 당파 자신의[자신이 선택한] 경우를 옹호하기를 고집한다.9

우리는 이 인용에서 이렇게 기술된 담론성 양식이, 이러저러한 분과 학문들의 경계를 확정할 수 있는 어떠한 수단을 획득함으로써 이러저러한 분과 학문들을 특징짓지 않으며, 대신 이와는 정반대로 하나의 횡단 분과 학문성transdisci-plinarité, 즉 인간 과학과 사회과학을 정치 이론과 역사의 측면에서뿐만 아니라 철학의 측면에서도 개방하는, 분과 학문적 경계들에 대한 '다공성'porosité이라 우리가 부를 수 있을 바를 정의한다는 점을 발견할 것이다. 그리고 다른 한편으로 우리는 이 인용이 말하는 바가 분과 학문들 혹은 패러다임들이 지니는 어떠한 하나의 특징(예를 들어 우리가 토머스 쿤의 관점에서 모든 '패러다임'이 이르게 혹은 뒤늦게 '논박'contesté되도록 정해져 있다고 말할 수 있듯)인 것이 아니라 개념성 그 자체가 지니는 하나의 특징적 양태라는 점을 발견할 것이다. 따라서 갤리가 시사하는 바는 이러한 갈등성이 이론이, 그래서 결국은 인식이 실패했음을 나타내는 하나의 신호를 표상하기는커녕, 몇몇 특정 분과 학문들 혹은 대상들에 고유한 하나의 구성 양식을, 하지만 다음과 같은 이중의 조건 속에서의 구성 양식을 지시한다는 것이다. 1) 논박contestation이 어떠한 선재하는 이론의 당파적partisans 활용들(이 활용들 자신들 사이에서 적대적인)에 지정된 것으로 남아 있지 않으며, 대신 '이성의 반정립'antithétique de la raison에 진정으로 구성적이거나 정의에서의 활용으로부터 되돌아오는 것이라는 조건.10 2) 논박이 하나의 성찰적 차원을 내포

9 Walter Brice Gallie, "Essentially contested concepts", *Proceedings of the Aristotelian Society*, New Series, vol. 56, Oxford, 1955-56, pp. 167-198. 우리는 Nestor Capdevila, *Le Concept d'idéologie*, PUF, Paris, 2004, p. 293 이하의 주석과 학술지 *Critique*(n. 122, 2014 summer)의 특별호(갤리의 이 논문에 대한 불어 번역을 포함하고 있는)를 참조할 수 있다[발리바르와 달리 생략된 부분까지 모두 인용했다].

10 갤리는 개념적 갈등을 '해소'하는 하나의 철학적 절차로 칸트적 '이율배반'에 준거하지만, 우리는 이 칸트적 이율배반의 첫 번째 특징이 이 개념적 갈등을 자연과학의 경험적 구성과는 양립 불가능한 사유가 지니는 하나의 조건으로 만들고 이를 통해 결국 인간학을 과학성의 장 바깥으로

한다는, 즉 논박이 (역사-사회적 상황으로서의, 하지만 또한 변형 혹은 개입의 실천적 목표로서의) '관점'의 규정을 인식 자체의 장 내에 이 인식의 '판단들'의 가능 조건들 중 하나로 기입하는 것으로 나아간다는 조건.

이러한 고찰들이 나에게는 정당한 것으로 보이지만, 지난 몇십 년의 토론들과 비교해 보자면 이는 여전히 조금은 너무 추상적인 것이다. 여기에서 한 걸음 더 나아가기 위해, 이제 나는 이론이라는 용어의 활용들을 다음과 같은 두 가지 양자택일들과 관계 짓기를 제안한다. 한편으로, 과학과 비판이라는 양자택일, 다른 한편으로, 대상과 문제라는 양자택일 말이다. 게다가 나에게는 과학과 비판 사이의 이러한 첫 번째 양자택일이 필연적으로 대상과 문제라는 두 번째 양자택일로 이어지는 것으로 보인다.

사람들이 '이론'(이따금은 이론주의)이라 불렀던 바는 과학성이라는 이상과 비판적 기능이라는 이상 사이에서 끊임없이 동요했으며, 이 콜로퀴엄의 조직자들이 우리로 하여금 이 자리에서 토론하기를 제안하는 구조주의와 마르크스주의라는 쌍 내에서 과학성이라는 이상은 구조주의에 의해 특권화된 것으로 보이고 비판적 기능이라는 이상은 마르크스주의적 준거에 여전히 내재하는 것으로 보인다. 그리고 이 비판적 기능이라는 이상이 상당히 일시적인 정세에, 오늘날 우리에게 국지적인[비좁게 고립된] 것으로 보일 수밖에 없는 하나의 독특한 장소에 속해 있다는 점에 동의해야만 한다(비록 이 비판적 기능이라는 이상이 '낭테르의 광기' Nanterre la Folie, 그 자신의 시대에 이러한 연접이 특별히 인기 있었던 것은 아니었던 이러한 낭테르의 광기로 환원되는 것은 아니라 하더라도[11]). 하지만 이론이 이렇듯 하나의 불안정한 위치를, 혹은 심지어는 유지 불가능한 위치를 차지한다는 사실은 이 항들 사이의 역설적인 상호 의존 관계를 정확히 증거하고 있다. 결국 반복적인 방식으로 제시되는 바는 과학성이 비판에 의해서만 진보할 수 있으며 역으로 비판이 과학에 의해 또는 최소한 개념화 과정에 의해서만 진보할 수 있다는 것이다.[12]

<hr />

배제하는 것이라고 생각할 수 있다.

11 Nelcya Delanoë, *Nanterre la Folie*, Seuil, Paris, 1998.

이러한 대립물들 간의 통일은 물리 과학의 장 내에서 우리가 수학적인 것과 실험적인 것 사이에서 관찰할 수 있는 그러한 대립물들 간의 통일과 유사한 것이지만, 이와 동시에 전자의 통일은 후자의 통일을 전위시킨다. 전자의 통일은 과학성이 이 과학성 자신의 질문들이 지니는 이데올로기적 조건들을, 그래서 결과적으로 이 과학성의 '주체들'이 지니는 역사성을 성찰적인 방식으로 명증화하는 것을 자신의 목표로 삼는다는 점을 함의한다. 이러한 의미에서 우리는 '모든 과학은 이데올로기의 과학'이라는 테제, 여기에서 이 과학이란 타자들의 이데올로기의 과학이 아니라 이 과학 자신의 이데올로기의 과학이라는 테제를 우리의 것으로 다시 취할 수 있다.[13] 역으로, 비판은 주체성의 의미론 혹은 해석학(소외의 철학이 다소간 항상 제안하는 경향을 가지는 것처럼)보다는 주어진 사회적 상황의, 특히 이 상황의 '주체들' 중 몇몇에 의해 더 이상 참을 수 없는 것으로 체험되는 그러한 갈등적 상황의 변형을 목적으로 하는 화용론 혹은 개입 능력을 선전제한다. 따라서 비판은 푸코가 파레시아parrêsia 혹은 권력이나 지배에 맞서 '참(을) 말하기'dire (le) vrai라고 불렀던 바의 형태를 취하게 된다. 하지만 이 비판은 상호적 '인정'의 효과뿐만 아니라 하나의 인식 그러니까 체험된 바로부터의 거리 두기(기술 가능하며 검증 가능한 경향들 혹은 관계들을 식별하면서, 지배자들뿐만 아니라 피지배자들의 인식되지 못하고 넘어갔던 규정들 또한 폭로하면서) 또한 생산하면서 어떠한 인식적 양태에 따라서만 효과적인 방식으로 이를 행할 수 있다. 이러한 측면에서 1995년에 나는 '거리 둔 시선'이라는 주제와 '인식론적 절단'이라는 주제를 비

---

12 여기에서 나는 철학자 조르주 캉길렘이 자신의 가르침 속에서 활용했던 다음과 같은 하나의 정식을 기억에 의존해 제시하고자 한다. '과학성'이라는 통념은 다의적équivoque인데, 왜냐하면 이 과학성이라는 통념이 형식적 연역의 모델과 실험적 검증-정정의 모델 모두를 포함하기 때문이라는, 하지만 사실은, 대개의 경우, 형식화는 실화에 의해서 그리고 실험화는 수학화에 의해서 진보한다는 [정식]……

13 이 테제는 1965년 피에르 마슈레가 「단절에 관하여」À propos de la rupture(*La Nouvelle Critique*, mai 1965)에서 최초로 제시한 것이며, 알튀세르는 이를 『"자본"을 읽자』*Lire le Capital*의 서론(op. cit., p. 47)에서 자신의 것으로 다시 취한 바 있다[이 알튀세르의 서론이 바로 「"자본"에서 마르크스의 철학으로」이다].

교하고자 시도한 바 있다.

이로써 우리는 최초의 상황을 전도하기에 이른다. 우리의 질문은 우리가 '이론'을 설명적 모델이라는, 인식 대상에 대한 구축이라는 의미에서 이해해야 하는지 혹은 해방에 대한 요구의 표현과 주어진 상황 내에 함축되어 있는 변형적 힘의 표현이라는 의미에서 이해해야 하는지에 대한 것이라기보다는, 오히려 개념들이 지니는 '본질적으로 논박되는'(그래서 논박 가능한) 특징이 어떤 점에서 우리가 놓여 있는 영역에서의 '이론'의 이러한 위치 — 즉 비판적 참여와 과학적 인식의 기획 사이의 교차점 — 를 입증하는지이다. 이는 또한 이 특징이 우유적인 방식이 아니라 내속적인 방식으로 자기비판적 차원을 내포하기 위한 조건이기도 하다. 이는 인간 과학과 사회과학의 장에서 토머스 쿤적 의미에서의 '정상과학'이라는 관념이 자연과학의 장에서보다는 훨씬 적은 의미를 가진다는 사실로 번역된다.[14] 이제 우리는 우리가 취급하고자 하는 두 번째 대립, 즉 대상의 과학인가 문제의 과학인가라는 대립으로 곧장 나아갈 수 있다. 그리고 이 지점에서 우리는, 밀네르가 잘 설명했듯, 어떠한 의미에서는 구조주의가 아리스토텔레스에서 칸트와 후설로(뿐만 아니라 바슐라르와 레비스트로스로까지) 이어지는 대상의 과학이 취하는 고전적 이상의 승리를 표상했다(주어진 영역에서 공리화 가능한 법칙들 혹은 관계들의 체계, 그러니까 우리가 마테시스mathesis라 부를 수 있을 바를 정의함으로써 대상의 과학의 자율성, 더 나아가 이 대상의 과학의 영역을 경계 짓는 의미론적 울타리를 구축하면서)는 점을 인정해야 한다.[15] 하지만 구조주의는 그 출발점에서부터 마르크

---

14 이전에 나는 본질적으로 자신의 선전제들에 대한 수정을 통해 실행되는 '과학' — 이는 바슐라르의 모델을 따르는 것인데 — 이 패러다임 정상화의 국면과 이 정상화 국면을 재질문하는 혁명 국면 사이의 잇따름이라는 토머스 쿤이 제안한 모델로 환원 불가능하다는 관념을 제시한 바 있다. "Le concept de coupure épistémologique de Gaston Bachelard à Louis Althusser", in Étienne Balibar, *Écrits pour Althusser*, La Découverte, Paris, 1991[이 텍스트의 국역본으로는, 에티엔 발리바르, 「바슐라르에서 알튀세르로: '인식론적 단절' 개념」, 서관모 옮김, 『이론』, 1995년 겨울, 통권 제13호를 참조할 수 있지만, 아쉽게도 바슐라르와 쿤을 비교하는 이 '보론'은 번역에서 제외되어 있다].

15 Jean-Claude Milner, *L'Amour de la langue*, op. cit. 또한 Jean-Toussaint Desanti, "Réflexions sur le concept de mathèsis", in *La Philosophie silencieuse, ou critique des philosophies de la science*, Seuil, Paris, 1975도 보라.

스, 프로이트 그리고 최종적으로는 푸코를 통해 하나의 완전히 다른 방향으로 작업해 나갔다. 즉, 라캉이 '추측적 과학'science conjecturale이라 불렀던 바, 들뢰즈가 비판critique[크리틱]과 임상clinique[클리닉] 사이의 내속적 관계에 연결하는 바, 그리고 또한 알튀세르가 '상황에 대한 구체적 분석'을, 혹은 본질적으로 예측 불가능한 정세의 조건들 아래로의 인식 활동의 예속을 과학성의 기준으로 만듦으로써 마르크스주의에 관한 자신의 '이론주의적' 개념화(관계 체계와 경향과 반경향 사이의 작용, 이 체계와 작용 둘 간의 상관관계를 중심으로 하는) 내에 도입하고자 시도했던 바 말이다. 여기에서 과학은 대상들 혹은 대상성[객관성] 영역들을 구성하는 것이 아니라 문제들(어떠한 상황의 행위자들, 어떠한 제도의 주체들 등등에게 '문제를 발생시키'fait problème는, 그리고 이 행위자들 혹은 주체들로 하여금 '그 자리에 남아 있기' rester en place — 그것이 담론 내의 자리이든 혹은 제도 내의 자리이든 — 를 금지하는 것이라는 의미에서)을 식별하는 것을 목표로 한다고 말하도록 하자. 과학성과 비판적 참여[앙가주망]라는 두 가지 요구 모두를 만족시키고자 노력하는 이론은 어떠한 대상의 혹은 어떠한 대상성[객관성] 영역의 과학 — 인과성 법칙들의 형식적 일반성과, 개체성의 경우들 혹은 형상들의 독특성, 이 둘 사이에서 전개되는 — 이기만 할 수는 없으며 대신 이 과학은 문제화의 실천 또한 되어야 하는데, 이는 상황과 힘 관계에 기입되어 있는 가시성과 비가시성, 예속과 봉기, 정상화와 주체화 사이의 미분소에서부터 출발해서만 발생하는 것이다. 이 지점에서 필연적으로 화용론이 의미론보다 우위에 서게 되는데, 왜냐하면 상황은 선험적으로 정의될 수도, 단순히 기술되기만 할 수도 없으며, 대신 사건성, 위급성 그리고 함축성im-plication[즉 어떠한 상황에 연루되어 있음]이라는 특징(푸코가 현행성이라는 통념 안에 그러모은)을 제시하기 때문이다. 문제화는 어떠한 상황의 위급성에 대한 진단이다. 하지만 이는 이 문제화가 역사적 탐구를 통해 혹은 담론에 대한 해석과 이 담론에 대한 억압의 제거를 통해 조건들 — 그 자체로서는 자생적으로 인식되지 않는 (특히 이 조건들의 제도적 배치 내에서 존재하고 있는 그 '부분들'이 아닌) 그러한 조건들 — 로 거슬러 올라가는 것을 전제하는 것이다.[16] 문제화한다는 것은 '입장을 취하'prendre position는 것만이 아니라, 또한 위치들[입장들]의 배치를, 구분선들의 질서trace를 혹은 자크 랑시에르처럼 말해 '감각적인 것의 나눔'을 변형하는 것이기도 하다.

우리는 과학성과 비판 사이의 관계에 대해(심지어 우리는 연구의 장 혹은 분과 학문의 패러다임에 관한 모든 발명 혹은 정의는 이 과학성과 비판을 절합하는 하나의 독특한 방식에 정확히 대응되는 것이라고까지 생각할 수 있다) 인간 과학의 장 내에서 논해지고 있는 모든 담론들을 혼합하지는 않을 것이다. 그렇지만 이와 동시에 우리는 피상적 반정립들에 대해서도 경계할 것이다. 예를 들어, 인간 과학의 지위에 대한 현재의 성찰을 대표적으로 보여 주는 최근 출간된 저서인 『비판에 관하여』[17]에서 뤼크 볼탕스키가 비판 이론의 정향들을 사회적 실천의 조건들에 대한 '폭로'와 이 사회적 실천에 내재하는 모순들 — 이 사회적 실천의 행위자들이 취하는 담론들 간의 반정립에 의해 증상적으로 나타나게 되는 — 에 대한 '착취'[활용] 모두를 실현함으로써 이 사회적 실천의 연속성을 중단하는 것을 목적으로 하는 전략적 '도발'로 특징지을 때, 나는 마르크스주의의 지위와 정신분석학의 지위 사이의 유사성들(하지만 근본적으로는 더 넓은 담론적 스펙트럼에 일반화 가능한)을 탐구하는 데 할애된 1976년의 한 텍스트에서 알튀세르가 '갈등적 과학'science con-flictuelle이라는 개념 — 이 과학의 발전에서뿐만 아니라 이 과학의 대상들과 이 과학의 담지자들이 맺는 관계(이 과학의 문제를 정확히 구성하는) 자체 내에서도 항상 이미 분열scissions에 의해 각인되어 있는 — 을 제시했던 방식[18]과 볼탕스키의 방식 사이에 절대적 양립 불가능성이 존재한다고는 전혀 생각하지 않는다. 알

<hr />

16 Michel Foucault, "Polémique, politique et problématisations", in *Dits et écrits*, tome IV, op. cit., p. 591 이하. 이 텍스트에서 푸코가 의거하는 예시가 정신의학과 범죄학 사이의 상호 간섭, 즉 우리가 현대사회에서 '인간학적 차이들'이 가지는 지위라는 일반적 질문으로 확장할 수 있는 것임은 의미심장하다. 『감시와 처벌』과 감옥정보그룹 활동에서부터 출발해 전개된 감옥의 기능들에 대한 논의 전체 또한 참조하라[이 텍스트의 국역본으로는, 미셸 푸코 외, 『미셸 푸코의 권력이론』, 정일준 편역, 새물결, 1994 중 「논쟁, 정치, 문제제기」를 참조].

17 Luc Boltanski, *De la critique*, Gallimard, Paris, 2009, p. 167 이하.

18 Louis Althusser, "Sur Marx et Freud", in *Écrits sur la psychanalyse*, op. cit., pp. 222-245[국역본으로는, 루이 알튀세르, 「마르크스와 프로이트에 대하여」, 이진숙·변현태 옮김, 『알튀세르와 라캉』, 윤소영 편역, 공감, 1996에 실림을 참조].

튀세르와 볼탕스키 두 경우 모두에서, 핵심은 '구체적 상황'에서부터 출발해 인식과 정치 사이의 내속적 변증법 — 이 변증법에서 인식과 정치라는 두 항 각각은 항상 이미 다른 쪽 항 내부에 현존하고 있는데, 하지만 변화하는, 변형 가능한 그러한 양태들에 따라 그러하다 — 을 확립함으로써, '사실판단'과 '가치판단'을 대립시키는 전통적인 인식론적 딜레마로부터 탈출하는 것이다.

이제 나는 앞서 이미 예고했던 다음과 같은 두 가지 전략적 상황들을 (하지만 여전히 개괄적인 방식으로) 검토함으로써 내 발표의 두 번째 부분으로 넘어가도록 하겠다. 첫 번째 전략적 상황은 경제 이론에 대한 활용과 개념화(특히 이 경제 이론에 대한 교육의 조직과 반향하는)에 대한 현재의 토론들의 의미와 관련된 것이다. 미국에서와 마찬가지로 프랑스에서도, 이러한 논쟁은 그 아래에서는 과학이라는 칭호가 더 이상 '직업'profession에 의해 인지되지 않는 그러한 [비직업적 순수 과학을 확립하기 위한] 형식화 기준들의 (정치적, 인식론적) '중립성'을 의문에 부치는 것으로 시작되었다. 이 논쟁은, 2008년 금융 위기의 발생 이래로, '지배적인' 경제학적 모델들의 현실이 지니는 적합성에 대한 재질문화(이러한 재질문화의 상관항은 내속적으로 '비현실적인' 모델들[즉 현실에 부합하지도 않는 모델들]이 본질적으로 하나의 이데올로기적 기능을 수행하고 있는 것은 아닌가 하는 의심이다)로 지속되고 있다.[19] 예전에 장투생 드장티가 제시했던 비판적 모델, 즉 과학의 역사 내에서 돌발할 수 있는 '세 가지 종류의 문제들'에 관한 모델(이 경우에는 수학)을 채택함으로써,[20] 우리는 여기에서 문제가 되고 있는 개념적 갈등성들이 서로 변별되면서도 중첩되어 있는 세 가지 질서들로 구성되어 있으며, 그래서 각각의 상위 수준이 이전[하위] 수준(첫눈에는 이 상위 수준으로부터 독립적인 것으로 보였던)에 반향을 일으킨

19 *Manifeste d'économistes atterrés*, Philippe Ashkénazy, Thomas Coutrot, André Orléan, Henri Sterdyniak(2010년 9월 1일 출간)과 폴 크루그먼Paul Krugman의 논설인 "How did economists get it so wrong", *New York Times Magazine*, 2009년 9월 6일, 제임스 갤브레이스James K. Galbraith의 논설인 "Mais qui sont donc ces économistes?", *La vie des idées*, 2010년 2월 23일 참조.

20 "Qu'est-ce qu'un problème épistémologique?", in Jean-Toussaint Desanti, *La Philosophie silencieuse*, op. cit., pp. 110-132.

다고(이를 우리는 콰인이 '의미론적 상승'montée sémantique을 말했듯 논쟁적 상승montée polém-ique이라고 부를 수 있을 것인데[21]) 주장할 수 있을 것이다.

첫 번째 수준에서는 '지배적' 패러다임들에 대한 재질문화와, 경제정책에 관한 프로그램 혹은 이에 관해 취해진 입장들에 직접적으로 연결되는 '분과 학문적 정향들' 혹은 '당파들' 사이의 분열에 대한 재활성화가 존재한다(정확히 이는 경제학économie이 단순히 '경제학'economics[이코노믹스]이 아닌 자신의 예전 명칭인 '정치경제학' political economy[폴리티컬 이코노미]을 되찾게 된다는 사실을 확인하는 것으로 귀결된다). 이러한 논쟁은 금융시장의 자기 규제 능력에 관한 신고전파와 신케인스학파 사이의 대립에서 시작된다. 그리고 이 논쟁은 내속적으로 투기적인 이 금융시장의 기능 작용이 공급과 수요 사이의 조정이라는, 그리고 이 공급과 수요 사이의 균형으로의 주기적 회귀(재화의 분배 혹은 생산자본의 배분을 모델화 가능하게 해주는)라는 동일한 논리에 속하는 것인지의 질문을 둘러싼 대립으로 이어진다. 따라서 결국 이 논쟁은 우리가 '시장'이라는 어휘로 의미하는 바의 일의성 혹은 다의성과 관계된다.[22]

두 번째 수준에서 균형과 '행위자'의 합리성이라는 통념들에 관한, 그래서 결과적으로 조절 메커니즘에 관한 하나의 '본질적 논박'contestation essentielle이 돌발한다. 이러한 논박은 몇몇 경제학자들로 하여금 경제발전과 그 주기[사이클]의 불확실성이 취하는 지위에 대해 케인스가 제기했던 질문(이 불확실성이 상대적인 것인지 절대적인 것인지, 우연적인 것인지 내속적인 것인지, 내생적인 것인지 외생적인 것인지)들을 재활성화하는 것으로 이끈다. 그리고 결론적으로 이 논박은 공리주의의 근본 가정, 즉 경제활동들이 하나의 공공선bien commun 혹은 경제 요소들에 대한 어떠한 최적의 배분으로 직접적 혹은 간접적인 방식으로 수렴된다는(제도적, 사회정치적 등의 장애물들을 멀리해야 한다는 점은 제외한다면) 가정을 건드린다. 하지만

---

21 Sandra Laugier-Rabate, *L'Anthropologie logique de Quine. L'apprentissage de l'obvie*, Vrin, Paris, 1992를 보라.

22 Michel Aglietta, *La Crise. Les voies de sortie*, Michalon éditions, Paris, 2010; Pierre-Noël Giraud, *Le Commerce des promesses*, Seuil, Paris, 2001.

동시에 이 논박은 최선의 경우 국가 통제에 의해 일시적으로 제한될 수 있을 뿐인 금융 경제의 내속적 발산이라는 탈안정화 관점과 맞닥뜨리게 된다.[23]

이에 따라 (드장티가 어느 한 영역의 정의 그 자체가 의존하는 그러한 '부동의 의미론적 중핵들이 유지하는 표면적 안정성을 깨뜨릴' 필요성과 관계 지었던) 세 번째 종류의 문제가 돌발하게 된다. 이 지점에서는 그 무엇도 단순하지 않은데, 왜냐하면 한편에서 우리는 경제학을 그 온전한 권리 속에서 '사회과학'의 장 내로 재통합해야 한다는 요구(이는 우리가 민주주의적이라 부를 수 있을 그러한 요구인데, 왜냐하면 이 요구는 경제학이 '사회적인 것'의 이편에, 즉 정치적 갈등보다 이전에 존재하는 물질적 조건의 영역 내에 위치하는 것으로든, 그 저편에, 즉 일반적으로 행위의 논리와 그 수학적 예측 가능성에 관계된 순수하게 형식적인 하나의 공간 내에 위치하는 것으로든, 하나의 '주권적'[지배적 혹은 지고한] 분과 학문으로 인간 과학들의 중심에 더 이상 나타나지 못한다는 것을 주장하기 때문에)가 정식화되는 것을 보게 되지만, 다른 한편으로 또한 우리는 생태학을 통해 '자연'에 대한 '사회적인 것'과 '인간적인 것'의 자율성이라는 관념이 경향적으로 재질문화되는 것(동시에 이 생태학 또한 다른 영역들에서, 특히 인류학에서 이렇게 재질문화되는 것처럼)도 보게 되기 때문이다. 이는 결국 [경제학에서의] 외부성들에 관한 질문인데, 정확히도 이 외부성들에 대한 분리 혹은 무력화가 균형 혹은 조절로 선험적으로 정향된 진화 모델을 구축하는 것을 가능케 했다. 그런데 이러한 외부성들은 여러 유형들로 존재하고 있으며, 우리는 이 여러 유형들이 분리 가능한지, 어떻게 이 여러 유형들이 상호 간섭할 수 있는지를 모르고 있다. 이 외부성들은 사회적이거나(예를 들어 불평등과 배제의 효과, 그리고 위기의 시기에 이 불평등과 배제가 악화되는 효과[24]) 환경적이다(이 외부성들은 아마도 인간 과학에서 진행 중일 거대한 패러다임 변화 내에 재위치시켜야 하는 것이다 — 문화–자연 사이의 대립에 대한 재질문화,[25] 혹은 더 나

---

23 Robert Skidelsky, *Keynes. The Return of the Master*, Public Affairs, New York, 2009.

24 특히 가계 부채를 경유한 효과를 통해 그러하다. Joseph E. Stiglitz, *Le Prix de l'inégalité*, Les Liens qui libèrent, Paris, 2012를 보라[국역본으로는, 조지프 스티글리츠, 『불평등의 대가』, 이순희 옮김, 열린책들, 2013을 보라].

25 Philippe Descola, *Par-delà nature et culture*, Gallimard, Paris, 2005.

아가, 내 눈에는 더욱 필연적인 것으로 보이는, 인간 활동의 반작용 효과에 대한 지질학적 시간 내로의 통합이 요구하는 역사성이라는 관념 자체의 재주조26와 같은 패러다임 변화). 결과적으로, 사회적이고 문화적인 변화의 역사와 지구적 생태 체계의 변형 사이의 관계는 점점 더 불확실한 것으로 그리고 이와 동시에 [우리 인간에게] 점점 더 제약적인 것으로 나타난다. 또한 이로부터, 과학적 인식이 취하는 하나의 단순한 '비판적 국면'으로서가 아니라 이 과학적 인식의 활동이 지니는 하나의 항구적 조건(예측 가능한 종결 없는)으로서의 특징, 이 관계가 취하는 무매개적으로 갈등적인 특징이 도출된다. 역사성에 대한 개념화 내에서 진행 중인 이러한 혁명들은 과학과 비판 사이의 교차를 예증하는 온전히 이론적인 것이다. 이 진행 중인 혁명들은 사회정치적 조절들의 내부성 혹은 외부성과 관계된 인식론적 문제들과 동시대 사회들의 변형 경향의 예측 가능성 혹은 예측 불가능성이 서로 마주치는 바로 그 지점에 위치해 있다.

우리는 이러한 가설들을 다음과 같은 두 번째 예시, 지면의 부족으로 첫 번째 예시에서와 마찬가지로 매우 간략하게 취급할 수밖에 없는 두 번째 예시로부터 끌어낼 수 있는 가설들과 맞세워 볼 수 있을 것이다. '다문화주의는 실패했다'는 관념은 앙겔라 메르켈Angela Merkel 총리의 선언이라는 형태로 최근 무대의 전면에 등장하게 되었는데, 메르켈의 이러한 선언 뒤에는 이것이 정치적 조작질에 불과하다는 사람들의 의심이 배회하고 있다.27 하지만 '의견의 문제'라는 이러한 외양 뒤에서 과학적이고 비판적인 (그래서 이론적인) 하나의 근본 쟁점이 상당히 빠르게 드러나게 되는데, 이 쟁점은 문화라는 통념 그 자체, 그러니까 이 문화의 '이해'[내포]compréhension와 '외연'[확장]extension에 관련된 것이다. '문화'에 대한 여러 경쟁하는 개념들이 항상 존재했던 것과 마찬가지로(사람들은 이를 '문화적으로 서로 다른' 전통들 그 자체라는 원인으로 돌리는 경향을 가지고 있었는데, 대부분의

---

26 Dipesh Chakrabarty, "The Climate of history. Four theses", *Critical Inquiry*, n. 35, 2009.

27 메르켈의 이 선언에 대한 위르겐 하버마스의 다음과 같은 반응을 보라. Jürgen Habermas, "Leadership and Leitkultur", *New York Times*, 2010년 10월 28일.

경우 이는 '민족적'으로 서로 다르다는 것을 의미했다. 반면 그 자신의 시대에 유명했던 레닌의 테제에 따르면 모든 문화는 민족적 차이들에 수직으로 교차하는 사회-정치적 분열 선들을 따라 내속적으로 분할된다[28]), '다문화주의'의 여러 개념들 또한 항상 존재했다. 우리는 동음이의를 통해서만 '다문화주의'라는 하나의 동일한 개념 아래에 찰스 테일러의 그것이나 윌 킴리카의 그것과 같은 다문화주의 — 테일러나 킴리카에게 문화는 서로가 서로에 대해 외부적인 총체성들, 우리가 전통을 통해 (때로는 동화를 통해) 속하게 되는 그러한 역사적 공동체들(각각의 개인에게 '그의' 공동체적 소속이 최종 심급에서는 교육과 주체화의 운반 수단으로 남을 수 있도록 구성적 다원주의를 수단으로 한 공존을 촉진하는 것이 핵심인)의 속성이다 — 와 호미 바바와 스튜어트 홀의 다문화주의 — 그 궁극적인 역사적 지평은 공동체들 사이의 끊임없는 상호 작용 과정이며, 이는 주체들로 하여금 개인화와 역사적 변형을 가능케 하는 것은 이 주체들의 번역, 그러니까 탈동일화 능력이라는 관념으로 이어진다 — 를 그러모을 수 있다.[29] 우리는 또한 근대의 탈식민 국가들이 다문화주의에 관한 이러한 개념화들에 대해 시간의 흐름에 따라 서로 매우 불균등한 정도로 수용적이었다는 점을 알고 있다.

하지만 어찌 되었든 '종교적인 것의 귀환' 혹은 '신성한 것의 귀환'으로 기술되는 동시대 현상은 다문화주의에 관한 이러한 토론을 비가역적으로 전복시키며 세계정치적cosmopolitique 이상의 실현으로서의 다문화주의라는 관념의 위기를 규정한다.[30] 이 지점에서 우리는 인간 과학에서 진정으로 억압된 것(인류학을

28 Vladimir Ilitch Lénine, "Notes critiques sur la question nationale"(1913), Œuvres, Moscou-Paris, 1959, pp. 11-45.

29 Charles Taylor, *Multiculturalisme, différence et démocratie*, Flammarion, Paris, 1999; Will Kymlicka, *La Citoyenneté multiculturelle. Une théorie libérale du droit des minorités*, La Découverte, Paris, 2001; Homi K. Bhabha, *Les Lieux de la culture. Une théorie postcoloniale*, Payot, Paris, 2007; Stuart Hall, *Identités et cultures*, Amsterdam, Paris, 2008. 여러 다문화주의 이론들 간의 개괄적 비교를 위해서는, Francesco Fistetti, *Théories du multiculturalisme. Un parcours entre philosophie et sciences sociales*, La Découverte, Paris, 2009를 보라[호미 바바 저서의 국역본으로는, 호미 바바, 『문화의 위치』, 나병철 옮김, 소명출판, 2012를 보라].

30 다니엘 에르비유-레제Danièle Hervieu-Léger는 '종교적인 것의 귀환'이라는 표현의 확산이

종교사 혹은 해석학과 대립시키는 형태로, 서로 분리되어 있는 분과 학문들과 방법론들 사이에서 이러지도 저러지도 못하는 형태로 억압되어 있는 것을 포함해)을 건드리게 된다. 대상들 간의 양립 불가능성은 문제의 증상인데, 그러나 여전히 이것이 문제화의 길을 규정해 주는 것은 아니다. 아마도 이 문제화는 우선 미 제국이 중동에 자신들의 병력을 재배치하는 시기에 새뮤얼 헌팅턴이 제시했던, 그리고 그 이후로 '포퓰리즘'이라는 다의적 통념의 모습을 한 국민주의의 우려스러운 재출현에 활용되고자 서로 다른 이름으로 다시 취해졌던 문명의 충돌clash of civilizations이라는 관념(하지만 이 관념은 [사실] 편향된 것이다)에 포함되어 있는 진리적 요소에 대한 '비판적' 재인을 [다시] 거칠 것이다. 하지만 특히 이는 근대화에 비가역적으로 결부되어 있는 세속화의 가정에 기초한 '기축적 중립성'[즉 가치중립성]의 규약들을 재질문화하는 것에 이르는 확장된 비교주의comparatisme étendu의 교훈의 역할도 수행한다. 동시대 갈등들(과 이 동시대 갈등들에 대한 정치적 도구화)의 이중 구속 내에서, '문화'와 '종교'는 사실상 전혀 분리 가능하지 않다(특히 서구에서의 정교분리 확립의 기저에 놓여 있을 '준거 문화'culture de référence라는 형태하에서는 말이다). 하지만 문화와 종교는, 한편으로는 여기에서 우리가 관계하고 있는 것이 사회화 과정들 — 그 안에서, 심지어 갈등적인 방식으로, 혼종화 혹은 '크레올어화' créolisation[즉 넓은 의미의 혼종화]가 (삶의 방식의 발명과 변형의 조건 그 자체를 형성하면서) 통상적인 것이 되는 — 이며, 반면 다른 한편으로는 인간적인 것의 상징적 표상들 혹은 '인간학적 차이들' — 즉 성차의 역할, 신체의 교통적 가치, 삶 혹은 생존이나 질병과 죽음 또는 범죄의 위계화가 가지는 의미 같은 것들 — 의 축소 불가능한 이질성에 준거하는 진정한 번역 불가능성의 지점들이 돌발한다는 것이 사실이라면, 그 어떠한 용어법에도 절대 동일화 가능하지 않은 것이다.

　　오늘날 우리는 민주주의 사회를 위한 '다문화적 구성'이라는 기획이 종교적

1970년대에 시작되었다고 주장한다. *La Religion pour mémoire*, Cerf, Paris, 1993을 보라. '신성한 것의 귀환'이라는 용어는 특히 아시스 난디Ashis Nandy가 사용한 것이다. Ashis Nandy, "The return of the sacred. The language of religion and the fear of democracy in a post-secular world", *Mahesh Chandra Regmi Lecture*, 2007을 보라.

(혹은 종교에 기반한) 갈등의 폭력을 상당히 과소평가했다는 점을, 그리고 특히 이 폭력의 본성을 오인했다는 점을 정확히 목도하고 있다. 이 갈등은 개별주의들particularismes에 대립하지 않으며(만일 그렇다면, 이 갈등의 '해결'은 어떠한 상위의 그리고 초월적인 보편성의 비호하에서 이 개별주의들 서로를 분리하는 것에 놓여 있거나, 어떠한 혼합주의적 '정신성'에 이 개별주의들을 통합하는 것에 놓여 있을 것이다), 대신 양립 불가능한 보편주의들des universalismes incompatibles에 대립한다. 그러나 이로부터 이러한 질문이 국민적인 공적 역량의 제도가 취하는 주권적 계기의 반복에 의해 '사적' 공간 안으로 유폐해야 하는 일반화된 '종교 전쟁'인가, 아니면 '신앙인들의 공동체' — 이 신앙인들의 공동체는 그 정치적 결정을 자신에 대한 나르시시즘적 자기 정의 아래로 포섭한다 — 의 목소리로 정의되는 그러한 목소리만이 들어갈 보편적 통합 운동œcuménisme 또는 '간 종교적 대화'인가라는 양자택일에 갇혀 버리게 된다는 점이 도출되는 것은 아니다. 고유하게 정치적인 수준(다른 맥락에서라면 우리가 시민권의 쟁점이라고 부를 수 있는)은 정확히는 문화적이지도 종교적이지도 않은 사회적 규정들이 집합적 동일화의 서로 다른 메커니즘들 간의 절합 전체를 과잉 결정하게 되는 장소에서 돌발한다. 오늘날의 세계에서 그 어떠한 '종교적 갈등'도, 지배적인 미디어의 표상과는 반대로, 그 자체 본질적으로 종교적인 원인들을 가지지는 않는다. 바로 그렇기 때문에, 최소한 여러 장면들 — 이 장면 각각은 다른 장면에 대한 하나의 '부재하는 원인'이다 — 의 구조적 결합을 함축하고 있는 바로서의 이데올로기라는 마르크스주의적 범주가 하나의 필요 불가결한 인식 계발적heuristique 틀로 새로이 제시될 수 있는 것이다. (앞서 경제학에서의 '외부성'과 관련해 그러했던 것처럼) 이 지점에서 우리는 분과 학문적 경계를 위반함으로써 세 번째 종류의 문제의 문턱에 이르게 된다. 반면 문화적 다양성을 사고하기 위한 범주들에 관한 탐구는 첫 번째 종류의 문제에 속하며, 문화적 비교주의와 종교적 비교주의의 '코드들' 간의 양립 불가능성은 오히려 두 번째 문제에 속할 것이지만 말이다.[31]

31 이 지점에서 나는 나의 논문 「세계정치주의와 세속주의」Cosmopolitisme et sécularisme에서 전개한

어쨌든 여기에서의 나의 목표는 그것이 무엇이 되었든 어떠한 문제를 '해결'하는 것은 아니었으며, 단지 하나의 규정된 정세(우리가 세계화라는, 또는 두 번째 세계화라는 이름하에 막연한 방식으로 지시하는 — 첫 번째 세계화는 유럽의 팽창에 의해 규정된 것이며, 두 번째 세계화는 유럽의 '지방화'라는 그 역의 충격에 의해 규정되었다)가 새로운 유형의 갈등들 — 종국에 이 갈등들은 아마도 '분과 학문적' 지식들이 차지하고 있는 현재의 지위에 대한, 이 분과 학문적 지식들의 설명적 패러다임으로서 지니는 관점에서뿐만 아니라 이 분과 학문적 지식들의 '세계 정치적 기능'(이 기능으로부터 이 분과 학문적 지식들의 대학적 분할[대학에서의 분과화]의 한 부분이 유래하는 것인데)으로서 지니는 관점에서도 매우 심원한 재질문화를 함축한다 — 을 돌발하도록 만든다는 점을 우리가 볼 수 있도록 하는 것이다.32 이러한 재주조는 동시대 세계의 폭력이 취하는 형태들의 다수성을 사고할 수 있는 가능성(이 폭력이 취하는 형태들이 내포하는 불확실성을 유효하게 감축할 수 있는 가능성까지는 아니라 해도)을 자신의 쟁점으로 가진다는 점을 잊지 말자.33 이러한 재주조는 새로운 유형의 (그러니까 결국 지금과는 다른 방식으로 교육받은) 경제학자, 정치 이론가political theorists 그리고 인류학자 모두를 필요로 한다.

명제들의 개요를 제시하고 있다. 이 논문은 〈아니스 막디시 기념 강연〉Anis Makdisi Memorial Lecture(베이루트 아메리칸 대학교, 2009)에서 발표한 텍스트를 불어로 번역하고 번안한 것이다(나의 저서 *Saeculum. Culture, religion, idéologie*, Galilée, Paris, 2012에 더 발전된 판본이 재수록되었다. -발리바르가 2019년 추가한 언급).

32 따라서 나는 최소한 그 원리에서는 이매뉴얼 월러스틴의 다음과 같은 테제, 즉 '인간 과학'을 정의하는 것 그 자체가 어떠한 '세계-경제'와 이 세계-경제에서 지배적인 정치의 기능이라는 테제에 반대하지 않는다. 이 테제는 그 어떠한 상대주의나 회의주의로 이어지지 않으며, 대신 이론에서의 비판적이고 과학적인 요소들에 대한 하나의 새로운 절합으로 이어진다. 그의 저서인 *L'Universalisme européen. De la colonisation au droit d'ingérence*, Éditions Demopolis, Paris, 2008을 보라[국역본으로는, 이매뉴얼 월러스틴, 『유럽적 보편주의』, 김재오 옮김, 창비, 2008을 보라].

33 Étienne Balibar, *Violence et civilité*, op. cit.[부분 국역본으로는, 에티엔 발리바르, 『폭력과 시민다움』, 진태원 옮김, 난장, 2012를 참조].

다시 여는 글
개념의 개념
'하나는 스스로를 둘로 나눈다'

　그 기획이 지니는 난점, 심지어는 위험에도 불구하고, 나는 '개념'의 개념[즉 '개념'이라는 개념]에 대한 하나의 정의를, 혹은 오히려 그에 대한 하나의 분석을 제시함으로써, 이 콜로퀴엄의 결론을 위한 발표를 해달라는 요청을 기꺼이 받아들여 이를 수행하기로 했다. 나에게 이 결론을 위한 발표는 내가 수년에 걸쳐 오랫동안 탐구했던 질문들, 그리고 사람들이 이 이틀간의 콜로퀴엄 동안 그중 여러 가지를 환기하기를 원했던 그러한 질문들로 되돌아오는 기회이기도 하다.[1] 그러나 내가 이 질문들을 탐구해야만 했던 방식을 사고하기 시작하면서, 그리고 이를 위한 몇몇 재료들을 그러모으기 시작하면서, 내가 이 문제 — 어떤 의미에서는 아리스토텔레스가 노에시스 노에세오스noesis noeseôs[즉 사유의 사유]라 불렀던 것인 철학의 '궁극적' 문제, 그 안에서 철학이 자신의 방법과 담론의 특수성을 성찰하고자 노력하는 그러한 문제 — 가 지니는 차원들 중 하나의 차원만을 (비록 이 차원들 전체가 상호 의존적이기는 하지만) 취급하는 것에 만족해야 한다는 것을 그 즉시 깨닫게 되었다. 또한 나는, 더 많은 지면을 활용한다 해도, 내가 부분적으로는 개괄적인 고찰들에 만족해야만 하리라는 점도 깨닫게 되었다. 다른 한편으로, 물론 나는 우리가 철학을 한다는 것faire de la philosophie('이론'이나 '비판'과 같은 다른 이름 아래에서 행하는 것을 포함하여)이 무엇을 의미하는지 질문할 때 우리가 맞닥뜨리게 되는 '지적'noétique 질문들 간의 절합을 내가 어떻게 사고하고

1　〈정치적 개념들: 브라운 대학에서의 발리바르〉Political Concepts: The Balibar Edition at Brown University라는 콜로퀴엄의 폐회 발표(2016년 12월 2, 3일, 브라운 대학교, 로드아일랜드주 프로비던스).

있는지를 이 발표의 시작점에서 제시하고자 노력해야만 한다.

나에게는 개념에 대한 이론(혹은 더 정확히 말하자면, 개념적 작업에 대한 이론)이 취해야만 하는 네 가지 방향이 존재하는 것으로 보인다. 이 개념에 대한 이론은 개념들의 과학성에 대한 질문을, 혹은 이 개념들이 과학적 인식의 관념 및 실천과 맺는 관계라는 질문을, 이 개념들의 담론성에 관한 혹은 개념들의 형성과 활용이 언어의 고유성들에 의존하는 방식(이는 그 무엇보다도 우선적으로 번역과 번역 가능성이라는 질문들을 포함하는데)에 관한 질문을, 이 개념들의 역사성(이 역사성이 외속적인 것이든 내속적인 것이든 — 물론 둘 모두일 가능성이 더 높지만)이라는 질문을, 결국에는 이 개념들의 '정치성'이라는 질문 — (내가 앞으로 보여 주고자 시도할 것이듯) 어느 정도까지는 개념적 사고 내에서의 갈등의 자리라는 질문과 동일시될 수 있는 — 을 제기해야만 한다. 사실, 이 네 가지 차원 중 그 어떤 차원도 다른 세 차원으로부터 실제적으로 분리 가능하지 않지만, 그럼에도 이 네 차원에 대한 토론은 정확히 하나의 동일한 궤적을 따르지는 않으며 동일한 참조점을 요청하지도 않는다. 바로 그렇기 때문에 오늘 밤 나는 '개념들의 정치성'에, 전통적 인식론(이 전통적 인식론이 실증주의적 경향의 것이든 혹은 칸트와 그 후예들이 부여한 의미에서의 비판주의적 경향의 것이든)이 그와 함께 가장 불편함을 느끼는 그러한 측면, 그뿐만 아니라 이 컬로퀴엄에 관여한 우리 모두의 연구 대상과 가장 직접적으로 절합되는 것으로 보이는 그러한 측면(비록 우리가 개념들 일반의 정치적 특징이 이러저러한 방식으로 이 개념들이 정치적인 것의 개념들이라는 사실로부터 도출되는 것이라 믿어 버리는 그러한 너무 자명한 오류 추리를 경계해야 하기는 하지만)에 집중하기로 선택한 것이다.[2]

---

2 [옮긴이] 본서 전체의 번역과 동일하게, concept는 '개념', conception은 '개념화', conceptualisation은 '개념화 과정'으로 통일해 옮겼다.

메타언어와 논쟁적 상승[3]

동시대 철학에서 '개념'이라는 명사가 여전히 생명력을 유지하고 있는 것으로 보이는 매우 오래된 이항 대립들을 직접적으로 환기한다는 언급으로부터 우리의 논의를 시작해 보자. 라틴어로 개념이라는 명사(즉 콘켑투스conceptus)는 독일어 베그리프Begriff가 전유를, 포착을, 어떠한 '대상'objet(또는 어떠한 사고 대상objet de pensée)을 붙잡는 특정한 방식을 나타냄으로써 잘 번역해 주는 라틴어 동사 쿰카피레cumcapire에 어원적으로 준거하는 것으로 보인다. 하지만 이러한 함의가 유일한 것은 아니다. 그래서 데카르트가 『제일철학에 관한 성찰』에서 어떤 특정 명제가 "내가 이 명제를 언표할 때마다 혹은 내가 이 명제를 나의 사유 속에서 개념화할conçois 때마다" 참이라고 쓸 때, 데카르트는 어떠한 모체의 중심에서의 생명의 창조 혹은 발생을 말하는 콘키페레concipere의 또 다른 어원을 소환하는 것이다.[4] 그리고 칸트가 '직관들'Anschauungen에 대립해 '개념들'Begriffe에 표상들의 주어진 다양성을 종합하거나 그에 통일성을 부과하는 '능동적' 능력을 부여할 때, 칸트는 지적 능동성과 대상들에 대한 재생산 혹은 수동적 미메시스mimesis — 그것이 이미지나 모델의 형태 내의 것이든 명명의 효과에 의한 것이든 — 사이의 분할이라는 또 하나의 거대한 분할로 우리를 정향시키는 것이다. 과타리와 함께 집필한 저서인 『철학이란 무엇인가?』에서 들뢰즈가 개념concept, 정서affect 그리고 지각percept 사이의 구분을 이 개념, 정서 그리고 지각 각각을 철학, 예술 그리고 과학의 영역에 할당하기 위해 단숨에 도입할 때(물론 이 책의 뒷부분에서는 이러한 삼 분할이 가질 수 있는 기계적인 측면을 정정하는 다른 의미들 또한 도입되지만), 들뢰즈 또한 이로부터 멀지 않은 곳에 위치해 있는 것이다.[5]

---

3 [옮긴이] 여기에서 '메타언어'는 métalangage를, '논쟁적 상승'은 montée polémique를 옮긴 것이다. 앞서 서문에서 저자는 이 '논쟁적 상승'을 ascension polémique로 표기한 바 있는데, 둘 사이에 의미 차이는 없는 것 같다.

4 René Descartes, *Méditations métaphysiques*(1641), Deuxième méditation. 이에 대한 나의 주석인 "Ego sum, ego existo: Descartes au point d'hérésie", *Citoyen sujet*, op. cit.을 보라.

나의 경우, 나는 개념과 개념화 과정 — 철학에서 그러한 것이든 철학 밖에서 그러한 것이든(그러할 가능성은 거의 없지만, 혹시라도 철학의 바깥이라는 것이 존재한다면, 혹은 오히려 철학이 푸코가 말했던 '바깥의 사유'인 것이 아니라면) — 이 가지성을 생산하는 활동이라는, 혹은 '가지적 질서'ordre intelligible를 생산함으로써(스피노자가 그 구호가 바로 오히려 인식하라!sed intelligere! 인 그러한 인식의 윤리에 직접적으로 결부된 '제3종의 인식'이라 칭했던 바를 정의하기 위해 지성을 통한 질서ordinare ad intellectum라 불렀던 바) 사물들을 가지적이게 만드는 활동이라는 의미에서의 하나의 지적 활동을 참조한다는 관념에 준거한다.6 다르게 말해, 우리가 개념을 필요로 하게 만드는 바는 우리가 자연에 대해서든 정념에 대해서든 혹은 정치에 대해서든 가지성을 추구한다는 사실이다. 나는 개념에 대한 준거가 심지어 우리의 정서 작용affections과 행위의 한가운데에서도 이해해야 할 필요성에 대해 양보하지 않아야 한다는 명령을 포함하는 것이라고 생각한다. 그리고 나는 '개념의 당파'parti du concept를 형성해야 한다는 알튀세르의 기이한 제안(알튀세르는 이 개념의 당파라는 표현을 마르크스에게서 발견했다고 주장하는데, 그러나 나는 이 표현이 마르크스 어디에서 발견되는지 전혀 모르겠다는 점을 밝혀야겠다)뿐만 아니라 (장 카바이에스에 준거하면서) 푸코가 '개념의 철학들'과 '의식의 철학들' 사이에 그었던 저 유명한 구분선(이것이 철학 전체를 서로 적대하는 '당파들'이 대결하는 전장으로 기술하는 것으로 귀결된다는 점을 지적하자)7 또

5 Gilles Deleuze & Félix Guattari, *Qu'est-ce que la philosophie?*, Minuit, Paris, 1991.

6 이 명령은 『정치론』(I, 4)에서 발견할 수 있는 것이다. "actiones humanas non lugere, non ridere, neque indignari, sed intelligere"[베네딕트 데 스피노자, 『정치론』, 김호경 옮김, 갈무리, 2009의 24쪽에 따르면 이 문장 전체는 "나는, 인간의 행동들을 조롱하고 비난하고 공격하지 않고, 그것들을 이해하고자 신중을 더했다"로 옮길 수 있다]. 이와 유사한 정식이 올덴부르그Henry Oldenburg에게 보내는 편지 30에서 등장한다. 지성을 통한 질서Ordinare ad intellectum는 『윤리학』 5부가 (명제 10과 그 주석에서부터) 정의하고 주해하는 목표이다[올덴부르그에게 보내는 편지의 국역본으로는, 스피노자, 『스피노자 서간집』, 이근세 옮김, 아카넷, 2018 참조].

7 조르주 캉길렘의 저서 『정상적인 것과 병리적인 것』의 영역본에 붙인 푸코의 서문을 보라. *The Normal and the Pathological*, with an introduction by Michel Foucault, translated by Carolyn R. Fawcett, in collaboration with Robert S. Cohen, Zone Books, New York, 1989. 푸코의 서문은 불어로 "La vie: l'expérience et la science"(생명: 경험과 과학)라는 제목으로 *Dits et écrits*, tome II, n. 361, p. 1582 sq.에 재수록되었다. 알튀세르가 종종 자신의 것으로 다시 취했던(특히 1975년의 '아미앵에서의 주장'Soutenance

한 바로 이러한 의미에서 해석한다. 확실히 이 모든 것은 개념에 대한 (그리고 노에시스 노에세오스noesis noeseôs에 대한) 철학적 질문을 어떠한 논쟁적 지평 내에 기입하는 것에 기여하는데, 그러나 이는 개념성과 갈등성을, 더 나아가서는 정치성을 동화시키는 것과는 매우 거리가 멀다. 심지어 그 결과는 정반대의 것이었을 수도 있다. 즉, 외부에서 개념의 논리는 갈등의 논리와 서로 갈등적이며, 그래서 내속적으로 갈등적이지는 않을 수도 있는 것이다.

통상적인 실증주의가 개념의 개념[즉 개념에 대한 개념]과 내속적 갈등성이라는 관념 사이에 넘을 수 없는 장벽을 세우는 이유들은 일반적으로 논리적 일관성(모순율에 대한 존중) 그리고 현실주의(자연 혹은 객관성은 스스로를 스스로 파괴하지 않는다는)와 관계된 것인데, 그러나 나는 우리가 수사학(혹은 '소피스트적 담론'discours sophistique)과 철학(아직은 '형이상학' 혹은 '존재론'과 동일화되지는 않은) 사이의 거대한 플라톤적 분할로, 그러니까 합리성의 선택을 정초하는 분할로 거슬러 올라간다면, 우리가 이 이유들을 더 정확히 이해할 것이라고 생각한다. 우리는 이 거대한 플라톤적 분할이 철학을 정치적 질문들 바깥에 위치시키는 경향을 가지지 않으며 오히려 그 반대라는 점을 알고 있다. 하지만 분명 이 거대한 플라톤적 분할은 철학이 '공통의' 장소 — 다수의 이해 관심들과 이 다수의 이해 관심들을 표현하는 정치적 담론들의 갈등이 전개되는 장소, 즉 플라톤에게는 '진리'의 장소가 아니라 '억견'opinion의 장소 — 바깥에 위치하도록 만드는 것을 자신의 목표로 삼는다. 따라서 이 거대한 플라톤적 분할은 철학을 갈등에 대한 초월적 위치 내에, 사유 안에 하나의 '가지적 질서'를 창설할 수 있는 이 철학의 비판적 힘 또는 능력의 조건 그 자체를 형성하는 것으로 보이는 그러한 초월적 위치 내에 설치한다. 우리는 이러한 분리 혹은 물러섬이 한편으로는 로고스logos와 에피스테메épistémè 사이의, 다른 한편으로는 아곤agôn과 스타시스stasis 사이의 대립을, 그리

d'Amiens에서) '전장'Kampfplatz으로서의 철학이라는 관념은 칸트의 『학부들의 논쟁』(1798)으로부터 유래하는 것이다[칸트 저서의 국역본으로는, 임마누엘 칸트, 『학부들의 논쟁』, 오진석 옮김, 도서출판b, 2012 참조].

고 일반적으로 리오타르Jean-François Lyotard가 (궤변술sophistique로의 명시적 회귀 속에서) 쟁론이라 불렀던 바를 규정한다는 점을 알고 있다.[8] 이로부터, 과학, 개념, 가지적인 것이 그 자체 정치 내에 속하지 않는다는 조건에서만이 과학 혹은 개념과 정치적인 것에 대한 가지성이 존재할 수 있다는 관념이 도출된다. 이러한 입장이 취하는 힘은 우리가 객관성[대상성]에 대한 추구(그것이 본질에 대한 객관성이든 레알리아realia에 대한, 즉 경험 대상에 대한 객관성이든)와 일반화된 쟁론을 화해시키기 힘들다는 점으로부터 도출된다. 또한 이 입장이 취하는 힘은, 그리스어에서의 에피스테메와 마테시스(예를 들어 '수학'과 같이, 스스로 전수되며 교육되는)라는 두 개념의 유사-등가성이 지시하듯, 인식과 가지성이 학습(즉 교육을 요구하는 과정 — 그것이 어떠한 자기-교육인 경우라 할지라도)이라는 관념과 제도적으로 강하게 연결되어 있다는 점으로부터도 도출된다. 하지만 학습과 교육은, 이 학습과 교육의 제도가 이 제도 자신이 항구적으로 탈안정화되는 것을 그래서 이 제도 자신의 권위가 약화되는 것을 받아들이지 않을 것이라면, 규범적일 수 있는, 심지어는 강제적일 수 있는, 하지만 갈등적이기는 쉽지 않은 그러한 규칙들에 복종해야만 한다.

이 지점에서 나는, '플라톤적 분할'을 재질문화할 수 있는 관념들과 논거들 — 가지성에 대한 포기라는 의미가 아니라, 오히려 개념을 통해 인식할 수 있는, 가지적 방식으로 사물들을 '배열'할 수 있는 능력을 증가시키기 위한 시도라는 의미에서(결과적으로 자기 자신의 정치성에 대한 인지가, 인식할 수 있는 그리고 사물을 인식하게 만들 수 있는 자신의 능력을 증가시킬 수 있다는 관념을 도입하면서) — 에 대한 검토로 넘어가기 이전에, 이 플라톤적 분할의 두 가지 인식론적 결과를 매우 도식적인 방식으로 지시하고자 한다.

첫 번째 인식론적 결과: 과학의 기축적 중립성[즉 가치중립성]의 설립 혹은 객관성[대상성]과 중립성 사이의 등가성이라는 입장. 비록 플라톤 자신이 사실은

---

8 Jean-François Lyotard, *Le Différend*, Minuit, Paris, 1983[장프랑수아 리오타르, 『쟁론』, 진태원 옮김, 경성대학교출판부, 2015 참조].

이 지점에서 훨씬 더 변증법적인 입장을 가지고 있지만(『파르메니데스』에서의 서로 다른 '가설들'에 대한 플라톤의 취급과 『국가』에서의 이 가설들과 '분할 방법' 사이의 관계가 이를 입증한다), 가지성의 장 내부로의 갈등과 정치의 침입을 예방하고 이 갈등과 정치가 개념을 '오염'시키게 되는 것을 저지하기 위해 인식론에 의해 활용되는 위대한 도구는 바로 과학의 메타언어의 형성이다. 어떠한 논리적 형태 내에서든 혹은 어떠한 초월론적 형태 내에서든(그리고 이보다 조금 더 약한 방식으로는, '과학적 인식의 방법론'이라는 형태 내에서), 어떠한 하나의 메타언어는, 항상, 진리를 위한 개념화 과정에 사전적으로 부과되는 규칙들의 체계이다. 즉, 이는 유사–법적인quasi-juridique 하나의 상부구조, 그 기능이 한스 켈젠의 법 이론에서의 근본규범Grund-norm의 기능과 유사한, 비모순을 보증하는 방식으로 갈등성을 배제하는 혹은 콰인의 용어로 말하자면 가장 높은 일반성 수준을 향해 나아가는 의미론적 상승을 조절하는(의미론적 상승과는 대조적으로 우리가 그 갈등이 화해 불가능한 관념 혹은 가설의 방향으로 나아가는 논쟁적 상승이라 부를 수 있는 바를 피하는 방식으로) 그러한 상부구조이다.9 그러므로 이러한 메타언어의 혹은 선험적인 규칙 체계의 조건은 그 안에서 갈등들이 추측의, 반박의 그리고 하나의 설명 패러다임에서 또 다른 설명 패러다임으로의 이행의 계기들이 구성하는 주관적 질서로 치워 놓아지는[즉 배제되는] 그러한 정상 과학이라는 관념과 분리 불가능한 것이다. 정상과학은 갈등을 회피하거나 이 갈등을 논리적으로 제거할 수 있는 방식으로 이 갈등을 '모순'이라 재명명한다. 왜냐하면 이 정상과학은 갈등이 객관성을 파괴하지는 않을까 두려워하기 때문이다.

이로부터 인간학적 분과 학문들의 경우에서 메타언어의, 그리고 개념과 갈등 사이에 설립된 장벽의 역설적 효과와 관련된 두 번째 [인식론적] 결과가 따라

---

9 Willard Van Orman Quine, *Word and Object*(1960), New Edition, with a foreword by Patricia Churchland, MIT Press, Cambridge, 2015, p. 56. 나는 '의미론적 상승'과 '논쟁적 상승' 사이의 평행 관계를 낭테르 대학 창립 기념 콜로퀴엄을 위한 나의 발표에서 소묘한 바 있다. "Que devient la théorie? Sciences humaines, politique, philosophie(1970-2010) : réflexions et propositions"(이론은 무엇이 되는가? 인간 과학, 정치, 철학, 1970-2010: 성찰과 제안). 본서의 9장을 참조.

나온다. 관례적인 방식으로, 나는 이 [인간학적 분과 학문들의] 장 내에 역사[학]와 문헌학에서 정치[학]와 사회과학으로 나아가는 모든 것을, 혹은 오히려, 이 분과 학문들이 연구하고자 노력하는 문제의 본성을 따라 가변적인 비율로 이 분과 학문들을 결합하는 모든 인식 연구를 포함할 것이다. 중립적인neutre 혹은 중립화하는neutralisant 메타언어의 규범은 인간학으로 하여금 실증주의와 사물화 등에 대한 비판의 단순한 용어들로 제시될 수 있는 어떠한 비판 혹은 해석학과 객관주의 혹은 유사-과학적 자연화 사이의 대립으로 영원회귀하도록 강제하는 것이다. 이러한 대립은 우리가 개념의 구축과 활용을 구상하는concevoir 또 하나의 다른 방식에 기초해 있는 수정된 인식 체제에 동의하지 않는다면 극복될 수 없는 것이다. 물론 우리는 그 아래에서 사람들이 개념이 무엇인지를 그리고 이 개념이 어떻게 작동하는지를 (인간학의 장 내에서) 재사고하고자 시도했던 그러한 이름들을 잘 알고 있다. 변증법은 이러한 이름들 중 하나였으며(그리고 앞으로도 그러할 것이며) 구조주의는 또 하나의 이름이었는데, 하나는 과정에 대한 사유에, 다른 하나는 관계에 대한 분석에 정향되어 있는 것으로, 이는 이 두 경우 모두에서 한계 지어진 '대상'이 인식론적 장애물로 지각된다는 것을, 혹은 우리가 '대상 없는 대상성[객관성]'과 같은 무언가를 사고하고자 시도한다는 것 (나는 다시 한번 이를 개념을 대상화[객관화]보다는 문제화의 활동에 연결하고자 하는 시도와 결부한다)을 의미한다. 바로 이러한 방향이, 어떠한 의미에서는, 오늘 내가 나의 것으로 다시 취해 극한으로 밀어붙이기를 (하지만 또 하나의 다른 방식을 활용함으로써) 시도해 보고 싶은 것이다. 나는 개념성 내부에 갈등성을 도입하고자 행해졌던 서로 다른 시도들 그 자체를 논하고자 할 것이다. 나는 변증법과 구조주의가, 이것들의 대칭성 혹은 대립성 내에서, 메타언어로, 혹은 이렇게 말하기를 원한다면 (인식의 중심에 놓여 있는, 가지성의 고유한 통일체[단위]로서의 개념 그 자체에 관심을 집중하기보다는, 개념들의 구축에 대한 추상적 모델을 부과하는 경향을 지니는) '방법'으로 남아 있다고 믿는다.

　　내가 논하고자 하는 바는 개념에 내속적인 갈등성이 구성하는 이러한 대립물들 간의 통일(전통적 인식론의 관점이 말하는)이 취하는 가능성 그 자체이며, 나는 이를 다음과 같은 세 가지 연속적인 관점에서 행하기를 제안한다. 첫 번째로 개념과 이데올로기를 맞세움으로써, 두 번째로 개념과 주체-대상 간 반정립을 맞세움으로써, 세 번째로 개념을 감각적인 것sensible과 관계 맺음으로써. 여러분들이 곧 보게 될 것이지만, 이는 나 스스로가 무언가를 발명하는 것은 전혀 아닐 것이며, 단지 내가 계발적이라 생각하는 텍스트들과 저자들을 소환함으로써 이 계기들을 그 안에서 조직하는 하나의 질서를 제시할 뿐일 것이다.

개념과 이데올로기

우선 나는 개념의 갈등성이라는 질문을 이데올로기와의 관계 속에서 검토할 것이다. 이 지점에서 내가 관심을 기울이는 바는 '이데올로기적 개념'으로서의 개념이 아니라 모든 개념이 이데올로기와 맺는 관계이다. 이와 동시에 나는 이데올로기가 정치적인 것과, 그리고 이 정치적인 것의 갈등성과 맺는 어떠한 내속적 관계 ― '지배적 이데올로기'로서의 이데올로기라는 통념과의 관계 속에서뿐만 아니라 '이데올로기적 갈등'(또는 이데올로기들 간의 경쟁)이라는 통념과의 관계 속에서도 드러나는 ― 를 항상 유지하고 있다 가정한다. 그럼에도 인식론이라는 담론은 갈등 요인으로서의 이데올로기를 개념의 전사préhistoire의 편으로 혹은 이 개념의 더 혹은 덜 정당한 활용과 적용의 편으로, 그러니까 개념의 인식 능력 외부로 좌천시켜 버리는 경향을 가진다.[10] 이러한 경향은 초기 알튀세르가 자신이 '인식론적 절단'이라 불렀던 바를, 그리고 그가 역사 이론의 장 내로의 (궁극적으로는) '과학적인' 몇몇 개념들의 도입으로 특징지었던 바(하지만 이 관념에 대한 알튀세르의 이후의 정정에서, 절단이 '미완의 것'으로, 심지어는 아마도 완수할

---

10 (어떠한 하나의 과학이 지니는) '전사'라는 것은 1950년에서 1970년까지의 '인식론적 절단'과 '과학 혁명'에 대한 논의들 이후 인식론에서 하나의 공통 범주가 되었다. 하지만 이러한 관념은 과학의 진보가 따르는 '확실한 길'을 ('코페르니쿠스 혁명' 이전의) 사변에 특징적인 갈등 및 방황과 분리하는 '순수이성의 역사'를 기술하는 칸트에게서 이미 발견된다.

수 없을 것으로 특징지어졌으며, 사실 그 시작에서부터 이러한 알튀세르 인식론의 가장 흥미로운 특징들 중 하나는 절단 그 자체의 간극 혹은 중단 지점에 위치해 있는, 그래서 서로 간에 양립 불가능한 여러 언어들을 동시적으로 활용하는 '실천적 개념들'을 식별하는 것에 놓여 있었다는 점을 잊지 말자)를 정의했던 방식으로 완벽히 예증된다.[11]

하지만 나는 다른 가능성들을 밝혀 보고 싶다. 우선 나는 1956년 아리스토텔레스 학회에서 발표한, 오랫동안 주목받지 못해 온 한 시론에서 옥스퍼드 대학의 '분석'철학자인 월터 브라이스 갤리가 제시했던 '본질적으로 논박되는 개념'essentially contested concepts이라는 관념에 준거할 것이다.[12] 이 지점에서 우리는 최종적으로 가장 중요한 것이 이 시론의 제목 그 자체라고 말하고 싶을 수도 있지만, 그러나 이 시론의 내용 또한 상당히 흥미롭다. 갤리가 활용하는 이론적 장치는 분석적 입론과 사회심리학 간의 상당히 약한 수준의 혼합인데, 그러나 갤리가 제기하는 질문들은 사실 이 혼합으로부터 상대적으로 독립적이다. 물론 여기에서 중요한 단어는 '우연적으로'de façon contingente에 대립되는 '본질적으로'이다.[13] 갤리의 관념은 몇몇 개념들의 의미와 활용에 대한 '보편적 합의'에

---

11 이러한 관념은 프레드릭 제임슨이 우리의 것과는 다른 자신의 사유 체계corpus로부터 출발해 제시했던 '사라지는 매개자'vanishing mediator라는 관념과 매우 흥미로운 유사성을 지닌다. Louis Althusser, "Marxisme et humanisme", in *Pour Marx*, op. cit. 오늘날 매우 유명해진 제임슨의 논문("The vanishing mediator: or, Max Weber as storyteller")은 *The Ideologies of Theory*, Verso Books, New York, 2008에 재수록되어 있다[알튀세르 저서의 국역본으로는, 루이 알튀세르, 『마르크스를 위하여』, 서관모 옮김, 후마니타스, 2017을 참조].

12 Walter Brice Gallie, "Essentially contested concepts", Walter Brice Gallie, *Philosophy and the Historical Understanding*, Chatto & Windus, Londres, 1964에 재간행되었다. 학술지 *Critique*(n. 122, 2014, summer)에 네스토르 캅데빌라의 서문과 함께 불역되었다.

13 이에 뒤이어 '개념'concept과 '개념화'conception 사이의 차이에 관한 토론이 전개된 바 있다(이 토론에는 H. L. A. 하트, 존 롤스, 로널드 드워킨 그리고 스티븐 루크스가 참여했는데, 이들 모두는 위키피디아의 '본질적으로 논박되는 개념' 항목에 인용되어 있다). 나는, 의미론적이고 화용론적인(혹은 '객관적'이고 '주관적'인) 측면들 간의 차이를 강조함으로써, 이러한 토론이 갤리가 개념에 구성적인 혹은 개념에 즉각적으로 속하는 갈등들에 관심을 기울였다는 사실을 본질적으로 은폐하는 것에 이르는 건 아닌가 하는 느낌을 가진다. 이는 정당하게도 제러미 월드론이 토론 이후의 한 주해에서 강조하는 지점이기도 하다. Jeremy Waldron, "Is the rule of law an essentially contested concept(in Florida)?", *Law and Philosophy*, vol. 21, n. 2, 2002, pp. 137-164.

도달하는 것의 실천적 불가능성(어쩌면 단지 외적 정황에 불과한 것으로 보일 수도 있는)이 사실은 어떠한 내속적 특징, 즉 그 논박의 무한한, 종결 없는 과정을 발생시키는 것이 바로 의미signification 그 자체라는 특징의 폭로자라는 것이다. 하지만 또한 이는 이 개념들을 활용하는 심원한 이유이기도 하다. 이 개념들은 그 갈등적 특징에도 불구하고 적용되는 것이 아니라, 이 개념들이 불일치를 유발하고 결정화한다는 바로 그 이유 때문에 적용되는 것이다. 이보다 더욱 명확한 방식으로 다음과 같이 말하도록 하자. 이러한 개념들은 대립되는 관점들 사이의 화해를 생산하기 위해서가 아니라 이 관점들을 서로 분리하기 위해, 그래서 논쟁을, 더 나아가 적대를 발전시키기 위해 만들어지는 것이라고. 그렇다면 이는 무엇과 관계된 것일까? 이는 이 대립되는 관점들의 내적 복잡성, 이 대립되는 관점들의 정의 요소들의 '구성'composition(즉 전통적 논리학이 정확히 개념의 집합com-préhension이라고 불렀던 바)이 일의적 '종합'을 포함하지 않는다는 사실에 관계된 것이다. 들뢰즈가 개념들의 통일 기능이라는 칸트적 정의를 전도했던 방식을 이 지점에서 활용하면서, 우리는 이러한 내적 구성이 이접적 종합 — 그 자체로서 이해 갈등들과, 또는 자신들 사이에서 서로 대립되는 관여들과 공명하는 — 에 기초해 있다고 말할 수 있을 것이다. 자신의 이 독창적 논문에서 갤리는 예술, 민주주의 그리고 종교라는 세 개념을 자신의 예시로 취한다. 하지만 자신의 입론에서, 갤리는 이 세 가지 예시를 예술, 민주주의 그리고 사회정의로 대체하고, 뒤의 두 예시인 민주주의와 사회정의를 각별히 강조한다. 종교는 한편으로 치워지게 되는데, 아마도 이는 이 종교라는 개념이 '논박'되는 방식이 갤리에게 문제를 발생시키기 때문인 것 같다. 종교는 세속주의 혹은 세속화라는 개념과 관련한 대칭적 질문들로 나아갈 수도 있는 것이다……. 분명 내가 매우 흥미롭다고 생각하는 바는, 갤리가 평등(평등한 참여)과 자유(혹은 오히려 복수의 자유들) — 갤리에게는 이 자유가 가장 '구체적인' 용어이다 — 사이의 관계를 서구 헌정 전통 내에서 '민주주의'의 정의와 활용에 내적인 긴장으로 식별한다는 사실이다.[14] 사회정의라는 개념 — 그로부터 서로 대립되는 윤리적 선택들이 도출되는 — 의 내적인 긴장에 대해 말해 보자면, 이 긴장은 능력주의méritocratie(혹은 개인적 자질과 성과에 대한 보상)와 연대solidarité를 대립시킨다. 바로 여기에 정의에 대한 자유주의와 사회주의 각자의 개념화 — 우리는 이 두 개념화에 대한 구분이 아리스토텔레스가 『니코마코스 윤리학』에서 제시한 '교환적 정의'와 '분배적 정의' 사이의 구분으로 거슬러 올라가는 것으로 볼 수 있다 — 가 놓여 있는 것일 테다. 약한 혹은 최소주의적 해석을 따라, 우리는 이 반정립들을 이론적 혹은 사변적 이성에 대립하는 '실천적 이성' 혹은 신중함prudence의 편에 위치시킬 것이다. 바로 이것이 갤리가 [자신에 대한] 가치 평가를 자신 안에 통합하는 그리고 [자신에 대한] 승인을 기다리는 평가적 개념appraisive concepts(concepts 'évaluants')이라는 용어를 활용함으로써, 그리고 우리가 관점의 '전도'를 통해 '동일한' 개념에 대한 하나의 해석에서 다른 하나의 해석으로 — 심지어 전자의 해석이 합리적 논거들에 기반해 있을 때에도 — 이행한다는 관념을 제시함으로써 시사하는 바이다. 하지만 여기에, 그러한 개념들의 활용 내에서 하나의 해석에 대립해 다른 하나의 해석을 선택하지 않는 것이 불가능하다는, 혹은 '당파를 취하지' 않는 것이 불가능하다는 관념이 추가되며, 이는 순수이성의 반정립에 대한 혹은 갈등적 보편성들의 논리에 대한 칸트적 모델과 다시 만나는 것을 가능케 한다. 그리고 이때부터 '이데올로기적 내용'은 개념 그 자체가 지니는 하나의 고유성이 된다.

이제 나는 이와 마찬가지로 흥미로운 문제들을 제기하는 것으로 보이는 두 번째 참조점을 원용하고자 한다. 이 두 번째 참조점은 1975년 집필되었으며 이후 『지나간 미래』에 재수록된 '비대칭적 개념들의 역사-정치적 의미론'에 관한 라인하르트 코젤렉의 시론이다.15 이 연구에서 코젤렉은 하나의 전체로 간주된 인류 내부에 하나의 구분선을 그림으로써, 하지만 이와 동시에 두 부분들 사이

---

14 최근 출간한 저서에서, 네스토르 캅데빌라는 토크빌과 마르크스에게서의 '민주주의'와 '혁명'이라는 통념들이 제기하는 평행하는 질문들로 되돌아옴으로써 갤리의 관념에 대한 자신의 이전 활용을 연장했다. *Tocqueville ou Marx. Démocratie, capitalisme, révolution*, PUF, Paris, 2012를 보라.

15 Reinhart Koselleck, *Le Futur passé. Contribution à la sémantique des temps historiques*, EHESS, Paris, 2000.

344

에 하나의 차별discrimination을 확립함으로써, 또는 몇몇 인간 존재들에 대한 인정의 거부를 다른 인간 존재들의 관점에서 확립함으로써, 그래서 결국 언어 자체 내에서 차별의 보편화라는 역설을 실현함으로써 이항 대립적인 것들opposés의 쌍들에 기반하는 그러한 개념들을 검토하는 것을 수단으로 '자기'와 '타자'에 대한 집합적 표상의 양태들을 논하고자 한다. 여기에서 코젤렉이 타자성의 철학적 역사와 같은 것을 소묘함으로써 연대기적 질서에 따라 배열하는 세 가지 예시가 원용된다. 그리스 민족과 야만인들 사이의 고대적 대당opposition, 기독교도와 이교도 사이의 중세적 대당, 그리고 마지막으로 코젤렉이 과잉 인간과 과소 인간 사이의 대당Übermensch vs Untermensch으로 규정하는 현대적 대당. 이 비대칭적 대당들(이 대당들 모두는 첫 번째 항이 '관점'을 정의하는 항임과 동시에 우위를 가지는 항이기 때문에 비대칭적이다)은 전형적으로 정치적인 것으로 제시된다. 바로 이 마지막 대당(즉 인종적 대당)과 관련해 코젤렉은 개념들 자신들의 구축에 중첩되는 것이 아니라 이러한 구축 그 자체로부터 도출되며 바로 이러한 구축으로 인해 존재 가능해지는 그러한 개념들의 유효성(혹은 수행성Wirkungsgeschichte von Begriffen[개념의 영향사])을 기술함으로써 '이데올로기' 또는 '이데올로기적 무기'ideologisches Kampfmittel라는 범주 또한 도입하는 것이다. 코젤렉이 활용하는 게겐베그리프Gegenbegriff[대당 개념]라는 용어는 이 지점에서 의미심장하다. 우리는 이 용어를 다음과 같은 두 가지 방향으로 연장할 수 있는데, 여기에서 자기 홀로는 의미를 가지지 않는 독립적으로 취해진 각각의 용어[항]가 아니라 대당 그 자체가 '개념적인 것'이라고 말하는 방향, 혹은 대당을 형성하는 것이 종속subordination과 자격 박탈disqualification의 제스처 — 이를 통해 '지배적' 용어[항]가 스스로를 맞수Gegner, adversaire로 지시하며 이와 동시에 상대를 격하하는 — 라고 말하는 방향이 그것이다.[16]

나는 이 지점에서 우리가 다음과 같은 두 가지 정황을 환기해야 한다고 생각한다. 첫 번째로, 코젤렉이 자신의 영감의 일부분을 카를 슈미트 — 자신의

---

16 [옮긴이] opposition은 '이항 대립' 혹은 '대당'으로 옮기도록 하겠다.

시론의 마지막 페이지에서 코젤렉은 의미론적 대당들 일반에 대한 연구에서 자신의 영감을 끌어온 곳은 바로 '친구-적' 사이의 대당에서부터 출발해 정치적인 것의 개념을 형성했던 슈미트의 방식으로부터였다고 확언하며 이 슈미트의 '과학적 공적'을 환기한다 ─ 로부터 끌어온다는 것은 이미 잘 알려져 있다. 바로 이를 통해 코젤렉은 '언어적 조작', 이를 통해 나치가 소위 '아리아인들'을 과잉 인간Übermenschen으로 그리고 '비아리아인들'을 대칭적으로 과소 인간Untermenschen으로 범주화함으로써 '비아리아인들'의 '잠재적 비존재'inexistence potentielle (Nichtexistenz)(더욱 사변적인 외양을 지닌 용어이지만, 절멸을 지시하는 베르니히퉁Vernichtung 이라는 용어와 사실상 동일한)라는 문제를 제기할 수 있는 가능성을 스스로에게 선사하는 그러한 언어적 조작과의 병치 ─ 많은 함축들을 무겁게 지니고 있는(하지만 말해지지 않은 바들과 완곡어법들로 충전된[17]) ─ 를 제안한다. 두 번째로, 이 시론은 코젤렉이 영감을 불어넣었으며 공동 지도했던 거대한 기획, 즉 우리를 이 자리에 모두 모이게 해준 정치적 개념들Political Concepts이라는 기획과의 그 유사성과 차이점을 논하기를 희망할 수 있을 역사적 기본 개념들Geschichtliche Grundbegriffe 기획의 여백에 기입되는 것이다.[18] 코젤렉의 백과사전적이고 역사학적인 기획 내에서, 개념들은 하나의 명사(복합명사일 수도 있는) 아래로 모인 의미들의 통일체[단위] ─ 예를 들어 '국가', '[대문자] 혁명', '부르주아-시민사회' 혹은 [독

17 완곡어법이라고는 말하지만, 나에게는 이 지점에서 '언표 작용의 자리'의 은폐라는 관념을 피하기가 어려워 보인다. 즉, 역사적 담론 그 자체의 중심에 규정된 이러한 자리, (자신이 기술하는 갈등 그 자체 내에서 그리고 이 갈등 그 자체를 통해 교육받은 역사가로서) '이항 대립적 개념들'이 '비대칭적'인 것으로 자신에게 나타나는 그러한 주체가 스스로를 위치시키게 되는 자리 말이다. 그 사이에 이 주체가 '자리를 바꾸는', 심지어는 편을 바꾸는 일이 일어날 수도 있다……

18 Otto Brunner, Werner Conze, Reinhart Koselleck(dir.), *Geschichtliche Grundbegriffe: Historisches Lexikon zur politisch-sozialen Sprache in Deutschland*, 9 vol., Klett-Cotta, Stuttgart, 1972-1997. Elias José Palti, "Reinhart Koselleck. His Concept of the Concept and Neo-Kantianism", in *Contributions to the History of Concepts*, vol. 6/2, Berghahn, New York, 2011. "Histoire"라는 논문은 *L'Expérience de l'histoire*(Gallimard/Seuil, Paris, 1997)에 불역되어 있다[코젤렉이 공동 지도했던 이 기획의 국역본으로는, 『코젤렉의 개념사 사전』(1-20권), 라인하르트 코젤렉·오토 브루너·베르너 콘체 엮음, 최호근 외 옮김, 한림대학교 한림과학원 기획, 푸른역사, 2010-21을 참조].

일어로] Bürgerliche Gesellschaft — , 다소간 복잡한 하나의 계보학의 출발점이 되는 그러한 통일체로 본질적으로 간주된다. 이러한 관점에서 게겐베그리페 Gegenbegriffe[대당 개념들]의 변증법적 쌍들은 개념적 구조와 그것이 개념의 이데올로기적이고 정치적인 '수행적' 효과와 맺는 관계를 나타낼 수 있는 가능성과 긴밀하게 결합된 한계 사례들로 나타난다. 이 지점에서 우리는 코젤렉이 하나로 결부한 세 가지 인간학적 대당들에 대한 논의로 진입할 수 있어야 하는데, 왜냐하면 (코젤렉에게서 항상 그러하듯) 각각의 인간학적 대당들은 박학함과 성찰성 사이의 탁월한 결합으로 두드러지기 때문이다. 하지만 이 자리에서 나는, 이러한 유형의 개념적 갈등성을 계속 분석해 나갈 수 있기 위해서는 우리가 그 유효성을 평가해야만 하는 그러한 위험한 동요에 의해 영향받는 것으로(비록 그 구축 전체가 무효화되는 것은 아니지만) 보이는 바를 지적하는 것에 만족해야 한다.

나의 다음 검토를 형성하는 바를 예상하면서, 나는 이것이 주체적-대상적 동요에 관한 것이라고 말하고자 한다. 우선, 비대칭적 대당들의 특수한 한 경우를 분리할 수 있기 위해, 코젤렉은 특정한 개념적 결합물들, 이에 관해 코젤렉이 우리에게 이 결합물들이 '대당적'이지 않으며 단지 '분배적'이라고, 혹은 심지어는 이 결합물들이 대당적이긴 하지만 '비대칭적'dissymétriques이지는(그러니까 차별적이지는discriminatoires) 않다고 말하는 그러한 결합물들을 한편으로 치워 두도록 강제된다. 비대당적인(원문 그대로) 쌍들의 예시로, 코젤렉은 '남성과 여성'(혹은 남성적인 것과 여성적인 것), '부모와 자녀', '건강과 질병'(혹은 정상적인 것과 병리적인 것)과 같은 인간학적 차이들을 명명하고, 대당적이지만 비대칭적인 쌍들의 예시로 코젤렉은 '국민적인 것과 외국적인 것', '친구와 적'을 제시한다. 물론 친구와 적의 경우, 어떠한 갈등성이 돌발할 수는 있지만 이는 외속적인 것일 것이며, 결국 이는 활용의 문제이지 구성의 문제는 아닐 것이다. 그다음으로, 코젤렉이 논하는 비대칭적 게겐베그리페[대당 개념들]의 거대한 세 가지 경우(그리스인과 야만인, 기독교도와 이교도, 과잉 인간과 과소 인간) 각각은 자신의 논리를 가지고 있으며 하나의 연속으로 배열되는 정치적인 것의 형성물들에 조응하는데, 그래서 이 각각의 경우는 자신의 선행물들로부터 타자성에 대한 하나의 특정한 표상을 유증

받게 되지만, 그러나 또한 이는 이 타자성의 '자기'에로의 점진적 내부화로 특징 지어지는 것으로도 보인다. 야만인들Barbares은 구원 그리고 기독교적 메시아주의의 문제와 관련해 '이교'와 '우상숭배'에도 더 이상 미치지 못하는 것으로서, 헬레니즘의 [완전한] 외부에 존재하는 것으로 간주된다. 하지만 인종적 대당의 '경우'가 발생하게 될 때, 사태는 심각하게 복잡해진다. 우선 대당의 지칭 그 자체가 '인간/비인간'humain/inhumain과 '과잉 인간/과소 인간'surhumain/sous-humain 사이에서 동요한다. 계보학은 비인간이 때로는 범죄자를 때로는 압제자를(그래서 군주와 왕은 '급진적 계몽주의'의 담론 내에서 비인간'inhumain으로 지칭된다), 혹은 이와는 반대로 피압제자들과 뒤처진 이들les arriérés을 지시한다는 점을 보여 준다. 이제 우리는 외부성이 아니라 어떠한 요소에 대한 포함과 통합 ― 이러한 포함과 통합의 위협은 유기체 내부로 '이물질'corps étranger이 포함되고 통합되는 것의 위협과 연결되는 것이다 ― 내에 있는 것이며, 나는 라캉의 방식으로 이를 물la chose (das Ding)이라 부르고 싶다. 역설적으로 인간적인 것l'humain (die Menschheit) (즉 종으로서와 동시에 인간 본질로서의 인간성[인류]l'humanité)이 자기 자신의 부정을 포함해야 한다는(비록 그것이 자기-면역적 양식 위에서 이 인간적인 것을 소멸시키기도 하기 위함이라 해도) 사실은 어떠한 전위를 생성하거나 이와 마찬가지로 매우 역설적인 어떠한 '대체 보충'을 요청한다. 즉, 비인간적인 것에 대립하는 혹은 이 비인간적인 것으로부터 벗어나는 인간적인 것이 '인간 이상'plus qu'humain(der Übermensch)이라는 관념 말이다. 코젤렉에 대한 증상적 독해가 이 지점에서 필요 불가결해지며, 나는 코젤렉에 대한 이러한 증상적 독해가, 그러한 동요가 부정적 의미에서의 하나의 이데올로기적 기능뿐만 아니라 하나의 개념적 기능 또한 가진다는 점을 보여 준다고 생각한다. 이러한 개념적 기능 없이, 코젤렉이 상상한 진화의 선은 존재조차 하지 않을 것이다. 이는 인간'humain의 불가능한 통일과 불가능한 평등의 역사에 관한 것이다.

여기에서 나는 내가 이미 다른 곳에서 관심을 기울일 기회를 가진 바 있었던 세 번째 참조점을 단지 환기하는 정도에서 만족하고자 한다. 이 세 번째 참조점은 내가 앞서 이미 암시적으로 언급했던 '인식론적 절단'이라는 알튀세르적 개념의 아포리아로 표현되는 것이다. 1970년 자신의 시론 「과학적 이데올로기란 무엇인가?」에서, 캉길렘은 인식론을 '과학'과 '이데올로기' 사이의 차이에 대한 분리적disjonctive이고 비변증법적인 표상으로부터 해방함으로써 — 이와 달리, 이와는 반대 방향으로 진행되는 운동들, 즉 메커니즘, 진화 혹은 조절과 같은 개념들이 분과 학문적 '경계'를 넘어 이전될 때 생산되는 '이데올로기화'와 '탈이데올로기화'라는 방향의 운동들에 대한 기술을 소묘하기 위해 — (그 당시의 좌표들을 따라) 하나의 모순어법적 정식을 수단으로 자신의 방식대로 이러한 아포리아를 극복하는 기획에 착수했다.[19] 이로써 우리는 '정상 과학'이라는 관념과, 갈등에 대해 이 정상 과학이라는 관념이 내포하고 있는 그 억압, 이 둘을 완전히 재질문화하는 것에 이르게 된다.

주체-대상 구분

이제 나는 '주체-대상'[혹은 '주체-객체'] 구분에 대한 논의와 비판에 기초하는 나의 두 번째 검토로 나아가고자 한다. 이 주체-대상 구분은 대상적[객관적] 인식의 경험주의적 표상뿐만 아니라 초월론적 표상의 기초로도 기능하는 것인데, 이는 개념이 이러한 구분을 보호하는 수단들로, 또는 이러한 구분의 재생산이 취하는 선험적 조건들로 간주되게 만든다. 분명 초월론적 판본이 철학적으로 더 까다로운 것이기는 하지만, 사실 이는 하나의 동일한 기능이 가지는 두 가지 측면이다.

형이상학적 전통 — 이는 또한 소유 혹은 상품 형태와 같은 법-경제적 제도들에도 긴밀하게 연결되어 있는데 — 의 유산으로서의 주체-대상 구분을 극복,

---

19 Georges Canguilhem, "Qu'est-ce qu'une idéologie scientifique?"(1969)(*Idéologie et rationalité dans l'histoire des sciences de la vie*, op. cit.에 재간행됨). 나의 연구인 "Science et vérité dans la philosophie de Georges Canguilhem", 본서의 1장을 보라.

무력화 혹은 폐지한다는 관념은 동시대 철학에서 전혀 독창적인 것이 아니다. 특히 이러한 관념은 모리스 메를로퐁티의 유작인 『가시적인 것과 비가시적인 것』과 같은 저작 — '세계의 살'이라는 이름으로, 그 안에서 외부성과 내부성이 고유한 신체와 이를 둘러싸고 있는 세계 사이의 '키아즘'chiasme 혹은 얽힘entrelacs의 도식을 따라 자신들의 자리를 바꾸는 전pré 존재론적 경험을 기술하고자 시도하는 — 이 예증하는 포스트-현상학적 담론에서 전개된다. 이후 데리다 또한 이를 자신의 것으로 취했으며, 오늘날 쥐디트 르벨은 이를 푸코에 대한 자신의 재독해에 적용하기도 한다.[20]

하지만 이 자리에서 내가 시도하고자 하는 접근은 이와는 다른 것이다. 나는 푸코가 『말과 사물』에서 제출한 '경험적-초월론적 이중체'에 대한 비판으로 되돌아갈 것이다. 이 비판은 칸트적 인식 철학의 두 가지 측면에 대한 세심한 독해 이후에 위치하는 것인데, 첫 번째 측면은 『순수이성비판』이 '주체'가 모든 '대상'에 대한 우리의 지각과 인식의 가능 조건들의 체계라는 점(이 주체가 대상에 대한 우리 경험의 가능 조건들과 대상 일반의 존재의 가능 조건들 사이의 동일성을 포함한다는 점에서)을 '연역적으로' 확립하는 것이고, 두 번째 측면은 '인간학적' 텍스트들이, 박물지로부터 영감을 얻은 방법을 활용해, 문화와 도덕 교육을 위한 장애물 혹은 도구를 각 경우에 맞는 방식으로 구성할 수 있는 인간 개인의 이러한 경험적 특징들을 기술한다는 것이다.[21] 푸코가 보여 주었듯, 한편으로 인식하는 주체가 대상들의 세계로부터 물러난다retiré (혹은 폐제된다forclos) (그래서 모든 물질성을 결여한 다dépourvu)는 사실과, 다른 한편으로 예속화sujétion와 주체화subjectivation의 과정이 측정 가능한 현상들의 세계 내에서 재구축되기 위해 '물화'되고 대상화되고 기

20   Maurice Merleau-Ponty, *Le Visible et l'Invisible*(suivi de *Notes de travail*), texte établi par Claude Lefort, Gallimard, Paris, 1964; Judith Revel, *Foucault avec Merleau-Ponty. Ontologie politique, présentisme et histoire*, Vrin, Paris, 2015.

21   칸트의 『실용적 관점에서의 인간학』*L'Anthropologie du point de vue pragmatique*에 대한 푸코의 주석(op. cit.)을 보라[이 주석의 국역본으로는, 미셸 푸코, 『칸트의 인간학에 관하여: 실용적 관점에서 본 인간학 서설』, 김광철 옮김, 문학과지성사, 2012 참조].

투된다는, 혹은 더 나아가 준과학적인 일련의 설명 모델들 전체를 통해 인간에 대한 유형학들 — 하나의 분과 학문적 기능을 가지는 — 을 따라 분류된다는 사실 사이에는 하나의 긴밀한 상관관계가 존재한다. 나는 '코페르니쿠스 혁명'을 통해 과학적 대상성[객관성]의 장으로부터 폐제된 것이 (탐구에서 개념화 과정으로 나아가는) 인식 능력뿐만이 아니라 가지성에 대한 탐구 혹은 '지식의 욕망' 그 자체의 기원에 놓여 있는 이해 관심이기도 하다는 점을 전제함으로써, 그리고 본원적 갈등성의 무력화가 그 전개, 즉 잠재적 해소가 어떠한 방식으로도 계산 가능하거나 예측 가능하지 않은 그러한 종류의 모순을 인식 불가능한 것 — ('물자체'의 편에서) 경험도 아니고 개념도 아닌 — 안으로 내던져 버리는 효과를 가진다는 점을 추가함으로써, 이러한 비판을 한 걸음 더 진전시킬 수 있다고 생각한다. 역으로 이는 대상 영역의 중심에서의 혹은 더 일반적으로는 인간학이 스스로에게 제기해야만 하는 문제들 사이에서의 지식의 욕망 그 자체의 회복과 갈등, 모순, 적대(나는 이 갈등, 모순, 적대를 서로 혼동하지 않는다)의 복원이 대상성[객관성] 그 자체 — 아마도 내가 '대상 없는 대상성[객관성]'이라 앞서 불렀던 바일 — 가 지니는 하나의 특징을 형성하며 이 회복과 복원 둘이 함께 가야만 한다는 점을 시사한다. 바로 여기에 하나의 동일한 질문이 지니는 두 가지 측면이 존재하는데, 사람들은 때때로 이를 '주체-대상'이라는 헤겔적인 (그리고 특히 포스트-헤겔적인) 범주(루카치의 『역사와 계급의식』의 경우) 아래에서 자신들의 대상으로 취할 수 있었다.

이전 지점에서 그러했던 것과 마찬가지로, 이 지점에서도 여러 가지 길들이 우리에게 열린다. 첫 번째 길은 포스트-칸트적 길, 그중에서도 특히 헤겔 변증법의 형태를 취하는 포스트-칸트적 길이다. 하지만 나는 이 포스트-칸트적 길은 한편으로 치워 둘 텐데, 왜냐하면 이 포스트-칸트적 길은 적대를 '절대지'라는 최종적 형태 내에서 더 확실히 사라지도록 만들기 위해서만 이 적대를 임시적으로 복구하기 때문이다. 나는 어떻게 욕망과 갈등성의 이중적[동시적] 복원이 몇몇 동시대 프랑스 철학자들의 극단적 정식화들 내에서 작동하고 있는지를 보여 주는 방향을 더 선호한다.[22] 이러한 방향으로 나아가는 하나의 이론적 전개가 알튀세르에게서, 특히 마르크스주의와 정신분석학의 이론적 전개들이 지니는 내속적으로 갈등적인 특징을 비교하기 위한 그의 때늦은 시도 속에서 발견된다. 정신분석학에 관한 한 최초로 소련에서 열렸던 컬로퀴엄을 위해 집필한 (하지만 알튀세르는 이 [트빌리시Tbilissi] 컬로퀴엄에 결국 참가하지 않았다) 1976년의 시론인 「마르크스와 프로이트에 대하여」Sur Marx et Freud에서, 알튀세르는 이러한 이론들 — 이 이론들의 인식 권력은 이 이론들이 편향들(이는 우리가 그 어원적 의미에서 '이단들'이라고도 부를 수 있을 것인데, 이로부터 그 신학적 활용이 유래한다)을 통해서만 진보한다는, 게다가 이 이론들은 이론 그 자체로서는 그 어떠한 '정통성'orthodoxie도 포함하지 않을 것이라는 사실에 역설적으로 연결되어 있는 그러한 이론들이다 — 을 '분열적 이론들'théories scissionnelles(혹은 더 정확히는 '분파적 이론들'théories schismatiques)이라 부른다. 이는 정신분석학자이든 마르크스주의 정치 이론가이든 둘 모두 자신들이 분석하는 상황의 외부에서 존재하지 않는다(그리고 사고하지도 않는다)는 결정적 사실과 관련될 것이다.23 정신분석가와 마르크스주의 정치 이론

---

22 이러한 참조점들이 [다른 국가의 철학들은 배제된] 순수하게 프랑스적이라는 특징은 나의 철학적 형성[즉 내가 철학적으로 받은 교육]의 한계의 효과로, 이 점은 매우 아쉽게 생각한다. 이러한 참조점들이 순수하게 프랑스적이라는 특징은 프랑스 철학이 이러한 측면에서 어떠한 독점권을 소유한다고 내가 믿고 있다는 것을 의미하는 것은 전혀 아니다. 테오도어 아도르노Theodor Wiesengrund Adorno의 부정변증법은 이 지점에서 우리 논의의 대상이 되어야 하겠지만, 이것들은 각자 안에 속하는 각각의 세계이다……. 우리 중 대부분에게, 이러한 변증법적 범주에 대한 영예와 정의가 준거하는 것은 바로 죄르지 루카치와 에른스트 블로흐(블로흐는 이를 자신의 저서들 중 한 권의 제목으로 삼기도 했다)와 같은 포스트-마르크스주의 사상가들이다. 물론 이 변증법적 범주는 헤겔로부터 오는 것이지만, 더욱 근본적으로는 사실 셸링으로부터 오는 것이다. 『인식과 이해 관심』(1976)에서의 하버마스의 이론적 전개는 나에게 이보다는 상대적으로 덜 흥미로운 것으로 보인다.

23 바로 이 지점에, 알튀세르가 '인식론적 절단'(심지어 알튀세르가 이 인식론적 절단이 '지속적인 것'이라고 선언했던 바까지도 포함하여)에 대한 자신의 이론의 범위 내에서 주장했던 그 스스로의 입장에 대한 완벽한 전도가 존재한다는 점을 지적하도록 하자. 이 지점에서 나는 트빌리시 컨퍼런스 — 알튀세르가 결국은 참석하지 않았던 — 를 위해 1976년 집필했던 시론 「마르크스와 프로이트에 대하여」Sur Marx et Freud를 무엇보다도 먼저 참조한다(Écrits sur la psychanalyse. Freud et Lacan, op. cit.을 보라)[「마르크스와 프로이트에 대하여」의 국역본으로는, 루이 알튀세르, 「마르크스와 프로이트에 대하여」(이진숙·변현태 옮김), 루이 알튀세르 외, 『알튀세르와 라캉』, 윤소영 편역, 공감, 1996에 실림 참조]. 프랑스어 원본에서 알튀세르는 교회Église의 역사에 준거하는 분파schisme라는 통념을 사용하지 않으며 대신에 더욱 직접적으로 정치적인 배경을 취하는 '분열'scission이라는 통념을 활용한다. 이 시론에

가의 '주관적인'subjective 입장과 이에 조응하는 이해 관심은 이들이 그 개념적 등가물을 연구하는 그러한 상황의 구성 요소들의 일부를 '객관적으로'objectivement 구성한다. '전이' 혹은 '역전이', '계급적 입장'position de classe 혹은 '당파적 입장'position de parti과 같은 통념들은 바로 이를 표현하는 것이다. 시간이 지날수록 점점 더, 알튀세르는 인식 내에 함축되어 있는 위험risque, '내기'pari 그리고 '당파'parti에 대한 파스칼적 개념화를 향해 나아가게 되는 자신을 발견했다.[24] 하지만 이 지점에서 우리는 다음과 같이 질문해야 할 것이다. 이러한 알튀세르의 방식과 '우리 자신의 존재론'ontologie de nous-mêmes 혹은 ontologie de ce que nous sommes이라는 — 고전 철학적 문법에 대한 ('관계적 존재론'이라는 관념보다 훨씬 더) 진정한 전복인 (나에게 이러한 전복은 또한 지식의 의지에 대한 푸코의 비판을 통해 이 고전 철학적 문법에 대한 전위와 재주조를 작동하는 것으로 보인다) — 첫눈에는 기이해 보이는 관념으로 푸코가 나아갔던 방식 사이에는 무언가 유사한 것이 존재하지 않는가? 왜냐하면 바로 반시대적 현행성에 대한 정의를 통해서 푸코가 이러한 기이한 '존재론'을 소묘하는 것이기 때문이다. 푸코의 대상은 우리가 누구인지qui nous sommes 혹은 우리가 이미 누가 되었는지라기보다는 오히려 [지금] 우리가 누가 되고 있는 중인지qui nous sommes en train de devenir — 보장된 귀결점 없이 — 이다. 바로 그렇기 때문에 푸코의 이 기이한 존재론은 가지성에 대한 욕망을 역으로 강화하는 것

분열이 아닌 분파라는 이러한 변형태를 도입하는 것은 알튀세르가 직접 감수한 1977년의 독일어 번역본이다. 이러한 사실로부터, 우리는 중국과 소련 사이에서 벌어진 국제 공산주의 운동의 '대분파화' Grand Schisme[즉 중소 분쟁] — 알튀세르는 일종의 이중 충성(자신이 그 당원이었던 프랑스 공산당에 대한 충성, 그리고 자신의 마오주의 제자들이 만든 조직에 대한 충성)으로 인해 그 스스로가 이러한 대분파화에 개입되어 있었다 — 에 관한 참조를 읽어 낼 수 있으며, 이와 동시에 라캉과의, 그리고 그가 정신분석학 제도 내에서 취했던 '분파적'schismatique 입장과의 비스듬한 형태의 대립을 함축적으로 읽어 낼 수 있다.

24 (선택과 결정을 함축하는) '내기'와 '당파'는, 우리가 이미 알고 있듯, 파스칼에게서 동의어들이다. "그런데 이편을 택했다고 해서 당신에게 무슨 나쁜 일이 생기겠습니까? (……) 나는 당신이 이 생에서도 이것들을 얻게 될 것이라고 이야기합니다. 당신이 이 길로 한 걸음씩 걸어갈 때마다 당신이 따는 것은 너무나도 확실하며, 당신이 내기에 걸은 것은 너무나도 허무한 것임을 발견하게 될 것입니다. 그래서 마침내는 당신이 확실하고 무한한 것에 내기를 걸었다는 것과 이것을 위해서 당신은 아무것도 투자한 것이 없었다는 것을 알게 될 것입니다"(Blaise Pascal, *Pensées*, Louis Lafuma, §418)[블레즈 파스칼, 『팡세』, 김형길 옮김, 서울대학교출판부, 2010, 461, 462쪽에서 인용].

을 자신의 효과로 지니는, 본질적 불확실성의 한 요소를 함축한다. 하지만 이와 동일하게 우리가 이미 알고 있듯, 이러한 연구는 개인적 혹은 집합적 의식화의 형태를 취해서는 안 되며, 이 연구는 '자기의식'의 형상이 아니고 대신 '바깥'을 향해 완전히 정향된다. 이러한 연구는 시간의 기호들, 그리고 '바로 그 시기 자체에서'en ce moment même[혹은 '지금'] 생산되는 문화적 변화의 기호들에 대한 해석 위에 놓여 있다. 아마도, 자기-자신의 자기와는 다른 이로 되기라는 푸코적 되기[생성/변천], 그리고 자신이 취하는 당파에 의해 내속적으로 분할된 알튀세르적 주체, 이 둘은 정확히 동일한 것은 아닐 것이다(이 푸코적 되기와 알튀세르적 주체 모두 전이와 역전이를 협상하는 분석적 실천과는 일치하지 않는 것과 마찬가지로). 그러나 나에게는, 신비적 혹은 현상학적이기보다는 개념적인 하나의 양태를 따라 주체와 대상 사이의 거울 관계를 넘어서는 길을 가리켜 주면서, 이 푸코적 되기와 알튀세르적 주체가 경향적으로 서로 결합하는 것으로 보인다. 이 푸코적 되기와 알튀세르적 주체의 지평을 형성하는 가지성은 주체와 대상 사이의 분리가 함축하는 가지성보다 더욱 커야만 하며, 더 적어서는 안 된다.25 그러나 이 푸코적 되기와 알튀세르적 주체 사이에는 하나의 중요한 차이점이 존재한다. 이 푸코적 되기와 알튀세르적 주체는 갈등성을, 이 각각의 두 극을 상대방 극 내부에 존재하는 하나의 고립지로 각기 만들어 내는 '교착적'chiasmatique 관계의 불가피한 효과로 사고한다. 하지만 알튀세르에게 갈등은 개인의 그리고 특히 집합의 실천과 행동 역량을 변용하는 하나의 정치적 (그리고 이러한 의미에서 이데올로기적) 진동인 반면, 푸코에게 갈등은 자기 통치를 변용하는 인간학적 불안정성 혹은 '아픈-존재'mal-être와 관련된 것이다. 그러나 이 두 경우 모두에서, 쟁점이 되는 것[혹은 작동 중인 것]은 바로 세계 내의 존재être au monde이며, 이 세계 내의 존재는 하나의 마주함face-à-face으로도, 하나의 인지적 상관관계로도 더 이상 사고되지 않는다.

25 나는 나의 시론인 「철학과 현행성: 사건을 넘어서?」La philosophie et l'actualité: au-delà de l'événement?에서 이러한 비교를 더욱 자세히 전개했다. 본서의 7장을 보라.

감각적인 것의 나눔

우리 논의를 잠정적으로 결론짓기 위해, 나는 고전 철학이 개념에 의한 인식의 반정립으로 간주하는 바로, 다시 말해 인식에 기여하기 위해 개념의 법칙 아래로 포섭되어야 하는 바의 그러니까 개념의 권력 내에 놓여야 하는 바의(이로 인해 역으로 인식에 그 한계를 할당하는 한이 있더라도) '기초적' 위치로 칸트에 의해 좌천된 감각적인 것으로, 결국 앞서 논의한 바의 정반대편으로 이동하고자 한다. 나는 자크 랑시에르로부터 '감각적인 것의 나눔'le partage du sensible이라는 표현을 빌려 오고자 하며, 또한 이 표현을 나 자신이 제기한 질문의 방향으로 확장하고자 한다. 이 랑시에르 저서의 독창적 제목을 영어로 번역하는 것은 쉽지 않은데, 하지만 늘 그러하듯 번역의 시련은 그것이 내포하고 있는 쟁점들을 드러내 주기도 한다. 왜냐하면 '감각적인 것'은 감각sensation과 감성sensibilité 모두를 동시에 의미하며, '나눔'은 분리 작동opération de séparation(극단적인 경우, 정치적 관점에서, 아파르트헤이트apartheid의 확립)과 어떠한 공동체 내에서의 가능한 한 가장 평등한 분배répartition 모두를 동시에 의미하기 때문이다.[26] 우리가 이미 알고 있듯, 감각적인 것에 대한 분할division과 (재)분배(re)distribution라는 이러한 관념은 랑시에르로 하여금 미학과 정치를 긴밀하게 절합할 수 있게, 그리고 심지어는 정치에 대한 하나의 미학 — 하지만 이는 '정치적' 미학과도, 역으로 '정치의 미학화'에 대한 비판(브레히트와의 협력 시기에 베냐민이 제시했던)과도 동일하지 않다 — 을 발명할 수 있게 해준다. 이러한 관념은 우리를 개념, 정서 그리고 지각 사이의 들뢰즈적 분리로부터 멀어지게 하며, 비록 우리가 이 랑시에르의 관념이 부분적으로는 감각의 논리logique de la sensation(들뢰즈) 혹은 감각적인 것의 논리logique du sensible(레비스트로스)와 같은 관념으로부터 시사받은 것이라 생각할 수 있다고 해도, 오히려 랑시에르의 관념은 이들의 정향에 대립하는 반작용과 관계된 것인데, 왜냐하면 랑시에르의 공리는 감각 혹은 지각이 그 고유의 '야생적인' 가

---

26 Jacques Rancière, *Le Partage du sensible. Esthétique et politique*, La Fabrique, Paris, 2000.

지성 구조들을 생성한다는 것 — 이 구조들은 자신들의 표현을 예술에서 발견할 것일 텐데 — 이 아니라, 예술적 활동의 서로 다른 체제들régimes에서의 역사적 시기들을 따라 조직되는 인간적인 것의 정치적 혹은 문학적 권력(랑시에르는 문학성littérarité이라고 말한다)이 존재한다는 것이기 때문이다. 특수하게 현대적인 혹은 '미학적인'esthétique 체제는 여러 체제들 중 하나 — 장르들의 위계적 조직화를 다시 의문에 부침으로써 이 장르들을 '민주화'하는 것을 자신의 목표로 취하는 — 에 불과할 것이다. 그래서 이 체제는, 어떠한 기술이 되었든, 사회적으로 인정된 어떠한 물질적 활동이 되었든, 이 기술 혹은 물질적 활동을 포착해 내는 예술적 생산의 출현을 가능케 할 것이다. 그리고 감각적인 것을 분할하고 분배하며 재분배하는(특히 가시적인 것과 말할 수 있는 것의 분배들을 포함하여) 이러한 권력을 통해 예술은 발본적 의미에서의 정치와 상호 간섭함으로써 하나의 정치적 기능을, 즉 몫 없는 자들sans part이 언표하는 것과 같은 평등의 선언(이 몫 없는 자들의 해방 능력을 랑시에르가 정치와 대립하는 것으로서의 '치안'police 혹은 사회적 분류화와 배제의 체계라 부르는 바 전체와 대립시키는)을 획득한다. 랑시에르는 다음과 같이 말한다. "정치적 혹은 문학적 언표 작용들은 실재 내에서 효과를 생산한다. 이 언표 작용들은 말과 행동의 모델뿐만 아니라 감각적 강도의 체제 또한 정의한다."[27]

그렇다면 이러한 감각적인 것의 재분배란 무엇을 의미하는가? 분명 이는 서로 다른 두 수준에서 이루어지는 갈등적 작동이다. 가장 표면적인 수준은 서로 다른 집합체들의 그리고 이 집합체들의 사회적이고 상징적인 기능들의 담론적인 '지형학' 혹은 표상을, 특히 공적이고 사적인 공간들 내에서 작동하고 있으며 이로써 '사회적 질서'의 구축에 기여하는 그러한 가치화들 그리고 탈가치화들과의 관계 속에서 지시한다. 만일 내가 이 지점에서 나 자신의 용어법을 삽입할 수 있다면, 나는 이것이 사회적 차이들을 표시하고 서열, 등급, '조건'을 할당하는 내적 경계들을 긋고 또 긋는 것과 관계된다고 말할 것이다. 하지만 더욱 결정적인 방식으로, 여기에서 쟁점이 되는 것은 몇몇 활동들, 언어들 그리고 주

<hr />

27 Jacques Rancière, ibid., p. 62.

체성들에 대한 표상에, 그리고 역으로 몇몇 다른 활동들, 언어들 그리고 주체성들에 대한 억압과 은폐에 기초해 있는 가시성들과 비가시성들의 모델이다. 따라서 랑시에르의 테제는, 때로는 비가시적인 '몫 없는 자들'의 부재가, 때로는 그와 반대로 (봉기의 순간에 이를 통한) 가시적인 것과 말할 수 있는 것의 장 내로의 유효한 진입이, 몫을 가진 모든 다른 이들toutes les autres parts을 위한 표상의 가능성들이 구성하는 형세를 간접적으로 규정한다는 것이다. 랑시에르의 위대한 저작인 『아이스테시스』의 마지막 장은 제임스 에이지의 텍스트 『이제 훌륭한 사람들을 찬양하자』*In Praise of Great Men*(나에게 이 텍스트는 워커 에번스의 사진들과 한 쌍을 이루는 것인데) — 이 텍스트는 대공황으로 폐허가 된 미국 남부 지역의 길을 걸으며 에이지와 에번스가 함께 여행한 뒤 쓴 것이다 — 를 해석하면서 이에 대한 강렬한 예증을 제시한다.*28* '부재하는 원인'의 현재적 변전[현재적인 것이 되기]에 대한 에이지의 판본이 그 모든 신학적 반향들을 제거하고자 시도하는 것이며, 이는 푸코에게만큼이나 알튀세르에게도(심지어 알튀세르에 대항하는 것으로 전도된 것이라 해도) — 푸코와 알튀세르 모두는 은밀한 방식으로 메를로퐁티에게 응답하고자 노력한다 — 아마 빚지고 있는 것일 것이다. 랑시에르의 기술 내에서, 그 무엇도 파루시아parousia[즉 재림]의 기적 혹은 '구원자'의 돌발을 환기하지 않는다(비록 우리가 이 구원자를 대문자 프롤레타리아트라 명명한다 해도). 문학적 작동은, 이 작동이 공통 통념들 혹은 공통 의미를 창조한다는 점에서 공통된 것임과 동시에, 이 작동이 생산하는 불안의 강도에 의해 예외적인 것이기도 하다. 나에게는 이 지점에서, 넓은 의미에서의 시학성 혹은 문학성과 정치 사이의 독특한 결합을 경유해, 우리가 개념과 직관 간 대립의 최소한으로의 감축과, 혹은 심지어는 형식적 개념의 부재 내 개념적 효과와 관계하고 있는 것으로 보인다.

---

28 Jacques Rancière, "The Cruel Radiance of What Is(Hale County 1936-New York 1941)", *Aisthesis: Scènes du régime esthétique de l'art*, Galilée, Paris, 2012에 붙여되었다[국역본으로는, 자크 랑시에르, 『아이스테시스』, 박기순 옮김, 길, 2024를 참조. 또한 발리바르는 '미국 남부 지역'이라 쓰고 있지만 국역본에 따르면 이는 '미국 중부 지역'이다].

***

이제 우리는 내속적 갈등성의 관점에서 개념들의 생산에 관한 '인식론적' 논의 전체의 한계에 도달하게 된다. 여기에서 중요한 것은 일반적 결론 혹은 '학설'을 정식화하는 것이 아니라 오히려 어떠한 질문의 개방을 선언하는 것이다. 개념적 갈등성(혹은 갈등적 개념성)의 이러한 모든 양태들에 대한 하나의 체계의 형태 내로의 혹은 하나의 이론적 종합의 형태 내로의 절합 혹은 봉합은 이 양태들의 정치적 의미의 강화가 아니라 그 해소를 생산할 것이다. 그러나 우리는 마테시스mathesis와 폴레모스polemos 사이의 플라톤적 분할을 극복하고자 시도했던 고전적 혹은 동시대적 저자들에 대한 재독해로 이루어진 이러한 궤적을 새롭게 편력함으로써 필연적으로 우리가 깨닫게 되는 바에 준거할 수 있다. 이러한 여정 전체는 변증법이라는 질문에 대한, 특히 헤겔 변증법이라는 질문 — 이 헤겔 변증법에서 개념 그 자체는 갈등에 대한 제시와 해소를 위해 주어지는 것이다 — 에 대한 검토를 계속해서 '연기'différer하는 하나의 방식으로 보인다. 이와 동시에 마르크스가, 특히 헤겔에게서 갈등(투쟁과 적대)과 모순이라는 분리 불가능한 하지만 구별되는 두 통념들이 맺는 관계들에 대한 자신의 재주조를 통해, 헤겔 변증법적인 경향을 확장한 것에 불과한지 아니면 이와는 반대로 이에 대한 탈구축을 위한 문을 열어젖힌 것인지의 질문이 끊임없이 제기된다. 의도적으로 나는 이러한 중요한 논의를 다시 따라가지는 않았는데, 내가 대안적 길을 탐구할 시간을 가지고 싶었기 때문이기도 하지만, 또한 근본적으로 내가 헤겔이 개념das Begriff이라 부르는 바와 인식론과 인간학과 문헌학의 장 내에서 오늘날의 우리에게 중요한 바 사이에 거대한 차이가 존재한다고 생각하기 때문이기도 하다. 그리고 우리가 짐작하듯, 나의 설명의 지도 원리 — 그것이 단일한 것이라면 — 는 헤겔적이라기보다는 오히려 칸트적인(혹은 신칸트적인) 것이다. 내 설명의 지도 원리가 취하는 은밀한 관념은, 개념 형성 활동das Begriefen, activité de forma-tion de concepts이 지적 활동의 능력과 차원 — 이 능력과 차원 사이의 '마주침'이 갈등(그것이 이데올로기에 대한 것이든, 주체화 양식에 대한 것이든 혹은 감성에 대한 것이든)

을 생성할 수 있을 ― 을 분리하는 것에 복무하기보다는 오히려 이와는 반대로 이 능력과 차원을 하나의 토포스 노에토스topos noêtos 혹은 가지성 공간 내에서 서로서로의 곁에 위치하게끔 이동시키도록(이 능력과 차원 사이의 마주침이 생산하는 우연적 효과들을 문제화하는 방식으로), '도식론'에 대한 우리의 개념화를 바꾸는 것이다.

부록

부록 1
구조주의
주체의 파면?[1]

불문 초록

이 논문에서 우리는 '구조주의'structuralisme라는 용어를 클로드 레비스트로스와 롤랑 바르트의 저작들[작업들]œuvres뿐만 아니라 루이 알튀세르와 자크 라캉 그리고 미셸 푸코의 저작들 또한 포함하는 넓은 의미로 활용한다. 나는 이 구조주의에서 하나의 사유[사고] 체계système 혹은 하나의 사유 학파école가 아니라 하나의 사유 운동mouvement을 보며, 나는 이 구조주의에 자크 데리다와 질 들뢰즈의 '포스트-구조주의'post-structuralisme, [구조주의의] 몇몇 선전제들présupposés에 대한 '규정된 부정'négation déterminée으로서의 포스트-구조주의도 동일하게 포함한다. 나는 구조주의가 어떠한 대상주의적objectiviste 입장에 의해서 특징지어지는 것이 아니라, 관개체적 구조들structures transindividuelles의 중심에서의 주체sujet의 '발생'genèse 혹은 '구축'construction을 생산하기 위한, 그래서 이를 통해 이 발생 혹은 구축에서 기원적인originaire 원인cause 대신에 효과들effets의 체계를 보기 위한 시도의 재개에 의해서 특징지어지는 것이라고 주장한다. 구성하는 주체sujet con-

---

1 [옮긴이] 이 글은 '구조주의'와 '포스트-구조주의', 즉 '(포스트-)구조주의'에 대한 사후적 평가를 제출하는 에티엔 발리바르의 논문 "Le Structuralisme: Une destitution du sujet?"를 번역한 것이다. 이 논문은 학술지 *Revue de Métaphysique et de Morale*, n. 2005/1에 수록된 것이기에 다음과 같이 불문 초록과 영문 초록이 존재한다. 불어의 destitution(영어의 destitution)을 '파면'으로 번역한 점에 대한 의문은 아래 번역을 읽음으로써 자연스레 해소될 것이다. 이 글과 짝이 되는 텍스트가 본서의 8장으로 수록된 "Le Structuralisme: méthode ou subversion des sciences sociales?"(구조주의: 사회과학의 방법인가 전복인가?)이다.

stituant의 관점에서 구성되는 주체sujet constitué의 관점으로의 이러한 전도는 구조
주의자들에게서의 언어학적, 정신분석학적, 인류학적 모델들의 중요성을, 그리
고 또한 마르크스주의를 사회적 상상계l'imaginaire social의 이론으로 간주하는 특
정한 마르크스주의 해석의 중요성을 설명해 준다. 포스트-구조주의에 관해 말
해 보자면, 이 포스트-구조주의는 주체성subjectivité의 한계들limites ― 이 주체성
의 한계들은 '정상성'normalité의 해소dissolution를, 그리고 [이 주체의] 구성 과정에
내재하는 폭력에 대한 해명을 함축한다 ― 을 능동성과 수동성을 생성하는 순
수한 '차이들'différences로 제시함으로써 구조주의에 대한 하나의 정정 운동을 전
개한다. 이 포스트-구조주의라는 두 번째 운동은 구조주의에 하나의 인식론적
유효 범위portée뿐만 아니라 하나의 윤리적 정향orientation 또한 부여하는 것에 결
정적인 방식으로 기여한다.2

***

이 자리에서 내가 행하고자 하는 발표3는, 나의 입장에서는, 특정 수의 텍스

2 [이하 영문 초록] ABSTRACT. ― 'Structuralism' is used here in a broad sense. It includes the
works of Levi-Strauss and Barthes as well as Althusser, Lacan and Foucault. I see it, not as a system or a
school, but as a movement, and I include 'post-structuralism' (Derrida or Deleuze) within the scope of
structuralism itself, as a 'definite negation' of certain initial assumptions. I defend the thesis that
Structuralism was not characterized by its 'objectivist' stance, or its refusal to acknowledge the
importance of the category of the Subject, but by its renewed effort at producing a 'genesis' or
'construction' of the subject within transindividual structures, therefore viewing it as a complex
system of 'effects' rather than an originary 'cause'. This conversion form the constituent to the
constituted subject explains the importance of the linguistic, psycho-analytical and anthropological
models, but also of a certain understanding of Marxism as a theory of the social imaginary.
Post-structuralism displays a second internal movement, whereby the 'limits' of subjectivity
(particularly inasmuch as they involve a dissolution of the 'normality' of the structures and a reflection on the
violence of the constitution process) are presented in terms of pure 'differences' involving both activity
and passivity. It is this second movement which contributes decisively to grant structuralism, not only
an epistemological, but also an ethical philosophical relevance.
3 [옮긴이] Revue de Métaphysique et de Morale에 따르면, 발리바르의 이 텍스트는, 프랑스의

트들(나는 가설적으로 저작œuvre이라는 통념과 언표énoncé라는 통념 사이에 이 텍스트texte라는 통념을 설치하는데, 이를 통해 총체성에 도달하기 위한 확장[저작] 혹은 요소적인 것으로 돌아가기 위한 제한[언표]이라는 두 가지 가능성이 이 텍스트라는 통념에 정확히 함축될 수 있도록, 하지만 그렇다고 해서 쟁점이 되는 저작들 ― 그 저자들에게서 혹은 이 저자들의 집단들에게서 탐지 가능한 ― 사이의 통일성도, 언표들 ― 그에 대한 독해와 재사용으로 인한 불가피한 산종에 종속되어 있는 ― 사이의 일의성도 선험적으로 선전제되지는 않도록 하기 위한 목적에서 말이다)을 [이론적으로] 질서 지우기 위한 하나의 시도 그 자체를 구성하는 것이다. 나에게서 텍스트들의 조립과 해석에 대한 이러한 관점은 나의 개입의 직접적 배경과 가능 조건을 구성하는, 거의 온전히 직업적인 하나의 실천적 목표에 조응한다. 즉, 나는 (미국의 어느 한 출판사와 맺은 계약 덕분에) 최근 나에게 주어진 의무, 그러니까 (매우 넉넉하긴 하지만, 본질적인 것으로 나아가기 위함에서는 그와 동시에 결국은 상당히 제약적인 그러한 한계 내에서) 전후 프랑스 철학Postwar French Philosophy ― 그 기간을 1950년부터 1980년 사이라고 말해 두자(비록 몇몇 연쇄들을, 몇몇 분기들을 돌발하도록 만들기 위해서는 혹은 몇몇 유의미한 반사 효과들을 표현하기 위해서는, 이 합의된 연도에 대한 즉각적 유연화가 요구되지만 말이다) ― 논선집을 실현하는 의무에 대해 말하고 싶은 것이다.[4]

　　나와는 다른 국적을 가지고 있으며 나와는 다른 교육과정을 겪었던 [미국인] 동료(존 라이크먼)가 함께하는 이러한 기획에 내가 참여하고 있다는 사실은, 몇몇 측면에서는, 이 기획에서 행해진 논선집 구성을 위한 선택들이 너무 협소한 [나만의 주관적] 입장parti pris을 표현하지는 않을 것임을 보증해 준다. 물론 이 사실이 우리가 우리의 기술description과 '분류'에 그 정의상 논박 가능한[즉 상당히 논쟁적일 수 있는] 단순화의 규약들을 부과해야만 했다는 점 또한 분명 초래하지만

렌Rennes 대학 철학과에서 2001년 3월 21일과 22일에 조직한 컬로퀴엄 〈규범과 구조〉Normes et structures의 일환으로 행해진 첫 번째 구두 발표(이번 호를 구성하는 다른 텍스트들 전체 또한 이 컬로퀴엄의 일환으로 행해진 구두 발표들이다)의 대상이었다.

　4　[옮긴이] *French Philosophy Since 1945: Problems, Concepts, Inventions*(Postwar French Thought), Étienne Balibar, John Rajchman(Editor), The New Press, 2011을 말한다.

말이다. 이러한 단순화 규약의 부과로부터 우리가 기대할 수 있는 이점은 관련된 기간 내의 프랑스 철학에 핵심적인 경향들과 문제들에 관계된 가설들 — 학파들과 논쟁들에 대한 [단순한] 목록 작성과는 분명히 다른 — 을 가능한 한 가장 명료하게 표시할 수 있다는 것이다.

결국 나의 중심 가설은 구조주의 — 이 구조주의라는 용어를 어떠한 의미로 이해해야 하는지에 관해서는 뒤에서 곧 언급할 것이다 — 가 20세기 후반기의 프랑스 사상 내에서, 철학[이라는 분과 학문]과 관련하여, 진정으로 획기적인 시기였다는 것이다. 만일 우리가 이 가설에 대한 확언을 뒷받침할 수 있다면, 비록 이제는 [사람들이 흔히 말하듯 구조주의가 '종언'을 고했기에] 우리가 이 구조주의의 근본적인 측면들 혹은 사건들을 회고적으로 특징지을 수 있는 그리고 이 구조주의의 유의미한 언표들을 [사후적으로] 탐지할 수 있는 그러한 위치에 서 있기는 하지만, 이는 우리가 이 측면들과 사건들과 언표들이 [구조주의의] 최종적 요약[귀결] 혹은 무덤[종말]을 형성하는 것이라 생각할 근거 또한 온전히 가지고 있다는 점을 지시하기에 충분할지도 모른다. 하지만 이와는 반대로 나의 이러한 시도에 그 의미를 부여해 주는 것은, 그 본성 자체로 다수적이며 미완의 것인 구조주의 운동이 (비록, 아마도 이 구조주의 운동을 직접적으로 인지 가능하게 만들어 주지는 않을 장소들 안에서 그리고 이름들 아래에서라고는 해도) 여전히 현재적으로 진행 중이라는 점을 보여 줄 수 있다는 가능성이다. 프랑수아 샤틀레가 지도한 『철학의 역사』라는 저서에 수록하고자 1973년에 집필한, 「구조주의를 어떻게 인지할 것인가?」라는 제목의 지금은 매우 유명해진 텍스트에서, 질 들뢰즈는 자신의 동시대인들의 글쓰기에서 탐지할 수 있는 몇몇 수의 횡단적 표지들 혹은 기준들에 대한 열거를 통해 구조주의의 도정 내 첫 번째 전회에 대한 진단을 정식화하고자, 그리고 이 첫 번째 전회에 자신 또한 기여하고자 시도했다.5

나는 이 발표에서의 나의 의도가, 들뢰즈의 그것과 유사한 방식으로, [첫 번

---

5 [옮긴이] 국역본으로는, 질 들뢰즈, 「구조주의를 어떻게 인지할 것인가?」, 『들뢰즈가 만든 철학사』, 박정태 옮김, 이학사, 2007을 참조.

째 전회 이후 구조주의의] 확장과 변형의 또 다른 주기가 끝난 이후에, 나의 관점에
서 하나의 진단을 제시하고 그 재개에 가능하다면 기여하는 것이라 소박하게 말
하고자 한다.

내가 제시하는 고찰들은 주체와 주체성이라는 질문에 대한 하나의 철학적
재정식화에서 구조주의가 행한 기여라는 질문을 중심으로 구성된다. 하지만 이
질문을 취급하기 이전에, 구조주의와 관련해 나는 더욱 일반적인 특징을 지니
는 세 가지 사전적 관찰들observations을 정식화해야만 한다.

첫 번째 관찰은 정확히 운동이라는 관념에 관한 것이다. 구조주의가 하나의
학파가 아니었으며 하나의 학파가 되고자 하는 위험을 감수하지도 않았다는 점
은 잘 알려져 있다. 구조주의 내에는 그 어떠한 정초자도 존재하지 않으며, 심지
어 클로드 레비스트로스조차도 구조주의의 정초자가 아니다. 결과적으로 구조
주의 안에는 그 어떠한 분열도 그 어떠한 의견 대립도 존재하지 않는다. 반면,
구조주의는 질문들 혹은 문제 설정들 사이의 마주침, 그러니까 목소리들 혹은
글쓰기들 사이의 마주침으로 단숨에 특징지어졌다. 이러한 마주침은 (바르트, 푸
코, 라캉 혹은 알튀세르가 서명했던) '선언문' 형태의 출판물들 — 들뢰즈가 구조주의
의 본질적으로 논쟁적인 가치[성격]라 불렀던 바는 이 선언문 형태로 스스로의
모습을 백일하에 드러냈다 — 을 낳았다. 하지만 이러한 마주침은 특히 부인들
또한 낳았는데, 나의 경우 나는 이 부인들에서 '구조주의'라는 꼬리표[분류]에 대
한 거부뿐만 아니라 특히 이 구조주의의 일의성[이라는 관념]에 대한 거부 또한
읽어 낸다. 마치 형이상학, 인류학 그리고 역사철학의 특정 수의 모티프들 전체
— 특히 초월론 철학이 이에 부여했던 형태(즉 선험적 보편성universalité a priori의 극과
감각적 개별성particularité sensible의 극 사이에서 취해진 경험의 주관적 구성이라는 형태)를 취
하고 있는 — 를 거부하기로 의견 일치를 보았던 이들 전체가, 이후 푸코가 이단
점들이라 부르게 될 바가 이로부터 돌발하도록 만드는 것(심지어 하나의 패러다임
혹은 하나의 에피스테메épistémè를 정의하기도 전에)보다 더 시급한 일은 없다는 듯이,
마치 해석들의 발본적 다수성을 위해 구조주의의 공통 장소들[즉 공통 관념들]을
즉각 탈중심화해야 한다는 듯이, 마치 (극한의 경우에는) 탈출할 수 있는 길을 즉

각 마련해 놓지 않고서는 구조적 혹은 구조주의적 담론성의 장 안으로 진입하기 위한 조건들을 정식화하는 것이 가능조차 하지 않다는 듯이 말이다. 따라서 구조주의자들은, 구조들을 하나의 유일한 인식론적 모델로 환원하는 것의 불가능성을 즉각 집단적으로 제시하지 않고서는, 그리고 (이러한 이름으로 혹은 다른 이름들로) [단수의] 구조와 [복수의] 구조들 — 이 구조라는 용어는, 이 용어[의 존재 자체]가 그 필요성을 의미했던[요청했던] 기획을 표현하는 방식으로 구조주의자들이 수용했고 변형했던 그러한 용어이다 — 에 대한 참조[준거]의 불충분함을 보여 주는 기획에 착수하지 않고서는, 역사, 본질, 의식의 형상, 경험보다는 구조들을 연구해야 할 필요성에 대한, 주체성, 생명, 역사성에 관한 구조의 '우위'에 대한 명백한 의견 일치를 이룰 수 없었다.

하지만 나는 정확히 다음과 같은 역설을 주장하고자 한다. 구조주의가 하나의 학파가 아니라 하나의 발산하는 마주침이기 때문에, 구조주의가 그 일관성의 구축 내에 놓여 있는 그만큼이나 그리고 그보다 더 구조주의에 이 구조주의라는 이름을 부여해 주는 범주가 가지는 한계들에 대한 시험 내에 놓여 있기 때문에, 바로 그러한 이유에서 구조주의는 그 안에서 하나의 시기에 그리고 하나의 주어진 맥락 내에서 모든 철학적 '학파들' 혹은 '정향들'이 함축되는 유일하며 우회 불가능한 하나의 계기를 표상했다. 자신들의 이러저러한 대표자들을 통해서 구조주의의 문제 설정을 확언하고 형상화하는 것에 기여했던 철학적 학파들 혹은 정향들뿐만 아니라, 이 구조주의의 문제 설정을 거부했던 그리고 이러한 거부의 효과 아래에서 스스로를 변형하도록 강제되었던 그러한 철학적 학파들 혹은 정향들 또한 포함해서 말이다. 바로 그렇기 때문에 우리는, 하나의 운동 혹은 하나의 마주침임을 훌쩍 뛰어넘어, 구조주의가 동시대 철학에서의 하나의 모험 — 다음과 같은 일이 이따금 (하지만 상대적으로 희귀한 정도로) 일어나듯, 이를 통해 구조주의 담론이 사고의 장 일반 내에서 역사를 살아 내면서 [그 반대급부로] 역사를 생성해 냈던 그러한 모험 — 이었다고 말할 수 있는 것이다. 몇몇 철학자들이 신칸트주의자, 현상학자, 헤겔주의자 혹은 마르크스주의자, 니체주의자 혹은 베르그송주의자, 실증주의자 혹은 논리학자의 자격으로 구조주의 속으로 혹은 구조주의적 토론 속으로 '진입'했으며, 이들은 이러한 참조들[준거들] 전체를 전복시킨 뒤에 혹은 자신들의 상호적 양립 불가능성과 양립 가능성을 재분배한 뒤에 이 구조주의로부터 혹은 구조주의적 토론으로부터 탈출했다.

내가 정식화하고자 하는 사전적 성격의 두 번째 관찰은 구조주의적 모험에서의 철학의 지위와 그 재질문화이다. 나는 구조주의가 고유하게 철학적인 하나의 운동이라고, 그리고 이것이 바로 구조주의의 중요성을 이루고 있는 것이라고 주장한다. 구조라는, 혹은 구조의 효과성[유효성]이라는, 혹은 구조적 효과로서의 주체성이라는 질문은, 그리고 물론 이와 더불어 구조적 정의들이 지니는 한계들 혹은 아포리아들이라는 질문은, 그 자체로서 온전히 철학적인 질문들이다. 그렇지 않다면 우리는 최소한 우리가 지금 취급하고 있는 시기 내에서는 이 구조주의라는 용어에 하나의 의미를 부여하기를 포기해야 할 것이다. 그러나 이는 질문들, 통념들 그리고 구조주의적 스타일의 영향력이, 다른 정황들 내에서 그러한 것만큼 그리고 아마도 그보다 더 많이, 철학의 죽음(현재의 우리에 더욱 가까운 시기에서, 구조주의의 현실적인 쇠퇴 혹은 가정된 쇠퇴[사실이든 아니든 사람들이 말하곤 하는 바로서의 쇠퇴]가 철학의 재탄생 혹은 '진정한' 철학의 재탄생으로 여러 곳에서 환영받을 수 있었던 것과 마찬가지로)이라는 진단들을 양산했던 것을 가로막지는 않았다. 그리고 특히 이는 구조주의적 모험의 한 명 이상의 주역이 비철학자로(예를 들어, 특히 '인간 과학'의 장 내에서 [철학자가 아니라] '과학자'savant로 — 물론 인간 과학의 장뿐만 아니라 다른 장들 내에서도 마찬가지이지만), 심지어는 반철학자로 스스로를 지시했거나 다른 이들에 의해 지시되었던 것을 가로막지는 않았다. 만일 내가 예를 들어 레비스트로스나 라캉과 같은 이름들을 구조주의의 철학적 대표자들로 언급한다면 곧장 회의, 거부 혹은 무시의 반응들과 마주하게 될 거라 예상할 수 있을 정도로까지 말이다.

아마도 바로 이 지점에, 우리 시대에 고유한 것도 우리가 여기에서 논하고자 하는 텍스트들에 고유한 것도 아닌 하나의 일반적 질문이 놓여 있는 것 같다. 게다가 우리는 이 일반적 질문이 내가 구조주의 운동이라고 부르는 바의 한가운데에서 전회[즉 구조주의를 포기함]와 논쟁의 대상이 되었다는 점을 잘 알고 있다.

바로 이 결정적 지점 — 현재의 많은 철학적 조류들이 구조주의로부터 스스로를 거리 두는 근거들에 대해 우리가 내리게 될 진단이 상당히 많은 부분 의존하고 있는 그러한 지점 — 에 대한 명료한 입장으로 빠르게 나아가기 위해, 여기에서 나는 다음과 같은 점을 말하고자 한다. 우선 구조주의는 하나의 정향 내에 일반적인 방식으로 기입되는데, 이 정향을 위해서 조르주 캉길렘은 다음과 같은 하나의 정식, 거의 구호에 가까운, 그가 레옹 브룅슈빅에게서 발견했다고 주장하며 이 자리에서 내가 기억에 의존해 인용하는 그러한 하나의 정식을 습관적으로 활용했다. "철학은 그 안에서 모든 낯선 물질matière étrangère이 좋은 것bonne인 그러한 분과 학문, 그리고 심지어는 철학 자신을 위해서는 낯선 것만이 좋은 물질인 그러한 분과 학문이다."6 다시 말해, 내가 이 정식을 제대로 이해한 것이 맞다면, 중요한 것은 이론적 혹은 실천적 질문들의 철학적 변천['철학적 되기' 혹은 '철학적인 것으로 되기' 혹은 '철학적 생성 변화']이지 이 질문들의 본원적으로 철학적인 혹은 어떠한 주어진 철학적 장에 '내부적인' 입장이 아니다. 그다음으로 그리고 특히, 우리가 취급하는 시기의 구조주의, 즉 1960년대 프랑스에서의 구조주의는, 현저하게 불안정하며 충격적인 대립물들 간의 통일 속에서, 선재하는 철학적 정향들 혹은 가능적인 철학적 토대들 전체에 대한 인간 과학들의 자율성의 결연한 확언에 의해, 그리고 이와 동시에 인간 과학들의 전통적 실증주의 — 그것이 실험적 규약들 그 자체로부터 혹은 형식화의 규칙들로부터 이 규약들 혹은 규칙들 고유의 발생 혹은 지향성이라는 질문을 분리한다고 주장하는 어떤 방법론적 객관주의로 표현되는 것이든, 경험의 '영역들'과 객관성[대상성]의 '영역들' 사이에서의 선확립된, 사실은 형이상학적인 하나의 분배로 표현되는 것이든 — 에 대항

---

6 [옮긴이] 원문을 제시하자면 다음과 같다. "La philosophie est cette discipline pour laquelle toute matière étrangère est bonne, et même pour qui il n'y a de bonne matière qu'étrangère." 형용사 bon의 여성형 bonne의 경우, 의미를 가장 직접적으로 제시하기 위해 굳이 의역해 주지 않고 가장 기본적인 의미인 '좋은'을 역어로 선택했다. 형용사 étranger의 여성형 étrangère와 명사 matière의 경우에도 동일한 방식을 취했다. 아주 조금 의역하자면, matière étrangère는 '낯선, 이상한, 기이한, 이질적인 주제들 혹은 대상들' 정도로 옮길 수 있다. 그래서 "철학이란 모든 낯선 주제를 좋은 것이라 여기는 분과 학문이다" 혹은 "철학에서 좋은 주제란 모두 낯선 것이어야 한다"로 의역 가능하다.

하는 타협 없는 투쟁에 의해 특징지어진다. 게다가 이것이 바로 구조주의를 거의 동시대적인 운동들로 접근시킴과 동시에 이 거의 동시대적인 운동들로부터 결국은 분리하는 것이기도 하다(이러한 관점에서 사람들은 구조주의를 포스트-[빌헬름] 딜타이적 해석학, [에른스트] 카시러식의 상징 형식의 철학, 혹은 일상 언어 분석 등과 같은 운동들에 접근시키기를 고려해 볼 수 있을 것이다). 그리고 이것이 바로 정확히 구조주의자들이 지크문트 프로이트, 카를 마르크스, 장-자크 루소 혹은 심지어 아리스토텔레스와 같은 자신들의 '선구자들'에게서 탐구하는 바를 이해할 수 있게 해주는 것이다. 나는 이를, 구조주의의 관점에서는 '철학'과 '비철학' 사이의 구분이 본질적으로 상대적인 하나의 의미 작용을 가진다고, 혹은 더 나아가, 사유를 위해(철학적 활동을 위해 — 우리는 지금 우리가 다루고 있는 시기에 문제가 되었던 것이 구조주의적 활동이라는 점을 기억하고 있기에) 중요한 것이 항상 비철학적인 것을, 혹은 한 계를, 그러니까 철학의 비철학적 조건을 발견하고 범주의 발명을 통해서만큼이나 특수한 글쓰기 양식을 통해서 이 철학의 비철학적인 조건을 철학 내에서en 그리고 철학을 위해서pour 새로운 것으로 인지하도록 만드는 것이라고 표현하고자 한다. 구조주의는 반성적인[성찰적인], 토대적인, 존재론적인 혹은 선언적인apophantiques 철학적 스타일들 모두에 대립하여 각별히 발본적이고 일관된[엄밀한] 방식으로 외부성에서의 내재성immanence en extériorité[또는 외부적 내재성]의 한 실천(푸코라면 '바깥의 사유'라고 말했을)으로 제시된다.

그러한 정향은 그 자체 철학적인 테제들 — 이 테제들 중 아마 그 어떠한 테제도 구조주의에 역사적으로 고유한 것은 아닐 테지만, 그럼에도 이 테제들은 구조주의를 통해 하나의 특수한(이 테제들이 이 구조주의에서 지속적으로 문제화되는 만큼이나, 다시 말해 이 테제들의 작동과 이 테제들에 대한 엄격한 관찰의 가능성에 지속적으로 질문을 제기하는 것이 중요한 만큼이나 아마도 더욱 독특한) 함축적 의미를 획득하게 된다 — 을 자신의 것으로 다시 취함으로써 스스로를 표현하는 데에 성공하게 된다. 나는 이 테제들에 대한 다음과 같은 두 가지 예시를 제시해 보도록 하겠다. 첫 번째, 라캉이 이를 위해 각별한 노력을 기울였던, 그가 이를 위해 라랑그la-langue라는 인공 합성어(물론 우리로 하여금 헤겔과 비트겐슈타인이 그러한 만큼이나 서로 변별적인 저자들을 떠올리도록 만드는 인공 합성어)를 주조했던 그러한 테제는 메타언어métalangage란 존재하지 않는다, 궁극적인 메타언어뿐만 아니라 심지어 그 자체로 고립 가능한[분리 가능한] 국소적 메타언어조차도 존재하지 않는다는 테제이다. 두 번째, 알튀세르가 이에 하나의 정당화를 부여하고자 끊임없이 노력했을 뿐만 아니라 동시에 그가 이를 어떤 의미에서는 '자기 자신에 대해서'[자기 자신을 대상으로] 실천했던 그러한 테제는, 철학 혹은 '이론'은, 고립[분리]으로 나아가는 경향이 있는 담론들이기보다는, (이 철학 혹은 이론의 한계들에서 그러할 뿐만 아니라) 그 자체로서도 '개입들', 이 철학 혹은 이론 고유의 효과들의 생산 속에서 사라지는 것을 목적으로 하는, 그래서 본질적으로 '정세적인' 특징을 지니는 개입들이라는 테제이다. 만일 우리가 이 테제를 구조주의 운동 전체로 확장한다면, 이는 이 구조주의 운동이 체계성(이 체계성은 구조라는 관념의 가장 논박의 여지가 덜한[즉 가장 합의 가능한] 내포적 의미 중 하나이며, 또한 공리[적 수]학axiomatique에서부터 언어학을 거쳐 생물학에 이르기까지 체계화의 다양한 실천들 속에서 길어 올려질 수 있는 영감의 근거들 중 하나이다)에 각별히 주의를 기울였다는 점을, 하지만 이 구조주의 운동이 체계들을 정식화하는 것을 어김없이 거부했다 — 아마도 많은 다른 철학적 운동들보다 이에 더욱 잘 성공하면서 — 는 점을 우리가 이해할 수 있도록 해주는 것이다. 우리는 이 지점에서 하나의 실패가 아니라 오히려 하나의 일관성의 특징을 봐야만 한다. 그리고 아마도 우리는 이론적 사고의 시간성 혹은 역사성이라는 측면에서의 구조주의의 독특한 함의들을 성찰하기 위해 이를 우리의 논변으로 필요로 할 것이다.

　마지막 세 번째 사전적 관찰로 나아가 보자면, 나는 구조주의와 구조주의 운동에서의 (어떠한 의미에서는) 종별적으로 프랑스적인 것에 관한 질문을 제기하고자 한다. 물론 이를 통해 내가 구조주의가 어떠한 '지리-철학적인'géo-philosophi-que 특수성 혹은 유일성을 탐구하고자 진력했던 하나의 국민적[민족적] 혹은 국민주의적[민족주의적] 철학이었다는 점을 주장하고자 하는 것은 전혀 아니다. 구조주의는 현저하게[심원하게] 보편주의적이기 때문이다. 더 나아가 구조주의가 프랑스 대학[학계]의 지방주의와 전통주의에 대항하는 생명력 넘치는 하나의 세계 정치적 반작용으로 특징지어졌다는 점을 기억하는 것이 중요하다. (이러한 측면에서) 양차 대전의 시기에 구조주의에 선행했던 프랑스의 실존주의와 현상학 운동과 동등하게, 그리고 (여러 측면에서) 상상계와 상징적 질서(혹은 상징적 무질서) 사이의 절합과 관계된 그 모든 것에 관한 구조주의의 질문들과 이해 관심 대상들을 예비했던 문학적 초현실주의와 동일한 자격으로 말이다. 그러나 이러한 언급을 넘어 [그 심층으로 나아가기 위해, 이러한 상황이 취하는] 삼중의 복잡성을 여기에서 최소한 소묘라도 해보지 않는 것은 불가능하다. 우선, 이 자리에서 우리가 논하는 구조주의의 몇몇 발전들(특히 주체라는 질문과 관련하여)은, 프랑스어의 관용어적 속성들 혹은 그에 프랑스어가 특수한 입체성을 부여하는 그러한 언어적 파생물들에 의해 (조건 지어진 것까지는 아니라고 해도) 최소한 용이하게 되며 (어떻게 보자면) 시사된다([용이하게 되고 시사된 것이 사실은 아닐지도 모르지만] 어쨌든 최소한 이는 우리가 이에 대해 사후적으로 가지게 되는 인상인 건 맞다). 이는 특히 '주체'sujet, '복종화'sujétion, '예속화'assujettissement, '주체성'subjectivité 그리고 '주체화'subjectivation라는 의미 작용들의 연쇄인 경우에 그러한데, 이 의미 작용들의 연쇄에 대해서는 뒤에서 다시 다루도록 한다. 이는 구조주의의 정리들théorèmes이 번역 불가능한 것임을 의미하지 않으며, 오히려 그와 반대로 이 구조주의의 정리들이 언어의 물질성 내에 기입된, 그리고 '자연적으로'naturellement(혹은 운명적으로destinalement) 철학적인 관용어의 존재라는 관념뿐만 아니라 관용어적 중립성 혹은 무차별성이라는 관념과도 완벽히 모순되는 번역이라는 작업[노동]을 필요로 한다 (그리고 이 구조주의적 정리들의 외국으로의 확산 과정 속에서 필요로 했다 ─ 그런데 [이와 관련, 우리 스스로가 구조주의에 대한 제대로 된 번역 작업을 방기한 것이기에] 구조주의의 정리들이 세계로 제대로 된 방식으로 확산되지 못했고 프랑스 내에 남아 있게 되었다는 점에 대해 불평할 수는 없는 노릇이다)는 점을 의미한다.[7]

---

7 구조주의의 시기에 제안되었던 '구조'에 관한 가장 흥미로운 '정의들' 중 하나가 번역의 무한한 과정이었다는 점은 주목할 만하다. 미셸 세르는 이 번역의 무한한 과정이라는 정의를 위해 헤르메스 Hermès라는 알레고리를 선택했다. 하지만, 아마도 그가 순수하게 인식론적인 정식화를 찾고자 했다는 바로 그 이유로 인해, 이 헤르메스라는 알레고리는 그 저자인 세르로 하여금 프랑스어의 절대적인

그다음으로, 1950년대 말 구조주의 운동의 (최초로는) 민족학과 정신분석학을 중심으로 하는(이 두 분과 학문은 『말과 사물』에서 푸코가 '인간 과학들'의 관점에 대한 내재적 비판을 실현하는 학문으로, 그리고 지식들 전체의 주체이자 대상 양자 모두로서의 '인간'homme의 구성에 고유한 경험적-초월론적 이중성을 다시 의문에 부치는 학문으로 인용하는 것이다) 돌발과 결정화가 우리가 앞으로 그에 대한 세부적인 역사를 써야만 하는 그러한 맥락, 내가 양차 대전 시기의 (에른스트 카시러, 막스 셸러Max Scheler, 마르틴 하이데거, 그리고 빌헬름 딜타이의 상속자들을 중심으로 하는) 독일적 에피소드épisode의 뒤를 잇는 [양차 대전 이후의] 철학적 인간학anthropologie philosophique이라는 질문의 프랑스적 에피소드라 부르게 될 그러한 맥락 — 프랑스적 에피소드는 동시대의 미국적 에피소드와는 상대적으로 독립적인 것으로 남아 있으면서도 동시에 이 독일적 에피소드의 주제들을 어떠한 면에서는 이어받았다 — 에 준거한다는 점은 충분히 명확하다. 구조주의적 모험과 철학적 인간학의 문제 사이의 절합, 그러니까 구조주의적 모험과 인간과 인간적인 것에 관한 어떠한 하나의 철학이 존재하는지에 관한 질문 사이의 절합뿐만 아니라 특히 철학이 그 차체로 '인간성[인류]에 대한 사유', 혹은 인간적 실존을 규범 지우고 이 인간적 실존을 공유하는 그러한 [복수의] 인간성들에 관한 사유인지에 대한, 혹은 더 나아가 인간을 '만드는' 미분소, 즉 인간성과 비인간성 사이의 미분소에 관한 사유인지에 대한 질문 사이의 절합은 구조주의와 (사람들에 의해 그렇게 지시된 혹은 스스로 선언한) 그 맞수들[예를 들어 장폴 사르트르의 실존주의] 사이의 종종 폭력적이기까지 한 대립이 왜 인간주의와 반인간주의anti-humanisme라는 질문을 중심으로 결정화되는지를 설명해 준다. 혹은 더 나아가 왜 구조주의 그 자신이, 한 계기에서 다른 계기로 나아가면서, 그리고 한 저자에서 다른 저자로 나아가면서, 고전적 인간주의 — 본질에 관한 것이든 실존에 관한 것이든 — 에 대한 부정의 다양한 가능성들 — 이론적 반인간주의에서부터 타자성altérité의 인간주의에, 더 나아가 인간적인 것의 변질altération(나에게 이 인간적인 것의 변질은 [레비나스가 언급하는] '타인의 인간주

유일성 혹은 자율성이라는 국민주의적 관념을 특정 시기에 수용하게 되는 것을 저지하지 못했다.

의 l'humanisme de l'autre homme와는 동일하지 않은 것으로 보인다)에까지 이르는 — 사이에서 진동하는지를 설명해 준다.8

마지막으로(하지만 나는 이 자리에서 그 가설들을 탐구해 볼 시간은 없는데), 나는 구조주의가, 진실을 말하자면 이 구조주의 홀로 그러한 것이 아니라 특히 모리스 메를로퐁티로부터 도출되는 '프랑스식' 현상학과의 혹은 생명에 관한 동시대의 몇몇 프랑스 철학들의 [앙리] 베르그송주의와 [멘드]비랑Marie François Pierre Maine de Biran주의와의 상보성과 적대성의 복잡한 관계 속에서, 프랑스어권 고전 철학의 몇몇 정초적 저작들을 칸트주의, 헤겔주의 그리고 후설적이고 하이데거적인 현상학이 이 정초적 저작들에 대해 제시했던 해석들로부터 분리하는 것에 회고적으로 기여했다는 점을 간략히 언급하고 싶다. 이 구조주의가, 최소한 권리적으로는, 영어권 인지주의가 이 저작들에 대해 반복하는 해석들에 하나의 장애물을 구성했던 것과 마찬가지로 말이다.9 여기에서 나는 특히 르네 데카르트와 장-자크 루소의 저작을 염두에 두고 있다.

이 모든 것으로부터, 1960~80년대의 프랑스 철학 내에서 구조주의의 명백해 보이는 헤게모니에 뒤이어 등장한 이 구조주의에 반대하는 견제와 제도적 저항의 이유와 형태에 관한 몇몇 평가들을 이끌어 내는 것이 가능해진다. 이 글의 서두에서 내가 구조주의의 오늘날의 새로운 전회 혹은 사후-효과라 불렀던 바의 고유하게 이론적인 내적 차원들과 조건들은 이 구조주의가 놓여 있는 환경에의 외적 의존성들보다는 나의 관점에서 더욱 흥미로워 보이는 것이다. 하지만 우리는 자신의 타자성 혹은 구성적 이질성과 분리 불가능한 철학이라는 [우리] 가설과의 일관성을 유지해야 하는데, 그러나 나는 이러한 일관성 유지가 환원주

---

8 [옮긴이] 본 텍스트의 영역판(제임스 스웬슨James Swenson이 번역해 2005년 학술지 *Differences*에 "Structuralism: A destitution of the subject?"라는 제목으로 수록) 역자는 이 altération을 othering으로, 즉 '타자화'로 번역했는데, 프랑스어에서 altération의 원 의미는 '변질'이기 때문에 이 othering이라는 번역어는 영역판 역자의 해석이 상당히 개입된 것이다. 옮긴이는 이 '타자화'까지도 포함하는 넓은 의미에서의 '변질'이라는 역어를 고수하고자 한다.

9 [옮긴이] 한국어로 조금 어색하지만 '권리적으로'는 en droit를 옮긴 것으로, 철학 문헌에서 '사실적으로', 즉 en fait와의 대당 속에서 자주 사용되는 표현이다.

의와는 아무런 관계도 없다고 생각한다. 이제는 고전이 된, 세계의 거의 모든 곳에서 그 자체로서 연구되고 있는, 그 프랑스적 형상 내에서의 구조주의는 철학 연구들 — 프랑스 대학[학계]의 한 부분은, 이것이 이러한 구도에 뒤늦게 자리 잡은 만큼, 더욱 열과 성을 다해 (하지만 이와 동일한 정도로 국민[주의]적이고 공화[주의]적인 유형의 어떠한 제도 철학으로의 회귀에 대한 유혹 또한 동시에 느끼면서) 이 철학 연구들에 합류하지만 — 에 대한 제도화와 언어적 단일화의 조건들과는 사회학적으로 거의 양립 가능하지 않다. 그러나 이로부터 내가 이끌어 내는 결론(사실 나는 결론이라기보다는 이로부터 내가 관찰하는 증상들이라고 표현하고 싶은데)은 구조주의적 모험에 이제는 미래가 없다는 것이 전혀 아니다. 오히려 나의 결론은 구조주의가, 혹은 이렇게 말하기를 더 원한다면 포스트-구조주의가, 그 안에서 다른 문제 설정들과 스스로를 뒤섞으면서도 동시에 자신의 탁월한 생명력을 보여 주는 다른 장소들로 이주하고 있는 중이라는 것이다. 하지만 이는 우리가 이 자리에서 말하고자 하는 역사와는 다른 역사에 관한 것이기에 넘어가도록 하자.

이제 내가 서두에서 예고했던 주제를 더욱 정확히 취급하도록 하자. 사실을 말하자면, 구조주의 운동과 주체의 문제 설정 사이의 관계라는 질문, 텍스트들에 대한 어떤 특정한 도정[독해] — 물론 이 텍스트들 모두가 구조주의에 속하는 것은 아니거나, 이 텍스트들 모두가 구조주의에 동일한 방식으로 속하는 것은 아니거나, 또는 이 텍스트들 모두는 자신들의 근본적인 분류 불가능성에 대한 사실 확인으로 나아간다 — 을 통해 기술될 수 있는 그러한 질문은 이 질문에 대한 가설적 재구성이 구조의 미로 — 이 미로는 어떠한 의미에서는 [라이프니츠의] 자유liberté와 연속체continu의 미로가 고전주의 시대 형이상학과 맺었던 관계와 동일한 방식으로 우리와 관계 맺는다 — 로의 진입과 그로부터의 탈출의 운동으로서의 구조주의가 가지는 특징들에 대한 추측들의 테스트 장소로서의 역할을 수행할 수 있는 유일한 질문은 아니다. 사실을 말하자면 이 질문과 교차하는 다른 질문들 또한 존재한다. 나는 그 예로 진리의 언표 작용(과 글쓰기)이라는 질문을, 혹은 사건성(과 실천)이라는 질문을 제시하고자 한다. 하지만 주체의 문제 설정은, 구조주의의 출현과 철학적 인간학에 관한 토론들의 굴절(구조주의 자신이 이 굴절에 기여한다) 사이의 긴밀한 연관들을 통해 내가 상기시켰던 것, 정확히 이것으로 인해, 최소한 방법론적인 측면에서는 어떠한 우선성을 지니고 있다.

이에 대한 종합을 수행할 필요로 인해, 우리는 그 고유의 사변적 추상 — 그 안에서 인간의 인간성l'humanité de l'homme(본질주의적인 방식으로 공통 형상forme 혹은 에이도스eidos로 이해된, 혹은 유적인 방식으로 가퉁스베젠Gattungswesen으로 이해된, 혹은 실존적인 방식으로 경험의 구축으로 이해된)이 주체(혹은 주체성)와 동일시되는, 그리고 여기에서 이 주체(혹은 주체성) 스스로는 개체성(개별적인 혹은 집합적인)과 의식(혹은 의미 작용들을 유효하게 현행화하는 자기 현전) 사이의 일치 혹은 화해라는 목적론적 지평에서부터 출발해 사고되는 — 에서부터 출발해 다소간 광범위하게 스스로를 발전시킬 수 있는 그러한 생성적 등식équation générative에 대한 이의 제기로 구조주의가 스스로를 논쟁적인 방식으로 구성하거나 또는 그만큼 논쟁적인 방식으로 즉각 공격받는다고 주장할 수 있는 것으로 보인다.[10] 여기에서 이 주체와 관련해, 이러한 개체성과 의식 사이의 일치 혹은 화해가 유효하게 영속적으로 실현될 필요도, 예외, 지연 혹은 모순 없이 주어질 필요도 전혀 없으며, 결국 이 주체 고유의 분할 혹은 분리의 상관항으로 주어져야 한다는 점을 지적해야 한다. 그러나 이 일치 혹은 화해가 주체로 하여금 스스로에 의해 존재하는 것을 가능케 해주는 그러한 사유 실험들에 조응해야 하는 것으로, 그리고 이 일치 혹은 화해가, 특히 진리에 대한 그리고 이 진리의 관개체적 혹은 관세대적 교통에 대한 그리고 이 진리의 역사적 규범성에 대한 인식과 관련해, 하나의 절대적인 의미 지평을 이념적으로 형성해야 하는 것으로 보인다. 다르게 말해, [이번에는] 언표 작용의 지형 위로 이동해 이를 논해 본다면, 이 일치 혹은 화해가 나je(혹은 나는 말한다je dis, 나는 생각한다je pense, 나는 산다je vis)의 전유와 이 나의 우리Nous — '세계'

---

10 [옮긴이] 여기에서 '개체성'은 individualité를 번역한 것인데, 이 맥락에서는 이를 '개인성'으로 번역하는 것은 의미를 너무 한정하는 것이며, 더 나아가 질베르 시몽동Gilbert Simondon식의 관개체적인 것le transindividuel의 존재론이 구조주의와 맺는 관계라는 맥락을 제거하게 된다. 하지만 뒤에서는 맥락을 살펴 너무 어색할 경우에는 '개체(성)' 대신 '개인(성)'으로도 옮기도록 하겠다.

혹은 '자연'(인간성[인류]은 물질적으로 이 세계 혹은 자연의 일부를 이루고 있다)과 초월론적으로 구별되는 인간성[인류]과 다소간 무매개적으로 동일시되는 — 와의 관계 맺음을 허락해야만 한다.

충만하며 인간주의적인 주체 형상에 관한 나의 이러한 특징화에 최소한 가설적으로는[임의적으로는] 동의한다면,[11] 이 지점에서 나는, 기술적인 방식으로descriptivement, 나에게 '구조주의'의 두 계기에(즉 구조주의 내에서 서로가 서로를 감싸는 두 가지 운동, 그리고 내 생각에는 반복되는 혹은 재시작되는 잇따름만이 그 유일한 [공통] 특징인 그러한 두 가지 운동에) 조응하는 것으로 보이는 다음과 같은 두 가지 연속적인 테제들을 주장하고 싶다.

첫 번째로, 구조주의는 주체의 목적론적 기능을 떠받치는 선확립된 자율성 혹은 조화의 선전제들을 폐지함으로써 이러한 주체를 발본적인 방식으로 파면한다destitue. 즉, '나'moi인/가 되는 '나'의, '고유한 것'le propre, own인 혹은 '고유함 내에 있는'en propre, eigentlich '자기'soi, self의, '우리'nous인 '나'와 '나'인 '우리'의 위대한 고전적 '동일성들'[정체성들] 혹은 '동일화들'[정체화들]이라는 선전제들 말이다. 그러나 이러한 파면[12]은 선언적 유형의 부정 — 그 안에서 개체화와 속함의 술어들 혹은 자기 현전과 의식의 술어들에 대한 무효화 혹은 전도가 이 무효화 혹은 전도 그 자체를 통해 주체의 본원성과 환원 불가능성을 (주체의 본질성, 주체라는 이름의 진리, 규정의 부재, 혹은 주체의 실체화된 또는 물화된 외양들과의 대립을 통해) 보증하는 규정들이 부재하는 지평, 이것들을 구성하는 선언적 유형의 부정 — 과

---

11 내가 방금 언표한 주체의 '등식'은 그 자체로서는 기입된 적이 아마 전혀 없을 것이다. 혹은 더욱 정확히 말해, 이 주체의 등식이 내포하는 단순화(즉 이 등식의 각 항이 포함하는 문제들에 대한 말소)는 구조주의와 '고전적인' 주체성 철학들 사이의 갈등이 지니는 '오해' — 그 안에서 각자는 상대방에 대한 부정으로 환원되는 — 에 불과한 것일 수 있다. '고전주의' 내에서 구조주의적 열림(데카르트적 나je의 '수행성'에 관한 것이든, 칸트적 '종합들'의 과잉 결정에 관한 것이든, 혹은 존재론적 차이에 관한 것이든)을 가능케 하는 모든 것은, '구조주의' 내에서 고전적 문제들에 대한 토론을 그리고 아주 단순히는 철학의 역사에 관해 우리가 행하는 독해를 갱신하는 바와 마찬가지로, 이 등식 내에서 사실상 말소된다.

12 컬로퀴엄 토론 도중 우리는 '설립'instituer, '복권'restituer, '구성'constituer이라는 단어들과 다양한 방식으로 대립되는 '파면'destituer이라는 단어가 자크 라캉의 것임을 상기시켰다.

는 그 어떠한 경우에도 혼동되어서는 안 된다. 하지만 또한 이러한 파면은 주체성에 대한 혹은 주체/대상 간 차이에 대한 어떠한 오인[무시 혹은 무지]과 혼동되어서도 안 된다. 인격주의적 혹은 초월론적 비판들이 구조주의 ― 그 구호가 [이 비판들의 착각 속에서는] 일종의 주체의 대상으로의 대체(심지어 이 대체되는 대상이 형식적 대상 혹은 잔여적 대상 혹은 복잡한 대상이라고 하더라도 어쨌든)인 그러한 구조주의 ― 의 것이라 비난했던 그러한 오인 말이다. 나는 실제로는, 그리고 바로 다음과 같은 지점에서 구조주의가 [칸트적] 코페르니쿠스 혁명과 니체적 계보학과의 복잡한 관계 속에서 비판이라는 용어에 하나의 새로운 의미 작용을 부여했던 것인데(하지만 [시간이 부족하기에] 이 자리에서 이 점에 관해 제대로 논의하는 것은 불가능하다), 구조주의 운동의 전형성은 주체의 탈구축déconstruction과 재구축reconstruction, 혹은 아르케archè(원인cause, 원리principe, 기원origine)로서의 주체의 탈구축과 효과로서의 주체성의 재구축, 더 나아가 결국 구성하는 주체성subjectivité constituante에서 구성되는 주체성subjectivité constituée으로의 이행이라는 동시적 작동 내에 놓여 있다고 생각한다.

하지만 [두 번째로] 이 결정적이면서도 눈부시게 빛나는 첫 번째 운동은 두 번째 운동 ― 나에게는 이 두 번째 운동이 (데리다가 말했듯) 탈자연화[본성의 훼손], 과잉 혹은 대체 보충의 서로 다른 양태들 아래에서의 주체성의 변질에 조응하는 것으로 보이며, 이 대체 보충 안에서 모순어법적인 방식으로, 그래서 결과적으로, 원인의 효과로의 전도, 본원적인 것의 현사실성facticité으로의 전도 등등이라는 관념보다 경험의 불가능성의 조건이라는(혹은 '불가능한 것의 경험'으로서의 경험의 조건이라는) 관념에 더욱 내밀하게 관계 맺는 방식으로, 주체성이 어떠한 한계(그 넘어섬이 어떠한 의미에서는 표상 불가능한 것으로 남아 있으면서도 동시에 항상-이미 요구되고 있는 그러한 한계)의 근방인 것으로 형성되거나 명명된다 ― 이 이 첫 번째 운동을 과잉 결정하고 정정하게 되는 한에서만 자신의 의미를 취하는 것이다.

일반적으로 이 두 번째 운동은 구조주의적인 운동으로보다는 '포스트-구조주의적인' 운동으로 간주된다. 우리가 주체성 그 자체의 생산의 작동자를 혹은 자기 인지로서의 그리고 대상으로부터의 거리 두기 — 우리가 이 대상을 기술하기 위해 활용하는 용어들이 무엇이 되었든 — 로서의 주체성 효과의 생산의 작동자를, 구성하는 기능에서 구성되는 기능으로의 전도의 실행을 가능케 해주는 형식 혹은 형식주의를, 규정된 하나의 경험장 내에 적용 가능한 그러한 형식 혹은 형식주의를 총칭적인 방식으로 구조라 부를 수 있는 한에서[구조주의], 반면 주체의 도주점으로서의 표상 불가능한 것의 돌발 내에서 혹은 실행 불가능한 sans exécution possible 명령(위반해야 한다는 명령이든, 사라져야 한다는 명령이든, 스스로를 동일시해야 한다는 명령이든 혹은 스스로를 형태 변환해야 한다는 명령이든)의 '수행적 모순' 속에서 우리가 관계하고 있는 것이 구조의 해소 — 흐름을 위해서든, 산종을 위해서든, 기계를 위해서든 혹은 물chose을 위해서든 — 인 것으로 보이는 한에서[포스트-구조주의] 말이다. 그러나 포스트-구조주의란 사실 존재하지 않는다는 것, 혹은 포스트-구조주의(국제적인 '수출' 또는 '수용' 또는 '번역'의 틀 내에서 이러한 이름으로 명명된 바)가 항상 그리고 여전히 구조주의이며, 강한 의미에서의 구조주의는 이미 포스트-구조주의라는 것, 정확히 바로 이것이 나의 가설이다. 우리가 구조주의에 결부할 수 있는 모든 '위대한' 텍스트들은 이 두 가지 운동 모두를 내포하고 있다. 비록 내가 이 두 운동 사이에 강조점[방점]에서의 차이들이 존재한다는 점, 그리고 경향적으로 구조주의자들의 운동이 하나의 [구조주의적] 제스처에서 다른 하나의 [포스트-구조주의적] 제스처로 나아간다는 점은 인정하지만 말이다. 그래서 사람들은 '구조들의 구조주의'로부터 혹은 구조들과 불변항들에 대한 탐구로부터 '구조들 없는' 구조주의로의, 또는 오히려, 구조들의 비규정 작용 혹은 구조들의 내재적 부정에 대한 탐구로의 이행을 말하고 싶어진다. 나는 이 자리에서 이 두 운동 각각이 어떠한 부당 전제의 형태로 순환[논법]적인 방식으로만 기술될 수 있다는 점을 기꺼이 인정한다. 다시 말해, 나는 구조주의의 의미에서, 그러니까 이러한 해석의 필요로부터, 주체에 대한 '인간주의적' 등식의 탈구축에 근거해, 구성하는 주체의 구성되는 주체성으로의 전도 장치를 '구조'라 부른다. 그리고 나는 한계 그 자신의 현전 불가능성에서부터 출발해 이 한계가 재기입되는 하나의 계기를 '포스트-구조주의'라, 혹은 구조주의 자신의 설명적 구성 너머의 구조주의라 부른다. 하지만 이와 상관적으로 나는, [사람들이 통상적으로 제시하곤 하는] 고질적인 주장과는 반대로, 주체라는 질문이 구조주의와 함께하기를, 이 구조주의의 방향을 규정하기를 멈춘 적이 전혀 없었다는 점을 인정하기를 단순히 요구할 뿐이다. 그리고 사실, 나는 구조주의가 주체를 명명하거나, 이 주체에 어떠한 정초적 기능을 할당하거나, 또는 이 주체를 위치 짓고자 시도했을 뿐만 아니라, 또한 가장 정확한 의미에서 이 주체를 사유하고자(여기에서 이 사유하기란 아마도 선행하는 '작동들'을 작동들[그 자체]로 사유하기를 의미하는 것과 다름없을 것이다) 시도했다고 생각한다.

이제, 우리가 매우 추상적인 용어들로 환기했을 뿐인(우리는 이 점을 인정해야 한다) 이 두 계기[즉 구조주의의 계기와 포스트-구조주의의 계기] 각각을 조금 더 정확히 설명하기를 시도해 보자.[13] 우선 첫 번째 계기인 탈구축과 재구축, 구성하는 것에서 구성되는 것으로의 이행을 보자. 이 첫 번째 계기에 관해 나는 많은 가능성들 가운데에서 세 가지 특권화된 예시들을 제시하고자 하는데, 이 세 가지 특권화된 예시들 사이의 잇따름은 주체성 효과라는 질문에 대한 심화를 구성할 뿐만 아니라, 그와 동시에 구조에 대한 형식적 개념화에서 이 구조에 대한 점점 더 내용적인matérielle[혹은 물질적인] 개념화로의 점진적 전위를 구성하기도 한다. 물론 나는, 이 자리에 모인 청중들이 매우 고전적인 그 맥락들을 이미 알고 있거나 그렇지 않다면 앞으로 스스로 찾아볼 수 있을 것이라는 전제하에, 이 세 가지 특권화된 예시들을 (이 예시들을 가지고서 내가 행하는 활용을 지시하기 위한 목적에서) 극도로 암시적인 방식으로만 환기할 수 있을 뿐이다.

나는 내 첫 번째 예시를 에밀 뱅베니스트에게서 가져오는데, '언어 내 인간' 혹은 '언어 내 주체성'이라는 그의 주제계는, 이 주제계의 이름 그 자체로 인해 실행적으로, 구성하는 것에서 구성되는 것으로의 전도 과정에 대한 하나의 지

---

13 우리가 활용한 용어들은 매우 추상적일 뿐만 아니라 모순을 직접적으로 지니고 있기까지 한 그러한 용어들인데, 왜냐하면 [구조주의와 포스트-구조주의에는 어떠한] 학파의 학설도 공통의 테제도 존재하지 않는다고 언표한 뒤에, 이제 내가 일련의 공통된 특징들을 제시하려 하기 때문이다……

칭이다. (몇몇 낭만주의자들이 이미 주장한 바 있듯) '인간이 언어를 말하기'l'homme ne parle la langue(혹은 언어들을 말하기)보다는 언어가 '인간을 말하는'la langue parle l'homme 것이기 때문만이 아니라, 언어가 인간을 정확히 주체의 자격으로 '말하기' 때문에도, 혹은 오히려 이 언어가 언어 체계 내로 던져진 인간 혹은 인간 개인이 스스로를 주체로 명명할 가능성을 또는 [더 나아가 그] 가능성들의 한계를 말하기 때문에도 그러하다. 이 자리에서 나는 뱅베니스트의 저서『일반언어학의 여러 문제』에서 이렇게 제시된 테제가 언어학적으로 '참'인지 아닌지에 관해 탐구하는 대신 이 테제의 의미를 드러내고자 시도할 것이다.14 여기에서 중요한 점은 뱅베니스트가 자신의 언표énoncé와 언표 행위énonciation 사이의 구별(로만 야콥슨에게서 코드와 메시지 사이의 구별과 유사한)을 인칭대명사 분류화에 대한 비판적 재주조와 결합한다는 사실인데, 나는 이를 다음과 같이 해석한다.15 우리는 뱅베니스트에게, 최소한 인도-유럽어들에서는(혹은 이 인도-유럽어들에 대한 지배적[일반화된] 활용 내에서는), '인칭적'인 것으로 분류화된 대명사들이 사실은 두 가지 부류로 분할된다는 점을 알고 있다. 그러니까 1인칭과 2인칭 대명사들은 언표 그 자체 내에 언표 행위를 함축하고 있으며 대화 과정 내에서 자신들의 자리를 서로 교환할 수 있는 유일한 '참된' 대명사들인 반면, 3인칭 대명사는 주체를 배제하는 하나의 '불변항'을 표상하며 보통명사와 동일한 양태에 따라 단수에서 복수로 이행한다. 따라서 주체성은 다음과 같은 이중적 이항 대립 체제에 의해 특징지어진다. 한편으로, 개인적 자리들의 교환을 설립하지만 의식들 사이의 교환 가능성은 배제하는, 인격들에 내부적인 이항 대립(나Je/너Tu)이 존재하며, 다른 한편으로, 나Je라는 주체를 위해, 때로는 포함적 우리Nous가 이 나의 의식의 중심에 전체Tout — 이 우리는 (루소가 말했듯) 이 전체의 '불가분적 부분'이다 — 의 잠재

---

14 [옮긴이] 이 뱅베니스트 저서의 국역본으로는, 에밀 벵베니스트, 『일반언어학의 여러 문제』(1, 2권), 김현권 옮김, 지만지, 2012/2013을 보라.

15 [옮긴이] énonciation을 지금까지 구조주의적 저자 기능론의 견지에서 '언표 작용'이라 옮겼지만, 뱅베니스트 언어학의 맥락에서는 '언표 행위'라는 역어가 통용되며 또 그 맥락에서는 이 역어가 적합하기에 예외적으로 여기에서만 '언표 행위'로 옮겼다.

적인 하나의 표상을 설치하도록, 때로는 배제적 그들Ils이 공동체를 사물들의 세계 속으로 밀어 넣는, 그래서 결과적으로 주체를 회의주의 혹은 불행한 의식……속으로 밀어 넣는 그러한 소외의 가능성을 설치하도록 만드는, 그러한 서로 다른 복수성의 형태들에 의해 확립된 이항 대립이 존재한다.

　나는 그 두 번째 예시를 라캉에게서, 특히 1966년 출간된 그의 논선집『에크리』를 열고 닫는 두 텍스트「'도둑맞은 편지'에 관한 세미나」와「프로이트적 무의식에서 주체의 전복과 욕망의 변증법」에서 가져온다. 우리 모두의 기억 속에 남아 있는 [탁월한] 분석에서, 뱅상 데콩브는 이 두 텍스트가 코제브Alexandre Kojève적 헤겔 독해에, 그러니까 욕망의 무한성 — 주체는 이 욕망의 무한성 안에서 영원히 잃어버린 완전성이라는 미끼를 쫓아갈 수밖에 없다 — 을 중심으로 인정과 죽음 투쟁을 상호 연결하는 변증법에 대한 인간학적 해석에 빚지고 있는 바가 무엇인지 정확히 보여 주었다. 하지만 나는 오히려 상징계의 심급과 상상계의 심급으로의 주체의 양분과 관계되어 있는 또 다른 측면을 강조하고자 한다. 라캉의 유명한 정식을 따라 주체를 "기표가 다른 기표를 위해 표상하는 바" ce qu'un signifiant représente pour un autre signifiant, 그러니까 절대적으로 비인격적인 (심지어는 우발적인aléatoire) 연쇄의 이어짐insistance 혹은 발발incidence을 따라 기표가 한 담지자로부터 다른 담지자로 무한히 전달하고 이전시키는 바로 정의하는 것, 이는 주체로부터 그 실존을 박탈하는 것이 아니라, 오히려 이 주체를 어떠한 반영 속에서, 그러니까 이 주체가 기표화하는signifiante 연쇄의 뒤편으로 투사된 대타자Autre의 혹은 자신의 기원으로 상상된 대타자의 욕망(이 대타자의 욕망은 또한 욕망의 비극적 부재일 수도 있다)을 해석함으로써 그리고 환상의 작업을 통해 스스로를 이 욕망의 '대상'으로 만듦으로써 스스로가 구축하는 그러한 '동일화들'[정체화들]의 반영 속에서 스스로를 인지하도록 소환하는 것이다. 여기에서 구성하는 것에서 구성되는 것으로의 전도는, 나Je와 자아Moi라는 주체의 두 이름이 취하는 특수하게 프랑스어적인 이중성을 프로이트적 심급들인 나Ich와 그것Es에 포개어 놓는 라캉적 용어법이 파스칼적인, 그러니까 결국 데카르트적인 원천들뿐만 아니라 또한 칸트적인 순수이성의 오류 추리에 대한 뒤틀기 — 이 뒤틀기 속에서 주체는 스스로를 '대상'(혹은 '현상')의 모든 자리들에(이 자리들이, 그것이 어떠한 욕망이든 상관없이 욕망의 표상들에 의해 조금이라도 투여된 것으로 보인다면) 투사한다 ─ 에도 준거하기에 그만큼 더욱 흥미로운 것이다.

세 번째 예시는 레비스트로스인데, 그러나 우리의 레비스트로스는 「마르셀 모스 저작 입문」, 『친족관계의 기본구조들』 그리고 『구조인류학』의 레비스트로스가 아니다(물론 우리의 주제와 관련해 이 레비스트로스로부터도 끌어올 것들이 많이 있겠지만). 왜냐하면 이 레비스트로스에게서 '주체'는 이 주체가 수용하는 것을 통해서, 혹은 더 정확히 말해 모든 조합combinatoire 또는 모든 불변성invariance의 조건으로서의 어떤 특정한 빈 자리가 언어의 질서 내에서 그리고 이와 동시에 사회적 전체의 두 '절반들'moitiés ─ 이 두 절반들[즉 '반족들' 혹은 '모이어티들'] 모두는, 이것들의 중첩이 순수한 우연성contingence으로 나타남에도 불구하고, 엄밀하게 결정된 것이다 ─ 사이의 교환 혹은 상호성의 질서 내에서 과잉 결정될 수 있는 방식을 통해서, 본질적으로 자리로 정의되기 때문이다.16 우리의 레비스트로스는 더 후기의, 철학자들에게서 여전히 너무도 알려져 있지 않은 레비스트로스, 파트리스 마니글리에가 나의 눈에는 그에 대한 매우 계발적인 것으로 보이는 논평을 최근에 제시한 바 있던 그러한 레비스트로스이다.17 그러니까, 이는 예를 들어 『신화학』 4권 『벌거벗은 인간』 ─ 이 『벌거벗은 인간』의 결론은 『야생의 사고』에서 예고된 과업을 성공적으로 수행한다 ─ 의 레비스트로스이다. 이 레비스트로스에게서 주체와 관련해 '구성되는' 것(게다가 구성하는 것으로서 구성되는 것constitué en tant que constituant)은 "사고" 그 자체인데, "이 사고의 구성적 경험은 자아와 타자 사이의 이항 대립opposition의 경험이 아니라, 이항 대립[그 자체]

---

16 나는 친족 구조 내의 '명명'과 '동맹' 사이의 관계에 대해 레비스트로스가 제공하는 기술description을 이러한 방식으로 해석한다. 이 관계는 기호의 자의성에 관한 소쉬르적 주제계로부터 영감을 얻은 것인데, 나의 눈에는 바로 이 관계가 레비스트로스가 제시하는 또 다른 주제계인 구조들의 구조(여성, 재화 그리고 말 사이의 삼중적 교환)에 관한 사변적 주제계보다 훨씬 더 흥미로운 것으로 보인다.

17 마니글리에는 잡지 『현대』에 이 논평을 게재했다[이 논평의 서지 사항은 다음과 같다. Patrice Maniglier, "De Mauss à Claude Lévi-Strauss: cinquante ans après. Pour une ontologie Maori", *Archives de philosophie*, 2006/1(tome 69). 아래 큰따옴표 속 인용은 이 마니글리에의 논문으로부터 가져온 것이다].

으로 이해된 그러한 타자 자신의 경험이다. 이러한 내속적 고유성propriété intrinsè-que — 사실은, 절대적으로 주어질 수 있는 유일한 것인 — 이 없다면, 나에 대해 구성적인 의식화[즉 나를 구성하는 의식화]는 가능하지 않을 것이다. 관계로 포착 가능하지 않다면, 존재는 무와 다르지 않은 것이 될 것이다. 따라서 신화의 출현 조건들은 모든 사고의 출현 조건들과 동일한데, 왜냐하면 이 사고는 어떠한 대상에 대한 사고일 수밖에 없기 때문이며, 또한 이 어떠한 대상은 (……) 주체를 주체로 구성한다는 그리고 의식 그 자체를 어떠한 관계의 의식으로 구성한다는 사실로부터만 대상으로 존재하는 것이기 때문이다"(지각 내에 주입된 "최초의 이항 대립"에서부터 말이다). 이렇듯 구조는 더 이상 하나의 전체가 아니며, 구조는 더 이상 그 정확한 의미에서의 하나의 조합도 아니고(사실을 말하자면, 이 전체와 조합 두 가지는 서로 분리 불가능한 것이다), 대신 이 구조는 서로가 서로에게 응답하는 만큼의 많은 서사들récits 안에 삽입됨으로써 자연을 문화의 패러다임으로, 즉 그 안에서 인간들이 자신들 고유의 관계들을 그러니까 자신들의 독특성을 투사하는 그러한 구체적 타자성의 패러다임으로 만드는 이항 대립적 쌍들이 딛고 선 토지의 표면으로 무한히 확장되고 다양화된 하나의 전위 과정이다.

이 세 가지 예시에 대한 취급이 너무 소략한 것임에도 우리는 이 예시들이 다음과 같은 두 가지 교훈을 이끌어 낸다는 점은 확인하게 된다. 우선 첫 번째 교훈은 다음과 같다. 구조주의 담론들이 말하는 혹은 활용하는 혹은 구성하는 구조는 절대로 일차적 수준de premier degré(혹은 가스통 바슐라르가 말했듯 '일차적 입장' première position)의 구조, 불연속의, 차이의 혹은 변화와 불변성의 법칙에 종속된 부분들로 구성된 총체성 혹은 체계가 아니라, 항상 '이차적 입장'de seconde posi-tion의 구조, 그러니까 차이들의 차이를 자리하게 하는 방식으로의 이차적 수준 의au second degré 논리적이고 유비적인 형식들에 대한 활용으로서의 구조이다. 여기에서 이 차이들의 차이를 우리는 '주체'라 이름 붙일 수 있을 것이며, 이는 체계에 관한 하나의 관점을 규정하게 될 것이다. 바로 이러한 의미에서, 이는 모든 구조주의가 취하는 심원한 라이프니츠주의이다. 두 번째 교훈은 다음과 같다. 구조주의는 그 시원적 작동에서부터 항상-이미 정치적이며, 정치적으로 전복적이다. 앞서 내가 거의 헤겔적인 용어들로, 하지만 또한 루소적, 칸트적 혹은 뒤르켐적일 수도 있을 그러한 용어들로, 나je를 우리Nous와 동일시하는(헤겔의 『정신현상학』에 등장하는 핵심 문장이 바로 "우리인 나, 나인 우리"Ich, das Wir, und Wir, dans Ich ist이다), 고전적 주체의 구성하는 기능 내에 (심지어 초월론적 선전제와 실천적 도달점이 취하는 목적론적 형태일지라도) 근본적으로 기입되어 있는 가능성을 환기했던 것은 우연이 아니다. 하지만 자신들의 구조와 함께[자신들의 구조 개념을 통해] 구조주의자들은 나moi와 우리nous 사이에, 다시 말해 '자기'soi와 '자기' 사이에 하나의 '뼈'os와 같은 것을 항상-이미 삽입하는데, 이 뼈가 바로 주체를 구성하는 타자autre이다. 이를 통해 구조주의자들은 잠재적으로 공동체를 하나의 소여 혹은 하나의 해결이 전혀 아니라 무한히 개방된 혹은 재개방된 문제로 형성해 낸다.

하지만 사실 이를 통해 이미 우리는, 내가 두 번째 운동이라, 구조주의에 내재하는 포스트-구조주의 — 사실 이 포스트-구조주의 없이는 구조주의도, 혹은 구성된 그리고 파생된 주체성이 지니는 효과들을 구성하는 구조 활용도 존재하지 않을 것이다 — 라 불렀던 바를 건드리고 있는 것이다. 우리가 주체는 스스로를 분할하지 않고서는, 그리고 특히 기표, 언표 작용 형식 또는 변이 — 이 주체 자신이 바로 이 기표, 언표 작용 형태 또는 변이의 흔적이다 — 에 의해 이 주체가 스스로로부터 분리되지 않고서는 스스로를 구성하지 않는다고 말할 때, 도대체 이는 무엇에 관한 것인가? 이는 다른 주체, 즉 주체 자신의 어떠한 한 분신에 관한 것이 아니며, 또한 구성된 대상성, 즉 현상성이라는 의미에서의 어떠한 한 대상에 관한 것도 아니다. 비록 어떠한 의미에서는 이것이 그 이상plus이면서 동시에 그 이하moins이기도 하지만 말이다. 앞서 나는 '데리다적으로' 대체 보충과 과잉을 언급했다. 물론 나는 우리가 다른 용어법들을 채택할 수도 있으리라는 점은 알고 있다. 게다가 여기에서 용어법에서뿐만 아니라 스타일 또는 방법에서도 그 어떠한 만장일치가 존재할 수 없다는 점은 말할 것도 없다. 만일 [복수의] '구조주의들'이 서로서로에 대해 근본적으로 이단적이라면, '포스트-구조주의'는 과연 어떠할까? 그 저자들 중 몇몇은 스스로를 구조주의자로 내세운 적조차 전혀 없는(그리고 이 저자들은, 이 저자들을 서로 맞세움으로써 우리가 구조에 대한 소급적 효과를 가지고 만들어 낼 수 있을 거라 믿는 그러한 [추상적] 구축이라는 면에서 우리의 흥미를 유발하는 것이다) 그러한 담론들과 텍스트들은 어디에서 서로 만나게 되는 것인가?

하지만 이 지점에서 다음과 같은 사전적 언급이 필요하다. 극도의 신중함을 유지하면서 우리가 구조주의에 관해 포스트-구조주의가 지니는 비판적 요소를 그에 결부하고자 아마도 시도해 볼 수 있을 그러한 주제계가 존재하는 것이 맞다면, 나는 이 포스트-구조주의의 비판적 요소가 대상성과 사실성factualité을 위해서가 아니라 가치들의 변환 — 이 가치들이 본질, 토대 혹은 사실로 은폐되어 있다는 것에 대한 인정이 그 사전적 조건인 — 의 기획을 목적으로 하는 요소, 즉 규범과 규범성에 대한 비판의 요소일 것이라 생각한다. 바로 이러한 의미에서, 이는 모든 포스트-구조주의가 취하는 심원한 니체주의이다. 나는 이것이 구조들에 대한 '결정 과정들'déterminismes로의, 그리고 또한 '관계적 존재론'이라는 의미에서의 실체들entités로의, 동질적이거나 자기-존속적인auto-subsistants '체계들'로의, 그리고 이러한 의미에서 비모순의 실현된 이미지들로의 모든 동일화에 공통된 요소라고 생각한다. 또한 이는 푸코가 '권력' 혹은 '지식-권력'이라 부르는 바의 지평이기도 하다. 따라서 다시 한번 우리는 하나의 정치 내에, 혹은 하나의 메타-정치 내에 있게 되는 것이다. 하지만 그럼에도 우리는 이와 동시에 [지적] 분산 작용의 한가운데에 놓여 있는 것이기도 하다.

레비스트로스라는 예시를 다시 취해 보도록 하자. 이번에는 그 짧은 분량에도 거대한 효과를 생산하는, 그리고 동시대 인류학의 한 조류 전체와 교통하는 그러한 텍스트, 즉 『거리 둔 시선』의 12장인 「코스모폴리티즘과 정신분열증」Cosmopolitisme et schizophrénie을 살펴보자. 이 텍스트에서도 여전히 문제가 되는 것은 아마도 사고일 것인데, 그러나 이 텍스트가 말하는 것은 이항 대립들의 구조에 따른 사고가 아니며, 오히려 '사고 체계'의 형식 내 내용들에 대한 조직화의 두 양식들, 즉 신화mythe의 양식과 망상délire의 양식 사이의 차이들의 구조에 따른 사고이다. 민족-정신의학의 극단적으로 상대주의적인 변형태들을 신뢰하지 않는 레비스트로스는 이 신화의 양식과 망상의 양식 사이에 극복 불가능한 하나의 차이가 잔존해 있다고 우리에게 말한다. 하지만 또한 바로 이 레비스트로스가 우리에게 이러한 차이가 어떠한 고유한 본성도 지니고 있지 않으며 한 문화에서 다른 문화로 유효하게 변화하고, 그래서 결과적으로, 정상적인 것과 병리적인 것 사이의 차이와 관련해, 이 차이들 모두가 상호적 오인에, 그것까지는 아니라 해도 어쨌든 불확실성에 의해 지배되어 있다는 점을 보여 준다. 또한 다른 곳에서 이와 동일한 논증이 남성적인 것과 여성적인 것[이라는 쌍]과 관련해 이루어질 수 있었다. 일반적으로 이는 항상 복종화sujétion의 기회occasion인 혹은 최소한 그 기회가 될 수 있을 그러한 인간학적 차이들이라 내가 부르는 것이다. 하지만 이러한 인간학적 차이들은, 비록 이 인간학적 차이들의 실존이 우리 스스로가 가지고 있는 인간적인 것에 관한 표상과 분리 불가능하다고 해도(왜냐하면 인간적인 것에 대한 표상 없이는 인간성[인류] 또한 존재하지 않기 때문인데, 결국 인간성[인류]은 이 인간적인 것의 표상이다), 이 인간학적 차이들의 장소 혹은 지점이 (물신을 제시하는 경우를 제외한다면) 표상 불가능한 것으로 남아 있다는 불편한 지점이 있다.

하지만 바로 이 지점에 '주체'와 '복종화'로 구성된 하나의 이론적 상황이 놓여 있다. 이제 짧게나마 이 이론적 상황으로 되돌아올 시간이 되었다. 이 거대한 역사적historial '말놀이' 전체는 로마법으로부터 유래해 장-자크 루소, 프리드리히 니체, 조르주 바타유를 거쳐, 결국 구조 효과의 중심에서 권력 효과를 발견하고자 하는, 혹은 더 정확히는 이 구조 효과의 중심에서 저항으로 해석될 수있을 방해점[방해물 혹은 걸림돌]을 추적해 나가는 프랑스 철학 전체에 가장 명백히 공통된 스타일적 혹은 수사학적 특징이 된다. 바로 여기에서, 그 무엇보다도 먼저 우리는, 자신들에게 행해진 비난, 즉 주체를 노예 상태에 밀어 넣기 위해 이 주체를 구조들로 데려갈 뿐…… 이라는 비난을 이 구조주의자들 자신들보다 더 심각하게 받아들였던 [그래서 이를 자신들의 사고를 더욱 발전시키기 위한 자기비판의 거름으로 삼았던] 이는 그 누구도 존재하지 않았다는 점을 확인하게 된다. 사실이 어떠했는지 우리는 이미 잘 알고 있다. [구조주의자들에게는] 아마도 그 용어의 일차적이고 가소적인 의미에서, 복종화 없이는 주체도 없다는 사실(데리다가 이 과정 ─ 전유appropriation뿐만 아니라 수탈expropriation 또한 이 과정의 계기들을 구성한다 ─
을 고유화propriation라 불렀듯)을 말이다. 하지만 여기에서 주체의 복종화란 도대체
무엇인가? 주체의 복종화란 예속화assujettissement와 주체화subjectivation 사이의,
다시 말해 수동성과 능동성 사이의, 아마도 삶[생명]과 죽음 사이의, 혹은 형태
변환과 파괴 사이의 미분소이다. 우리는 이 주체의 복종화를 사고하기 위한 일
의적인 정식을 가지고 있지 않으며, 더욱이 이 주체의 복종화라는 전회 ─ 극단
적 폭력이라는 전회, 프로이트를 따라 라캉이 (주체의 의지와 욕망이 달라붙는 대상
들의 자리에 위치한) 탈개인화되고 탈주체화된 '물'la Chose, das Ding이라 부르는 바
(비록 우리가 더 이상 자기 현전이 아닌, 개인적 혹은 집합적 경험, 즉 주이상스jouissance 혹은 공
포의 경험이라는 '실재' 내의 그 환영적 현전 또는 과잉 현전의 예시들을 가지고 있기는 하지만)
의 돌발이라는 전회일 수도 있을 ─ 를 탐지하기 위한 기준들 또한 가지고 있지
않다.

그 정의상 발본적으로 아포리아적인 이러한 (대칭성도 전도도 없는 예속화와 주
체화 사이의 미분소로서의) '복종화'([영어로는] subjection)의 변증법에, 주디스 버틀
러는 (『권력의 정신적 삶』에서 이 변증법에 대한 하나의 탁월한 분석을 제출하면서) 하나의
보충적 역설을, 그녀 자신이 주체화의 무대에 위치해 있음과 동시에 이 무대 자
체에 구성적인 담론적 전회discursive turn(혹은 회귀return)라는 이름을 그에 적절한
방식으로 부여해 주는 그러한 역설을 추가한다.[18] 모든 구조주의자들은 이 담
론적 전회라는 이름을 가지기에 꼭 알맞은 이들인데, 이 구조주의자들이 메타-
언어의 용이성을 거부한다는 바로 그 정확한 의미에서 그러하다. 하지만 자신
의 시론 「이데올로기와 이데올로기적 국가 장치들」에서 이 역설에 어떠한 의미

---

18 [옮긴이] 여기에서 '그에 적절한 방식으로'는 non sans malice를 옮긴 것인데, malice를
'짓궂음'으로 번역하면 버틀러가 짓궂게도 이들을 '담론적 전회'를 수행한 이들로 규정했다는 의미가
되지만, 사실 현대 프랑스어에서 malice를 이렇게 활용하는 경우는 적다. 그래서 '솜씨 좋게' 혹은
'적절하게' 이들을 그렇게 규정했다는 식으로 옮기는 게 안전하지만 전자의 가능성도 존재하기에 언급해
둔다. 이 저서의 국역본으로는, 주디스 버틀러, 『권력의 정신적 삶』, 김세서리아·강경덕 옮김, 그린비,
2019를 참조하라.

에서는 그 순수 형태를 부여해 주는 이는 바로 알튀세르이다.19 알튀세르에게서, 자기 스스로를 명명하지se nomme lui-même 않는 '주체'는 존재하지 않는다. 혹은 오히려, 이론théorie이 주체를 스스로를 명명하는 이로, 그래서 이 주체가 아직은 주체가 아닌 것(즉 하나의 '전-주체'pré-sujet, 알튀세르의 용어법을 따르자면 바로 개인individu)으로부터 스스로가 돌발하도록 만드는, 그래서 바로 이를 통해 항상-이미 주체가 되는devient 그러한 제스처 속에서 스스로를 예속화하는s'assujettissant 이로 상연하지mette en scène 않는 그러한 주체는 존재하지 않는다. (형이상학적 주체와 같이 [대문자] 창조주의 상과 유사물은 아니라고 해도) 최소한 언어적 자기 원인causa sui의 아이러니한 수행 혹은 [영어로 표현하자면] 상연enactment[혹은 법률 제정]이지 않은 주체의 구조적 구성이란 존재하지 않는다. 이는 앞서 내가 단순히 그 아포리아를 표시하기 위한 목적에서 한계 그 자신의 현전 불가능성 — 우리가 지정 불가능한 차이, 폭력 혹은 발본적 수동성, 그러니까 또한 [대문자] 물Chose, 죽음의 얼굴, 호명의 원초적 장면 등등이라 부를 수 있는 바 — 으로부터의 이 한계의 현전화 혹은 재기입이라 불렀던 바이다. 이것이 구조주의의 무덤을 의미하는 것인지 아니면 자신의 무한한 재개와 재출발을 [스스로로부터] 이끌어 내는 질문을 의미하는 것인지 이제는 우리가 결정할 차례인데, 나는 어떠한 규범의 이름으로 이러한 결정을 내려 버리지는 않고자 주의한다.

내가 앞서 언급했던 논문 「구조주의를 어떻게 인지할 것인가?」에서 들뢰즈는 이러한 질문을 이미 예상하면서 자신의 개인적 스타일로 다음과 같이 썼다. "구조주의적 영웅"은, "신도 인간도 아니며 인격적이지도 보편적이지도 않으며, (……) 동일성[정체성]을 가지고 있지 않은 이이자 비인격적인 개인화들과 전pré-개인적인 독특성들로 만들어진 이"로서, "과잉들 혹은 결여들에 의해 변용되어 있는 어떠한 구조의 폭발을 보장"하고 "자신 고유의 이념적 사건을 [다른] 이념적 사건들에 대립시킨다……." 그 직접적 맥락으로부터 분리된 이 문장

19 [옮긴이] 국역본으로는, 루이 알튀세르, 『아미엥에서의 주장』, 김동수 옮김, 솔출판사, 1991에 실린 판본을 참조하라.

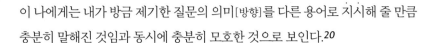

이 나에게는 내가 방금 제기한 질문의 의미[방향]를 다른 용어로 지시해 줄 만큼 충분히 말해진 것임과 동시에 충분히 모호한 것으로 보인다.[20]

20　[옮긴이] 「구조주의를 어떻게 인지할 것인가?」(질 들뢰즈, 『들뢰즈가 만든 철학사』, 박정태 옮김, 이학사, 2007)의 418, 419쪽을 참조.

부록 2
지식인들의 폭력

반역과 지성[1]

나는 우리 컬로퀴엄의 토론을 지식인들의 폭력이라는 주제, 그에 대한 언표가 하나의 명증한 모호성을 내포하는 그러한 주제에 관한 성찰로 시작하기를 원했는데, 우리[지식인들]를 호시탐탐 노리고 있는 위험을 쫓아내기 위해서라기보다는 뒤에서 우리가 다루게 될 질문 속으로 우리 자신을 연루시키기를 시도하기 위해서 말이다.

'폭력'의 장이 취하는 비결정성을 제거하기 위해서는, 질문과 분석의 특수한 시각들을 우리 자신에게 제공해 주는 것만으로도 아마 충분하지 않을까? 왜냐하면 이러한 비결정성은 지적 기능의 담지자들 — [과]학자, 작가, 연설가[또는 언론인] — 이 폭력의 순환으로부터 자연스럽게 스스로를 제외한다는 (그래서 결과적으로 폭력의 경제와 폭력의 정치 모두로부터 스스로를 배제한다는) 점, 혹은 이 폭력의 순환에 '상징적인' 방식으로만 관여한다는 점으로부터 상당 부분 유래하는 것이기 때문이다.

이 지점에서, 폭력에 대한 일의적 개념이란 존재하지 않는다는 일반적으로 인정되는 사실과 지식인들이 이 폭력에 대한 '장악력'prise을 가지고 있지 않으

1 [옮긴이] 이 글은 학술지 *Lignes*의 1995/2, n. 25에 수록된 에티엔 발리바르의 논문 "La violence des intellectuels"을 옮긴 것이다. 참고로 이 글은 〈폭력과 정치: 스리지 컬로퀴엄〉Violence et politique: Colloque de Cerisy(23-30 juin, 1994)에서 발표된 것인데, 아쉽게도 이 컬로퀴엄의 결과물은 책으로 출간되지 못했다. 이 글은 「마르크스의 철학」과 「마르크스의 정치」로 구성된 『마르크스의 철학, 마르크스의 정치』(에티엔 발리바르 지음, 윤소영 옮김, 문화과학사, 1995)에서 「마르크스의 정치」 부분의 3장으로 「지식인들의 폭력: 반역과 지성」이라는 제목하에 번역된 바 있다. 옮긴이가 참조한 이 훌륭한 번역본을 통해 이 소중한 글의 존재를 알려준 윤소영 교수에게 감사한다.

며 대신 이들이 이 폭력의 '관찰자'로 남아 있을 뿐이라는 사실 — 이는 이 지식인들의 역사적 규정(이들의 정치적 규정, 즉 국가적 규정 또한 포함하여) 내에 매우 심원하게 기입되어 있는 어떠한 목적성 혹은 이상과 모순된다 — 사이의 관계를 즉각 설정하도록 하자. 지식인들이 [단수의] 폭력과 [복수의] 폭력들에 관한 장악력을 가지기 위해서는, 아마도 이들은 이 폭력을 관찰[만]하[고 있]기를 멈춰야 할 것이며, 이를 위해서 이들은 그들이 항상-이미 폭력의 경제 내에 유적인 방식으로뿐만 아니라(예를 들어, 이성이나 담론과 같은 로고스에 고유한 폭력이라는 의미에서) 또한 특수한 형태들하에서도 연루되어 있다는 점을 발견해 내야만[깨달아야만] 할 것이다. 이 지식인들은 그들이 특수한 형태의 폭력들을 자기 자신들에게 그리고 타자들에게 행사하고 있다는 점을 발견해 내야만 하는 것이다.

지식인들의 폭력은 아마도 [폭력과 관련한] 사태들의 (사소한) 한 측면, 상당히 특수한 하나의 타격 지점에 불과할 것이다. 하지만 이 지식인들의 폭력이 지시하는 모호성(지식인들이 행사하는 폭력은 이 지식인들이 폭력에 대해 가지는 지각을 어떻게 규정하는가?)은 또 하나의 다른 고리와 관계 맺고 있다.[2] 사람들이 이미 빈번하게 지적했듯,[3] 서로 다른 '폭력들'은 서로 간에 교통 불가능하다. 가정적, 직업적, 도시적, 국가적 혹은 국제적 공간 내에서, 그 누구도 '폭력'이라는 말로 정확히 혹은 우선적으로 동일한 것을 지칭하지 않는다. 바로 이로부터, 적대적인 힘 혹은 이해 관심의 표현일 뿐만 아니라 또한 양립 불가능한 담론과 '세계관들'의 표현이기도 한 폭력 고유의 교통 불가능성으로 인해 유지되는 것으로 보이는 해결 불가능한(정확히 바로 이 폭력 자체에 의해 [폭력적인 방식으로] 해결되는 것이 아니라면 말이다) 쟁론이 유래한다. 그러나 각자에게는, 이들 각자가 '폭력'(혹은 위반, 혹은 침해, 혹은 절대적 부정의)이라 부르는(이 폭력이라는 단어를 모든 분할들의 공통 장소 — 나눔이 엄격히 불가능한 — 로 만들면서) 무언가가 [각기] 존재한다.[4] 바로 이 고리가 내가

---

2 [옮긴이] '고리'는 cercle을 옮긴 것인데, 맥락에 따라 '고리' 혹은 '원환'으로 옮기도록 한다. 발리바르가 이 글 전체에 걸쳐 활용하는 비유라 지적해 둔다.

3 예를 들어, Yves Michaud, *Violence et politique*, Gallimard, 1978을 보라.

4 [옮긴이] 여기에서 저자는 '분할들'divisions이 취하는 '공통의 장소'lieu commun가 엄격히 '나눔

숨겨진 뒷문으로 들어가 [폭력을 직접적이지 않고 간접적인 방식으로 다룸으로써] 풀어 버리기를 시도해 보고 싶은 것이다.

1. 상징 폭력과 폭력의 지성[5]

우선 지식인들이 자신들에게 그리고 타자들에게 행사하는 폭력들(더 일반적으로는 '어떠한' 개인이든 개인 서로에 대해 지성적으로 행사하는 그러한 폭력들)이 '현실적'인지 아니면 '상징적'인지를 질문하는 것이 적절하다. 하지만 이러한 양자택일이 유의미한 것일까? 만일 우리가 그 서로 다른 형태들(주입과 정상화, 믿음, '문화 자본'의 독점, '지적 테러리즘', 종용과 동원……) 내에서의 상징 폭력[6]을 신체의 온전함을 침해하거나 생명을 위협하는 폭력들과 동일한 평면에서 폭력 그 자체의 변형태들 중 하나로 환원한다면, 그러니까 예를 들어 우리가 '양심의 침해'viol des consciences(이 표현이 발명되었던 16세기에 사람들이 말했듯 양심의 '강간'forcement)와 성폭력 사이에 차이를 두지 않는다면, 우리는 일종의 사기를 치게 되는 것이다. 최소한 여기에는 그 경계를 넘어서는 것이 중요한 의미를 지니는 그러한 임계[문턱]가 존재한다. 다른 한편으로, 만일 우리가 상징 폭력이 최소한 '그 극한에서는' 하나의 폭력이라는 점(혹은 다음과 같이 말하기를 더 선호한다면, 모든 권력의 한계가 하나의 폭력인 것과 마찬가지로 상징 권력의 한계 또한 하나의 폭력이라는 점)을 무시한다

혹은 분할 불가능하다'impartageable는 표현을 통해, 상당히 복잡하며 미묘한 뉘앙스를 전달하고자 한다. partager는 한국어로 '나눠 주다'(혹은 '분할하다')와 '공유하다'의 의미를 함께 지니며, 그래서 이 두 의미를 모두 가지는 한국어 '나눔'을 역어로 선택했다.

5 [옮긴이] 여기에서 '지성'은 intellectualité를 옮긴 것이다. intelligence와 intellect 또한 '지성'으로 동일하게 옮겨 줄 것이기 때문에 원어를 병기해 이들을 구분해 주도록 하겠다. intellectuel은 맥락에 따라 '지적인' 혹은 '지식인'으로 옮기도록 한다.

6 (최소한 프랑스어에서는) 내속적으로 애매한 이 표현의 활용이 일반화된 것은 특히 피에르 부르디외 때문이다. 참고로 최근 부르디외는 로익 바캉Loïc D. Wacquant의 질문들에 대한 답변을 책으로 출간했다. *Réponses*, Le Seuil, Paris, 1992, pp. 116~149를 보라[국역본으로는, 피에르 부르디외·로익 바캉, 『성찰적 사회학으로의 초대』, 이상길 옮김, 그린비, 2015를 보라].

면, 이로 인해 우리는 상징 폭력이 어떻게 폭력에 하나의 차원 — 그것 없이는 폭력 일반이 가능하지 않을 — 을 실체적으로 추가하는지를 이해할 수 있는 수단을 스스로 버리게 되는 것이다. 다시 말해 상징 폭력이 없다면 폭력은 스스로를 조직할 수도, 스스로를 일반화할 수도, 주체적으로[혹은 주관적으로] 스스로를 지지할 수도 없는 것이다(우리는 합리화 없는, '문장 없는'sans phrase — 이 문장이 내적 담론의 성격을, 심지어는 무의식적 담론의 성격을 지니는 경우라 해도 — 폭력이 진정 존재할 수 있는지 질문해 볼 수 있다[7]). 여기에서 난점은 상징 폭력의 스펙트럼이 자기에 대한 자기의 관계rapport de soi à soi — 각자가 '문화' 혹은 '문명'과 자기 자신이 맺는 관계 속에서 겪게 되는 그러한 자기에 대한 자기의 관계 — 에서부터 역사적으로 변별적인 사회들이 보편적임과 동시에 진화적인 사회적 기능으로서의 지적 기능을 자율화하고 분배하는 방식에까지 걸쳐 있다는 점으로부터 초래된다.

이미 여러 철학자들이 자기에 대한 그리고 타자들에 대한 지적 관계에 특징적인 하나의 양가성, 평화와 전쟁 사이에서 그리고 우정과 폭력 사이에서 항상 진동하는 그러한 지적 관계에 특징적인 하나의 양가성이 존재한다는 점을 인식해 이를 표현했다. 교육자로서의 기능이 자유로운 철학적 성찰에 강제할 위험이 있는 그러한 제약 때문만이 아니라 또한 ('사유의 스승'[사고하는 방식 자체를 가르치는 스승]으로서) 스스로가 [타자들에게] 행사하게 될 (그리고 그 반작용으로 자기 자신의 사고에도 틀림없이 미치게 될) 그러한 제약 때문에도 교수직을 거절했던 바뤼흐 스피노자의 경우가 그러하다.[8]

만일 우리가 그 일반성 전체 내에서의 상징 폭력이라는 질문을 제기하고자 한다면, 나에게는 다음과 같은 두 가지 접근을 결합하는 것이 필수적인 일로 보인다. 첫 번째로, 우리에게는 담론의 폭력 — 고유하게 담론적인 폭력(즉 이 폭력

7　[옮긴이] 여기에서 '성격'은 ordre를 옮긴 것으로, 사실 여기에서 저자는 암묵적으로 푸코의 표현인 '담론의 질서', 즉 ordre du discours를 강하게 암시하고 있다.

8　이는 스피노자의 하이델베르크 교수직에 관한 이미 잘 알려져 있는 에피소드이다. 스피노자가 파브리키우스Fabritius에게 보내는 1673년 3월 30일자 편지(48번째 편지)를 보라[국역본으로는, 스피노자, 『스피노자 서간집』, 이근세 옮김, 아카넷, 2018을 참조].

의 '힘'에 대한 표현, 이 폭력의 '우위'를 획득 가능하게 해주는 수단들에 대한 추구)과 담론의 물리적(다시 말해 신체적) 폭력 — 에 관한 하나의 현상학이 필요하다. 규정된 경험들 내에서 사고의 상징적 골조에 '신체'를 부여하는 것은 바로 이 두 폭력 사이의 공모이다.

이러한 폭력은 우선 명령의 폭력, 즉 믿으라는, 희망하라는, 찬동하라는, 인정하라는, 그리고 주어진 상징적 동일성 내에서 스스로를 인지하라는 (또한 이와 상관적으로 오인[무시]하라는, 거부하라는, 부정하라는) 명령의 폭력이다. 이 모든 것은 이후 성 아우구스티누스가 '정치적' 목적에서 다시 취했던 『누가복음』 14장 21~24절의 "밖에 있는 이들을 안으로 들어오게 하라"compelle eos intrare(anagkason ei-selthein)로 요약될 수 있다. 그리고 『사회계약론』 1편 7장의 유명한 문장, 즉 "그러므로 사회계약은 그것이 헛된 서식이 되지 않기 위해, 유일하게 다른 약속들에 효력을 줄 수 있는 다음과 같은 약속을 암묵적으로 포함한다. 그것은 누구든 일반의지에 복종하길 거부하면 단체 전체가 그를 강제로 복종시킨다는 것이다. 이것이 뜻하는 것은 다음과 다르지 않다. 우리는 그를 강제로 자유롭게 만들 것이다. 왜냐하면 이 계약 조건으로 인해 시민 각자는 자신을 조국에 바치면서 모든 대인 의존으로부터 보호되기 때문이다"에서도 그 부인할 수 없는 흔적이 발견된다.9 이는 자유의 적을 위한 자유는 없다는, 우리가 여전히 탈출하지 못하고 있는 거대한 질문이다!

명령의 실천 또한 말parole의 사용을, 단어들mots의 유통을 규제[조절]하는 하나의 방식이다. 이는 침묵하게 만들거나 말하게 만드는 것이다. 침묵으로의 환원을 위한 단어들이 존재하며, 마찬가지로 고백이나 믿음의 표명을 강제하기 위한 단어들 또한 존재하는데, 바로 이 지점에서 상징 폭력이 자신의 신체를 가지게[구체화] 되는 것이다. 침묵과 말 사이의 차이보다, 침묵에서 말로의 (그리고 그 역으로의) 이동과 '이행'보다 더 물리적[신체적]인 것은 없다. 따라서, 이 지점에

---

9 [옮긴이] 장-자크 루소, 『사회계약론』, 김영욱 옮김, 후마니타스, 2018, 29쪽에서 가져온 번역임을 밝힌다.

서 우리에게 필요한 것은 오늘날 [영미권] 인지주의자들이 발견하는 것과 같은 사유 언어language of thought의 문제 설정이기는커녕, 바로 표현 가능한 것에서 표현 불가능한 것으로의, 그리고 그 역으로의 이동이라는 문제 설정이다. 이 또한 스피노자가 지크문트 프로이트 이전에 간파했던 바, 즉 사고가 그 일부분을 이루는, 그리고 '관개체적인 것'을 사고의 조건 그 자체로 만들면서 담론의 내적 경계들을 횡단하는 그러한 생명 에너지énergie vitale의 문제 설정이다. 여기에서 문제는 의미론적이기보다는 화용론적이다. 단어들은, 그 안에서 폭력이 단어들의 사용에 대한 접근을 통제하거나 강제하기 위해 행사되는 그러한 조건들에 이 단어들이 준거하는 한에서만 그 자체로 '폭력적'(그것이 억압적 폭력이든 자유화적 [해방적] 폭력이든)이다. 왜냐하면 폭력은 바로 단어들이라는 수단을 통해 집합적으로 야기되거나 통제되고 독점되기 때문이다.

그러나 이러한 현상학적 접근만으로는 충분하지 않을 것이다. [두 번째로] 교통의 한계들을 드러내는 갈등인 교통의 공간 내 갈등에 관한 사회학적 기술description 또한 필요하기 때문이다. 그런데 교통의 한계들은 이와 동시에 이 교통의 조건들이기도 하다는 점을 [바로 이 지점에서 즉시] 지적하도록 하자.[10] 이는 자기 자신의 불순함에 대한 취급과 '관리'의 결과로서의 불순한 교통만이 존재 가능하기 때문이다. 따라서 우리에게 항구적으로 제기되는 질문은 다음과 같은 것이다. 지적 관계들 내의 불순한 물질[불순물]을 구성하는 갈등, 그리고 '문장 없는' 폭력 혹은 울티마 라티오ultima ratio[최후의 논거]와 사고의 혹은 말의 ('불관용'intolérance의) 폭력이라는 이중적 제약(항구적으로 잠재적이며 활동적인[유효한] 한계로서의)을 내포하는 갈등, '진리'에 대한 믿음[신앙], 애착, 찬동의 갈등이란 그렇다면 도대체 무엇인가?

이러한 측면에서 나는 믿음의 갈등을 이 믿음의 갈등이 표현하는 집합적 '이

---

10 하버마스는 이 점을 이해하지 못한 것으로 보인다(물론 유일하게 자기 자신의 규범 — 보편성을 함축하고 있는 — 에만 복종하는 교통 공간이 정치적인 것의 제도 전체가 가지는 이상이라는 그의 주장에는 우리가 동의할 수 있지만 말이다). 왜냐하면 그러한 상황은 절대로 선전제될 수 없으며, 그러한 상황은 상대적으로만 그리고 임시적으로만 자신의 반대물로부터 끌어내어질 수 있기 때문이다.

해관계'와 '정념'에 결부하는 것만으로는 충분하지 않다고 생각하는데, 왜냐하면 이는 순수한 부당 전제이기 때문이다. 우리는 이 믿음의 갈등을 그 자체로 역사 내에서의 하나의 힘, 하나의 이해관계 그리고 하나의 정념인 그러한 추상적 폭력violence abstraite, 더 정확히는 추상화의 폭력violence de l'abstraction이라는 관념으로 대체해야 한다. 그래서 이 추상화의 폭력은 지식의 공간과 담지자를 대상으로 작업하기를[작용을 가하기를] 절대 멈추지 않을 것이다. 왜냐하면 추상화와 이 추상화를 구현하는 관념들은 항상 지식의 수단이자 동시에 믿음의 수단이기 때문이다.

하지만 추상적 폭력 혹은 추상화의 폭력의 에너지 그 자체는 도대체 어디에서 오는 것인가? 아마도 이는 하나의 전투이기도 한 작용, 그리고 역량의 의지를, 더욱 비밀스럽게는 죽음 충동을 통제하기 위한 것이 아니라면 그 규칙[법칙]이 존재 이유를 가지지 않을 그러한 지적 혹은 이데올로기적 '작용'jeu에서 오는 것일 테다. 죽고 싶은 욕망은 '관념들 간의 대결'에 [항상] 내재해 있는 것이며, 우리는 지식의 자유로운 탐구를 말하는 이론가들 중 가장 '합리주의적인' 이들에게서조차 이 죽고 싶다는 고백을 종종 발견하곤 한다.[11] 그런데 이러한 추상적 폭력 혹은 추상화의 폭력의 에너지는 '사회적인 것'의 근본 구조로서의 지적 활동, 즉 갈등을 억압하거나 전위시키는 그러한 지적 활동을 통해 수행되는 기능으로부터도 또한 오는 것이다. 매우 오래된 신화적 표상을 따라 우리가 이것이 매개의 기능(이 매개의 기능에 대한 자율화가 어떠한 하나의 특정 '권력'에 대한 구성[즉 지식인 집단 혹은 계층이라는 권력의 구성]에 조응하는)에 대한 것이라고 말할 수 있을까? 알려져 있는 그 어떠한 사회도 플라톤 자신이 이상적이라 기술하는 도식에 따라 '지식인들'에 의해 지배되지는 않는다.[12] 반면 모든 '위계적' 사회(그런데 위

---

11 칼 포퍼가 그러했는데, 그에게 과학적 연구의 본질 그 자체는 [비과학적인] 이론들(이 이론들의 담지자들은 아니라 해도)에 대한 살해이다. Nicole-Edith Thévenin, *L'inconnu devant soi. Karl Popper et l'angoisse du théoricien moderne*, Éditions Kimé, Paris, 1991을 보라.

12 자신들 스스로가 지식인이라는, 그리고 어떠한 하나의 이데올로기의 '이상적 모델'에 따라 통치한다는 공산주의 지도자들의 주장을 진지하게 받아들였던 점은 1950, 60년대에 공산주의를

계적이지 않은 사회가 존재하기는 할까?)는 주권 관계[즉 지배-복종 관계], 그리고 더욱 일반적으로는 권력관계에 대한 지성화intellectualisation를 작동한다. 여기에서 지성화란 인식과 표현의 기능, 하지만 특히 '지성'intelligence과 '무지'ignorance 사이의 차이에 대한 재생산의 기능, 이러한 지적 차이의 투사와 내부화의 기능에 대한 자율화를 의미한다.

이것이 바로 자신이 '육체노동과 지식 노동 사이의 분할'division du travail manuel et intellectuel을 하나의 사회 계급에 의한 생산수단 전유가 지니는 하나의 필연적 구성 요소로 (불평등과 경제적 적대의 차원에 소외와 인간학적 폭력의 차원을 추가하면서) 간주했던 모든 지점들에서[특히 『독일 이데올로기』에서] 마르크스가 명증화했던 바이다. 이는 또한 동일성[정체성]과 계보학의 논리에 따라 행해지는 몇몇 인간 집단들(필연적으로 민족적 혹은 국민적 방식으로 규정되는 것은 아닌 ─ 비록 오늘날에는 이 민족 혹은 국민이 가장 명백한 형태이기는 하지만)에 대한 '내부적' 혹은 '외부적' 배제의 실천들이 지니는 한계로서의 인종주의에 대한 분석이 보여 주는 것이기도 하다. 문화적이고 지적인 열등함의 표상은 항상 이러한 논리의 한 구성 요소를 이룬다(그리고 이 논리를 영속화하는 수단들 중 하나이다).[13] 그러나 이러한 표상들은 극도로 양가적이다. 왜냐하면 인간 종에 대한 분류화의 도식과 세계 내 문화들의 다수성에 대한 설명의 도식에 의해 충족되는 '지식의 욕망' 또한 '대중적' 인종주의, 그러니까 '교양 없'고 '무지'한 것으로 제도적으로 낙인찍힌 대중들에 대한 인종주의가 지니는 하나의 본질적 구성 요소이기 때문이다.

그런데 그 무엇보다도 바로 이것이 지적 차이와 성적 차이의 제도적 뒤얽힘을 보여 주는 것이다. 그리고 아마도 이 지적 차이와 성적 차이 사이의 관계가,

---

'전체주의'로 간주했던 몇몇 이론화들(여기에 또 포퍼의 이론화가 포함된다)의 명백한 약점들 중 하나이다.

13 사람들은 반유대주의에서는 사태가 이러하지 않다고 나에게 반대할 것이다(그리고 이와 상관적으로 나치즘적 유형의 인종주의가 지적 우월성에 대한 주장에 기초해 있지는 않았다고도 반대할 것이다). 하지만 내가 볼 때 그렇지는 않은 것 같다……. 하지만 나는 이것이 토론의 쟁점이 된다는 점은 인정한다. 최소한 나치즘은 지성intellect을 멀리하는 것이 아니라 미학적 재생을 통해 이 지성을 뛰어넘는다고, 혹은 이 지성 위로 상승한다고 주장했다. 사람들은 이 지점에서 장뤼크 낭시와 필리프 라쿠에라바르테가 제기했던 질문들의 적절성을 인정하게 될 것이다.

사고할 수 있는 그리고 스스로를 표현할 수 있는 가능성들에 대한 분배를 매개로 폭력이 물리적[신체적] 극에서 상징적 극으로 [그리고 그 역의 방향으로] 순환하는 방식과 관련해 가장 유의미한 것일 것이다. 그래서 지적 차이와 성적 차이라는 이 두 거대한 차이 각각이 '물리적'[신체적]임과 동시에 '상징적'인 것으로 나타나게 된다는 점을 이 지점에서 지적하도록 하자. 그런데 아마도 바로 이 지점에서 침묵하게 만드는 권력과 말하게 만드는 권력의 '작용'이, 지성의 남성성에 관한 우리의 모든 개념화를 떠받치는, 가정 혹은 '가계'로부터 상속받은 [여성적이지 않고 남성적인] 일면적 말이라는 이러한 구조 속에서, 이 차이들에 대해 가장 본원적인 바일 것이다. 이는 폭력 자신이 지니는 에너지의 최소한 한 부분을 지식인들의 과시와 경쟁에 부여하는, 그리고 그 반작용으로 (하지만 자기 스스로도 얼마나 그러한지 모를 만큼 매우 불확실한 방식으로) 남성적 위치에 놓여 있는 개인들[즉 남성들]이 지적임을 더 나아가 지식인임을 보장하는 그러한 억압된 폭력이다. 노동 분할[분업]과 인종주의의 경우에서 그러한 것처럼, 이 지점에서 우리는 폭력(과 대항-폭력)의 잠재성이 무엇보다도 한계들에 대한 정의, 즉 규범, 규칙, 차이, 역할의 분할, 사고의 도구들에의 접근 가능성의 분할 속에 투여되는 그러한 제약의 지성화에 연결되어 있다는 점을 보게 된다. 상징적인 것, 즉 지식인들이 자신들의 '지성'의 재료[물질]로 삼는 그러한 상징적인 것은, 항상, 경직적이거나 탄력적인, '자연적'이거나 '있음 직하지 않은' 그러한 한계들이다.

따라서 나는 ('현실적', '상징적'이라는) 폭력의 두 유형 사이의, 혹은 폭력의 행사의 '비교 불가능한' 두 장 사이의 구별, 그리고 더욱 일반적으로는 한 유형의 폭력과 다른 유형의 폭력 사이의 모든 차이들, 모든 임계들, 이것들 자신들이, 성적 역할들 사이의 분할과 동일한 자격으로 혹은 가족의 한계들과 더욱 일반적으로는 '사적' 영역과 '공적' 영역 사이의 분할과 동일한 자격으로 제약의 수단과 지적 정당화의 대상으로서, 사회적 한계들의 한 부분을 이룬다는 점을 전제한다. 그러나 사고에 [강제로] 부과되는 것으로서의, 그리고 이러한 의미에서 이 사고에 폭력을 가하는 것으로서의 이러한 한계들은 사고의 실행이 취하는 정박점들 또한 될 수 있다. 그리고 노동 분할, 문화적 차이 혹은 성들 간의 차이가 '사회적인 것'에 대한 분석의 도구와 도식이 되었을 때 사고의 재개로부터 질문이 제기되었던 것과 마찬가지로, 폭력의 형태 변환들, '폭력'의 한 형태로부터 다른 한 형태로의 이행이 취하는 임계들 혹은 양상들, 더욱 일반적으로는 폭력의 차이화가 그 자체로서 우리의 역사 — 우리가 겪어 내며 만들어 내는 바로서의 역사 — 에 대한 분석에서의 하나의 도구와 하나의 도식이 된다면 어떤 일이 일어날 것인지에 대한 질문이 제기된다. 이미 이 형태 변환들, 임계들 혹은 양상들, 폭력의 차이화는 예술이 취급하는 특권화된 대상들 중 하나가 되지 않았는가?

2. 헤게모니와 '총체적 이데올로기'

헤게모니와 총체적 이데올로기라는 물음은 전혀 독창적인 것이 아닌데, 왜냐하면 이는 어떠한 의미에서는 정치사회학에 그 자체 구성적인 것이기 때문이다. 복수의 학설들만큼이나 이 물음을 정식화하는 거의 그만큼의 수의 방식들이 존재한다(혹은 각각의 학설은 이 물음에 하나의 이름을 재부여함으로써 각각의 물음이 지니는 독창성을 정립한다). '권력의 정당화'라는 물음, '지배 이데올로기'라는 물음, 신학-정치적 기능으로서의 혹은 더욱 정확히는 정치적인 것 내에서의 신학적인 것의 흔적으로서의 '주권'이라는 물음과 같이 말이다. 여기에서 나는 그람시의 정식화로부터 출발하고자 하는데, 왜냐하면 그람시의 정식화가 '유기적 지식인들'의 행동 양식에 대한 성찰에 긴밀하게 연결되어 있기 때문이다. 우리는 다음과 같은 두 가지 테제에 기초해 있는 그의 헤게모니에 관한 이론화를 이미 잘 알고 있다.[14] 첫 번째는, 힘[강제]과 동의 혹은 물리적 제약과 지성(즉 '간지', '문화')

---

14 여러 설명들 중에서도 우리는 『그람시의 현대성』에 수록된 연구들에 준거하고자 한다. *Modernité de Gramsci*, Actes du Colloque franco-italien de Besançon(23-25 novembre 1989) publiés sous la direction d'André Tosel, Annales littéraires de l'Université de Besançon(Diffusion Les Belles Lettres), Paris, 1992를 보라.

이라는 권력 행사의 두 양식 사이의 결합에 기초해 있지 않은 지배 — 그러니까 주어진 사회 내에서 어떠한 하나의 힘 관계(특히 어떠한 하나의 계급관계)를 결정화하는 바로서의 지배라는 의미에서의 — 는 존재하지 않는다는 테제이다. 두 번째는, 이 두 양식에 관한 전문화된 담지자들 없이는, 그리고 그에 조응하는 제도들 없이는, 이 두 양식의 행사란 존재하지 않는다는 테제이다. 즉, 제약과 헤게모니의 장치들, '공권력' 그리고 '식자층'clercs 말이다.15

사실은 그람시의 그것보다 (심지어는 이 그람시가 참조하는 니콜로 마키아벨리의 그것보다) 훨씬 더 오래된 바로 이 이분법[앞서 언급한 두 가지 테제]이 폭력과 지성의 이원론을 도출하는[초래하는] 것이며, 결과적으로 지식인들이 폭력의 경제에 사후적으로 개입하기 위한 목적에서(이 폭력의 경제에 정당성[합법성]을 부여하기 위해서든, 이 폭력의 경제를 비난하기 위해서든) 이 폭력의 경제로부터 스스로를 제외하고 제외되도록 만드는 것이다. 하지만 미해결의 형이상학적 질문(힘[강제]의 권력과 지성의 권력 사이에 하나의 공통 근원이 존재하는가?)이라는 배경 위에서, 이러한 이분법은 다음과 같은 항구적 원환 속에 갇혀 있다. 힘과 지성의 기능들이 서로 구별되는 것으로 지각되는 것은 실제로 구별되는 기능들이 존재하기 때문인 것인가 아니면 각 기능에 따라 전문화된 담지자들이 존재하기 때문인 것인가? 바로 이 때문에 우리에게는 그람시의 정식화를 알튀세르가 제시했던 방향, 그러니까 그람시의 정식화보다 더욱 도구적임과 동시에 역설적이게도 덜 기능주의적인 그러한 방향으로 연장하는 것이 유용할 수 있는 것이다. 정확히 국가의 '지적' 장치들인 '이데올로기적' 장치들, 즉 이데올로기적 국가 장치들이 지적 차이를 '향해'à[혹은 지적 차이를 '통해', 지적 차이를 동력으로 삼아] 기능한다는 방향 말이다.16

15　[옮긴이] 발리바르는 '지식인'을 지칭하는 단어로 intellectuels과 clercs을 함께 사용하는데, clercs의 경우 clergé, 즉 '성직자'와의 관계 내에 있는, 중세 유럽의 지배층 중 성직자와 함께 지적 기능에 전문화된 집단을 지칭하는 단어라 '식자층'이라는 역어를 선택했다.

16　Louis Althusser, "Idéologie et appareils idéologiques d'État", in *Positions*, Éditions Sociales, Paris, 1976[국역본으로는, 루이 알튀세르, 『아미엥에서의 주장』, 김동수 옮김, 솔출판사, 1991에 실린 판본을

다른 이들에 뒤이어 내가 주장하고자 하는 테제는 다음과 같은 것이다. 만일 우리가 기관 내 지적 차이의 기능을 그리고 헤게모니의 영속을 이해하고자 한다면, 우리는 하나의 헤게모니 혹은 '총체적 이데올로기'가 '전체주의'와는 다르다는 점을 이해할 수 있는 수단을 마련해야만 한다. 하지만 우리는 근본적으로는 헤게모니 혹은 총체적 이데올로기의 실패인 이 전체주의가 도대체 어떤 점에서 이 헤게모니 혹은 총체적 이데올로기에 하나의 가능성으로 기입되는 것인지를 이해할 수 있는 수단 또한 마련해야만 한다. 따라서 전체주의는 상징적 혹은 이데올로기적 폭력의 절대로 사고되어야 함과 동시에 이 상징적 혹은 이데올로기적 폭력의 불가능성의 계기로도, 이 상징적 혹은 이데올로기적 폭력의 무상징적이고 상징화 가능하지 않은 폭력으로의 파국적 전도의 계기로도 사고되어야 한다. 특히 이는 상징적 구별들의 와해(그래서 '이데올로그들'의 기능의 승리[성공]와 전멸[실패])를 의미한다. 그리고 앞서 내가 문장 없는 폭력, 다시 말해 상징적인 것과 관계없는 폭력은 존재할 수 없다고 말했듯, 우리는 상징적인 것의 불가능한 철회(이로부터, 예를 들면 이 상징적인 것이 표장emblèmes 속에서 영속된다는 점이 도출된다)를 순환론적으로 추가해야 한다. 이제 나는 이 점에 관해 하나는 논리적이고 다른 하나는 인류학적인[인간학적인] 두 가지 선의 입론을 소묘하고자 한다.

첫 번째, 논리적 선. 헤게모니의 구축 — 예를 들어 종교적 혹은 국민적(이러한 구별들은 경향적으로만 의미를 가지는 것이다) — 은 통일성을 부과하는 것이 전혀 아니며, 오히려 '의견들'의, 그러니까 '차이들'의 양립 가능성과 교통 가능성의 한 공간, 즉 하나의 '다원주의'를 구축하는 것이다. 이 차이들이 하나의 무조건적 준거물 — 예를 들어, [대문자] 신 혹은 [대문자] 법(어니스트 겔너Ernest Gellner가 '최종 항소재판소'a Terminal Court of Appeal라 부르는 바17) — 을 표현하는 어떠한 하나의 공통 기표에 예속되어assujetties 있다는 조건하에서 말이다. 이러한 준거물들은 다

참조하라].

17 Ernest Gellner, "Tractatus sociologico-philosophicus", in *Culture, Identity, and Politics*, Cambridge University Press, 1987.

음과 같이 동어반복이라는 전형적 정식으로 표현된다. '신은 신이다', '법은 법이다'. 마치 명증성의 대체 보충물을 [동어반복적인] 동일성 원리가 구성하는 진리의 언표 작용이라는 전능한 도식 내에 기입함으로써 이 명증성의 대체 보충물을 체계의 근본적인 규범 혹은 가치에 부여해야 한다는 듯이 말이다. 스타니슬라스 브르통은 이러한 언표 유형(그 신학적이고 일신론적인 변형태 내의)에 고유한 '폭력'을 논하는 탁월한 시론을 집필한 바 있다. 명백히 비어 있는 이 언표들은, 혹은 오히려 그 비어 있음이라는 이유 자체로 인해 이 언표들은 "끔찍한 원함 vouloir을, '말하기'dire 그 자체에 내재적인 원함을, 하지만 말해진 것이자 우리가 그에 우리의 신체와 영혼을 바치는 그러한 '진정한 원인'이 되는 사물chose 내부에 있는 원함을 육화한다."*18* 사실 정초적 동어반복은 잠재적으로 전체주의적인 것인데, 왜냐하면 이 정초적 동어반복은 배제의 가능성을, 유일성과 통일성으로의 환원 가능성을 포함하기 때문이다. 하지만 ('이성'과 관련해 프랑크푸르트학파가 되풀이했던 바와는 반대로) 그 헤게모니 정초적이고 헤게모니 구축적인 활용 속에서, 이 정초적 동어반복은 어떠한 다원주의를, 헤겔이라면 차이들(상호적으로 서로를 인정하는)의 인정 원리라고 말했을 바를 경계 짓고 한정하기 위한 그 절멸의 역량을 어떠한 의미에서는 '억제한다'retient. 아마도 이는, 브르통이 시사하듯, '신은 신이다' 혹은 '법은 법이다'라는 동어반복에 대한 또 하나의 다른 가능한 독해 — 이를 통해 이 동어반복이 모든 다른 확립된 권위를 반박할 수 있게 해주는 — 가 항상 존재한다는 점과 관계되어 있을 것이다. 나는 더 정확히 다음과 같이 말하고자 한다. 중요한 것은 이 동어반복이, 어떠한 원리를 구현한다고 주장하는 역사적 권위들과 구체적 인격들을 최소한 이상적으로는 반박하기 위한 목적에서, 이 원리의 지배에 종속된 개인들에 의해 항상 원용될 수 있다는 점이다. 그래서 이 원리는 자신의 모순들 전체를 통해 구원받게 되며, 폭력Gewalt

---

18 Stanislas Breton, "Dieu est Dieu: Essai sur la violence des propositions tautologiques", in *Philosophie buissonière*, Jérôme Millon, 1989. 또한 Jens Christian Müller-Tuckfeld, "Gesetz ist Gesetz. Anmerkungen zu einer Theorie der juristischen Anrufung", in H. Böke, J. Ch. Müller, S. Reinfeldt(Hg.), *Denk-Prozesse nach Althusser*, Argument Verlag, Hamburg, 1994도 보라.

의 두 가지 형태 사이에서, 그러니까 정당한 것[혹은 합법적인 것]과 정당하지 않은 것, 제도적인 것과 봉기적인 것 사이에서 하나의 유동적 구획선이 확립된다. 반박을 침묵하게 만드는 역할을 수행하는 동일한 정식이 또한 반박에 봉사하는 역할을 수행할 수도 있는 것이다(심지어 이 동일한 정식은 이러한 반박의 잠재성을 포함하기도 한다).

두 번째, 인류학적[인간학적] 선. 합의에 준거하는 것으로서의 헤게모니라는 구축물은 주어진 어느 하나의 '문화'라는 틀 내에서 개인들이 어떤 특정한 사회적 이상 — 이 이상이 사실 속에서는[사실적으로는] 반박됨에도 — 안에서 스스로를 인지할 수 있게 해주는 그러한 제작물, 다시 말해 허구이다. 어떤 의미에서 이러한 인지는, 이 인지가 이상과 관계된 것이라는 바로 그 이유로, 이 이상이 더욱 사실적으로 반박되는 만큼 더욱 강력해진다. 옳든 그르든, 이건 나의 조국Right or wrong, my country이라는 말처럼…… 나는 이러한 [인지적] 작동을 모든 합의가 '위로부터의 가치들'에 대한 [강제적] 부과로부터보다는 '아래로부터의 가치들', 그러니까 하층민humbles의, 대중의 가치들에 대한 전도로부터 결과한다는 사실, 국가 혹은 권력이 스스로를 이 아래로부터의 가치들의 창조자와 보증인으로 선언하면서 이 하층민, 대중에 준거한다는 사실에 결부하고자 한다. 이는 하나의 '신비화'[기만]인가? 사태는 그렇게 단순하지 않은데, 우리는 곧 그 이유를 확인하게 될 것이다. 하지만 이러한 작동이 어떠한 하나의 신비화로 요약되지 않는다는 바로 그 이유 때문에, 이 작동은 상징적이고 '구조적인 폭력'이라는 막강한 형태를 가지게 되는 것이다.

이러한 점에서, 마르크스가 수없이 반복해 강조했던 관념, 즉 "지배 이데올로기는 지배계급의 이데올로기"라는 관념을 거부하고 오히려 다음과 같은 니체의 관념을 다시 취해야 한다. 지배적 도덕들은 '노예의 도덕들'(종교적인 혹은 세속적인), 다시 말해 피지배계급의 이데올로기들이다. 그러나 이에 대한 가장 심원한 설명은 사실 헤겔의 것이다. 하나의 '총체적인' 헤게모니 혹은 이데올로기는, 하나의 이차적 소속(이 이차적 소속의 유형들은 보편주의적인 종교 공동체 혹은 세속화된 국민적[민족적] 시민권[시민성]이다)을 구성하기 위해 이 헤게모니 혹은 이데올로기가 일차적 소속으로부터 혹은 어떠한 게마인샤프트Gemeinschaft[공동체] ── 자기 스스로만으로도 자족적인 ── 에 대한 속함adhérence으로부터 개인을 자유화함[해방함]으로써 '소속들'을 잠재적으로 분해하고décompose 재조합하는recompose 한에서, 이 개인의 보편성과 자유화(혹은 개인적 자유의 생산)라는 요소를 내포하고 있다. 우리는 정확히 바로 이러한 일차적 소속과 이차적 소속 사이의 거리 내기가 전문화된 지적 기능의 출현('식자층'의 등장)을 요구하는 것임을 확인하게 된다. 하지만 이러한 거리 내기는 그 반작용을 통해 '공통의' 지성intellectualité(신앙인들의 지성, 시민들의 지성)을 구성하기 위한 목적에서만 이러한 전문화된 지적 기능의 출현을 확립[제도화]한다. 또한 우리는 이러한 거리 내기가 폭력의 가장자리에 항구적으로 위치해 있다는 점도(혹은 이러한 거리 내기가 함축하는 정상화하는 제약 ── 개인을 자유화하는 것의 혹은 보편적인 것을 개인에게 교육하는 것의 상관물로서 ── 이 의무교육의, 신체와 언어와 정신의 '주조'의 역사[19]에서 우리가 보게 되듯 폭력의 여백[일말의 폭력]을 함축한다는 점도) 확인하게 된다.

3. 반역과 지성[20]

이로써 우리는 이전의 기능에 반정립적인 기능으로 이동하게 된다. 정당화의 역할을 수행하는 동일한 '힘'(지성의 힘)이 해소하고 공격하는 역할 또한 수행

---

19   최근 출간한 시론인 「국가와 상징자본의 집적」L'État et la concentration du capital symbolique(*L'État, la finance et le social*, sous la direction de Bruno Théret, Éditions La Découverte, Paris, 1995에 실림)에서, 피에르 부르디외는 이러한 측면에서 토마스 베른하르트가 『옛 거장들』*Maîtres anciens*에서 제시한, 기나길고 잔인한 역사의 마지막 메아리인 끔찍한 문장들을 인용한다[베른하르트 소설의 국역본으로는, 토마스 베른하르트, 『옛 거장들』, 김연순·박희석 옮김, 필로소픽, 2014를 참조].

20   [옮긴이] 여기에서 '반역'은 révolte를, '지성'은 intellectualité를 옮긴 것이다. 큰 의미 차이가 있는 것은 아니지만 insurrection의 경우 '반역'과 구별하기 위해 일관되게 '봉기'로 옮긴다. 또한 vérité는 '진리'와 '진실' 모두로 옮길 수 있지만 3절에서는 푸코의 '진실의 용기' 개념과의 관계 속에서 이 어휘가 활용되기 때문에 앞서 이를 '진리'로 옮겼던 것과 달리 일관되게 '진실'로 옮긴다.

한다. 이 지점에서 우리는 헤게모니와 관련해 지식인들에게 인가된 두 가지 기능, 그러니까 권력에 대한 신성화와 권력에 대한 비판이라는 두 가지 기능이 어느 정도로까지 진정으로 서로 구별되는 기능인지 혹은 더욱 정확히 말해 분리 가능한 기능인지를 질문해야 한다.[21]

주권의 전도는 민주주의적 인간학 속에서 표현되는데, 칸트에서 그람시에 이르는 이 민주주의적 인간학의 구호는 '모든 인간은 철학자'라는 것이다. 모든 인간이 '지식인'일 필요는 없지만, 전문화된 지적 기능을 대중적 지성intellectual-ité에 연결하는 형성, 지도, 교육의 벡터를 전도하는 것은 필수적이다.[22] 우리는 이 역설을 민주주의 사회들에서 다시 발견하게 된다. 필요하다면 강제의 위협 아래에서, 하지만 인민 자신의 지적 능력으로부터, 인민 자신의 원리들에서부터, 혹은 최소한 인민 자신의 '지식의 의지'volonté de savoir[알고자 하는 의지]로부터 출발해 이루어지는 인민에 대한 지도 말이다.

나의 가설은 이 역설이 다시 한번 다음과 같은 전도로부터 도출된다는 것이다. 바로 이 역설이 민주주의 사회들의 현실적으로 혹은 이상적으로 봉기적인 토대의 지울 수 없는 흔적이라는, 다시 말해 이것이 그것 없이는 권력의 재분배가 존재하지 않을 그러한 정치적 폭력의 흔적 ─ 그러니까 지배, 불평등, 비인정의 노골적인 혹은 잠재적인 폭력에 맞서는 '대항-폭력'으로 스스로를 제시한

---

21 이와 관련해 다음과 같은 두 가지 간략한 언급을 해둘 필요가 있다. a) 조르주 뒤메질이 제시한 '인도-유럽어의 세 가지 기능'이라는 도식 ─ 이 도식에서 '첫 번째 기능'은 마술적 권력과 입법적 권력이라는 두 종류의 권력 아래에서의 지적 기능이다 ─ 은, 만일 이 도식이 역사적인 무언가에 실제로 조응한다면, 명확히 보편성의 그러니까 헤게모니의 도식이다. b) 식자층/지식인들clercs/intellectuels의 신성화 기능으로부터 비판 기능으로의 '이행'(그리고 순응주의로서의 대중문화로부터 불복종으로서의 대중문화로의 이행이라는 이와 상관적인 이행)은 마르크스주의가 피상적으로 인식하기는 했던(특히 엥겔스의 경우), 하지만 이데올로기적 지배는 바로 이 이데올로기적 지배 자기 자신의 원리 그 자체에서부터 항상 '동요'하는 것임을 인정할 수 없었기에 진정으로 이론화하는 것은 포기했던, 일종의 '이데올로기적 지배들의 연속성 법칙'에 조응한다. 나의 연구 "The Vacillation of Ideology", in Étienne Balibar, *Masses, Classes, Ideas*, Routledge, New York, 1994를 보라[국역본으로는, 에티엔 발리바르, 『대중들의 공포』, 서관모·최원 옮김, 도서출판b, 2007의 3부를 보라].

22 [옮긴이] 여기에서 '형성', '지도', '교육'의 원어는 formation, instruction, éducation인데, 사실 이 세 단어 모두 '교육'으로 옮겨도 무방하다.

(그리고 스스로를 정당화한) 그러한 폭력의 흔적 — 이라는 전도 말이다.[23]

따라서 우리는 저항에서 봉기로 나아가는 변증법, 특히 말의 권리[좁게는 '발언권']에 대한 요구라는 형태를 취하는 이 변증법을 연구해야 한다. 여기에서 우리는 '공개적으로 진실을 말하는 것의 위험과 폭력'du risque et de la violence de dire la vérité en public, 즉 파레시아parrhèsia에 관한 강의들에서 푸코가 말하는 바에 준거할 것이다.[24] 다시 한번 우리는 여기에서 다음과 같은 원환을 마주하게 된다. 행사된 혹은 경험된 폭력(이 폭력 자신이 행사하는 반작용에 따라서 어떠한 반작용을 이끌어낼 수 있는)의 위험은 진실의 위험이지만, 폭력의 지점으로 나아감으로써 초래되는 위험은 그 자체로 하나의 '진실의 기준'이다. 진실은 무엇보다도 먼저 잠재된 폭력의 표현이며, 전형적으로 이는 '피억압자들'에게 강제된 침묵을 깨는(즉 침묵의 장막을 들춰내는) 그러한 말의 사실le fait de la parole이다. 예를 들어, 최근의 우리 역사에서 혹은 그보다는 조금 더 이전의 우리 역사에서, 노동자들, 현재의 피식민자들과 과거의 피식민자들, 여성들이, 그리고 이와 마찬가지로 수감자들 또한, 각자의 고유한 양태에 따라 이를 행했다. 이는 비가시적인/말할 수 없는 invisible/indicible 폭력을 명명하고 이를 통해 이 폭력을 '보이게 만드는'(명백히 이는 이 폭력을 전시하는 것[즉 이 폭력을 구경거리로 만드는 것]과는 전혀 동일한 것이 아니다) 그러한 말할 수 없는 폭력에 대한 말하기dire de la violence indicible(그리고 이러한 말할 수 없는 폭력을 동반하는 고통에 대한 말하기)라 내가 부르고자 하는 바이다.

바로 그렇기 때문에 반역의 담론은 하나의 특수한 폭력(호명의 폭력, 단순화의 폭력, 전형적으로 전투적인[투쟁적인] 환원적 폭력)을 내포하는 것인데, 이러한 [반역의] 특수한 폭력은 교통의 경계들에 대한 촉성[즉 강제적 부과]을 표현하고 실행한다.

---

23 따라서 모든 정당화는 '대항-폭력'의 도식을 통과한다. 국가의 정당화, 대문자 혁명의 정당화도 포함해서 말이다. 하지만 이러한 정당화는 다음과 같은 두 가지 종류로 나뉠 수 있다. '노골적인' 폭력에 대항하는, 즉 개인에 대한 억압 혹은 전제정치에 대항하는 정당화, 또는 '숨겨진', 구조적인 폭력에 대항하는, 즉 착취 혹은 부정의에 대항하는 정당화. 이로부터 '정치'혁명과 '사회'혁명 사이의 절대로 폐지될 수 없고 [완전히] 확립될 수도 없는 구별이 도출된다.

24 존 라이크먼이 『진실의 성애술: 푸코, 라캉 그리고 윤리라는 질문』Érotique de la vérité. Foucault, Lacan et la question de l'éthique(불역, PUF, Paris, 1994)에서 제시한 논평을 보라.

여기에서 우리는 장프랑수아 리오타르의 분석으로부터 도움을 얻을 수 있다.25 리오타르에 따르면 절대적 '잘못'tort이란 바로 피지배자들이 지배자들의 언어 그 자체 내에서 인정되도록 만들 수는 없는 그러한 잘못인 것인데…… 하지만 내가 보기에 여기에는 이 리오타르의 분석을 오히려 역의 방향으로 기능하도록 만든다는[즉 전도한다는] 조건이 필요하다. 언어 놀이들 간 이질성은 절대로 하나의 단순한 사실적 상태가 아니다. 이러한 언어 놀이들 간 이질성은 반역에 의해, 말할 수 없는 폭력에 대한 말하기에 의해 거부되고 '강제된' 것으로 회고적으로 나타나는 것이다.

이는 아마도 부정확한, 그리고 심지어는 모순적이기까지 한 서술일 것이다. 왜냐하면, 만일 조금 더 전에 우리가 이 헤게모니 자신이 피지배자들에게 남겨 놓는 가능성, 지배자들 자신들에 대항하는 혹은 지배자들의 실천에 대항하는 상징적 법을 스스로 표방할 수 있는 가능성에 의해 이 헤게모니가 구축된다는 점을 전제했다면, 어떻게 지금 우리가 피지배자들의 말이 교통의 경계들에 관한 하나의 '촉성'[강제적 부과]을 실행한다고 말할 수 있는지라는 질문이 따라 나오기 때문이다. 혹은 만일 우리가 항상 지배 이데올로기는 지배자들의 이데올로기가 아니라 피지배자들의 이데올로기, [하지만] 이 피지배자들을 향해 '되돌려진'[반송된] 이데올로기라고 전제했다면 말이다. 이 지점에서 정확히 우리가 모순적인 세 가지 상황들 혹은 포함과 배제에 관련된 지배 관계들의 세 가지 양태들과 마주하고 있는 것은 아닌 한에서 말이다. 극한의 경우, 우리는 항상 봉기적 보편성의 바탕 위에서 이상적 보편성을 사고해야 한다. 따라서 여전히 헤겔이, 혹은 최소한 어떤 특정 헤겔이 우리에게 필요하다. 즉, 이 헤겔의 관념대로, 말의 권리를 가지고 있지 않았던 이들의 말이 내포적으로intensivement(그리고 강렬하게 intensément) 보편주의적인 이유는 이상적 보편성이 어떠한 '부정의 부정'을 표현하기 때문인 것이다. 아마도 바로 이 지점에, 자신의 지적이고 법적인 정상성에

25   Jean-François Lyotard, *Le Différend*, Les Éditions de Minuit, Paris, 1983[국역본으로는, 장프랑수아 리오타르, 『쟁론』, 진태원 옮김, 경성대학교출판부, 2015를 보라].

대한 욕망으로 인해, 하버마스가 자신의 예리함에도 불구하고 보지 못하는 바가 놓여 있는 것 같다. 하버마스에게 보편성은 아리스토텔레스와 칸트에게서 그러한 것처럼 교통 혹은 교통 가능성의 주어진 규범이지 쟁취된 규범은, 더욱이 강제된 규범은 전혀 아니다. 왜냐하면 하버마스에게서는, 권리적으로, [교통으로부터] '배제된 자'란 존재하지 않기 때문이다.26

따라서 우리는 결론적으로 다음과 같은 두 가지 아포리아로 나아가게 된다. 결국 철학자에게 아포리아보다 더 나은 것을 기대할 수는 없으니까. 첫 번째 아포리아는 또다시 논리적인 것(혹은 논리적 용어들로 정식화될 수 있는 것)이다. 지배의 지배적 형태가 하나의 확립된 질서 혹은 하나의 국가, 하나의 '정당한'[합법적인] 그리고 제도적인 '대항-폭력'이 더 이상 아닐 때, 그리고 이 지배의 지배적 형태가 폭력 그 자체의 조건이 될 때(이 지배의 지배적 형태가 실존의 절대적 불안전성과 분리 불가능한 것일 때, 이 조건은 '위기'의 시간 혹은 장소, 배제의 혹은 국가에 의해 확립된 취약점의 '아노미적' 공간이 된다), '교통에 대한 접근을 강제하기'[교통 혹은 의사소통의 강제], '말의 권리'[발언권], '반체제적contestataire 폭력'[확립된 질서 혹은 국가의 정당하고 제도적인 대항-폭력에 대항하는 폭력]이란 무엇을 의미하게 되는가?27 그리고 이것들에 조응하는 '지식인들'이란 도대체 누구인가? 투사들(그 역사적 형상은 그리스도의 군대miles Christi에서 게릴라 전사guerrillero로까지 이어진다)인가? 평화주의자들과 비폭력주의자들인가? 그도 아니라면 낙서꾼들taggeurs과 불량배들loubards인가?28 그런데 도대체 이 '불량배들'이란 누구일까?

26 [옮긴이] 여기에서 '권리적으로'는 en droit를 옮긴 것으로, 철학에서 en fait, 즉 '사실적으로'와의 대당 속에서 자주 사용되는 표현이라 어색하더라도 굳어져 있는 표현으로 번역했다.

27 [옮긴이] 이는 구조적 차원을 넘어서는 폭력으로서의 극단적 폭력의 문제 설정에 관한 질문이다. 지배의 지배적 형태가 하나의 확립된 질서 혹은 하나의 국가, 하나의 정당한 그리고 제도적인 대항-폭력을 초과하는 형태를 취하는 이러한 극단적 폭력의 상황에서 말의 권리는, 파레시아는, (유기적) 지식인은 어떻게 되는가? 이에 대한 발리바르의 논의로는, 에티엔 발리바르, 『폭력과 시민다움: 반폭력의 정치를 위하여』, 진태원 옮김, 난장, 2012를 보라.

28 [옮긴이] taggeur는 건물 벽 등에 낙서하는 이들을 지칭하는 단어인데, 예술적 가치를 지니는 그래피티를 하는 이들보다는 건물 등을 망가뜨리는 이들 쪽을 지칭하는 경멸적 어휘에 더 가깝다.

두 번째 아포리아는 자유화[해방] 운동에 대한 지적 표상이 우리가 이미 알고 있듯 자기 고유의 변증법을 가진다는 점이다. 우리의 역사적 경험은 표상에 대한 그리고 되돌아오는 말에 대한 독점이 반복된다는 점을 보여 준다(부사령관 마르코스 자신 또한 이로부터 벗어나지 못했다). 사회운동의 '유기적' 지식인들이 공통 조건이라는 토대(노동자를 위해서는 노동자[로서의 지식인]가, 여성을 위해서는 여성[지식인]이 등등) 위에서 지식의 전유라는 이름으로 말을 취했든, 이 유기적 지식인들이 참여의 토대(스스로를 대의의 보편성과 동일화함으로써, 혹은 지배적 보편성이나 헤게모니로부터 배제된 자들의 대의에 보편성을 부여해 줌으로써) 위에서 말을 취했든, 우리의 역사적 경험은 이러한 지식의 전유를 통해 권력이 전유된다는 점을 보여 준다. 이러한 난점은 항상 존재해 온 것이긴 하지만, 사실 진정한 질문은 다음의 것이다. 몇몇 한계들 내에서 대변자들porte-parole[혹은 말의 담지자들, 말의 대리인들]을 상대적으로 '통제'할 수 있게 해주었던 것은, 항상, 대중들 자신들이 지니는 지식의 의지volonté de savoir라는 전제였다. 이는 '자신'(그가 남성이든 여성이든)의 반역을 위한 '대변자'로서의 지식인(그가 남성이든 여성이든)의 자율화가 '대중' 또는 다중의 알고자 하는 욕망과 자신을 스스로 표현하고자 하는 욕망의 통제 아래에, 혹은 이 '대중' 또는 다중의 (최소한 잠재적인) 지식인-되기(그가 남성이든 여성이든)의 통제 아래에 있다는 관념이다. 하지만 이러한 전제는 오늘날에도 여전히 유효한 것일까? 아니면 이는 19세기의 진보 이데올로기에 결부된 '해방적' 이상화에 불과한 것, 프랑스대혁명 이후의 그리고 세계적 차원의 매스 커뮤니케이션 발달 Communication Mondiale de Masse 이전의 교육자적이고 부르주아적인 국가에 드리워진 그림자에 불과한 것일까? 결국 (사람들에 의해 지식의 욕망 그 자체에 파괴적인 것이라 간주되곤 하는) 매스 커뮤니케이션에 고유한 '폭력'을 대상으로 하는 또 다른 토론이 개시되어야 한다. 하지만 이 매스 커뮤니케이션의 폭력에 대해 지식인들이 가지는 표상에는 이 지식인들이 최소한 상상적으로는 이러한 매스 커뮤니케이션의 폭력으로부터 스스로를 '제외'한다는 사실이 강하게 각인되어 있지 않은가? 그리고 이 지식인들이 이 매스 커뮤니케이션의 폭력에서 하나의 헤게모니보다는 하나의 소비의 폭력을, 그리고 특히 '폭력에 대한 소비'라는 하나의 폭력을 보고 있다고 믿는 만큼 더욱 강하게 각인되어 있지 않은가?**29** 결국 우리는 첫 바퀴를 돌고 있는 것이다. 그렇지만 그 덕에 우리는 우리의 성찰을 다시 시작할 수 있다…….

---

29 [옮긴이] 역자의 과도한 개입이겠지만, 현재의 우리는 이 '매스 커뮤니케이션'을 '유튜브'나 사회관계망 서비스Social Network Service, SNS 등의 '소셜 미디어'로 바꿔 읽으면 될 것 같다. 물론 매스 커뮤니케이션과 달리 소셜 미디어에서는 이 매체 고유의 속성으로 인해 지식인과 대중 사이의 경계가 훨씬 모호하지만, 오히려 그로 인해 발리바르의 매스 커뮤니케이션에 관한 문제 제기는 소셜 미디어에서 더욱더 유효하지 않을까?

부록 3
바깥의 사유? 블랑쇼와 함께 푸코를[1]

1 [옮긴이] 이 번역본은 프랑스의 저명한 푸코 연구자 쥐디트 르벨 등이 편집해 2017년 소르본 대학 출판부Éditions de la Sorbonne에서 출판한 *Foucault(s)*, 즉 『복수의 푸코들』이라는 논문 선집에 수록된 발리바르의 미셸 푸코와 모리스 블랑쇼, 그리고 질 들뢰즈에 관한 논문 "Pensée du dehors? Foucault avec Blanchot"를 완역한 것이다. 사실 한국에서는 거의 다루어지지 않은 이 주제에 대해서는 프레데릭 그로의 주석으로부터 도움을 받을 수 있으므로 『미셸 푸코』(프레데릭 그로 지음, 배세진 옮김, 이학사, 2022) 중 1장에 실린 '문학적 경험' 절을 참조하고, 들뢰즈의 푸코 해석에 대해서는 『고쿠분 고이치로의 들뢰즈 제대로 읽기』(고쿠분 고이치로 지음, 박철은 옮김, 동아시아, 2015)의 5장 「욕망과 권력: 정치」를 참조하라. 블랑쇼를 중심적으로 다루는 이 텍스트는 굉장히 난해하기 때문에 과도한 원어 병기를 피하기 위한 목적에서, 불필요해 보이더라도 몇 가지 번역어에 대해 설명하도록 하겠다(또한 원문 자체가 워낙 난해해 가독성을 해치더라도 필요하다고 판단되면 빗금으로 여러 뜻들을 모두 병기해 주도록 하겠다). marque는 '표지'로, excès는 '과잉'으로, homme은 '인간'으로, l'humain은 (조금 과도한 번역일 수도 있지만) '인간'이 아니라 '인간적인 것'으로, (fil directeur와 동의어인) fil conducteur는 '지도 원리'로, radical은 '발본적'으로, fondamental은 '근본적'으로, ('사고'로 번역해도 무방한) pensée는 일관되게 '사유'로, 그래서 impensé, 즉 '사유(혹은 사고)되지 않는 바'는 '비사유'로, dehors는 '바깥'으로, 그래서 pensée du dehors는 '바깥의 사유'로, expérience du dehors는 '바깥의 경험'으로, hors는 '밖'으로, dedans은 '안'으로, appropriation은 '전유'로, expropriation은 '수탈'로, intérieur는 '내부적'으로, intériorité는 '내부성'으로, intrinsèque는 '내속적'으로, immanent은 '내재적'으로, immanence는 '내재성'으로, extérieur는 '외부적'으로, extériorité는 '외부성'으로, énonciation은 '언표 작용'으로, énoncé는 '언표'로, expérience-limite는 '한계-경험'으로, dénoter는 '외시하다'로, dénotatif는 '외시적'으로, référentiel은 '지시적'으로, référence는 '참조' 또는 '준거'로, renvoyer와 référer는 (대부분) '준거하다'로, renvoi는 '상호 준거'로, singularité는 '특이성'으로, singulier는 '특이한'으로, particulier는 '특별한'으로, (기존 발리바르 번역 관행에 따라) notion은 '통념', concept는 '개념'으로, parole은 ('파롤'이라고 음차하는 경우도 많지만) '말'로, dicible은 '말할 수 있는'으로, indicible은 '말할 수 없는'으로, visible은 '가시적'으로, invisible은 '비가시적'으로, altérité는 '타자성'으로, rapport de force는 ('세력 관계'로 의역해 주는 경우도 많지만) 여기에서는 일관되게 '힘 관계'로, 마찬가지로 force는 일관되게 '힘'으로, programmatique은 '강령적'이라는 의미도 있지만 여기에서는 '프로그램'과 관련된 어휘로 뉘앙스까지 모두 살려 주는 한국어가 없어 '프로그램적'으로, (사실 뉘앙스를 고려하자면 정확히는 '체크'라는 의미를 지니는) contrôle은 '통제'[관리]로, dispositif는 '장치'로, terme는 '용어'[관점]로, place는 (position과 혼동의 여지가 있으므로 '위치'보다는) '자리'로, emplacement은 '정위'로, absence는 '부재'로, présence는 ('현전'보다는) '현존'으로, expérience는 프랑스어에서 영어와 달리 '경험'과 '실험'이라는 의미 모두를 지니므로 (조금 과잉 번역일 수도 있지만 필요한 경우에는) '경험'[실험]으로, contre-science는 (anti-science로서의 '반과학'보다는) '대항-과학'으로, limite는 '한계'로, frontière는 '경계'로(사실 '한계'와 '경계' 사이의 구별은 칸트적인 것인데, 미셸 푸코, 『칸트의 인간학에 관하여』, 김광철 옮김, 문학과지성사, 2012에서 옮긴이가 작성한 번역어 일람표를 참조하라), bord는 '가장자리'로, marge는 '여백'으로, marginalité는 '여백성'으로, norme는 기존 푸코 번역에 따라 '규범'으로, normalisation은

'정상화'로, anormal은 '비정상적인'으로, insistant은 '끈질긴'[지속적]으로, surgir는 기존 알튀세르 번역에 따라 '돌발'로, pli는 '주름'으로, plissement은 '주름이 잡히는 혹은 만들어지는 작용'을 뜻하므로 조금 어색하더라도 '주름화'로, saisir는 ('이해하기', '잡기', '파악하기' 등의 의미가 모두 들어 있는데) 여기에서는 일관되게 '포착'으로, conduite는 '행동'과 '품행'이라는 역어가 경쟁 중에 있는데 옮긴이의 경우 순전히 '행동'이 comportement의 번역어로 널리 쓰인다는 점에서 구분을 위해 이를 '품행'으로(그렇다고 '품행'이라는 역어에 어떠한 문제가 있는 것은 전혀 아니다), résistance는 '저항'으로, 이와 유사한 맥락에서 쓰이는 단어인 contestation은 맥락에 따라 직질히 여러 단어들(특히 '논박')로, souveraineté는 '주권'[지배]으로, subjectivation은 '주체화'로, assujettir는 '예속화하다'로, assujettissement은 '예속' 혹은 '예속화'로, a-subjectivité는 '비주체성'으로, neutraliser는 '무력화'와 '중화'의 의미가 모두 들어 있는데 여기에서는 블랑쇼의 문학적 철학과 관련해 '중화'보다는 '중성화'의 의미가 조금 더 강하다고 판단해 '중성화'[무력화]로, neutre는 '중성적'으로, transcendantal은 '초월론적'으로, 그래서 empirico-transcendantal은 '경험적-초월론적'으로, thème은 '주제'로, thématique은 '주제계'로, discours는 '담론'으로, transgression은 ('월경'보다는) '위반'으로, champ은 '장'으로, affect는 (기존 발리바르의 스피노자론 번역을 따라) '정서'로, affecter는 '변용하다'로, action은 '행위'로, '타동성'인 transitivité와 대립되는 intransitivité는 '비타동성'으로, incertitude는 '불확실성'으로, instable은 '불안정한'으로, traitement은 '취급'으로, étrange는 '기이한'으로, formulation은 '정식화'로, topologie는 '위상학'으로, mode는 '방식' 혹은 '양식'으로, modalité는 '양태'로, ('효과성', '효율성', '유효성' 모두를 의미하는) efficacité는 맥락에 맞게 '효과성'이나 '효율성'으로, effectif는 '유효한'으로, dépassement은 원어를 병기한 '지양'으로(relève는 원어를 병기하지 않은 '지양'으로), (블랑쇼와 푸코 사이의, 푸코와 들뢰즈 사이의 지적 대화라는 맥락에서 쓰이는) dialogique는 '대화적'으로, délinquance는 '비행'으로, déviance는 '일탈'로, détermination은 ('규정'도 충분히 가능하나) 맥락에 따라 '결정' 혹은 '결정 요소'로, vide는 맥락에 따라 적절히 우리말 '텅 빔' 혹은 한자어 '공백'으로, vitalisme은 ('생명주의'도 충분히 가능하나 관행을 따라) '생기론'으로, spiritualisme은 '유심론'으로, 되돌릴 수 없다는 의미에서 '치유 불가능' 혹은 '복구 불가능'을 의미하는 irrémédiablement은 '회복 불가능하게'로, présupposée는 '선전제'로, point de fuite는 '도주점'으로, transposition은 '위치 변화'로, devenir는 '되기'와 '생성' 모두를 의미하지만 여기에서는 모두 '생성'으로, 거의 대부분 '권력관계'는 rapport de pouvoir이지만 아주 가끔 relation de pouvoir가 쓰인 곳에서 '권력관계'에는 원어 relation을 병기한 '관계'로(역시 rapport와 구분하기 위해 모든 relation은 원어를 병기한 '관계'로), totalisant은 '총체화하는'으로(물론 푸코의 논의와 관련해서는 '전체화'라는 역어가 더 많이 쓰이지만), 이와 짝이 되는 단어인 individualisant은 '개별화하는'으로 옮겼다. 마지막으로 두 가지만 더 지적하자면, 첫 번째로 jeu는 '작용'과 '놀이'를 동시에 의미하는 영어 play의 동의어인데, en jeu는 '작용 내에 있는' 혹은 '내기판 위에 있는'이라는 의미이고 enjeu는 이러한 맥락에서 '쟁점' 혹은 '내깃물'이라는 의미이다. 여기에서는 jeu를 '작용'으로 옮기면서도 원어를 대부분 병기해 주었다. 왜냐하면 '실행'이나 '작동'을 뜻하는 다양한 단어들, 예를 들어 exercer, opération이나 뒤에 나올 à l'œuvre 등과 혼동의 여지가 있기 때문이다. 두 번째로, œuvre는 '행함'이나 '작업' 혹은 행한 것의 결과로서 '저작'이나 '작품'을 뜻하는데, 그래서 동사 œuvrer가 작업 등을 '행하다'라는 의미를 지니고 있다. 이러한 맥락에서, 프랑스어에서 많이 쓰이지만 한국어로 번역하기가 까다로운 à l'œuvre는

1.

이 콜로퀴엄을 위한 발표의 대상으로 삼고자 제가 제안하는 질문, 즉 미셸 푸코의 사유가 최소한 일정한 시간 동안 — 그러나 이 지점에서, 바로 이 시간에 우리가 어떠한 제한을 부여해야 하는 것인지의 문제가 제기되죠 — 은 모리스 블랑쇼의 사유와 맺어 왔던 특권적 관계에 대한 질문은 이미 상당히 풍부하게 다루어졌으며 이 질문의 중요성이 이미 인정된 바 있었던 것입니다. 특히 이 질문은 질 들뢰즈의 저서 『푸코』에서 중심적인 자리를 점하고 있는데요, 들뢰즈의 이 저서에서 이 질문에 대한 새로운 검토 전체는 필연적으로 들뢰즈와 푸코 사이의 하나의 대화를 포함하고 있습니다. 들뢰즈의 주장의 중심선은 본질적으로는 하나의 비주체성(혹은 자기 고유의 활동 내에서 주체의 부재 — 특히 '하지 않음'이라는 개념이 외시하는)인 블랑쇼적 '바깥'이 푸코에게서는 유한성뿐만 아니라 권력에 대한, 그리고 결국에는 주체성의 '주름화'에 대한 그의 분석들의 기저에 존재하는 힘들의 형이상학métaphysique des forces이 된다는 점을 보여 주는 것입니다.[2] 따라서 우리에게 제기되는 질문은, 푸코의 '바깥의 사유'로의 '전회'tournant 혹은 '우회'repli라는 관념을 의문에 부치기보다는(푸코는 '바깥의 사유'를 통해 블랑쇼와 항구적 관계를 유지하기 때문이죠) 들뢰즈가 '바깥의 사유'에 관해 제시하는 생기론적 해석("푸코의 사유가 정점에 도달하는 지점으로서의 생기론"[3])을 의문에 부침으로써 (이 생기론적 해석은 니체를 넘어서, 혹은 아마도 베르그송을 통해 재독해된 니체를 넘어서, 기

'작용/작동하고 있는'이라는 의미이고 mettre en œuvre는 '적용하다'(혹은 '작동하다')라는 의미이다. 여기에서는 이 œuvre를 ('작품'보다는) '저작'으로 통일해 옮긴다. 여기에 '탈'을 의미하는 de라는 접두사를 붙인 désœuvrement은 프랑스어에서 거의 쓰이지 않는 단어로, 이는 '안 하기', '하지 않음', (장뤼크 낭시 전문가 박준상의 장-뤽 낭시, 『무위의 공동체』, 박준상 옮김, 인간사랑, 2010, 즉 La communauté désœuvrée의 역어를 참조하자면) '무위' 등으로 번역할 수 있는데, 사실 de의 의미를 살려 '탈위'라는 어휘를 선택하고 싶었지만 전혀 쓰이지 않는 인공적인 단어라 고심 끝에 '하지 않음'으로 옮겼다.

2 Gilles Deleuze, *Foucault*(1986), Paris, Éditions de Minuit, 2004[가장 좋은 국역본은 질 들뢰즈, 『푸코』, 허경 옮김, 그린비, 2019이다].

3 Ibid., p. 98.

이한 '외부성의 헤겔주의'로 나아갑니다), 이러한 들뢰즈적 해석을 논박contester할 수 있는지 혹은 오히려 이러한 들뢰즈적 해석을 변주varier할 수 있는지에 대한 것입니다. 사실은, 블랑쇼에게서 문제가 되는 것은 생명이라기보다는 죽음입니다. 그리고 푸코는 우선 바로 이러한 방식으로 블랑쇼를 독해했습니다.

우리가 이미 알다시피, '바깥의 사유'라는 표현은 푸코가 1966년 출간한, 그러니까 그의 주저인 (그리고 푸코 자신의 철학에 대한 최초의 위대한 종합인) 『말과 사물』 그리고 헤테로토피아hétérotopie라는 통념을 중심으로 하는 에세이인 「다른 공간들」Des espaces autres이라는 강연문(이 텍스트는 20년이 지나서야 출간되죠[4])과 동시에 출간된, 블랑쇼의 작업에 대한 자신의 글[즉 푸코의 텍스트 「바깥의 사유」]의 제목과 지도 원리에 사용되는 것입니다. 이 세 가지 텍스트 모두를 함께 취한다면, 분량 또한 상이하며 그 지위 또한 서로 다른, 하지만 내용상으로는 상호 보완적인 이 세 가지 텍스트는 하나의 성좌를 형성하게 됩니다. 하지만 도대체 '바깥의 사유'란 무엇을 의미하는 것일까요? '바깥의 사유'라는 단어에 대한 영어 번역이 제기하는 문제들을 통한 우회는 이러한 우리의 질문이 전혀 단순한 것이 아니며, 심지어 이러한 질문이 잠재적 긴장을 내포하고 있다는 점을 보여 줍니다. 「바깥의 사유」에 대한 번역으로 the thought of the outside(바깥의 사유)를 선택하는 번역들도 존재하며, the thought from outside(바깥으로부터의 사유)를 선택하는 번역들도 존재합니다. 특히 the thought from outside라는 정식화는 푸코의 텍스트인 「바깥의 사유」를 블랑쇼가 푸코의 죽음 이후 1986년 그를 위해 썼던 텍스트(푸코의 텍스트 「바깥의 사유」에 대한 응답으로 쓴)인 『내가 상상한 대로의 미셸 푸코』와 결합한 아름다운 판본에서 브라이언 마수미가 채택하는 것이지요.[5] 하지만 텍스트 안에서 마수미는 '바깥의 경험'expérience du dehors을 expe-

---

4 Michel Foucault, *Les corps utopiques, les hétérotopies*, postface de Daniel Defert, Paris, Lignes, 2009[국역본으로는, 미셸 푸코, 『헤테로토피아』, 이상길 옮김, 문학과지성사, 2023을 참조하라. 또한 essai를 '에세이'라고 옮겼으나 — 뉘앙스가 상당히 다르기는 하지만 이는 '시론'으로도 번역 가능한데 — 프랑스어 essai는 '붓 가는 대로 쓰는 글', 즉 '수필'과는 전혀 다른 장르의 글이다. essai는 파스칼의 『팡세』와 같은 철학적 사유를 담은 글을 지칭하는 단어이다].

rience of the outside([바깥으로부터의 경험이 아니라] 바깥의 경험)로 번역합니다. 이로부터 우리는 '바깥으로부터 오는'qui vient du dehors 사유 스스로가 바로 이 '바깥'의de '경험' 위에 기초해 있다고, 그리고 그 양태는 이 '경험'이 이 양태를 [자동적으로] 도출하는 것이 아닌 한은 여전히 규정해야 할 것으로 남아 있다고 결론지을 수 있습니다.

그런데 분석을 지속해 나감으로써 이 지점을 명확히 해명할 수 있을까요? 자신의 소설들에서뿐만 아니라 또한 자신이 문학적 글쓰기라는 질문에 할애했던 비평적 에세이들에서도, 블랑쇼는, 푸코에 따르면, 자신이 명목상nominalement 그 저자인 텍스트에서의 자기 고유의 부재를 표현exhibe합니다. 작가écrivain ─ 예를 들어 카프카와 같은 작가 ─ 는 텍스트로부터 빠져나오거나, 텍스트가 더 이상 내부성을 지니지 않도록, 그래서 이를 통해 텍스트가 '순수한 바깥'이 되도록, 주체로서의 작가가 바로 이 텍스트에 의해 말소annuler되도록 합니다. 작가는 푸코가 조금 뒤에 '저자-기능'fonction auteur이라고 부르게 될 바를 중성화[무력화]neutralise합니다.6 이 일반적 주제는 그 자체로 세 가지 계기로 분해됩니다. 첫 번째 계기에서, 쟁점이 되는 것[작용 내에 있는 것]en jeu은, 형상과 내러티브적 질료 사이의 폭력적 등가성으로서의, 문학적 글쓰기 내에서의 '바깥의 순수한 경험'expérience pure du dehors7입니다(그리고 이 '바깥의 순수한 경험'의 열쇠는 자기 자신의 현존 그 자체 내에서 은폐되는 그러한 법loi의 이율배반을 통해 구성될 것입니다8). 위반의 역설은 이 위반에게 그 자체로는 접근 불가능한 그러한 바깥을 향해 이 위반이 끊임없이 전진한다는 점입니다.9 이를 통해, 위반 자신의 후퇴retrait를 통해서만

5 Id., Maurice Blanchot, *The Thought from Outside*, trad. Brian Massumi과 Maurice Blanchot, *Michel Foucault as I Imagined Him*, trad. Jeffrey Mehlman, New York, Zone Books, 1990 참조[『바깥의 사유』의 국역본으로는, 미셸 푸코, 『바깥의 사유』, 배세진 옮김, 이상길 해제, 필로버스, 2025, 근간을 참조].

6 Michel Foucault, "Qu'est-ce qu'un auteur?"(1969), in *Dits et Écrits I. 1954-1975*, éd. Daniel Defert & François Ewald, Gallimard, Paris, 2001, pp. 789-821.

7 Id., "La pensée du dehors"(1966), in *Dits et Écrits I*. op. cit., p. 553.

8 Ibid., p. 556.

9 Ibid., p. 557.

진정으로 절대화될 수 있는 그러한 주권[지배] 혹은 법의 승리를 [위반은 그 자체 접근 불가능한 바깥으로 접근 불가능하기에 항상] 보증하면서 말이죠. 두 번째 계기에서, 지향적 의미 작용signification intentionnelle으로부터 중성적임neutre과 동시에 이 지향적 의미 작용이 비어 있는vide 그러한 '순수한 바깥'으로 정의되는 것은 바로 언어의 존재être du langage입니다. 이러한 외부성은 주체의 비인칭적 분신double impersonnel의 끈질긴[지속적] 현존으로 경험되며s'éprouve 심지어는 (문학적 활용 내에서) 실험[체험]되지요s'expérimente.10 즉, alter ego[또 다른 자아 혹은 '타아']가 아니라, 무한히 서로 닮아 있음과 동시에 근본적으로 양가적인, 약속prometteur임과 동시에 위협menaçant인,11 블랑쇼의 소설 『지극히 높은 자』의 이야기를 따라 푸코가 '동무'compagnon라고 부르는, 그러한 일Il 혹은 옹On 말입니다(이 소설에서 수수께끼와도 같이 일 혹은 옹은 국가의 역량을 표상하죠).12 13 블랑쇼의 정식화를 따름으로

---

10 [옮긴이] 여기에서 double은 이중, 이중체, 분신, 이중 의미 등으로 번역이 가능한데, 이에 대한 설명으로는 『문학의 고고학』(미셸 푸코 지음, 허경 옮김, 인간사랑, 2015)의 옮긴이 서문(9, 10쪽)을 참조할 수 있다. "푸코는 『광기의 역사』에서 처음으로 서로 겹쳐지며 스스로를 드러냈던 두 영역, 과학적 의학과 서정적 문학을 1963년 두 권의 책, 곧 의학의 영역을 다룬 『임상의학의 탄생』과 프랑스의 한 소설가를 다룬 문학비평서 『레몽 루셀』로 출간한다. 푸코가 출간 일자마저도 같은 날로 조정하고자 했던(실제로는 전자가 4월, 후자가 5월에 발간된다) 이 두 권의 '쌍둥이' 책에서 단연 돋보이는 것은 이중-분신double의 사유이다. 이중 혹은 분신의 사유란 '언어의 이중적 존재론'이라 말할 수 있는데, 이에 따르면, 하나의 언어가 언어로서 기능할 수 있는 조건condition이란 언어의 메타적meta 기능, 곧 논리적, 현실적으로 스스로에 대하여 스스로를 지칭, 지시하는 기능fonction으로서, 이때 언어는 내재적인 동시에 메타적인 것이고, 내적인 동시에 외적인 것이자, 돌아옴인 동시에 떠나며, 안인 동시에 밖이 된다(그럼에도 일정한 강조점은 늘 후자 쪽에 놓여 있다). 그리하여, 가장 먼 것과 가장 가까운 것은 만나게 된다. 이는 언어를 어떤 본성nature 혹은 본질essence을 갖는 하나의 고정된 실체substance가 아닌 '늘 작용하며 작동하는 하나의 기능'으로 바라보는 관점이다. 언어의 기능은 스스로에 대해 이중화되면서 스스로로부터 달라지는 것, 곧 자기와의, 자기로부터의 차이화 작용différenciation을 수행하는 것이다. 이러한 언어의 놀이는 동일자le Même가 아닌 타자성l'Autre에, 동일성identité이 아닌 차이différence에 기반한 것이다."

11 [옮긴이] '약속'과 '위협'이라는 대당은 자크 데리다가 즐겨 쓰는 것이다.

12 [옮긴이] 『지극히 높은 자』, 즉 Le Très-Haut의 국역본으로는 모리스 블랑쇼, 『지극히 높은 자』, 김예령 옮김, 그린비, 2019를 참조하라. Il은 '그', 즉 영어의 He인데, 그러나 영어와 달리, 영어의 비인칭 주어 It 또한 Il로 표현된다. On은 들뢰즈의 『푸코』의 역자 허경이 지적하듯, 그 정확한 번역어는 바로 '옹'이다. 영어와 한국어에는 이에 대응되는 단어가 존재하지 않는데, 기본적으로 '우리'와 '그들'을 의미하며, 비인칭 주어(즉 '사람들'로 종종 옮기곤 한다)로도 쓰인다. 여기에서 Il 혹은 On은 담론으로부터 배제된 것 혹은 배제된 자로서의 동무인데, 대문자 Il은 음독해 주었다. 참고로 바로 아래에 등장하는 Je는

써, 그리고 이 블랑쇼의 정식화를 블랑쇼 고유의 글쓰기 실천과 관계 지음으로써, 푸코는, 영원히 대답 없는 그러한 한계 없는 질문하기의 특권을 말parole에 부여하기 위해 담론 한가운데로 되돌아오는, 담론으로부터 배제된 것[배제된 자]exclu du discours으로 이 동무를 정의합니다.

이는 얼굴이 없는, 그리고 시선이 없는 하나의 일Il이며, 그Il는 어떠한 타자autre의 언어 — 이 그는 이 타자의 언어를 자기 고유의 밤의 질서에 위치 짓는다 — 를 통해서가 아니라면 볼 수 없다. 이를 통해 그는 일인칭으로 말하는 이 [대문자] 주Je에 가장 가까이 다가서며, 그는 한계 없는 어떠한 공백 내에서 [이 주Je의] 단어들과 문장들을 다시 취한다. 그러나 그는 그와 관계를 형성하지 않는데, [왜냐하면] 측정이 불가능할 정도의 거리가 [이 둘을] 분리하기 때문이다.[14]

결론적으로 이는 '언어 내 주체성'에 관한 에밀 뱅베니스트의 유명한 명제들에 대한 전도입니다. 언표 그 자체 내 언표 작용의 주체로서의 인칭적 '주'Je(혹은 '튀-주'Je-Tu)의 삽입이 언어의 전유를 생산하는 대신에, 비인칭적인 것의 삽입('일'Il인 '주'Je, '주'Je인 '일'Il)은 언어의 수탈을 생산하는 것이죠.[15]

마지막으로 세 번째 계기에서, 중성적인 것의 부정적 본질이 펼쳐집니다. 즉, 언어의 존재는, '상호적 투명성' 내에서 기원과 죽음의 교통communication이 확립되는, 언어에 의해 자기의 밖hors de soi에 놓이게mis 된 주Je — 그러나 [이와 동시

'나'이고 Tu는 '너'이다. 대문자로 쓰였다는 의미에서, 어떠한 낯섦을 발생시키기 위해 역시 음독했다.

13 Ibid., p. 562.

14 Ibid., p. 564[「바깥의 사유」 전체를 참조해야만 여기에서 등장하는 수많은 대명사들이 무엇을 지시하는지 어느 정도는 짐작할 수 있다. 그리고 발리바르가 제시하는 바와 달리 첫 줄의 '대문자 일'Il은 푸코의 원문에서는 '소문자 일'il로 제시된다].

15 Émile Benveniste, "L'appareil formel de l'énonciation", in *Problèmes de linguistique générale*, Gallimard, Paris, 1974, vol. II, chap V, pp. 79-88. *Citoyen Sujet et autres essais d'anthropologie philosophique*, PUF, Paris, 2011에 실린 뱅베니스트에 대한 나의 논평 "De la certitude sensible à la loi du genre: Hegel, Benveniste, Derrida"를 보라[뱅베니스트 저서의 국역본으로는, 에밀 뱅베니스트, 『일반언어학의 여러 문제』, 1, 2권, 김현권 옮김, 지만지, 2012, 2013 참조].

에] 언어는 이 주에게 말의 공간을 열어 주는데요 ― 가 주체로서 사라지기 위해서만 가시적으로visiblement 확언되는s'affirme, 그러한 장소로서의 '바깥의 와해된 형태'forme défaite du dehors인 것이죠.16 따라서 우리는 이 에세이가 출발했던 최초의 질문, 그러니까 '주가 말한다'Je parle라는 언표(이 '주가 말한다'가 『지극히 높은 자』의 마지막 단어라는 점을 잊지 맙시다17)의 지위와 효과들에 관한 질문으로 되돌아오게 됩니다. 이 질문은 우리로 하여금 언어의 경험을 한계-경험으로서뿐만 아니라 정관사 한계la limite의 경험 그 자체로 재구성할 수 있게 해주었습니다. 언어가 수행하는, 주Je의 '자기의 밖으로 놓임'mise hors de soi ― 혹은 이 주Je의 일Il과의 구별 불가능성(이 일은, 칸트가 다음과 같이 말할 수 있었듯, 주를 일의 대체물로 활용하기 위해 이 일의 각 언표 작용들 내에서 끊임없이 '주를 수반'하죠) ― 은 주체가 스스로를 이름 짓는se nomme 장으로부터의 주체의 배제이지만, 동시에 이는, 언어의 경제를 그 한계들 내에서 담지하는 비주체성 혹은 '바깥'이라는 무대 위로 입장하는 것이기도 합니다. 근본적으로 이러한 언어는 의미를 표현하는 것도 아니고 외시적이거나 지시적인 것도 아니죠. 이러한 언어는 자신의 중심 내에 (주권[지배] 그리고 죽음과 유비적인) 하나의 공백 혹은 하나의 본원적 부재를 발견하는, 자신의 가능성들의 작용[놀이]jeu입니다. 따라서 '주체 없는 초월론적인 것'transcendantal sans sujet ― 동시대의 구조주의는 바로 이 '주체 없는 초월론적인 것'에 대한 실험을 한 것이죠 ― 이라기보다는 (루트비히 비트겐슈타인의 『논리철학 논고』의 장치와의 비교가 계발적일) 유사-초월론적quasi transcendantal 경험이 구성됩니다.18 말하

---

16 [옮긴이] 일상적인 프랑스어에서 visiblement과 apparemment은 모두 '명백히'라는 뜻이지만, 문어에서, 특히 철학 문헌에서는 어원적 놀이를 통해 이 두 단어의 양의성을 종종 살려 준다. 이것이 번역이 어려워지는 지점인데, 사실 visiblement과 apparemment은 '겉보기에는'이라는 의미 또한 가지고 있다고 보아야 하며, 특히 언어유희를 좋아하는 철학자들은 서로 모순되는 두 가지 의미, 즉 '명백하다'라는 뜻과 '겉보기에만 그러하다'라는 의미를 모두 살려 준다. 여기에서도 발리바르 역시 이 두 가지 의미를 모두 살려 주고 있다고 보는 것이 조금 안전한 해석일 것 같다. 그래서 '가시적으로'라는 애매한 역어를 선택했다.

17 "Maintenant, c'est maintenant que je parle", Maurice Blanchot, Le Très-Haut(1948), Gallimard, Paris, 1975, p. 243[국역본 425쪽에 따르면 이는 "이제, 바로 지금, 나는 말합니다"로 번역된다].

18 나의 글 "Foucault's Point of Heresy: 'Quasi-Transcendentals' and the Transdisciplinary

는 주체라는 형상 아래에서만 사유하거나 인식하는 주체는 바로 이 유사-초월론적 경험 내에서 가능한 것과 불가능한 것 사이의 그리고 말과 침묵 사이의 접촉점으로서 하나의 텅 빈 점이며, 혹은 들뢰즈가 말하듯 더욱 정확히는, 이 주체는 바로 담론의 대상들을 편력하는, 그리고 이를 통해 이 담론의 대상들의 변이, 갈등, 폭력(이 주체 자신을 위협하는)에 항구적으로 노출되는, '움직이는 텅 빈 자리'place vide mobile인 것입니다.**19**

2.

들뢰즈의 '형이상학적' 외삽(들뢰즈가 푸코의 것으로 간주하는 생기론, 그리고 결국에는 [대문자] 바깥과 이 바깥의 한가운데에서 생산되는 원archi 혹은 유사quasi-내부성 사이의 동일시, 즉 '주름화'**20**)의 근원은, 제 생각에, 가시적인 것과 언표 가능한 것 사이의 이접적인disjoint, 어긋난décalé, '비동시대적인'non contemporain 관계(어떠한 '비관계'와 동화될 수 있을 그러한 관계)의 사유를 이러한 비관계 혹은 이러한 이접성 그 자체와 구분했다는 사실에 놓여 있습니다. 하지만 권력을 '바깥'의 현상학적 차원registre에 대한 사유라는 질문을 생명의 존재론적 차원에 대한 사유라는 질문으로

Function of the Episteme", *Theory, Culture & Society*, dir. É. Alliez, P. Osborne, S. Sandford, 32/5-6, septembre-novembre 2015, pp. 45-77을 보라[본서의 5장을 보라].

19 [옮긴이] '철학적 구조주의'의 핵심을 정확히 표현하는 이 개념에 대해서는, 질 들뢰즈, 『들뢰즈가 만든 철학사』, 박정태 옮김, 이학사, 2007에 수록된 「구조주의를 어떻게 인지할 것인가?」를 참조하라.

20 들뢰즈는 텍스트 「바깥의 사유」에서 푸코가 비판적인 방식으로 "모든 주체는 문법적 주름에 불과하다"라는 점을 전제했다는 사실을 활용할 수 있었다(Michel Foucault, "La pensée du dehors", art. cité, p. 565). 하지만 이보다 전에 푸코는 이 비유의 의미를 제한적인 방식으로 정확히 설명한 바 있었다. "만일 이러한 '자기 자신의 밖'으로 놓기 속에서 (언어가 -발리바르) 그 고유한 존재를 밝히게 된다면, 이러한 급작스러운 밝힘clarté은 기호들의 겹침repli보다는 기호들 사이의 간극écart을, 기호들 자신으로의 기호들의 회귀retour보다는 기호들의 분산dispersion을 드러낼 것이다"(ibid., p. 548). 따라서 실제로 모든 것은 주름에 불과함과 주름 혹은 주름화의 본질 — 이 주름 혹은 주름화의 본질로부터 생명은 '사유'로서 그 스스로가 변용된다 — 을 표현함 사이에서 움직인다.

이동시키는 이러한 변증법의 '중간값'médian의 계기로 만들기 위한 목적에서 들뢰즈가 이 권력에 준거할 때, 모든 것이 너무 성급하게 이루어지지요. 들뢰즈는 가시적인 것과 언표 가능한 것이 정관사 권력du pouvoir의 효과 아래에서만 혹은 어떤 하나의 권력d'un pouvoir의 효과 아래에서만, (그 정의상 투쟁들, 대항-권력들, 대항-품행들을 포함하는) '권력의 작용'jeu du pouvoir과의 (비록 가변적이고 역사적이라고는 해도) '필연적인' 어떤 하나의 관계un rapport 내에서만 절합된다는 점을 전제함에서는 분명 옳습니다. 하지만 이로부터 들뢰즈는 말할 수 있는 것과 가시적인 것에 대한(이 둘은 '이접적 종합' 내에 병치된, 사유의 '유한한' 형태들입니다) 권력의 효과가 생명의 자유로운 '힘들' — 따라서 이는 사유의 사유pensée de la pensée와 권력 그 자체의 권력pouvoir du pouvoir lui-même(혹은 권력 그 자체의 비권력)과 같은 것인데 — 과 맺는 인간의 더욱 본질적인 관계를 그 조건으로 취한다는 관념으로 나아갈 수 있는 것일까요?21 달리 말하자면, 들뢰즈는, 푸코를 배반하지는 않으면서, 초월론적 혹은 우주론적 우연hasard, 즉 역사의historial '주사위 던지기'를 통해 우연성contingence 혹은 사실성facticité을 배가redoubler할 수 있는 것일까요?22 오히려 우리는 가시성과 말할 수 있음(혹은 실천과 담론) 사이의 '갈등'으로서의 이러한 사실성에 고집스레 남아 있어야 하는 것은 아닐까요? 바로 이 '갈등'에서, 이 사실성이 구성하는 타자성의 방향으로 이 사실성이 포함하고 있는(하지만 '불가능한' 위반이라는 양태 내에서만 이 사실성은 이 타자성의 끈질김[지속]을 말할 수 있습니다) 열림들을 탐지하기 위해서 말이죠. 요약해서 질문하자면, 우리는 비아 네가티바via negativa[즉 '부정신학']로부터 빠져나와야 하는 것 아닐까요? 만일 그렇다면 어떠한 출구를 통해 빠져나와야 할까요?23

---

21 들뢰즈가 여러 해 전에 (우리가 익히 알고 있는) 그 자신의 칸트 해석의 열쇠를 구성했던 바를 사실은 푸코와 관련해 재생산하고 있다는 점을 확인하는 것은 흥미롭다. *La philosophie critique de Kant. Système des facultés*, PUF, Paris, 1963을 보라[국역본으로는, 질 들뢰즈, 『칸트의 비판철학』, 서동욱 옮김, 민음사, 2006을 참조].

22 [옮긴이] 여기에서 '배가'란 위에 등장한 '사유의 사유', '권력의 권력'이라는 배가를 의미한다.

23 [옮긴이] 여기에서 '우연성'과 '사실성'은 동일한 의미를 지닌다. 프랑스어 facticité는 '이유도 정당화도 없이 순수하게 우연적인 방식으로 존재하는 것의 특징'을 표현하는 철학적 어휘이다. 사실로서

푸코의 저작 내에서 '바깥의 사유'의 첫 번째 확장은 1961년의 저작『광기의 역사』에 의해 고고학이라는 이름 아래 개시되었으며 '계보학적 계기' — 이 '계보학적 계기' 내에, 매우 다양한 양태 아래에서라고 할지라도, 콜레주 드 프랑스에서 푸코가 행한 이후의 모든 작업들이 기입됩니다 — 에 의해 겉보기에는 종료된(혹은 아마도 단순히 전위된), 그러한 비판적 제스처의 체계화에 준거합니다. 이러한 전환은『담론의 질서』라는 제목으로 출간되었던 1970년 12월의 콜레주 드 프랑스 취임 강연이 담론의 '가공할 물질성'과 이 담론의 활용을 규제하는 효과를 생산하는 배제, 통제[관리], 제도의 과정들 전체 사이의 힘 관계(혹은 끊임없는 갈등성)라는 용어[관점]로 언어에 내속적인 외부성이라는 질문을 재정식화하는 방식을 통해 탐지할 수 있습니다. 그러나 사실 이러한 '방법론적'이고 프로그램적인 시도는 이미, 사유가 언어와 맺는 구성적 관계가 사유 자신에 미치는 효과로서의 '바깥의 사유'라는 관념을 완전히 재사유하는 방식입니다. 그러므로 이러한 시도는 위에서 제가 1966년의 성좌라고 불렀던 바를, 바로 이 성좌에 이 성좌가 성찰하고 싶어 했던 바를 통합함으로써, 회귀적으로 제한할 수 있게 해줍니다. 그리고 이러한 관점에서, 눈에 띄는 점은 위반, 비사유, 외부성 그리고 타자성이라는 주제들 사이를 연결하는 상호 준거들의 농밀함입니다.

그런데 푸코가 이러한 철학적 결합nexus의 지표를 수용한 것은 아마도 블랑쇼 자신으로부터일 것입니다. 여기에서 블랑쇼와의 관계가 유일하게 둘 중 한 명으로부터만 유래하는 해석 혹은 주해에 속하는 것이 아니며, 이 블랑쇼와의 관계가 하나의 진정한 상호성을 함축한다고 말한다 해도 과언은 아닐 것입니다. 블랑쇼가『광기의 역사』의 출간 직후 공개했던『광기의 역사』에 대한 서평은 1969년 출간된『무한한 대화』안에 '망각, 비이성'L'oubli, la déraison이라는 종합적 제목으로 '비현존'이자 동시에 '비부재'인 것(그러므로 이는 중성적인 것의 또 다

(우연에 의해) 이미 주어져 있다는, 논리적 필연성과 무관하다는 의미에서 그러한 것인데, 이로부터 우리가 쉽게 유추할 수 있듯, 이 어휘는 하이데거의 철학과 밀접한 관련을 가진다. 하이데거 철학에서는 이를 '현사실성'으로 번역한다.

른 이름이지요)으로서의 망각oubli에 대한 성찰 바로 뒤에 실리게 되었습니다.**24** 이 서평은 "사유, 불가능성 그리고 말 사이에 수수께끼를 만들어 내는, [그러한] 관계"에 대한 준거로 끝납니다. 그런데 블랑쇼가 말하길, 바로 이 "관계"로부터 우리는,

> 독특한 저작들œuvres singulières — 문화가 (이 독특한 저작들을 객관화함으로써 한계-경험들을 거부하는 것과 마찬가지로) 이 독특한 저작들을 수용하면서도 내다 버리는 — 의 일반적 중요성을 다시 포착하고자 시도할 수 있다 (……). 그리고 나는 가장 고독한 저작들 중 하나를 머릿속에 떠올리고 있는데, 이는 조르주 바타유가 우정amitié과 놀이[작용]jeu로[혹은 재미로] 그 이름을 빌려주었던 그러한 저작이다.**25**

그리고 푸코는 1963년 문학에 의해(혹은 의미의 한계들 그 자체에 대해sur[그 자체 위에서] 실험하는 어떤 특정한 문학에 의해) "철학에서의 말하는 주체의 정위emplacement에" 패인 '공백'[텅 빈 공간]이라는 통념을 주제화하는 「위반에 대한 서문」이라는 텍스트를 (조르주 바타유 전집의 서문으로) 출간합니다.**26** 바로 이 한계-경험은, 블랑쇼가 『광기의 역사』에 대한 자신의 서평을 포함한, 그리고 『말과 사물』에 대한 1967년의 장문의 서평인 「무신론과 글쓰기. 인간주의와 외침」L'athéisme et l'écriture. L'humanisme et le cri — 이 서평은 사실 상당히 비판적인데, 이 서평에서 블랑쇼는 '바깥의 사유'에 대한 메아리가 전혀 울리지 않게 하죠 — 까지 추가한, 1969년 집필한 매우 긴 편section의 제목이죠.**27**

만일 우리가 이러한 성좌 전체를, 그리고 이러한 성좌의 대화적 구축construction dialogique의 운동을 고려한다면, 우리는 '바깥'이라는 주제계를 언표 작용 내에서 자기 고유의 현존을 중성화[무력화]하는, 그리고 문학이 탐구할, 혹은 문학

---

24 Maurice Blanchot, *L'Entretien infini*, Gallimard, Paris, 1969, pp. 289-299.

25 Ibid., p. 299.

26 Michel Foucault, "Préface à la transgression"(1963), in *Dits et Écrits I*. op. cit., p. 242.

27 [옮긴이] 조금 불필요해 보이더라도 chapitre는 '장'으로, section은 '편'으로 일관되게 옮겼다.

이 그 가능성을 예감하게 만들 '화자'(혹은 블랑쇼가 말하듯 목소리)라는 심급과만 관계 지어서는 안 된다는 점을 확인하게 됩니다. 이와 더불어 우리는 이 '바깥'이라는 주제계를 사유의 훼손alteration de la pensée — 인간적인 것을 극복하는 이로서의 니체적 '초인'은 이에 대한 알레고리적 이름입니다 — 이라는 '반인간주의적' 가설과 결합하기도 해야 하는 것이죠.28 우리가 이미 알다시피 『말과 사물』에서 이러한 사유의 훼손은 인식론적 용어[관점]로 해석됩니다. 이는 근대 에피스테메의 한계들에서 (라캉적 재주조 이후의) 정신분석학과 (레비스트로스적인 '구조주의적' 개념화 내에서의) 민족학이 특히나 대표하는 '대항-과학들'(혹은 대항-인간 과학들)이라는 주제입니다. 바로 그렇기 때문에 우선 (도식적으로라고 하더라도) 1960년대의 텍스트들 내에서 푸코적 고고학(그리고 무엇보다도 그의 글쓰기)의 특이성을 형성하는 바인 구조주의와 비극적인 것 사이의 기묘한 결합으로 되돌아올 필요가 있는 것입니다. 블랑쇼는 『내가 상상한 대로의 미셸 푸코』에서 인간주의와 반인간주의라는 질문들이 그 주위를 회전하는 축으로서의 이단점을 구성하는 바로 이 기이한 결합으로 되돌아오게 되죠.29

상기할 필요가 있는 첫 번째 지점은 한계의 경험으로서의 '위반'에 대한 1963년 에세이[「위반에 대한 서문」]에서의 분석과 '대항-과학들'(인간적 본질 혹은 인간적 조건이 아니라 인간의 유한성의 표지들을 '대상'으로 하는)의 제스처에 대한 1966년의 저서[『말과 사물』]에서의 분석 사이의 절대적 연속성입니다. 「위반에 대한 서문」이 말하는 한계의 경험은, 만일 이 한계의 경험이 동시에 하나의 '한계-경험'이기도 하다면, 유효한 경험일 것입니다. 바로 그렇기 때문에 이 한계의 경험은 칸트적 주제계와 니체적이고 바타유적인 기획과 동시에 교차하는 것이죠.30 칸트에 대한 준거가 없다면, 경험의 가능 조건으로서의 유한성에 대한 구성은 존재하

---

28 [옮긴이] altération의 일차적 의미는 '훼손'이지만 'alter'에 주목해 '타자화'로 번역하는 것도 고려해 볼 수 있다.

29 Maurice Blanchot, *Michel Foucault tel que je l'imagine*, Montpellier, Fata Morgana, 1986.

30 [옮긴이] expérience de la limite는 '한계의 경험'으로, expérience-limite는 '한계-경험'으로 구분해 옮겼다.

지 않게 됩니다. 하지만 니체에 대한 준거가 없다면, 칸트를 칸트 자신의 고유한 인간학적 목표(혹은, 『말과 사물』이 말하듯, '경험적-초월론적' 모티프)로부터 '해방' 할 가능성, 다시 말해 한계들에 대한 경험이 주체가 자기 고유의 언어에 관해 행사하는 장악 — 심지어 적절히 한정 지어진 하나의 공간 내부에서의 장악까지도 포함해 — 에 대한 확인confirmation이 아니라 오히려 자기에 관한 장악에 대한 혹은 의식 전체에 대한 발본적 '거부'contestation라는 점을 보이게 만들 수 있는 가능성이 존재하지 않게 됩니다. 「무신론과 글쓰기」에서 블랑쇼는 언어 밖hors langage 글쓰기에 대해 말하게 되는데, 이는 또한 우리가 여기에서 다루고 있는 역설적 위상학을 가리키는 하나의 방식이기도 하죠. 즉, 언어를 [그] '내부성 속에서' 포착할 수 있는 가능성의 파괴(그렇다고 해서 외부성의 정립 — 그로부터 언어의 한계들이 기술 가능하고 장악 가능하게 될 — 의 구성이 가능한 것도 아닌 그러한 파괴) 말입니다. 바로 그렇기 때문에 처음부터 끝까지 푸코의 텍스트는, 법에 대한 위반과 경계에 대한 위반이라는, 위반에 대해 일반적으로 통용되는 두 가지 의미 사이에서의 '말놀이'에 기반해 있는 것입니다. 이는 법이 하나의 경계이며, 법이 항상 경계가 그리는 선들 내에서 물질화되고, 법에 의해 유효하게 그려지고 정당화된 모든 경계는 항상 이미 위반되어 있는 것임을 의미합니다. 한계라는 관념의 모호성amphibologie은 이러한 기술description의 중심에 존재하고 있습니다. '가능한 경험의 한계들' 내부의 지식(과 이 지식의 대상들)에 대한 구성이라는 칸트적 관념에 준거함으로써, 이와 동시에 푸코는 바타유와 함께 외부성의 모호함équi-voque — 내부성에 대한 반대opposition라는 관념과 내부성과 관계 맺지 않는 '절대적' 혹은 내속적 외부성이라는 관념 사이에서 진동하는 — 을 돌발하게 만듭니다. 그러나 만일 바타유가 자신의 주저의 제목을 내부적 경험L'expérience intér-ieure으로 선택했다면, 이는 바로 '바깥'이 안dedans을 합리적으로 경계 짓는 것이 아니라 (합리성의 규범들이 언어 그 자체에 의해 느슨해지거나 폐기될 때) 자기 자신의 고유한 와해로부터 돌발하는 것임을 강조하기 위해서였습니다. 『말과 사물』의 결론 편은 이와 다른 것을 말하고 있지 않습니다. '인간 과학들'을 위해 객관성[대상성]의 영역에서 '인간'(혹은 인간적인 것)을 구성하는 대신, (최소한 그 구조주의적 재주조 내에서의) 정신분석학과 민족학은 인간의 한계들에 대한 언표 작용을 위해 인간을 해소하는 기획에 착수합니다. 따라서 정신분석학과 민족학은 유한성의 분석론에 대한 부정적 첨점을, '비판' 그 자체를 넘어서는 비판적 첨점을 형성합니다.[31]

하지만 한편에서 (인간학적 '주체-대상'으로서) 인간의 이미 예견된 사라짐으로 나타나는 바는 다른 한편으로는, 단순히 고전주의 시대의 담론의 질서로의 회귀로서가 아니라 인간의 자기 충족성 혹은 중심성이라는 형상을 '와해'défait하는 것으로서의, 사유의 장 내 '언어의 존재'의 점점 더 끈질긴[지속적인] 돌발로 동시에 나타나 결국 [대문자] 동일자의 사유를 [대문자] 타자의 경험으로 전도하게 됩니다.[32] 그런데 "이러한 유한성의 열림과 제약 내에 사로잡힌prise 경험, 그러한 유한성의 경험"[33]으로서의 존재인 언어의 포착 불가능한 존재와 맺는 이러한 관계로부터, 만일 대항-과학들이 지식의 장 내의 인식론적 증인이라면(그리고 여기에서 우리는 푸코가 구조언어학에 대해 행했던 기이한 독해에 대해 주해를 달 시간을 가져야만 합니다), 바로 "우선은 초현실주의와 함께 (……) 그다음으로는 점점 더 순수하게 카프카, 바타유, 블랑쇼와 함께, 문학[이 바로 그 -발리바르] 경험[실험]expérience으로 주어지는 것"입니다.[34]

그러나 사실 여기에서 우리는 『광기의 역사』에서 개시된 테제의 연속성과 다른 것을 가지고 있는 것이 전혀 아닙니다. 이는, 코기토의 이면(혹은 이 코기토의 유한성, 즉 코기토 자신의 성찰의 불가능성의 혹은 코기토가 은닉하는 진리에 대한 코기토 자신의 접근 불가능성의 지주) 또한 동시에 형성하는 비사유에 다가가기 위해 우리가 가지고 있는 유일한 접근로가 바로 말할 수 없는 것의 담론 — 즉, 합리성에 대한 문학의 과잉에 의해 이루어지는 광기의 경험이 반영하는 '주체 없는' 담론, '저작

---

31 Michel Foucault, *Les mots et les choses. Une archéologie des sciences humaines*, Gallimard, Paris, 1966, pp. 385-398.

32 Ibid., pp. 397, 398.

33 Ibid., p. 395.

34 Ibid.

의 부재' 혹은 하지 않음이라는 저작, 변증법적 지양 혹은 부정성의 합리화가 아
니라 비극적 경험[실험]이라는 저작 — 이라는 역설이라는 테제죠.

고야Francisco José de Goya y Lucientes의 경우처럼 사드의 경우에도 비이성은 어둠 속에
서 계속 잠 깨어 있지만, 이 깨어 있음으로 말미암아 새로운 힘들pouvoirs과 관계를
맺는다. 비이성의 과거 모습이었던 비존재non-être는 이제 파괴의 역량puissance이 된
다. 사드와 고야를 통해 서양 세계는 폭력 속에서 이성을 지양dépasser하고 변증법
의 약속을 넘어 비극의 경험을 되찾을 가능성을 결실로 거두었다. (……) 니체의 광
기나 반 고흐Vincent Van Gogh의 광기 또는 아르토Antonin Artaud의 광기는 아마 더 깊지
도 덜 깊지도 않게일 터이지만 전혀 다른 양식으로 그들의 저작에 속한다. (……)
광기와 저작 사이에는 타협도, 더 지속적인 교환도, 언어들 사이의 소통도 없었다.
광기와 저작 사이의 대립은 예전보다 훨씬 더 위험스럽고, 광기와 저작 사이의 분
쟁contestation은 이제 용서가 없는 것이 되었으며, 광기와 저작 사이의 대결[작용-]jeu
은 생사가 걸린 문제가 된다. 아르토의 광기는 저작의 틈새로 슬그머니 끼어들지
않고, 정확히 저작의 부재, 이 부재의 지겹게 되풀이되는 현존, 저작의 결코 끝나지
않는 모든 차원에서 경험되고éprouvé 측정되는 그 중심적 공백이다. (……) 광기는
저작의 절대적 단절이고, 폐지abolition의 구성적 계기 — 시간 속에서 저작의 진실
을 정초하는 그러한 계기 — 를 형성하며, 저작의 외부적 가장자리, 저작의 붕괴선,
공백을 배경으로 한 저작의 윤곽을 소묘한다.[35]

---

[35] Michel Foucault, *Folie et déraison. Histoire de la folie à l'âge classique*, Plon, Paris, 1961, pp.
640–642[미셸 푸코, 『광기의 역사』, 이규현 옮김, 나남출판, 2003, 811–814쪽에서 인용했으며, 번역은 다소
수정했다]. 1965년 『"자본"을 읽자』의 서문인 「"자본"에서 마르크스의 철학으로」에서 알튀세르가
제시했던 이에 대한 아름다운 주해를 떠올려 보자. "(……) 미셸 푸코의 『광기의 역사』 서문의 매우
탁월한 구절들은 가시적인 것을 정의하는 이론적 장에서의 가시적인 것과 비가시적인 것의, 안과 바깥의
가능 조건들(을 상기시킨다. -발리바르) 일반적으로, 어떠한 한 이론의 전개 내에서, 어떠한 가시적 장의
비가시적인 것은 바로 이 장에 의해 정의되는 가시적인 것의 외부에 위치하며extérieur 이로부터
낯선étranger 아무것n'importe quoi이 아니다. 비가시적인 것은 가시적인 것에 의해 이 가시적인 것의
비가시적인 것으로, 보는 것에 대한 금지(가시적인 것이 내리는)로 정의된다. 그러므로 비가시적인 것은
단순히 (……) 가시적인 것의 바깥, 배제의 외부적 어둠ténèbres인 것이 아니다. 오히려 비가시적인 것은

이러한 대면들을 통해, 내부성의 가장자리를 두르는 바로서가 아니라 자기 자신으로부터 내부성의 표지들을 감산할[빼 버릴] 수 있는 언어의 고유한 능력을 외시하는 바로서의 '바깥'의 사유에 문을 열어 주는 '위반'에 대한 자신의 문제 설정 내에서, 푸코가 다음과 같은 두 가지 도식 혹은 두 가지 위상학을 유비적으로 포개어 놓았다는 점을 확인하게 됩니다. 첫 번째로, 그 제도적 모델이 바로 감금인 내부적 배제 혹은 내부에 의한 배제라는 도식 혹은 위상학, 두 번째로, 배제를 그 자체로는 접근 불가능한 것으로(혹은 '비가시적인 것'으로) 만드는 외부성의 과잉(혹은 외부성의 너머)이라는 도식 혹은 위상학. 이러한 두 도식 혹은 위상학의 포갬이 바로 푸코로 하여금 금지(혹은 '법')와 불가능성(혹은 '구조')에 동시에 속하는 것으로 사유의 비사유를 명명할 수 있게 해주는 것입니다.

3.

푸코의 자기비판 — 다른 이들 가운데에서도 특히 쥐디트 르벨이 훌륭한 주해를 제시했던 — 은 '여백성[주변부성]에 대한 매혹'을, 그리고 [이와 동시에] 이 여백성에 대한 매혹으로부터 벗어남déprise의 실행을 보여 줍니다.[36] 예를 들어

가시적인 것 그 자체에 내부적인, 배제의 내부적 어둠이다. 왜냐하면 이 배제가 가시적인 것의 구조에 의해 정의되기 때문이다. 다른 용어로 말하자면, (……) 이 또 다른 공간[즉 배제된 공간]은 또한 이 공간이 자기 고유의 한계들 내에서 배제하는 바에 대한 부인dénégation을 통해서만 정의될 수 있는 (……) 첫 번째[혹은 최초의] 공간 내에 존재한다. 이 공간이 내적인 한계들만을 가지고 있다고까지, 이 공간이 자기 자신 안에 자기 자신의 바깥을 담지하고 있다고까지 말한다 해도 과언은 아니다"(PUF, Paris, 1996, pp. 29-31)[국역본으로는, 루이 알튀세르·에티엔 발리바르·자크 랑시에르·피에르 마슈레·로제 에스타블레, 『"자본"을 읽자』, 진태원·배세진·김은주·안준범 옮김, 그린비, 2025를 참조하라].

36 이 지점에서 나는 2012년 12월 12일 릴 3대학에서 아빌리타시옹[박사 논문 지도 자격 부여 시험] 심사를 위해 제출했던 그녀의 텍스트에 준거한다. 이 텍스트에서 우리는 그녀가 최근 출간한 저서 *Foucault avec Merleau-Ponty. Ontologie politique, présentisme et histoire*, Vrin, Paris, 2015에서 제시된 그녀의 성찰의 요지를 발견할 수 있을 것이다. 특히 p. 64와 그 이후인 "Attitude, êthos, vie"를 참조하라.

푸코의 자기비판은 토머스 스자스Thomas Szas의 저작에 대한 프랑스로의 수입과 관련해 1976년 피에르 베르네르와 행했던 인터뷰(르벨 또한 이 인터뷰를 인용하죠)에서 표현됩니다.

성급하게 좌익주의적인, 서정적으로 반정신의학적인 혹은 세심하게 역사적인 담론들은 이러한 [광기라는 −발리바르] 작열점foyer incandescent[빛나는 중심]에 접근하기 위한 불완전한 방식들에 불과합니다. (······) 광기 — 혹은 비행이나 범죄 — 가 절대적 외부성으로부터 우리에게 말을 건다고 믿는 것은 허상입니다. (······) 여백은 하나의 신화입니다. 바깥의 말은 우리가 끊임없이 다시 취하고 마는 그러한 몽상[일 뿐]입니다.37

이러한 [푸코의 자기]비판은 문학을 통한 '이의 제기'contestation라는 관념으로까지 확장되며, 미친 영웅 혹은 상상적 범죄자를 '불명예스러운 사람들'(이름을 알리지 못했으며, 따라서 전혀 알려지지 않은, 문서고에만 파묻혀 있다는, '불명예스러운'의 어원적 의미에서38)로 대체하도록 이끕니다. [이러한 맥락에서] 피에르 리비에르Pierre Rivière는 법의 위반에 관한 숭고한 언어로 말하지 않으며, 대신 규범의 부여에 대한 지각 불가능한 저항을 실천하죠. 이제부터 주체화는 푸코가 그 계보학을 행faire하기 위해 '사목 권력'이라고 부르는 바의 논리들을 현대라는 시기로 이동시키는 '통치성'[개념]을 경유하는, 품행들의 개별화[개인화] 과정으로 사고됩니다.39 이는 편재하는 권력이면서도 주권과는 근본적으로 구분되는 권력이며, 푸

---

37 Michel Foucault, "L'extension sociale de la norme"(1976), in *Dits et Écrits II. 1976-1988*, éd. Daniel Defert & François Ewald, Gallimard, Paris, 2001, p. 77. *Michel Foucault et les prisons*, PUF, Paris, 2003에서의 프랑수아 불랑François Boullant의 주해 또한 참조하라.

38 [옮긴이] '불명예스러운'은 infâme이라는 형용사를 옮긴 것인데, 사실 발리바르의 지적대로 '어원적 의미'를 살리면 '이름 없는'으로도 옮길 수 있다.

39 [옮긴이] '개별화'는 individualisation을 옮긴 것으로, 참고로 몇몇 경우 individualisation을 '개별화'로, individuation을 '개인화'로 구분해 옮긴다. 하지만 여기에서는 individuation이라는 단어는 등장하지 않아 고민의 여지가 없다.

코에 따르면 이는 심지어 이 권력이 복종을 목적으로 영혼들의 가장 비밀스러운 것에in interiore homine habitat veritas 이 영혼들을 예속화하고자 하지 않으며 대신 그 규율적 활용을 위해 신체들을 예속화하고자 한다는 점에서 법과도 근본적으로 구분되는 것입니다. 푸코가 이 지점에서 활용하는 새로운 이론적 장치는 그로 하여금 내부적 배제('비정상인들' 일반에 대한 내부적 배제)의 효과들을 권력관계의 산물로 이해할 수 있게 해줍니다(이는 대항-권력들의 저항에 노출된 역사적으로 특수화된 권력들을, 그리고 이 권력들의 효율성의 완전화를 목적으로 이 대항-권력들의 저항까지도 착취[활용]하는 그러한 권력들을 항상 의미하는 것이죠). 그렇지만 이 이론적 장치에서 중심foyer은 여전히 '빛나는 것'incandescent으로 남아 있습니다. 아마도 그 어느 때보다도 더 그러할 것입니다. 게다가 여전히 어둠 속에서 말이죠.

그런데 그럼에도 도대체 어떠한 의미에서 우리는 [푸코의 자기비판 이후에도] 우리가 여전히 '바깥의 사유'와 관계하고 있다고 말할 수 있는 것일까요? 제 생각에 우리는 이 지점에서 외부성이라는 관념의 이중적 의미로부터 다시 출발해야 할 것 같습니다. 하지만 이 이중적 의미를, 최소한 그 근사적 의미에서는, 위반이라는 도식에 대한 검토에서 우리가 대면했던 것과는 정반대의 순서로 취함으로써 말이죠. 우선 이는 권력관계들이, 비록 이 권력관계들이 이 권력관계들에 공통적인 명목적 정의의 대상이, 특히 주체성을 정의하는 다른 양식들에 대해 이 권력관계들이 지니는 차이를 드러내는 역할을 수행하는 명목적 정의의 대상이 될 수 있다고 하더라도, 근본적으로 이질적이라는 점을 의미합니다. 정확히 '바깥의 정치학'La politique du dehors이라는 제목을 달고 있는, 1977~79년 푸코의 콜레주 드 프랑스 강의들에 대한 매우 아름다운 주해에서, 브뤼노 카르상티 Bruno Karsenti는 이 점을 강조했습니다.[40] 카르상티는 18세기와 19세기 사이의 전환기에 구체제[앙시앵레짐]와 이 구체제의 '내치 국가'État de police의 뒤를 잇는 새로운 사회를 위한 정치(학)의 발명을 공격하는 이질적인 두 가지 '길들'(법권리droit

---

40 Bruno Karsenti, *D'une philosophie à l'autre. Les sciences sociales et la politique des modernes*, Gallimard, Paris, 2013, pp. 135-154.

에 절합된 '혁명적 길', 그리고 경제에 대한 통치에 절합된 '발본적 길', 즉 공리주의적 길) 사이의 대립이 어떠한 이유에서 하나의 변증법적 논리가 아니라 하나의 전략적 논리에 속하는 것인지를 푸코가 설명하는 강의인 (『생명정치의 탄생』의) 1979년 1월 17일 강의의 핵심적인 한 구절을 인용합니다.

그리고 이질성이 결코 배제의 원칙이 아니라는 것을 숙지해야만 합니다. 반복하자면 이질성은 결코 공존, 접합, 연결을 방해하지 않는다는 것입니다. 정확히 말하면 바로 여기에서, 이러한 종류의 분석 내에서, 속단에 빠지지 않기 위해 변증법이 아닌 논리가 사용되고 또 사용되어야 하는 것입니다. 변증법이 어떤 것이기에 그러는 것일까요? 변증법적 논리, 그것은 서로 모순되는 여러 항들을 동질적인 것의 영역 내에서 작동하는 논리이기 때문입니다. 그리고 이 변증법의 논리를 대체하기 위해 저는 제가 전략의 논리라고 부르는 바를 제안합니다. 전략의 논리는 서로 모순되는 여러 항을, 모순이 하나의 통일성 내에서 해소됨을 약속하는 동질적인 것의 영역 내에서 활용하는 것이 아닙니다. 전략의 논리는 조화롭지 못한 항들 간에 있을 수 있는 연결이 무엇인지 결정하는 것을 그 기능으로 합니다. 전략의 논리는 이질적인 것을 연결하는 논리이지, 모순적인 것을 동질화하는 논리가 아닙니다.[41]

이는 하나의 근본적인 법 혹은 규범으로부터의 총체화, 통일화 그리고 파생화[연역]dérivation의 도식들 ─ 이 도식들은 주권의 체제에 특징적인 것들이며, 또한 역으로 이 도식들은 복종을 통한 주체화를 규정하는 것이죠 ─ 이 각각의 권력관계의 기능 작용 혹은 장치에도, 어느 한 사회의 일반 경제 ─ 이 일반 경제에는 전략이라는 통념이 정확히 부합하며, 혹은 이 일반 경제는 예속화와 주체화의 여러 양식들 사이의 공존의 장으로 존재하기도 합니다 ─ 내 서로 다른

41 Michel Foucault, *Naissance de la biopolitique. Cours au Collège de France. 1978-1979*, éd. Michel Senellart, Seuil/Gallimard, Paris, 2004, p. 44[미셸 푸코, 『생명관리정치의 탄생』, 오트르망 옮김, 난장, 2012, 75, 76쪽에서 인용하되, 발리바르는 몇몇 부분을 생략했지만 옮긴이는 생략하지 않고 문장 전부를 가져왔으며 표현을 약간 손봤다].

권력관계들 사이의 절합에도 적용되지 않는다는 점을 의미합니다. 하지만 또한 이는 이러한 공존 그 자체가 관계망들réseaux의 '연결'connexions과 형성formations을 도출한다는 점을 의미하기도 합니다. 그런데, 이 연결이 우선적으로 자신의 힘의 선들 혹은 구부러진 선들을 부여하는, 그리고 자신의 장소적 차이화들을, 그 용어의 일반적 의미에서 자신의 '헤테로토피아들'을 부여하는, 그러한 하나의 구체적 공간의 형태가 아니라면, 이 연결이란 도대체 무엇이겠습니까?[42] 하지만 우리는 이러한 의미에서의 공간이라는 것이, 모든 차이화와 모든 갈등이 이 공간에 내재적immanent이며 이 공간의 확장에 기여하기 때문에, 내부성의 등가물로도 또한 사고될 수 있다는 점을 확인하게 됩니다. 역사에 의해, 혹은 제도에 의해, 혹은 총체화하지 않으며 대신 개별화하는 (푸코가 '사목'이라고 부르는, 역사적으로 가소적인) '권력들의 권력'pouvoir des pouvoirs이라는 도식에 의해 고정된 한계로서 변화의 '한계들'의 내부성을 말이죠. [그런데] 주권[지배]의 속성들(즉 총체화와 유일성unicité)로 이질성을 환원하기를 원하지 않음으로써, [이번에는] 우리는 이 이질성을 내재성의 속성들(즉 수평성과 상호 행위)로 환원할 위험 또한 가지게 됩니다. 외부성으로 개념화된 이 내재성이 그 자신 또한 정치의 '바깥'과 같은 과잉의 가능성을 포함하고 있지 않다면 말입니다. 카르상티를 다시 인용해 보겠습니다.

> 푸코의 관점은 다음과 같은 문턱에 정확히 걸려 있다. 한편으로, 우리는 (……) 왜냐하면 정치는 외부성을 대신할 수 있었던 바를 제거résorber하지 않고 이를 흡수absorber했기 때문에, 그리고 이를 권력의 장치들의 원동력 그 자체로 만들었기 때문에, 우리가 이 정치의 경험과는 다른 정치의 경험이 무엇일지 실증적으로 알 수가 없다는 점을 (……) 인정해야만 한다. 하지만 다른 한편으로, 푸코는 또한 다음과

---

42 [옮긴이] ligne de force를 '세력선'(혹은 '역선')이라고 번역하는 것이 자연스럽지만 rapport de force를 '세력 관계'가 아니라 '힘 관계'라고 옮겼기에 여기에서도 어색하더라도 '힘의 선'으로 옮겼다. '구부러진 선'은 ligne de courbure를 옮긴 것으로, courbure는 '구부러짐'(즉 '곡률')을 의미한다. '장소적 차이화'는 différenciation de lieux를 옮긴 것이다. 이 단어들은 모두 그 뒤에 나오는 hétérotopie, 즉 '헤테로토피아'와 공간적으로 혹은 위상학적으로 밀접한 관련을 맺는다.

같이 말하기도 한다. 이러한 불가피성inéluctabilité이 시작되었던s'est nouée[즉 형성되었던] 지점을 보라. 이를 통해, 투쟁들의 중심에 항상 존재해 왔던 이러한 훼손되지 않은 전도conduction inaltérée[순수한 형태의 전이]라는 형태를 가지지 않을 대항-품행이 무엇일지를 상상해 보려 노력하라 (······). 당신은 이를 해낼 수 있을 것이다. 왜냐하면 어찌 되었든 정치는 우리가 생각하는 그러한 밀도compacité를 전혀 가지고 있지 않으며, 또한 정치란 근본적으로 불순하고 혼합적인 이질적인 것의 연결이기 때문이다. 그리고 서구 정치가 구현하는incorpore 것과는 다른 유형의 바깥을 재구성함에서, 모든 의거점들은 전략적 차원에서 적절한 것들이다. 어떠한 장소에서부터 우리가 이러한 의거점들에 대해 질문해 보는지를 안다는 조건에서 말이다 (······). 하지만 이로 인해 사람들이 당신이 작용[내기판] 밖hors du jeu에 존재한다고, 당신은 사실 정치 그 자체로부터 빠져나오게 되었다고[정치 바깥에 서 있다고] 항상 당신에게 말할 수 있음 또한 인지하고 있어야 한다.43

'작용[내기판] 내에서'와 '작용[내기판] 밖에서', 이는 공간적 표상에 고유한 (연결과 밀도의) 위상학적 결정 요소들을 과잉 결정하는 동역학적이고 갈등적인 차원의 도입입니다. 따라서 이는, 심지어 변증법 없이도, 이러한 표상에 의해 규정되지 않으며 대신 힘 관계들이라는 관념(여기에서 '전략적'이라고 말하는 그러한 관념) 그 자체에 의해 규정되는 그러한 '안'과 '바깥'의 사유를 제안하는 것이죠. 우리는 「주체와 권력」이라는 텍스트에서 푸코가 명료히 설명했던 (그리고 '통치성'이라는 동시대 계보학들 내에서 적용된) 다음과 같은 주제계를 여기에서 발견하게 됩니다. 권력은 하나의 관계이지만, 이 관계는 특정한 몇몇 행위들이 별로 효과적이지 않은 양식인 제약으로부터 [효과적인 양식인] 조절로, 혹은 타자들의 '품행들에 대한 인도conduite des conduites, 즉 효율성을 극대화(혹은 '절약')하는 양식으로 나아감으로써 다른 행위들에 작용할 때 이 특정한 몇몇 행위들이 입증하는 효율성과 특수하게 관계되어 있다는 주제계를요. 그러한 상호 행위주의interact-

---

43 Bruno Karsenti, *D'une philosophie à l'autre*, op. cit., p. 154.

ionnisme[또는 상호 작용주의]는 모든 '행위들' 혹은 '품행들'을 이질적인(혹은 '비타동적 자유'로부터 변용된) 것으로 사고함과 동시에 이 '행위들' 혹은 '품행들'을 내재면plan d'immanence 내에 위치시키기 때문에, 이러한 상호 행위주의는 가능 공간의 구축("타자들의 잠정적 행위장을 구조화하기"[44])으로서의 사회 내에서 권력(혹은 이 권력의 '장치들')의 효과들을 표상할 수 있게 해줍니다.[45] 하지만 또한 이와 동시에, 상호 행위주의는 자유의 비타동성(혹은 갈등의 전략적 불확실성)으로 인해, 권력들과 저항들의 '작용'jeu에 내재하는inhérentes 한계들(푸코의 작업은 이 한계들에 대한 풍부한 현상학을 제공해 주는데요, 불법행위, 일탈, 비정상성, 불복종 등이 그것이죠) — 이 한계들 위에서, 본질적으로 예견 불가능한 방식으로, (권력이 촉발하는 저항들 그 자체에 대한 이 권력의 효과성 내로의 통합을 통한) 권력의 강화와, (만일 우리가 푸코의 이론화 중 다른 계기로부터 용어를 차용한다면 총칭적인 방식으로 헤테로토피아라고 부를 수 있을,) 기존 권력에 대해 발본적으로 이질적인 자유의 체제를 향한 미끄러짐, 이 둘 사이의 양자택일이 작동합니다 — 을 예상할 수 있게 해줍니다. 헤테로토피아 일반은 작용을 수행하지 않는ne jouent pas le jeu[내기판 내 놀이에 참여하지 않는], 권력의 관계들relations 내에서 소화되지 않거나indigestes 되찾을 수 없는irrécupérables 그러한 품행들 — 비록 이 관계들relations이 다른 품행들을 촉발해야 한다고 해도 — 이 전개되는 '장소'를, 혹은 오히려 이 품행들이 자기와 자기의 관계와 자기와 타자들 사이의 관계라는 또 다른 관계를 수단으로 해 '창조'해 내는 그러한 장소를 의미할 것입니다. [비아 네가티바, 즉 '부정신학'에서와 같이] 하나의 부정성négativité을 표현하기보다는 하나의 대안적 실정성positivité alternative을, 하나의 '긍정적 거부'refus affirmatif를 표현할 이러한 분기점에서(푸코는 이러한 분기점을 다양한 방식으

---

44 Michel Foucault, "Le sujet et le pouvoir"(1982), in *Dits et Écrits II*. op. cit., p. 1056.

45 [옮긴이] 여기에서 '가능 공간'은 espace possible을 옮긴 것이고, '잠정적 행위장'은 champ d'action éventuel, 즉 '행위의 잠정적 장'을 옮긴 것이다. '가능 공간' 또한 '잠재 공간'으로 충분히 옮길 수 있으나 구분해 주었다. 참고로 프랑스어 possible은 '잠재'와 '가능'이라는 의미가 모두 들어 있고, 프랑스어 éventuel에는 영어와 달리 '사건적'이나 '결국'이라는 의미가 전혀 들어 있지 않으며 오로지 '잠정적'이라는 의미만을 지니며 구어에서도 굉장히 많이 쓰인다.

로 표현했는데요, 그는 '분할', '전복점', '불복종점'이라는 표현을 사용했죠[46]), 어떠한 내부성과 관련된, 이러한 내부성에 대립하는 그러한 '바깥'이 아니라, 내속적인, 혹은 단지 자기 자신에만 관련된, 심지어 자기 자신에만 대립되는 그러한 '바깥'을 사유할 수 있는 가능성이 새롭게 존재하게 되는 것 같습니다. 이러한 사유는 아마도 블랑쇼로부터 유래하는 것은 아닌 듯한데, 그렇지만 이 사유는 1964년으로 거슬러 올라가는, 푸코가 성찰하지 않을 수 없었던 핵심 텍스트에서 블랑쇼가 (의미의 통일성으로 진보하는 계기와, 즉 "비록 의미의 통일성을 파편화하고 방해하며 교란한다고 하더라도, 그럼에도 공통의 말의 작용jeu을 여전히 행하는 그러한 단절"로서 자신이 이전에 대화적 혹은 변증법적 중단이라고 불렀던 바와, 그리고 그가 "더욱 수수께끼적이고 더욱 심각한 또 다른 종류의 중단"이라고 불렀던, 축소 불가능한 거리를 측정하는 바, 이 둘을 세심하게 구분하고자 노력하면서) '중단'interruption이라고 불렀던 바와 (비록 문자적인 것일 뿐이라고 해도 어쨌든) 어떠한 친화성을 가지고 있습니다.[47] "무한성과 기이성의 관계relation를 담지하는" 것으로서 말의 경험에 조응하는 이러한 두 번째 종류의 중단에, 블랑쇼는 "[타자를 -발리바르] 무한히 나moi의 바깥에 남겨 두는 간극, 하지만 또한 이러한 중단 그 자체 위에서 타자와 내가 맺는 관계를 정초한다고 주장하는 그러한 간극", 달리 말해 이질적인 것의 돌발 위에서 "이 간극과 내가 맺는 관계를 정초한다고 주장하는 그러한 간극"에 존재의 중단interruption d'être이라는 이름을 예비해 놓았습니다.[48] [49]

따라서 제가 푸코의 자기비판이라고 불렀던 바는 역설적 효과들을 만들어 냅니다. 푸코의 자기비판은 문학적 공간에 대한 블랑쇼적 개념화의 (그리고 이와

46 [옮긴이] '분할'은 '나눔'으로도 옮길 수 있는 partage를, '전복점'은 point de renversement을, '불복종점'은 point d'insoumission을 옮긴 것이다.

47 [옮긴이] 블랑쇼의 문장을 인용한 곳에서 '단절'은 rupture를 옮긴 것이고 '진보'는 progression을 옮긴 것이며, '의미의 통일성'은 unité de sens를 옮긴 것이다. '의미의 통일성'은 '의미의 단위'로도 옮길 수 있다. 또한 이러한 의미의 통일성을 '파편화'하고 '방해'하며 '교란한다'고 할 때의 원어는 각각 fragmenter, contrarier, troubler이다.

48 [옮긴이] '무한성'은 infinité를, '기이성'은 étrangeté를 옮긴 것이다.

49 Maurice Blanchot, *L'Entretien infini*, op. cit., pp. 108, 109.

평행하게 바타유의 '반복'의) 영감을 받은 '바깥의 사유'라는 이름으로 행해진 한계와 위반에 대한 푸코의 이론화가 내부성과 외부성 사이에서 확립했던 관계를, 그 구성적 '안'인 내부성의 가장자리에서 외부성 혹은 타자성의 극단, 즉 [대문자] '바깥'을 발견함으로써, 와해dénouer하는 것처럼 보입니다.50 동시에 푸코의 자기비판은 외부성의 관점(권력의 관계들relations에 대한 기술description로서의 '실증주의' ― 극대화된 효과성의 획득에 저항하는 그 힘의 통합까지도 포함하는)과 자기의 배려와 자기 통치에 대한 추구(이 [후기 푸코의 탐구 혹은] 추구에서 몇몇 이들은 인간주의의 회복과 주체성의 우위의 회복을 보고자 했죠)로 특징지어지는 내부성의 관점(혹은 최소한 성찰성의 관점) 사이의 진부한 동요로 되돌아오는 것처럼 보입니다. 하지만 아마도 이 모든 것은 하나의 외양에 불과한, 혹은 관계들relations이나 관계들rapports이라는 질문에 이제부터 부여되는 중요성이 이끄는 논리적 실행들에 대한 푸코의 신중함이 유도하는 너무 성급한 독해의 효과에 불과한 것 아닐까요? 비록 역설적이라고 할지라도, 오히려 푸코의 자기비판은 역의 방향으로, 그러니까 어떤 의미에서는 '바깥으로부터'du dehors 읽혀야만 합니다. (그 '불복종점' 혹은 '전복점'에 대한) 권력관계들의 외부성의 중심에 자리하는 내부성 혹은 내부성 효과는 자기에 대한 동일성identité à soi에 속하는 것이 아니라 (우리가 이미 알다시피) 자기의 변형transformation de soi에 속하는 것이라고 말이죠. 그 어느 때보다도 더, 이 자기는 '나라는 것은 하나의 타자'라는 점을 느끼고éprouve 있습니다.51 이 자기는 어떠한 의미

---

50 [옮긴이] défaire와 동일하게 dénouer 또한 '와해'로 옮겼으나 이 두 단어의 뉘앙스는 조금 다르다. défaire는 faire, 즉 '하다' 또는 '만들다'에 '탈'의 의미를 뜻하는 접두사 dé를 붙인 것이며, dénouer는 nouer, 즉 (추상적 의미의 관계나 구체적 의미의 끈, 실 등을) '맺다'에 dé를 붙인 것이다. 즉, 이 단어의 뉘앙스는 맺었던 관계를 다시 풀어 버린다는 것으로, 만들었던 것 혹은 행했던 것을 다시 이전 상태로 되돌려 놓거나 파괴해 버린다는 défaire와는 뉘앙스가 조금 다르다. 위에서 이미 se nouer라는, 즉 '시작하다'의 의미를 지니는 대명동사가 등장했는데, 바로 이러한 맥락에서 이 대명동사는 직역하면 '맺어지다'라는 의미를 지닌다.

51 [옮긴이] 여기에서 '나라는 것은 하나의 타자'는 je suis un autre가 아니라 je est un autre를 옮긴 것으로, 굳이 영어로 치면 I am an other가 아니라 I is an other로 be 동사를 일부러 문법적으로 틀리게 바꿔 놓은 것이다. 주지하듯 이는 프랑스 시인 아르튀르 랭보Arthur Rimbaud가 사용한 표현으로, 여러 가지 해석이 가능하나 기본적으로 이는 Je를 하나의 사물로 취급해 그에 맞는 be 동사를 넣은

에서는 회귀 작용적으로rétroactivement '나라는 것은 하나의 타자'라는 점을 느끼고 있죠. 그리고 이와 동시적으로 푸코가 항상 우리의 품행이 그 행위와 맺는 권력관계들 혹은 예속 관계들이 우리를 '개별화'[혹은 '개인화']하고 '주체화'하는 것이라고 주장하듯, 또한 우리는 그러한 변형을 다양한 양태들 — 이 양태들하에서, 우리를 권력의 행위에 노출하면서도 동시에, 우리는 그 품행을 중단inter-rompre하는 기획에 착수합니다 — 과 관계 맺도록 해야만 합니다. "작용을 수행하지 않기"Ne pas jouer le jeu는 작용의 규칙 내에서 이 작용을 영속시키지 않으면서도 이 작용 내에서 존재하는 하나의 방식인 것입니다.52

4.

따라서 어떻게 '바깥의 사유'가 '내부'와 '외부' 사이의 관계라는 고전적 아포리아들과 마주하게 되는지, 하지만 또한 어떻게 이 '바깥의 사유'가 외부성에 대한 취급 속에서 공간적 표상들에 대한 지도적 기능을 다시 의문에 부침으로써 이 아포리아들을 문제화하는 것을 가능케 하는지의 질문은 이 '바깥의 사유'에 관한 이러한 재독해들에서 영원한 배경을 구성하게 될 것입니다. 들뢰즈는 이 지점을 완벽하게 식별해 내었죠. 블랑쇼 — 푸코는 주체를 자기 바깥으로 회복 불가능하게 추방하기 위해서만 주체의 말을 수용하는 이러한 역설적 '공간'으로서의 언어를 사유하기 위한 수단들을 명백히 바로 이 블랑쇼 곁에서 찾았죠 —

것으로 볼 수 있다. 그리고 위에서 이미 expérimenter, 즉 '실험/체험하다'와 함께 등장했던 éprouver는 시험이나 시련 등을 '겪다' 혹은 '경험하다'의 의미를 지닌다. 그러나 여기에서는 que 절과 함께 쓰인 éprouver 동사로서 '깨닫다' 혹은 '느끼다'(물론 '경험하다'와 의미 차이가 크지는 않지만)를 의미한다. 발리바르는 프랑스어 éprouver를 가지고 말놀이를 계속 이어 나가고 있지만 한국어로 이를 살려 주기는 어렵다. 참고로 이 "나라는 것은 하나의 타자"라는 번역은 『랭보 서한집』(아르튀르 랭보 지음, 위효정 옮김, 인다, 2024, 57쪽)에서 가져온 것이다.

52 [옮긴이] 이 문장을 통해 확인할 수 있듯, 발리바르는 '작용'과 '놀이'를 동시에 의미하는 jeu, 그리고 그 동사형인 jouer를 가지고 끊임없이 말놀이를 하고 있다.

에게 할애한 1966년의 에세이[「바깥의 사유」]에서부터 '존재의 미학'이라는 관념
— 이 관념 내에서 자기의 통달 혹은 자기의 통치의 독립성은, 위반, 저항, 익명
성, 편향, 더욱 일반적으로 말해 헤테로토피아들 혹은 '대항-정위들'을 초래하
는 '대항-품행들'이라는(이 '대항-품행들'이 바로 이 헤테로토피아들 혹은 '대항-정위'
에서 자신들의 안식처를 발견하는 한에서) 형상들을 편력함으로써, 의존성의 양태들
그 자체의 변형으로 구축되죠 — 에까지 이르는 바는, 바로 이러한 공간적 혹은
공간화하는spatialisante 표상의 한계들과 위상학과의 끈질긴 대결입니다. 따라서
이러한 대결이 전제하는 바는, 내부성과 외부성의 지정assignation, 그리고 이 내부
성과 외부성의 교환이라는 '작용'jeu 혹은 이 내부성과 외부성의 상호 대체라는
'작용', 즉 내부성과 외부성의 상보성을 우리가 개념화하는 방식, 혹은 정반대로
이 내부성과 외부성을 발본적으로 이질적인 것으로 만들어 내는 방식, 이것이
대상성[객체성 혹은 객관성] — 그것이 물리-우주론적인 것이든, 혹은 특히 이 경
우에는 역사-문화적인 것이든 — 을 구성하는 서로 다른 가능성들뿐만 아니라
사유가 <u>스스로를 스스로</u> 사유하는 방식 혹은 사유가 <u>스스로를 스스로</u> 사유하기
위해(하나가 다른 하나만큼이나 내속적인 여러 결정 요소들로, 사유가 언어와 맺는 관계와 사
유가 권력 혹은 제도와 맺는 관계를 서로가 밀접하게 연결되는 방식으로 포함하면서) <u>스스로</u>
<u>를</u> 대상화[객체화 혹은 객관화]하는 방식 또한 개진한다는 점입니다.**53** 결국 이러한
대결이 전제하는 바(여전히 저는 들뢰즈와 이 들뢰즈의 푸코 독해에 관해 말하고 있습니다)
는 사유의 표상들에 대한 비판이 관계들relations(혹은 '관계들'rapports)에 대한 하나의
논리의 구성을 통과한다는 것인데, 이 구성 내에서 내부와 외부의 결정은 하나
의 사전적 도식화와 같은 것이 아니라 관계들relations과 그 변형들에 대한 하나의
양태와 같은 것일 겁니다. 우리는 푸코에게서, 최소한 어떤 특정한 계기에서부
터는(저는 『담론의 질서』가 이미 이를 나타내기 시작한다고 주장하고자 하는데요), 모든 관
계가 '힘들의 관계'로 사유된다는 들뢰즈의 주장에는 완전히 동의할 수 있습니

---

53 [옮긴이] '사유가 <u>스스로를 스스로</u> 사유한다'는 se penser elle-même, 즉 대명동사 se penser와
la pensée elle-même 둘 모두의 의미를 살려 주기 위해 조금은 억지로 과잉 번역한 것이다.

다. 하지만 우리는 이러한 푸코의 관념이 관계의 사유를 '힘들'(혹은 생명의 힘들 forces vitales)의 사유 아래로 포섭하도록 이끈다는 들뢰즈의 주장(결국 이러한 들뢰즈의 주장은 '주름' 혹은 '주름화'라는 이름으로 외부성을 내부성으로 전환하는 것으로 나아가 버리는데, 이는 이 내부성을 주체화의 토대, 주체화의 존재론적 지표로 만들기 위한 것이죠)은 논박해야 합니다. 역설적으로, 비록 이러한 들뢰즈적 관념이 유심론보다는 생기론으로부터 유래하는 것이기는 하지만, 이러한 들뢰즈적 결론은 외부성의 내부성으로의 지양, 변형, 위치 변화로서의 주체의 생성(혹은 실체의 주체-생성[주체-되기])이라는 헤겔적인 변증법적 거대 서사와 다시 조우하게 되지요. 이로부터 최소한 우리는 들뢰즈의 철학적 선전제들에 대해 다시 검토해 보는 시간을 확보하기 위해 이러한 연역을 멈추어야 합니다.

들뢰즈의 철학적 선전제들은 사유의 형이상학에 대한 모든 동시대적 탈구축들의 숨겨진 원천인 칸트의 텍스트와의 긴밀한 대립을 통과하는데요, 여기에서 제가 말하는 것은 [칸트의 텍스트] 「반성 개념들의 모호성amphibologie에 관하여」와 (아마도) 헤겔적 본질 논리학이 공간의 시간으로의 내부화를 함축하는 역사성 혹은 과정이라는 관념(반면 여기에서 문제가 되는 것은 공간의 공간으로의 외부화죠)을 위해 이러한 모호성을 '지양'relève, aufhebt하는 방식입니다. 그러나 이는 본발표와는 다른 연구가 취해야 할 대상일 것입니다. 하지만 어쨌든 그러한 연구는 『무한한 대화』에 동일하게 재수록된, 블랑쇼의 1962년 에세이(즉 『121인의 선언』 혹은 「불복종 권리선언」의 집필 바로 직후인) 「제3의 장르의 관계(지평 없는 인간)」[54]의 중요성을 다시 한번 강조하는 방향으로 나아가겠지요. 이 또한 모호성amphibologie이라는 질문을 취급하는데요, 하지만 이번에는 지양 없는 갈등과 텔로스telos 없는 생성의 양태들이 여기에서 대립들oppositions과 관계rapport에 대한 그 개념화 과정conceptualisation에 무매개적으로 통합된다는 의미에서 포스트-헤겔적인(그리고 포스트-니체적인) 취급이죠.

---

54 Maurice Blanchot, *L'Entretien infini*, op. cit., pp. 94-105[이는 "Le rapport du troisième genre(homme sans horizon)"을 옮긴 것이다].

5.

저는 제가 '바깥의 사유'라는 기호 아래에 위치시키고자 하는 푸코를, 그의 궤적의 전체성 내에서, 이러한 정식화들의 흔적 혹은 계보 안으로 넣을 수 있을지 확신하지는 못합니다. 아마도 이와는 정반대로 우리는 푸코가 이러한 정식화들로부터 끊임없이 멀어진다고 주장해야 하겠지요(또한 이는 푸코를 '상상'하고자 하는, 혹은 자신과 푸코 사이의 가까움의 정도를 사후적으로 특징짓고자 하는 블랑쇼가 마주하게 되는 명백한 당황스러움을 설명해 줄 것입니다). 하지만 푸코가 타자성 혹은 자기 자신과는 다른 이로의 생성을 주체의 '진실'vérité로 만들 뿐만 아니라 또한 더욱 정확히 낯섦étrangèreté(Verfremdung뿐만 아니라 Veräusserung의 의미에서, 그러니까 외부에서 발견되는, 혹은 더 정확히는 우리가 시도할 수 있는 경계 위반의 모든 경험들[실험들] 내에서, 경계 위에서 발견되는 그러한 낯섦55)을 그 용어의 완전한 의미에서 관계 — 자기에 대한 관계와 타자들에 대한 관계를 상관적으로 모두 포함하는 그러한 관계 —

55　[옮긴이] 카를 마르크스, 『유대인 문제에 관하여』, 김현 옮김, 책세상, 2015의 옮긴이 주석 80번의 도움을 받아 이 구절과 연결해 우리 식대로 정리해 보자면, Veräusserung은 '양도', Entäusserung은 '외화', Entfremdung은 '소외', Verfremdung은 특히 베르톨트 브레히트의 연극론에서 사용되는 개념으로 '소격'('효과', 즉 effekt를 뒤에 붙인 Verfremdungseffekt는 '소격 효과', '외화 효과', '낯설게 하기 효과', '생소화 효과'라고도 번역하는데, 우리 논의에서는 혼동을 초래할 수 있으므로 '소격'만을 생각하도록 하자)으로 옮길 수 있다. 앞의 두 단어, 즉 '양도'와 '외화'는 '밖으로 내어놓다'라는 뜻의 단어 äusseren에서 파생된 개념으로 모두 Entfremdung, 즉 '소외'와 밀접히 관련되어 있는데, (거칠게 구분하자면) '양도'가 내가 소유하고 있는 것(그것이 손으로 만질 수 있는 물건이든 눈에 보이지 않는 어떠한 속성이든)이 타인에게로 귀속된다는 점을 의미한다면, '외화'는 내가 가지고 있는 속성이 바깥으로 표출된다는 점을 의미한다. 이 구절에서 발리바르는 이 '낯섦'étrangèreté이 (Entfremdung, 즉 '소외'라는 의미뿐만 아니라, 그리고 Verfremdung, 즉 '소격'이라는 의미뿐만 아니라) äusseren으로부터 파생된, 이 '소외'와 밀접히 관련되는 Veräusserung, 즉 '양도'라는 의미 또한 뜻한다고 지적한다. 독일어로는 이렇게 네 가지 단어가 존재함에도 영어와 프랑스어에서는 alienation과 aliénation이 사실상 '소외/양도'만을 의미하여 '낯섦'이라는 폭넓은 의미를 살려 주기 힘들다. 그러한 이유로 발리바르는 이 구절에서 이 네 가지 의미를 모두 뜻할 수 있는 étrangèreté라는, '밖으로 내어놓다' 혹은 '낯설게 하다'라는 더욱 포괄적인 의미를 지니는 명사를 사용하고 있는 것이다. 정리하자면, aliénation이 '소외/양도'로 번역된다면, étrangèreté는 소외, 양도, 외화, 소격 이 네 가지 역어 모두에 공통된 '밖으로 내어놓다' 혹은 '낯설게 하다'의 의미를 폭넓게 포함하는 '낯섦'으로 번역되는 것이다.

의 조건 그 자체로 만들기도 한다는 그러한 테제를 푸코가 자신의 핵심 원리로 항상 유지해 왔다고 우리가 제안할 수 있다고 저는 생각합니다. 이론의 여지 없이 가장 명백한 낯섦, 이는 아마도 언어의 낯섦일 것이며, 푸코는 블랑쇼의 흔적들 위에서 이 언어의 낯섦으로부터 출발합니다. 가장 예상치 못한 낯섦, 그것은 아마도, 특히 (단순히 하나의 정서이기만 한 것이 아니라 하나의 행위이기도 한 그러한 것으로서의 — 그리스인들이 원했듯 하나의 수동성에 대해 행해지는 행위이든, 근대인들이 원하듯 또 다른 행위에 대한 행위, 즉 하나의 '권력'이든 말이죠) 사랑 속에서 경험되는 낯섦으로서 '고유한 신체'corps propre의 낯섦일 것인데, 푸코는 이 '고유한 신체'를 1966년의 강연들에서 헤테로토피아의 상관항(혹은 아마도 그 극단적 경우cas)로 취했습니다. 이 점에 대해서 저는 헤테로토피아들의 상관항으로서 '유토피아적 신체'에 대해 푸코가 행한 라디오방송을 대상으로 한 (『푸코적인 것』Materiali foucaultiani에 출간된56) 필립 사보의 분석들을 참조하실 것을 여러분께 권합니다. 하지만 여전히 가장 흥미로운 지점은, 언어의 낯섦과 고유한 신체의 낯섦이라는 이 두 가지 경험들을, 이 두 가지 경험들의 한 경험의 다른 한 경험에 대한 수수께끼적인 외부성 내에서 혹은 이 두 가지 경험들의 불안정한 결합composition 내에서, (우리는 선존재préexistons하지 않으며 대신 항상 우리는 우리를 구성하거나 우리를 '현재의 우리'로 만드는 그러한 관계들rapports 혹은 관계들relations 이후에 존재한다suivons는 점에서) 회복 불가능하게 우리 바로 그 자신인 이 '바깥'의 도주점으로 지시하기 위해, 서로 연결하는 것일 겁니다.57

---

56 Philippe Sabot, "Langage, société, corps. Utopies et hétérotopies chez Michel Foucault", *Materiali foucaultiani*, 1, 2012, pp. 17-35['유토피아적 신체'는 「유토피아적인 몸」이라는 제목으로 국역본 『헤테로토피아』에 수록되어 있다].

57 [옮긴이] '현재의 우리'란 푸코가 '계몽'과 관련해 현대인을 정의할 때 사용했던 ce que nous sommes(영어로는 what we are)이라는 유명한 표현을 의역한 것이다.

옮긴이 후기
부서진 개념에, 하나의 정념을
개념의 정념들, 그리고 구조로서 현행성의 철학을 위하여

그렇게 세상을 읽던 내 서재는
어떤 상아탑의 권위나 고담준론이 아니었고
객관적 서술은 더더욱 아니었고
뒤늦은 평론이나 형이상학이 아니었다

밑줄 그을 문장보다
부둥켜안아야 할 일이 많았고
미문과 은유는 쓸 틈 없이
직설의 분노만 새기며 살아왔던
내 삶의 서재는

– 송경동의 시집 『내일 다시 쓰겠습니다』(아시아, 2023) 중 「내 삶의 서재는」에서

『개념의 정념들』은 루이 알튀세르와 함께 마르크스주의 철학에서 출발해 알튀세르-이후의 포스트-마르크스주의 철학에 이른 현존 최고의 그리고 최후의 포스트-구조주의 철학자 에티엔 발리바르의 논문 선집, 그것도 다른 무엇이 아니라 바로 '철학'에 관한 논문 선집이다. 옮긴이가 발리바르의 이러한 학문적 궤적을 굳이 언급하는 이유는 '개념의 정념들'이라는 제목의 이 저서가 그것이 담고 있는 서로 다른 시기에 집필된 서로 다른 성격의 '철학' 논문들 덕에 그의

굴곡진 지적-정념적 여정 전체를, 그러니까 그의 철학적 궤적을 집약적으로 재현하고 있기 때문이다. 하지만 이와 더불어 우리가 주목해야 하는 것은 『개념의 정념들』이 바로 이 궤적의 마침표를 찍고 있다는 점이다. 총 여섯 권으로 예정된, 그리고 이미 본서를 포함해 세 권이 출간된 발리바르의 '에크리'Écrits 시리즈는 자신의 평생의 작업 전체를 정리하는 기획이다.[1] 그리고 『개념의 정념들』은, '철학자' 발리바르의 '철학'을, 조금 더 구체적으로는 '인식론, 신학, 정치학'을 정리하는 논문 선집답게, 자신의 지적-정념적 여정 전체의 마침표를 찍는다. 『개념의 정념들』은, 마르크스주의자로서가 아니라, 포스트-구조주의자 또는 현대 프랑스 철학자로서가 아니라, 철학자 그 자체로서 자신이 어떠한 관점으로 인간, 사회, 세계, 그러니까 존재와 역사를 바라보고 사유하는지를 확언하는 논문 선집, 그의 지적 유언장이다.

그런데 눈 밝은 독자라면 발리바르가 이토록 중요한 논문 선집에서 철학자로서는 부적절하게도 존재론 없는 인식론을, 그것도 아래에서 언급할 것처럼 실정적 인식론이 전혀 아닌 독특한 인식론, 인식론 아닌 인식론을 제시하고 있다는 점을 제목과 목차에서 이미 확인했을 것이다. 제목에 포함되어 있는 어휘 '정념'은 이러한 독특한 인식론의 중심이다. 게다가 발리바르는 인식론과 결합할 수 없는 이 단어 정념을 내세우는 것에 그치지 않고 자신의 인식론을 전혀 체계적이지 않은 방식으로, 이질적 성격의 여러 논문에 대한 세 묶음의 엉성해 보이는 모음 속에서 제시하기까지 하고 있다.

그런데 그의 이 기이한 인식론을 이해하기 위한 실마리는 정념이라는 어휘보다는 오히려 바로 이 지점에 놓여 있다. 발리바르의 작업 전체를 톺아본다면, 그에게 이러한 비체계적 형식이 전혀 낯설지 않다는 점을 확인하게 된다. 발리바르는 마르크스의 사상에 관한 입문서인 『마르크스의 철학』을 제외하면 체계

---

1 에크리 1권은 '끝날 수 없는 역사'Histoire interminable, 2권은 본서 '개념의 정념들'Passions du concept, 3권은 '세계정치'Cosmopolitique로, 모두 라 데쿠베르트La Découverte 출판사에서 출간되었다. 4~6권은 아직 출간되지 않았는데, 순서는 알 수 없지만 그 주제는 각각 '인종주의'racisme, '정치경제학 비판'Critique de l'Économie politique, '공산주의'communisme로 확정되어 있다.

적인 저작을 거의 쓰지 않았기 때문이다. 심지어 발리바르는『마르크스의 철학』
을 회고하는 글에서 오늘날의 나라면 이러한 체계적 저서를 쓰지 않을 것이라
고까지 말한다. 발리바르는 집필했던 논문들을 모아 논문 선집을 출간하는 식
으로 자신의 작업을 항상 전개해 왔다. 이는 발리바르가 하나의 저작을 쓸 능력
이 없음을, 그러니까 하나의 인식론, 더 나아가 존재론을 구성할 능력이 없음을,
아니면 복잡하게 생각할 것 없이 그가 단지 지적으로 게으를 뿐임을 뜻하는 것
일까?『개념의 정념들』을 끝까지 읽은 독자라면 그렇게 판단할 수 없을 것이다.
전체로서의『개념의 정념들』을 통해 발리바르가 우리에게 말해 주는 것은 철학
적 글쓰기란 정세의 요청에 의해 현행성 내에서 하나의 정치적 개입으로서 하
지만 물론 담론적 역설의 양태 아래 사건과의 관계 속에서 수행되는 것이라는
점, 그래서 철학적 글쓰기는 그 정념으로 인해 체계적일 수 없다는 점이기 때문
이다.

　　현대 프랑스 철학의 무대에서 발리바르가 위대한 사상가가 될 수 있었던 이
유는 그가 하나의 철학 체계를 세우기를 거부하고 정세 내에서 사유하면서 현
행성을 철학의 대상으로 취해 주체의 예속화의 원환을 담론적 역설 속에서 전
위시키는 철학적 글쓰기를 하나의 정치적 개입으로서 수행했기 때문이다. 발리
바르는 좁게는 포스트-구조주의, 넓게는 현대 프랑스 철학의 본령에 충실하게
과학과 혁명, 인식과 비판, 이론과 실천, 임상과 지식, 사실과 가치, 대상과 문
제, 앎과 삶의 이분법에 신뢰를 보내지 않고 한 명의 과학적이고 비판적인 지식
인으로서 '현행적'이라는 것이 "현재에서 전개되는 활동과 기획에 관련된다는
것"을, 그리고 우리가 우리의 "모든 육체적이고 정신적인 힘을 다해서 이 활동
과 기획에 참여하고 있다는 것"을 의미한다는 점을 자신의 삶과 글을 통해 보여
주었다.[2] 이것이 바로 현행성이라는 철학적 관념의, 정세라는 정치적 관념의 핵
심일 텐데, 알튀세르와 동일하게 발리바르는 정세가 자신의 사유를 인도하는 것

　　2　에티엔 발리바르,『마르크스의 철학』, 배세진 옮김, 오월의봄, 2018, 97쪽. 표현은 아주 조금
수정.

을, 더 나아가서는 파괴하는 것을 두려워하지는 않으면서도, 어떠한 '정답'이 자신의 사유를 인도하는 것은 끈질기게 거부했다. 진리라는 이름의 이러한 정답을 거부하고 현행성이 이끄는 방향으로 자신의 사유가 나아가도록 내버려둠으로써, 정세와 현행성에 자신의 몸과 생각을 전적으로 맡기면서, 발리바르는 다른 현대 프랑스 철학자들과 함께, 하지만 이들과는 다른 방식으로, 진리라는 개념 자체를 정념이라는 개념 아래에서 갱신했다.

『개념의 정념들』은 발리바르가 평생 '이끌어 온', 아니 자신조차 누구와 무엇을 위해 어디로 가야 할지 전혀 몰랐으므로, 평생을 '바친' 이러한 전투의 흔적이 고스란히 담겨 있는 텍스트다. 알튀세르에 이끌려 마르크스주의 철학자로 지적 이력을 시작했지만, 알튀세르와 함께 그가 마주하게 된 것은 마르크스주의의 아포리아였고, 발리바르는 마르크스주의가 진리가 아님을 혹은 마르크스주의가 그가 생각했던 의미의 진리는 아니었음을 고통스러운 방식으로 깨달은 뒤 마르크스주의를 비판하고 해체하는 사상들의 편에서 마르크스주의를 다시 바라보기 시작했다. 병법에서 말하듯 적의 관점에서 우리를 바라봄으로써 우리의 사유를 더욱 강하게 만들기 위해서가 아니라, 진정으로 마르크스주의를 파괴하고자 적의 곁에서 사유하기 위해서 말이다. 발리바르는 마르크스주의를 위해 마르크스주의에 반해 사유했던 은밀한 마르크스주의자였던 것이 아니라 정말로 마르크스주의의 아포리아와 대결하기 위해, 그래서 필요하다면 마르크스주의를 버리기 위해 마르크스주의 바깥에서 사유했다. 발리바르에게는 마르크스주의조차, 더 나아가서는 프랑스 철학조차 사유의 준거점일 수 없었다. 발리바르는 또 한 명의 배신자일까? 사실 발리바르는 사유의 준거점이라는 관념 자체를 갱신한 사상가 아니었을까?

『개념의 정념들』이라는 지적 유언장으로 인해 우리가 알게 된 것은, 발리바르에게 사유의 준거점이 마르크스주의도 아니고 프랑스 철학도 아니며 바로 정세 내에서의 사유, 현행성을 자신의 대상으로 취하는 철학이었다는 점이다. 알튀세르 그리고 푸코와 함께하는 이러한 사유에 발리바르는 '구조로서 현행성의 철학'이라는 이름을 붙여 주었다. 발리바르는 마르크스주의자로도, 포스트-

구조주의자 또는 현대 프랑스 철학자로도 규정할 수 없다. 이 지적 유언장에 따르면 그는 알튀세르 그리고 푸코와 함께 다름 아닌 구조로서 현행성의 철학자였던 것인데, 하지만 이러한 철학이 발리바르가 임시적이고 임의적으로 붙여준 이름만 겨우 가지고 있을 뿐 어떠한 체계를 이룰 수 없고 어떠한 공통성도 취할 수 없다는 점은 현행성 개념으로 미루어 보자면 굳이 말할 필요도 없을 것이다. 체계를 구축하기를 거부한 자크 데리다의 철학에서와 마찬가지로, 하지만 그와는 다른 방식으로, 이러한 독특하고 유별난 철학에게는 그것이 심지어 마르크스주의의 것이라 할지라도, 아니 더 나아가 그것이 심지어 진리란 존재하지 않는다는 점을 이미 인정하고 있는 냉소적 포스트-마르크스주의의 것이라 할지라도, 진리란 존재할 수 없다. 이러한 철학에게 오히려 진리란 완전히 새롭게 개념화되거나 심지어는 재발명되어야 할 무언가이다.

발리바르에 따르면 이러한 철학에 진리는, 주어진 사유의 공간이 유일하게 가능한 것으로 거짓되게 강제하는 양자택일이 아닌, 그러니까 이것도 저것도 아닌, 그러니까 군주의 것도 아니고 인민의 것도 아닌, 지배자의 것도 아니고 피지배자의 것도 아닌, 자본의 것도 아니고 프롤레타리아의 것도 아닌, 여성의 것도 아니고 남성의 것도 아닌, 장애인의 것도 아니고 비장애인의 것도 아닌, 유색인종의 것도 아니고 백인의 것도 아닌 그러한 제3의 입장과 당파를 취해 담론 내에서 이단점을 찍음으로써 쓰이는 그 역사 속에서만 존재하는 진리이다. 이단점을 수단으로 메타-이론의 수준에서 인식적 갈등을 생산함으로써 사유의 존재론적 규정인 현행성으로 논쟁적으로 상승해 현실에서 어떠한 담론적 효과를 생산하는 그러한 진리. 이러한 진리는 역사와 다르지 않으며, 정통이 아니라 이단과 동일한 것이고, 현행성으로부터의 탈출 불가능성 그 자체를 구성한다. 그리고 이 진리에 발리바르는 첫 번째로는 개념이라는 이름을, 두 번째로는 추문적으로 정념이라는 이름을 붙여 준다.

『개념의 정념들』은 자신이 세공하는, 진리의 역사, 이단점, 현행성이라는 세 꼭짓점으로 구성된 진리의 삼각형을 통해 앞서 언급한 과학과 혁명, 인식과 비판, 이론과 실천, 임상과 지식, 사실과 가치, 대상과 문제, 앎과 삶의 이분법이

허위의 것임을, 진리는 이 양편 모두에서 발견될 수 없음을 철학사에 대한 재독해를 통해 증명한다. 멸균된 실험실로서의 대학에서 '정념과 이해관계'로부터 벗어난 순수한 진리를 탐구할 수 있는 것이 아니라, 교회 안에서 진리는 망실될 위험에 처해 있지만 교회 밖에 진리는 없다는 파스칼적 절망을 반복하면서도 대학 안 연구실이 오염되는 것을, 나의 사유가 정치로 인해 흔들리는 것을 두려워하지 않음으로써만 그곳에서 진리를 발견하고 발명할 수 있는 것이다. 나의 몸, 그리고 이 '유토피아적인 몸'이 놓여 있는 '헤테로토피아적 공간', 그 공간에서 흐르는 '카이로스'의 '지금-시간', 이 모든 것을 배제하고 온전히 자신의 이성과 합리성에 집중함으로써 진리에 도달하는 것이 전혀 아니라.

이러한 진리관으로 인해 발리바르는, 그리고 알튀세르는, 체계를 세우기는커녕 끝없이 자신의 이전 입장을 자기비판이라는 이름의 노동을 통해 파괴해야만 했다는 점을 지적하도록 하자. 이들의 자기비판의 동력은 정치, 그러니까 정세와 현행성 내에서의 지적-정념적 개입이었다는 점을 기억하도록 하자. 마르크스에게서 그러했던 것과 동일하게. 그래서 마르크스에게서, 알튀세르에게서, 그리고 어떤 의미에서는 발리바르에게서, "우리가 갖고 있는 것은 전부 요약(……), (장대한) 선언들, 상세하고 분명하지만 항상 결론에 도달하지 못할 뿐" 아니라 이들 "스스로는 절대 출판한 적이 없었던 — 바로 이 점을 기억해야만 한다 — 원고들 (……) 뿐"이다. 그래서 이들에게 "독트린이란 존재하지 않으며, 대신에 단편들(그리고 분석들, 논증들)만이 존재"하는데, 이들은 "자신의 작업을 너무나도 빨리 정정했기 때문에 독트린을 구축할 수 있는 시간이 정말로 없었"다. 그리고 이 모든 것은 이들의 "지적 편집증" 때문임과 동시에 "(과학자라는 이름의) 이론가적 윤리와 혁명가적 윤리라는 이중의 윤리" 때문이었다.[3]

그런데 이러한 사유 행보가 가능한 이유는 무엇일까? 그것이 옳다는 근거는 무엇일까? 20세기의 인문사회과학이 자신의 실증주의와 이를 뒷받침하는 방법론을 통해 푸닥거리하고자 그토록 노력했던 모순, 적대, 갈등, 경합 그리고 정치

3 에티엔 발리바르, 『마르크스의 철학』, 배세진 옮김, 오월의봄, 2018, 266, 267쪽.

로 왜 다시 과학을 오염시켜 개념의 정념을 사유하도록 만들어야만 하는가? 철학사와의 집요한 대결을 통해 발리바르는 진리의 역사와 이단점을 지나 현행성에서 그 답을 찾는다. 사유가 현행성 안에서만 존재하는 것이라면, 그러니까 진리는 모순, 적대, 갈등, 경합으로 구성된 현행성 안에서만 그 담론적 효과 속에서 그것도 일시적으로만 유효한 것이라면, 정치 바깥의 진리, 역사 바깥의 진리, 이단이 아닌 진리는 없다. 정념으로부터 벗어난 개념을 획득하려는 불가능한 시도에 절망적으로 매달리기보다, 정세 내에서의 철학, 그러니까 대상의 과학이 아닌 문제, 문제화, 질문의 과학, 지극히 정치적인 과학이 어떻게 과학으로서 존립할 수 있는지 치열하게 고민하는 게 사유가 진리로서 덧없는 효과를 생산할수 있는 가망 있는 방향이다. 바로 이것이 실증주의적 사회과학은 말할 것도 없고 마르크스주의조차도 진리가 아니라 고발하며 발리바르가『개념의 정념들』에서 제시하는 길이다.

하지만 이러한 과학은 진정 하나의 과학일 수 있을까? 과학의 정의 자체를 전복하는 이러한 과학은 하나의 과학으로 존립할 수 없는 것 아닐까? 결국 이러한 과학은 그저 하나의 정치가 되어 버리는 것 아닐까? 여기에서 우리는 현행성이라는 관념이 푸코를 따라 '오늘날 지금 여기, 우리가 놓여 있는 이 현실'로 번역될 수 있다는 점을 기억해야 한다. 그러니 이러한 불가능한 과학이 가능하기위해서는 '우리'라는 시련을 통과해야만 한다. 알튀세르주의자들이 주장하듯, 정신분석에서와 달리 마르크스주의자는 대중으로부터의 역전이contre-transfert를 두려워해서는 안 된다. 그러나 이 말을 발리바르의『개념의 정념들』이후 다음과 같이 고쳐 새겨야 할 것이다. 인문사회과학자는, 인민도, 대중도, 프롤레타리아도, 여성도, 소수자도 아니고, 바로 정세 또는 현행성으로부터의 역전이를 두려워해서는 안 된다. 그것이 과학자와 철학자의 개념과 체계를, 더 나아가 사유그 자체를 붕괴시킨다 할지라도. 1966년의 한 컬로퀴엄에서 장 이폴리트는 데리다의 발표를 듣고 "당신이 어디로 가고 있는지 저는 잘 모르겠습니다"라고 말했다 한다. 이에 데리다는 다음과 같이 대답했다고. "만약 제가 스스로가 어디로 향하는지 미리 분명하게 봤더라면, 저는 그쪽으로는 한 걸음도 내딛지 않았을 겁니다." 그리고 다음과 같이 덧붙였다고. "이미 어디로 가는지 알고 있다면, 이미 어디에 도착할 운명인지 알고 있다면, 거기 가서 좋을 게 무엇인가?"[4]

알튀세르가 지적한 바 있듯 유물론자는 "어디서 와서(기원), 어디로 가는지도(목적) 모르면서" 기차에 올라타는 이이다.[5] 만일 발리바르가 섬세하게 구분하듯 구조로서 현행성의 철학이 사건의 철학과 구분되는 것이라면, 그리고 이 사건의 철학의 대표자가 데리다라면, 우리는 데리다의 저 말을 데리다와는 다른 식으로 새겨야 할 테다. 유물론자, 아니 구조로서 현행성의 철학자는 자신이 어디서 왔는지는 말할 것도 없고 어디로 가고 있는지도 모르는 사람인데, 이는 그가 어떠한 지평에 의해 미리 규정되지 않는 사건을 기다리기 때문이 아니라, 그 정세 또는 현행성 내에서 자신의 육체적이고 정신적인 온 힘을 다해 사유하고 글을 쓰기 때문이다. 사건의 도래를 기다리기를 거부하고, 1966년 인간의 죽음을 선고한 『말과 사물』을 쓴 푸코와 같이 자기 시대의 첨점에, 그 에피스테메의 첨점에 서서 오늘날 지금 여기 우리가 놓여 있는 이 현실, 즉 현행성을 사건화하겠다 결단을 내려 담론적 개입을 수행하는 철학자. 사실 철학적 글쓰기에 관한 이러한 규정은 지금 당장 이 자리에서 정의가 실현되어야 한다는 『마르크스의 유령들』에서 세공된 데리다의 정의관과 그리 멀리 떨어져 있지는 않을 것이다. 철학자 그리고 과학자는 말할 것도 없고 알튀세르, 푸코, 발리바르 그리고 데리다는, 실은 서로 그다지 멀리 떨어져 있지 않은 이들일 것이다. 또다시, 눈 밝은 독자라면, 발리바르가 『개념의 정념들』에서 그리고 옮긴이가 이 짧은 글에서 알튀세르의 금과옥조인 과학과 철학의 구분을 흐리고 있다는 점을 확인했을 것이다. 대상의 과학이 아닌 문제, 문제화, 질문의 과학, 다르게 말해 구조로서 현행성의 철학. 그리고 발리바르가 강조한 '정세 내에서 철학하기'.[6] 사실 알

---

4 김민호, 「긍정 부재신학으로서의 자크 데리다의 철학」, 『철학사상』 제90호(2023년 11월)의 55쪽 각주 42번에서 김민호의 번역과 논의를 가져왔다.

5 루이 알튀세르, 『철학과 맑스주의: 우발성의 유물론을 위하여』, 서관모·백승욱 옮김, 새길, 1996, 133쪽.

6 에티엔 발리바르·피터 오스본 대담, 「추측과 정세: 에티엔 발리바르와의 인터뷰」, 김정한 옮김,

튀세르 자신조차 '이론'이라는 관념을 통해 과학과 철학의 경계를 끊임없이 흐리게 만들지 않았었나.

이미 『개념의 정념들』에서 발리바르가 세공하는 기획을 소개한 바 있다는 핑계로[7] 옮긴이 해제를 대신하는 이 짧은 후기를 마무리하도록 하자. 현대 프랑스 철학에 관한 나의 작업을 보고 경악하며 한 친구가 외친 표현을 가져오자면, 따라가는 것이 거의 불가능한 수준의 '관념의 지랄'을 행하는 이 저서는, 논문 선집으로서의 그 비통일성과 난해함에도 불구하고 자신을 일이관지하는 하나의 관념, 즉 개념의 정념이라는, 정치적 개념이라는, 과학과 정치의 분간 불가능성이라는, 정치가 표백된 과학이란 없다는, 정치는 인식의 (불)가능 조건이라는, 그래서 인식은 갈등적이라는, 결국 과학에 결론은 없다는, 하지만 동시에 진리는 있다는, 그러나 그 진리는 정세 내에만, 또는 알튀세르식으로 말해 이데올로기 내에만, 푸코식으로 말해 담론 내에만 있다는 기이한 관념을 제출한다. 이러한 사유의 모험 속에서는 실증주의적 사회과학은 말할 것도 없고 마르크스주의와 현대 프랑스 철학조차 이러한 관념을 입증하기 위한, 그래서 필요하다면 발본적 비판의 칼날 아래 놓여야 하는 계기에 불과하다. 이 저서가 대결하고자 하는 것은 20세기 인문사회과학에서 정점에 이른, 지금까지의 인문사회과학이 당연하게 여겨 온 어떠한 이분법을 해체하는 것이기 때문이다.

구조로서 현행성의 철학이 우리에게 공여하는 교훈은 사건의 도래를 기다리기를 멈추고 지금 당장 이 자리에서 정의가 실현되도록 요구해야 한다는 것, 이를 위해 우리가 오늘날 지금 여기 우리가 놓여 있는 이 현실에서 정세 내에서의 철학적 글쓰기를 통해 주체의 예속화의 원환을 담론적 역설 속에서 전위시켜야 한다는 것, 이를 통해 우리가 철학자 또는 과학자로서의 결단 속에서 현행성

〈웹진 인무브〉, 2019.

7 배세진, 「비판이론의 현재성: 개념의 정념들, 그리고 문화연구라는 질문의 메타과학」, 『문화과학: 문화체제와 1990년대』(2022년 여름 30주년 특집호)를 참조. 추가적으로 배세진, 「이론의 진실: 혹은 '애도의 애도의 애도'를 위하여」, 라즈미그 쾨세양, 『사상의 좌반구』, 이은정 옮김, 현실문화, 2020에 실림 또한 참조.

을 하나의 사건으로 만들어 사건으로서의 현행성, 현행성으로서의 사건을 관철해야 한다는 것이다. 발리바르가 『개념의 정념들』을 통해 이를 직접 실천하듯, 20세기 인문사회과학의 이분법의 시효 만료가 명약관화한 것으로 드러난 지금 우리는 이러한 이분법을 의문에 부치고 진리란, 사유란, 철학이란, 과학이란, 개념이란, 이론이란 무엇인지, 그리고 역시, 철학자란, 과학자란, 결국 '우리'란 누구인지 한 번 더 질문해야 한다. 말할 것도 없이 이러한 모험 속에서 과학과 정치뿐만 아니라, 발리바르가 자크 랑시에르를 경유해 간단히 지적하듯 과학과 예술의 이분법 또한 더는 확실하지 않게 될 것이다.

그러므로, 리스본 대지진과 동일본 대지진 이후 "부서진 대지에, 하나의 장소를" 마련하듯8 '우리가 아는 세계의 종언'9 이후 발리바르와 함께 "부서진 개념에, 하나의 정념을" 마련하기 위해 쓴 이 짧은 글을, 시 한 편의 일부를 인용하며 시작한 만큼 시 한 편의 일부를 인용하며 끝맺는 것도 그리 나쁘지는 않으리라.

연꽃 같은 발꿈치로 갓이없는 바다를 밟고 옥같은 손으로 끝없는 하늘을 만지면서 떨어지는 날을 곱게 단장하는 저녁놀은 누구의 시詩입니까

타고 남은 재가 다시 기름이 됩니다 그칠 줄을 모르고 타는 나의 가슴은 누구의 밤을 지키는 약한 등불입니까

- 한용운의 시 「알 수 없어요」에서

2025년 3월 서울에서
옮긴이 배세진

8 사사키 아타루, 「부서진 대지에, 하나의 장소를」, 사사키 아타루 외, 『사상으로서의 3.11』, 윤여일 옮김, 그린비, 2012.
9 이매뉴얼 월러스틴, 『우리가 아는 세계의 종언』, 백승욱 옮김, 창비, 2001.

찾아보기